U0856331

总第31期

广西统计年鉴

GUANGXI STATISTICAL YEARBOOK

2013

广西壮族自治区统计局　编
Compiled by Guangxi Statistical Bureau

中国统计出版社
China Statistics Press

图书在版编目(CIP)数据

广西统计年鉴. 2013:汉英对照/广西壮族自治区统计局编. —北京:中国统计出版社,2013.9
ISBN 978-7-5037-6926-9

Ⅰ.①广… Ⅱ.①广… Ⅲ.①统计资料-广西-2013-年鉴-汉、英 Ⅳ.①C832.67-54

中国版本图书馆 CIP 数据核字(2013)第 196109 号

广西统计年鉴—2013

作　　者/ 广西壮族自治区统计局
责任编辑/ 佘竞雄　熊　威　莫小峰
装帧设计/ 张海燕
出版发行/ 中国统计出版社
地　　址/ 北京市丰台区西三环南路甲 6 号
邮　　编/ 100073
电　　话/ 邮购(010)63376909　书店(010)68783171
网　　址/ http://csp. stats. gov. cn
印　　刷/ 广西民族印刷包装集团有限公司
经　　销/ 新华书店
开　　本/ 890mm×1240mm　1/16
字　　数/ 1520 千字
印　　张/ 44.75
版　　别/ 2013 年 9 月第 1 版
版　　次/ 2013 年 9 月第 1 次印刷
定　　价/ 360.00 元

本书附同版本 CD-ROM 一张,光盘内容以书面文字为准。
如有印装差错,由本社发行部调换。

编 者 说 明

一、《广西统计年鉴—2013》是一部全面反映广西壮族自治区国民经济和社会发展情况的大型资料性年刊。本书收录了全自治区2012年和1978年以来重要年份的主要统计数据，各市县（区）2012年的主要统计数据。

二、全书内容分为23个篇章，即：1.综合；2.国民经济核算；3.人口；4.就业人员和职工工资；5.固定资产投资；6.对外经济贸易；7.资源与环境；8.能源生产与消费；9.财政、金融和保险；10.物价；11.人民生活；12.城市概况；13.农业；14.工业；15.建筑业；16.交通、运输和邮电通信业；17.批发和零售业；18.住宿餐饮业和旅游；19.教育、科技和文化；20.体育、卫生、社会福利及服务业；21.区域经济；22. 各市基本情况；23.县（市、区）基本情况。为便于读者更直观地了解全书内容和正确使用资料，篇章的后面附有主要统计指标解释。附录内容有：2012年广西国民经济和社会发展统计公报。

三、资料中所使用的度量衡单位均采用国际统一标准计量单位。

四、本年鉴部分数据合计数或相对数由于单位取舍不同产生的计算误差均未作机械调整。

五、本年鉴对以前发表的统计资料重新进行审核，凡与本年鉴资料有出入的，均以本年鉴为准。

六、本年鉴的资料来源：大部分来自统计年报，部分来自抽样调查。

七、本年鉴表中的符号使用说明：

“…”表示数据不足本表最小计量单位数；

“空格”表示该项统计数据不详或无该项统计数据；

“#”表示其中的主要项。

八、鉴于统计制度的改革，对统计年鉴中某些统计指标数据相应作了调整，对这些指标我们作了脚注，请读者在使用数据时要加以注意。

九、年鉴中涉及到经济普查的有关专业数据已按照第二次全国经济普查数据进行了调整，对此在各篇中我们也相应做了说明。

十、根据全国第二次农业普查，对2006年和2007年的农林牧渔业总产值以及粮食经济作物和主要畜禽水产等指标数据进行衔接，但2005年以前的数据均未修正。

十一、在本年鉴的编辑过程中，得到了许多单位和同志的大力支持，在此我们深表谢意。限于我们的水平，年鉴中的错误和不足之处在所难免，恳请广大读者给予批评指正。

PREFACE

Ⅰ. Guangxi Statistical Yearbook is an annual statistics publication, which covers very comprehensive data in 2012 and some selected data series in historically important years since 1978 of the whole autonomous region, the main statistical data of city, county(district) in 2012 and therefore, reflects various aspects of Guangxi' s social and economic development.

Ⅱ. This book contains the following twenty-three parts, 1.General Survey; 2.National Economic Accounting; 3.Population; 4.Employment & Wages; 5.Investment in Fixed Assets; 6.Foreign Economy & Trades; 7.Natual Resources & Environment; 8. Energy Production & Consumption; 9. Finance, Banking & Insurance; 10. Price; 11. People' s Livelihood; 12. General Survey of Cities; 13. Agriculture; 14. Industry; 15. Construction; 16. Transportation, Postal & Telecommunication Services; 17. Wholesale & Retail Trades; 18. Hotels Catering Seruices & Tourisin; 19. Education, Science & Culture; 20. Sport, Public Health, Social Welfare & Service Industry; 21. Economic Zones; 22. Basic Statistics of Cities; 23.Basic Statistics of Counties(Cities, Districts). In Order to make readers understand the whole content of this book and use the materials correctly, most of the chapters are equipped with explanatory notes on main statistical indicators at the end. Moreover, addenda(Statistical Communique on National Economic & Social Development of Guangxi in 2011) is attached at the end of the book.

Ⅲ. The international standard unit of measurement is applied in this book.

Ⅳ. Statistical discrepancies in this book due to rounding are not adjusted.

Ⅴ. In this yearbook, the statistical materials published before have been verified again, and the data that tally with this book should take the data of this book as standard.

Ⅵ. The major data sources of this publication are obtained from annual statistical reports and some from sample surveys.

Ⅶ. Notations used in this yearbook:

"…" indicates that the figure is not large enough to be measured with the smallest unit in the table;

"(blank)" indicates that the data are not available;

"#" indicates the major items of the table.

Ⅷ. Because of innovation in statistical system, some statistical data in this yearbook have been adjusted accordingly, and we have made footnote to these indicators. The users should notice that when using these data.

Ⅸ. Since the comprehensive survey of economy has not been publicized, data that related to national economy account are from preliminary reports, and it is explanted in the chapters.

Ⅹ. According to the 2nd Agriculture Census, the data of gross output valus of farming, forestry animal husbandry and fishery, and the output of grains crops, economic crops and major animals in 2006 and 2007 has been adjusted, while the data in 2005 and before hasn' t.

XI. During the editions of this yearbook, we have won wide support from many departments and comrades, and we deeply thanks for these all. Based on our limited level, perhaps there are some mistakes in the book, we welcome all candid comments and criticism from our readers.

《广西统计年鉴—2013》编辑委员会及编辑人员

Editorial Board & Staff of Guangxi Statistical Yearbook–2013

Editorial Board

Editorial Staff

广西主要经济指标占全国的比重（2012年，%）

Proportion of Guangxi to Nation on Major Indicators（2012,%）

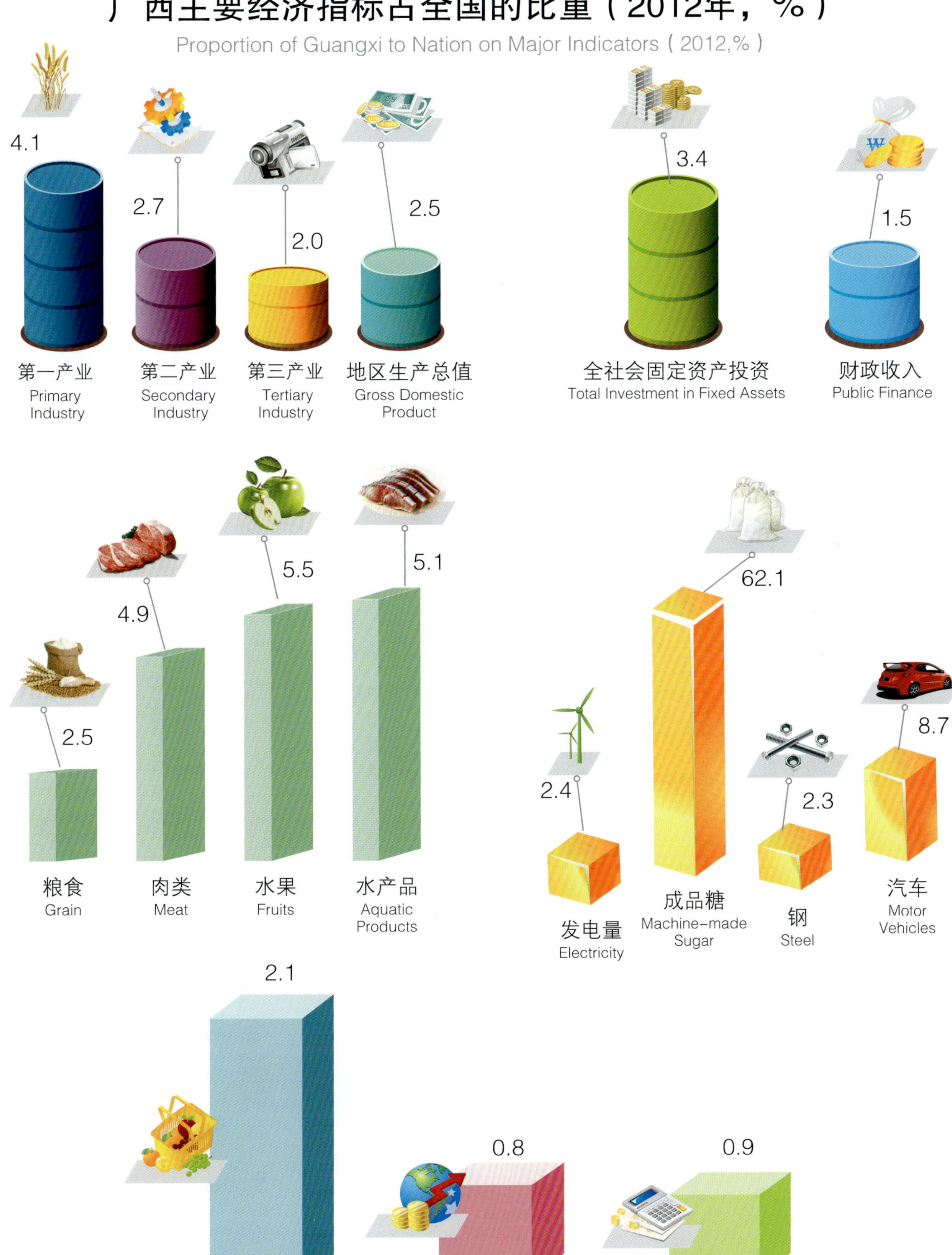

广西生产总值及增速

Guangxi Gross Domestic Product & Its Growth Rate

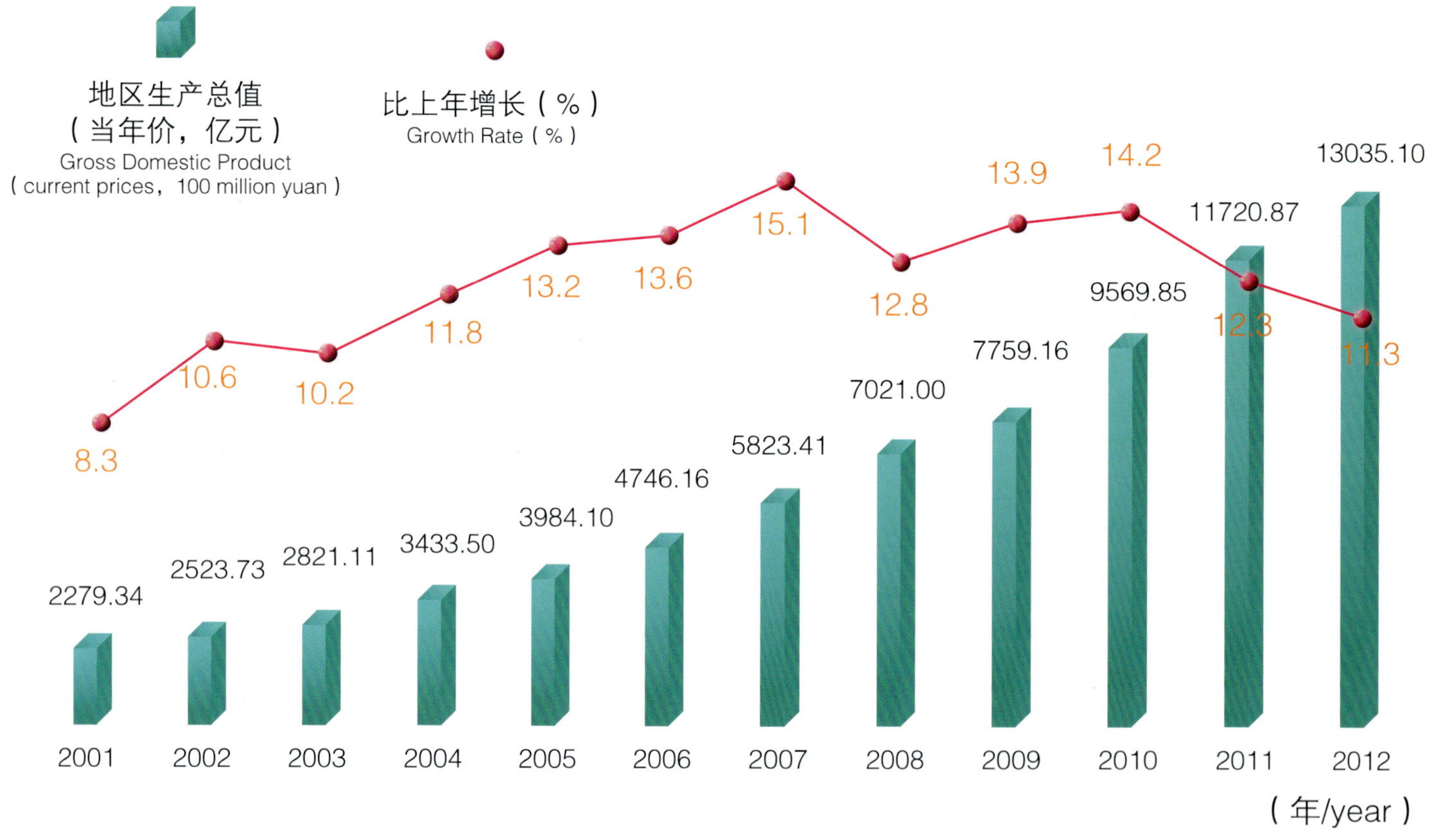

地区生产总值构成（%）

Composition of Guangxi Gross Domestic Product （%）

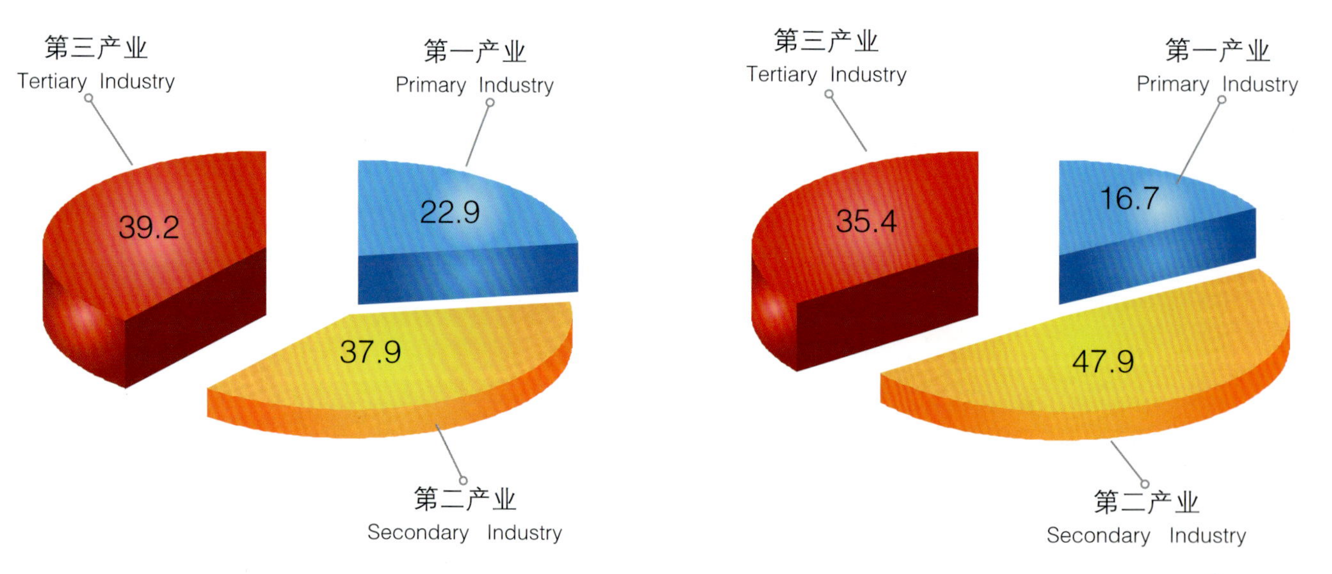

人均地区生产总值（元）

Per Capita Gross Domestic Product （yuan）

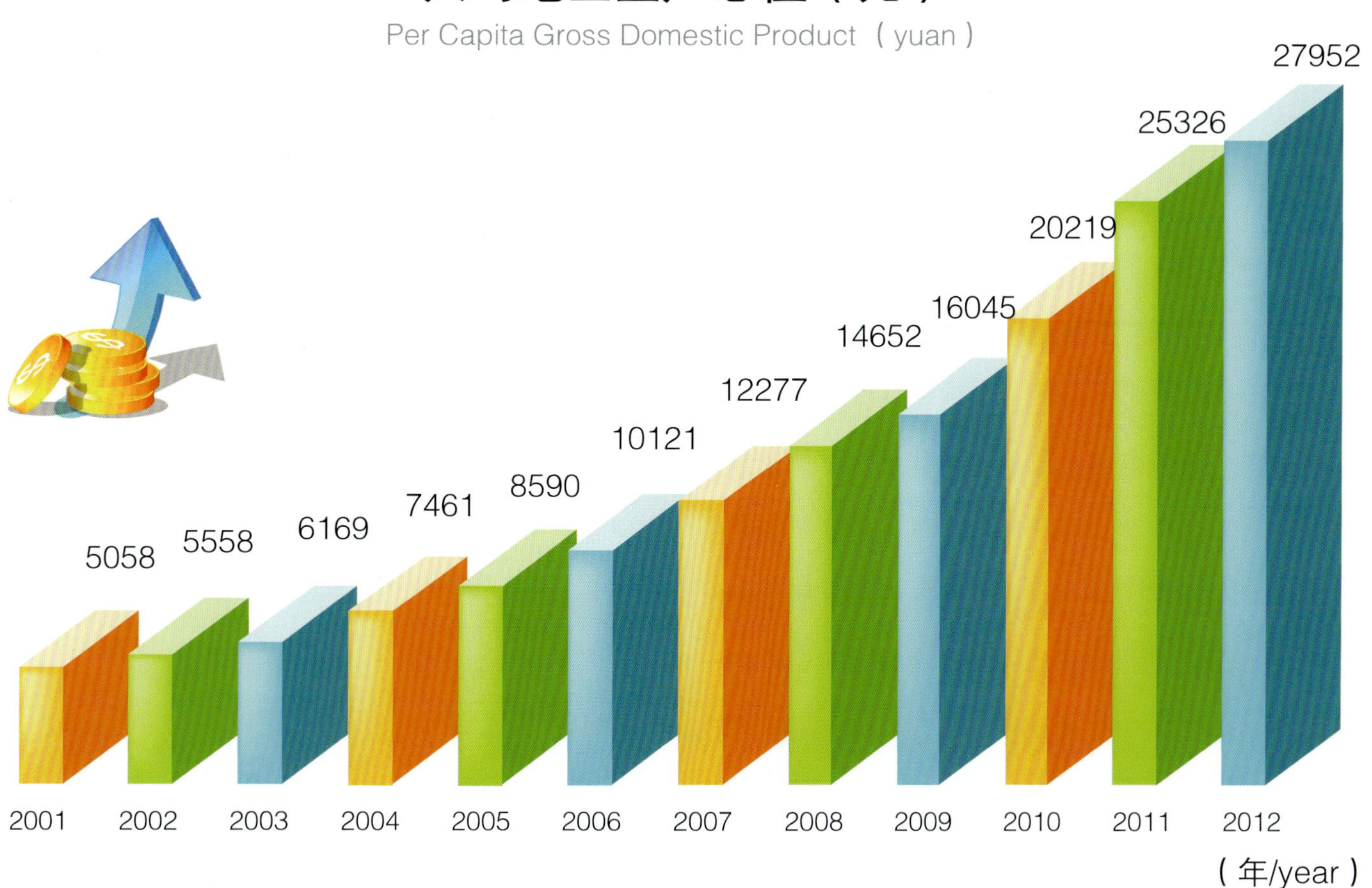

年末总人口（万人）

Total Population （10 000 persons）

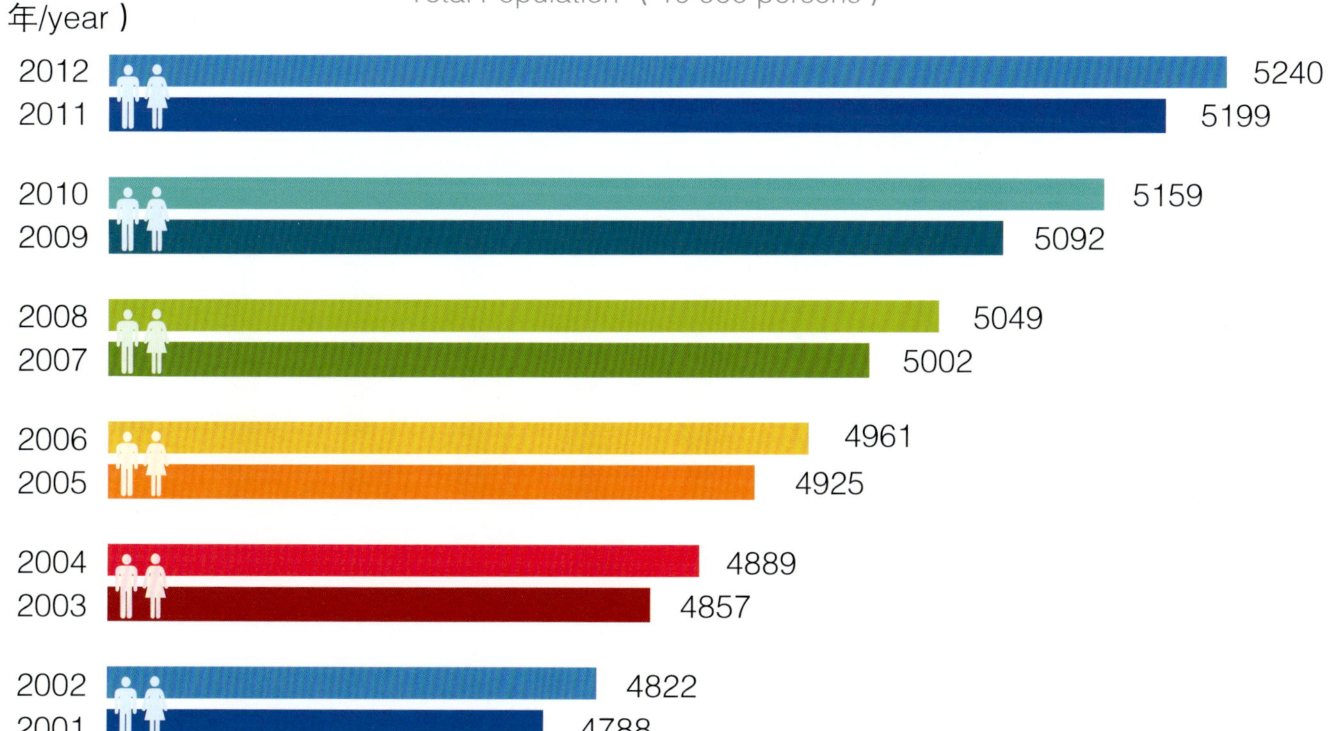

性别比（以女性为100）

Sex Ratio （Female=100）

人口增长（‰）

Growth of Population （‰）

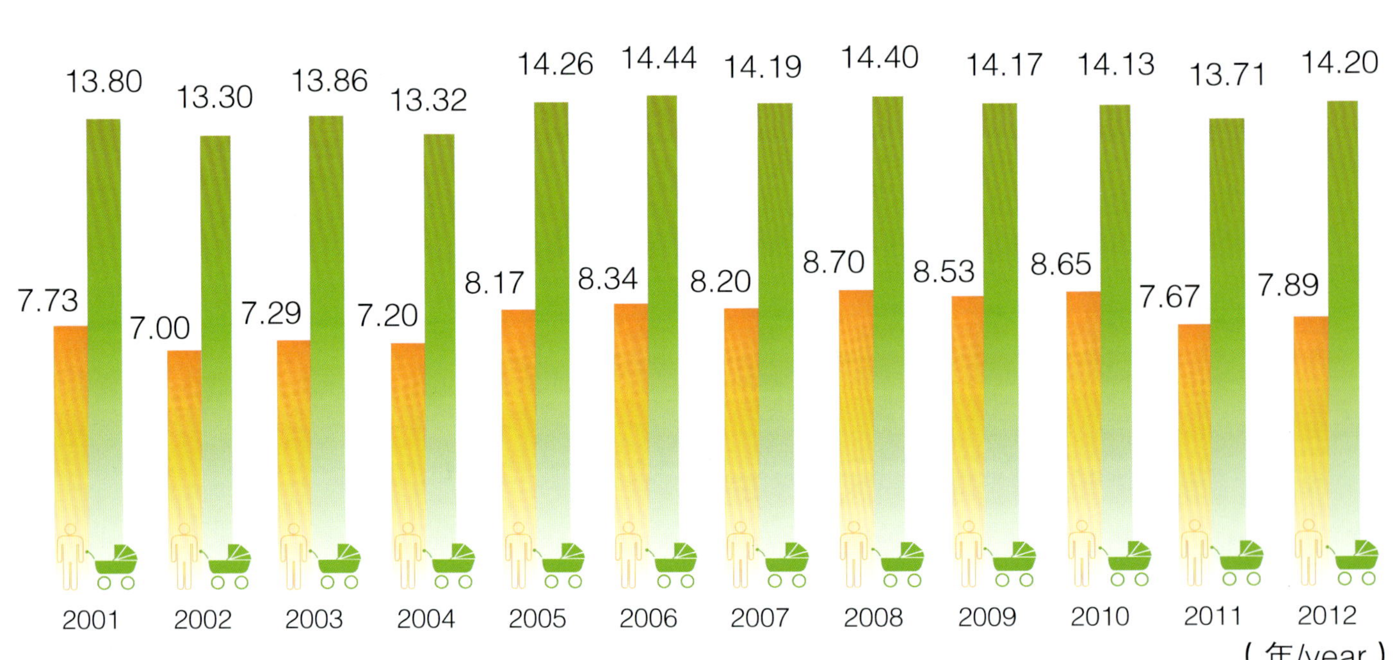

城镇单位在岗职工平均工资（元）

Average Wages of Staff & Workers at Post in Urban Units （yuan）

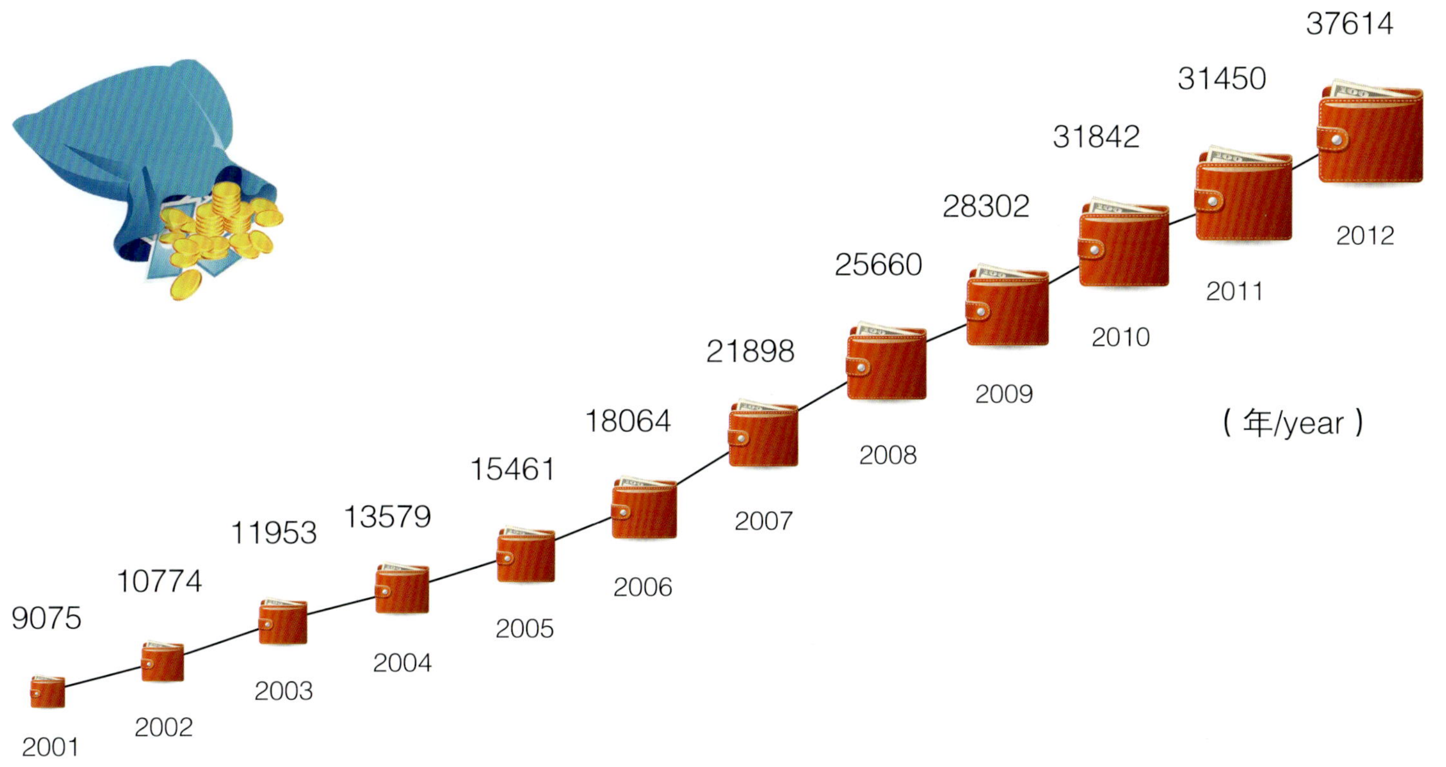

全社会固定资产投资（亿元）

Total Investment in Fixed Assets（100 million yuan）

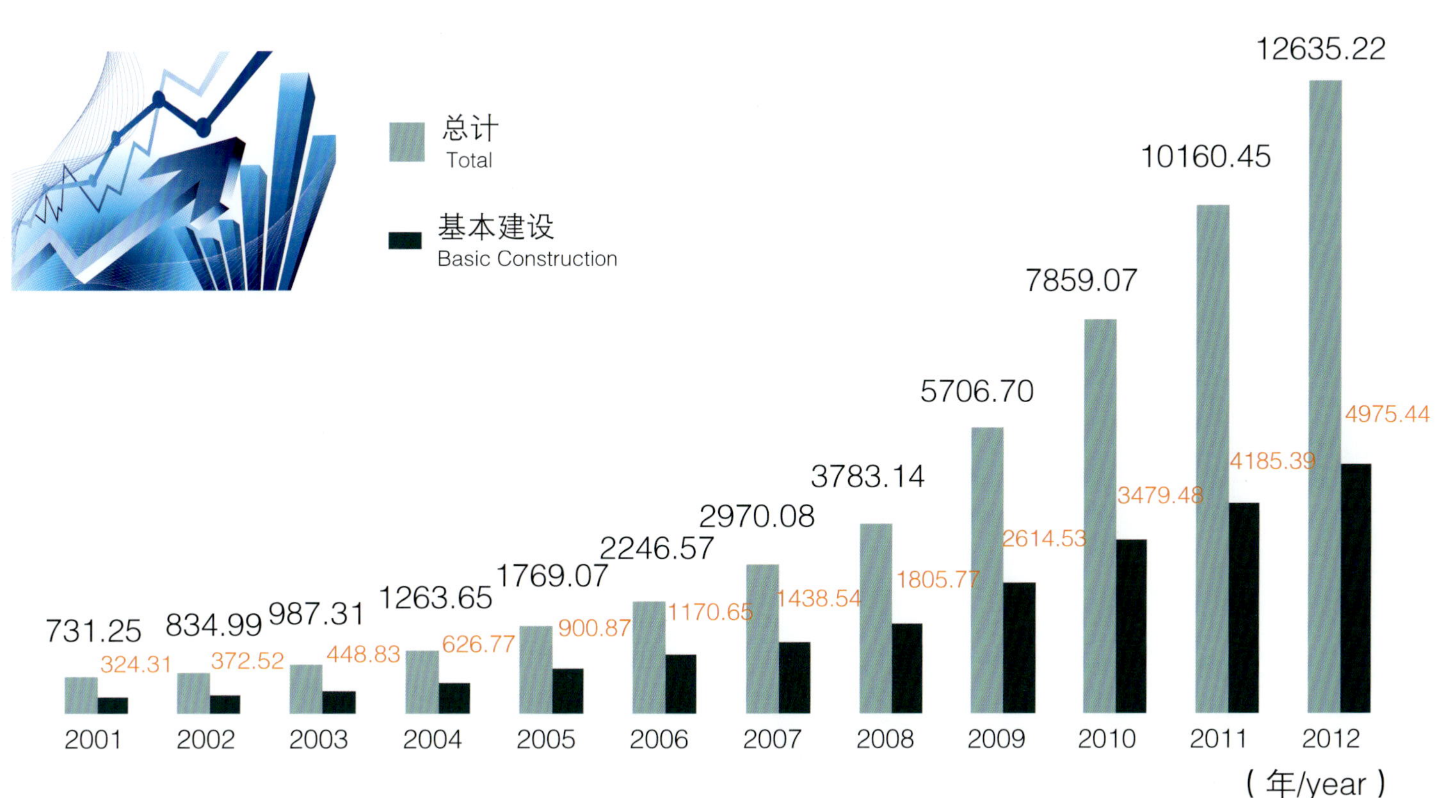

房地产投资完成额（亿元）

Real Estate Development（100 million yuan）

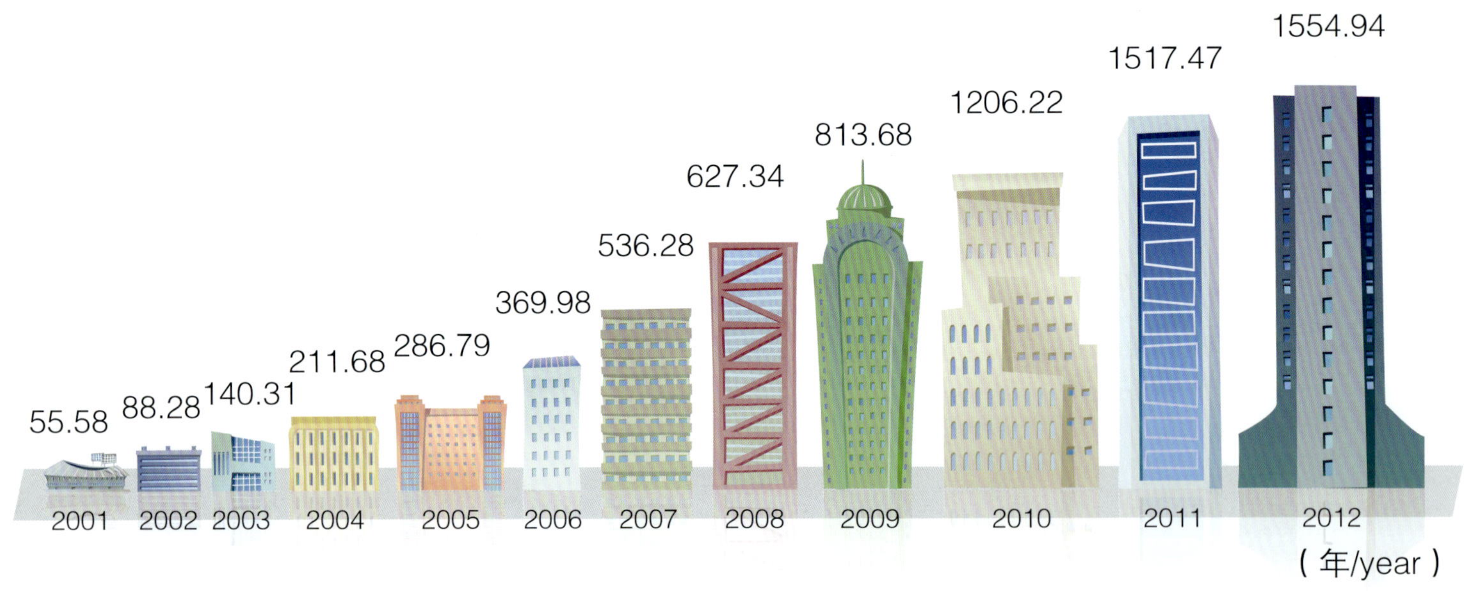

社会消费品零售总额（亿元）

Total Retail Sales of Consumer Goods （100 million yuan）

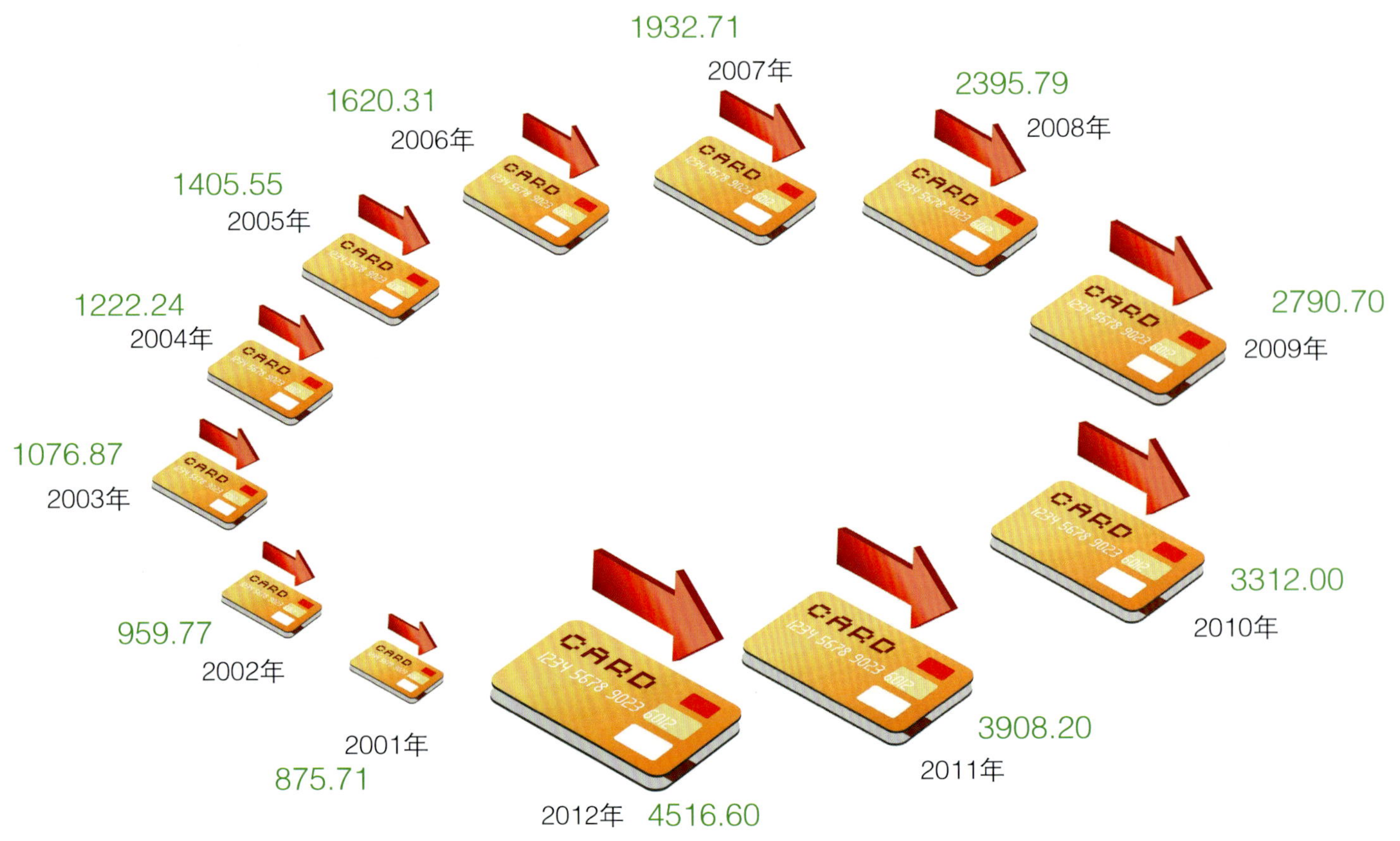

进出口总额（亿美元）

Total Import & Export Value （USD 100 million）

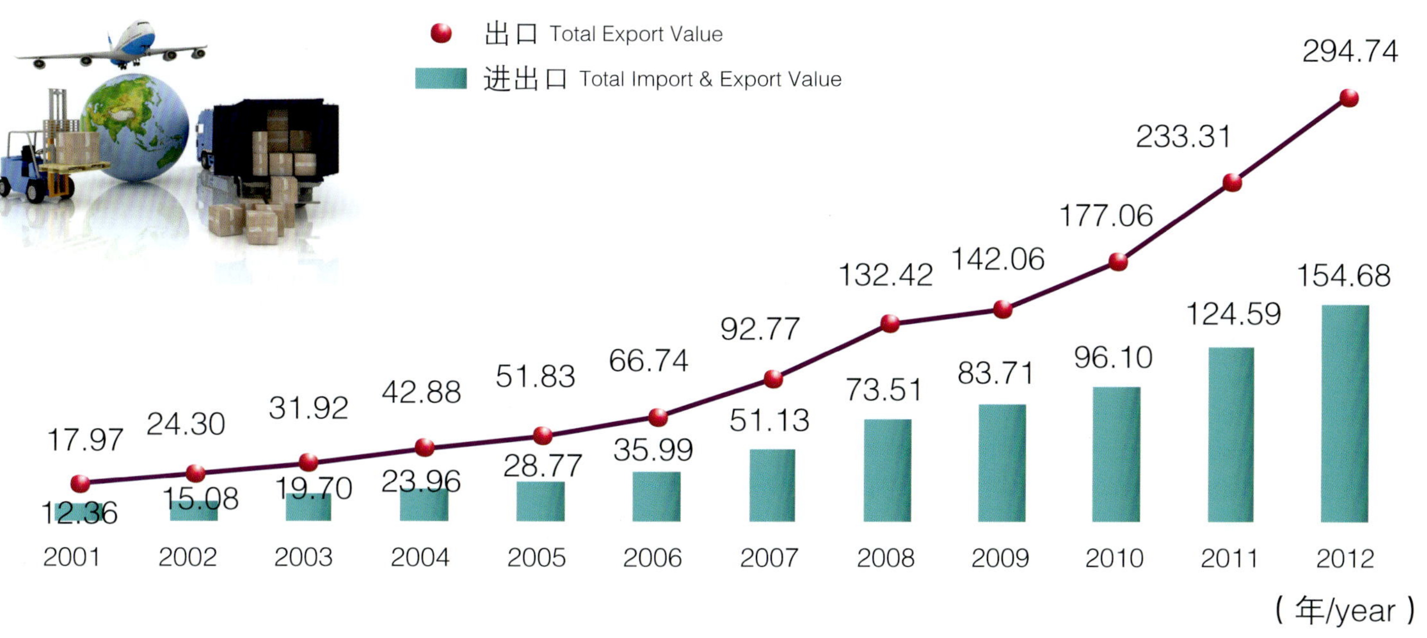

外商直接投资（亿美元）

Foreign Direct Investment （USD 100 million）

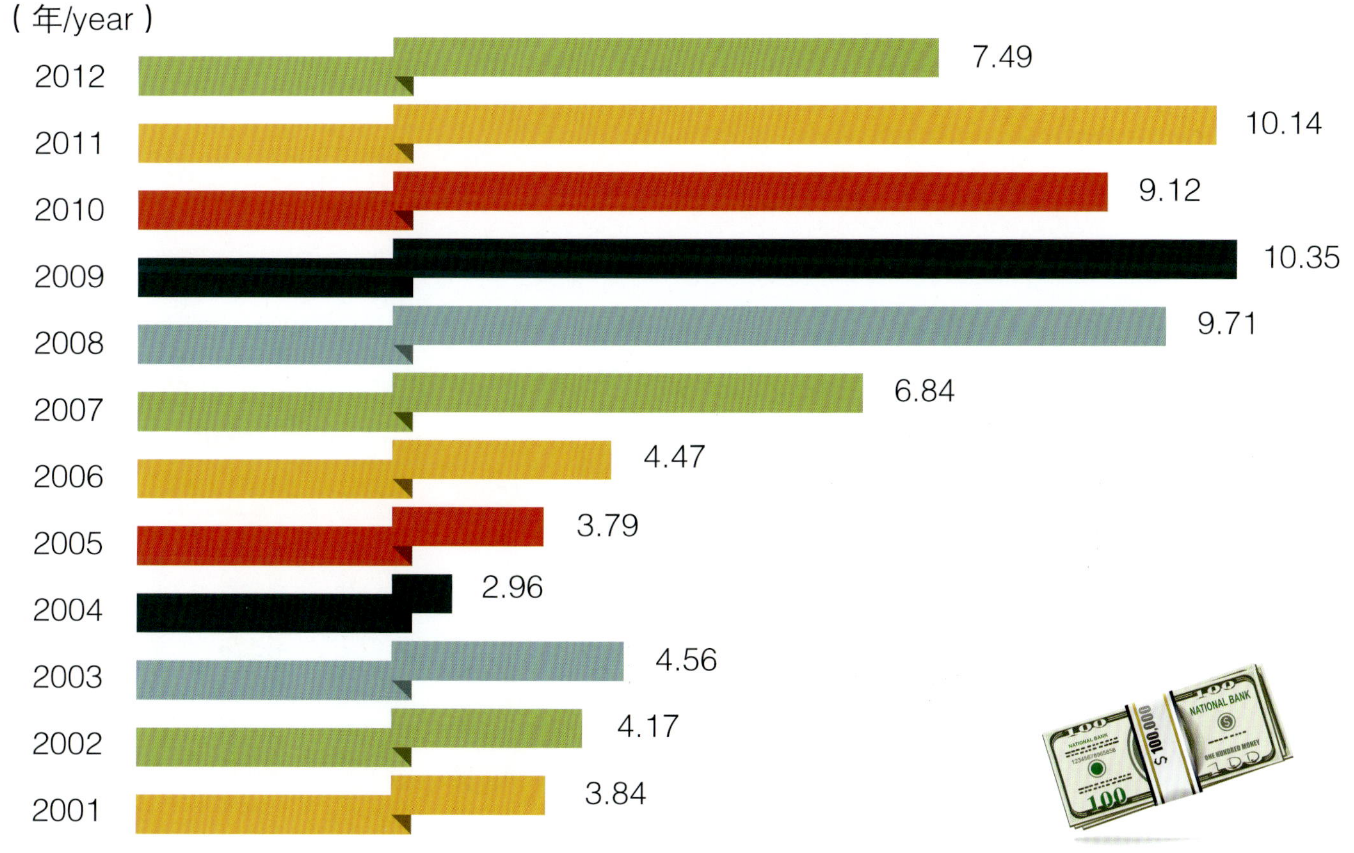

国际旅游人数（万人次）

Number of International Tourism （10 000 person-times）

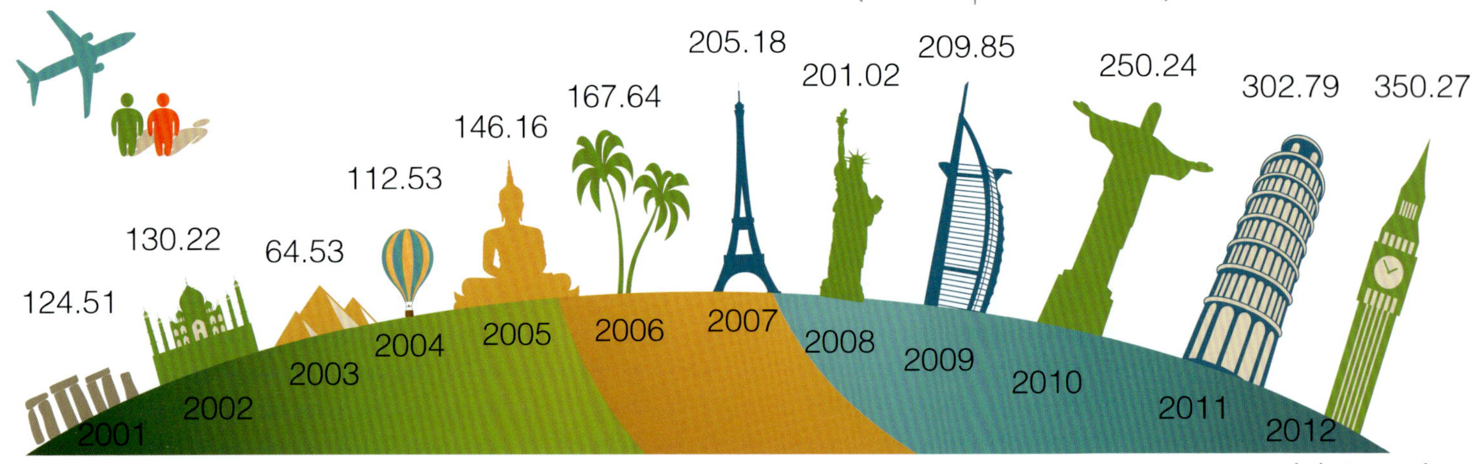

（年/year）

国际旅游外汇收入（亿美元）

Income of International Tourism （USD 100 million ）

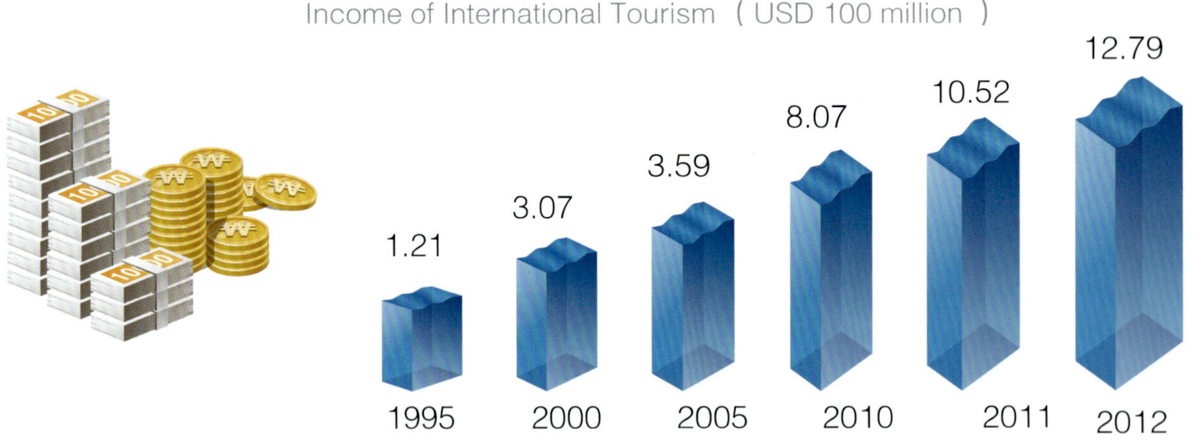

（年/year）

每万元GDP消费能源（吨标准煤）

Per 10 000 Yuan GDP Energy Consumption （ton of SCE）

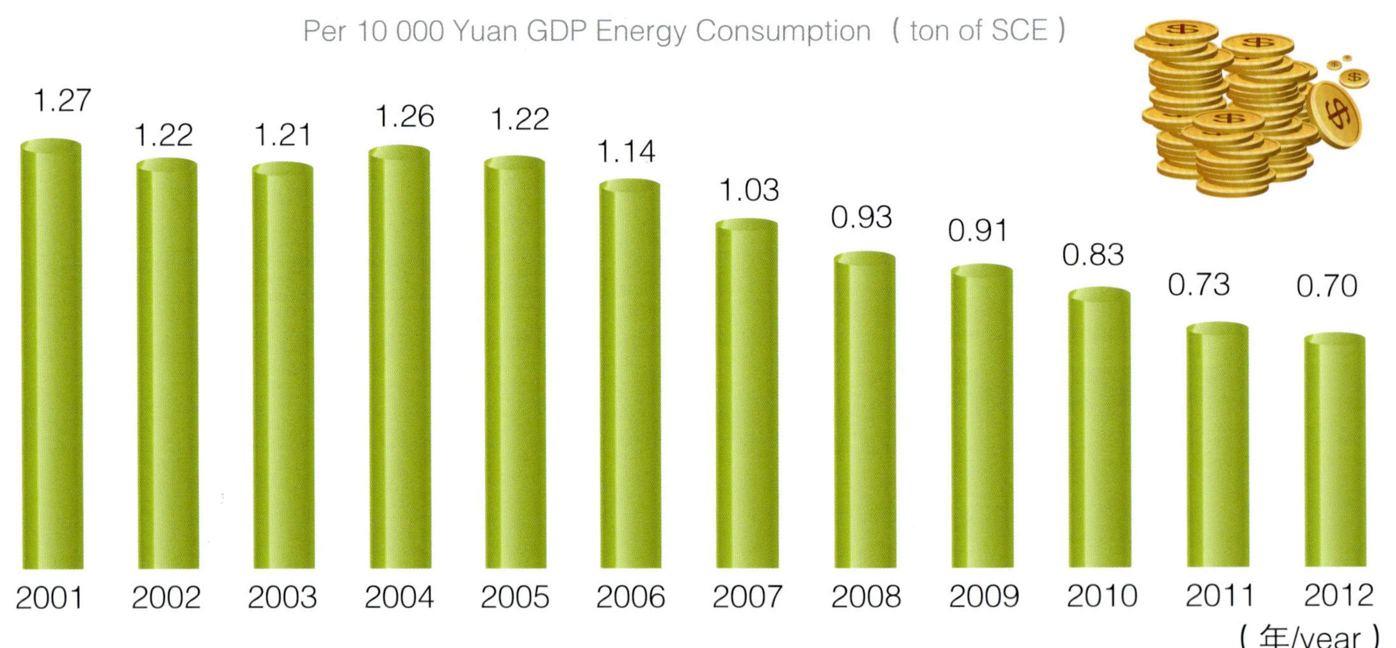

002
008
Guangxi Statistical Yearbook

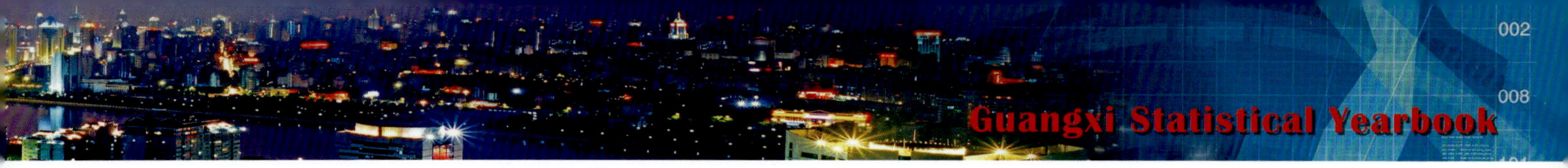

每万元工业总产值消费能源（吨标准煤）

Per 10 000 Yuan Gross Output Value of Industry Energy Consumption （ton of SCE）

（年/year）
2012 0.38
2011 0.41
2010 0.47
2009 0.60
2008 0.63
2007 0.72
2006 0.83
2005 0.97
2004 0.95
2003 1.11
2002 1.17
2001 1.22

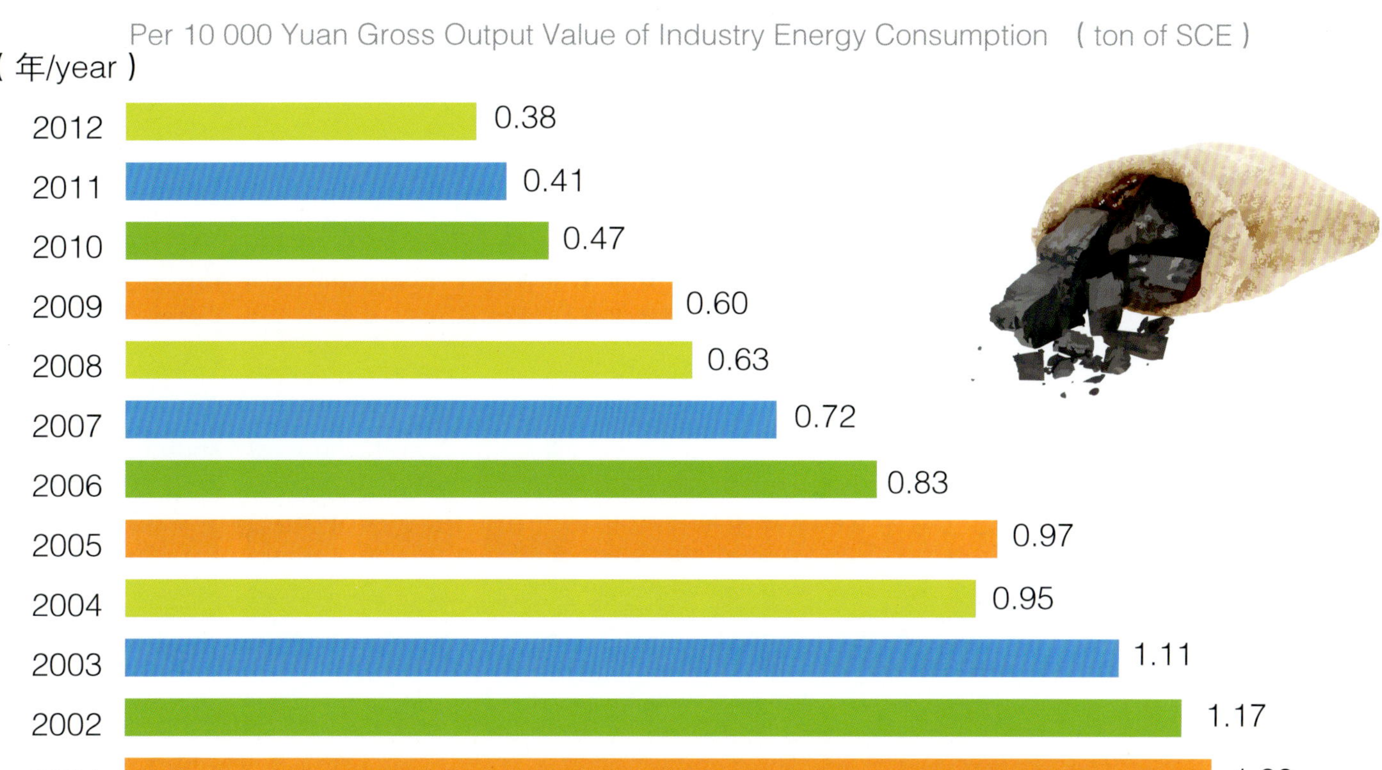

消费弹性系数

Elasticity Ratio of Energy Consumption

能源消费弹性系数
Elasticity Ratio of Energy Consumption
电力消费弹性系数
Elasticity Ratio of Electricity Consumption
2001 1.03 0.37
2002 0.26 0.73
2003 1.44 1.58
2004 2.19 0.84
2005 1.18 0.89
2006 0.79 1.00
2007 0.75 1.17
2008 0.65 0.91
2009 0.64 0.84
2010 0.84 1.13
2011 0.69 0.98
2012 0.58 0.33
（年/year）

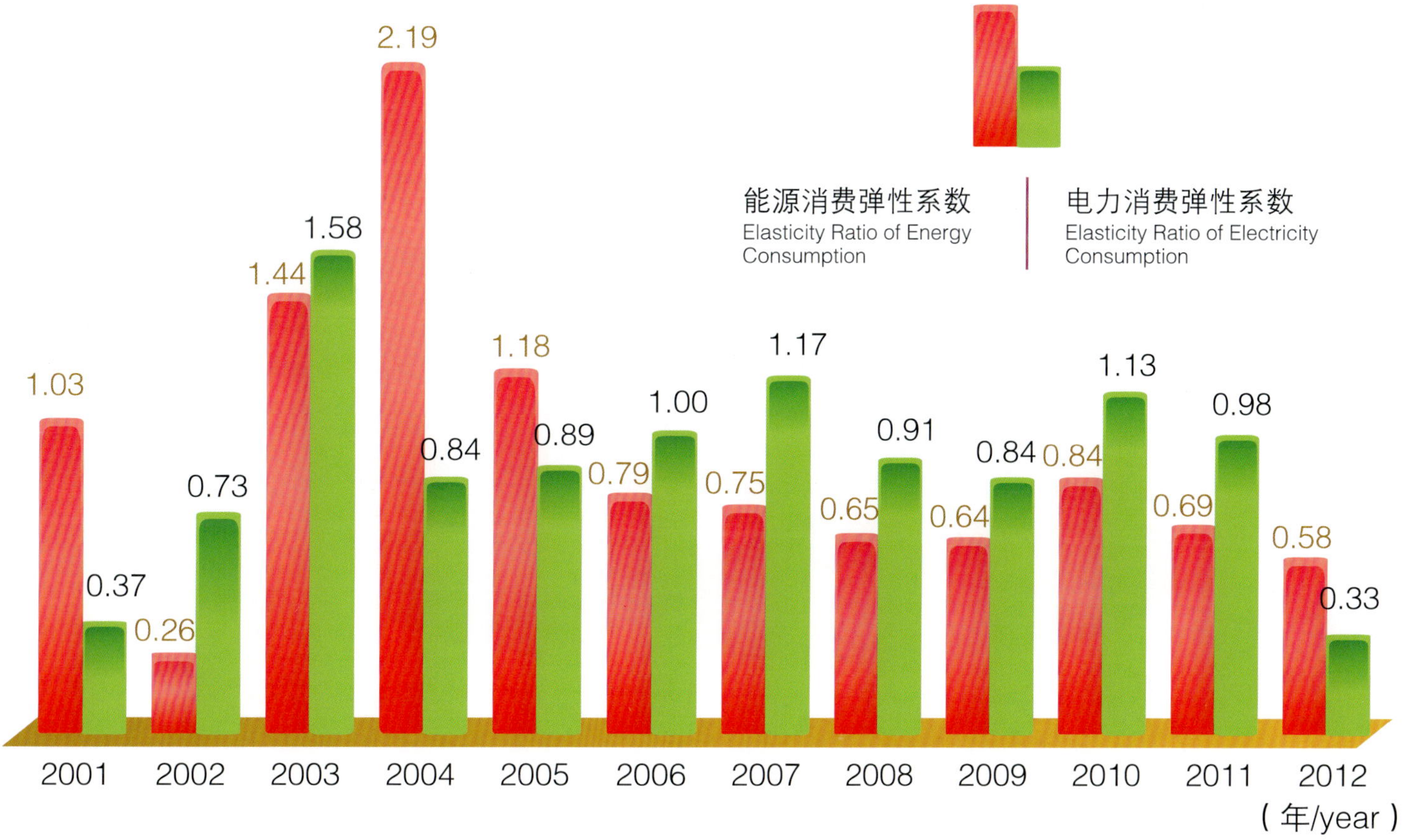

财政收入（亿元）

Financial Revenue （100 million yuan）

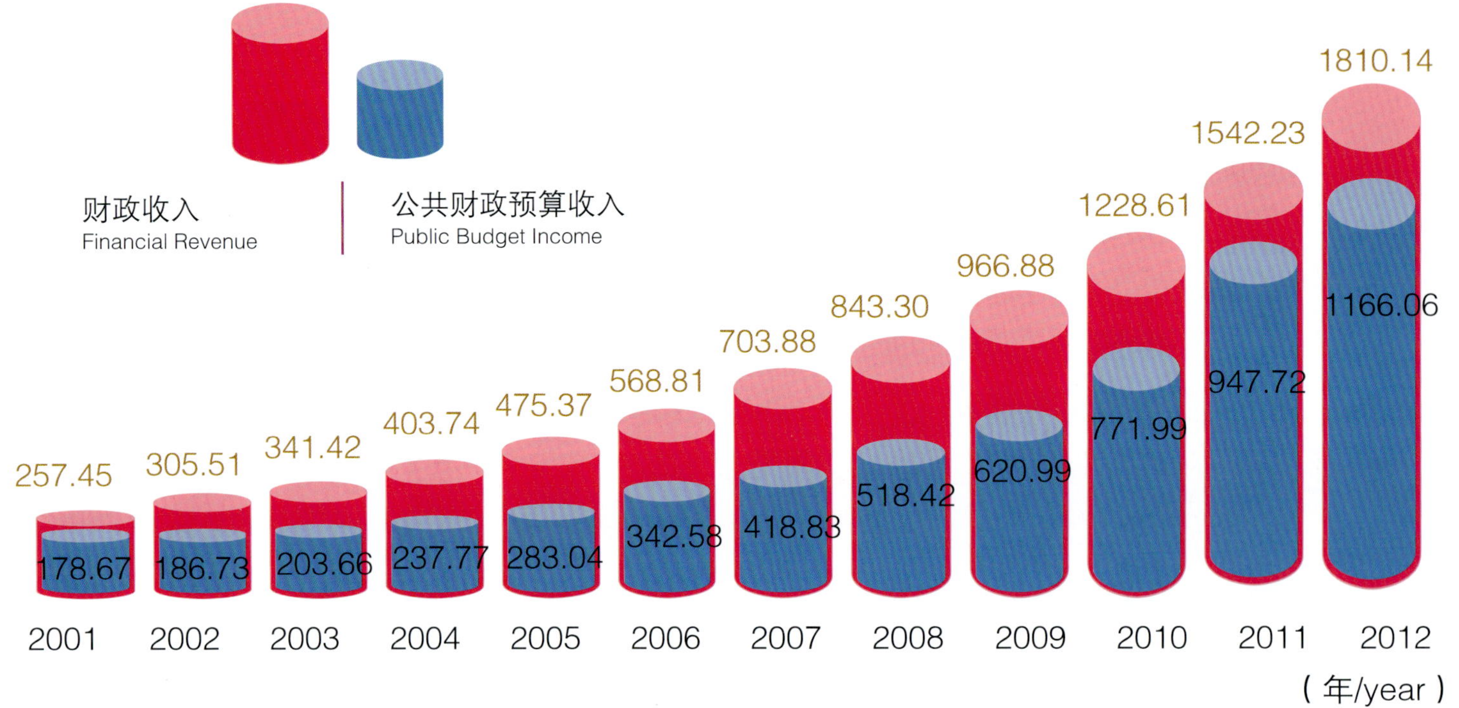

财政支出构成（%）

Composition of Local Government Expenditure（%）

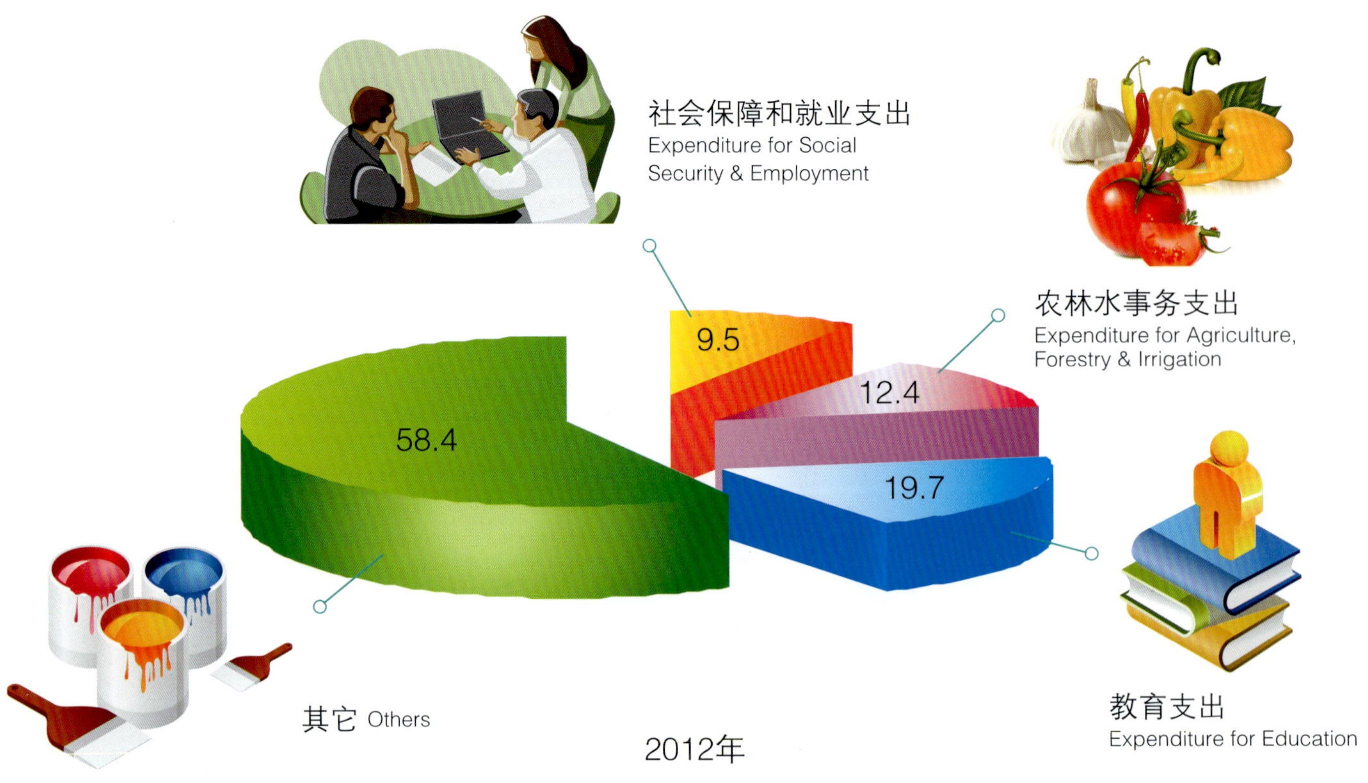

个人存款（亿元）

Personal Deposits （100 million yuan）

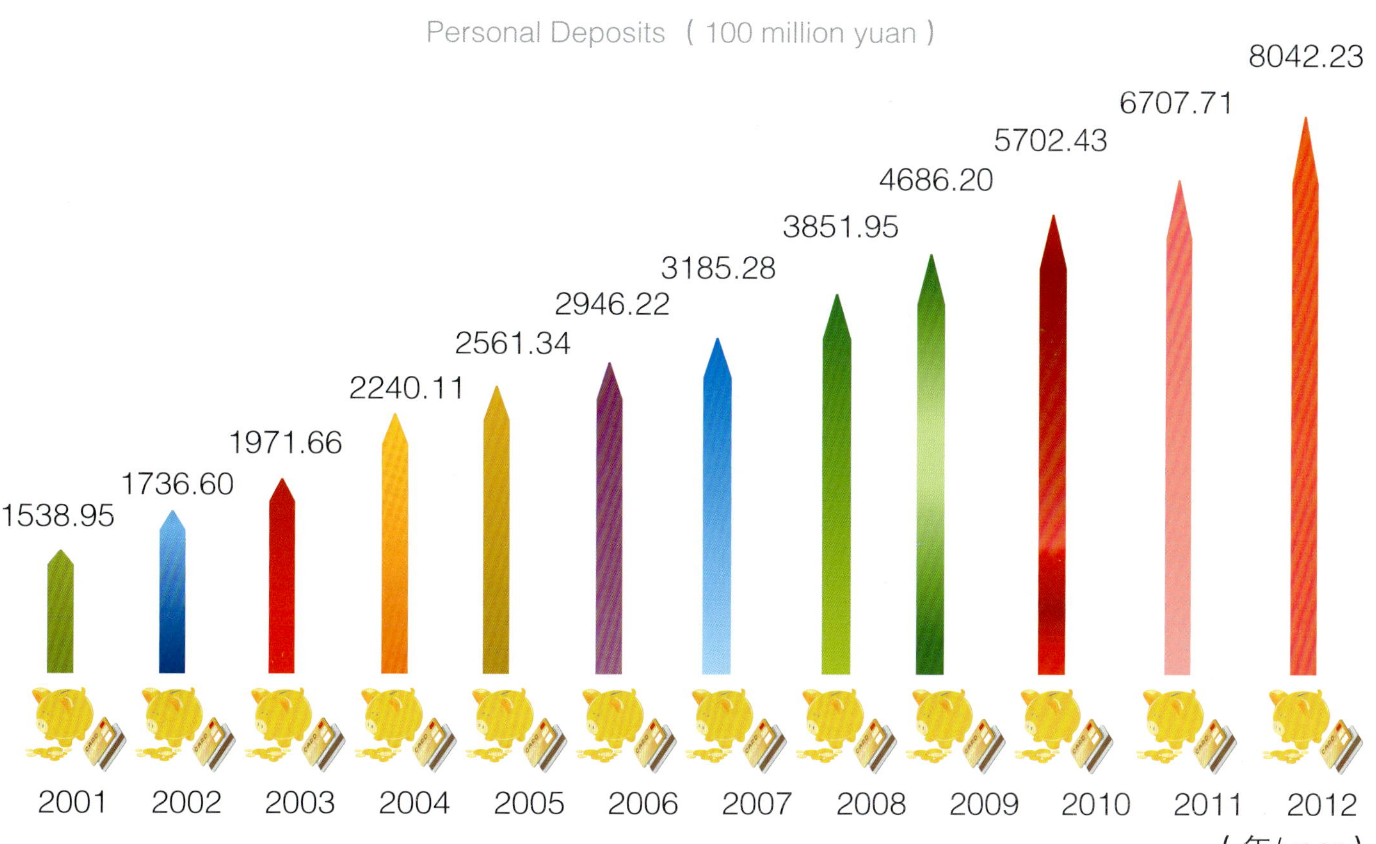

物价指数（上年=100）

Price Indices （preceding year = 100）

居民消费价格指数 Consumer Price Index

商品零售价格指数 Retail Price Index

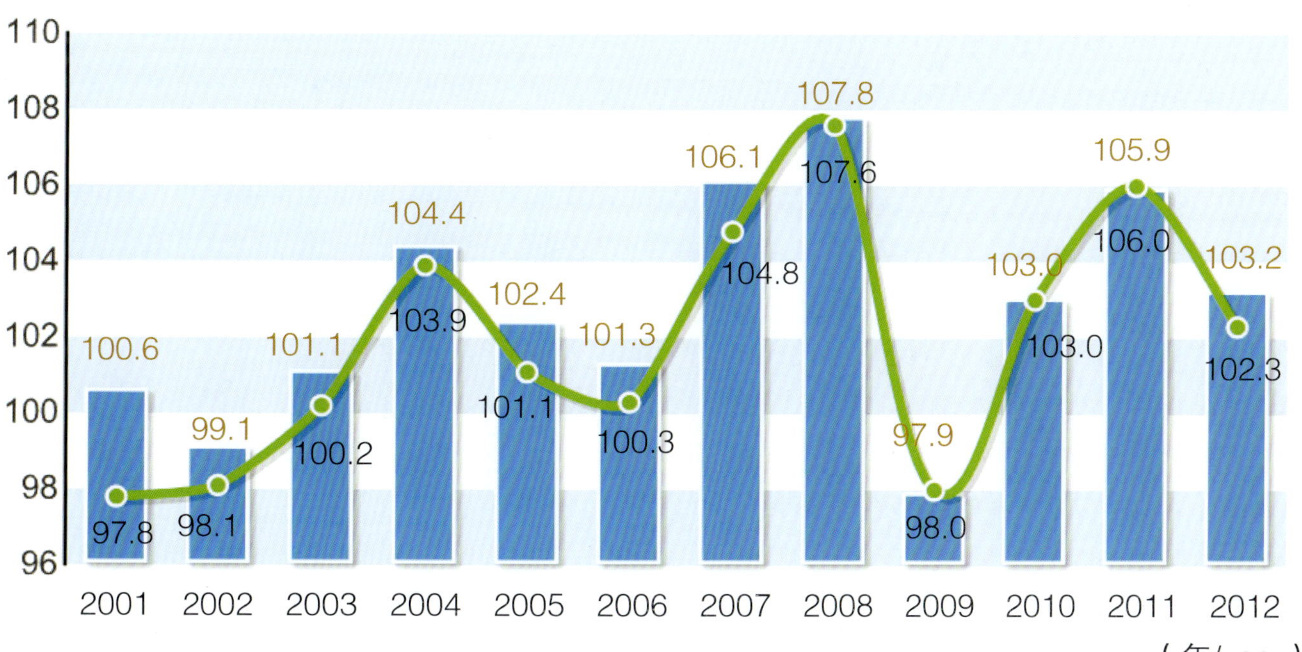

居民消费价格指数（上年=100）

Consumer Price Index （preceding year = 100）

工业生产者出厂价格指数、工业生产者购进价格指数（上年=100）

Producer Price Indices for Industrial Products，Purchasing Price Indices for Industrial Producers （preceding year = 100）

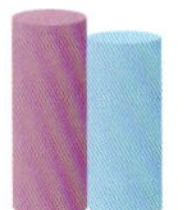

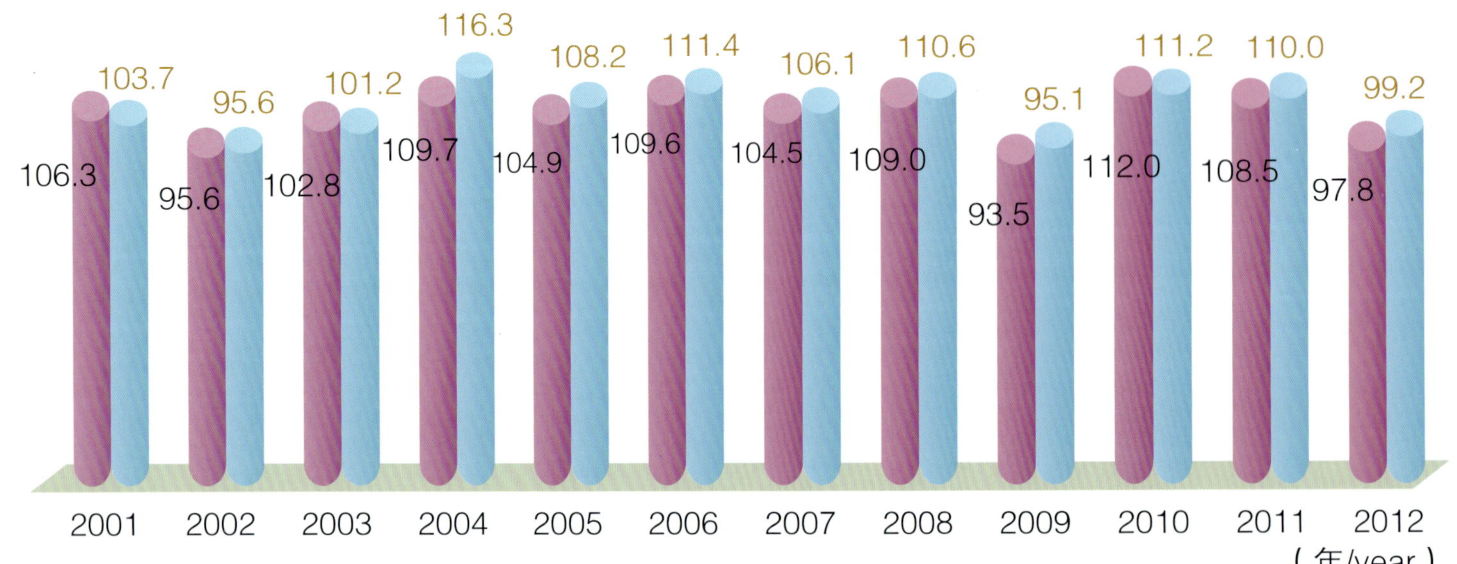

城镇居民人均可支配收入（元）

Per Capita Annual Disposable Income of Urban Households （yuan）

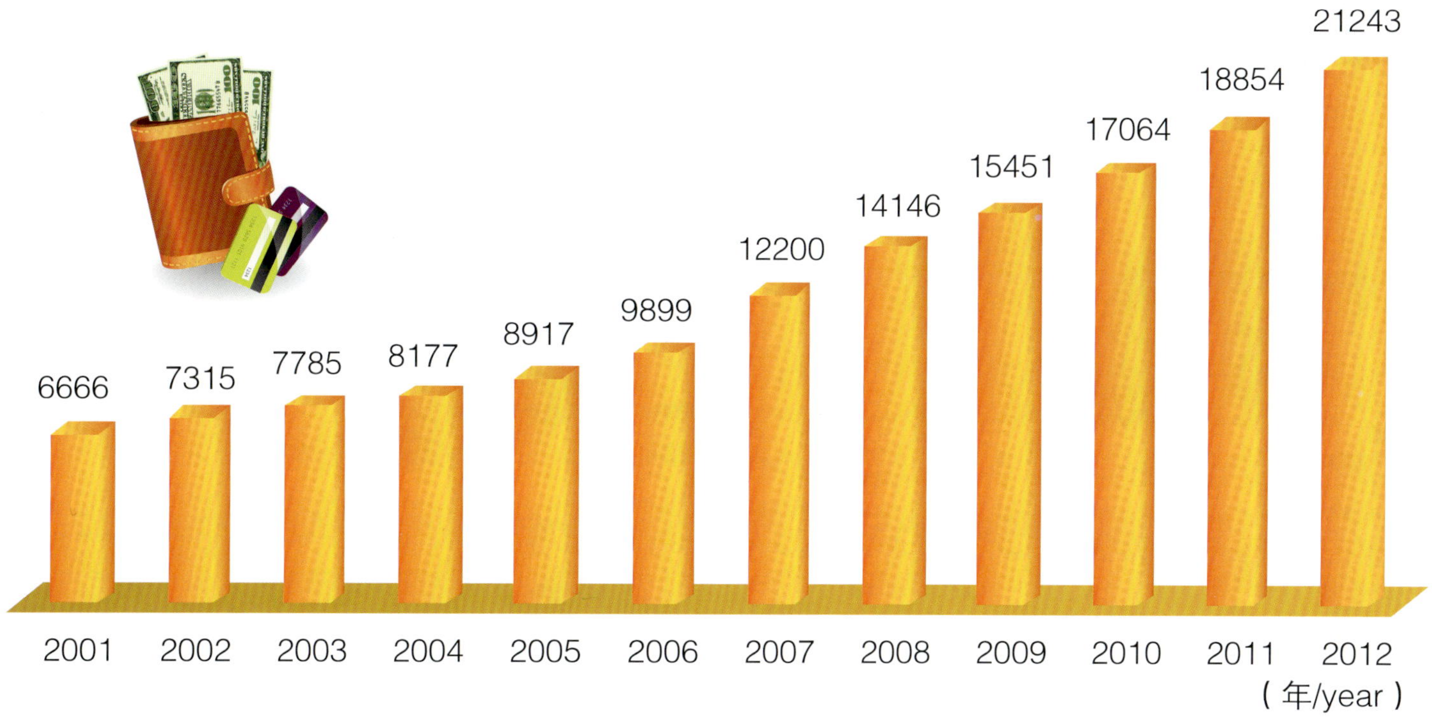

农民人均纯收入（元）

Per Capita Annual Net Income of Rural Househlds （yuan）

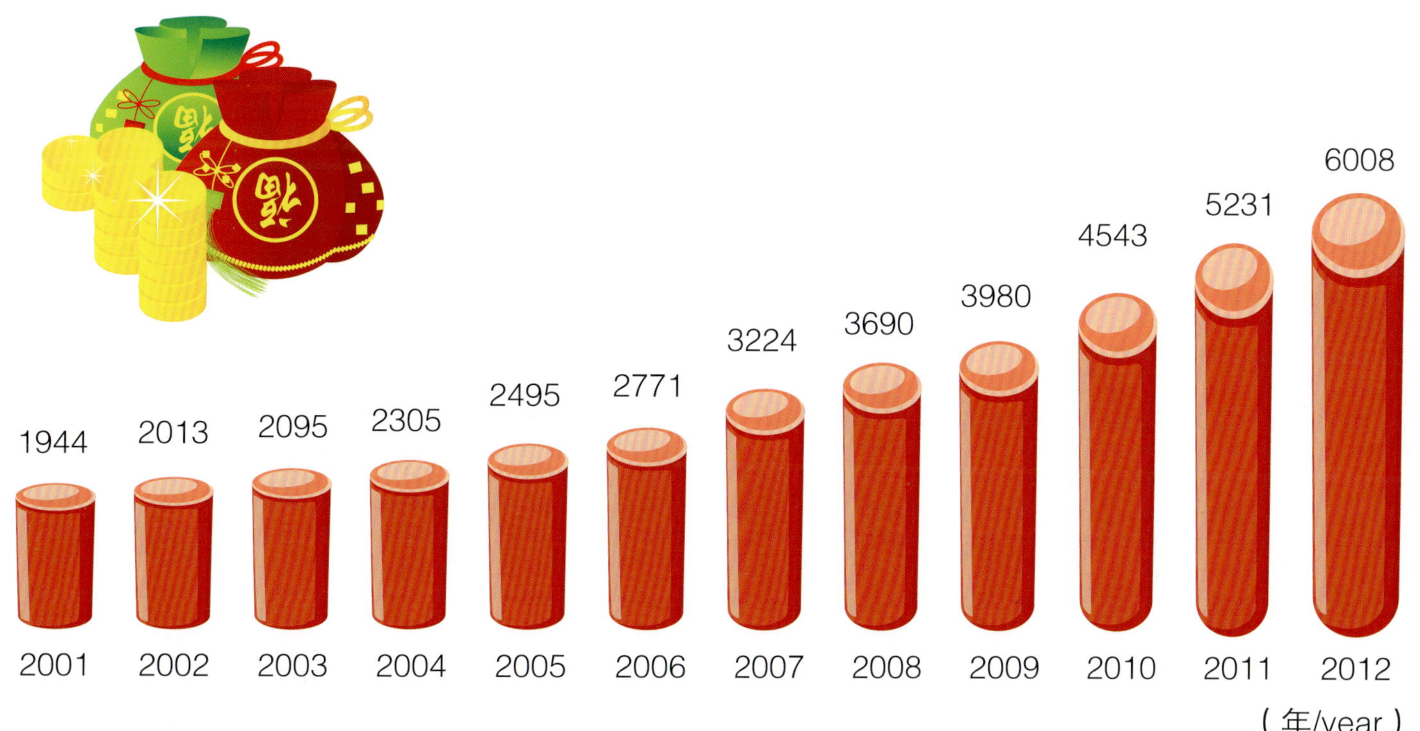

2012年城乡居民人均消费构成（%）

Composition of Per Capita Annual Consumption Expenditure of Urban & Rural Households in 2012 (%)

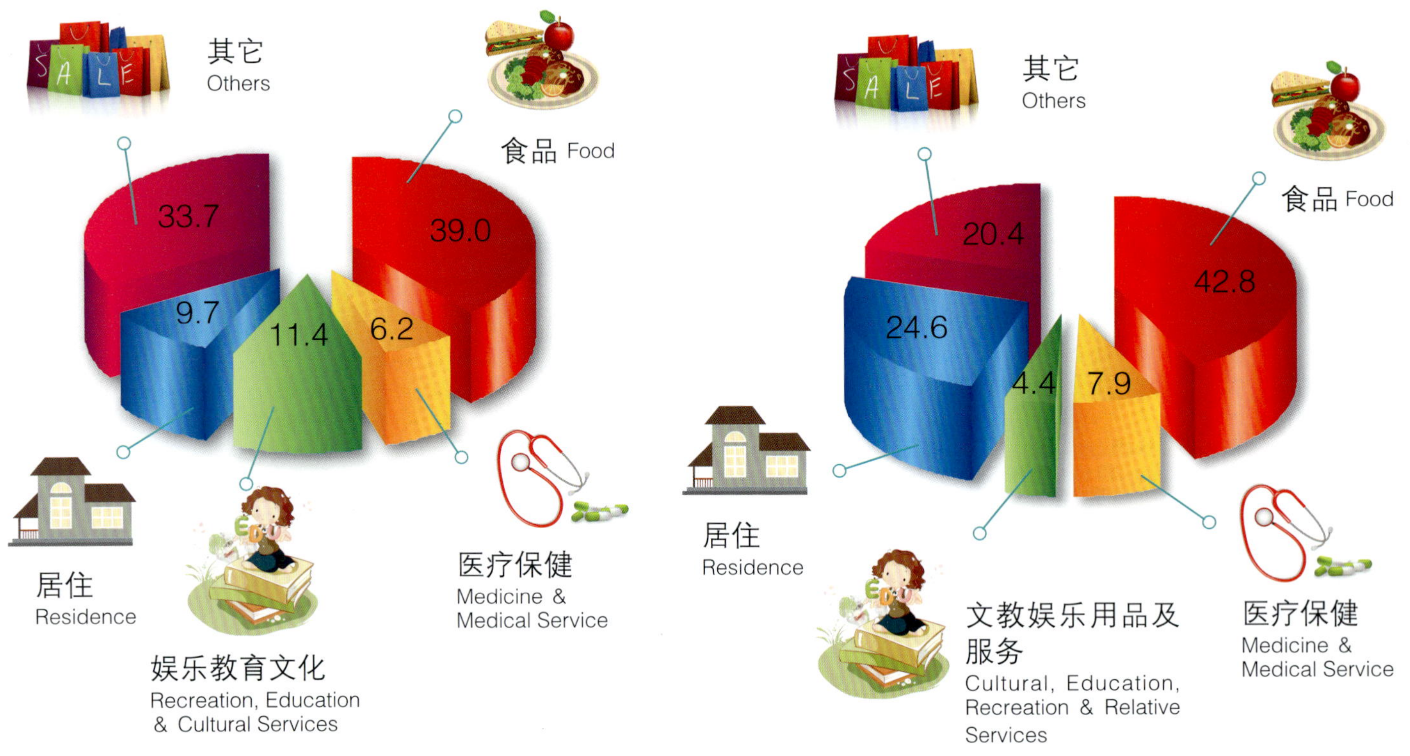

污染治理投资完成额（亿元）

Completed Investment in Pollution Treatment（100 million yuan）

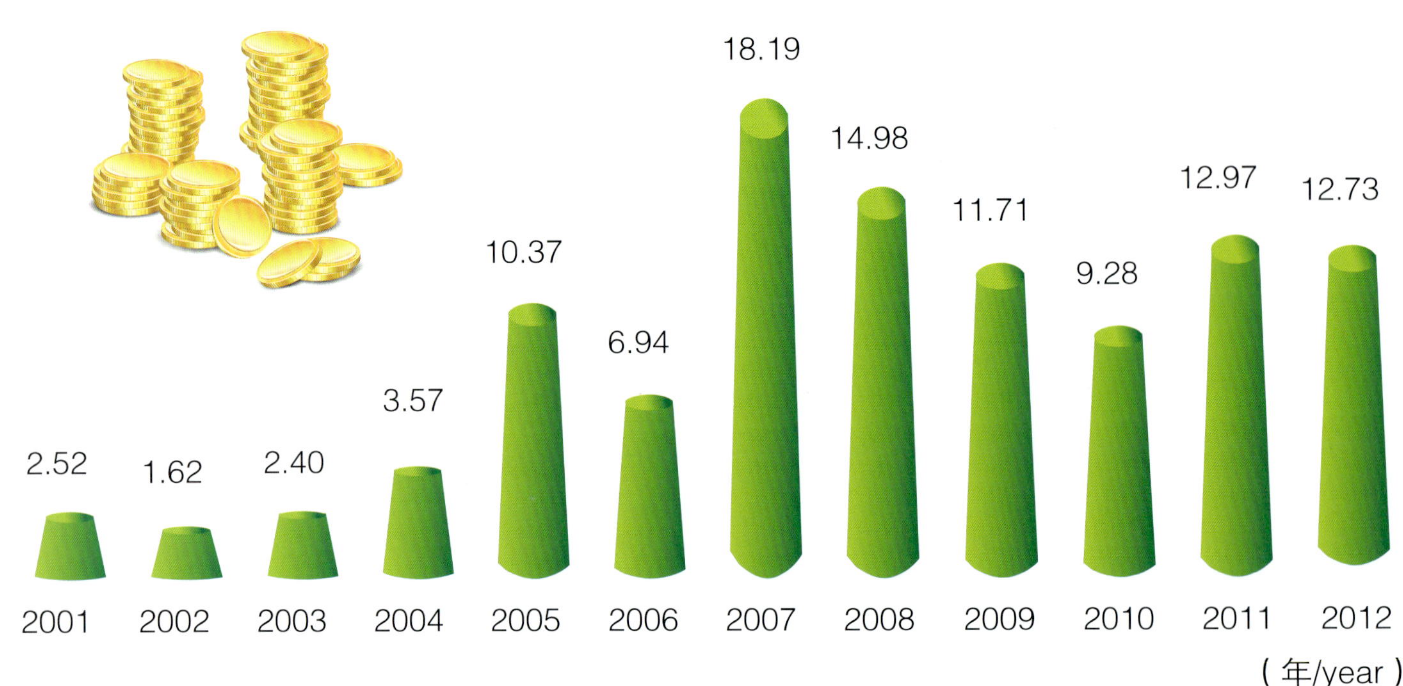

公园绿地面积（公顷）

Park Green Area （ hectare ）

污水处理能力（万立方米/日）

Treatment Capacity of Pol luted Water （10 000 cu.m/day）

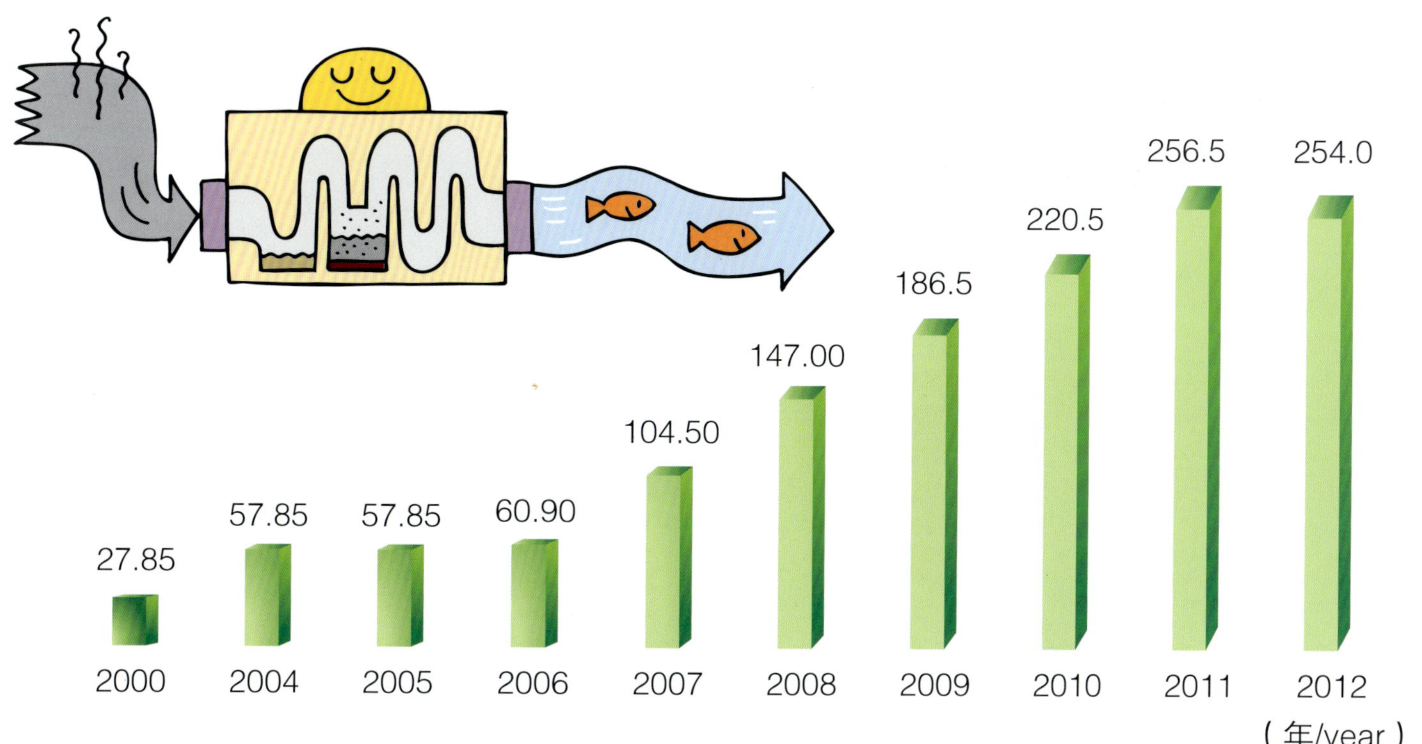

农林牧渔业总产值（当年价，亿元）

Gross Output Value of Farming,Forestry,Animal Husbandry & Fishery (at current prices,100 million yuan)

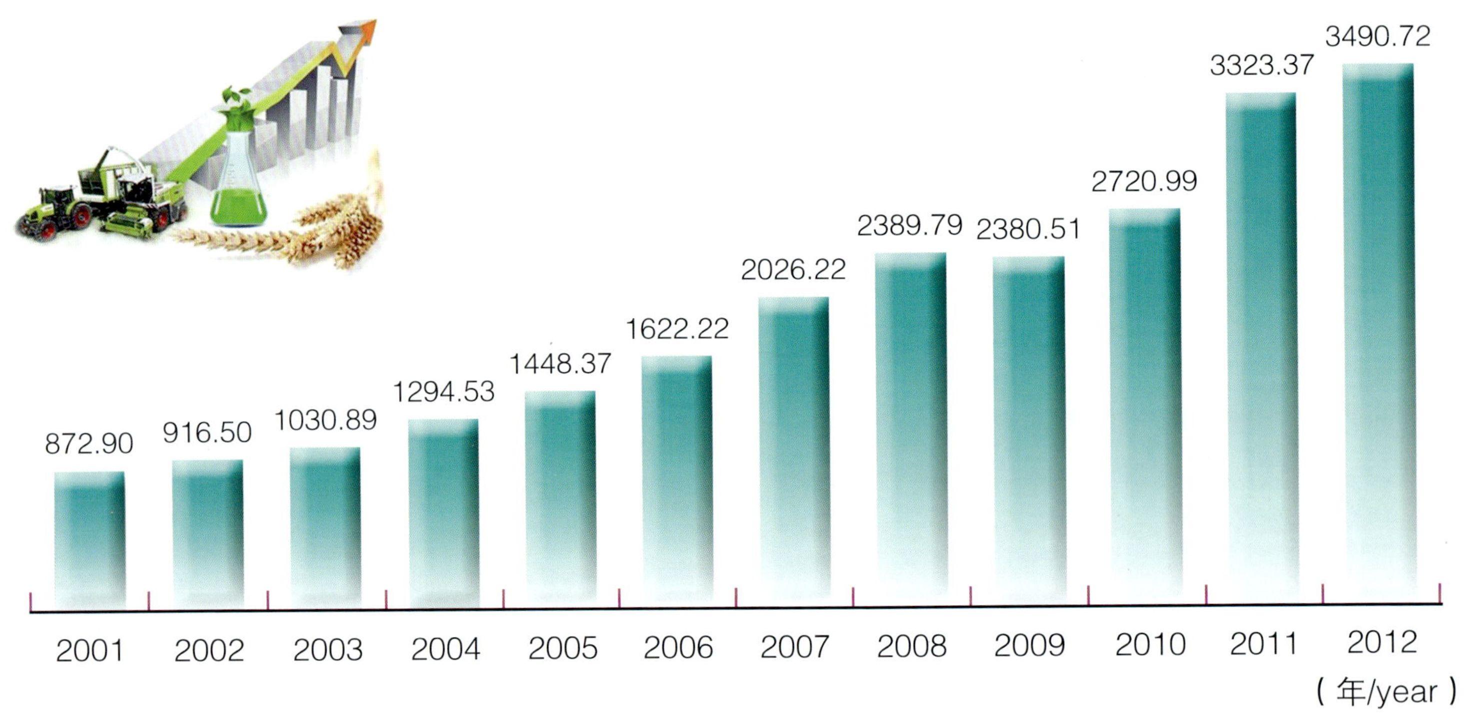

农林牧渔业总产值构成（%）

Composition of Gross Output Value of Farming,Forestry,Animal Husbandry & Fishery（%）

- 农业 Farming
- 林业 Forestry
- 牧业 Animal Husbandry
- 渔业 Fishery
- 农林牧渔服务业 Service Industry for Farming,Forestry,Animal Husbandry & Fishery

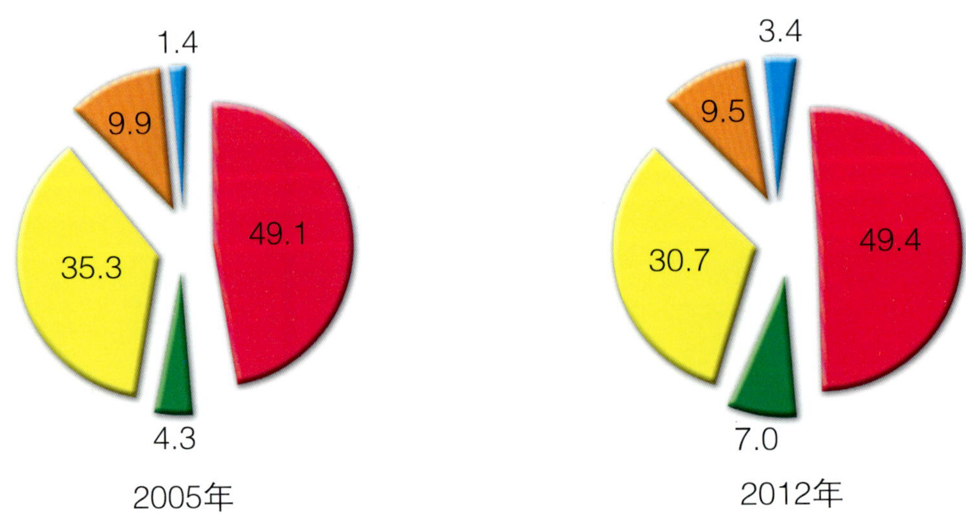

人均农产品产量（公斤）

Per Capita Major Agricultural Products (kg)

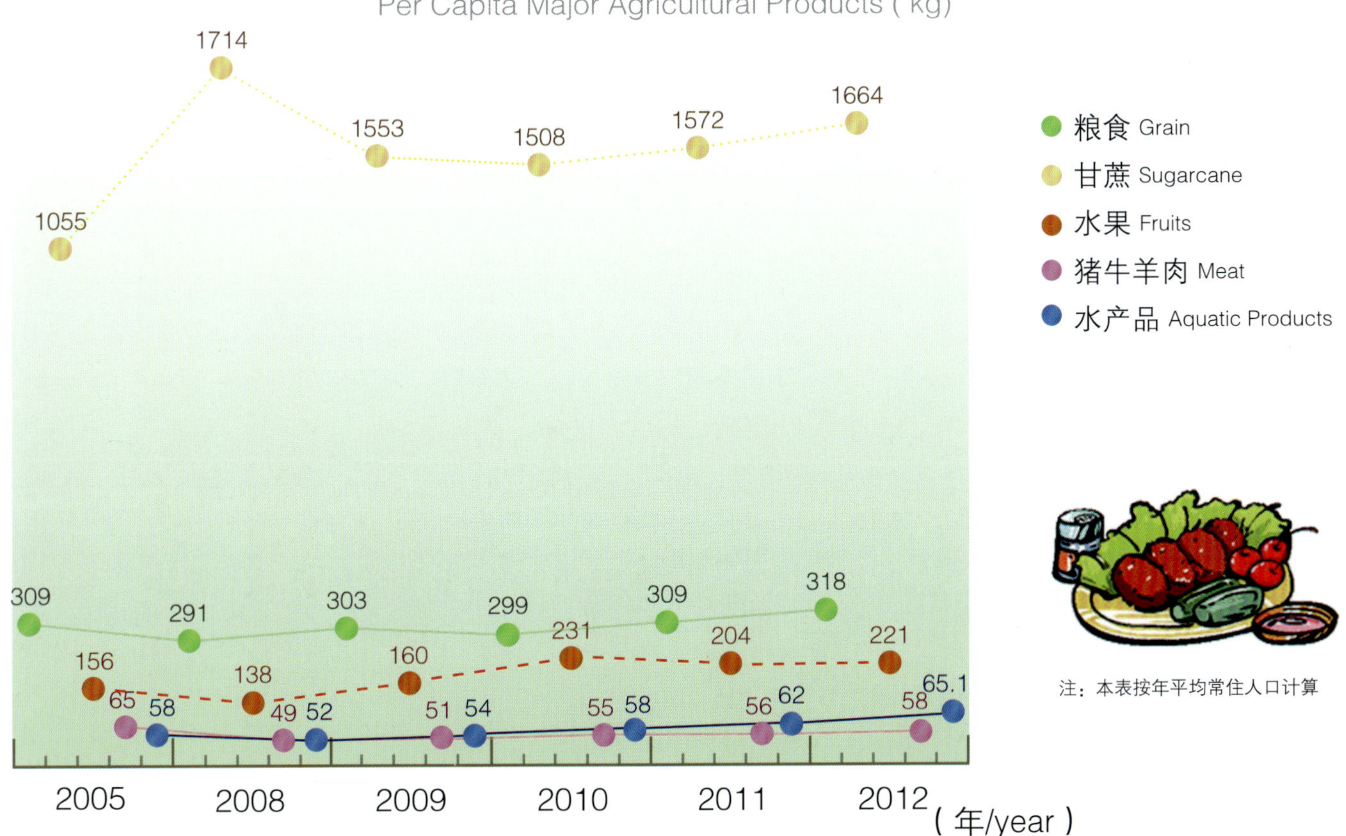

注：本表按年平均常住人口计算

全部工业总产值（当年价，亿元）

All Included Gross Industrial Output Value
(At Current Prices,100 million yuan)

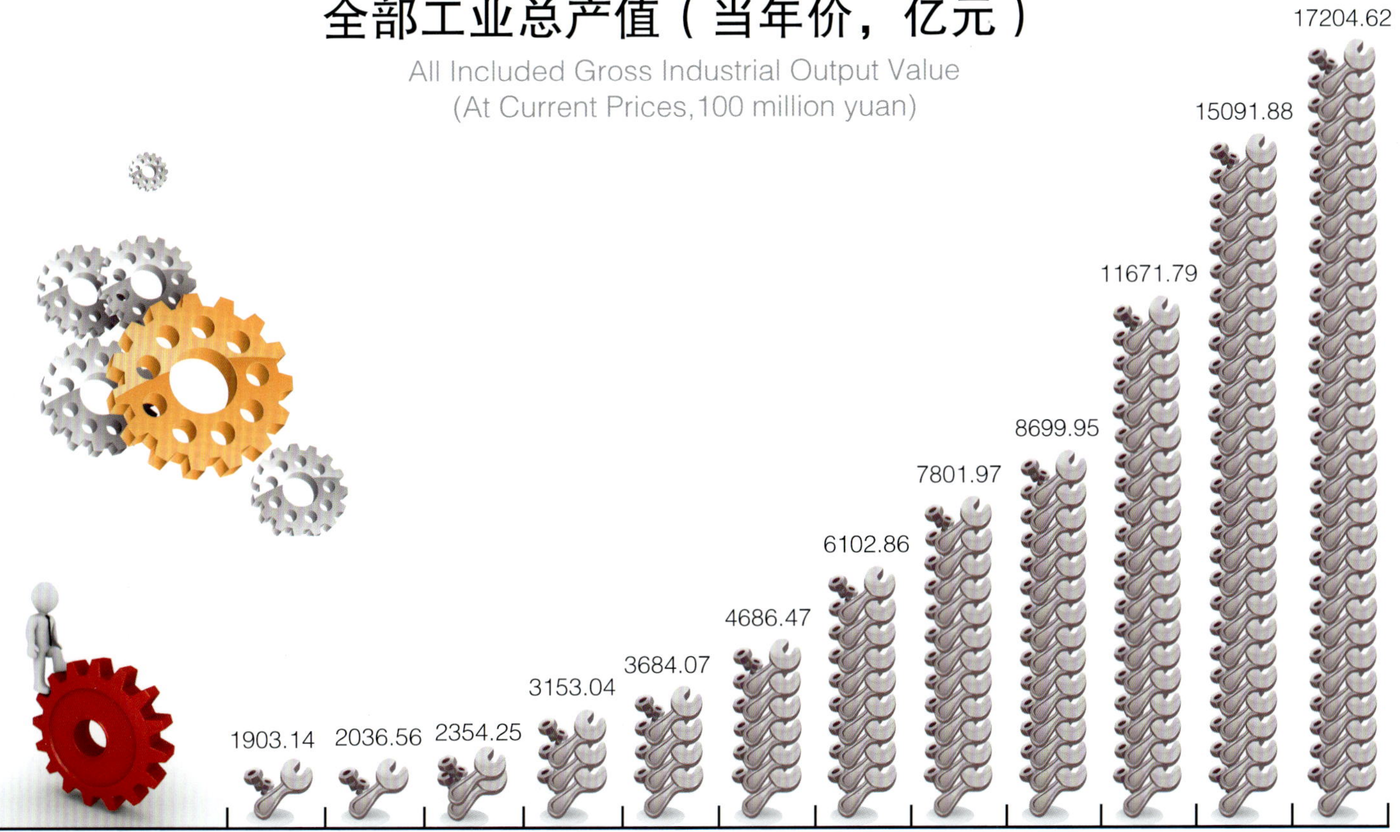

规模以上工业利润总额（亿元）

Total Profits of Industrial Enterprises above Designated Size
(100 million yuan)

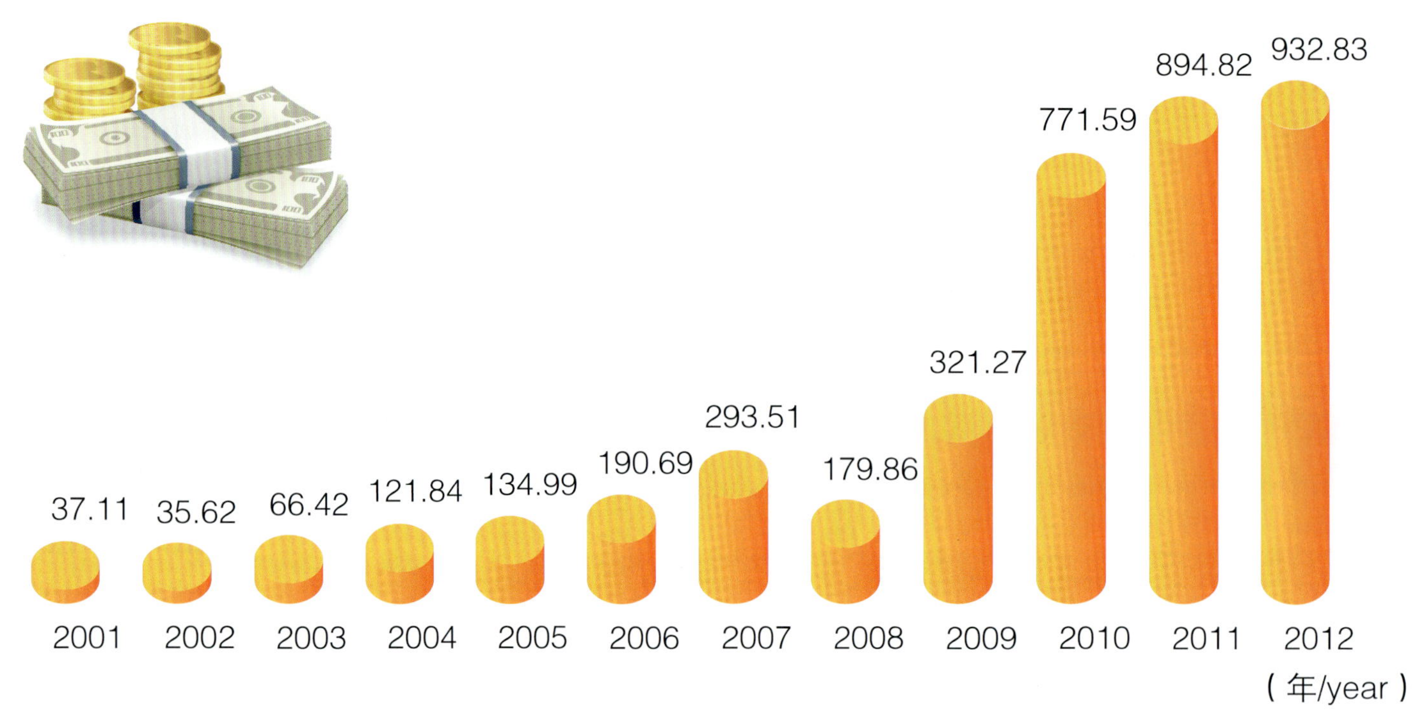

建筑业总产值（三级及三级以上，亿元）

Gross Output Value of Construction Enterprises
(Third & Higher Grade,100 million yuan)

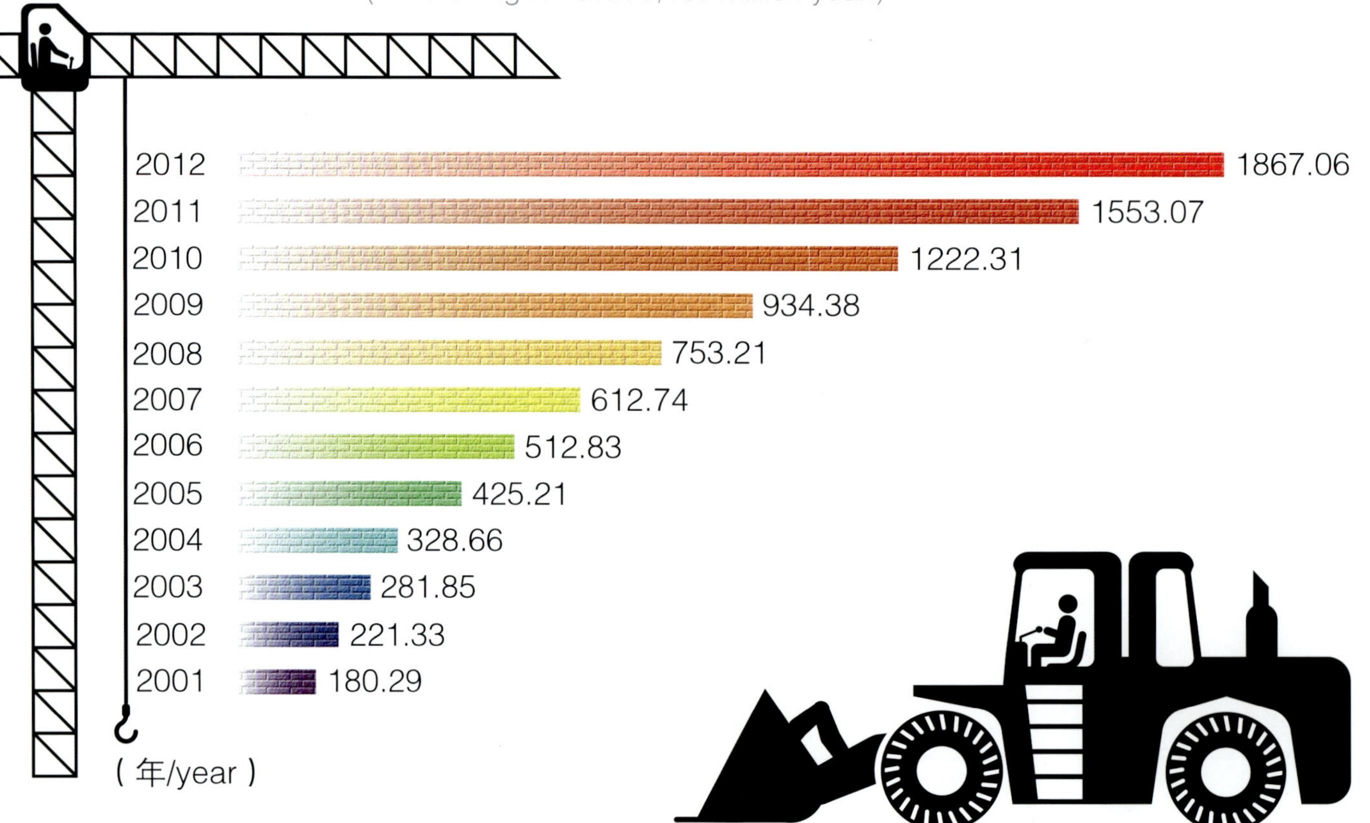

建筑业从业人员（三级及三级以上企业，万人）

Number of Employed Persons in Construction Enterprises
(Third & Higher Grade，10 000 persons)

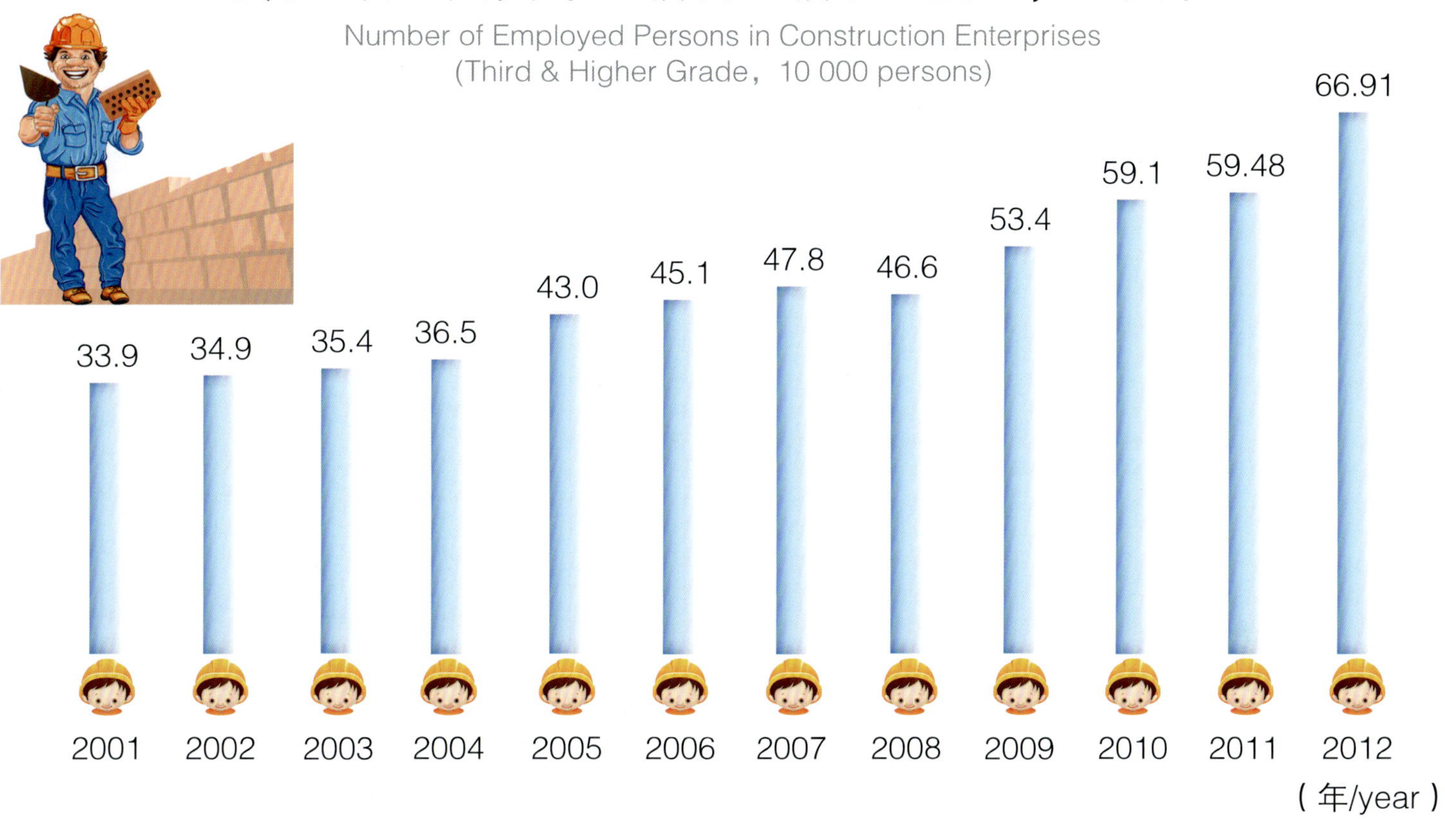

客货运输量

Total Passenger & Freight Traffic

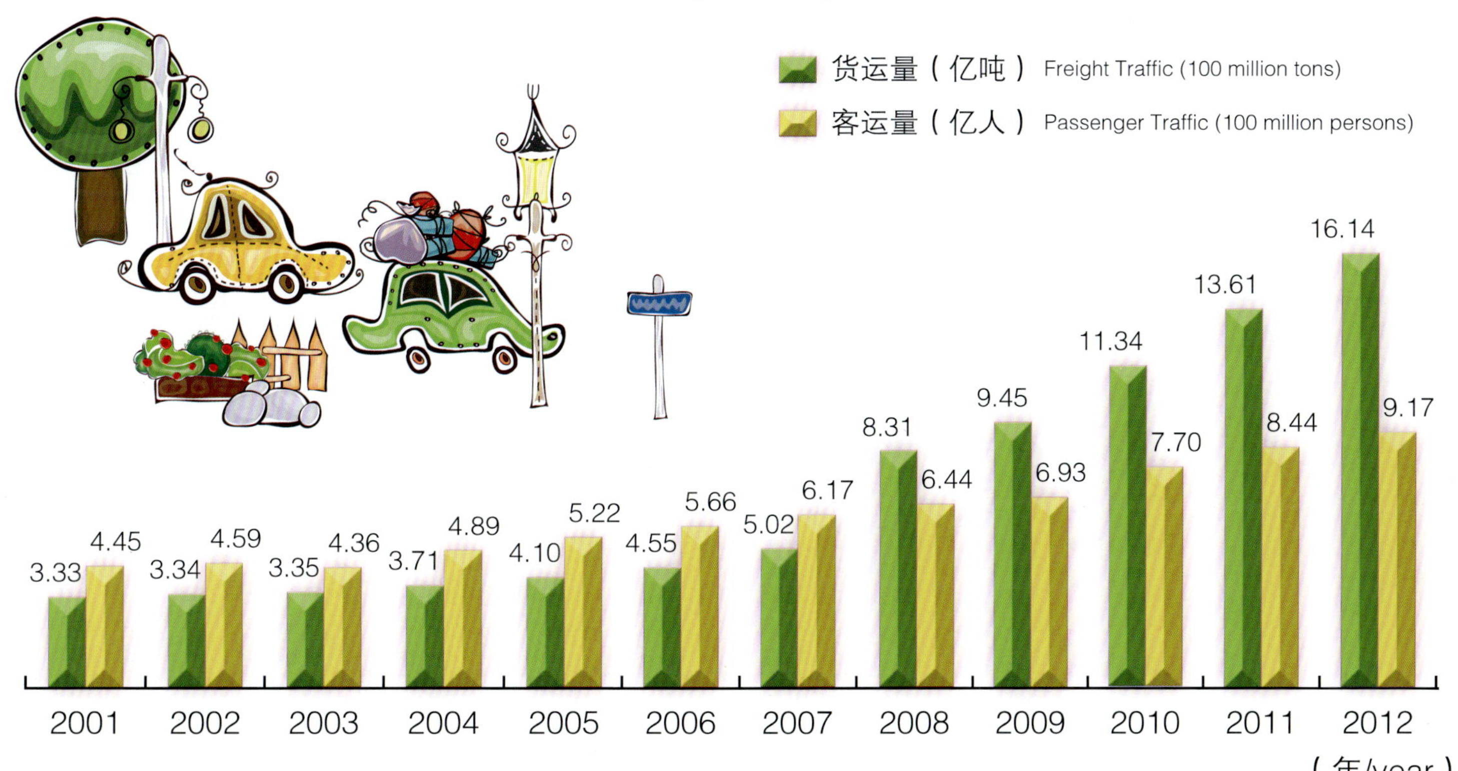

高速公路里程（公里）

Lenth of Expressway (km)

（年/year）	
2012	2883
2011	2754
2010	2574
2009	2395
2008	2181
2007	1879
2006	1545
2005	1411
2004	1157
2003	1011
2002	822
2001	822

平均每万人拥有电话机（部）

Average Number of Telephone Subscribers per 10 000 Persons Owned (set)

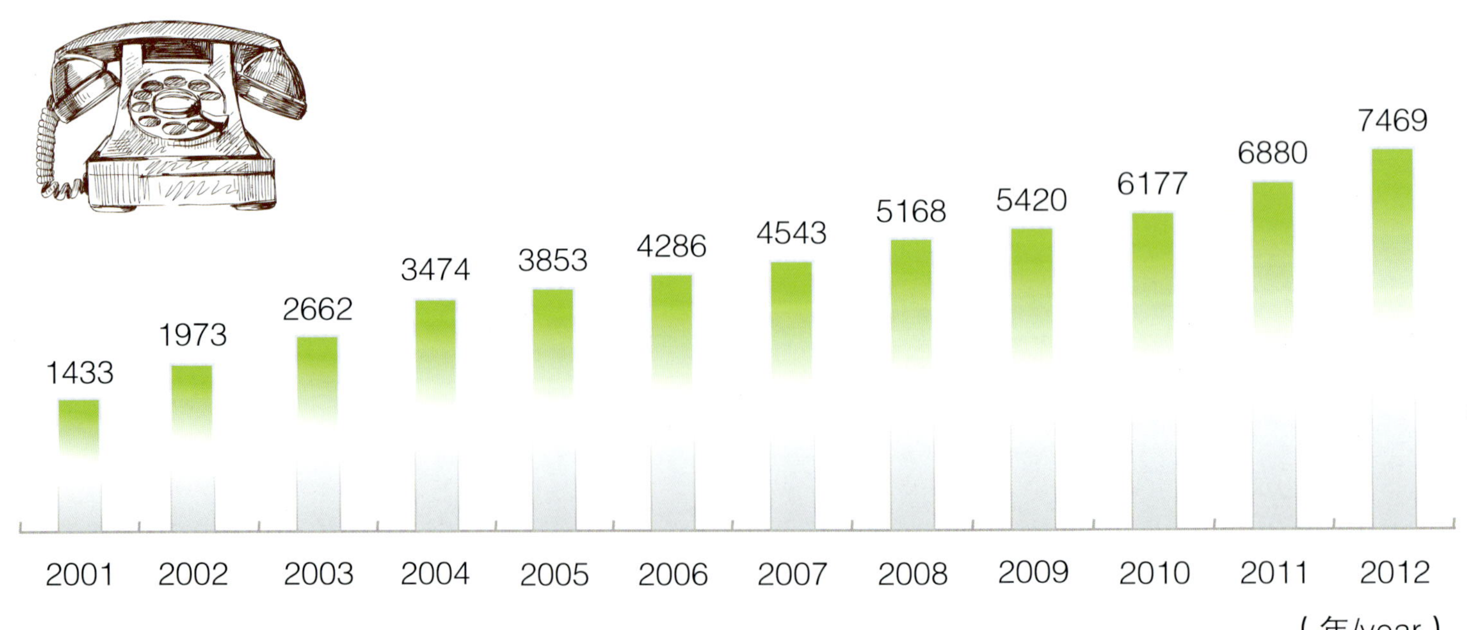

每万人在校大学生（人）

Number of University & College Students per 10 000 Persons (person)

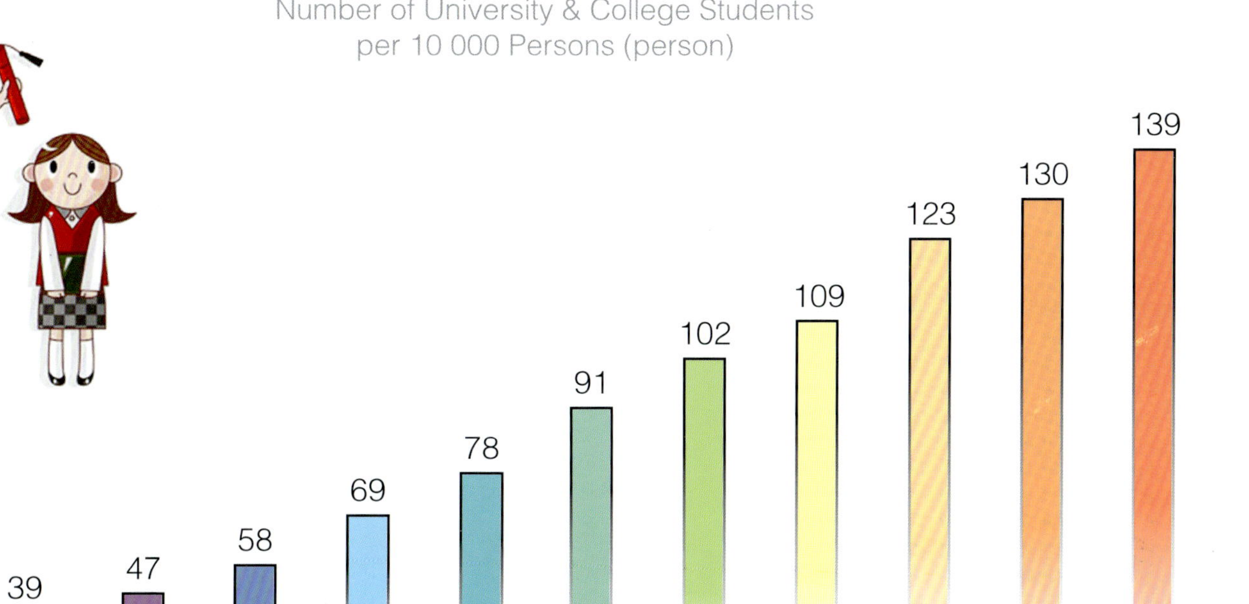

科技活动人员（万人）

Number of Persons Engaged in Scientific & Technological Activities(10 000 persons)

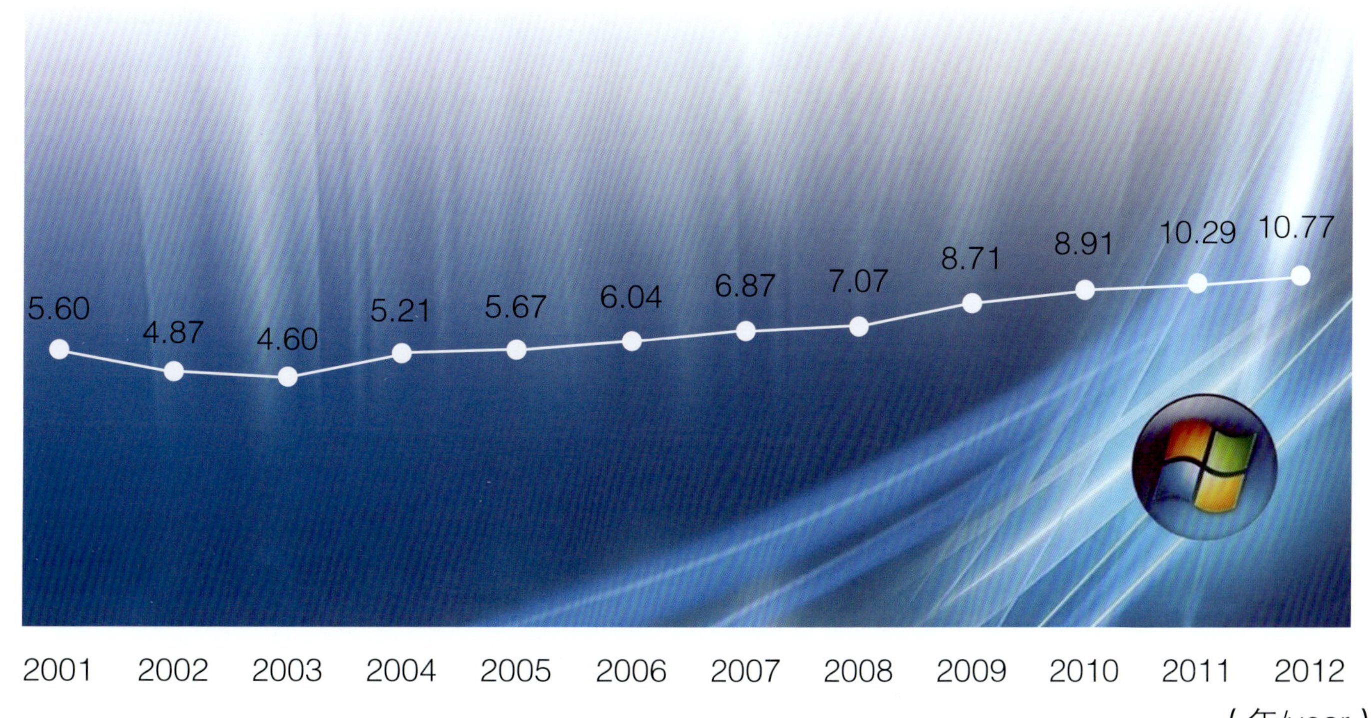

报纸、图书出版数量

Number of Pulications of Newspaper & Books

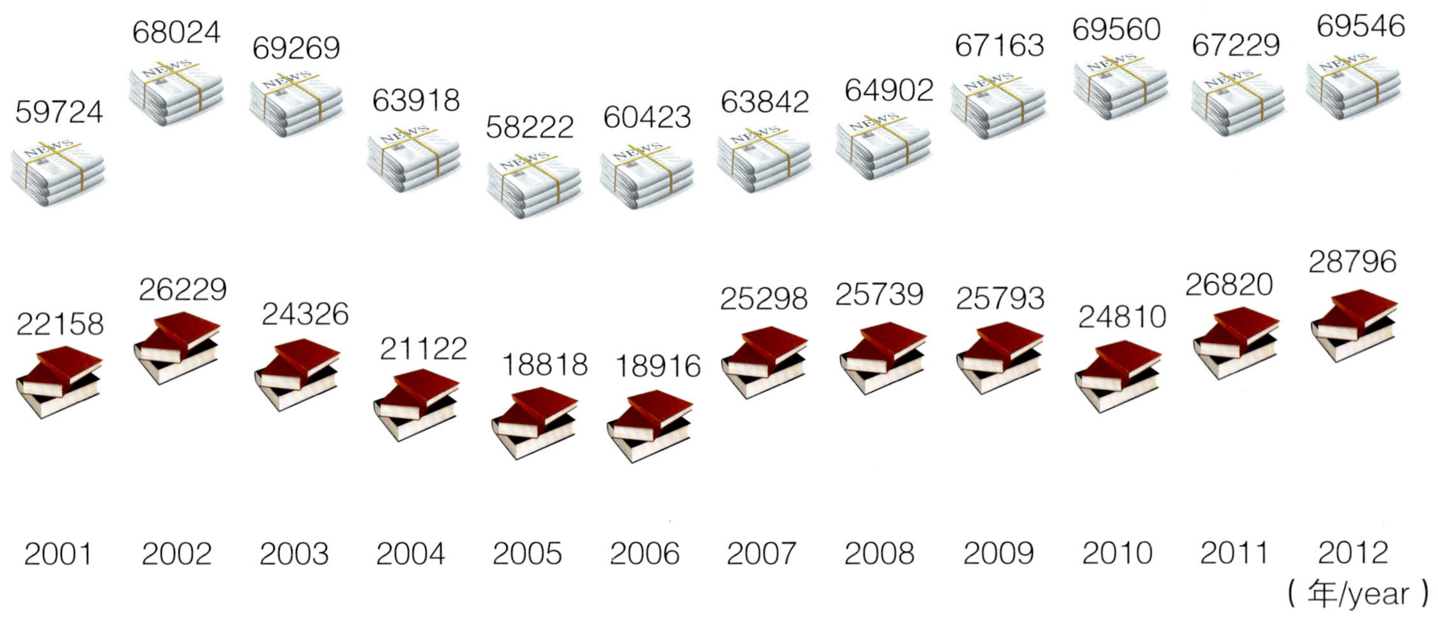

每万人医院、卫生院病床（张）

Number of Hospital Beds per 10 000 Persons (bed)

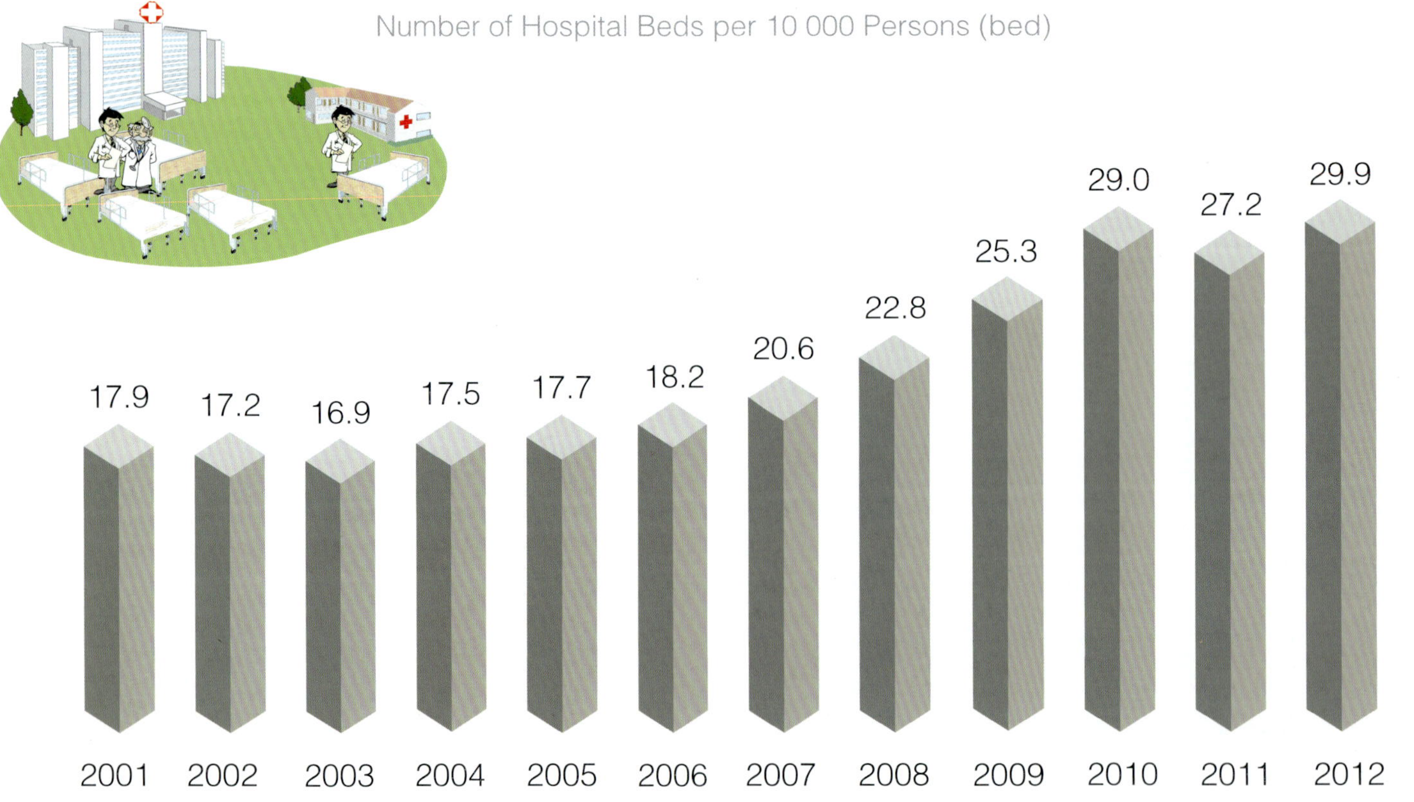

每万人卫生技术人员（人）

Number of Medical Technical Personnel per 10 000 Persons (person)

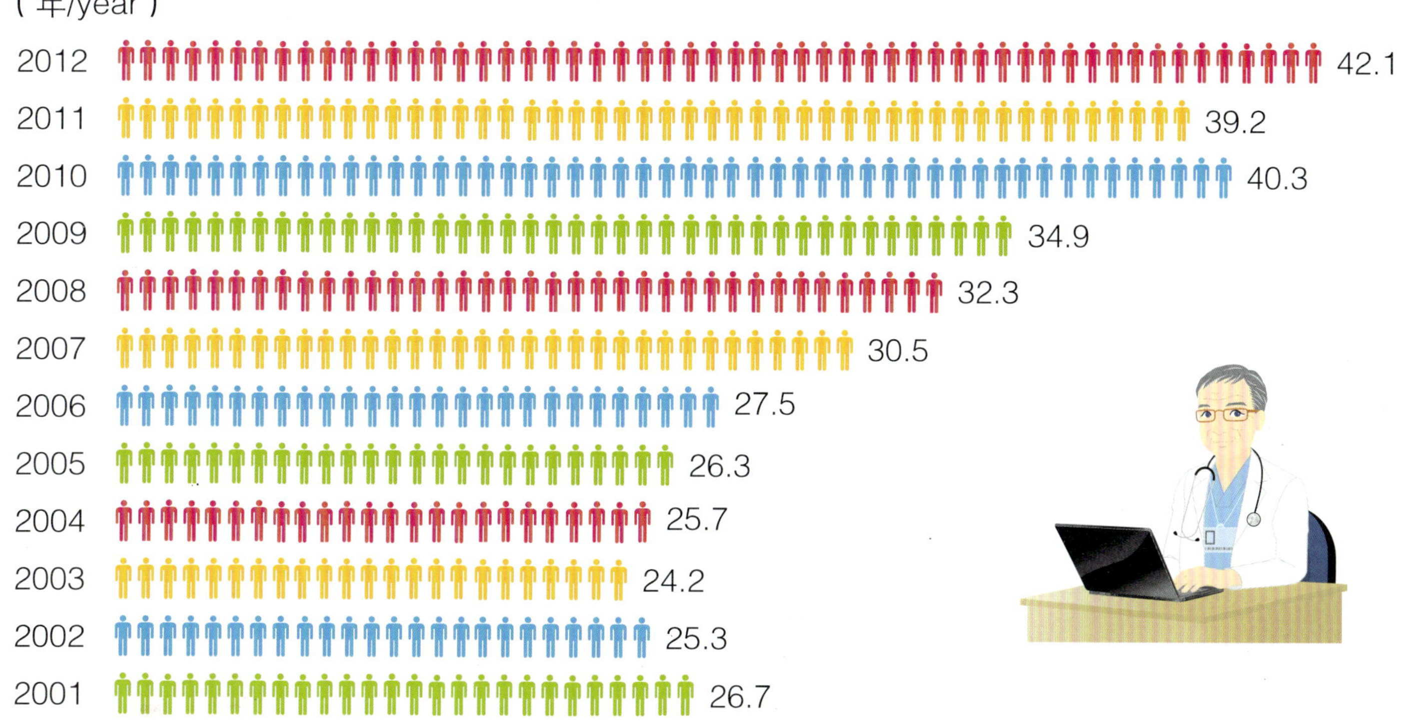

城乡居民生活最低保障人数（万人）

Population Receiving Lowest Cost-of-Living in Urban & Rural Area (10 000 persons)

城镇Urban Area　农村Rural Area

（年/year）	城镇Urban Area	农村Rural Area
2001	32.19	19.67
2002	53.48	7.88
2003	59.55	7.13
2004	56.62	4.23
2005	56.90	4.27
2006	56.87	36.95
2007	56.59	181.53
2008	57.33	180.67
2009	62.28	271.68
2010	60.19	315.68
2011	57.54	325.23
2012	51.53	332.85

0.00 50.00 100.00 150.00 200.00 250.00 300.00 350.00

目　　录

CONTENTS

第二篇　国民经济核算

CHAPTER 2　NATIONAL ECONOMIC ACCOUNTING

第三篇　人　口

CHAPTER 3　POPULATION

第四篇　就业人员和职工工资

CHAPTER 4　EMPLOYMENT & WAGES

第五篇　固定资产投资

CHAPTER 5　INVESTMENT IN FIXED ASSETS

第六篇　对外经济贸易

CHAPTER 6　FOREIGN ECONOMY & TRADES

第七篇　资源与环境

CHAPTER 7　NATURAL RESOURCES & ENVIRONMENT

第八篇　能源生产与消费

CHAPTER 8　ENERGY PRODUCTION & CONSUMPTION

第九篇　财政、金融和保险

CHAPTER 9　FINANCE, BANKING & INSURANCE

第十篇　物　价

CHAPTER 10　PRICE

第十一篇　人民生活

CHAPTER 11　PEOPLE' S LIVELIHOOD

第十二篇　城市概况

CHAPTER 12　GENERAL SURVEY OF CITIES

第十三篇　农　业

CHAPTER 13　AGRICULTURE

第十六篇　交通、运输和邮电通信业

CHAPTER 16　TRANSPORTATION, POSTAL & TELECOMMUNICATION SERVICES

第十七篇　批发和零售业

CHAPTER 17　WHOLESALE & RETAIL TRADES

第十八篇　住宿餐饮业和旅游
CHAPTER 18　HOTELS CATERING SERVICES & TOURISM

第十九篇　教育、科技和文化
CHAPTER 19　EDUCATION, SCIENCE & CULTURE

第二十篇　体育、卫生、社会福利及服务业
CHAPTER 20　SPORT, PUBLIC HEALTH, SOCIAL WELFARE & SERVICE INDUSTRY

第二十一篇　区域经济
CHAPTER 21　ECONOMIC ZONES

第二十二篇　各市基本情况

HAPTER 22 BASIC STATISTICS OF CITIES

第二十三篇　县（市、区）基本情况

HAPTER 23 BASIC STATISTICS OF COUNTIES (CITIES, DISTRICTS)

附　录

GENERAL SURVEY

综合
GENERAL SURVEY

1－1 行政区划（2012年末）
Division of Administrative Areas (End of 2012)

单位：个 (unit)

年 份 Year	地级单位合计 Number of Prefectures	县级单位合计 Number of Prefectures	市辖区 Districts under the Jurisdiction of Cities	县级市 Cities at County Level	县 County	自治县 Autono mous County
1978	14	84	2	2	73	7
1980	14	99	17	2	73	7
1985	14	110	22	6	73	9
1990	14	111	21	7	71	12
1995	14	117	28	9	68	12
2000	14	120	29	10	69	12
2001	14	119	28	10	69	12
2002	14	115	32	7	64	12
2003	14	109	33	7	57	12
2004	14	109	33	7	57	12
2005	14	109	34	7	56	12
2006	14	109	34	7	56	12
2007	14	109	34	7	56	12
2008	14	109	34	7	56	12
2009	14	109	34	7	56	12
2010	14	109	34	7	56	12
2011	14	109	34	7	56	12
2012	14	109	34	7	56	12

注：本表资料由自治区民政厅提供。
Note: The data in this table is provided by Guangxi Civil Bureau.

1－1　续表 1　continued

单位：个　　(unit)

年　份 Year	乡镇级单位合计 Number of Prefectures	镇 Town	乡 Township	民族乡 Nationlity Township	街道办事处 Urban Sub-district Office	居民委员会 Neighbourhood Committees	村民委员会 Village Committees
1978		66					
1980							
1985	1248	265	962	60	21	937	13873
1990	1412	359	1012	58	41	1154	76073
1995	1442	627	738	60	77	1233	28243
2000	1422	745	616	63	61	1250	14750
2001	1410	749	598	61	63	1261	14743
2002	1388	750	576	61	62	1555	14443
2003	1395	748	576	61	71	1621	14398
2004	1396	748	576	61	72	1611	14333
2005	1232	700	426	61	106	1644	14359
2006	1230	700	426	58	104	1649	14363
2007	1230	702	424	58	104	1648	14361
2008	1230	702	424	58	104	1701	14353
2009	1232	702	424	58	106	1701	14345
2010	1234	702	424	58	108	1714	14355
2011	1235	702	424	58	109	1725	14336
2012	1243	715	411	58	117	1791	14345

1－1 续表2 continued

单位：个 (unit)

地 区	Region	地级单位合计 Number of Prefectures	县级单位合计 Number of Prefectures	市辖区 Districts under the Jurisdiction of Cities	县级市 Cities at County Level	县 County	自治县 Autonomous County
全区合计	**Total**	**14**	**109**	**34**	**7**	**56**	**12**
南宁市	Nanning	1	12	6		6	
柳州市	Liuzhou	1	10	4		4	2
桂林市	Guilin	1	17	5		10	2
梧州市	Wuzhou	1	7	3	1	3	
北海市	Beihai	1	4	3		1	
防城港市	Fangchenggang	1	4	2	1	1	
钦州市	Qinzhou	1	4	2		2	
贵港市	Guigang	1	5	3	1	1	
玉林市	Yulin	1	6	1	1	4	
百色市	Baise	1	12	1		10	1
贺州市	Hezhou	1	4	1		2	1
河池市	Hechi	1	11	1	1	4	5
来宾市	Laibin	1	6	1	1	3	1
崇左市	Chongzuo	1	7	1	1	5	

注：本表资料由自治区民政厅提供。
Note: The data in this table is provided by Guangxi Civil Bureau.

1－1 续表3 continued

单位：个 (unit)

地 区	Region	乡镇级单位合计 Number of Prefectures	镇 Town	乡 Township	民族乡 Nationlity Township	街道办事处 Urban Sub-district Office	居民委员会 Neighbourhood Committees	村民委员会 Village Committees
全区合计	**Total**	**1,243**	**715**	**411**	**58**	**117**	**1,791**	**14,345**
南宁市	Nanning	127	86	16	3	25	352	1,395
柳州市	Liuzhou	117	43	43	6	31	271	938
桂林市	Guilin	146	67	66	15	13	228	1,654
梧州市	Wuzhou	67	53	5	2	9	145	862
北海市	Beihai	30	21	2		7	85	342
防城港市	Fangchenggang	26	14	10	1	2	40	282
钦州市	Qinzhou	64	57			7	80	950
贵港市	Guigang	74	53	19	2	2	78	1,074
玉林市	Yulin	110	98	4	0	8	117	1,361
百色市	Baise	135	59	74	13	2	69	1,803
贺州市	Hezhou	61	45	12	5	4	48	707
河池市	Hechi	139	52	86	11	1	146	1,499
来宾市	Laibin	69	30	36		3	44	724
崇左市	Chongzuo	78	37	38		3	88	754

1－2 县级以上行政区划（2012年末）

Division of Administrative Areas at & above County Level(End of 2012)

市	City	县（市、区）名称	Name of County (City,District) Level
南宁市	Nanning	兴宁区 青秀区 江南区 西乡塘区 良庆区 邕宁区 武鸣县 隆安县 马山县 上林县 宾阳县 横县	Xingning, QingXiu, Jiangnan, Xixiangtang, Liangqing, Yongning, Wuming,Long'an, Mashan, Shanglin, Binyang,Hengxian
柳州市	Liuzhou	城中区 鱼峰区 柳南区 柳北区 柳江县 柳城县 鹿寨县 融安县 融水苗族自治县 三江侗族自治县	Chengzhong, Yufeng, Liunan, Liubei, Liujiang, Liucheng, Luzhai, Rong'an, Rongshui Miao Automous County, Sanjiang Dong Automous County
桂林市	Guilin	秀峰区 叠彩区 象山区 七星区 雁山区 阳朔县 临桂县 灵川县 全州县 兴安县 永福县 灌阳县 龙胜各族自治县 资源县 平乐县 荔浦县 恭城瑶族自治县	Xiufeng, Diecai, Xiangshan, Qixing, Yanshan, Yangshuo, Lingui, Lingchuan, Quanzhou, Xing'an, Yongfu, Guanyang, Longsheng all of Nationality Automous County, Ziyuan, Pingle, Lipu, Gongcheng Yao Automous County
梧州市	Wuzhou	万秀区 蝶山区 长洲区 苍梧县 藤县 蒙山县 岑溪市	Wanxiu, Dieshan, Changzhou, Cangwu, Tengxian, Mengshan, Cenqi
北海市	Beihai	海城区 银海区 铁山港区 合浦县	Haicheng, Yinhai, Tieshangang, Hepu
防城港市	Fangchenggang	港口区 防城区 上思县 东兴市	Gangkou, Fangcheng, Shangsi, Dongxing
钦州市	Qinzhou	钦南区 钦北区 灵山县 浦北县	Qinnan, Qinbei, Lingshan, Pubei
贵港市	Guigang	港北区 港南区 覃塘区 平南县 桂平市	Gangbei, Gangnan, Qintang, Pingnan, Guiping
玉林市	Yulin	玉州区 容县 陆川县 博白县 兴业县 北流市	Yuzhou, Rongxian, Luchuan, Bobai, Xingye, Beiliu
百色市	Baise	右江区 田阳县 田东县 平果县 德保县 靖西县 那坡县 凌云县 乐业县 田林县 西林县 隆林各族自治县	Youjiang, Tianyang, Tiandong, Pingguo, Debao, Jingxi, Napo, Lingyun, Leye, Tianlin, Xilin, Longlin all of Nationality Automous County
贺州市	Hezhou	八步区 昭平县 钟山县 富川瑶族自治县	Babu, Zhaoping, Zhongshan, Fuchuan Yao Automous County
河池市	Hechi	金城江区 南丹县 天峨县 凤山县 东兰县 罗城仫佬族自治县 环江毛南族自治县 巴马瑶族自治县 都安瑶族自治县 大化瑶族自治县 宜州市	Jinchengjiang, Nandan, Tian'e, Fengshan, Donglan, Luocheng Mulao Automous County, Huanjiang Maonan Automous County, Bama Yao Automous County, Du'an Yao Automous County, Dahua Yao Automous County, Yizhou
来宾市	Laibin	兴宾区 忻城县 象州县 武宣县 金秀瑶族自治县 合山市	Xingbin, Xincheng, Xiangzhou, Wuxuan, Jinxiu Yao Automous County, Heshan
崇左市	Chongzuo	江州区 扶绥县 宁明县 龙州县 大新县 天等县 凭祥市	Jiangzhou, Fusui, Ningming, Longzhou, Daxin, Tiandeng, Pingxiang

1—3 主要年份国民经济和社会发展主要指标

Major Indicators on National Economic & Social Development in Main Years

指 标	Indicators	2000	2005	2010	2012
人口与就业	**Population & Employment**				
人 口（万人）	**Population(10 000 persons)**				
年末总人口	Year-end Population	4751	4925	5159	5240
非农业人口	Non-agricultural Population	826	910	838	1027
农业人口	Agricultural Population	3898	3984	4229	4166
总人口中：男性	Male	2484	2587	2708	2759
女性	Female	2267	2338	2451	2481
就 业（万人）	**Employment(10 000 persons)**				
从业人员	Employment	2566	2703	2903	2768
城镇登记失业人数	Number of Registered Unemployed Persons in Urban Area	11.30	18.51	19.07	18.94
宏观经济	**Macroeconomic Indicators**				
国民核算（亿元）	**National Accounting (100 million yuan)**				
地区生产总值	Gross Domestic Product	2080.04	3984.10	9569.85	13035.10
第一产业	Primary Industry	557.38	912.50	1675.06	2172.37
第二产业	Secondary Industry	732.76	1510.68	4511.68	6247.43
#工业	Industry	612.33	1264.84	3860.46	5279.26
第三产业	Tertiary Industry	789.90	1560.92	3383.11	4615.30
支出法地区生产总值	Gross Demestic Product by Expenditure Approach	2080.04	3984.10	9569.85	13035.10
#最终消费	Final Consumption Expenditure	1448.30	2463.52	4942.23	6517.95
居民消费	Resident Consumption	1091.00	1808.47	3745.84	4905.76
政府消费	Government Consumption	357.30	655.05	1196.39	1612.19
资本形成总额	Total Capital Formation	676.10	1798.25	7934.80	11068.48
固定资本	Fixed Assets Formation	670.70	1749.87	7785.50	10547.36
存货增加	Inventory Increasement	5.50	48.38	149.30	521.12
固定资产投资（亿元）	**Investment in Fixed Assets (100 million yuan)**				
全社会固定资产投资	Total Investment in Fixed Assets	660.01	1769.07	7859.07	12635.22
#基本建设	Capital Counstruction	281.54	900.87	3479.48	4975.44
更新改造	Innovation	80.16	274.73	2215.90	4257.10
房地产开发	Real Estate Development	38.67	286.79	1206.22	1554.94
其他	Others	59.26	59.97	260.24	694.85

注：总人口中，2000年、2010年为人口普查数，其他年份为人口变动抽样调查数，农业、非农业人口为户籍统计数，不能直接相加等于总计。2012年从业人员按常住人口口径统计。

Note: The data on the total population in 2000 and 2010 is taken from the National Population Survey, and the data on the total population in other years is taken from the sample survey of population variation. The data on agriculture population and non-agriculture population is taken from annual reports of household registration, and cannot be added up as the total population.

1—3 续表1 continued

指　　标	Indicators	2000	2005	2010	2012
财　政（亿元）	**Public Finance (100 million yuan)**				
财政收入	Financial Revenue	220.01	475.37	1228.61	1810.14
#公共财政预算收入	Public Budget Income	147.05	283.04	771.99	1166.06
公共财政预算支出	Public Budget Expenditure	258.49	611.48	2007.59	2985.23
物价总指数（上年=100）	**Price Indices(preceeding year=100)**				
居民消费价格总指数	General Consumer Price Index	99.7	102.4	103.0	103.2
城　市	Urban Area	100.0	103.0	102.9	103.2
农　村	Rural Area	99.5	101.6	103.4	103.3
商品零售价格总指数	General Retail Price Index	98.6	101.1	103.0	102.3
利用外资（亿美元）	**Utilization of Foreign Capital (100 million USD)**				
外商直接投资	Foreign Direct Investment	5.25	3.79	9.12	7.49
能源生产与消费（万吨标准煤）	**Production & Consumption of Energy (10 000 tons of SCE)**				
能源生产总量	Total Energy Production	833.28	1220.99	1951.85	2129.80
能源消费总量	Total energy Consumption	2669.34	4868.57	7918.97	9154.51
产　业	**Industry**				
农　业	**Agriculture**				
农林牧渔业劳动力（万人）	Labor Force of Farming,Forestry,Animal Husbandry & Fishery(10 000 persons)	1557	1503	1571	1481
农林牧渔业总产值（亿元）	Gross Output Value of Farming,Forestry,Animal Husbandry & Fishery(100 million yuan)	828.97	1448.37	2720.99	3490.72
主要农产品产量（万吨）	Output of Major Farm Products(10 000 tons)				
粮　食	Grain	1667.24	1516.29	1412.32	1484.90
油　料	Oil-bearing Crops	58.61	63.18	45.81	53.94
甘　蔗	Sugar Cane	2937.89	5154.69	7119.62	7829.71
水　果（园林）	Fruits	360.14	571.58	841.77	1030.95
肉　类	Meat	287.26	418.60	387.77	410.99
水产品	Aquatic Products	239.86	284.19	275.09	303.47
工　业	**Industry**				
全部工业总产值（亿元）	All Included Gross Industrial Output Value (100 million yuan)	1800.24	3684.07	11671.79	17204.62
轻工业	Light Industry	862.00	1461.05	3857.83	5395.91
重工业	Heavy Industry	938.24	2223.02	7813.96	11808.71

1－3 续表2 continued

指 标	Indicators	2000	2005	2010	2012
主要工业产品产量	Output of Major Industrial Products				
成品糖（万吨）	Machine-made Sugar(10 000 tons)	325.76	504.34	705.46	861.47
机制纸及纸板（万吨）	Machine-made Paper(10 000 tons)	82.55	125.37	225.11	336.37
粗钢（万吨）	Steel(10 000 tons)	104.73	496.29	1204.57	1341.65
钢材（万吨）	Steel Products(10 000 tons)	102.63	519.88	1506.34	2149.54
十种有色金属（万吨）	Nonferrous Metal(10 000 tons)	60.59	66.63	140.55	111.23
发电量（亿千瓦时）	Electricity(100 million kwh)	289.09	446.04	1032.15	1186.12
原 煤（万吨）	Coal(10 000 tons)	706.67	700.34	757.57	753.61
农用化肥（折纯100%,万吨）	Chemical Fertilizer(10 000 tons)	53.3	84.02	86.9	124.41
水 泥（万吨）	Cement(10 000 tons)	2198.35	3306.13	7516.51	6986.88
汽 车（万辆）	Motor Vehicles(10 000 set)	13.12	37.72	136.61	167.33
建筑业（三级及三级以上企业）	**Construction**				
建筑企业年末从业人数（万人）	Number of Employed Persons (10 000 persons)	33.30	43.00	59.06	67.03
建筑业总产值（亿元）	Gross OutputValue(100 million yuan)	150.92	425.21	1222.31	1867.06
交通运输业	**Transportation**				
货运量（万吨）	Freight Traffic(10 000 tons)	31270	41025	113445	161368
＃铁路	Railways	5843	8517	7052	6846
客运量（万人）	Passenger Traffic(10 000 persons)	42952	52197	76967	91656
＃铁路	Railways	2508	2037	3163	3310
公路里程（公里）	Length of Highways(km)	52910	62003	101782	107906
主要港口货物吞吐量（万吨）	Volume of Freight Handled at Major Ports(10 000 tons)	2879	6877	18575	26873
邮电通信业	**Post & Telecommunication Services**				
固定电话年末用户（万户）	Number of Subscribers of Fixed-line Telephone (10 000 subscribers)	319.12	869.40	708.9	599.3
城 市	Urban	233.48	557.70	430.3	376.5
农 村	Rural	85.64	311.70	278.6	222.8
国内商业	**Domestic Trade**				
社会消费品零售总额（亿元）	Total Retail Sales of Consumer Goods (100 million yuan)	804.14	1405.55	3312	4516.60
对外经济贸易和国际旅游	**Foreign Trade & International Tourism**				
进出口总额（亿美元）	Total Exports & Imports(100 million USD)	20.38	51.83	177.06	294.74
进口总额	Exports	5.45	23.05	80.96	140.05
出口总额	Imports	14.93	28.77	96.1	154.68

1—3 续表3 continued

指 标	Indicators	2000	2005	2010	2012
接待入境旅游者人数（万人次）	Number of International Tourists (10 000 persons)	124.03	146.16	250.24	350.27
国际旅游收入（亿元）	Earnings from International Tourism (100 million yuan)	21.78	25.93	54.85	80.8
金融、保险（亿元）	**Finance & Insurance(100 million yuan)**				
金融机构存款余额	Total Saving Depososit of Financial Institutions		4262.30	13527.97	15966.65
金融机构贷款余额	Total Loan Balances of Financial Institutions		3104.60	10646.43	12355.52
财产险保费收入	Premium Income from Property Insurance	12.16	23.88	69.19	96.92
人身险保费收入	Premium Income from Life Insurance	18.82	49.24	109.86	141.35
教育、科技、文化	**Education, Science & Technology, Culture**				
教 育	**Education**				
专任教师数（万人）	Full-time Teachers(10 000 persons)				
高等学校	Institutions of Higher Education	0.93	1.96	3.17	3.50
中等专业学校	Special Secondary Schools	0.88	0.7	2.05	2.08
普通中学	Secondary Schools	12.67	15.24	16.08	16.20
小 学	Primary Schools	19.9	20.48	22.02	21.72
在校学生数（万人）	Student Enrollment (10 000 persons)				
高等学校	Institutions of Higher Education	11.79	33.83	56.75	62.92
中等专业学校	Special Secondary Schools	15.87	17.04	80.95	86.24
普通中学	Secondary Schools	285.63	303.87	275.79	276.2
小 学	Primary Schools	536.79	452.79	430.06	426.48
科 技	**Science & Technology**				
科技活动人员数（万人）	Personnel in Scientific & Technological Activities (10 000 persons)	4.86	5.67	8.91	10.77
研究与发展经费内部支出（亿元）	Inner Expenditure of Funds for Research & Develop-ment (100 million yuan)	8.36	14.67	62.52	97.15
文 化	**Culture**				
图书出版数量（万册）	Number of Books Published(10 000 copies)	23691	18818	24810	28796
期刊出版数量（万册）	Number of Magazines Issued(10 000 copies)	5242	5571	4268	4516
报纸出版数量（万份）	Number of Newspapers Issued(10 000 copies)	56008	58222	69560	69546
家庭 生活 环境	**Family,Livelihood & Environment**				
家 庭	**Family**				
家庭总户数（万户）	Total Number of Households(10 000 households)	1140	1329	1347	1361
城镇居民平均每户家庭人口（人）	Average Persons Per Household in Urban Areas(person)			3.15	3.03
农村居民平均每户家庭人口（人）	Average Persons Per Household in Rural Areas(person)			3.47	3.47

注：2006年以后中等专业学校在校学生包括中等职业学校学生。

Note: The "Student Enrollment of Special Secondary Schools" after 2006 includes the students of vocational schools for secondary edcation.

1－3　续表4　continued

指　　标	Indicators	2000	2005	2010	2012
居　住	**Housing**				
城镇居民人均居住面积（平方米）	Per Capita Net Floor Space of Urban Residents (sq.m)	18.91	25.2	28.88	29.83
农村居民人均生活用房面积（平方米）	Per Capita Net Floor Space of Rural Residents (sq.m)	23.40	28.67	33.94	35.98
生　活	**Livelihood**				
城镇居民人均可支配收入（元）	Per Capita Annual Disposable Income of Urban Households(yuan)	5834	8917	17064	21243
农村居民人均纯收入（元）	Per Capita Net Income of Rural Residents(yuan)	1865	2495	4543	6008
工资和福利	**Wages & Welfare**				
职工平均工资（元）	Average Annual Wages of Staff & Workers(yuan)	6772	15461	31842	37614
离退休退职职工保险福利费用（亿元）	Insurance & Welare Funds of VCSR, Retired & Resigned(100 million yuan)	52.89	127.22	324.4	457.61
卫　生	**Health Care**				
卫生机构数（个）	Health Institution(unit)	13707	9432	10341	10829
＃医院、卫生院	Hospital	1868	1753	1728	1749
医院、卫生院病床数（万张）	Hospital Beds(10 000 beds)	8.30	8.71	13.39	15.67
卫生技术人员（万人）	Medical Technical Personnel (10 000 persons)	12.70	12.92	18.57	22.08
市政建设	**City Construction**				
全年供水总量（亿吨）	Volume of Tap Water Supply (100 million tons)	13.58	13.29	14.73	15.55
排水管道长度（公里）	Length of Sewer Pipelines(km)	2885	4116	6417	7725.6
园林绿地面积（公顷）	Area of Gardens & Green Land(hectare)	44149	29689	60225	67149
环　境	**Environment**				
工业污染治理本年完成投资额（亿元）	Actual Investment for Industrial Pollution Treatment in the Year(100 million yuan)	7.37	10.37	9.28	12.73
工业污染治理本年施工项目（个）	Implementation Project of Industrial Pollution Treatment in the Year(unit)	1270	389	175	207
工业废水排放达标量（万吨）	Volume of Meeting Standard for Industrial Sewage Disch-arged (10 000 tons)	81571	145609	165211	110671

注：1. 2003年以后职工工资及平均工资为在岗职工。
2. 市政建设指标为全区21个设市城市合计数。

Note: 1. Since 2003,the total wages and average annual wages of staff and workers refers to the ones at work.
2. The data on city construction refers to the summary of 21 cities in Guangxi.

1－4 主要年份国民经济和社会发展速度指标
Growth Rates of Major Indicators on National Economic & Social Development in Main Years

单位：%　　　　(%)

指　　标	Indicators	指数（2012年为下列各年）Index(2012 as Percentage of the Following Years) 2000	2005	2010	平均增长速度 Average Annual Growth Rate 2001-2005	2006-2010	2011-2012
人口与就业	**Population & Employment**						
人　口	**Population**						
年末总人口	Year-end Population	110.3	106.4	101.6	0.7	0.9	0.8
非农业人口	Non-agricultural Population	124.3	112.9	122.6	2.0	-1.6	10.7
农业人口	Agricultural Population	106.9	104.6	98.5	0.4	1.2	-0.7
总人口中：男性	Male	111.1	106.6	101.9	0.8	0.9	0.9
女性	Female	109.4	106.1	101.2	0.6	0.9	0.6
就　业	**Employment**						
从业人数	Employment	107.9	102.4	95.3	1.0	1.4	-2.4
城镇登记失业人数	Number of Registered Unemployed Persons	167.6	102.3	99.3	10.4	0.6	-0.3
宏观经济	**Macroeconomic Indicators**						
国民核算	**National Accounting**						
地区生产总值	Gross Domestic Product	400.4	239.7	124.9	10.8	13.9	11.8
第一产业	Primary Industry	186.9	143.5	110.6	5.4	5.3	5.2
第二产业	Secondary Industry	609.2	319.0	133.0	13.8	19.1	15.3
#工业	Industry	613.3	321.2	132.6	13.8	19.4	15.1
第三产业	Tertiary Industry	373.9	220.4	121.3	11.2	12.7	10.2
人均地区生产总值	Per Capita GDP	365.4	227.0	123.7	10.0	12.9	11.2
支出法地区生产总值	Gross Domestic Expenditures	400.4	239.7	124.9	10.8	13.9	11.8
#最终消费	Total Consumption	320.8	204.2	119.3	9.5	11.4	9.2
居民消费	Resident Consumption	317.6	207.8	118.0	8.9	12.0	8.6
政府消费	Public Consumption	332.4	193.5	123.5	11.4	9.4	11.1
资本形成总额	Total Investment	1234.1	514.8	131.5	19.1	31.4	14.7
固定资本	Fixed Assets	1190.9	504.4	127.6	18.7	31.6	13.0
存货增加	Inventory Increasement	5637.9	820.0	327.1	47.0	20.2	80.8
固定资产投资	**Investment in Fixed Assets**						
全社会固定资产投资	Total Investment in Fixed Assets	1914.4	714.2	160.8	21.8	34.7	26.8
#基本建设	Capital Counstruction	1767.2	552.3	143.0	26.2	31.0	19.6
更新改造	Innovation	5310.8	1549.6	192.1	27.9	51.8	38.6
房地产开发	Real Estate Development	4021.0	542.2	128.9	49.3	33.3	13.5
其他	Others	1172.5	1158.7	267.0	0.2	34.1	63.4

1—4 续表1 continued

单位：% (%)

指 标	Indicators	指数（2012年为下列各年）Index(2012 as Percentage of the Following Years)			平均增长速度 Average Annual Growth Rate		
		2000	2005	2010	2001-2005	2006-2010	2011-2012
财 政	**Public Finance**						
财政收入	Financial Revenue	822.8	380.8	147.3	16.7	20.9	21.4
＃公共财政预算收入	Public Budget Income	793.0	412.0	151.0	14.0	22.2	22.9
公共财政预算支出	Public Budget Expenditure	1154.9	488.2	148.7	18.8	26.8	21.9
利用外资	**Utilization of Foreign Capital**						
＃外商直接投资	Foreign Direct Investment	142.7	197.6	82.1	-6.3	19.2	-9.4
能源生产与消费	**Production & Consumption of Energy**						
能源生产总量	Total Energy Production	255.6	174.4	109.1	7.9	9.8	4.5
能源消费总量	Total energy Consumption	343.0	188.0	115.6	12.8	10.2	7.5
产 业	**Industry**						
农 业	**Agriculture**						
农林牧渔业总产值	Gross Output Value of Farming,Forestry, Animal, Husbandry & Fishery	421.1	241.0	128.3	6.1	5.7	5.2
主要农产品产量	Output of Major Farm Products						
粮 食	Grain	89.1	97.9	105.1	-1.9	-1.4	2.5
油 料	Oil-bearing Crops	92.0	85.4	117.7	1.5	-6.2	8.5
甘 蔗	Sugar Cane	266.5	151.9	110.0	11.9	6.7	4.9
水 果	Fruits	286.3	180.4	122.5	9.7	8.0	10.7
肉 类	Meat	143.1	98.2	106.0	7.8	-1.5	3.0
水产品	Aquatic Products	126.5	106.8	110.3	3.4	-0.6	5.0
工 业	**Industry**						
全部工业总产值	All Included Gross Industrial Output Value	955.7	467.0	147.4	14.0	25.9	21.4
轻工业	Light Industry	626.0	369.3	139.9	10.4	21.4	18.3
重工业	Heavy Industry	1258.6	531.2	151.1	17.1	28.6	22.9
主要工业产品产量	Output of Major Industrial Products						
成品糖	Machine-made Sugar	264.4	170.8	122.1	9.1	6.9	10.5
机制纸及纸板	Machine-made Paper	407.5	268.3	149.4	8.7	12.4	22.2
粗 钢	Steel	1281.1	270.3	111.4	36.5	19.4	5.5
钢 材	Steel Products	2094.5	413.5	142.7	38.3	23.7	19.5
十种有色金属	Nonferrous Metal	183.6	166.9	79.1	1.9	16.1	-11.0
发电量	Electricity	410.3	265.9	114.9	9.1	18.3	7.2
原 煤	Coal	106.6	107.6	99.5	-0.2	1.6	-0.3
农用化肥	Chemical Fertilizer	233.4	148.1	143.2	9.5	0.7	19.7
水 泥	Cement	317.8	211.3	93.0	8.5	17.9	-3.6
汽 车	Motor Vehicles	1275.4	443.6	122.5	23.5	29.4	10.7

1－4 续表2 continued

单位：% (%)

指 标	Indicators	指数（2012年为下列各年）Index(2012 as Percentage of the Following Years)			平均增长速度 Average Annual Growth Rate		
		2000	2005	2010	2001-2005	2006-2010	2011-2012
建筑业	**Construction**						
建筑企业年末从业人数	Number of Employed Persons	201.3	155.9	113.5	5.2	6.6	6.5
交通运输业	**Transportation**						
货运量	Freight Traffic	516.0	393.3	142.2	5.6	22.6	19.3
#铁路	Railways	117.2	80.4	97.1	7.8	-3.7	-1.5
客运量	Passenger Traffic	213.4	175.6	119.1	4.0	8.1	9.1
#铁路	Railways	132.0	162.5	104.6	-4.1	9.2	2.3
公路里程	Length of Highways	203.9	174.0	106.0	3.2	10.4	3.0
主要港口货物吞吐量	Volume of Freight Handled at Major Ports	933.4	390.8	144.7	19.0	22.0	20.3
邮电通信业	**Post & Telecommunication Services**						
固定电话年末用户	Number of Subscribers of Fixed-line Telephone	187.8	68.9	84.5	22.2	-4.0	-8.1
城 市	Urban	161.3	67.5	87.5	19.0	-5.1	-6.5
农 村	Rural	260.2	71.5	80.0	29.5	-2.2	-10.6
国内商业	**Domestic Trade**						
社会消费品零售总额	Total Retail Sales of Consumer Goods	561.7	321.3	136.4	11.7	18.7	16.8
对外经济贸易	**Foreign Trade**						
进出口总额	Total Exports & Imports	1446.2	568.7	166.5	20.5	27.9	29.0
进口总额	Exports	2569.7	607.6	173.0	33.4	28.6	31.5
出口总额	Imports	1036.0	537.6	161.0	14.0	27.3	26.9
国际旅游	**International Tourism**						
国际旅游人数	Number of International Tourists	282.4	239.6	140.0	3.3	11.4	18.3
国际旅游收入	Earnings from International Tourism	371.0	311.6	147.3	3.5	16.2	21.4

1—4 续表3 continued

单位：% (%)

指 标	Indicators	指数（2012年为下列各年）Index(2012 as Percentage of the Following Years)			平均增长速度 Average Annual Growth Rate		
		2000	2005	2010	2001-2005	2006-2010	2011-2012
金融、保险	**Finance & Insurance**						
金融机构存款余额	Total Saving Depososit of Financial Institutions		374.6	118.0		26.0	8.6
金融机构贷款余额	Total Loan Balances of Financial Institutions		398.0	116.1		27.9	7.7
财产险保费收入	Premium Income from Property Insurance	797.0	405.9	140.1	14.5	23.7	18.4
人身险保费收入	Premium Income from Life Insurance	751.1	287.1	128.7	21.2	17.4	13.4
教育、科技、文化	**Education, Science & Technology, Culture**						
教 育	**Education**						
专任教师数	Full-time Teachers						
高等学校	Institutions of Higher Education	376.3	178.6	110.4	16.1	10.1	5.1
中等专业学校	Special Secondary Schools	236.4	297.1	101.5	-4.5	24.0	0.7
普通中学	Secondary Schools	127.9	106.3	100.7	3.8	1.1	0.4
小 学	Primary Schools	109.1	106.1	98.6	0.6	1.5	-0.7
在校学生数	Student Enrollment						
高等学校	Institutions of Higher Education	533.7	186.0	110.9	23.5	10.9	5.3
中等专业学校	Special Secondary Schools	543.4	506.1	106.5	1.4	36.6	3.2
普通中学	Secondary Schools	96.7	90.9	100.1	1.2	-1.9	0.1
小 学	Primary Schools	79.5	94.2	99.2	-3.3	-1.0	-0.4
科 技	**Science & Technology**						
科技活动人员数	Personnel in Scientific & Techno-logical Activities	221.6	189.9	120.9	3.1	9.5	9.9
研究与发展经费内部支出	Inner Expenditure of Funds for Research & Develop-ment	1162.1	662.2	155.4	18.8	33.6	24.7
文 化	**Culture**						
图书出版数量	Number of Books Published	121.5	153.0	116.1	-4.5	5.7	7.7
期刊出版数量	Number of Magazines Issued	86.2	81.1	105.8	1.2	-5.2	2.9
报纸出版数量	Number of Newspapers Issued	124.2	119.4	100.0	0.8	3.6	…
家庭 生活 环境	**Family, Livelihood & Environment**						
家 庭	**Family**						
家庭总户数	Total Number of Households	119.4	102.4	101.0	2.9	0.3	0.5
城镇居民平均每户家庭人口	Average Persons Per Household in Urban Areas			96.2			-1.9
农村居民平均每户家庭人口	Average Persons Per Household in Rural Areas			100.0			…

1－4 续表4 continued

单位：%　　(%)

指　　标	Indicators	指数（2012年为下列各年）Index(2012 as Percentage of the Following Years)			平均增长速度 Average Annual Growth Rate		
		2000	2005	2010	2001-2005	2006-2010	2011-2012
居　住	**Housing**						
城镇居民人均居住面积	Per Capita Net Floor Space of Urban Residents	157.7	118.4	103.3	5.9	2.8	1.6
农村居民人均生活用房面积	Per Capita Net Floor Space of Rural Residents	153.8	125.5	106.0	4.1	3.4	3.0
生　活	**Livelihood**						
城镇居民人均可支配收入	Per Capita Annual Disposable Income of Urban Households	364.1	238.2	124.5	8.9	13.9	11.6
农村居民人均纯收入	Per Capita Net Income of Rural Residents	322.1	240.8	132.2	6.0	12.7	15.0
工资和福利	**Wages & Welfare**						
在岗职工平均工资	Average Annual Wages of Staff & Workers	555.4	243.3	118.1	18.0	15.5	8.7
离退休退职职工保险福利费用	Insurance & Welare Funds of VCSR, Retired & Resigned	865.2	359.7	141.1	19.2	20.6	18.8
卫　生	**Health Care**						
卫生机构数	Health Institution	79.0	114.8	104.7	-7.2	1.9	2.3
＃医院、卫生院	Hospital	93.6	99.8	101.2	-1.3	-0.3	0.6
医院、卫生院病床数	Hospital Beds	188.8	179.9	117.0	1.0	9.0	8.2
卫生技术人员	Medical Technical Personnel	173.9	170.9	118.9	0.3	7.5	9.0
市政建设	**City Construction**						
全年供水总量	Volume of Tap Water Supply	114.5	117.0	105.6	5.2	2.1	2.7
排水管道长度	Length of Sewer Pipelines	267.8	187.7	120.4	17.7	9.3	9.7
园林绿地面积	Area of Gardens & Green Land	152.1	226.2	111.5	-2.0	15.2	5.6
环　境	**Environment**						
工业污染治理本年完成投资额	Actual Investment for Industrial Pollution Treatment in the Year	172.7	122.8	137.2	7.1	-2.2	17.1
工业污染治理本年施工项目	Implementation Project of Industrial Pollution Treatment in the Year	16.3	53.2	118.3	-21.1	-14.8	8.8
工业废水排放达标量	Volume of Meeting Standard for Industrial Sewage Discha-rged	135.7	76.0	67.0	12.3	2.6	-18.2

1－5 主要年份国民经济和社会发展结构指标

Composition Indicators on National Economic & Social Development in Main Years

单位：% (%)

指 标	Indicators	2000	2005	2010	2012
人口与就业	Population & Employment				
人 口	Population				
农业非农业人口结构（户籍数）	Structure of Agriculture & Non-agriculture				
非农业人口	Non-agricultural Population	17.5	18.6	16.5	19.8
农业人口	Agricultural Population	82.5	81.4	83.5	80.2
性别结构	Sexual Structure				
男	Male	52.6	52.5	52.5	52.7
女	Female	47.7	47.5	47.5	47.3
就 业	Employment				
从业人员结构	Exployment Structure of Industry				
第一产业	Primary Industry	61.2	56.2	54.1	53.5
第二产业	Secondary Industry	10.8	11.9	18.7	18.8
第三产业	Tertiary Industry	28.0	31.9	27.1	27.7
宏观经济	Macroeconomic Indicators				
国民核算	National Accounting				
地区生产总值产业结构	Industrial Structure of GDP				
第一产业	Primary Industry	26.8	22.9	17.5	16.7
第二产业	Secondary Industry	35.2	37.9	47.1	47.9
第三产业	Tertiary Industry	38.0	39.2	35.4	35.4
地区生产总值支出结构	Expenditure Structure of GDP				
最终消费	Final Consumption	69.6	61.8	51.6	50.0
居民消费	Personal Consumption	52.5	45.4	39.1	37.6
农村居民	Urban Households	24.4	18.3	11.4	11.0
城镇居民	Rural Households	28.1	26.5	27.8	26.7
政府消费	Government Consumption	17.2	16.4	12.5	12.4
资本形成总额	Gross Capital Formation	32.5	45.1	82.9	84.9
固定资本	Fixed Assets Formation	32.2	43.9	81.4	80.9
存货增加	Inventory Increasement	0.3	1.2	1.6	4.0
固定资产投资	Investment in Fixed Assets				
全社会投资管理渠道结构	Administrative Channels of Total Investment				
基本建设	Capital Counstruction	42.7	50.9	44.3	39.4
更新改造	Innovation	12.2	15.5	28.2	33.7
房地产开发	Real Estate Development	5.9	16.2	15.3	12.3
其他投资	Other Investment	9.0	3.4	3.3	5.5

1－5 续表1 continued

单位：% (%)

指 标	Indicators	2000	2005	2010	2012
资金来源结构	**Structure of Funded Sources**				
国家预算内资金	State Budgetary Appropriation	9.0	8.7	5.0	5.1
国内贷款	Domestic Loans	24.5	18.9	15.4	12.0
利用外资	Foreign Investment	3.7	3.9	0.9	0.3
自筹和其他投资	Fundraising & Others Investment	45.3	68.5	78.7	82.5
财 政	**Government Finance**				
财政收入结构	Structure of Government Revenue				
中央	Central Government	33.2	40.5	37.2	35.6
地方	Local Government	66.8	59.5	62.8	64.4
财政支出结构	Structure of Government Expenditures				
#社会保障和就业	Social Security & Employment			10.8	9.5
农林水事务	Affairs of Agriculture, Forestry & Water Resources			13.0	12.4
教育	Education			18.3	19.7
能源生产和消费	**Production & Consumption of Energy**				
能源生产总量结构	Structure of Energy Production				
原 煤	Coal	36.0	29.4	22.0	20.7
原 油	Petroleum Crude Oil	0.6	0.4	0.2	0.2
水 电	Hydropower	63.4	70.2	77.9	79.1
能源消费总量结构	Structure of Energy Consumption				
煤 炭	Coal	49.3	56.0	53.9	53.4
石 油	Petroleum Crude Oil	15.2	17.6	16.6	17.9
水 电	Hydropower	20.5	17.6	19.2	18.4
产 业	**Industry**				
农 业	**Agriculture**				
农林牧渔业产值结构	Structure of Gross Output Value of Agriculture				
农 业	Farming	50.5	49.1	49.2	49.4
林 业	Forestry	4.7	4.3	6.4	7.0
牧 业	Animal Husbandry	33.2	35.3	32.0	30.7
渔 业	Fishery	11.6	9.9	9.1	9.5
农林牧渔服务业	Service Industry for Farming, Forestry, Animal Husbandry & Fishery		1.4	3.3	3.4
工 业	**Industry**				
全部工业总产值结构	Structure of Gross Output Value of Industry				
轻工业	Light Industry	47.9	39.7	33.1	31.4
重工业	Heavy Industry	52.1	60.3	66.9	68.6

1－5 续表2 continued

单位：% (%)

指 标	Indicators	2000	2005	2010	2012
建筑业（三级及三级以上企业）	**Construction**				
建筑业总产值结构	Structure of Gross Output Value of Construction Industry				
#国有及国有控股企业	State-owned Enterprises	58.9	58.4	52.8	49.4
城镇集体企业	Urban Collective-owned Enterprises	30.9	15.0	9.6	8.2
交通运输业	**Transportation**				
货运量结构	Structure of Freight Traffic				
#铁路	Railways	18.7	20.8	6.2	4.2
公路	Highways	75.2	67.9	82.5	83.7
水运	Waterways	6.1	11.3	11.3	12.0
客运量结构	Structure of Passenger Traffic				
#铁路	Railways	5.8	3.9	4.1	3.6
公路	Highways	91.6	93.4	93.8	94.3
水运	Waterways	1.8	1.7	0.5	0.5
对外经济贸易	**Foreign Trade**				
进出口结构	Structure of Imports & Exports				
出口	Structure of Exports	**73.3**	**55.5**	**54.3**	**52.5**
进口	Structure of Imports	26.7	44.5	45.7	47.5
国际旅游	**International Tourism**				
来华旅游人数结构	Structure of Tourists				
外国人	Foreigners	40.8	59.7	56.5	55.0
港澳台同胞	Compatriots from Hongkong, Macao & Taiwan	58.9	40.1	43.5	45.0
教育、科技、文化	**Education,Science & Technology & Culture**				
教 育	**Education**				
在校学生结构	Structure of Students Enrollment				
大学生	College & University Students	1.4	4.2	6.7	7.4
中学生	Secondary School Students	35.5	40.3	42.3	42.5
小学生	Primary School Students	63.1	55.5	51.0	50.1
专任教师结构	Structure of Full-time Teachers				
大学	College & Universities	2.7	5.1	7.3	8.1
中学	Secondary School	39.4	42.1	41.9	42.0
小学	Primary School	57.9	52.8	50.8	49.9
科 技	**Science & Technology**				
从事科技活动人员结构	Structure of Personnel in Scientific & Technological Activities				
自然科学	Natural Sciences		8.5	9.8	10.8

注：科技活动人员结构范围为县及县以上政府部门。

Note: The range of data in "Structure of Personnel in Scientific & Technological Activities" is in governmental departments at and above county level.

1－5 续表3 continued

单位：% (%)

指 标	Indicators	2000	2005	2010	2012
农业科学	Agricultural Sciences		39.6	36.3	35.4
医药科学	Medical Sciences		13.1	15.9	15.8
工程与技术科学	Engineering & Technology Sciences		28.6	28.7	29.0
人文与社会科学	Humanities & Social Sciences		10.2	9.3	9.0
生活 环境	**Livelihood & Environment**				
生 活	**Livelihood**				
城镇居民消费结构	Consumption Structure of Urban Residents				
#食品类	Food	39.9	42.5	38.1	39.0
衣着类	Clothing	6.5	7.3	8.1	8.0
家庭设备用品及服务	Household Facilities, Articles & Services	9.0	5.9	7.4	7.9
居住	Residence	15.5	11.5	10.2	9.7
农村居民消费结构	Consumption Structure of Rural Residents				
#食品类	Food	55.4	50.5	48.5	42.8
衣着类	Clothing	3.5	3.4	3.2	3.2
家庭设备用品及服务	Household Facilities, Articles & Services	4.2	4.1	5.6	5.6
居住	Residence	13.5	16.2	20.0	24.6
卫 生	**Health Care**				
卫生技术人员结构	Structure of Medical Technical Personnel				
#执业（助理执业）医师	Practioner Doctors & Practi-tioner Assistant Doctors	36.2	42.3	36.2	35.4
注册护士	Registered Nurses	31.8	34.5	37.6	38.7
环 境	**Environment**				
工业污染治理投资结构	Used of Funds in Industrial Pollution Treatment				
治理废水	Waste Water Treatment	54.3	32.5	51.0	37.6
治理废气	Waste Gas Treatment	36.5	54.8	29.3	49.6
治理固体废物	Solid Waste Treatment	3.7	1.8	18.3	6.9
治理噪声	Noise Treatment	0.1	0.5	0.1	0.0
其他	Others	5.3	10.4	1.2	6.0

1—6 主要年份国民经济和社会发展比例和效益指标
Indicators on Proportions & Efficiency in National Economic & Social Development in Main Years

指 标	Indicators	2000	2005	2010	2012
人口与就业	**Population & Employment**				
人 口	**Population**				
人口出生率（‰）	Birth Rate（‰）	13.6	14.3	14.1	14.2
人口死亡率（‰）	Deatn Rate（‰）	5.7	6.1	5.5	6.3
人口自然增长率（‰）	Natural Growth Rate（‰）	7.9	8.2	8.7	7.9
就 业	**Employment**				
三次产业就业者比例	Employment Ratio by Types of Industry				
（以第一产业为100）	(Employment in primary industry=100)				
第一产业	Primary Industry	100.0	100.0	100.0	100.0
第二产业	Secondary Industry	17.7	21.2	34.6	35.1
第三产业	Tertiary Industry	45.6	56.7	50.1	51.8
城镇登记失业率（%）	Unemployment Rate in Urban Area（%）	3.2	4.15	3.66	3.41
宏观经济	**Macroeconomic Indicators**				
国民核算	**National Accounting**				
三次产业增加值比例	Ratio of Value-added by Tape of Industry				
（以第一产业为100）	(Value-added in primary industry=100)				
第一产业	Primary Industry	100.0	100.0	100.0	100.0
第二产业	Secondary Industry	131.5	165.6	269.3	287.6
第三产业	Tertiary Industry	141.7	171.1	202.0	212.5
全社会劳动生产率（元/人）	Overall Labor Productivity(yuan/person)	8106	14740	32965	47087
第一产业	Primary Industry	3548	6007	10662	14668
第二产业	Secondary Industry	26358	46915	82935	120143
第三产业	Tertiary Industry	11017	18108	42933	60173
固定资产投资	**Investment in Fixed Assets**				
全社会固定资产投资相当于地区生产总值比例（%）	Proportion of Investment in Fixed Assets to GDP (%)	31.7	44.4	82.1	96.9

1－6 续表1 continued

指 标	Indicators	2000	2005	2010	2012
财 政	**Government Finance**				
财政收入相当于地区生产总值比例（%）	Proportion of Financial Revenue to GDP(%)	10.6	11.9	12.8	13.9
公共财政预算收入相当于地区生产总值比例（%）	Proportion of Public Budget Income to GDP(%)	7.1	7.1	8.1	8.9
公共财政预算支出相当于地区生产总值比例（%）	Proportion of Fublic Budyet Expenditure to GDP(%)	12.4	15.3	21.0	22.9
能源生产与消费	**Production & Consumption of Energy**				
能源消费弹性系数	Elasticity Ratio of Energy Consumption	1.01	1.18	0.84	0.58
每万元地区生产总值消耗的能源（吨标准煤）	Energy Consumption per 10 000 yuan GDP(ton of SCE)	1.28	1.22	0.83	0.70
产 业	**Industry**				
农 业	**Agriculture**				
每公顷播种面积农产品产量(公斤)	Output of Farm Crops per Hectare of Sown Area (kg)				
粮食	Grain	4563	4525	4614	4838
甘蔗	Sugarcane	57756	68950	66583	69411
工 业	**Industry**				
产值利税率（%）	Ratio of Per-tax Profits to Gross Output Value (%)	11.67	11.51	13.7	11.2
成本费用利润率（%）	After-Tax Profits/Cost(%)	3.86	5.82	8.8	6.7
建筑业	**Construction**				
技术装备率(元/人)	Value of Machinery per Laborer(yuan/person)	6797	8723	7128	6818
产值利税率（%）	Ratio of Per-tax Profits to Gross Output Value(%)	4.3	6.1	5.7	4.9
全员劳动生产率（元/人,按总产值计算）	Overall Labor Productivity(yuan/person,in terms of gross output value)	46667	100545	212375	315962
运输邮电业	**Transportation, Post & Telecommuni-cation Services**				
铁路网密度（公里/万平方公里）	Railway Density(km/10 000 sq.km)	115	115	133	133

1－6 续表2 continued

指 标	Indicators	2000	2005	2010	2012
公路网密度（公里/万平方公里）	Highway Density(km/10 000 sq.km)	2235	2619	4284	4541
电话普及率（部/万人,含移动电话）	Access to Telephones(set/10 000 persons, including mobilephone)	1102	3852	6177	7470
对外贸易	**Foreign Trade**				
进出口总额相当于地区生产总值比例（%）	Proportion of Total Exports & Imports to GDP(%)	8.1	10.5	12.3	14.2
金 融	**Finance**				
金融机构存款相当于地区生产总值比例（%）	Bank Deposits as Percentage of GDP(%)	109.1	105.5	122.7	122.5
金融机构贷款相当于地区生产总值比例（%）	Bank Loans as Percentage of GDP(%)	77.6	77.9	92.7	94.8
教育、科技、文化	**Education,Science & Technology & Culture**				
教 育	**Education**				
学龄儿童入学率（%）	Rate of School-age Children Enrollment(%)	98.68	99.10	99.4	99.8
每万人在校小学生（人）	Number of Primary School Students per 10 000 Persons(person)	1139	926.1	934.3	910.9
每万人在校中学生（人）	Number of Secondary School Students per 10 000 Persons(person)	692.5	711.3	798.5	797.6
每万人在校大学生（人）	Number of University & College Students per 10 000 Persons(person)	25	69	123.3	139.4
科 技	**Science & Technology**				
研究与发展经费内部支出相当于地区生产总值比例（%）	R&D Expenditures at & above County Level as Percentage of GDP(%)	0.40	0.37	0.65	0.75
文 化	**Culture**				
广播人口覆盖率（%）	Listener Rating (%)	85.0	88.7	95.0	96.1
电视人口覆盖率（%）	Viewer Rating (%)	90.0	93.5	97.0	97.7
卫 生	**Health Care**				
每万人卫生技术人员(人)	Number of Medical Technical Personnel per 10 000 Persons(person)	26.7	26.3	36	42.1
每万人医院、卫生院病床数（张）	Number of Hospital Beds per 10 000 Persons(unit)	17.4	17.7	26	29.9

1－7　主要年份人均主要工农业产品产量
Per Capita Output of Major Industrial & Agricultural Products in Main Years

指　标	Indicators	2000	2005	2010	2012
粮食产量（公斤）	Grain(kg)	352	309	298.4	318.4
油料产量（公斤）	Oil-bearing Crops(kg)	12.0	13.0	9.7	11.6
甘蔗产量（公斤）	Sugarcane Crops(kg)	621	1050	1504.3	1678.9
水果产量（公斤）	Fruits(kg)	76	156	177.9	221.1
猪牛羊肉（公斤）	Pork, Beef & Mutton(kg)	49	65	54.6	57.8
水产品（公斤）	Aquatic Products(kg)	51	58	58.1	65.1
原煤（吨）	Coal(ton)	0.15	0.14	0.16	0.16
发电量（千瓦时）	Electricity(kwh)	611	909	2180.8	2543.4
水泥（公斤）	Cement(kg)	465	674	1588.1	1498.2
糖产量（公斤）	Sugar(kg)	69	103	149.1	184.7
机制纸及纸板（公斤）	Machine-made Paper & Paperboard(kg)	17	26	47.6	72.1

注：本表2007年起按年平均常住人口计算。

Note: The data from 2007 in this table is calculated with the average permanent population in this year, and the fruits include the melons.

1－8 各个时期主要经济指标
Main Economic Indicators of Each Period

单位：亿元 (100 million yuan)

时期	Period	地区生产总值 Gross Domestic Product	第一产业 Primary Industry	第二产业 Secondary Industry	#工业 Industry	第三产业 Tertiary Industry	固定资产投资 Investment in Fixed Assets
"一五"时期	"First Five-Year Plan" Period	88.96	50.35	22.59	19.89	16.02	6.19
"二五"时期	"Second Five-Year Plan" Period	125.03	57.92	37.65	31.64	29.46	19.58
	1963—1965	83.12	43.66	22.42	19.26	17.04	7.21
"三五"时期	"Third Five-Year Plan" Period	165.9	89.17	41.41	36.68	35.32	19.42
"四五"时期	"Fourth Five-Year Plan" Period	287.04	133.8	91.39	82.8	61.85	32.87
"五五"时期	"Fifth Five-Year Plan" Period	393.84	172.14	132.55	119.91	89.15	48.79
"六五"时期	"Sixth Five-Year Plan" Period	708.45	321.87	202.77	175.97	183.81	120.68
"七五"时期	"Seventh Five-Year Plan" Period	1592.8	627.12	479.93	417.65	485.75	337.65
"八五"时期	"Eighth Five-Year Plan" Period	4732.74	1465.25	1655.27	1423.97	1612.19	1314.72
"九五"时期	"Ninth Five-Year Plan" Period	9477.90	2829.42	3283.83	2772.24	3364.65	2808.14
"十五"时期	"Tenth Five-Year Plan" Period	15041.78	3567.49	5366.53	4462.13	6107.76	5586.27
"十一五"时期	"Eleventh Five-Year Plan" Period	34919.58	6861.12	15234.82	13034.13	12823.64	22565.56
	2011—2012	24755.97	4219.60	11922.75	10130.63	8613.63	22795.67

1－8 续表 continued

时 期	Period	公共财政预算收入（亿元）	公共财政预算支出（亿元）	外贸进出口总额（亿美元）Total Exports & Imports (100 million USD)	#出口总额 Exports	社会消费品零售总额（亿元）Total Retail Sales of Consumer Goods (100 million yuan)	货运量（万吨）Freight Traffic (10 000 tons)
"一五"时期	"First Five-Year Plan" Period	15.33	12.61	1.74	1.74	41.8	4344
"二五"时期	"Second Five-Year Plan" Period	23.66	34.7	1.48	1.48	59.36	12595
	1963—1965	12.64	15.92	1.24	1.21	42.88	5191
"三五"时期	"Third Five-Year Plan" Period	25.24	34.25	2.37	2.19	84.47	11523
"四五"时期	"Fourth Five-Year Plan" Period	48.32	61.57	7.77	7.21	114.48	21750
"五五"时期	"Fifth Five-Year Plan" Period	61.72	87.53	13.66	12.82	177.1	26379
"六五"时期	"Sixth Five-Year Plan" Period	72.99	105.13	21.12	17.46	321.52	30448
"七五"时期	"Seventh Five-Year Plan" Period	177.9	265.93	37.97	28.32	720.45	94604
"八五"时期	"Eighth Five-Year Plan" Period	354.75	923.09	104.11	71.14	1656.07	138187
"九五"时期	"Ninth Five-Year Plan" Period	589.95	1009.68	126.74	91.87	3433.48	155717
"十五"时期	"Tenth Five-Year Plan" Period	1089.87	2334.06	168.91	99.86	5540.13	178259
"十一五"时期	"Eleventh Five-Year Plan" Period	2672.81	6641.98	611.05	340.44	12051.51	389077
	2011—2012	2113.78	5530.50	528.05	279.27	8424.80	297511

1—9 各个时期主要经济指标平均增长率
Average Growth Rate of Main Economic Indicators of Each Period

单位：% (%)

时 期	Period	地区生产总值 Gross Domestic Product	第一产业 Primary Industry	第二产业 Secondary Industry	#工业 Industry	第三产业 Tertiary Industry	固定资产投资 Investment in Fixed Assets
"一五"时期	"First Five-Year Plan" Period	10.8	6.5	11.2	12.1	27.5	41.7
"二五"时期	"Second Five-Year Plan" Period	1.2	-4.5	3.9	4.7	8.4	-0.9
	1963—1965	7.5	11.5	9.5	8.4	-0.02	27.8
"三五"时期	"Third Five-Year Plan" Period	5.1	2.6	5.3	5.1	8.7	15.6
"四五"时期	"Fourth Five-Year Plan" Period	9.6	6.2	15.0	16.5	9.9	5.3
"五五"时期	"Fifth Five-Year Plan" Period	6.2	3.9	4.8	5.5	12.2	10.5
"六五"时期	"Sixth Five-Year Plan" Period	8.3	4.4	9.9	9.2	13.3	27.4
"七五"时期	"Seventh Five-Year Plan" Period	6.1	5.0	8.7	9.7	4.4	10.2
"八五"时期	"Eighth Five-Year Plan" Period	15.1	8.4	24.3	24.2	13.6	43.9
"九五"时期	"Ninth Five-Year Plan" Period	8.5	6.5	8.6	8.5	9.7	9.3
"十五"时期	"Tenth Five-Year Plan" Period	10.8	5.4	13.8	13.8	11.2	21.8
"十一五"时期	"Eleventh Five-Year Plan" Period	13.9	5.3	19.1	19.4	12.7	34.7
	2011—2012	11.8	5.2	15.3	15.1	10.2	26.8

注：本表增长率按可比价格计算。

Note: The average growth rates in this table are calculated at comparable prices.

1—9 续表 continued

单位：% (%)

时 期	Period	公共财政预算收入 Pubic Budget Income	公共财政预算支出 Public Budget Expenditure	外贸进出口总额 Total Exports & Imports	#出口总额 Exports	社会消费品零售总额 Total Retail Sales of Consumer Goods	货运量 Freight Traffic
"一五"时期	"First Five-Year Plan" Period	6.4	14.7	47.1	47.1	13.2	39.8
"二五"时期	"Second Five-Year Plan" Period	2.7	2.0	-20.3	-20.3	6.1	1.7
	1963—1965	12.9	18.7	37.1	33.5	7.1	19.9
"三五"时期	"Third Five-Year Plan" Period	8.5	8.3	0.3	0.4	2.9	5.9
"四五"时期	"Fourth Five-Year Plan" Period	8.6	7.5	33.5	33.2	8.1	11.5
"五五"时期	"Fifth Five-Year Plan" Period	2.1	5.8	11.4	12.7	11.9	-2.4
"六五"时期	"Sixth Five-Year Plan" Period	10.4	11.3	6.7	0.3	14.1	23.5
"七五"时期	"Seventh Five-Year Plan" Period	18.3	16.9	11.4	14.4	14.6	9.0
"八五"时期	"Eighth Five-Year Plan" Period	11.1	16.7	29.0	25.2	23.2	7.5
"九五"时期	"Ninth Five-Year Plan" Period	13.1	13.0	-8.7	-7.8	10.1	1.8
"十五"时期	"Tenth Five-Year Plan" Period	14.0	18.8	20.5	14.0	11.7	5.6
"十一五"时期	"Eleventh Five-Year Plan" Period	22.2	26.8	27.9	27.3	18.7	22.6
	2011—2012	22.9	21.9	29.0	31.5	16.8	19.3

1—10 主要年份平均每天主要社会经济活动
Selected Indicators on Average Daily Social & Economic Activities in Main Years

指 标	Indicators	2000	2005	2010	2012
每天创造的财富	**Daily Production**				
地区生产总值（亿元）	Gross Domestic Product(100 million yuan)	5.70	10.92	26.22	35.62
第一产业	Primary Industry	1.53	2.50	4.59	5.94
第二产业	Secondary Industry	2.01	4.14	12.36	17.07
＃工业	Industry	1.68	3.47	10.58	14.42
第三产业	Tertiary Industry	2.16	4.28	9.27	12.61
＃运输、仓储及邮政业	Transport, Storage & Post	0.44	0.59	1.32	1.71
批发零售、餐饮业	Wholesale, Retail & Catering Businesses	0.76	1.25	2.88	3.68
公共财政预算收入（亿元）	Public Budget Income (10 000 yuan)	0.40	0.78	2.12	3.19
公共财政预算支出（亿元）	Public Budget Expenditure (10 000 yuan)	0.71	1.68	5.50	8.16
粮食（万吨）	Grain(10 000 tons)	4.57	4.15	3.87	4.06
油料（万吨）	Oil-bearing Grops(10 000 tons)	0.16	0.17	0.13	0.15
猪牛羊肉（万吨）	Meat(10 000 tons)	0.63	0.88	0.71	0.74
水产品（万吨）	Aquatic Products(10 000 tons)	0.66	0.78	0.75	0.83
原 煤（万吨）	Coal(10 000 tons)	1.94	1.92	2.08	2.06
发电量（亿千瓦时）	Electricity (100 million kwh)	0.79	1.22	2.83	3.24
钢（万吨）	Stee(10 000 tons)	0.29	1.36	3.30	3.67
钢 材（万吨）	Steel Products(10 000 tons)	0.28	1.42	4.13	5.87
水 泥（万吨）	Cement(10 000 tons)	6.02	9.06	20.59	19.09

1－10 续表 continued

指　标	Indicators	2000	2005	2010	2012
每天消费量	**Daily Consumption**				
最终消费（亿元）	Final Consumption Expenditure(100 million yuan)	3.97	6.75	13.54	17.81
居民消费	Resident Consumption	2.99	4.95	10.26	13.40
农村居民	Rural Resident	1.39	1.99	2.98	3.91
城镇居民	Urban Resident	1.60	2.96	7.28	9.49
政府消费	Government Consumption	0.98	1.79	3.28	4.40
能源消费量（万吨标准煤）	Energy Consumption (10 000 tons of SCE)	7.31	13.34	21.70	25.01
社会消费品零售总额（亿元）	Total Retail Sales of Consumer Goods(100 million yuan)	2.20	3.85	9.07	12.34
每天其他经济活动	**Other Daily Economic Activities**				
资本形成总额（亿元）	Gross Capital Formation(100 million yuan)	1.85	4.93	21.74	30.24
固定资产形成	Fixed Assets Formation	1.84	4.79	21.33	28.82
存货增加	Inventory Increasement	0.02	0.13	0.41	1.42
货运量（万吨）	Freight Traffic(10 000 tons)	85.67	112.40	310.81	440.90
客运量（万人）	Passenger Traffic(10 000 persons)	117.68	143.01	210.87	250.43
主要港口货物吞吐量（万吨）	Volume of Freight Handled at Major Ports(10 000 tons)	7.89	18.84	50.89	73.59
邮电业务总量（万元）	Revenue from Postal & Telecommunication Services (10 000yuan)	2640	8846	22131.88	10012.02
进出口总额（万美元）	Total Exports & Imports(10 000 USD)	558	1420	4850.98	8052.92
出口总额	Exports	409	788	2632.84	4226.34
进口总额	Imports	149	632	2218.14	3826.58
外商直接投资（万美元）	Foreign Direct Investments (10 000 USD)	143.74	103.74	249.86	204.52
来华旅游人数（人次）	Number of International Tourists (10 000 Persons-time)	3398	4004	6855.79	9570.31
每天人口变动和婚姻	**Daily Population Changes & Marriages**				
出　生（人）	Births(person)	1753	1918	1973	2022
死　亡（人）	Deaths(couples)	712	822	685	902
结　婚（对）	Marriages(couples)	873	862	1439	1338
离　婚（对）	Divorces(couples)	80	133	200	235

1—11 按行业分组的法人单位数

行业门类	Sector	法人单位数（个）			
		1996	2001	2004	2005
总 计	**Total**	**96356**	**123298**	**120706**	**130209**
农、林、牧、渔业	Farming,Forestry,Animal Husbandry & Fishery	4487	8081	193	3536
采矿业	Mining	2157	1165	1503	1639
制造业	Manufacturing	17703	15105	16068	17110
电力、燃气及水的生产和供应业	Power, Gas & Water Production & Supply	970	1069	1578	1723
建筑业	Construction	1841	1905	1586	1821
交通运输、仓储和邮政业	Transportation,Storage,Postal,& Telecommunication Services	1412	2430	1925	2068
信息传输、计算机服务和软件业	Information Transmission, Computer Service & Software Industries	614	2052	2300	2721
批发和零售业	Wholesale & Retail Trade	14306	14921	14365	16291
住宿和餐饮业	Hotel & Catering Trade	1798	1891	1918	2056
金融业	Finance	1904	2085	1151	1191
房地产业	Real Estate	1218	2417	3189	3644
租赁和商务服务业	Leasing & Business Service	2433	5389	4781	5406
科学研究、技术服务和地质勘查业	Scientific Research, Technology Service & Geological Prospecting	1112	1811	4901	5083
水利、环境和公共设施管理业	Water Conservancy, Environment & Public Facility Management	1074	3026	1481	1582
居民服务和其他服务业	Resident & Other Services	630	1230	972	1124
教育	Education	8309	18650	17326	17477
卫生、社会保障和社会福利业	Public Health, Social Security & Social Welfare	3178	6227	6264	6204
文化、体育和娱乐业	Culture, Sports & Entertainment	1255	2290	2574	2559
公共管理和社会组织	Public Administration & Social Organizations	29955	31554	36631	36974

注：1. 2004年和2008年农、林、牧、渔业法人单位数为兼营第二、三产业的农、林、牧、渔业法人单位。
2. 本表1996年、2001年、2004年、2008年均为普查数据，其余为年报数据。
3. 本表数据2011年以前按GB/T4754-2002标准分类，2012年按GB/T4754-2011标准整理。

Note: 1. The indicator of "Farming,Forestry,Animal Husbandry & Fishery" in 2004 and 2008 refers to the juridical entities operating primary industry also operating secondary industry or tertiary industry on the side.
2. The data in this table in 1996.2001.2004.2008 is based on the 2nd Economic Census,while the other data is based on the annual reports.
3. The data in and before 2011 in this table is sorted out by the standard of (GB/T4754-2002), and the data in 2012 is sorted out by the standard of GB/T4754-2011.

Number of Juridical Entities Grouped by Sector

Number of Juridical Entities(unit)						
2006	2007	2008	2009	2010	2011	2012
139566	**149472**	**154748**	**180744**	**204970**	**238483**	**274666**
4034	4306	210	2630	4486	10310	23041
1935	2225	2258	2716	3079	3396	3656
18752	20307	19683	22156	24381	27106	27725
1865	1999	2271	2508	2628	2700	2771
2131	2455	2329	3130	3951	5035	5713
2282	2586	3178	3929	4634	5459	6107
3044	3479	5040	5610	5997	6508	6952
18775	22034	21560	33174	42384	54820	67375
2258	2445	2152	2378	2764	3177	3466
1241	1280	636	938	1249	1649	1643
4402	5218	5628	7084	9013	10224	11034
6140	7238	10535	12964	15394	18798	22108
5310	5573	7141	7627	8397	9020	9959
1626	1698	2081	2227	2376	2571	2748
1339	1552	1607	2152	2666	3417	4093
17643	17786	16435	16776	17126	17497	17788
6405	6480	6207	6363	6446	6573	6644
2667	2760	2600	2795	3005	3180	3489
37717	38051	43197	43587	44994	47043	48354

1－12 各市按机构类型分组的法人单位数 （2012年）

Number of Juridical Entities Grouped by Region & Type of Institution(2012)

地 区	Region	法人单位（个）Number of Juridical Entities (unit)	企业 Enterprise	事业单位 Institution	机关 Agency	社会团体 Social Group	其他法人 Others
广 西	**Guangxi**	**274666**	**180309**	**41667**	**11034**	**8645**	**33011**
南宁市	Nanning	49143	36851	5235	1123	1518	4416
柳州市	Liuzhou	29534	21955	2731	958	727	3163
桂林市	Guilin	35993	25264	4166	1454	917	4192
梧州市	Wuzhou	19047	13242	2654	585	855	1711
北海市	Beihai	13449	10175	1528	358	411	977
防城港市	Fangchenggang	7554	5227	1064	445	251	567
钦州市	Qinzhou	13563	8726	2097	569	592	1579
贵港市	Guigang	15697	9222	3021	520	358	2576
玉林市	Yulin	27555	18195	4518	813	669	3360
百色市	Baise	16267	8761	3201	1151	490	2664
贺州市	Hezhou	9491	4731	2641	569	347	1203
河池市	Hechi	15803	7972	3672	1167	518	2474
来宾市	Laibin	9791	5035	2329	635	548	1244
崇左市	Chongzuo	11779	4953	2810	687	444	2885

1－13 各市按主要行业分组的法人单位数（2012年）
Number of Juridical Entities Grouped by Region & Major Sector(2012)

单位：个 (unit)

地 区	Region	合计 Total	农、林、牧、渔业 Agriculture, Forestry, Animal Husbandry & Fishery	采矿业 Mining	制造业 Manufacturing	电力、燃气及水的生产和供应业 Production & Supply of Electricity, Gas & Water	建筑业 Construction	交通运输、仓储和邮政业 Transport, Storage & Post
广 西	**Guangxi**	**274666**	**23041**	**3656**	**27725**	**2771**	**5713**	**6107**
南宁市	Nanning	49136	1245	285	4334	183	1661	1035
柳州市	Liuzhou	29532	2509	274	3591	187	361	779
桂林市	Guilin	35995	2516	607	4267	824	1034	530
梧州市	Wuzhou	19046	3096	319	1805	186	414	323
北海市	Beihai	13451	511	55	1164	45	469	369
防城港市	Fangchenggang	7554	533	68	495	52	230	532
钦州市	Qinzhou	13563	1274	214	1425	92	341	622
贵港市	Guigang	15697	1150	217	2454	99	198	439
玉林市	Yulin	27555	4509	260	3804	272	198	511
百色市	Baise	16270	1655	276	1196	205	253	276
贺州市	Hezhou	9491	1070	126	644	232	128	124
河池市	Hechi	15802	1218	494	1113	165	154	187
来宾市	Laibin	9792	839	297	816	130	148	160
崇左市	Chongzuo	11779	916	164	616	98	124	220

1－13 续表1 continued

地 区	Region	信息传输、计算机服务和软件业 Information Transmission, Computer Service & Software Industries	批发和零售业 Wholesale & Retail Trade	住宿和餐饮业 Hotel & Catering Trade	金融业 Finance	房地产业 Real Estate	租赁和商务服务业 Leasing & Business Service	科学研究、技术服务和地质勘查业 Scientific Research, Technology Service & Geological Prospecting
广 西	**Guangxi**	**6952**	**67375**	**3466**	**1643**	**11034**	**22108**	**9959**
南宁市	Nanning	1600	15460	636	299	2580	6384	2036
柳州市	Liuzhou	771	9101	294	141	1206	2483	919
桂林市	Guilin	730	8423	786	256	1277	3054	1339
梧州市	Wuzhou	382	4813	228	85	641	989	492
北海市	Beihai	337	3644	232	113	1486	1406	402
防城港市	Fangchenggang	126	1896	96	65	522	546	207
钦州市	Qinzhou	345	2926	154	154	574	681	544
贵港市	Guigang	492	2975	161	101	437	868	393
玉林市	Yulin	478	6639	288	92	685	1279	929
百色市	Baise	392	2973	225	110	411	825	579
贺州市	Hezhou	264	1642	60	49	215	397	427
河池市	Hechi	434	3189	161	97	382	709	864
来宾市	Laibin	319	1682	70	43	306	458	443
崇左市	Chongzuo	282	2011	75	38	312	2029	385

1—13 续表2 continued

地区	Region	水利、环境和公共设施管理业 Management of Water Conservancy, Environment & Public Facilities	居民服务和其他服务业 Services to Households & Other Services	教育 Education	卫生、社会保障和社会福利业 Health, Social Securities & Social Welfare	文化、体育和娱乐业 Culture, Sports & Entertainment	公共管理和社会组织 Public Management & Social Organizations
广西	**Guangxi**	**2748**	**4093**	**17788**	**6644**	**3489**	**48354**
南宁市	Nanning	360	1138	2959	954	699	5288
柳州市	Liuzhou	243	572	1243	569	329	3960
桂林市	Guilin	441	644	1537	723	527	6480
梧州市	Wuzhou	147	231	1364	249	180	3102
北海市	Beihai	99	218	870	248	177	1606
防城港市	Fangchenggang	120	94	212	176	74	1510
钦州市	Qinzhou	158	172	795	227	140	2725
贵港市	Guigang	116	180	1732	731	132	2822
玉林市	Yulin	204	320	2322	563	349	3853
百色市	Baise	225	177	1009	702	201	4580
贺州市	Hezhou	111	49	1067	266	141	2479
河池市	Hechi	220	142	971	608	295	4399
来宾市	Laibin	125	81	718	302	97	2758
崇左市	Chongzuo	179	75	989	326	148	2792

1－14 按行业、营业状态分组的企业法人单位数（2012年）
Number of Juridical Entities Grouped by Sector & Operating State(2012)

单位：个 (unit)

行 业	Sector	单位数 Number of Juridical Entities	营业 Operating	停业（歇业） Shutout (closed)	筹建 Preparing to Construct	当年关闭 Closedown in the Present Year	当年破产 Bankrupted in the Present Year	其他 Others
合 计	**Total**	**180309**	**165095**	**3633**	**7705**	**1357**	**81**	**2438**
农、林、牧、渔业	Farming,Forestry,Animal Husbandry & Fishery	17432	16045	73	950	19	2	343
采矿业	Mining	3656	3013	273	273	53	7	37
制造业	Manufacturing	27715	24850	1018	1249	387	26	185
电力、燃气及水的生产和供应业	Power, Gas & Water Production & Supply	2709	2450	41	189	9	0	20
建筑业	Construction	5712	5148	138	316	33	0	77
交通运输、仓储和邮政业	Transportation,Storage & Postal Services	5592	5136	106	271	25	5	49
信息传输、计算机服务和软件业	Information Transmission, Computer Service & Software Industries	6519	6241	97	75	65	1	40
批发和零售业	Wholesale & Retail Trade	66373	62568	1007	1951	419	22	406
住宿和餐饮业	Hotel & Catering Trade	3365	3153	47	131	18	2	14
金融业	Finance	1539	1445	9	68	2	1	14
房地产业	Real Estate	10931	8627	389	837	111	2	965
租赁和商务服务业	Leasing & Business Service	17403	15954	253	910	125	11	150
科学研究、技术服务和地质勘查业	Scientific Research, Technology Service & Geological Prospecting	4000	3655	71	181	38	0	55
水利、环境和公共设施管理业	Water Conservancy, Environment & Public Facility Management	896	787	9	81	9	1	9
居民服务和其他服务业	Resident & Other Services	3786	3562	55	115	21	0	33
教育	Education	941	883	13	28	6	0	11
卫生、社会保障和社会福利业	Public Health, Social Security & Social Welfare	447	425	1	11	4	1	5
文化、体育和娱乐业	Culture, Sports & Entertainment	1293	1153	33	69	13	0	25

1—15 按行业、登记注册类型分组的企业法人单位数（2012年）
Number of Juridical Entities Grouped by Sector & Registration Status(2012)

单位：个

行业	Sector	合计 Total	内资 Domestic Fund	国有 State-owned	集体 Collective-owned	股份合作企业 Cooperative Share Holding	联营企业 Joint-owned
合计	**Total**	**180309**	**178658**	**5362**	**5062**	**1470**	**412**
农、林、牧、渔业	Farming,Forestry,Animal Husbandry& Fishery	17432	17391	220	80	22	26
采矿业	Mining	3656	3637	69	57	42	8
制造业	Manufacturing	27715	26832	681	1174	276	65
电力、燃气及水的生产和供应业	Power, Gas & Water Production & Supply	2709	2673	399	232	87	20
建筑业	Construction	5712	5696	203	287	45	14
交通运输、仓储和邮政业	Transportation,Storage & Postal Services	5592	5527	417	236	71	20
信息传输、计算机服务和软件业	Information Transmission, Computer Service & Software Industries	6519	6497	61	3	23	4
批发和零售业	Wholesale & Retail Trade	66373	66239	1327	1781	379	150
住宿和餐饮业	Hotel & Catering Trade	3365	3295	231	165	43	8
金融业	Finance	1539	1521	146	93	91	7
房地产业	Real Estate	10931	10721	453	322	92	18
租赁和商务服务业	Leasing & Business Service	17403	17327	498	315	165	36
科学研究、技术服务和地质勘查业	Scientific Research, Technology Service & Geological Prospecting	4000	3980	296	140	39	14
水利、环境和公共设施管理业	Water onservancy, Environment & Public Facility Management	896	885	98	26	17	2
居民服务和其他服务业	Resident & Other Services	3786	3776	68	93	39	13
教育	Education	941	940	38	23	15	4
卫生、社会保障和社会福利业	Public Health, Social Security & Social Welfare	447	446	40	20	11	
文化、体育和娱乐业	Culture, Sports & Entertainment	1293	1275	117	15	13	3

1－15 续表1 continued

行 业	Sector	国有联营 State Joint-owned	集体联营 Collective Joint-owned	国有与集体联营 State & Collective Joint-owned	其他联营 Other Joint-owned	有限责任公司 Limited Liability Company	国有独资公司 State Sole Investment	其他有限责任公司 Other Limited Companies	股份有限公司 Share Holding Limited
合计	**Total**	**51**	**173**	**21**	**167**	**21479**	**501**	**20978**	**4183**
农、林、牧、渔业	Farming,Forestry,Animal Husbandry& Fishery	3	9	3	11	473	11	462	88
采矿业	Mining	1	3		4	257	5	252	75
制造业	Manufacturing	6	32	6	21	2771	34	2737	606
电力、燃气及水的生产和供应业	Power, Gas & Water Production & Supply		10	2	8	244	29	215	91
建筑业	Construction	3	4	0	7	1063	35	1028	172
交通运输、仓储和邮政业	Transportation,Storage & Postal Ser-vices	3	6	2	9	929	38	891	221
信息传输、计算机服务和软件业	Information Infor-mation Computer Service & Software Industries	3			1	379	8	371	72
批发和零售业	Wholesale & Retail Trade	17	63	3	67	7536	76	7460	1154
住宿和餐饮业	Hotel & Catering Trade	2	4		2	375	5	370	82
金融业	Finance	1	4	2		237	16	221	312
房地产业	Real Estate	4	3	1	10	2471	61	2410	463
租赁和商务服务业	Leasing & Business Service	5	15	2	14	3184	125	3059	495
科学研究、技术服务和地质勘查业	Scientific Research, Technology Service & Geological Prospecting	1	9		4	721	21	700	158
水利、环境和公共设施管理业	Water onservancy, Environment & Public Facility Management		2			177	22	155	41
居民服务和其他服务业	Resident & Other Services	2	4		7	420	2	418	81
教育	Education		3		1	75		75	24
卫生、社会保障和社会福利业	Public Health, Social Security & Social Welfare					22		22	12
文化、体育和娱乐业	Culture, Sports & Entertainment		2		1	145	13	132	36

1－15 续表2 continued

行业	Sector	私营 Individual	私营独资 Individual Sole Investment	私营合伙 Private Partnership	私营有限责任公司 Private Limited Liability Company	私营股份有限公司 Private Share Holding Limited	其他 Others	港澳台商投资 Funded by Enterprises from Hong Kong, Macao & Taiwan
合计	**Total**	**132977**	**57101**	**7591**	**62848**	**5437**	**7713**	**903**
农、林、牧、渔业	Farming,Forestry,Animal Husbandry& Fishery	15373	12816	368	2053	136	1109	22
采矿业	Mining	2986	1590	506	767	123	143	8
制造业	Manufacturing	20186	9816	1951	7728	691	1073	512
电力、燃气及水的生产和供应业	Power, Gas & Water Production & Supply	1521	485	652	336	48	79	14
建筑业	Construction	3754	597	141	2792	224	158	7
交通运输、仓储和邮政业	Transportation,Storage & Postal Ser-vices	3409	751	196	2209	253	224	36
信息传输、计算机服务和软件业	Information Infor-mation Computer Service & Software Industries	5695	4142	259	1227	67	260	11
批发和零售业	Wholesale & Retail Trade	51284	20017	1880	27269	2118	2628	66
住宿和餐饮业	Hotel & Catering Trade	2209	1072	210	847	80	182	36
金融业	Finance	588	95	27	419	47	47	1
房地产业	Real Estate	6616	809	168	5109	530	286	120
租赁和商务服务业	Leasing & Business Service	11855	2272	696	8157	730	779	33
科学研究、技术服务和地质勘查业	Scientific Research, Technology Service & Geological Prospecting	2409	430	117	1713	149	203	14
水利、环境和公共设施管理业	Water onservancy, Environment & Public Facility Management	483	111	33	298	41	41	8
居民服务和其他服务业	Resident & Other Services	2842	1219	192	1300	131	220	5
教育	Education	637	338	85	183	31	124	
卫生、社会保障和社会福利业	Public Health, Social Security & Social Welfare	300	206	32	52	10	41	
文化、体育和娱乐业	Culture, Sports & Entertainment	830	335	78	389	28	116	10

1－15 续表3 continued

行 业	Sector	与港澳台商合资经营 Joint Venture	与港澳台商合作经营 Cooperative Operation	港澳台商独资 Sole Investment	港澳台商投资股份有限公司 Share Holding Limited	外商投资 Foreign-funded	中外合资经营 Joint Venture	中外合作经营 Cooperative Operation	外资企业 Sole Investment	外商投资股份有限公司 Share Holding Limited
合计	**Total**	**307**	**57**	**505**	**30**	**748**	**300**	**55**	**323**	**59**
农、林、牧、渔业	Farming,Forestry,Animal Husbandry& Fishery	7		14	1	19	1	2	15	1
采矿业	Mining	4	2	2		11	7		4	
制造业	Manufacturing	156	24	320	11	371	168	18	163	20
电力、燃气及水的生产和供应业	Power, Gas & Water Production & Supply	6	1	7		22	11	5	3	3
建筑业	Construction	5		2		9	4	1	4	
交通运输、仓储和邮政业	Transportation,Storage & Postal Ser-vices	12	12	11	1	29	13	6	9	1
信息传输、计算机服务和软件业	Information Infor-mation Computer Service & Software Industries	4		3	3	11	1	1	8	1
批发和零售业	Wholesale & Retail Trade	18	1	42	5	68	24	6	29	8
住宿和餐饮业	Hotel & Catering Trade	12	2	19	3	34	8	3	18	3
金融业	Finance			1		17	4		1	10
房地产业	Real Estate	59	10	50	1	90	44	6	35	3
租赁和商务服务业	Leasing & Business Service	10	3	14	4	43	9	4	23	5
科学研究、技术服务和地质勘查业	Scientific Research, Technology Service & Geological Prospecting	9		5		6	2	1	3	
水利、环境和公共设施管理业	Water onservancy, Environment & Public Facility Management	3		5		3		1	1	1
居民服务和其他服务业	Resident & Other Services		1	3	1	5	1	1	1	2
教育	Education					1			1	
卫生、社会保障和社会福利业	Public Health, Social Security & Social Welfare					1				1
文化、体育和娱乐业	Culture, Sports & Entertainment	2	1	7		8	3		5	

主要统计指标解释

发展速度 是表示某一时期内某一指标发展程度的相对数，它是报告期与基期水平之比，一般用百分数表示，即把基期水平定为1（或100%），以报告期的指标数值除以基期指标数值的商乘100%，即得发展速度。由于比较的标准时期不同，发展速度可分为定期发展速度和环比发展速度两种。发展速度的计算公式为：

发展速度=（指标当期数值/指标基期数值）×100%

增长速度 是反映社会经济增长程度的指标，它是报告期增长量与基期水平之比，又称增长率。其计算公式为：

增长速度=（指标当期数值/指标基期数值-1）×100%

或=发展速度-1（或100%）。

平均每年增长速度 我国计算平均增长速度有两种方法,一种是习惯上经常使用的“水平法”，又称几何平均法，是以间隔最后一年的水平同基期水平对比来计算平均每年增长（或下降）的速度；另一种是“累计法”又称代数平均法或方程法，是以间隔年内各年水平的总和同基期水平对比来计算平均每年增长（或下降）的速度。

在一般正常情况下，两种方法计算的平均每年增长速度比较接近，但在经济发展不平衡出现大起大落时，两种方法计算的结果差别较大。

本年鉴内所列的平均每年增长速度都是用水平法计算的。从某年到某年平均增长速度的年份，均不包基期年在内。如1981-2004年平均每年增长速度，是以1980年为基期，2004年为报告期，年份从1981年算起，共24年。

当年价格 是报告期当年的实际价格，也称现价或现行价格。使用当年价格计算的以货币表现的物量指标，反映当年的实际情况，可用于考核社会经济效益，便于对生产、流通、分配、消费之间进行经济核算和综合平衡。

可比价格 亦称固定价格。指在不同时期的价值指标对比时，扣除了价格变动因素，以确切反映物量的变化。按可比价格计算有两种方法：一种是直接用于产品产量乘其不变价格；一种是指数法换算。

不变价格 用某一时期的同类产品的平均价格作为固定价格，来计算各个时期的产品价值。目的是为了消除各个时期价格变动的影响，保证各时期间、地区间的可比性。

指数 指数是一种表明社会经济现象动态的相对数，一般用百分数表示。运用指数可以测定不能直接相加和直接对比的社会经济现象的总动态；可以分析社会经济现象总变动中各因素变动的影响程度；可以研究总平均指标变动中各组标志水平和总体结构变动的作用。它是在把各个年份的产值换算成可比价格的基础上，根据定基数等于相应各个环比指数的连乘积这个换算关系计算出来的。

本《年鉴》所列“国内生产总值指数”等都是按可比价格计算的，如计算有关年份产值增长情况，可用定期指数（即简称年度为100的定基指数）直接进行对比。例如，求2000年国内生产总值为1980年的百分比，按表上2000年指数，1980年指数，两者相除即得，其余以此类推。

各个计划时期 本年鉴表内所用各个“时期”代表的年份如下：第一个五年计划时期（简称“一五”时期）为1953到1957年；第二个五年计划时期（简称“二五”时期）为1958到1962年；第三个五年计划时期（简称“三五”时期）为1966到1970年；第四个五年计划时期（简称“四五”时期）为1971到1975年；第五个五年计划时期（简称“五五”时期）为1976到1980年；第六个五年计划时期（简称“六五”时期）为1981到1985年；第七个五年计划时期（简称“七五”时期）为1986到1990年；第八个五年计划时期（简称“八五”时期）为1991到1995年；第九个五年计划的时期（简称“九五”时期）为1996到2000年；第十个五年计划时期（简称“十五”时期）为2001到2005年；第十一个五年计划时期（简称“十一五”时期）为2006到2010年。

Explanatory Notes on Main Statistical Indicators

Development Rate is a relative indicator that reflects the development extends of a certain indicator in a certain period. It is calculated by comparing the level of report period to the level of base period, and is expressed with percentage. Namely to set the value of base period for 1 (or 100%), the development rate equals to multiply the quotient that the indicator valve in report period comparing to base period by 100%. Development rate can be classified into fixed-base development rate and chain-base development rate. The formula is:

Development Rate = (Value of Indicator in Report Period / Value of Indicator in Base Period) × 100%

Growth Rate is a indicator that reflects the growth extend of social economy, and is calculated by growth level of report period to base period. The formula is:

Growth Rate = (Value of Indicator in Report Period/ Value of Indicator in Base Period - 1) × 100%

or :

=Development Rate –1 (or 100%)

Average Annual Growth Rate Two methods for calculating average annual growth rate are applied in China, one is often called level approach or the method of calculating geometric average, which is derived by comparing the level of the last year of the interval with that of the beginning year; the other is called "accumulative approach" or algebraic average or equation method, which is derived by the summation of the actual figure of each year in the interval divided by the figure in the base year.

Usually the results calculated by the two methods are fairly close, but they differed sharply when uneven economic development occurred with striking fluctuation in growth.

The average annual growth rates listed in this statistical yearbook are calculated by "level approach". The base year are not listed when the year are listed for average annual growth rates. For instance, the average annual growth rate of 24 years since 1981 is listed as average annual growth rate of 1981-2004, among which 1980 is the base year and 2004 is the reference year.

Current Price refers to the actual price in the reference period. The quantum indicators calculated in accordance with actual prices in current year can reflect the actual situation in the reference year. It can be used to check the social economic effect, and to carry though economic accounting and comprehensive balance during production, circulation, distribution and consumption.

Comparable Price also called fixed price. It is applied when comparing indicators of value over time to reflect accurately the changes in real them. Two methods are used for calculating comparable prices: (1) multiplying the output of products by their constant prices of certain year; (2) conversion of the data in current prices by relevant price index.

Constant Price refers to the average price of a given product in certain year, which is used for comparison of output value over time. As the output value at constant prices removes the factor of price changes, it reflects the trend of production development over time.

Index Index is a kind of relative indicator that reflects the trends of social economic phenomena, and is usually expressed with percentage. Using indexes can determine the whole trend of social economic phenomena that cannot be added up or compared directly; can analysis the degree of various factors impacting during the whole variation of social economic phenomena; and also can research the actions of levels and general construction movements of groups of indicators during the variation of total average indicator. It is calculated on the converting relation that fixed cardinal number equal to the continues product of corresponding chain index, when the output value in various years has been converted into comparable prices.

All of the indexes of GDP listed in this yearbook are calculated at comparable prices. The situation of output value growth in certain years can be calculated by comparing term indexes (fixed base indexes that set annual data =100) directly. For instance, the GDP in 2000 as the percentage of in 1980 can be calculated by multiplying index of 2000 to index of 1980 listed in table, and this method by analogy apply to others.

Various Plan Periods The years represented by the various “periods” in tables of this yearbook are as follows: First Five-year Plan Period refers to 1953-1957; Second Five-year Plan Period refers to 1958-1962; Third Five-year Plan Period refers to 1966-1970; Fourth Five-year Plan Period refers to 1971-1975; Fifth Five-year Plan Period refers to 1976-1980; Sixth Five-year Plan Period refers to 1981-1985; Seventh Five-year Plan Period refers to 1986-1990; Eighth Five-year Plan Period refers to 1991-1995; Ninth Five-year Plan Period refers to 1996-2000; and Tenth Five-year Plan Period refers to 2001-2005; and Eleventh Five-year plan period refers to 2006-2010.

国民经济核算

NATIONAL ECONOMIC ACCOUNTING

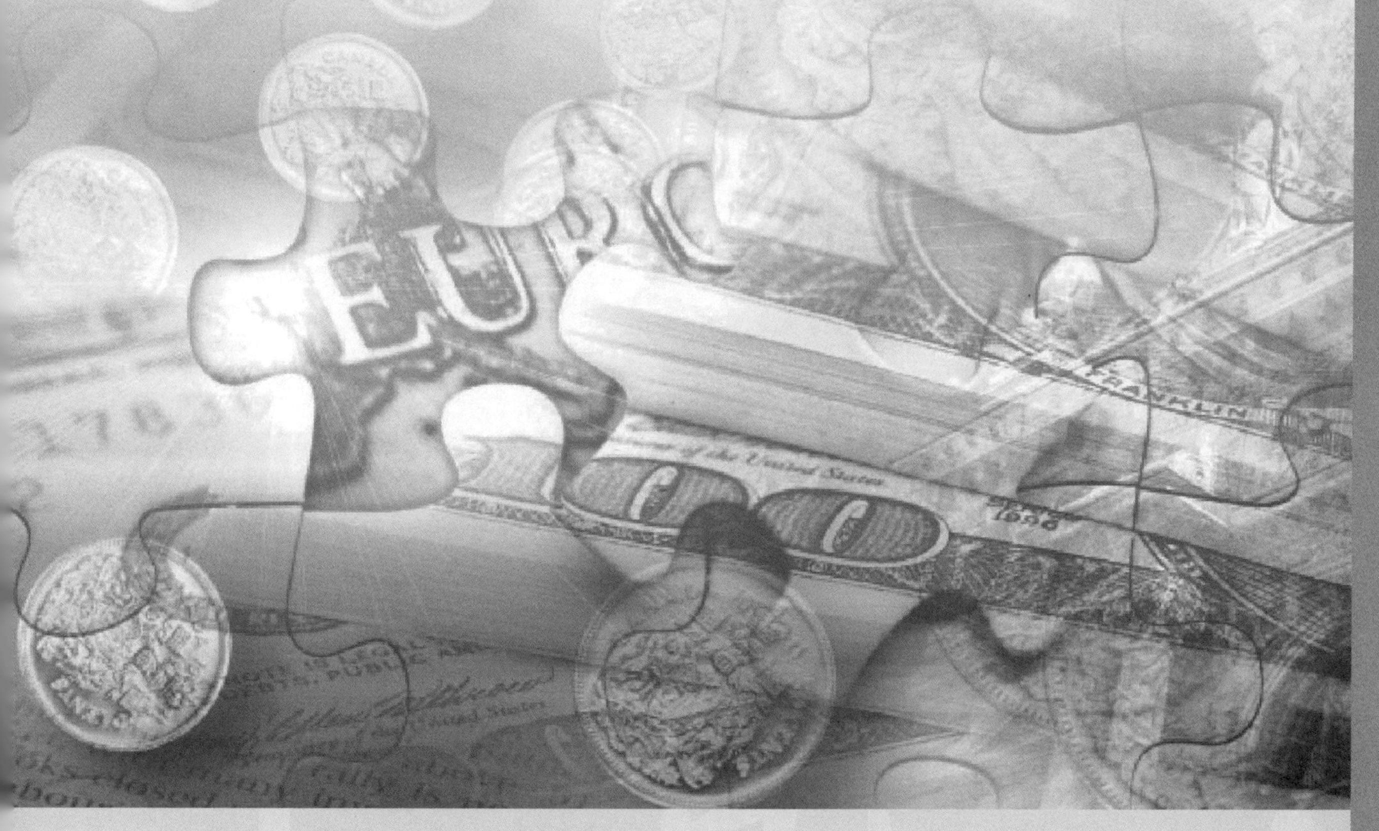

2—1 广西生产总值（1978—2012年）

Gross Domestic Product(1978—2012)

（按当年价格计算）(calculated at current prices)　　　　单位: 亿元（100 million yuan）

年份 Year	广西生产总值 Gross Domestic Product	第一产业 Primary Industry	第二产业 Secondary Industry	工业 Industry	建筑业 Construction	第三产业 Tertiary Industry	#交通运输、仓储及邮政业 Transport, Storage & Post	#批发、零售和住宿餐饮业 Wholesale, Retail Trade, Hotel & Catering Services	人均地区生产总值（元/人） Per Capita GDP (yuan/person)
1978	75.85	31.01	25.81	23.29	2.52	19.03	2.91	4.43	225
1979	84.59	37.57	27.98	25.12	2.86	19.04	2.94	3.98	246
1980	97.33	44.07	30.79	27.78	3.01	22.47	3.80	5.00	278
1981	113.46	52.58	33.01	29.71	3.30	27.87	4.01	10.40	317
1982	129.15	63.15	34.72	30.98	3.74	31.28	4.25	11.36	354
1983	134.60	63.59	37.09	32.39	4.70	33.92	4.70	11.17	363
1984	150.27	66.26	43.26	36.97	6.29	40.75	5.46	12.31	399
1985	180.97	77.49	54.69	45.92	8.77	48.79	6.11	14.56	471
1986	205.46	85.62	69.03	58.41	10.62	50.81	7.17	12.30	525
1987	241.56	99.94	81.79	70.96	10.83	59.83	9.14	13.55	607
1988	313.28	118.25	100.69	86.38	14.31	94.34	12.46	28.23	770
1989	383.44	149.98	109.97	97.11	12.86	123.49	16.21	44.41	927
1990	449.06	176.77	118.45	104.79	13.66	153.84	20.45	57.53	1066
1991	518.59	195.17	141.02	123.66	17.36	182.40	30.65	62.03	1211
1992	646.60	233.03	187.48	161.44	26.04	226.09	38.96	74.92	1490
1993	871.70	250.11	321.10	273.03	48.07	300.49	48.49	101.66	1982
1994	1198.29	333.79	469.81	404.59	65.22	394.69	55.12	130.96	2675
1995	1497.56	453.15	535.86	461.25	74.61	508.55	73.76	168.97	3304
1996	1697.90	534.88	587.37	503.32	84.05	575.65	88.77	200.72	3706
1997	1817.25	582.74	614.07	524.49	89.58	620.44	95.20	223.52	3928
1998	1911.30	586.70	667.29	561.34	105.95	657.31	98.65	247.04	4346
1999	1971.41	567.72	682.34	570.76	111.58	721.35	114.07	267.96	4444
2000	2080.04	557.38	732.76	612.33	120.43	789.90	125.36	290.02	4652
2001	2279.34	576.34	771.18	639.55	131.64	931.82	145.86	312.68	5058
2002	2523.73	601.99	846.89	699.15	147.74	1074.85	174.63	342.28	5558
2003	2821.11	658.78	984.08	813.79	170.29	1178.25	184.12	375.96	6169
2004	3433.50	817.88	1253.70	1044.80	208.90	1361.92	211.15	416.50	7461
2005	3984.10	912.50	1510.68	1264.84	245.84	1560.92	213.99	455.80	8590
2006	4746.16	1032.47	1878.56	1592.33	286.23	1835.12	235.72	515.23	10121
2007	5823.41	1241.35	2425.29	2090.10	335.19	2156.76	266.90	583.37	12277
2008	7021.00	1453.75	3037.74	2627.39	410.35	2529.51	337.30	664.77	14652
2009	7759.16	1458.49	3381.54	2863.84	517.70	2919.13	378.75	759.13	16045
2010	9569.85	1675.06	4511.68	3860.46	651.22	3383.11	480.17	1052.61	20219
2011	11720.87	2047.23	5675.32	4851.37	823.95	3998.33	588.20	1111.36	25326
2012	13035.10	2172.37	6247.43	5279.26	968.17	4615.30	625.57	1346.64	27952

注：1. 表中数据按国民经济新行业划分进行了调整。

2. 根据国家统计局的布置，1998—2003年按经济普查数据进行了衔接。

Note: 1. The data in this table has been adjusted by new divisions of trades in national economy .

2. The data in this table from 1998 to 2003 has got interlinked with the data of the Economic Census by arrangement of National Statistic Bureau.

2－2 广西生产总值构成（1978－2012年）
Composition of Gross Domestic Product (1978－2012)

（按当年价格计算） (calculated at current prices) 单位：%（%）

年份 Year	广西生产总值 Gross Domestic Product	第一产业 Primary Industry	第二产业 Secondary Industry	工业 Industry	建筑业 Construc-tion	第三产业 Tertiary Industry	#交通运输、仓储及邮政业 Transport, Storage & Post	#批发、零售和住宿餐饮业 Wholesale, Retail Trade, Hotel & Catering Services
1978	100.0	40.9	34.0	30.7	3.3	25.1	3.8	5.8
1979	100.0	44.4	33.1	29.7	3.4	22.5	3.5	4.7
1980	100.0	45.3	31.6	28.5	3.1	23.1	3.9	5.1
1981	100.0	46.3	29.1	26.2	2.9	24.6	3.5	9.2
1982	100.0	48.9	26.9	24.0	2.9	24.2	3.3	8.8
1983	100.0	47.2	27.6	24.1	3.5	25.2	3.5	8.3
1984	100.0	44.1	28.8	24.6	4.2	27.1	3.6	8.2
1985	100.0	42.8	30.2	25.4	4.8	27.0	3.4	8.0
1986	100.0	41.7	33.6	28.4	5.2	24.7	3.5	6.0
1987	100.0	41.4	33.9	29.4	4.5	24.8	3.8	5.6
1988	100.0	37.7	32.1	27.6	4.6	30.1	4.0	9.0
1989	100.0	39.1	28.7	25.3	3.4	32.2	4.2	11.6
1990	100.0	39.4	26.4	23.3	3.0	34.3	4.6	12.8
1991	100.0	37.6	27.2	23.8	3.3	35.2	5.9	12.0
1992	100.0	36.0	29.0	25.0	4.0	35.0	6.0	11.6
1993	100.0	28.7	36.8	31.3	5.5	34.5	5.6	11.7
1994	100.0	27.9	39.2	33.8	5.4	32.9	4.6	10.9
1995	100.0	30.3	35.8	30.8	5.0	34.0	4.9	11.3
1996	100.0	31.5	34.6	29.6	5.0	33.9	5.2	11.8
1997	100.0	32.1	33.8	28.9	4.9	34.1	5.2	12.3
1998	100.0	30.7	34.9	29.4	5.5	34.4	5.2	12.9
1999	100.0	28.8	34.6	29.0	5.7	36.6	5.8	13.6
2000	100.0	26.8	35.2	29.4	5.8	38.0	6.0	13.9
2001	100.0	25.3	33.8	28.1	5.8	40.9	6.4	13.7
2002	100.0	23.9	33.6	27.7	5.9	42.6	6.9	13.6
2003	100.0	23.4	34.9	28.8	6.0	41.8	6.5	13.3
2004	100.0	23.8	36.5	30.4	6.1	39.7	6.1	12.1
2005	100.0	22.9	37.9	31.7	6.2	39.2	5.4	11.4
2006	100.0	21.8	39.6	33.5	6.0	38.7	5.0	10.9
2007	100.0	21.3	41.6	35.9	5.8	37.0	4.6	10.0
2008	100.0	20.7	43.3	37.4	5.8	36.0	4.8	9.5
2009	100.0	18.8	43.6	36.9	6.7	37.6	4.9	9.8
2010	100.0	17.5	47.1	40.3	6.8	35.4	5.0	11.0
2011	100.0	17.5	48.4	41.4	7.0	34.1	5.0	9.5
2012	100.0	16.7	47.9	40.5	7.4	35.4	4.8	10.3

2－3 广西生产总值指数(1978－2012年)
Indices of Gross Domestic Product (1978－2012)

(按可比价格计算，以上年为100) (calculated at comparable prices, preceding year = 100)

年份 Year	广西生产总值 Gross Domestic Product	第一产业 Primary Industry	第二产业 Secondary Industry	工业 Industry	建筑业 Construction	第三产业 Tertiary Industry	#交通运输、仓储及邮政业 Transport, Storage & Post	#批发、零售和住宿餐饮业 Wholesale, RetailTrade, Hotel & Catering Services	人均地区生产总值 Per Capita GDP
1978	111.7	102.3	100.2	100.0	103.6	148.2	119.5	123.6	109.1
1979	103.4	105.5	105.4	105.2	109.1	98.3	100.7	91.8	101.3
1980	110.2	112.6	107.5	108.5	92.1	110.2	129.2	114.9	108.2
1981	108.0	102.5	105.5	106.9	92.7	123.0	106.2	205.2	105.9
1982	112.5	118.5	105.0	104.1	114.7	110.6	106.9	106.8	110.5
1983	103.3	99.3	106.9	105.0	125.6	107.0	104.0	100.6	101.5
1984	106.9	97.8	113.6	112.6	122.0	115.5	117.8	108.0	105.2
1985	111.0	105.0	119.0	117.8	128.2	111.1	107.7	109.2	108.9
1986	106.4	105.7	118.1	119.4	109.2	93.7	106.5	79.8	104.6
1987	109.2	105.7	112.0	114.5	92.6	110.8	119.7	103.3	107.3
1988	104.5	93.8	108.8	108.1	115.0	114.2	117.6	137.3	102.3
1989	103.6	112.4	99.2	100.7	86.1	99.0	102.4	82.9	101.8
1990	107.0	108.5	106.4	106.6	104.3	105.8	93.3	96.8	105.2
1991	112.7	108.8	115.9	114.8	125.0	114.8	131.7	106.2	110.9
1992	118.3	112.9	128.0	127.9	128.5	116.6	119.7	112.8	116.8
1993	118.3	99.6	144.9	145.1	143.8	115.1	108.4	116.9	116.7
1994	115.2	106.0	127.3	128.3	120.0	110.7	111.7	104.2	113.2
1995	111.4	115.6	108.6	108.2	111.4	111.1	116.0	111.2	110.0
1996	108.3	107.2	109.3	109.4	108.8	108.2	113.5	113.3	107.2
1997	108.0	111.2	106.4	106.4	106.1	107.3	106.6	111.3	107.0
1998	110.0	106.8	112.8	112.7	113.7	109.8	101.9	117.8	109.0
1999	108.0	107.6	106.6	106.1	109.5	109.8	113.9	109.6	107.1
2000	107.9	100.2	108.3	108.2	108.9	113.4	112.1	108.6	107.0
2001	108.3	103.4	108.0	108.0	108.2	111.8	107.2	109.7	107.4
2002	110.6	107.3	111.3	110.9	113.1	112.0	110.6	110.1	109.8
2003	110.2	104.0	114.6	114.6	114.6	110.0	112.5	109.0	109.4
2004	111.8	105.4	117.1	117.0	117.4	110.7	116.8	105.6	111.1
2005	113.2	107.1	118.4	118.9	116.2	111.3	107.3	109.4	112.3
2006	113.6	106.5	119.3	120.1	115.1	112.1	109.8	109.7	112.3
2007	115.1	105.5	120.7	122.1	113.7	114.6	104.5	109.6	113.8
2008	112.8	104.9	117.4	118.6	110.6	111.8	121.5	106.1	111.7
2009	113.9	105.2	117.7	115.7	130.3	113.8	107.5	114.6	112.9
2010	114.2	104.6	120.5	120.4	121.2	111.1	117.0	110.9	113.9
2011	112.3	104.8	116.5	116.5	116.4	110.5	109.8	115.9	112.0
2012	111.3	105.6	114.2	113.8	116.6	109.8	102.0	114.7	110.4

2－4 广西生产总值指数（1978－2012年）
Indices of Gross Domestic Product (1978－2012)

（按可比价格计算，以1978年为100） (calculated at comparable prices, 1978 = 100)

年份 Year	广西生产总值 Gross Domestic Product	第一产业 Primary Industry	第二产业 Secondary Industry	工业 Industry	建筑业 Construction	第三产业 Tertiary Industry	#交通运输、仓储及邮政业 Transport, Storage & Post	#批发、零售和住宿餐饮业 Wholesale, RetailTrade, Hotel & Catering Services	人均地区生产总值 Per Capita GDP
1978	100.0	100.0	100.0	100.0	100.0	100.0	100.0	100.0	100.0
1979	103.4	105.5	105.4	105.2	109.1	98.3	100.7	91.8	101.3
1980	113.9	118.8	113.3	114.2	100.5	108.3	130.2	105.4	109.4
1981	123.1	121.8	119.6	122.1	93.2	133.3	138.2	216.4	115.8
1982	138.4	144.3	125.6	127.2	106.9	147.3	147.7	231.1	127.7
1983	143.0	143.2	134.3	133.5	134.2	157.7	153.6	232.5	129.8
1984	152.9	140.1	152.6	150.2	163.8	182.1	181.0	251.1	136.5
1985	169.7	147.2	181.6	177.0	210.0	202.2	194.8	274.3	148.8
1986	180.6	155.6	214.6	211.4	229.4	189.5	207.5	218.8	155.5
1987	197.2	164.4	240.2	242.1	212.6	209.8	248.3	226.0	166.8
1988	206.0	154.2	261.3	261.8	244.3	239.6	292.1	310.3	170.5
1989	213.5	173.3	259.2	263.5	210.4	237.2	299.0	257.3	173.8
1990	228.4	188.0	275.7	280.9	219.4	251.1	279.1	249.1	182.6
1991	257.5	204.5	319.6	322.3	274.3	288.2	367.5	264.4	202.4
1992	304.7	230.9	409.1	412.3	352.5	336.1	440.0	298.4	236.3
1993	360.4	230.0	592.8	598.2	506.8	386.9	476.9	348.8	275.7
1994	415.2	243.8	754.5	767.4	608.2	428.2	532.6	363.5	312.0
1995	462.4	281.7	819.3	830.5	677.7	475.8	618.0	404.1	343.3
1996	500.9	301.9	895.4	908.2	737.1	515.1	701.4	457.8	368.1
1997	541.2	335.6	952.4	966.3	782.4	552.8	747.8	509.6	393.8
1998	595.4	358.4	1074.3	1089.0	889.5	607.0	762.0	600.4	429.3
1999	643.0	385.6	1145.2	1155.4	974.0	666.5	867.9	658.0	459.8
2000	693.8	386.4	1240.3	1250.2	1060.7	755.8	972.9	714.6	492.0
2001	751.4	399.5	1339.5	1350.2	1147.7	844.9	1043.0	783.9	528.4
2002	831.0	428.7	1490.9	1497.4	1298.1	946.3	1153.5	863.1	580.2
2003	915.8	445.8	1708.5	1716.0	1487.6	1041.0	1297.7	940.8	634.7
2004	1023.8	469.9	2000.7	2007.7	1746.4	1152.3	1515.7	993.4	705.1
2005	1159.5	503.2	2369.6	2387.0	2029.3	1282.3	1626.2	1087.3	791.9
2006	1316.6	535.9	2827.0	2867.1	2336.4	1437.5	1785.0	1193.2	889.3
2007	1515.0	565.2	3413.6	3499.7	2656.3	1646.7	1864.5	1308.0	1012.0
2008	1709.0	593.1	4008.2	4150.7	2938.4	1841.3	2265.7	1387.2	1130.4
2009	1947.2	624.2	4719.2	4802.3	3829.7	2095.1	2436.6	1589.8	1276.2
2010	2224.5	653.1	5687.7	5782.0	4641.1	2327.7	2851.0	1763.7	1453.6
2011	2498.1	684.5	6626.2	6736.0	5402.2	2572.1	3130.4	2044.1	1628.0
2012	2779.5	722.5	7567.3	7665.7	6297.4	2824.6	3192.7	2344.6	1797.6

2－5 三次产业贡献率（1990－2012年）
Contribution Rate of Three Industries (1990－2012)

可比价格计算（calculated at comparable prices） 单位：%（%）

年 份	地区生产总值 Gross Pomestic Product	第一产业 Primary Industry	第二产业 Secondary Industry	#工 业 Industry	第三产业 Tertiary Industry
1990	100.0	48.3	31.1	28.1	20.7
1991	100.0	27.2	33.0	27.1	39.8
1992	100.0	26.8	41.5	36.3	31.7
1993	100.0	-0.8	72.3	63.6	28.5
1994	100.0	12.0	64.5	58.6	23.5
1995	100.0	38.6	30.1	25.3	31.4
1996	100.0	26.3	40.1	34.9	33.6
1997	100.0	41.2	28.4	24.5	30.4
1998	100.0	21.1	45.7	39.1	33.2
1999	100.0	28.5	30.2	24.0	41.3
2000	100.0	0.8	39.2	33.1	60.1
2001	100.0	11.1	34.3	28.7	54.6
2002	100.0	17.7	37.7	30.4	44.6
2003	100.0	9.8	51.0	42.4	39.2
2004	100.0	10.7	53.3	44.1	36.0
2005	100.0	12.0	54.1	46.3	33.9
2006	100.0	11.0	54.0	47.1	35.0
2007	100.0	7.8	54.7	49.2	37.5
2008	100.0	7.6	56.9	51.9	35.6
2009	100.0	6.8	55.3	42.3	37.9
2010	100.0	5.5	64.8	54.6	29.8
2011	100.0	6.8	63.1	54.0	30.1
2012	100.0	8.1	61.6	51.3	30.3

2—6 各市生产总值、人均地区生产总值（2012年）
GDP & Per Capita GDP by City (2012)

（按当年价格计算）(calculated at current prices) 单位：亿元（100 million yuan）

城市	City	地区生产总值 Gross Domestic Product	第一产业 Primary Industry	第二产业 Secondary Industry	#工业 Industry	第三产业 Tertiary Industry	人均地区生产总值（元/人）Per Capita GDP (yuan/person)
南宁市	Nanning	2503.18	322.96	960.75	706.11	1219.48	37016
柳州市	Liuzhou	1820.61	147.38	1147.36	1055.69	525.87	47795
桂林市	Guilin	1485.02	271.84	697.46	585.55	515.71	30849
梧州市	Wuzhou	832.58	104.84	525.22	479.88	202.52	28523
北海市	Beihai	630.09	127.37	303.75	267.77	198.97	40372
防城港市	Fangchenggang	443.99	61.16	233.56	197.64	149.28	50302
钦州市	Qinzhou	691.32	166.81	289.15	237.24	235.35	22147
贵港市	Guigang	679.18	148.68	273.38	229.15	257.13	16281
玉林市	Yulin	1102.08	229.20	482.33	404.39	390.55	19822
百色市	Baise	755.24	137.14	414.21	361.92	203.89	21539
贺州市	Hezhou	394.21	85.43	183.53	136.10	125.25	19922
河池市	Hechi	492.71	126.34	174.34	132.96	192.02	14472
来宾市	Laibin	514.29	127.01	236.07	189.06	151.22	24183
崇左市	Chongzuo	530.51	142.95	216.96	184.06	170.60	26288

2—7 各市生产总值、人均地区生产总值指数（2012年）
Indices of GDP & Per Capita GDP by City (2012)

（按可比价格计算，以上年为100） (calculated at comparable prices, preceding year = 100)

城市	City	地区生产总值 Gross Domestic Product	第一产业 Primary Industry	第二产业 Secondary Industry	#工业 Industry	第三产业 Tertiary Industry	人均地区生产总值 Per Capita GDP
南宁市	Nanning	112.3	105.2	118.1	118.7	109.6	111.2
柳州市	Liuzhou	111.5	106.1	111.7	111.6	112.6	110.5
桂林市	Guilin	113.1	106.7	119.3	119.8	108.0	112.1
梧州市	Wuzhou	113.6	105.1	117.5	119.0	108.5	112.7
北海市	Beihai	121.7	104.3	138.3	141.9	108.7	120.6
防城港市	Fangchenggang	112.2	105.7	117.8	117.8	106.5	110.9
钦州市	Qinzhou	111.8	106.5	114.4	111.5	111.6	110.8
贵港市	Guigang	110.2	106.1	112.0	110.4	110.1	109.3
玉林市	Yulin	110.9	106.1	114.6	113.3	108.7	109.9
百色市	Baise	109.2	107.4	109.7	109.1	109.6	108.4
贺州市	Hezhou	109.0	106.2	110.9	109.1	108.0	108.1
河池市	Hechi	99.3	104.9	93.2	90.5	103.9	98.7
来宾市	Laibin	111.7	107.7	114.6	112.1	109.8	110.8
崇左市	Chongzuo	111.8	105.2	117.4	117.4	110.4	110.9

2－8 支出法广西生产总值(1978－2012年)

Gross Domestic Product by Expenditure Approach (1978－2012)

（按当年价格计算）(calculated at current prices) 单位：亿元(100 million yuan)

年份 Year	支出法广西生产总值 Gross Domestic Product by Expenditure Approach	最终消费 Final Consumption Expenditure	居民消费 Resident Consumption	农村居民 Rural Households	城镇居民 Urban Households	政府消费 Government Consumption	资本形成总额 Total Capital Formation	固定资本 Fixed Assets Formation	存货增加 Inventory Increasement
1978	75.85	58.50	49.40	35.90	13.50	9.10	26.80	20.90	5.90
1979	84.59	64.60	54.50	38.80	15.70	10.10	26.20	20.60	5.60
1980	97.33	76.90	64.90	45.70	19.20	12.00	29.10	26.80	2.30
1981	113.46	86.00	73.10	52.00	21.10	12.90	32.70	27.00	5.80
1982	129.15	102.90	87.50	65.60	21.90	15.40	30.60	19.10	11.50
1983	134.60	108.70	91.80	67.90	23.90	16.90	32.40	23.30	9.10
1984	150.27	123.50	100.70	73.60	27.10	22.80	36.50	34.40	2.10
1985	180.97	142.80	115.50	87.80	27.70	27.30	61.80	42.20	19.60
1986	205.46	166.00	136.40	93.00	43.40	29.60	72.00	55.20	16.80
1987	241.56	186.50	153.50	102.40	51.10	33.00	79.70	62.70	17.00
1988	313.28	251.00	199.60	121.40	78.20	51.40	104.30	75.60	28.70
1989	383.44	293.10	231.10	142.20	88.90	62.00	111.50	70.80	40.70
1990	449.06	342.90	268.90	162.20	106.70	74.00	107.40	72.60	34.80
1991	518.59	391.30	303.60	175.30	128.30	87.70	137.10	99.40	37.80
1992	646.60	441.50	336.70	190.90	145.80	104.80	227.40	150.10	77.30
1993	871.70	566.00	439.60	230.40	209.20	126.40	350.50	278.10	72.50
1994	1198.29	790.20	622.10	300.20	321.90	168.10	472.30	382.60	89.70
1995	1497.56	1009.30	799.10	382.60	416.50	210.20	618.80	423.40	195.40
1996	1697.90	1214.10	968.20	482.90	485.30	245.90	597.00	483.60	113.40
1997	1817.25	1265.10	989.70	485.30	504.40	275.40	578.60	487.30	91.30
1998	1911.30	1312.00	1007.10	494.70	512.40	304.90	650.60	573.10	77.50
1999	1971.41	1350.40	1041.00	498.10	542.90	309.40	654.60	629.10	15.60
2000	2080.04	1448.30	1091.00	507.00	584.00	357.30	676.10	670.70	5.50
2001	2279.34	1595.40	1159.40	523.00	636.40	436.00	769.00	735.60	33.50
2002	2523.73	1699.70	1250.90	560.20	690.70	448.80	877.90	842.70	35.20
2003	2821.11	1859.50	1360.20	576.70	783.50	499.30	1030.40	990.70	39.70
2004	3433.50	2097.20	1538.00	625.10	912.90	559.20	1356.35	1296.55	59.80
2005	3984.10	2463.52	1808.47	727.32	1081.15	655.05	1798.25	1749.87	48.38
2006	4746.16	2779.59	2006.99	754.49	1252.50	772.60	2200.39	2141.72	58.67
2007	5823.41	3343.41	2425.83	833.08	1592.75	917.58	2994.88	2791.97	202.91
2008	7021.00	3880.17	2947.82	945.78	2002.04	932.35	4093.19	3762.70	330.49
2009	7759.16	4375.89	3369.86	1015.40	2354.46	1006.03	5795.76	5533.23	262.53
2010	9569.85	4942.23	3745.84	1088.89	2656.95	1196.39	7934.80	7785.50	149.30
2011	11720.87	5601.59	4248.30	1276.15	2972.15	1353.29	10036.05	9745.72	290.33
2012	13035.10	6517.95	4905.76	1431.78	3473.98	1612.19	11068.48	10547.36	521.12

注：根据国家统计局的布置，2005－2008年数据进行了调整。

Note: The data in from 2005 to 2008 has been adjusted by arrangement of National Statistic Bureau.

2－9 支出法广西生产总值构成（1978－2012年）

Composition of Gross Domestic Product by Expenditure Approach (1978－2012)

（按当年价格计算）(calculated at current prices) 单位：%（%）

年 份 Year	支出法广西生产总值 Gross Domestic Product by Expenditure Approach	最终消费 Final Consumption Expenditure	居民消费 Resident Consumption	农村居民 Rural Households	城镇居民 Urban Households	政府消费 Government Consumption	资本形成总额 Total Capital Formation	固定资本 Fixed Assets Formation	存货增加 Inventory Increasement
1978	100.0	77.1	65.1	47.3	17.8	12.0	35.3	27.6	7.8
1979	100.0	76.4	64.4	45.9	18.6	11.9	31.0	24.4	6.6
1980	100.0	79.0	66.7	47.0	19.7	12.3	29.9	27.5	2.4
1981	100.0	75.8	64.4	45.8	18.6	11.4	28.8	23.8	5.1
1982	100.0	79.7	67.8	50.8	17.0	11.9	23.7	14.8	8.9
1983	100.0	80.8	68.2	50.4	17.8	12.6	24.1	17.3	6.8
1984	100.0	82.2	67.0	49.0	18.0	15.2	24.3	22.9	1.4
1985	100.0	78.9	63.8	48.5	15.3	15.1	34.1	23.3	10.8
1986	100.0	80.8	66.4	45.3	21.1	14.4	35.0	26.9	8.2
1987	100.0	77.2	63.5	42.4	21.2	13.7	33.0	26.0	7.0
1988	100.0	80.1	63.7	38.8	25.0	16.4	33.3	24.1	9.2
1989	100.0	76.4	60.3	37.1	23.2	16.2	29.1	18.5	10.6
1990	100.0	76.4	59.9	36.1	23.8	16.5	23.9	16.2	7.7
1991	100.0	75.5	58.5	33.8	24.7	16.9	26.4	19.2	7.3
1992	100.0	68.3	52.1	29.5	22.5	16.2	35.2	23.2	12.0
1993	100.0	64.9	50.4	26.4	24.0	14.5	40.2	31.9	8.3
1994	100.0	65.9	51.9	25.1	26.9	14.0	39.4	31.9	7.5
1995	100.0	67.4	53.4	25.5	27.8	14.0	41.3	28.3	13.0
1996	100.0	71.5	57.0	28.4	28.6	14.5	35.2	28.5	6.7
1997	100.0	69.6	54.5	26.7	27.8	15.2	31.8	26.8	5.0
1998	100.0	68.6	52.7	25.9	26.8	16.0	34.0	30.0	4.1
1999	100.0	68.5	52.8	25.3	27.5	15.7	33.2	31.9	0.8
2000	100.0	69.6	52.5	24.4	28.1	17.2	32.5	32.2	0.3
2001	100.0	70.0	50.9	22.9	27.9	19.1	33.7	32.3	1.5
2002	100.0	67.3	49.6	22.2	27.4	17.8	34.8	33.4	1.4
2003	100.0	65.9	48.2	20.4	27.8	17.7	36.5	35.1	1.4
2004	100.0	61.1	44.8	18.2	26.6	16.3	39.5	37.8	1.7
2005	100.0	61.8	45.4	18.3	27.1	16.4	45.1	43.9	1.2
2006	100.0	58.6	42.3	15.9	26.4	16.3	46.4	45.1	1.2
2007	100.0	57.4	41.7	14.3	27.4	15.8	51.4	47.9	3.5
2008	100.0	55.3	42.0	13.5	28.5	13.3	58.3	53.6	4.7
2009	100.0	56.4	43.4	13.1	30.3	13.0	74.7	71.3	3.4
2010	100.0	51.6	39.1	11.4	27.8	12.5	82.9	81.4	1.6
2011	100.0	47.8	36.2	10.9	25.4	11.5	85.6	83.1	2.5
2012	100.0	50.0	37.6	11.0	26.7	12.4	84.9	80.9	4.0

2－10 支出法广西生产总值指数（1978－2012年）
Indices of Gross Domestic Product by Expenditure Approach (1978－2012)

（按可比价格计算，以上年为100） (calculated at comparable prices, preceding year = 100)

年份 Year	支出法广西生产总值 Gross Domestic Product by Expenditure Approach	最终消费 Final Consumption Expenditure	居民消费 Resident Consumption	农村居民 Rural Households	城镇居民 Urban Households	政府消费 Government Consumption	资本形成总额 Total Capital Formation	固定资本 Fixed Assets Formation	存货增加 Inventory Increasement
1978	111.7	110.1	106.5	108.4	101.5	132.2	109.3	109.3	109.3
1979	103.4	101.8	100.6	97.2	110.4	108.5	91.5	92.1	90.2
1980	110.2	117.4	117.1	117.8	115.4	118.1	95.1	121.2	41.9
1981	108.0	111.2	111.8	114.0	106.5	107.9	100.0	89.6	221.7
1982	112.5	116.6	116.8	123.9	98.8	115.7	95.2	67.5	225.5
1983	103.3	104.4	103.6	102.9	105.9	108.7	106.5	130.2	73.0
1984	106.9	110.6	105.6	103.5	112.1	137.8	103.1	135.1	22.6
1985	111.0	111.0	111.5	110.4	114.6	108.8	159.9	115.1	831.6
1986	106.4	103.5	103.3	102.1	106.8	104.4	110.1	122.3	84.8
1987	109.2	104.9	104.9	102.9	110.2	104.8	102.6	105.2	94.8
1988	104.5	107.4	105.3	100.2	117.8	116.2	90.2	78.2	129.9
1989	103.6	95.3	98.4	100.7	93.6	83.5	110.5	97.0	137.6
1990	107.0	108.4	107.6	104.2	115.1	112.2	102.2	89.1	120.7
1991	112.7	113.3	111.9	108.6	116.8	118.5	112.6	115.7	106.0
1992	118.3	110.3	106.0	104.6	108.1	124.9	153.7	135.8	194.3
1993	118.3	107.8	110.8	102.0	122.8	99.3	151.8	196.0	81.5
1994	115.2	113.0	115.0	106.8	124.3	106.6	118.8	122.5	104.5
1995	111.4	112.1	113.3	115.9	110.7	108.2	122.6	107.0	192.8
1996	108.3	111.0	110.8	114.6	107.0	111.7	94.7	110.3	55.9
1997	108.0	107.7	105.0	103.6	106.5	117.8	97.2	100.5	81.3
1998	110.0	108.5	106.0	107.0	105.0	116.5	112.1	116.1	87.5
1999	108.0	107.4	107.7	108.9	106.4	106.4	106.9	114.4	46.5
2000	107.9	108.8	106.6	106.2	107.0	115.6	105.5	105.1	114.3
2001	108.3	108.5	105.1	102.5	107.3	118.9	112.0	107.5	658.9
2002	110.6	107.2	108.4	108.9	108.0	103.9	113.9	114.2	108.3
2003	110.2	107.1	106.1	100.4	110.8	110.0	115.2	115.5	110.1
2004	111.8	109.3	109.3	101.7	115.1	110.4	125.2	125.1	126.1
2005	113.2	115.4	115.7	115.4	116.0	114.5	130.3	133.1	69.4
2006	113.6	111.5	109.7	102.8	114.4	116.4	120.8	121.0	112.3
2007	115.1	112.9	113.1	101.4	120.3	112.2	132.4	127.5	322.1
2008	112.8	109.6	112.0	102.0	117.1	103.2	127.2	125.5	153.4
2009	113.9	112.6	116.8	110.0	119.9	100.6	144.3	149.2	82.3
2010	114.2	110.2	108.5	103.8	110.5	115.6	133.4	136.8	54.9
2011	112.3	106.3	106.1	108.4	105.2	106.8	119.5	118.3	181.1
2012	111.3	112.2	111.2	107.1	112.9	115.6	110.0	107.9	180.6

2-11 支出法广西生产总值指数（1978-2012年）
Indices of Gross Domestic Product by Expenditure Approach (1978-2012)

（按可比价格计算，以1978年为100） (calculated at comparable prices, 1978 = 100)

年份 Year	支出法广西生产总值 Gross Domestic Product by Expenditure Approach	最终消费 Final Consumption Expenditure	居民消费 Resident Consumption	农村居民 Rural Households	城镇居民 Urban Households	政府消费 Government Consumption	资本形成总额 Total Capital Formation	固定资本 Fixed Assets Formation	存货增加 Inventory Increasement
1978	100.0	100.0	100.0	100.0	100.0	100.0	100.0	100.0	100.0
1979	103.4	101.8	100.6	97.2	110.4	108.5	91.5	92.1	90.2
1980	113.9	119.5	117.8	114.5	127.4	128.1	87.0	111.6	37.8
1981	123.1	132.9	131.7	130.5	135.7	138.3	87.0	100.0	83.8
1982	138.4	155.0	153.8	161.7	134.1	160.0	82.8	67.5	188.9
1983	143.0	161.8	159.4	166.4	142.0	173.9	88.2	87.9	137.9
1984	152.9	178.9	168.3	172.2	159.1	239.6	91.0	118.8	31.2
1985	169.7	198.6	187.6	190.2	182.4	260.7	145.4	136.7	259.2
1986	180.6	205.6	193.8	194.2	194.8	272.2	160.1	167.2	219.8
1987	197.2	215.6	203.3	199.8	214.6	285.2	164.3	175.9	208.4
1988	206.0	231.6	214.1	200.2	252.9	331.4	148.2	137.5	270.7
1989	213.5	220.7	210.7	201.6	236.7	276.8	163.8	133.4	372.5
1990	228.4	239.2	226.7	210.0	272.4	310.5	167.4	118.9	449.6
1991	257.5	271.1	253.7	228.1	318.2	368.0	188.4	137.5	476.6
1992	304.7	299.0	268.9	238.6	343.9	459.6	289.6	186.7	926.0
1993	360.4	322.3	297.9	243.4	422.4	456.4	439.7	366.0	754.7
1994	415.2	364.2	342.6	259.9	525.0	486.5	522.3	448.4	788.6
1995	462.4	408.3	388.2	301.3	581.2	526.4	640.4	479.8	1520.5
1996	500.9	453.2	430.1	345.2	621.9	588.0	606.4	529.2	849.9
1997	541.2	488.1	451.6	357.7	662.3	692.6	589.5	531.8	691.0
1998	595.4	529.6	478.7	382.7	695.4	806.9	660.8	617.4	604.6
1999	643.0	568.7	515.6	416.8	739.9	858.6	706.4	706.4	281.2
2000	693.8	618.8	549.6	442.6	791.7	992.5	745.2	742.4	321.4
2001	751.4	671.4	577.6	453.7	849.5	1180.1	834.7	798.1	2117.4
2002	831.0	719.7	626.2	494.0	917.4	1226.1	950.7	911.4	2293.2
2003	915.8	770.8	664.4	496.0	1016.5	1348.7	1095.2	1052.6	2524.8
2004	1023.8	842.5	726.2	504.5	1170.0	1489.0	1371.2	1316.9	3183.7
2005	1158.4	972.3	840.2	582.1	1357.2	1704.9	1786.6	1752.7	2209.5
2006	1315.4	1084.1	921.7	598.4	1552.6	1984.5	2158.3	2120.8	2481.3
2007	1513.6	1223.9	1042.4	606.8	1867.8	2226.6	2857.5	2704.0	7992.2
2008	1707.3	1341.4	1167.5	618.9	2187.2	2297.9	3634.7	3393.5	12260.0
2009	1944.7	1510.4	1363.6	680.8	2622.4	2311.6	5244.9	5063.1	10090.0
2010	2220.8	1664.5	1479.5	706.7	2897.8	2672.3	6996.7	6926.4	5539.4
2011	2494.0	1769.3	1569.8	766.1	3048.5	2854.0	8361.1	8193.9	10031.9
2012	2775.8	1985.2	1745.6	820.5	3441.7	3299.2	9197.2	8841.2	18117.6

2－12 主要年份按支出法计算的广西生产总值
Gross Domestic Product by Expenditure Approach in Main Years

（按当年价格计算）(calculated at current prices) 单位：亿元 (100 million yuan)

指　标	Item	2005	2010	2011	2012
支出法广西生产总值	**Gross Domestic Product by Expenditure Approach**	**3984.10**	**9569.85**	**11720.87**	**13035.10**
最终消费	Final Consumption Expenditure	2463.52	4853.46	5601.59	6517.95
居民消费	Resident Consumption	1808.47	3657.07	4248.30	4905.76
农村居民	Rural Households	727.32	1009.29	1276.15	1431.78
食品类支出	Expenditure for Food	370.61	474.81	504.07	557.59
衣着类支出	Expenditure for Clothes	24.82	31.30	33.86	41.84
居住类支出	Expenditure for Housing	50.61	68.35	108.33	108.41
家庭设备、用品及服务类支出	Expenditure for Household Equip-ment, Facilities & Services	29.82	54.63	74.41	73.41
医疗保健类支出	Expenditure for Medical Appliances & Articles	38.53	64.90	149.57	199.16
公共医疗消费支出	Expenditure for Public Medical Care	0.22	0.00	0.00	0.00
交通和通信类支出	Expenditure for Transportation & Communication	66.85	87.94	108.52	121.11
文教娱乐用品及服务类支出	Expenditure for Facilities & Services for Culture, Education & Entertainment	70.70	51.73	59.76	57.29
金融中介服务虚拟支出	Virtual Expenditure for Financial Agency Services	7.36	71.81	79.73	84.30
金融机构实际消费支出	Actual Expenditure for Financial Institutions	0.66	6.09	7.50	8.40
保险服务消费支出	Expenditure for Insurance Services	1.94	3.47	3.98	4.40
自有住房服务虚拟支出	Virtual Expenditure for Services for Private-owned Houses	51.32	76.60	125.36	146.78
其它商品和服务类支出	Expenditure for Other Goods & Services	13.88	17.66	21.06	29.09
城镇居民	Urban Households	1081.15	2647.78	2972.15	3473.98
食品类支出	Expenditure for Food	413.73	828.85	961.79	1104.96
衣着类支出	Expenditure for Clothes	71.17	175.60	193.20	228.15
居住类支出	Expenditure for Housing	99.81	221.18	234.63	274.07
家庭设备、用品及服务类支出	Expenditure for Household Equip-ment, Facilities & Services	57.48	161.80	169.07	223.95
医疗保健类支出	Expenditure for Medical Appliances & Articles	57.83	185.63	227.17	327.18
公共医疗消费支出	Expenditure for Public Medical Care	23.48	0.00	0.00	0.00
交通和通信类支出	Expenditure for Transportation & Communication	98.13	373.99	379.18	415.64
文教娱乐用品及服务类支出	Expenditure for Facilities & Services for Culture, Education & Entertainment	131.22	235.75	284.80	323.58
金融中介服务虚拟支出	Virtual Expenditure for Financial Agency Services	29.44	152.19	175.27	196.70
金融机构实际消费支出	Actual Expenditure for Financial Institutions	2.65	12.91	16.50	19.60
保险服务消费支出	Expenditure for Insurance Services	7.75	31.23	35.84	39.59
自有住房服务虚拟支出	Virtual Expenditure for Services for Private-owned Houses	46.16	156.53	172.17	186.21
实物消费支出	Expenditure for In-kind Consumption	9.85	49.90	56.29	45.98
其它商品和服务类支出	Expenditure for Other Goods & Services	32.44	62.22	66.24	88.37
政府消费	Government Consumption	655.05	1196.39	1353.29	1612.19

注：公共医疗消费支出数据从2009年开始合并到医疗保健支出中。
Note: The data on "Expenditure for Public Medical Care" has been combined into "Expenditure for Medical Appliances & Articles" since 2009.

2—13 按当年价格计算的地区生产总值构成项目（2012年）

Composition of Gross Domestic Product Calculated at Current Prices (2012)

单位：亿元 (100 million yuan)

行　业	Sector	增加值 Added Value	劳动者报酬 Compensation for Laborers	生产税净额 Net Taxes on Production	补贴 Subsidy	固定资产折旧 Depreciation of Fixed Assets	营业盈余 Operating Surplus
地区生产总值	**Gross Domestic Product**	**13035.10**	**7183.36**	**1719.70**		**1474.92**	**2657.12**
第一产业	**Primary Industry**	**2172.37**	**2124.03**	**0.94**		**47.40**	
农、林、牧、渔业	Farming,Forestry,Animal Husbandry & Fishery	2172.37	2124.03	0.94		47.40	
农业	Farming	1183.63	1157.29	0.94		25.40	
林业	Forestry	186.28	182.13			4.15	
畜牧业	Animal Husbandry	531.44	519.61			11.83	
渔业	Fishery	225.06	220.05			5.01	
农、林、牧、渔服务业	Services for Farming,Forestry, Animal Husbandry & Fishery	45.96	44.94			1.02	
第二产业	**Secondary Industry**	**6247.43**	**2505.96**	**1170.54**		**719.61**	**1851.32**
工业	Industry	5279.26	1901.87	1124.52		565.93	1686.94
采矿业	Mining	251.21	67.70	44.19		12.44	126.88
制造业	Manufacturing	4544.12	1625.12	989.00		419.54	1510.46
电力、燃气及水的生产和供应业	Power, Gas & Water Production & Supply	483.93	209.05	91.34		133.95	49.60
建筑业	Construction	968.17	604.09	46.02		153.68	164.37
房屋和土木工程建筑业	Housing & Construction	664.45	441.79	34.02		105.95	82.70
建筑安装业	Construction & Installation	280.05	142.74	11.02		46.05	80.24
建筑装饰业	Building Decoration	13.25	10.96	0.55		0.94	0.80
其他建筑业	Other Construction	10.41	8.61	0.43		0.74	0.63
第三产业	**Tertiary Industry**	**4615.30**	**2553.37**	**548.22**		**707.91**	**805.80**
交通运输、仓储和邮政业	Transportation,Storage & Postal Services	625.57	410.73	83.11		96.09	35.65
铁路运输业	Railway Transportation	79.26	48.26	27.47		18.48	-14.95
道路运输业	Roadway Transportation	379.50	267.25	43.31		39.47	29.48
城市公共交通业	Urban Public Transportation	30.70	25.82	2.73		5.66	-3.51
水上运输业	Water Transportation	16.51	7.76	1.63		4.96	2.16
航空运输业	Air Transportation	14.05	6.24	1.46		2.19	4.16
管道运输业	Pipeline Transportation						
装卸搬运和其他运输服务业	Loading, Unloading, Carrying & Other Transportation Services	67.10	32.99	4.02		14.84	15.25
仓储业	Storage Services	18.61	5.01	1.52		6.15	5.93
邮政业	Postal Services	19.83	17.40	0.97		4.34	-2.88
信息传输、计算机服务和软件业	Information Transmission, Computer Service & Software Industries	198.78	34.58	14.45		74.41	75.34
电信和其他信息传输服务业	Electrical Communication & Other Communication Services	181.52	27.28	12.70		72.07	69.47
计算机服务业	Computer Services	14.91	6.44	1.62		2.18	4.66
软件业	Software Industry	2.35	0.86	0.13		0.16	1.20
批发和零售业	Wholesale & Retail Trade	982.18	514.18	255.14		49.51	163.36
批发业	Wholesale	427.64	105.61	176.58		21.05	124.39
零售业	Retail Trade	554.54	408.56	78.56		28.46	38.97
住宿和餐饮业	Hotel & Catering Trade	364.46	310.44	17.12		32.51	4.40
住宿业	Hotel	64.19	42.87	6.33		15.10	-0.10
餐饮业	Catering	300.27	267.57	10.79		17.41	4.50

2－13 续表 1 continued

单位：亿元 (100 million yuan)

行 业	Sector	增加值 Added Value	劳动者报酬 Compensation for Laborers	生产税净额 Net Taxes on Production	补贴 Subsidy	固定资产折旧 Depreciation of Fixed Assets	营业盈余 Operating Surplus
金融业	Finance	573.05	155.64	58.25		22.16	337.00
银行业	Bank	543.28	135.78	49.59		20.68	337.24
证券业	Security	5.04	4.09	2.25		0.42	-1.73
保险业	Insurance	22.06	14.95	6.05		0.84	0.21
其他金融活动	Others	2.67	0.82	0.36		0.22	1.28
房地产业	Real Estate	489.43	54.41	80.25		306.66	48.13
房地产开发经营业	Real Estate Development & Operation	173.39	43.07	77.49		10.48	42.36
物业管理业	Estate Management	12.52	6.01	1.46		2.00	3.06
房地产中介服务业	Real Estate Agent Intermediary Service	3.71	1.78	0.43		0.59	0.90
其他房地产活动	Others	7.42	3.56	0.86		1.19	1.81
居民自有住房服务业	Self-owned Housing Service	292.39	0.00	0.00		292.39	0.00
租赁和商务服务业	Leasing & Business Service	221.96	89.83	18.57		38.64	74.93
租赁业	Leasing Service	13.23	8.92	0.55		1.44	2.32
商务服务业	Business Service	208.73	80.91	18.02		37.20	72.61
科学研究、技术服务和地质勘查业	Scientific Research, Technology Service & Geological Prospecting	74.95	54.11	5.20		5.79	9.84
研究与试验发展	Research & Development	9.85	7.73	0.16		0.70	1.26
专业技术服务业	Professional Technique Services	46.05	31.92	4.47		3.49	6.16
科技交流和推广服务业	Services of Science & Technology Exchanges & Promotion	12.76	9.24	0.35		1.33	1.84
地质勘查业	Geological Prospecting	6.29	5.22	0.22		0.27	0.58
水利、环境和公共设施管理业	Water Conservancy, Environment & Public Facility Management	33.61	22.95	1.38		6.11	3.16
水利管理业	Water Conservancy	6.85	4.20	0.15		1.89	0.62
环境管理业	Environment Management	12.78	9.95	0.23		2.01	0.60
公共设施管理业	Public Facility Management	13.98	8.80	1.01		2.22	1.95
居民服务和其他服务业	Resident & Other Services	128.66	111.21	6.31		4.95	6.19
居民服务业	Resident Services	76.34	66.97	3.47		2.51	3.38
其他服务业	Other Services	52.32	44.23	2.83		2.44	2.81
教育	Education Industry	310.01	278.62	0.91		24.47	6.01
卫生、社会保障和社会福利业	Public Health, Social Security & Social Welfare	202.93	167.87	1.21		14.41	19.44
卫生	Public Health	189.14	155.17	1.19		13.53	19.25
社会保障业	Social Security	9.26	8.62	0.00		0.62	0.01
社会福利业	Social Welfare	4.53	4.07	0.01		0.26	0.18
文化、体育和娱乐业	Culture, Sports & Entertainment	61.88	43.18	5.64		5.89	7.17
新闻出版业	Journalism & Publish	10.96	4.89	1.50		0.66	3.91
广播、电视、电影和音像业	Broadcasting, TV, Movie & Video	9.47	6.56	0.57		1.34	1.00
文化艺术业	Culture & Art	8.04	5.74	0.16		0.81	1.34
体育	Sports	1.87	1.63	0.05		0.13	0.06
娱乐业	Entertainment	31.54	24.36	3.36		2.95	0.87
公共管理和社会组织	Public Administration & Social Organizations	347.84	305.62	0.70		26.31	15.21

主要统计指标解释

地区生产总值（原国内生产总值） 是指一个地区所有常住单位在一定时期内生产活动的最终成果。地区生产总值有三种表现形态,即价值形态、收入形态和产品形态。从价值形态看，它是所有常住单位在一定时期内所生产的全部货物和服务价值超过同期投入的全部非固定资产货物和服务价值的差额，即所有常住单位的增加值之和；从收入形态看，它是所有常住单位在一定时期内所创造并分配给常住单位和非常住单位的初次分配收入之和；从产品形态看，它是最终使用的货物和服务减去进口货物和服务。在核算中， 地区生产总值的三种表现形态表现为三种计算方法，即生产法、收入法和支出法。三种方法分别从不同的方面反映地区生产总值及其构成。根据国家统计局有关我国GDP核算和数据发布制度的规定，广西国内生产总值自2004年起更名为“广西生产总值”，简称“广西GDP”。

地区生产净值 是市场价格计算的地区生产净值的简称，它等于地区生产总值减去所有常住单位的固定资产折旧。

地区收入总值 是按市场价格计算的地区收入总值的简称。它是一个国家或地区所有常住单位在一定时期内收入初次分配的最终成果。一地区常住单位从事生产活动所创造的增加值在初次分配过程中主要分配给该地区的常住单位，但也有一部分以生产税及进口税（扣除生产和进口补贴）、劳动者报酬和财产收入等形式分配给非常住单位，同时，地区外生产所创造的增加值也有一部分以生产税及进口税（扣除生产和进口补贴）、劳动者报酬和财产收入的形式分配给该地区的常住单位，从而产生了地区收入总值概念。它等于地区生产总值加上来自地区外的净要素收入。地区生产总值是一个生产概念，而地区收入总值总值是个收入概念。

地区收入净值 是按市场价格计算的地区收入净值简称，它等于地区收入总值减所有常住单位的固定资产折旧。

三次产业 是根据社会生产活动历史发展的顺序对产业结构的划分，产品直接取自然界的部门称为第一产业，对初级产品进行再加工的部门称为第二产业，为生产和消费提供各种服务的部门称为第三产业。

我国的三次产业划分是:

第一产业：农业（包括种植业、林业、牧业和渔业）。

第二产业：工业（包括采掘业，制造业，电力、煤气及水的生产和供应业）和建筑业。

第三产业：除第一、第二产业以外的其他各业。由于第三产业包括的行业多，范围广，根据我国的实际情况，第三产业又分为两大部分：一是流通部门，二是服务部门。

增加值 是指常住单位生产过程中创造的新增价值和固定资产的转移价值。它可以按生产法计算，也可以按收入法计算。按生产法计算，它等于总产出减去中间投入；按收入法计算，它等于劳动者报酬、生产税净额、固定资产折旧和营业盈余之和。

劳动者报酬 是指劳动者因从事生产活动所获得的全部报酬。它包括劳动者获得的各种形式工资、奖金和津贴，既包括货币形式的，也包括实物形式的，还包括劳动者所享受的公费医疗和医药卫生费、上下班交通补贴和单位支付的社会保险费等。单位支付的社会保险费，就是单位直接支付给负责社会保险的政府单位（一般指劳动部门）的社会保险金或为本单位职工离退休、发生死亡、伤残、医疗保险等而支付的保险费。对于个体经济来说，其所有者所获得的劳动报酬和经营利润不易区分，这两部分统一作为劳动者报酬处理。

生产税净额 是指生产税减生产补贴后的差额。生产税指政府对生产单位生产、销售和从事经营活动以及因从事生产活动使用某些生产要素，如固定资产、土地、劳动力所征收的各种税、附加费和规费。具体包括销售税金及附加、增值税、管理费中开支的各种税、应交纳的养路费、排污费和水电费附加、烟酒专卖上缴政府的专项收入等。生产补贴与生产税相反，是政府对生产单位的单方面收入转移，因此视为负生产税处理，包括政策亏损补贴、粮食系统价格补贴、外贸企业出口退税收入等。

固定资产折旧 是指一定时期内为弥补固定资产损耗按照核定的固定资产折旧率提取的固定资产折旧，或按国民经济核算统一规定的折旧率虚拟计算的固定资产折旧。它反映了固定资产在当期生产中的转移价值。

营业盈余 是指常住单位创造的增加值扣除劳动者报酬、生产税净额和固定资产折旧后的余额。它相当于企业的营业利润加上生产补贴，但要扣除从利润中开支的工资和福利等。

支出法地区生产总值　指一个地区所有常住单位在一定时期内用于最终消费、资本形成总额、以及货物和服务的净流出总额，它反映本期生产的地区生产总值的使用及结构。

最终消费　是指常住单位在一定时期内对于货物和服务的全部最终消费支出，也就是常住单位为满足物质、文化和精神生活的需要，从本地区经济领土和国外购买的货物和服务的支出。它不包括非常住单位在本地区经济领土内的消费支出。最终消费分为居民消费和政府消费。

居民消费　指常住住户在一定时期内对于货物和服务的全部最终消费支出。居民关于货物的最终消费支出在货物的所有权发生变化时记录，关于服务的最终消费支出在服务提供的时候记录。居民消费按市场价格计算，即按居民支付的购买者价格计算，货物的购买者价格是购买者取得交货所支付的价格，它包括购买者支付的运输和商业费用。

政府消费　指政府部门为全社会提供的公共服务的消费支出和免费或以较低的价格向居民住户提供的货物和服务的净支出，前者等于政府服务的产出价值减去政府单位所获得的经营收入的价值，政府服务的产出价值等于它的经常性业务支出加上固定资产折旧；后者等于政府部门免费或以较低价格向居民住户提供的货物和服务的市场价值减去向住户收取的价值。

资本形成总额　指常住单位在一定时期内对固定资产和存货的投资支出合计，包括固定资本形成总额和存货增加。

固定资本形成总额　指常住单位在一定时期内购置、转入和自产自用的固定资产，扣除固定资产的销售和转出后的价值。可分为有形固定资本形成总额和无形固定资本形成总额。

存货增加　指常住单位在一定时期内存货实物量变动的市场价值，即期末价值减期初价值的差额，存货增加可以是正值，也可以是负值，正值表示存货上升，负值表示存货下降。它包括生产单位购进的原材料、燃料和储备物资等存货，以及生产单位生产的产成品、在制品和半成品等存货等。

货物和服务净流出　指货物和服务流出减货物和服务流进的差额。流出包括常住单位向非常住单位出售或无偿转让的各种货物和服务的价值；流进包括常住单位从非常住单位购买或无偿得到的各种货物和服务的价值。

来自国（地区）外的净要素收入　指一个国家（地区）来自国外（地区外）的生产税及进口税（扣除生产及进口补贴）、劳动者报酬和财产收入，减去支付给国外（地区外）的生产税及进口税（扣除生产及进口补贴）、劳动者报酬和财产收入的差额。国内（地区）生产总值加上来自国外的净要素收入等于国民生产总值（或地区收入总值）。

Explanatory Notes on Main Statistical Indicators

Gross Domestic Product (GDP) refers to the final products of all resident units in a region during a certain period of time. Gross domestic product is expressed in three different forms, i.e. value added, income, and products respectively. The form of value added refers to the total value of all products and services produced by all resident units during a certain period of time minus total value of input of materials and services of the nature of non-fixed assets of the summation of the value added of all resident units; the form of income includes all the income created by all resident units and distributed primarily to all resident and non-resident units; the form of products refers to all final goods and services minus imports of goods and services. In the practice of national accounting, gross domestic product is calculated with three approaches, i.e. product approach, income approach, and expenditure approach respectively to reflect gross domestic product and its composition from different aspects.

Net Value of Domestic Product is the abbreviation for net value of domestic product calculated in market prices. It equals to gross domestic product minus the depreciation of fixed assets of total resident units.

Gross National Product is the abbreviation for net value of domestic national product calculated by market prices. It is the final income that after first distribution of all resident units in a country (or region) in a certain period of time. The added value created during productive activities in resident units in a country is mainly distributed to the resident units in this country, while a part of it to non-resident units in form of taxes on production and import (deducted subsidies for production and importation), laborers' remuneration and income from property, then come out the concept of gross domestic product. It equals to gross domestic product adds income of net elements from foreign countries. GDP is a concept of production, while GNP is a concept of income.

Net Value of Gross National Product is the abbreviation for net value of national product calculated in market prices. It equals to gross national product minus the depreciation of fixed assets of total resident units.

Three Industries Industry structure has been classified according to the historical sequence of development. Primary industry refers to extraction of natural resources; secondary industry involves processing of primary products; and tertiary industry provides services of various kinds for production and consumption. Industry in China comprises:

Primary industry: agriculture (including farming, forestry, animal husbandry and fishery).

Secondary industry: industry (including mining and quarrying, manufacturing, and electricity, gas and water production and supply).

Tertiary industry: all other industries not included in primary or secondary industry. Since tertiary industry includes various trades and is with extensive coverage, it is divided into 2 parts according to our country' s actual situation: circulation department and service department.

Value Added refers to the newly increased value and the transfer value of fixed assets created by all resident units in a country (or a region) during a certain period of time. It can be calculated by production approach and income approach. In terms of product approach, it is the total output minus intimidates input. In terms of income approach, it is the summation of laborers' remuneration, net taxes on production, depreciation of fixes assets and operating surplus.

Laborers' Remuneration refers to the whole payment of various forms earned by the laborers from the productive activities they are engaged in. It includes wages, bonuses and allowance the laborers earned in monetary form and in kind. It also includes the free medical services provided to the laborers and the medicine expenses, traffic subsidies and social insurance free paid by the laborers' working units for them. Social insurance free paid by the laborers' working units refers to the social insurance directly paid by units to government institutions in charge of social insurance, or premiums paid by units for retired employees, death, invalidity and medical treatment of workers and staff in this unit. As the individual economy is concerned, since the laborers' remuneration is not easily distinguished from the operating profit, both are treated as laborers remuneration.

Net Taxes on Production refers to the residual of the taxes on production minus the subsidies on production. The taxes on production refer to the various taxes, extra charges and fees levied on the production units on their production, sail and business activities as well as on some factors of production, such as fixed assets land and labor force, used in the production activities they are engaged in. Concretely, they include taxes on sales, additional tax, value added tax, various taxes from expense for administration, way maintenance fee, waste discharging fee and electricity and water bills should be paid, and specific income from monopoly tobacco and liquor turned in government. In contrast to the taxes on production, the subsidies on production refer to the unilateral transfer of part of the government' s revenue to the production units and are therefore regarded as negative taxes on production. They include subsidies on the loss due to implementation of government policies, price subsidies to the grain institutions, foreign trade corporations' receipts from drawback, etc.

Depreciation of Fixes Assets refers to the depreciation of fixed assets of a given period, drawn in accordance with the stipulated depreciation rate for purpose of compensating the wear loss of the fixed assets or the depreciation of fixed assets calculated in a fictitious way in accordance with the stipulated unified depreciation rate in the national economic accounting system. It reflects the value of transfer of the fixed assets in the production of the current period.

Operating Surplus refers to the balance of the value added created by the resident units deducting the laborers' remuneration, net taxes on production and the depreciation of fixed assets. It is equivalent to the business profit of the enterprises plus subsidies on production, but the wages and welfare expenses paid from the profits should be deducted.

GDP Calculated by Expenditure Approach refers to total expenditure on final consumption, total capital formation and net export of goods and services by resident units of a region in a certain period of time. It reflects the composition of GDP by its use.

Final Consumption refers to the total expenditure of resident units on final consumption of goods and services in a certain period, namely the expenditure of the resident units for purchase the goods and services from domestic economic territory and abroad to meet the requirements of material, cultural and spiritual life. It excludes the expenditure of non-resident units on consumption in the economic territory of the country. The final consumption is classified into household consumption and government consumption.

Household Consumption refers to the total expenditure of resident households on the final consumption of goods and services in a certain period. The expenditure of resident households on the final consumption of goods is recorded when the proprietary rights of goods changed, and the expenditure of resident households on the final consumption of services is recorded when the services are providing. The households' consumption is calculated at market prices, namely the purchaser' s prices that the households pay; the purchaser' s prices of goods are the prices the households pay when they obtain the goods including the transport and commercial expenses paid by the households.

Government Consumption refers to the expenditure on the consumption of the public services provided by the government to the whole society and the net expenditure on the goods and services provided by the government to the households at free charge or lower prices. The former equals to the output value of the government services minus the value of operating income obtained by the government departments, and the output value of the government services equals to its current operating expenditure plus depreciation of fixed assets. The latter equals to the market value of goods and services provided by the government free of charge or at low prices to the households minus the value received by the government from the households.

Total Capital Formation refers to the fixed assets acquired minus those disposed and the change in inventory including the total fixed assets formation and the increase in inventory.

Total Fixed Capital Formation refers to the value of fixed assets purchased, transferred in by the resident units and those produced and used by themselves deducting the value of fixed assets sold and transferred out. It can be classified into total tangible assets formation and total intangible formation.

Increase in Inventory refers to the market value of the change in inventory, i.e. the difference of value between the beginning and the end of the period. The increase in inventory can be positive or negative. A positive value indicates the increase in inventory while a negative value indicates the decrease in stock. The inventory includes the raw materials, fuels, and reserve materials purchased by the production units as well as the inventory of finished products, products work-in-progress and semi finished products ect.

Net Export of Goods and Services refers to the difference of the exports of goods and services minus the imports of goods and services. The imports include the value of various goods and services sold or gratuitously transferred by the resident units to the non-resident units. The imports included the value of various goods and services purchased or gratuitously acquired by the resident units from the non-resident units.

Income of Net Elements from Foreign Countries (Regions) refers to the balance, which taxes on production and import (deducted subsidies for production and importation), laborers' remuneration and income from property from foreign countries (regions) minus the ones paid to foreign countries (regions). GDP adds income of net elements from foreign countries (regions) equals GNP.

人口
POPULATION

3－1 总人口及其构成
Population & Its Composition

年 份 Year	总户数 (万户) Total Households (10 000 households)	总人口 (万人) Total Population (10 000 persons)	男 性 Male	女 性 Female	性别比 (以女性为100) Sex Ratio (Female=100)	常住人口 (万人) Permanent Population (10 000 persons)	人口密度 (人/平方公里) Population Density (person/sq.km)
1978	661	3402	1753	1649	106.31		144
1980	676	3538	1822	1716	106.18		149
1985	757	3873	2005	1868	107.33		164
1990	896	4242	2205	2037	108.25		179
1991	918	4324	2250	2074	108.49		183
1992	950	4380	2285	2095	109.07		185
1993	973	4438	2317	2121	109.24		187
1994	997	4493	2346	2147	109.27		190
1995	1020	4543	2377	2166	109.74		192
1996	1040	4589	2398	2191	109.45		194
1997	1069	4633	2421	2212	109.45		196
1998	1092	4675	2442	2233	109.37		198
1999	1110	4713	2463	2250	109.51		199
2000	1140	4751	2484	2267	109.56		201
2001	1178	4788	2506	2282	109.90		202
2002	1197	4822	2521	2301	109.73		204
2003	1235	4857	2542	2315	109.84		205
2004	1285	4889	2559	2330	109.86		206
2005	1329	4925	2587	2338	110.65	4660	208
2006	1374	4961	2612	2349	111.16	4719	209
2007	1416	5002	2634	2368	111.19	4768	201
2008	1459	5049	2659	2390	111.25	4816	203
2009	1499	5092	2681	2411	111.18	4856	205
2010	1347	5159	2708	2451	110.50	4610	195
2011	1359	5199	2730	2469	110.54	4645	196
2012	1361	5240	2759	2481	110.51	4682	197

注：本表数字按当年行政区划计算，总人口2000年为根据第五次人口普查资料推算，2010年为人口普查数，2011年后为人口抽样调查数。其余年份为户籍统计年报数，人口密度从2007年起按常住人口计算。

Note: The data in this table is calculated on the administrative division in 2008, the total population from 1991 to 1999 and from 2001 to 2008 are estimated by the Population Sample Survey, the data in 2000 and 2010 were estimated by the population census, and all the total households, total population and sex ratio in other years are based on the annual reports of the household registration.Population density has been calculated by permanent population since 2007.

3－2 人口自然变动情况
Status of Population Natural Changes

年 份 Year	总人口比上年增减 Total Population Changes in Comparison with Last Year 绝对数(万人) Absolute Population (10 000 persons)	增长速度(%) Growth Rate (%)	出生人口(万人) Birth Population (10 000 persons)	出生率（‰） Birth Rate(‰)	死亡人口(万人) Mortality Rate (10 000 persons)	死亡率（‰） Mortality Rate (‰)	自然增长率(‰) Natural Growth Rate (‰)
1978	73	2.19	83	24.69	19	5.79	18.90
1980	68	1.96	88	25.17	20	5.80	19.37
1985	67	1.76	98	25.51	22	5.60	19.91
1990	92	2.22	85	20.20	28	6.60	13.60
1991	63	1.48	93	21.89	31	7.24	14.65
1992	56	1.30	87	20.19	32	7.28	12.91
1993	58	1.32	86	19.58	28	6.35	13.23
1994	55	1.24	84	18.84	29	6.60	12.24
1995	50	1.11	79	17.54	29	6.53	11.01
1996	46	1.01	77	16.83	31	6.82	10.01
1997	44	0.96	74	15.93	30	6.40	9.53
1998	42	0.91	74	15.87	32	6.86	9.01
1999	38	0.81	70	14.96	32	6.93	8.03
2000	38	0.81	64	13.60	26	5.70	7.90
2001	37	0.78	66	13.80	29	6.07	7.73
2002	34	0.71	64	13.30	30	6.30	7.00
2003	35	0.73	67	13.86	32	6.57	7.29
2004	32	0.66	65	13.32	30	6.12	7.20
2005	36	0.74	70	14.26	30	6.09	8.17
2006	36	0.73	71	14.44	30	6.10	8.34
2007	41	0.83	71	14.19	30	5.99	8.20
2008	47	0.94	72	14.40	29	5.70	8.70
2009	43	0.85	72	14.17	29	5.64	8.53
2010	67	1.32	72	14.13	25	5.48	8.65
2011	40	0.78	71	13.71	31	6.04	7.67
2012	41	0.79	74	14.20	33	6.31	7.89

注：1. 1978、1980年的“三率”数字，根据第三次人口普查资料进行了调整。2000年、2010年为人口普查数，其余年份为人口抽样调查数。

2. 1990年以前的总人口增减绝对数、增长速度为户籍统计年报数，1991年起为人口抽样调查数。

Note: 1. The Third Population Census adjusted the data of birth rate, mortality rate and natural growth rate in 1978 and 1980, and the data since 1985 is based on population sample survey.

2. Before 1990, the absolute figures of the total population variation,the growth rate are based on the annual reports of the household registration. Since 1991,they are based on the population sample survey.

3－3 农业、非农业人口及少数民族人口

Population by Agriculture, Non-agriculture & Minority Population

单位：万人 (10 000 persons)

年 份 Year	按农业、非农业分 Population by Agriculture & Non-agriculture		少数民族人口 Minority Population
	农业人口 Agriculture	非农业人口 Non-agriculture	
1978	3042	360	1272
1980	3140	398	1335
1985	3402	471	1510
1990	3677	565	1650
1991	3713	581	1664
1992	3730	629	1683
1993	3735	673	1701
1994	3743	712	1719
1995	3757	745	1734
1996	3771	775	1752
1997	3793	795	1764
1998	3816	806	1777
1999	3841	817	1790
2000	3898	826	1809
2001	3912	846	1820
2002	3927	864	1839
2003	3946	884	1854
2004	3980	902	1868
2005	3984	910	1898
2006	3985	989	1930
2007	4117	944	1944
2008	4176	964	1959
2009	4235	969	1976
2010	4229	838	1957
2011	4123	1000	1973
2012	4166	1027	1988

注：本表2009年之前为公安户籍统计数，2010年为人口普查登记数，2011年以后为人口抽样调查数。农业、非农业人口与总人口之差为户口待定人口。

Note: The data in this table before 2009 is based on the household registration data from the public security department,while the data in 2010 is from registration of the population census.The balance between population of Agriculture & Non-agriculture and total population is undetermined registration population.

3－4 主要年份按居住地分的城乡人口
Population by Urban & Rural by Living Areas in Main Years

单位：万人 (10 000 persons)

年　份 Year	按城乡分 Population by Urban & Rural		占总人口比例（%） As Percentage of Total Population (%)	
	市镇人口 Urban	乡村人口 Rural	市镇人口 Urban	乡村人口 Rural
1990	641	3601	15.10	84.90
1995	838	3705	18.45	81.55
2000	1337	3414	28.15	71.85
2001	1350	3438	28.20	71.80
2002	1365	3457	28.30	71.70
2003	1411	3446	29.06	70.94
2004	1550	3339	31.70	68.30
2005	1567	3093	33.62	66.38
2006	1635	3084	34.64	65.36
2007	1728	3040	36.24	63.76
2008	1838	2978	38.16	61.84
2009	1904	2952	39.20	60.80
2010	1849	2761	40.11	59.89
2011	1942	2703	41.80	58.20
2012	2038	2644	43.53	56.47

注：本表1990、2000、2010年数据根据人口普查推算，其余年份为人口抽样调查数。2005年起为常住人口数。
Note: The data in 1990,2000 & 2010 is estimated by the population census，and the data of 2005 is based on permanent population, while the data in the other years is based on the population sample survey.

3—5 主要年份各市按居住地分的城乡人口
Population by Urban & Rural by Living Areas by City in Main Years

单位：万人 (10 000 persons)

地 区	按城乡分 Population by Urban & Rural		2005	2010	2011	2012
南宁市	市镇人口	Urban	286.58	350.52	367.37	382.21
	乡村人口	Rural	359.74	315.64	306.03	296.87
柳州市	市镇人口	Urban	166.89	206.91	214.71	222.77
	乡村人口	Rural	200.30	168.96	164.68	159.68
桂林市	市镇人口	Urban	165.36	184.02	193.87	207.05
	乡村人口	Rural	314.78	290.78	284.95	276.89
梧州市	市镇人口	Urban	109.43	123.87	130.26	137.21
	乡村人口	Rural	187.84	164.35	160.59	155.73
北海市	市镇人口	Urban	71.16	74.82	78.34	81.76
	乡村人口	Rural	79.02	79.11	77.10	75.44
防城港市	市镇人口	Urban	31.82	41.85	44.08	46.05
	乡村人口	Rural	46.52	44.84	43.76	42.64
钦州市	市镇人口	Urban	79.73	94.57	101.08	106.97
	乡村人口	Rural	233.43	213.40	209.88	206.36
贵港市	市镇人口	Urban	113.51	165.65	174.87	183.08
	乡村人口	Rural	302.29	246.23	240.80	235.60
玉林市	市镇人口	Urban	177.95	217.32	229.71	241.03
	乡村人口	Rural	372.48	331.42	324.13	317.09
百色市	市镇人口	Urban	88.33	92.23	99.25	104.89
	乡村人口	Rural	264.14	254.45	250.21	246.92
贺州市	市镇人口	Urban	60.31	68.95	72.98	77.39
	乡村人口	Rural	144.13	126.46	124.05	121.34
河池市	市镇人口	Urban	104.13	92.14	98.25	103.70
	乡村人口	Rural	265.79	244.79	241.09	237.85
来宾市	市镇人口	Urban	57.80	69.65	73.95	77.71
	乡村人口	Rural	164.85	140.32	137.87	135.80
崇左市	市镇人口	Urban	54.15	59.36	63.29	66.53
	乡村人口	Rural	157.55	140.07	137.85	135.44

注：本表按常住人口口径统计。2010年为人口普查数，其余年份为人口抽样调查推算数。
Note: The data in this table is based on the permanen population. The data in 2010 is from the population census. while the data in other gears is estimated by the population sample survey.

3-6　各市县人口数（2012年）

Population by City & County (2012)

单位：万人　　(10 000 persons)

市、县	City & County	总户数（万户） Total Households (10 000 households)	总人口 Total Population	男　性 Male	女　性 Female	#非农业人口 Non-agriculture	常住人口 Permanent Population
南宁市	**Nanning**	**192.54**	**699.08**	**365.53**	**333.55**	**192.62**	**679.08**
市辖区	District	74.48	264.81	136.41	128.40	139.25	352.09
武鸣县	Wuming	21.06	68.52	35.68	32.84	11.89	55.16
隆安县	Long' an	9.96	39.95	21.09	18.86	4.24	30.43
马山县	Mashan	13.94	54.74	28.73	26.01	4.36	39.66
上林县	Shanglin	13.36	48.58	25.33	23.25	5.12	34.83
宾阳县	Binyang	27.33	102.03	54.20	47.83	14.36	79.43
横　县	Hengxian	32.41	120.45	64.09	56.36	13.40	87.48
柳州市	**Liuzhou**	**96.09**	**360.62**	**186.97**	**173.65**	**125.48**	**382.45**
市辖区	District	31.61	108.96	55.23	53.73	90.02	155.85
柳江县	Liujiang	13.72	55.10	28.68	26.42	7.68	57.18
柳城县	Liucheng	11.11	40.60	20.82	19.78	6.00	35.82
鹿寨县	Luzhai	9.86	38.11	20.09	18.02	7.05	33.76
融安县	Rong' an	9.46	31.85	16.88	14.97	5.46	28.97
融水苗族自治县	Rongshui	11.08	48.59	25.51	23.08	6.21	40.72
三江侗族自治县	Sanjiang	9.26	37.41	19.76	17.65	3.05	30.15
桂林市	**Guilin**	**140.19**	**506.39**	**263.08**	**243.31**	**123.03**	**483.94**
市辖区	District	21.74	73.12	36.11	37.01	63.74	101.53
阳朔县	Yangshuo	8.15	31.34	16.24	15.10	4.35	27.70
临桂县	Lingui	11.61	47.92	24.94	22.98	5.81	45.09
灵川县	Lingchuan	10.25	37.17	18.88	18.29	6.39	35.53
全州县	Quanzhou	22.55	81.31	43.83	37.48	8.83	64.34
兴安县	Xing' an	10.88	36.01	18.60	17.41	6.84	33.40
永福县	Yongfu	7.00	27.85	14.67	13.18	3.24	23.72
灌阳县	Guanyang	8.37	28.29	15.22	13.07	2.93	23.59
龙胜各族自治县	Longsheng	4.15	17.08	8.67	8.41	2.60	15.67
资源县	Ziyuan	5.20	17.28	9.02	8.26	2.92	14.87
平乐县	Pingle	12.48	42.46	22.39	20.07	5.94	37.67
荔浦县	Lipu	10.05	37.76	19.45	18.31	5.44	35.48
恭城瑶族自治县	Gongcheng	7.76	28.80	15.06	13.74	4.00	25.35
梧州市	**Wuzhou**	**88.37**	**331.09**	**176.02**	**155.07**	**64.13**	**292.94**
市辖区	District	14.89	51.55	26.12	25.43	29.25	54.29
苍梧县	Cangwu	15.76	62.22	33.40	28.82	6.75	55.47
藤　县	Tengxian	26.25	103.78	56.01	47.77	10.84	85.00
蒙山县	Mengshan	6.63	21.68	11.44	10.24	2.89	19.57
岑溪市	Cenxi	24.83	91.86	49.05	42.81	14.40	78.61
北海市	**Beihai**	**38.71**	**164.41**	**85.91**	**78.50**	**49.72**	**157.20**
市辖区	District	15.75	60.75	30.81	29.94	30.31	68.03
合浦县	Hepu	22.96	103.66	55.10	48.56	19.41	89.17

3－6 续表 1 continued

单位：万人 (10000 persons)

市、县	City & County	总户数（万户） Total Households (10 000 households)	总人口 Total Population	男 性 Male	女 性 Female	#非农业人口 Non-agriculture	常住人口 Permanent Population
防城港市	**Fangchenggang**	**21.18**	**87.26**	**47.26**	**40.00**	**87.26**	**88.69**
市辖区	District	12.55	52.86	28.51	24.35	52.86	53.15
防城区	Fangcheng District	9.00	40.43	22.00	18.43	40.43	37.07
上思县	Shangsi	5.45	21.68	12.05	9.63	21.68	20.64
东兴市	Dongxing	3.18	12.72	6.70	6.02	12.72	14.90
钦州市	**Qinzhou**	**86.16**	**385.22**	**210.03**	**175.19**	**42.73**	**313.33**
市辖区	District	29.16	139.01	76.07	62.94	21.40	122.15
钦南区	Qinnan District	12.31	57.88	31.19	26.69	13.24	54.12
钦北区	Qinbei District	16.85	81.13	44.87	36.26	8.16	68.03
灵山县	Lingshan	35.53	157.55	85.89	71.66	12.89	117.20
浦北县	Pubei	21.47	88.66	48.08	40.58	8.44	73.98
贵港市	**Guigang**	**135.30**	**511.14**	**270.61**	**240.53**	**55.96**	**418.68**
市辖区	District	49.83	180.43	93.69	86.74	28.03	152.27
港北区	Gangbei District	17.07	59.17	30.65	28.52	21.74	58.96
港南区	Gangnan District	17.72	64.07	33.28	30.79	4.03	51.94
覃塘区	Qintang District	15.04	57.19	29.76	27.43	2.25	41.37
平南县	Pingnan	37.56	144.35	77.90	66.45	11.19	114.45
桂平市	Guiping	47.91	186.36	99.02	87.34	16.74	151.96
玉林市	**Yulin**	**177.26**	**682.70**	**364.96**	**317.74**	**72.40**	**558.12**
市辖区	District	26.00	103.26	54.88	48.38	21.90	107.76
玉州区	Yuzhou District	15.94	63.04	32.93	30.11	20.29	69.09
福绵管理区	Fumian District	10.06	40.22	21.95	18.27	1.61	38.67
容 县	Rongxian	25.21	83.07	44.10	38.98	8.03	64.36
陆川县	Luchuan	27.76	105.30	55.42	49.88	10.50	77.27
博白县	Bobai	43.83	177.70	96.64	81.06	14.54	136.39
兴业县	Xingye	19.23	74.47	40.21	34.26	3.71	57.01
北流市	Beiliu	35.23	138.90	73.72	65.18	13.72	115.33
百色市	**Baise**	**93.82**	**388.82**	**201.09**	**187.73**	**49.57**	**351.81**
右江区	Youjiang District	7.79	32.54	16.46	16.08	12.62	38.05
田阳县	Tianyang	9.25	34.32	17.30	17.02	4.19	31.74
田东县	Tiandong	9.94	41.81	21.66	20.15	5.75	36.22
平果县	Pingguo	12.10	47.67	24.77	22.90	6.39	44.13
德保县	Debao	8.66	35.55	18.75	16.80	3.36	30.16
靖西县	Jingxi	13.95	61.39	32.21	29.18	5.19	50.55
那坡县	Napo	5.17	19.88	10.54	9.34	2.01	15.55
凌云县	Lingyun	4.83	20.12	10.52	9.60	2.11	18.85
乐业县	Leye	4.22	16.85	8.79	8.06	1.41	15.08

3－6　续表 2 continued

单位：万人 (10 000 persons)

市、县	City & County	总户数（万户）Total Households (10 000 households)	总人口 Total Population	男　性 Male	女　性 Female	#非农业人口 Non-agriculture	常住人口 Permanent Population
田林县	Tianlin	5.82	24.59	12.59	12.00	2.41	22.74
西林县	Xilin	3.53	15.35	7.93	7.42	1.30	14.08
隆林各族自治县	Longlin	8.57	38.75	19.57	19.18	2.82	34.66
贺州市	**Hezhou**	**55.88**	**226.42**	**119.44**	**106.98**	**30.73**	**198.73**
八步区	Babu District	17.39	67.57	34.98	32.59	11.68	62.37
平桂管理区	Pinggui District	11.02	43.52	22.78	20.74	4.38	40.08
昭平县	Zhaoping	10.41	40.77	21.98	18.79	5.90	34.58
钟山县	Zhongshan	9.31	42.90	22.79	20.11	4.58	35.65
富川瑶族自治县	Fuchuan	7.75	31.66	16.91	14.75	4.19	26.05
河池市	**Hechi**	**106.05**	**405.05**	**209.94**	**195.11**	**57.29**	**341.55**
金城江区	Jinchengjiang District	9.23	31.33	16.18	15.15	11.63	33.56
南丹县	Nandan	8.21	29.61	15.54	14.07	6.70	28.28
天峨县	Tian'e	4.01	15.90	8.29	7.61	1.94	15.68
凤山县	Fengshan	4.87	19.87	10.32	9.55	1.92	16.37
东兰县	Donglan	7.30	29.88	15.66	14.22	2.27	21.58
罗城仫佬族自治县	Luocheng	9.99	37.20	19.11	18.09	4.70	30.20
环江毛南族自治县	Huanjiang	10.25	36.69	19.18	17.51	5.46	27.50
巴马瑶族自治县	Bama	6.40	26.90	13.97	12.93	2.70	22.68
都安瑶族自治县	Du'an	17.04	68.46	35.10	33.36	4.25	52.45
大化瑶族自治县	Dahua	11.48	45.31	23.35	21.96	5.33	36.50
宜州市	Yizhou	17.27	63.90	33.24	30.66	10.40	56.75
来宾市	**Laibin**	**67.70**	**253.68**	**132.97**	**120.71**	**38.10**	**213.51**
兴宾区	Xingbin District	25.34	103.47	54.29	49.18	16.71	93.03
忻城县	Xincheng	11.74	41.24	21.47	19.77	3.72	31.58
象州县	Xiangzhou	9.98	35.88	18.89	16.99	4.31	28.92
武宣县	Wuxuan	12.14	43.65	23.13	20.52	5.35	35.82
金秀瑶族自治县	Jinxiu	4.55	15.41	7.96	7.45	2.10	12.58
合山市	Heshan	3.95	14.03	7.23	6.80	5.92	11.58
崇左市	**Chongzuo**	**61.88**	**238.13**	**125.26**	**112.87**	**38.29**	**201.97**
江州区	Jiangzhou District	9.53	35.41	18.85	16.56	6.98	32.55
扶绥县	Fusui	13.10	43.88	23.31	20.57	8.65	38.60
宁明县	Ningming	9.99	41.87	22.20	19.67	6.80	34.15
龙州县	Longzhou	7.11	26.29	13.56	12.73	5.07	22.22
大新县	Daxin	8.84	36.39	18.81	17.58	4.63	30.01
天等县	Tiandeng	10.47	43.47	22.95	20.52	2.98	33.04
凭祥市	Pingxiang	2.84	10.82	5.58	5.24	3.18	11.40

注：本表为人口抽样调查推算数，防城港市已进行户籍制度改革，没有农业和非农业人口之分。
Note: The data in this table is hased on the population sample survey. Pue to the reformation of household registration system, the data on population of Fangchenggang City is not divided into agriculture population and non-agriculture population.

3－7　主要年份婚姻情况
Marital Status in Main Years

项　目	Item	2000	2005	2010	2011	2012
内地居民登记结婚（万对）	Registered Marriages of Inland Residents（10 000 couples）	31.86	31.47	52.51	49.38	48.98
涉外婚姻（对）	Registered Foreign Marriage （couple）	3700	3411	2018	1995	1881
#国内公民（人）	Domestic Individuals(person)	3700	3411	2017	1965	1872
#男性	Male	504	196	231	298	429
女性	Female	2196	3215	1786	1667	1443
初婚（万人）	First Marriage（10 000 persons）	61.43	59.70	98.59	91.88	90.45
再婚（万人）	Remarriage（10 000 persons）	2.28	3.92	6.84	6.88	7.89
#女性	Female	1.12	1.51	3.33	3.38	4.25
离婚人数（万人）	Divorces (10 000 persons)	5.8	9.69	14.61	15.49	17.18
#民政部门批准	Divorces Approved	2.6	7.32	11.25	12.06	13.42
法院调判	Mediated by the Court	3.2	2.37	3.36	3.44	3.76

注：本表为民政部门统计数。

Note: The data in this table is provided by civil affairs department.

3－8　主要年份各种规模家庭户构成
Composition of Various Size of Family Household in Main Years

单位：%　　(%)

年份 Year	合计 Total	1人户 Family of 1 Person	2人户 Family of 2 Persons	3人户 Family of 3 Persons	4人户 Family of 4 Persons	5人户 Family of 5 Persons	6人户 Family of 6 Persons	7人户 Family of 7 Persons	8人及以上户 Family of 8 & More Persons	家庭户平均每户人数（人） Average Population of One Family (person)	城镇家庭户平均每户人数（人） Average Population of One Urban Family	乡村家庭户平均每户人数（人） Average Population of One Rural Family
1995	100	6.50	9.58	16.84	23.75	19.30	12.50	6.40	5.12	4.31		
2000	100	10.05	13.86	21.67	23.43	17.54	7.63	3.34	2.48	3.81		
2005	100	11.18	20.45	24.71	21.82	13.02	5.25	1.98	1.59	3.37		
2007	100	6.75	18.06	26.33	26.67	13.29	5.67	1.89	1.34	3.56		
2008	100	6.87	19.17	26.56	26.69	12.62	5.31	1.66	1.12	3.48		
2009	100	4.79	9.97	20.81	28.04	20.11	9.28	3.92	3.09	3.53		
2010	100	11.30	12.98	20.23	23.41	16.35	7.97	4.00	3.76	3.34	3.15	3.47
2011	100	13.82	22.09	24.87	19.70	10.99	5.29	1.64	1.61	3.24	3.19	3.29
2012	100	13.27	21.01	23.86	20.68	11.75	5.86	1.87	1.70	3.32	3.03	3.47

注：本表按常住人口口径统计。2000、2010年为人口普查数,其余年份为人口抽样调查数。

Note: The data in 2000,2010 is based on the population census，while the data in other years is based on the population sample survey.

3－9　主要年份人口年龄构成

Population Composition by Age in Main Years

单位：%　　(%)

年 份 Year	0～14岁占总人口的比重 Ages Ranging from 0 to 14 as Percentage of Total Population	15-64岁占总人口的比重 Ages Ranging from 15 to 64 as Percentage of Total Population	65岁及以上占总人口的比重 Ages in & above 65 as Percentage of Total Population
1990	33.38	61.20	5.42
2000	26.20	66.49	7.31
2005	23.76	66.67	9.57
2007	22.28	68.45	9.27
2008	22.07	68.48	9.45
2009	22.10	68.50	9.40
2010	21.71	69.05	9.24
2011	21.80	68.37	9.83
2012	21.96	68.30	9.74

注：本表按常住人口口径统计。1990、2000、2010年为人口普查数,其余年份为人口抽样调查数。
Note: The data in 1990, 2000 and 2010 is based on the population census，while the data in other years is based on the population sample survey.

3－10　6岁及以上人口受教育程度构成

Composition of Educational Status of Ages in 6 & above

单位：%　　(%)

年 份 Year	小 学 Primary Schools	初 中 Junior Secondary Schools	高中（含中专） Senior Secondary Schools (including specialized secondary schools)	大专及以上 Junior Colleges & above
2000	45.60	35.20	10.40	2.60
2005	39.84	38.19	9.89	3.96
2007	34.64	42.50	12.37	4.64
2008	34.70	43.63	11.39	4.51
2009	33.30	44.42	11.38	5.06
2010	34.85	42.64	12.14	6.58
2011	34.80	42.60	12.20	6.60
2012	33.28	43.97	12.40	6.63

注：本表按常住人口口径统计。2000、2010年为人口普查数，其余年份为人口抽样调查数。
Note: The data in 2000, 2010 is based on the population census，while the data in other years is based on the population sample survey.

主要统计指标解释

户数 包括家庭户（含单身独居）和集体户。

人口数 指一定时点、一定地区范围内有生命的个人的总和。

人口出生率 指在一定时期内（通常为一年）一定地区的出生人数与同期平均人数（或期中人数）之比，一般用千分率表示。计算公式：

$$人口出生率=\frac{年出生人口}{年平均人口}\times 1000‰$$

式中：出生人数指活产婴儿，即胎儿脱离母体时（不管怀孕月数），有过呼吸或其他生命现象。年平均人数指年初、年底人口数的平均数，也可用年中人口数代替。

出生人数 指活产婴儿，即胎儿脱离母体时（不管怀孕月数），有过呼吸或其他生命现象。

人口死亡率（又称粗死亡率） 指在一定时期内（通常为一年）一定地区的死亡人数与同期平均人数（或期中人数）之比，一般用千分率表示。计算公式：

$$人口死亡率=\frac{年死亡人数}{年平均人数}\times 1000‰$$

人口自然增长率 指在一定时期内（通常为一年）人口自然增加数（出生人数减死亡人数）与该时期内平均人数（或期中人数）之比，一般用千分率表示。计算公式：

$$人口自然增长率=\frac{本年出生人数—本年死亡人数}{年平均人数}\times 1000‰$$

或人口自然增长率=人口出生率－人口死亡率

性别比 反映两性人口间比例的指标，指在总人口中或各年龄组人口中，男性人数与女性人数之比。通常以每100个女性人口相对应的男性人口数来表示。计算公式：

$$性别比=\frac{男性人口}{女性人口}\times 100$$

常住人口 包括：

（一）居住本乡、镇、街道，并已在本乡、镇、街道办理常住户口登记的人；

（二）已在本乡、镇、街道居住半年以上，常住户口在本乡、镇、街道以外的人；

（三）在本乡、镇、街道居住不满半年，但已离开常住户口登记地半年以上的人；

（四）居住本乡、镇、街道，常住户口待定的人；

（五）原住本乡、镇、街道，在国外工作或者学习，暂无常住户口的人。

市人口 指居住在城区区域上的人口。城区是指在市辖区和不设区的市，区、市政府驻地的实际建设连接到的居民委员会和其他区域。

镇人口 指居住在镇区区域上的人口。镇区是指在城区以外的县人民政府驻地和其他镇，政府驻地的实际建设连接到的居民委员会和其他区域。

市镇人口 指市人口和县辖镇人口。

乡村人口 指居住在城区和镇区以外区域的人口。

农业人口　指农业户口人口。

非农业人口　指非农业户口人口。

孩次构成　指一定时期内（通常为一年）某一孩次的出生婴儿人数占同期全部出生婴儿的比例。

家庭户规模　家庭的大小，亦即家庭成员的多少。

Explanatory Notes on Main Statistical Indicators

Households include family household (including single household) and collective households.

Total Population refers to the total number of people alive at a certain point of time within a given area.

Population Birth Rate refers to the ratio of the number of births to the average population during a certain period of time (usually a year) in a certain region, which is often expressed in ‰.The following formula is used:

$$\text{Birth Rate} = \frac{\text{Number of Births}}{\text{Annual Average Number of Population}} \times 1000‰$$

In this formula, number of births refers to live births, i.e. the births babies had showed any vital phenomena regardless of the length of pregnancy, and annual average number of population refers to the average number of the beginning and end of the year (also can be replaced by midyear population).

Number of Births refers to live births, i.e. the births babies had showed any vital phenomena regardless of the length of pregnancy.

Death Rate refers to the ratio of the number of deaths to the average population (or mid-period population) during a certain period of time (usually a year) which is often expressed in ‰. The following formula is used:

$$\text{Death Rate} = \frac{\text{Annual Average Number of Population}}{\text{Number of Deaths}} \times 1000‰$$

Natural Growth Rate of Population refers to the ratio of natural increase in population (number of births minus number of deaths) in a certain period of time (usually a year) to the average population (or mid-period population) to the same period which is often expressed in ‰. The following formula are applied:

$$\text{Natural Growth Rate of Population} = \frac{\text{Number of Births} - \text{Number of Deaths}}{\text{Average Number of Population}} \times 1000‰$$

or: Natural Growth Rate of Population = Birth Rate – Death Rate

Sex Ratio is the indicator reflects the ratio of the population of male to female in total population or various age groups. Generally, it is often expressed in the ratio of male population to 100 female. The calculating formula:

$$\text{Sex Ratio} = \frac{\text{Male Population}}{\text{Female Population}} \times 100$$

Permanent Population includes:

1. the population living in the local countries, towns or streets, and registered as permanent residences in the local countries, towns or streets.

2. the population having been living in the local countries, towns or streets for more than half a year, with the permanent residences outside the local countries, towns or streets.

3. the population having been living in the local countries, towns or streets for less than half a year, but having been apart from the countries, towns or streets where registered their permanent residences for more than half a year.

4. the population living in the local countries, towns or streets, with undetermined permanent residences.

5. the population once living in the local countries, towns or streets, working or studying in foreign countries now, and without

permanent residences temporarily.

City Population refers to the population living in the urban area. Urban area refers to the municipal districts, the cities without distrct being set up, the neighborhood committees conected with the actual construction of governments of districts and cities and other areas.

Town Population refers to the population living in the town areas. The town area refers to the seat of town governments and other town beside the urban areas, the neighborhood committees conected with the seat of governments and other areas.

Urban Population refers to city population and town population.

Country Population refers to the total population living in the areas beside the urban areas and town areas.

Agricultural Population refers to the number of persons who have agricultural household registration.

Non-agricultural Population refers to the number of persons that have non-agricultural household registration.

Composition of Birth refers to the ratio of the number of births of a certain composition to the total births in the same period during a certain period of time (usually a year).

Household Size refers to the size of a family, or the number of family members.

就业人员和职工工资

EMPLOYMENT & WAGES

4—1 主要年份就业和劳动报酬基本情况

Resource of Labor Force & Number of Employed Persons in Main years

指　标	Items	1995	2000	2005	2010	2011	2012
劳动力资源总数（万人）	**Total Resource of Labor Force (10 000 persons)**	**2907**	**3203**	**3536**	**3732**	**3777**	**3349**
占人口总数比重（%）	Proportion in Total Population (%)	64.0	67.4	71.8	72.34	72.65	71.53
劳动力资源利用率（%）	Utilization Ratio of Resource of Labor Force (%)	82	80.1	76.44	77.79	77.73	82.65
从业人员合计（万人）	**Employed Persons (10 000 persons)**	**2383**	**2566**	**2703**	**2903**	**2936**	**2768**
第一产业	Primary Industry	1583	1571	1519	1571	1565	1481
第二产业	Secondary Industry	282	278	322	544	562	520
第三产业	Tertiary Industry	518	717	862	788	809	767
从业人员构成（%）	**Composition of Employment (%)**						
第一产业	Primary Industry	66.4	61.2	56.20	54.12	53.30	53.50
第二产业	Secondary Industry	11.8	10.8	11.91	18.74	19.10	18.80
第三产业	Tertiary Industry	21.8	28	31.89	27.14	27.60	27.70
按城乡分从业人员	**Employed Persons by Urban & Rural**						
城镇从业人员（万人）	Urban (10 000 persons)	405	421	785	1003	1035	1113
国有单位	State Owned Units	293.45	234.52	199	203.32	209.49	214.03
城镇集体单位	Urban Collective Owned Units	48.72	28.36	20	17.27	18.76	16.25
股份合作单位	Cooperative Share Holding Units		1.39	2	2.96	2.78	3.29
联营单位	Joint-owned Units	0.42	0.34	1	0.75	0.79	0.99
有限责任公司	Limited-liability Companies		15.09	34	49.82	58.11	68.55
股份有限公司	Share Holding Limited Compa-nies	6	8.79	11	15.15	19.69	19.81
港澳台商投资单位	Enterprises Funded by Hong Kong, Macao & Taiwan	1.62	2.97	5.5	8.23	9.53	11.18
外商投资单位	Foreign-funded Enterprises	5.66	3.83	6.2	8.99	11.06	10.53
私营企业	Private Enterprises	9.01	22.14	54	100	123	137
个体	Individual	52.99	67.86	90	141	157	139
在岗职工人数（万人）	Number of Staff & Workers at Post (10 000 persons)	343	283	269	291.98	293.60	303.45
国有单位	State-owned Units	283	225	189	187.53	187.90	190.45
城镇集体单位	Urban Collective Owned Units	47	26	18	13.57	15.41	12.12
其他类型单位	Others	13	32	62	90.87	90.27	100.88
乡村从业人员（万人）	Rural (10 000 persons)	1965	2145	2275	2387	2407	1655
城镇单位从业人员劳动报酬	**Remuneration of Staff & Workers in Urban Units**						
单位从业人员平均劳动报酬（元）	Average Remuneration of Staff & Workers (yuan)	5105	6772	15079	30673	33032	36386
国有单位	State-owned Units	5226	7081	15668	32587	34886	37706
城镇集体单位	Urban Collective owned Units	4064	4471	10392	21533	22123	28819
城镇登记失业人数（万人）	**Registered Unemployment in Urban Areas (10 000 persons)**	**10.10**	**11.30**	**18.51**	**19.07**	**18.81**	**18.94**
城镇登记失业率（%）	**Registered Unemployment Rate in Urban Areas (%)**	**2.4**	**3.2**	**4.15**	**3.66**	**3.46**	**3.41**

注：2002年以后城镇从业人员数含农村进城从业人员。2012年按常住人口口径统计，劳动力资源总数、从业人员数不包括外出自治区以外半年以上的人员。

Note: Employed population in urban areas since 2002 include employed persons entering urban areas from rural areas. Since 2012, the statistical range of "Employed population in urban areas" has been changed into permanent population, and total vesource of labor force and number of employed persons excludes the persons leaving Guangxi for more than half a year.

4－2　城乡从业人员及城镇单位在岗职工平均工资（1978－2012年）
Urban & Rural Employed Persons, Average Wages of Staff & Workers at Post in Urban Units (1978－2012)

年　份	从业人员（万人）Employed Persons(10 000 persons)			城镇单位在岗职工平均工资 Average Wages of Staff & Workers at Post in Urban Units	
	第一产业	第二产业	第三产业	绝对数（元）Absolute Number (yuan)	指数（上年=100）Relate Indices (Preceding year=100)
1978	1171.4	152.5	131.9	462	104.5
1980	1283	125.4	141.6	609	108.5
1985	1463.2	160.3	207	1077	99.9
1986	1500.9	176.5	218.4	1282	128.6
1987	1528.6	193.3	239.1	1438	108.1
1988	1548	205	259	1720	106.9
1989	1574.8	202.8	268.7	1819	108.9
1990	1613.8	206.5	288.2	2049	137.2
1991	1643.2	215.1	312.5	2262	105.7
1992	1627.8	234.6	354.7	2634	111.8
1993	1594	253	428	3368	111
1994	1589	268	479	4468	130.4
1995	1583	282	518	5105	121.4
1996	1600	283	534	5397	118.2
1997	1606	283	565	5540	107.5
1998	1620	283	596.0	5779	108.2
1999	1619.3	276.2	619.4	6254	108.1
2000	1571	278	717	7650	118.9
2001	1570	275	733	9075	117.1
2002	1571	270	748	10774	121.6
2003	1556	279	766	11953	108.7
2004	1531.5	282.9	817.4	13579	110.1
2005	1519	322	862.0	15461	115.1
2006	1521	334	905	18064	118.8
2007	1521	419	829	21898	116.3
2008	1528	424	847.0	25660	115
2009	1561	516	771	28302	121
2010	1571	544	788.0	31842	107
2011	1565	562	809	34150	104
2012	1481	520	767	37614	113

4－3 按产业、经济类型分组的从业人员（2012年）
Number of Employed Persons Grouped by Industry & the Categories of Registration (2012)

单位：万人 (10 000 persons)

行业	Sector	从业人员 Employed Persons	国有单位 State-owned Units	城镇集体单位 Urban Collective Owned Units
总计	**Total**	**2768**	**214.03**	**16.25**
第一产业	**Primary Industry**	**1481**	**9.31**	**0.07**
农、林、牧、渔业	Farming, Forestry, Animal Husbandry & Fishery	1481	9.31	0.07
第二产业	**Secondary Industry**	**520**	**27.04**	**10.58**
工业	Industry	354.8	22.07	2.21
采矿业	Mining	35.2	2.92	0.16
制造业	Manufacturing	302	11.83	1.98
电力、煤气及水的生产和供应业	Electricity, Gas & Water Production & Supply	17.2	7.32	0.07
建筑业	Construction	165	4.97	8.37
第三产业	**Tertiary Industry**	**767**	**177.69**	**5.59**
交通运输、仓储和邮政业	Transportation, Storage & Postal Services	81	12.82	0.75
信息传输、计算机服务和软件业	Information Transmission, Computer Service & Software Industries	13	2.39	0.08
批发和零售业	Wholesale & Retail Trade	217	4.34	1.17
住宿和餐饮业	Hotel & Catering Trade	87	1.68	0.19
金融业	Finance	15	5.48	1.64
房地产业	Real Estate	14	1.15	0.16
租赁和商务服务业	Leasing & Business Service	25	4.00	0.85
科学研究、技术服务和地质勘查业	Scientific Research, Technology Service & Geological Prospecting	13	7.41	0.10
水利、环境和公共设施管理业	Water Conservancy, Environment & Public Facility Management	12	8.08	0.06
居民服务和其他服务业	Residents & Other Services	105	0.37	0.20
教育	Education	80	58.88	0.27
卫生、社会保障和社会福利业	Public Health, Social Security & Social Welfare	35	25.11	0.13
文化、体育和娱乐业	Culture, Sports & Entertainment	13	3.00	0.01
公共管理和社会组织	Public Administration & Social Organizations	57	42.99	
国际组织	International Organizations			

4－4 城镇单位从业人员（2012年）

Number of Employed Persons in Urban Units (2012)

单位：人 (person)

项 目	Item	从业人员年末人数 Total Employed Persons at Year End	在岗职工 Staff & Workers at Post	劳务派遣工 Labor-dispatched Workers	其他从业人员 Others
总 计	**Total**	**3579829**	**3034522**	**283814**	**261493**
按登记注册类型分	**By Registered Style**				
国有单位	State-owned Units	2140304	1904542	70418	165344
城镇集体单位	Urban Collective Owned Units	162499	121178	8093	33228
其他类型单位	Others	1277026	1008802	205303	62921
内资	Domestic Capital	1059981	810609	188993	60379
外商投资	Foreign Investment	105256	98227	5928	1101
港、澳、台投资	Enterprise Funded by Hong Kong, Macao & Taiwan	111789	99966	10382	1441
按企业、事业、机关分	**By Enterprise,Institution & Agency**				
企业	Enterprise	2037523	1614946	270104	152473
事业	Institution	1156046	1064239	8480	83327
机关	Agency	368557	338183	5207	25167
民间非盈利组织及其他	Nongovernmental Nonprofit Organizations & Others	10177	10034		143
其他		**7526**	**7120**	**23**	**383**
按国民经济行业分	**By Sector**				
农、林、牧、渔业	Farming,Forestry,Animal Husbandry & Fishery	99260	79605	8	19647
采矿业	Mining	52832	48207	2554	2071
制造业	Manufacturing	718610	666035	24664	27911
电力、煤气及水的生产和供应业	Electricity, Gas & Water Production & Supply	98378	84319	9111	4948
建筑业	Construction	425239	188040	174143	63056
批发和零售业	Wholesale & Retail Trade	128422	114281	9316	4825
交通运输、仓储和邮政业	Transportation, Storage & Postal Services	184799	156806	23236	4757
住宿和餐饮业	Hotel & Catering Trade	47600	43938	1376	2286
信息传输、计算机服务和软件业	Information Transmission, Com- puter Service & Software Industries	44284	31357	11757	1170
金融业	Finance	116635	90287	8714	17634
房地产业	Real Estate	53961	49982	1659	2320
租赁和商务服务业	Leasing & Business Service	89188	79647	4575	4966
科学研究、技术服务和地质勘查业	Scientific Research, Technology Service & Geological Prospecting	93480	87011	1094	5375
水利、环境和公共设施管理业	Water Conservancy, Environment & Public Facility Management	88400	70500	1476	16424
居民服务和其他服务业	Residents & Other Services	7400	7069	57	274
教育	Education	608406	565790	2942	39674
卫生、社会保障和社会福利业	Public Health,Social Security & Social Welfare	260128	246009	1309	12810
文化、体育和娱乐业	Culture, Sports & Entertainment	32862	31178	255	1429
公共管理和社会组织	Public Administration & Social Organizations	429945	394461	5568	29916
国际组织	International Organizations				

注：城镇单位不包括城镇私营和个体（下同）。
Note: Urban collective owned units exclude urban private and individual enterprises.

4－5 按行业、经济类型分组的城镇单位女性从业人数（2012年）

Number of Female Employed in Urban Units Grouped by Industry & the Categories of Registration (2012)

单位：人 (person)

行 业	Sector	合 计 Total	国有单位 State-owned Units	城镇集体单位 Urban Collective owned Units	其他类型单位 Others
总 计	**Total**	**1317325**	**857587**	**37687**	**422051**
按企业、事业、机关分	**By Enterprise, Institution & Agency**				
企业	Enterprise	642952	199455	34989	408508
事业	Institution	562137	556078	1597	4462
机关	Agency	102197	101801	116	280
民间非盈利组织及其他	Nongovernmental Nonprofit Organizations & Others	6348	34	903	5411
其他		**3691**	**219**	**82**	**3390**
按国民经济行业分	**By Sector**				
第一产业	**Primary Industry**	**33058**	**30789**	**140**	**2129**
农、林、牧、渔业	Farming, Forestry, Animal Husbandry & Fishery	33058	30789	140	2129
第二产业	**Secondary Industry**	**354909**	**73802**	**18631**	**262476**
工业	Industry	315483	65521	7977	241985
采矿业	Mining	11788	6618	182	4988
制造业	Manufacturing	275558	36916	7609	231033
电力、煤气及水的生产和供应业	Electricity, Gas & Water Production & Supply	28137	21987	186	5964
建筑业	Construction	39426	8281	10654	20491
第三产业	**Tertiary Industry**	**929358**	**752996**	**18916**	**157446**
批发和零售业	Wholesale & Retail Trade	55871	16201	3698	35972
交通运输、仓储和邮政业	Transportation, Storage & Postal Services	46561	31054	1947	13560
住宿和餐饮业	Hotel & Catering Trade	28314	10142	1071	17101
信息传输、计算机服务和软件业	Information Transmission, Computer Service & Software Industries	19758	9470	531	9757
金融业	Finance	58205	27802	6175	24228
房地产业	Real Estate	19602	3727	590	15285
租赁和商务服务业	Leasing & Business Service	29048	12241	1900	14907
科学研究、技术服务和地质勘查业	Scientific Research, Technology Service & Geological Prospecting	29417	22430	286	6701
水利、环境和公共设施管理业	Water Conservancy, Environment & Public Facility Management	39991	36974	250	2767
居民服务和其他服务业	Residents & Other Services	2616	1448	387	781
教育	Education	304295	292522	1293	10480
卫生、社会保障和社会福利业	Public Health,Social Security & Social Welfare	161484	155724	759	5001
文化、体育和娱乐业	Culture, Sports & Entertainment	12249	11328	27	894
公共管理和社会组织	Public Administration & Social Organizations	121947	121933	2	12
国际组织	International Organizations				

4－6　城镇单位从业人员工资总额（2012年）

Earning of Employed Persons in Urban Units (2012)

单位：万元 (10 000 yuan)

指　标	Item	从业人员全年工资总额 Total Remuneration	在岗职工工资总额 Wages of Staff & Workers at Work	劳务派遣工工资总额 Total Wages of Labor-dispatched Workers	其他从业人员工资总额 Remuneration Payment to Other Employed Persons
总　计	**Total**	**12805164**	**11255295**	**1032607**	**517263**
按登记注册类型分	**By Registered Style**				
国有单位	State Owned Units	8000458	7496919	202133	301405
城镇集体单位	Urban Collective Owned Units	450768	352881	21905	75982
其他类型单位	Others	4353938	3405495	808568	139875
内资	Domestic Funds	3534624	2675367	724966	134291
外商投资	Foreign Investment	463394	440571	19800	3023
港、澳、台投资	Enterprises Funded by Hong Kong,Macao & Taiwan	355920	289557	63802	2561
按企业、事业、机关分	**By Enterprise,Institution & Agency**				
企业	Enterprise	7335183	5994460	999101	341622
事业	Institution	4075935	3916408	22976	136551
机关	Agency	1350264	1301865	10485	37915
民间非盈利组织及其他	Nongovernmental Nonprofit Organizations & Others	43783	42562	45	1176
按国民经济行业分	**By Sector**				
农、林、牧、渔业	Farming, Forestry, Animal Husbandry & Fishery	195125	163194	36	31895
采矿业	Mining	185797	172295	8031	5470
制造业	Manufacturing	2355692	2229250	66657	59785
电力、煤气及水的生产和供应业	Electricity, Gas & Water Production & Supply	460719	423942	28687	8089
建筑业	Construction	1431531	571030	715298	145203
批发和零售业	Wholesale & Retail Trade	421390	389340	25041	7009
交通运输、仓储和邮政业	Transportation, Storage & Postal Services	790262	711112	68862	10288
住宿和餐饮业	Hotel & Catering Trade	118854	110311	3100	5443
信息传输、计算机服务和软件业	Information Transmission, Com- puter Service & Software Industries	200449	154818	43147	2485
金融业	Finance	800557	712349	32591	55616
房地产业	Real Estate	169837	161042	3551	5244
租赁和商务服务业	Leasing & Business Service	248019	230667	8612	8741
科学研究、技术服务和地质勘查业	Scientific Research, Technology Service & Geological Prospecting	373105	355707	3575	13823
水利、环境和公共设施管理业	Water Conservancy, Environment & Public Facility Management	212107	184183	4230	23694
居民服务和其他服务业	Residents & Other Services	21125	20451	158	515
教育	Education	2081030	2017862	6256	56913
卫生、社会保障和社会福利业	Public Health,Social Security & Social Welfare	1092278	1059595	2768	29916
文化、体育和娱乐业	Culture, Sports & Entertainment	117945	114665	1024	2256
公共管理和社会组织	Public Administration & Social Organizations	1529343	1473482	10984	44878
国际组织	International Organizations				

4—7 城镇单位从业人员平均工资（2012年）
Average Earning of Staff & Workers in Urban Units (2012)

单位：元 (yuan)

指标	Item	单位从业人员平均工资 Average Remuneration of Staff & Workers	国有单位 State-owned Units	城镇集体单位 Urban Collective owned Units	其他类型单位 Others
总　计	**Total**	**36386**	**37706**	**28819**	**35081**
按企业、事业、机关分	**By Enterprise, Institution & Agency**				
企业	Enterprise	36892	42182	28812	35195
事业	Institution	35526	35518	27433	41162
机关	Agency	36900	36926	18881	33039
按国民经济行业分	**By Sector**				
农、林、牧、渔业	Farming, Forestry, Animal Husbandry & Fishery	19511	19129	17797	26277
采矿业	Mining	34933	36914	32693	32595
制造业	Manufacturing	33317	38905	24577	32465
电力、煤气及水的生产和供应业	Electricity, Gas & Water Production & Supply	46784	45756	18144	50646
建筑业	Construction	36449	38731	25824	39137
批发和零售业	Wholesale & Retail Trade	32923	40848	17394	30689
交通运输、仓储和邮政业	Transportation, Storage & Postal Services	43413	49178	19664	32345
住宿和餐饮业	Hotel & Catering Trade	24712	25615	20076	24497
信息传输、计算机服务和软件业	Information Transmission, Computer Service & Software Industries	45815	43824	36363	48596
金融业	Finance	69852	72314	67324	67744
房地产业	Real Estate	31776	34152	30593	31143
租赁和商务服务业	Leasing & Business Service	27949	32692	20487	24816
科学研究、技术服务和地质勘	Scientific Research, Technology Service & Geological Prospecting	40093	41554	37687	34215
水利、环境和公共设施管理业	Water Conservancy, Environment & Public Facility Management	24268	23642	20454	31667
居民服务和其他服务业	Resident & Other Services	28566	35204	16717	27724
教育	Education	34339	34567	32562	26644
卫生、社会保障和社会福利业	Public Health, Social Security & Social Welfare	42778	43159	28698	32912
文化、体育和娱乐业	Culture, Sports & Entertainment	36314	37839	16101	19955
公共管理和社会组织	Public Administration & Social Organizations	35777	35776	33895	42622
国际组织	International Organizations				

4—8　城镇单位在岗职工平均工资（2012年）
Average Earning of Staff & Workers in Urban Units (2012)

单位：元　　　　(yuan)

项　目	Item	在岗职工 Staff & Workers at Post	国有单位 State-owned Units	城镇集体单位 Urban Collective-owned Units	其他类型单位 Others
总　计	**Total**	**37614**	**39317**	**29941**	**35607**
按企业、事业、机关分	**By Enterprise, Institution & Agency**				
企业	Enterprise	37937	44197	29923	35730
事业	Institution	36966	36959	28951	41909
机关	Agency	38544	38576	18899	33257
按国民经济行业分	**By Sector**				
农、林、牧、渔业	Farming,Forestry,Animal Husbandry & Fishery	20534	20115	20514	26397
采矿业	Mining	35303	37675	32709	32658
制造业	Manufacturing	33611	39602	23898	32697
电力、煤气及水的生产和供应业	Electricity, Gas & Water Production & Supply	48416	47680	18815	51341
建筑业	Construction	38437	40141	26295	40723
批发和零售业	Wholesale & Retail Trade	33608	42148	17888	30998
交通运输、仓储和邮政业	Transportation, Storage & Postal Services	44135	50041	20005	32617
住宿和餐饮业	Hotel & Catering Trade	24853	26445	20601	24266
信息传输、计算机服务和软件业	Information Transmission, Computer Service & Software Industries	46477	44861	36415	48782
金融业	Finance	76679	77304	68007	79902
房地产业	Real Estate	32249	35454	34720	31300
租赁和商务服务业	Leasing & Business Service	28530	34379	20412	24857
科学研究、技术服务和地质勘查业	Scientific Research, Technology Service & Geological Prospecting	41050	42799	38401	34273
水利、环境和公共设施管理业	Water Conservancy, Environment & Public Facility Management	26520	25954	23682	31899
居民服务和其他服务业	Resident & Other Services	28938	35873	16882	28017
教育	Education	35656	35930	33287	26746
卫生、社会保障和社会福利业	Public Health, Social Security & Social Welfare	43721	44129	29368	33161
文化、体育和娱乐业	Culture, Sports & Entertainment	37270	38942	16182	19813
公共管理和社会组织	Public Administration & Social Organizations	37358	37358	33895	43694
国际组织	International Organizations				

4－9 分市城镇单位在岗职工人数（2012年）
Number of Employed Persons in Urban Units by City (2012)

单位：人 (person)

项　目	Item	在岗职工人数 Staff & Workers at Post	国有单位 State-owned Units	城镇集体单位 Urban Collective-owned Units	其他类型单位 Others
总　计	**Total**	**3034522**	**1904542**	**121178**	**1008802**
南宁市	Nanning	643936	348627	10569	284740
柳州市	Liuzhou	429170	202030	14493	212647
桂林市	Guilin	310186	208019	11111	91056
梧州市	Wuzhou	136096	87519	5662	42915
北海市	Beihai	120266	67384	5723	47159
防城港市	Fangchenggang	94576	65471	5511	23594
钦州市	Qinzhou	156090	104202	10773	41115
贵港市	Guigang	144597	107643	11193	25761
玉林市	Yulin	264804	159768	17275	87761
百色市	Baise	178167	144628	8399	25140
贺州市	Hezhou	83302	65528	1987	15787
河池市	Hechi	168996	126748	10112	32136
来宾市	Laibin	103261	73768	3340	26153
崇左市	Chongzuo	130423	88552	3042	38829

注：总计包括南宁铁路局、广西建工集团、总后勤部等单位。
Note: The total data includes Nanning Railway Bureau, Guangxi Building Engineering Group Corporation and Central Logistics Department.

4-10 分市城镇单位在岗职工平均工资（2012年）
Average Wages of Staff & Workers at Post in Urban Units by City (2012)

单位：元 (yuan)

市 别	Region	在岗职工 Staff & Workers at Post	国有单位 State-owned Units	城镇集体单位 Urban Collective-owned Units	其他类型单位 Others
总 计	**Total**	**37614**	**39317**	**29941**	**35607**
南宁市	Nanning	42551	48784	35002	35193
柳州市	Liuzhou	39148	40875	33236	37937
桂林市	Guilin	37037	38355	33837	34487
梧州市	Wuzhou	32614	35825	27616	26915
北海市	Beihai	36379	39967	31711	31795
防城港市	Fangchenggang	36750	37326	29347	36629
钦州市	Qinzhou	34657	35795	24196	34518
贵港市	Guigang	29975	31579	20322	27325
玉林市	Yulin	33603	35090	30386	31644
百色市	Baise	35142	35771	30412	33136
贺州市	Hezhou	35055	35554	40132	32320
河池市	Hechi	31550	32563	23396	30171
来宾市	Laibin	35113	35387	37811	34028
崇左市	Chongzuo	30133	30028	32700	30181

注：总计包括南宁铁路局、广西建工集团、总后勤部等单位。
Note: The total data includes Nanning Railway Bureau, Guangxi Building Engineering Group Corporation and Central Logistics Department.

4—11 分市城镇单位从业人员工资总额（2012年）
Earning of Employed Persons in Urban Units by City (2012)

单位：万元 (10000 yuan)

市 别	Region	单位从业人员工资总额 Wages of Employed Persons in Urban Units at the Year-end	国有单位 State-owned Units	城镇集体单位 Urban Collective-owned Units	其他类型单位 Others
总 计	**Total**	**12805164**	**8000458**	**450768**	**4353938**
南宁市	Nanning	2932956	1811290	46862	1074804
柳州市	Liuzhou	1835600	886852	53184	895564
桂林市	Guilin	1280120	886520	50826	342773
梧州市	Wuzhou	491282	342133	19088	130061
北海市	Beihai	482724	287802	35921	159001
防城港市	Fangchenggang	358046	255174	13773	89100
钦州市	Qinzhou	541058	378600	26372	136086
贵港市	Guigang	455224	353828	30387	71010
玉林市	Yulin	969435	595821	67751	305864
百色市	Baise	663007	545520	29593	87895
贺州市	Hezhou	314391	252537	8287	53567
河池市	Hechi	578387	439948	31310	107129
来宾市	Laibin	405811	282046	17649	106116
崇左市	Chongzuo	412435	274463	9698	128275

注：总计包括南宁铁路局、广西建工集团、总后勤部等单位。

Note: The total data includes Nanning Railway Bureau, Guangxi Building Engineering Group Corporation and Central Logistics Department.

4－12　分市城镇单位从业人员平均工资（2012年）
Number of Employed Persons in Urban Units by City & Sector (2012)

单位：元　(yuan)

市　别	Region	单位从业人员平均工资 Average Wages of Employed Persons	国有单位 State-owned Units	城镇集体单位 Urban Collective-owned Units	其他类型单位 Others
总　计	**Total**	**36386**	**37706**	**28819**	**35081**
南宁市	Nanning	41331	46884	32616	34792
柳州市	Liuzhou	38223	39401	32382	37513
桂林市	Guilin	36049	37180	31792	34046
梧州市	Wuzhou	31427	33976	26847	26808
北海市	Beihai	34466	37228	29984	31317
防城港市	Fangchenggang	35485	35783	29044	35859
钦州市	Qinzhou	34499	35523	24176	34584
贵港市	Guigang	28787	30272	20240	27061
玉林市	Yulin	31678	32791	29307	30223
百色市	Baise	34023	34539	29419	32712
贺州市	Hezhou	33312	33411	39879	32047
河池市	Hechi	30109	31119	22620	29050
来宾市	Laibin	33471	33217	35171	33890
崇左市	Chongzuo	29674	29559	32532	29726

注：总计包括南宁铁路局、广西建工集团、总后勤部等单位。

Note: The total data includes Nanning Railway Bureau, Guangxi Building Engineering Group Corporation and Central Logistics Department.

4－13 城镇单位分市分行业从业人员（2012年）
Number of Employed Persons in Urban Units by City & Sector (2012)

单位：人 (person)

市别	Region	合计 Total	农、林、牧、渔业 Farming, Forestry, Animal Husbandry & Fishery	采矿业 Mining	制造业 Manufacturing	电力、煤气及水的生产和供应业 Electricity, Gas & Water Production & Supply	建筑业 Construction	批发和零售业 Wholesale & Retail Trade	交通运输、仓储和邮政业 Transportation, Storage & Postal Services	住宿和餐饮业 Hotel & Catering Trade	信息传输、计算机服务和软件业 Information Transmission, Computer Service & Software Industries
总　计	**Total**	**3579829**	**99260**	**52832**	**718610**	**98378**	**425239**	**128422**	**184799**	**47600**	**44284**
南宁市	Nanning	722121	15477	2200	171794	11151	50037	45686	35113	12155	9147
柳州市	Liuzhou	484645	5799	3728	156627	7866	34406	20415	14298	11471	8799
桂林市	Guilin	360141	5955	5294	70613	13851	31302	12335	11583	9437	3843
梧州市	Wuzhou	156410	2538	2591	31267	7888	7753	3595	5323	854	1824
北海市	Beihai	142512	4891	2372	44255	3500	10815	2938	5023	2385	1746
防城港市	Fangchenggang	103862	11596	1358	17143	3136	11298	1612	11461	1038	816
钦州市	Qinzhou	165925	5262	1689	22218	3763	31434	4307	6365	1076	1620
贵港市	Guigang	159562	1655	443	27031	4322	7733	5148	7719	98	983
玉林市	Yulin	307615	9176	906	51531	7850	47087	11169	10210	2564	4360
百色市	Baise	196442	4588	10010	32431	9530	7727	6320	7063	1293	2883
贺州市	Hezhou	94971	3299	1011	9623	5215	3883	2533	2693	676	1416
河池市	Hechi	191615	4439	11791	23492	8663	13140	6319	6699	1488	2560
来宾市	Laibin	123603	8738	4519	23814	6092	4161	2706	2573	357	1957
崇左市	Chongzuo	141333	15619	4920	29368	5551	4208	3078	3950	926	1433

注：总计包括南宁铁路局、广西建工集团、总后勤部等单位。

Note: The total data includes Nanning Railway Bureau, Guangxi Building Engineering Group Corporation and Central Logistics Department.

4－13 续表 continued

单位：人 (person)

市别 Region	金融业 Finance	房地产业 Real Estate	租赁和商务服务业 Leasing & Business Service	科学研究、技术服务和地质勘查业 Scientific Research, Technology Service & Geological Prospecting	水利、环境和公共设施管理业 Water Conservancy, Environment & Public Facility Management	居民服务和其他服务业 Resident & Other Services	教育 Education	卫生、社会保障和社会福利业 Public Health, Social Security & Social Welfare	文化、体育和娱乐业 Culture, Sports & Entertainment	公共管理和社会组织 Public Administration & Social Organizations
总计 Total	**116635**	**53961**	**89188**	**93480**	**88400**	**7400**	**608406**	**260128**	**32862**	**429945**
南宁市 Nanning	34494	17737	31915	29937	16423	1299	104589	48140	11414	73413
柳州市 Liuzhou	15381	12482	22698	20477	17308	2914	52536	30594	3725	43121
桂林市 Guilin	13021	6277	10491	7822	13234	989	62348	27920	5586	48240
梧州市 Wuzhou	5815	2150	1501	1997	3856	43	35891	15489	1331	24704
北海市 Beihai	5824	3377	1171	2806	3817	842	21464	9194	1128	14964
防城港市 Fangchenggang	1765	2566	1017	1313	2779	13	13848	6189	508	14406
钦州市 Qinzhou	3481	1028	2115	2712	3002	255	38358	16486	838	19916
贵港市 Guigang	5754	367	894	2395	3933	158	50369	15157	440	24963
玉林市 Yulin	9315	3144	4549	5286	6637	378	75804	24586	1978	31085
百色市 Baise	4720	1147	1518	3589	4697	182	39158	18243	1454	39889
贺州市 Hezhou	4012	765	1603	2032	1980	19	24141	9503	918	19649
河池市 Hechi	5659	855	3273	4486	3768	213	41387	17162	1905	34316
来宾市 Laibin	3423	820	2947	3170	4088	39	24351	10643	799	18406
崇左市 Chongzuo	3828	1160	2240	4297	2878	56	24162	10045	741	22873

注：总计包括南宁铁路局、广西建工集团、总后勤部等单位。

Note: The total data includes Nanning Railway Bureau, Guangxi Building Engineering Group Corporation and Central Logistics Department.

4－14 城镇单位分市分行业女性从业人数（2012年）

Number of Female Employed Persons in Urban Units by City & Sector (2012)

单位：人 (person)

市别 Region	合计 Total	农、林、牧、渔业 Farming, Forestry, Animal Husbandry & Fishery	采矿业 Mining	制造业 Manufacturing	电力、煤气及水的生产和供应业 Electricity, Gas & Water Production & Supply	建筑业 Construction	交通运输、仓储和邮政业 Transportation, Storage & Postal Services	信息传输、计算机服务和软件业 Information Transmission, Computer Service & Software Industries	批发和零售业 Wholesale & Retail Trade	住宿和餐饮业 Hotel & Catering Trade
总　计 Total	**1317325**	**33058**	**11788**	**275558**	**28137**	**39426**	**46561**	**19758**	**55871**	**28314**
南宁市 Nanning	292149	4436	323	82270	3103	9243	10203	3650	19994	6270
柳州市 Liuzhou	186162	1921	975	46651	1932	4313	4427	4548	9926	8080
桂林市 Guilin	142909	2183	1528	26671	3929	3343	3753	1807	6563	5593
梧州市 Wuzhou	61486	628	515	13629	2806	1480	1332	726	1243	519
北海市 Beihai	60848	1608	533	21947	747	983	1664	795	1241	1412
防城港市 Fangchenggang	35855	3621	410	5682	802	1489	2273	294	634	548
钦州市 Qinzhou	63069	2031	336	8423	959	3985	1760	592	1711	580
贵港市 Guigang	65416	432	82	8692	1393	1239	1656	364	1715	37
玉林市 Yulin	116615	2834	33	20669	2056	5195	3011	1927	4158	1484
百色市 Baise	70563	1504	1813	9199	3176	982	2481	1242	2643	817
贺州市 Hezhou	39917	2472	271	3808	1466	968	1091	600	1132	406
河池市 Hechi	66751	1249	2802	7554	2430	1939	2262	1084	2256	865
来宾市 Laibin	44507	1775	565	8668	1650	442	791	938	1066	216
崇左市 Chongzuo	54019	6322	1602	9809	1688	331	1253	631	1498	574

注：总计包括南宁铁路局、广西建工集团、总后勤部等单位。

Note: The total data includes Nanning Railway Bureau, Guangxi Building Engineering Group Corporation and Central Logistics Department.

4－14 续表 continued

单位：人 (person)

市别 Region	金融业 Finance	房地产业 Real Estate	租赁和商务服务业 Leasing & Business Service	科学研究、技术服务和地质勘查业 Scientific Research, Technology Service & Geological Prospecting	水利、环境和公共设施管理业 Water Conservancy, Environment & Public Facility Management	居民服务和其他服务业 Resident & Other Services	教育 Education	卫生、社会保障和社会福利业 Public Health, Social Security & Social Welfare	文化、体育和娱乐业 Culture, Sports & Entertainment	公共管理和社会组织 Public Administration & Social Organizations
总 计 Total	**58205**	**19602**	**29048**	**29417**	**39991**	**2616**	**304295**	**161484**	**12249**	**121947**
南宁市 Nanning	17599	6251	11331	9642	7641	489	47699	25576	4147	22282
柳州市 Liuzhou	9163	4919	6757	7740	7826	990	29410	20525	1334	14725
桂林市 Guilin	6592	2219	2997	2265	5730	477	33540	18013	2092	13614
梧州市 Wuzhou	2710	825	292	583	1531	20	16893	9599	445	5710
北海市 Beihai	3037	1302	448	853	1811	194	11552	5629	457	4635
防城港市 Fangchenggang	833	867	383	373	1502	1	7699	3740	183	4521
钦州市 Qinzhou	1624	360	773	669	1263	118	21204	10475	335	5871
贵港市 Guigang	2530	134	225	553	1022	36	28915	9544	157	6690
玉林市 Yulin	4427	989	1727	1476	2744	135	39065	15386	729	8570
百色市 Baise	1973	463	560	965	2603	73	17307	11945	616	10201
贺州市 Hezhou	1901	288	453	572	1087		10943	6404	403	5652
河池市 Hechi	2216	302	838	1097	1723	58	18040	10898	670	8468
来宾市 Laibin	1452	262	963	833	1841	5	11413	6818	341	4468
崇左市 Chongzuo	2044	394	584	1565	1667	20	10615	6576	306	6540

注：总计包括南宁铁路局、广西建工集团、总后勤部等单位。
Note: The total data includes Nanning Railway Bureau, Guangxi Building Engineering Group Corporation and Central Logistics Department.

4－15 城镇单位分市分行业从业人员平均工资（2012年）

Average Earning of Staff & Workers at Work in Urban Units by City & Sector (2012)

单位：元 (yuan)

市别	Region	合计 Total	农、林、牧、渔业 Farming, Forestry, Animal Husbandry & Fishery	采矿业 Mining	制造业 Manufacturing	电力、煤气及水的生产和供应业 Electricity, Gas & Water Production & Supply	建筑业 Construction	交通运输、仓储和邮政业 Transportation,Storage & Postal Services	信息传输、计算机服务和软件业 Information Transmi- ssion, Computer Service & Software Industries	批发和零售业 Wholesale & Retail Trade	住宿和餐饮业 Hotel & Catering Trade
总计	**Total**	**36386**	**19511**	**34933**	**33317**	**46784**	**36449**	**43413**	**45815**	**32923**	**24712**
南宁市	Nanning	41331	24961	42861	31339	54602	34119	40788	61572	36531	26147
柳州市	Liuzhou	38223	24726	34930	38630	51410	46298	36613	46722	32913	25163
桂林市	Guilin	36049	22588	36575	34770	43339	32008	47729	42287	33369	22544
梧州市	Wuzhou	31427	22532	35844	25440	37290	23298	23443	35413	24631	20636
北海市	Beihai	34466	18127	20734	29448	51639	29274	36250	49729	35869	26870
防城港市	Fangcheng-gang	35485	16650	25842	36857	52317	28816	34653	43019	37377	22008
钦州市	Qinzhou	34499	17114	36201	34127	62194	31616	34818	53040	35179	25067
贵港市	Guigang	28787	24870	24249	25353	48978	21718	24165	35626	27190	20276
玉林市	Yulin	31678	18036	36674	33376	43370	25219	23207	38901	25126	18118
百色市	Baise	34023	18197	47086	39819	41126	27092	25770	33037	28866	18047
贺州市	Hezhou	33312	18251	27989	30468	46837	25343	28557	36167	40437	18796
河池市	Hechi	30109	20621	33679	24789	44653	20596	28669	34601	27722	17769
来宾市	Laibin	33471	17508	20616	34094	55666	27199	32955	41636	31620	17898
崇左市	Chongzuo	29674	14984	34361	27868	36965	24552	30042	51903	28855	21457

注：总计包括南宁铁路局、广西建工集团、总后勤部等单位。

Note: The total data includes Nanning Railway Bureau, Guangxi Building Engineering Group Corporation and Central Logistics Department.

4－15　续表　continued

单位：元　　　（yuan）

市　别	Region	金融业 Finance	房地产业 Real Estate	租赁和商务服务业 Leasing & Business Service	科学研究、技术服务和地质勘查业 Scientific Research, Technology Service & Geological Prospecting	水利、环境和公共设施管理业 Water Conservancy, Environment & Public Facility Management	居民服务和其他服务业 Resident & Other Services	教育 Education	卫生、社会保障和社会福利业 Public Health, Social Security & Social Welfare	文化、体育和娱乐业 Culture, Sports & Entertainment	公共管理和社会组织 Public Administration & Social Organizations
总　　计	**Total**	**69852**	**31776**	**27949**	**40093**	**24268**	**28566**	**34339**	**42778**	**36314**	**35777**
南 宁 市	Nanning	94765	32424	33399	53255	25970	36418	43139	53995	46920	42145
柳 州 市	Liuzhou	57101	28031	27013	32406	27063	24096	36712	48750	39988	40111
桂 林 市	Guilin	76364	33262	23663	40849	24984	35015	35276	40551	23137	34286
梧 州 市	Wuzhou	57898	28947	19287	33387	23238	27186	30974	40147	36406	33820
北 海 市	Beihai	62869	36625	26181	41148	27756	22780	37196	33587	38620	41290
防城港市	Fangchenggang	74210	40700	26428	37633	29320	46769	41221	39339	32966	41309
钦 州 市	Qinzhou	53093	38163	23212	31556	21218	30791	31611	44621	24413	34536
贵 港 市	Guigang	41519	29623	21397	29655	16394	22215	27221	40299	24745	28542
玉 林 市	Yulin	56804	30162	23633	32992	22962	34507	30770	41119	30752	35003
百 色 市	Baise	56793	30448	23674	30364	20827	26971	33917	31482	28323	31665
贺 州 市	Hezhou	56615	27646	24154	33628	19225	32421	32695	36623	31039	32323
河 池 市	Hechi	49082	23714	21758	28806	19765	24019	30424	33847	29357	31867
来 宾 市	Laibin	68107	30823	19558	30247	24404	40795	30203	42676	32780	35182
崇 左 市	Chongzuo	57387	32011	18885	28762	17989	31552	31046	38061	24726	32375

注：总计包括南宁铁路局、广西建工集团、总后勤部等单位。

Note: The total data includes Nanning Railway Bureau, Guangxi Building Engineering Group Corporation and Central Logistics Department.

4-16 主要年份离休、退休、退职人员和保险福利费用情况

Statistics of VCSR, Retired & Resigned, Insurance & Welfare Funds in Main Years

项 目	Item	2005	2010	2011	2012
一、截止年末离休、退休、退职人员数总计（人）	**Total Number of VCSR, Retired & Resigned at Year End (person)**	**1199346**	**1869510**	**2000563**	**2138426**
企业	Enterprise	755568	920376	948254	953245
（一）内资企业	Domestic Capital	752135		941323	946730
国有企业	State Owned Units	585777		652180	659505
集体企业	Collective Owned Units	105402		99688	95810
其他企业	Others	60956		189455	191415
（二）港澳台投资企业	Enterprise Funded by Hong Kong, Macao & Taiwan	3433		6931	6515
（三）外商投资企业	Foreign Investment				
事业	Institution	315286	372802	369019	380388
机关	Agency	117678	115427	116634	122215
其他*	Others*	10814	460905	566656	682578
二、保险福利费用总计（万元）	**Total Insurance & Welfare Funds (10 000 yuan)**	**1272195.9**	**3244030**	**3770184**	**4576084**
企业	Enterprise	615790.4	1362997	1596028	1835566
离休金	Pensions for VCSR	14918.3	15229	15050	16599
退休金（含退职人员生活费）	Pensions for Retired (including the cost-of-living for the retired)	559820.8	1342027	1574570	1813453
医疗卫生费	Medical Care	18828.9			
其 他	Others	22222.4	5741	6408	5514
事业	Institution	455450.4	965149	972827	1205115
离休金	Pensions for VCSR	10757	16285	14126	15123
退休金（含退职人员生活费）	Pensions for Retired (including the cost-of-living for the retired)	397501.3	948864	958701	1189992
医疗卫生费	Medical Care	13996.8			
其 他	Others	33195.3			
机关	Agency	194206.2	423213	428434	457535
离休金	Pensions for VCSR	11768.7	28912	26824	25866
退休金（含退职人员生活费）	Pensions for Retired (including the cost-of-living for the retired)	162705.7	394301	401610	431669
医疗卫生费	Medical Care	4903.9			
其 他	Others	14827.9			
其他*	Others*	6748.9	492671	772895	1077868
离休金	Pensions for VCSR	0		11	127
退休金（含退职人员生活费）	Pensions for Retired (including the cost-of-living for the retired)	6603.8	491805	772721	1066613
医疗卫生费	Medical Care	43.9			
其 他	Others	101.2	866	163	11128

注：其他*是指个体经济组织以及灵活就业人员中的退休人员及其保险福利费用。该项指标从2005年起建立。

Note: The 'Others*' refers to the retired and their insurance & welfare funds that belong to individual economy organizations and manoeuvrable employ.This item has been set up since 2005.

4－17 主要年份参加社会保险人员
Number of Persons Joined Social Security in Main Years

单位：人 (person)

项目	Item	1995	2000	2005	2010	2011	2012
一、截止年末参加城镇基本养老保险人员总数	**Total Number of Persons Joined Urban Basic Pension Insurance at Year End**	**1877974**	**2393591**	**2886039**	**4492947**	**4837549**	**5126503**
#离休退休退职人数	Total Retired, VCSR & RRSW	311777	544752	733163	1381281	1514910	1635823
（一）企业	Enterprise	1872739	2344595	2530863	3090550	3238704	3357387
1.内资企业	Domestic Capital	1849675	2326409	2489608	3012981	3149831	3266298
2.港、澳、台及外资企业	Foreign Investment & Enterprise Funded by Hong Kong, Macao & Taiwan	23064	18186	41255	77569	88873	91089
（二）事业	Institution		21679				
（三）机关	Agency		1970				
（四）其他	Others	5235	25347	355176	1402397	1598845	1769116
二、截止年末参加失业保险人员总数	**Total Number of Persons Joined Unemployment Insurance atYear End**	**1695402**	**2246213**	**2198887**	**2383997**	**2407687**	**2433782**
（一）企业	Enterprise	1614170	1534533	1338494	1462614	1503290	1513305
1.内资企业	Domestic Capital	1594891	1506561	1291660	1355066	1387759	1390096
2.港、澳、台及外资企业	Foreign Investment & Enterprise Funded by Hong Kong, Macao & Taiwan	19279	27972	46834	107548	115531	123209
（二）事业	Institution	81232	707429	856373	895587	882196	883606
（三）其他	Others		4251	4020	25796	22201	36871
三、截止年末参加城镇基本医疗保险人员总数	**Total Number of Persons Joined the Urban Basic Health Care Program at Year End**		**985230**	**2858668**	**9352054**	**9813170**	**10115274**
（一）城镇职工基本医疗保险参保人数	**Urban Staff & Workers**				**4135213**	**4372110**	**4562741**
#退休人数	Total Number of VCSR		215418	822846	1229962	1288146	1335769
（一）企业	Enterprise		414074	1377356	2210311	2347142	2479696
1.内资企业	Domestic Capital		413914				
2.港、澳、台及外资企业	Foreign Investment & Enterprise Funded by Hong Kong, Macao & Taiwan		160				
（二）事业	Institution		397472	1029657	1241687	1255617	1291955
（三）机关	Agency		172913	380721	429011	463103	466049
（四）其他	Others		771	70934	254204	306248	325041
（二）城镇居民基本医疗保险参保人数	**Urban Residents**				**5216841**	**5441060**	**5552533**
四、截止年末参加工伤保险人员总数	**Total Number of Persons Joined the Industrial Injury Insurance at Year End**		**1265640**	**1444346**	**2356611**	**2725161**	**3123855**
五、截止年末参加生育保险人员总数	**Total Number of Persons Joined the Bearing Insurance at Year End**		**1125761**	**1413554**	**2184535**	**2437685**	**2547091**

注：1. 表中基本养老保险人数不含在人事部门参加基本养老保险的人数；
2. 1995-1997年基本养老保险人数尚未分企业、事业、机关统计，故该年份事业、机关基本养老保险人数空缺；
3. 2007年10月开始启动城镇居民基本医疗保险试点，2007-2009年城镇基本医疗保险人员总数包括城镇职工基本医疗保险和城镇居民基本医疗保险参保人员之和。

Note: 1. The number of persons joined basic pension insurance excludes the persons joined basic pension insurance in the administrative departments.
2. Since the number of persons joined basic pension insurance from 1995 to 1997 hadn't been divided into enterprise, institution and agency, the number of persons joined urban basic pension insurance are blank.
3. The pilot work of urban basic health care program was started up in October 2007. The total number of Persons Joined the Urban Basic Health Care Program from 2007 to 2009 includes the summary of the number of urban staff & workers and the urban residents joined basic health care.

4－18 分市社会保险参保人数（2012年）

Number of Persons Joined Social Security by City (2012)

单位：人 (person)

市 别	City	基本养老保险人数 Number of Person Participating in the Basic Retirement Security Program	#在职职工人数 Number of Staff & Workers at Post	失业保险人数 Number of Persons Participating in the Unemployment Insurance Program	基本医疗保险人数 Number of Persons Participating in the Basic Health Care Program	工伤保险人数 Number of Persons Participating in the Industrial Injury Insurance	生育保险人数 Number of Persons Participating in the Bearing Insurance
总 计	**Total**	**5126503**	**3490680**	**2433782**	**10115274**	**3123855**	**2547091**
南宁市	Nanning	906202	641599	406134	1690235	492213	424974
柳州市	Liuzhou	810182	558806	295986	1435457	474128	320475
桂林市	Guilin	634177	432779	243016	1192562	385162	277039
梧州市	Wuzhou	296323	185277	123092	645204	158708	135345
北海市	Beihai	176164	119043	100845	462703	102017	86145
防城港市	Fangcheng-gang	108097	84236	57140	304325	73375	61628
钦州市	Qinzhou	132024	85527	81070	418044	87160	88282
贵港市	Guigang	179438	109108	109751	538627	136657	111880
玉林市	Yulin	332745	217018	145868	800299	173660	192525
百色市	Baise	186524	133130	117026	492771	117918	113744
贺州市	Hezhou	104781	69015	63341	308772	69130	67189
河池市	Hechi	211059	146814	117291	591743	125049	148909
来宾市	Laibin	132302	76590	73267	367408	77218	85145
崇左市	Chongzuo	136282	95031	74261	459625	92395	88427

注：1.总计包括自治区本级；

2.基本医疗保险人数包括城镇职工基本医疗保险与城镇居民基本医疗保险能参保人数之和。

Note: 1. The total number of persons joined social security includes the Autonomous Bureau.

2. The number of persons participating in the basic health care program includes the summary of persons which be able to participating in the urban staff basic health care insurance and basic health care insurance for urban registers.

主要统计指标解释

劳动力资源总数　指在劳动年龄内人口（16周岁及以上）总数中，具有劳动能力，在正常情况下，可能或实际参加社会劳动的人口数。

从业人员　指从事一定社会劳动并取得劳动报酬或经营收入的人员。从业人员按从业身份分组包括：（1）职工；（2）再就业的离退休人员；（3）私营业主；（4）个体户主；（5）私营企业和个体从业人员；（6）乡镇企业从业人员；（7）农村从业人员；（8）其他从业人员（包括现役军人）。

职工　指在国有、城镇集体、联营、股份制、外商和港、澳、台投资、其他单位及其附属机构中工作，并由其支付工资的各类人员。不包括下列人员：（1）乡镇企业从业人员；（2）私营企业从业人员；（3）城镇个体劳动者；（4）离休、退休、退职人员；（5）再就业的离、退休人员；（6）民办教师；（7）其他按有关规定不列入职工统计范围的人员。

城镇登记失业人员　指有非农业户口，在一定的劳动年龄内（16岁及以上男50岁以下，女45岁以下），有劳动能力，无业而要求就业，并在当地就业服务机构进行求职登记的人员。

城镇登记失业率　城镇登记失业人员与城镇单位从业人员（扣除使用的农村劳动力、聘用的离退休人员、港澳台及外方人员）、城镇单位中的不在岗职工、城镇私营业主、个体户主、城镇私营企业和个体从业人员、城镇登记失业人员之和的比。计算公式为：

$$城镇登记失业率=\frac{城镇登记失业人数}{（城镇登记单位从业人员-使用的农村劳动力-聘用的离退休人员-聘用的港澳台及外方人员）+不在岗职工+城镇私营业主+城镇个体户主+城镇私营企业及个体从业人员+城镇登记失业人数}\times 100\%$$

工资总额　指各单位在一定时期内直接支付给本单位全部职工的劳动报酬总额。工资总额的计算应以直接支付给职工的全部劳动报酬为根据。各单位支付给职工的劳动报酬以及其他根据有关规定支付的工资，不论是计入成本的还是不计入成本的，不论是以货币形式支付的还是以实物形式支付的，均应列入工资总额的计算范围。工资总额包括计时工资、计件工资、奖金、津贴和补贴、加班加点工资、特殊情况下支付的工资。

平均工资　指企业、事业、机关等单位的职工在一定时期内平均每人所得的货币工资额。其计算公式为：

$$平均工资=\frac{报告期实际支付的全部职工工资总额}{报告期全部职工平均人数（人）}$$

平均实际工资　是指扣除物价变动因素后的职工平均工资。其计算公式为：

$$平均实际工资=\frac{报告期职工平均工资}{报告期城市居民消费价格指数}$$

参加城镇基本养老保险人员总数　指截止报告期末参加城镇基本养老保险并在社会保险机构已建立缴费记录档案的人数，包括不能正常缴费、已中断缴费但未终止养老保险关系的人数，包括已参加基本养老保险、后进入再就业服务中心、并继续缴费的下岗职工人数。不包括只登记而未建立缴费记录档案的人数。

参加城镇基本养老保险的离退职人数　指报告期末参加城镇基本养老保险并由养老保险基金支付养老金的离休人员、退休人员、退职人员人数。

参加失业保险人员总数　指截止报告期末按照国家法律、法规和有关政策规定，参加了失业保险的城镇企业事业单位职工和地方政府规定的参加失业保险的其他人员的总数。

参加城镇基本医疗保险人员总数 指截止报告期末参加城镇基本医疗保险（实施统帐结合和单建统筹基金）的职工人数和退休人数的总数。

Explanatory Notes on Main Statistical Indicators

Total Resource of Labor Force refers to the population aged 16 and over who are capable to work , are willing to participate in or participating in social labor.

Employees refers to the persons who are engaged in social labor and receive remuneration payment or earn business income, including: (1) staff and workers at work; (2) re-employed retirees; (3) employers of private enterprises; (4) self-employed workers; (5) employers in private and individual economy; (6) employees in township; (7) employed persons in the rural areas; (8) other employed persons (including the servicemen).

Staff and Workers refer to the persons who work in (and receive payment there from) enterprise and institutions of state ownership, collective ownership, joint ownership, share holding, foreign ownership, and ownership by entrepreneurs from Hong Kong, Macao, and Taiwan, and other types of ownership and their affiliated units, excluding: (1) employed persons in rural enterprises; (2) employed persons in private enterprises; (3) urban individual laborers;(4) retired persons, VCSR and RRSW; (5) re-employed retirees and VCSR; (6) teachers in the schools run by the local people; (7) other persons aren’t included in the statistic range of staff and workers according to related rules.

Registered Urban Unemployed Persons refer to the persons who are registered as permanent residents in the urban areas engaged in non-agricultural activities, aged within the range of working age (16 age and over, while male below 50 and female below 45), capable to labor, unemployed but desirous to be employed and have been registered at the local employment service agencies to apply for a job.

Registered Urban Unemployment Rate refers to the ratio of the number of the registered unemployed persons to the sum of the number of persons employed in various units and in private enterprises in urban areas, urban self-employed individuals and the registered urban unemployed persons. The formula is as follows:

Registered urban unemployment rate =

$$\frac{\text{Number of registered urban unemployed persons}}{\begin{array}{l}\text{(number of persons employed in urban units + number of persons employed in urban private enterprises} \\ \text{+ self-employed individuals in urban areas + number of registered urban unemployed persons) + number} \\ \text{of staff and workers out of post + number of urban privately owners + number of urban self-employed} \\ \text{individuals + number of personnel in urban privately enterprises and self-employed laborers + number of} \\ \text{the registered urban unemployed persons}\end{array}} \times 100\%$$

Total Wages of Staff and Workers refer to the total remuneration payment to staff and workers in various units during a certain period of time. The calculation of total wages is based on the total remuneration payment to the staff and workers. Therefore, all the wages and salaries and other payments to staff and workers are included in the total wages regardless of their sources, category, and forms (in kind or cash). Total wages of staff and workers includes the wage calculated by time, wage calculated by volume, bonus, subsidies and allowances, wage paid in special.

Average Wage of Staff and Workers refers to the average wage in money terms per person during a certain period of time for staff and workers in enterprises, institutions and government agencies. The formula for calculating Average Wage of Staff and Workers is as follows:

$$\text{Average Wage of Staff and Workers} = \frac{\text{Total Wages of Staff and Workers in Reference Period}}{\text{Average Number of Staff and Workers in Reference Period}}$$

Average Real Wage of Staff and Workers refers to the average wage, which has removed the factor of price change. The formula is as follows:

$$\text{Average Real Wage of Staff and Workers} = \frac{\text{Average Wage of Staff and Workers in Reference Period}}{\text{Urban Consumer Prices Index in Reference Period}}$$

Total Number of Persons Participating in Urban Basic Pension Programs refers to the persons participating in the urban basic pension programs and registering in the social insurance institutions with payment registration, including the persons who cannot pay regularly, have stopped paid but maintained the pension insurance relation; including laid-off workers who have participated basic pension insurance, entered re-employment service center and go on paying; excluding the persons registered but without payment registration.

Total Number of Retired, VCSR & RRSW Participating in Urban Basic Pension Programs refers to number of the retired, VCSR & RRSW participating in urban basic pension programs in the report period and are paid pensions from the pension insurance funds.

Total Number of Persons Participating in Unemployment Insurance Programs refers to the number of staff and workers in urban enterprises and institutions or other persons by local government in participating in unemployment insurance programs according to national laws, rules and relative policies in the report period.

Total Number of Persons Participating Urban Basic Health Insurance Programs refers to the total number of staff, workers and retired participating urban basic health insurance programs in the report period.

固定资产投资

INVESTMENT IN FIXED ASSETS

5－1 全社会固定资产投资及增长速度（1978－2012年）
Investment in Fixed Assets & Its Growth Rate (1978－2012)

年 份 Year	全社会投资总额 Total Investment	按管理渠道分 By Channel of Management						全社会投资总额中住宅 Residential Buildings
		城镇投资 Urbam Investment	基本建设投资 Basic Investment	更新改造投资 Innovation	其他固定资产投资 Others	房地产开发投资 Real Estate Development	农村投资 Rural Investment	
投资额（万元） Investment (10 000 yuan)								
1978	96055	96055	96055					6745
1980	121815	121815	103067	18748				23185
1985	422191	422191	167327	71218	17599			142092
1990	685666	471432	212880	169619	35800	21933	214234	221077
1991	896479	622695	288923	220662	42900	23310	273784	285398
1992	1410395	1050784	522135	341696	76855	45413	359611	378228
1993	2780754	2288445	1099415	527724	210325	316451	492309	680317
1994	3825871	2800623	1407722	658346	146333	328408	1025248	1102233
1995	4233742	3206590	1570988	685572	162654	515050	1027152	1208881
1996	4764200	3405965	1744608	713293	105148	432305	1358235	1537400
1997	4798023	3435948	1829651	591029	145175	335374	1362075	1664245
1998	5717025	4231848	2405296	697162	156963	326838	1485177	1851688
1999	6202035	4658915	2630000	700972	394008	329735	1543120	1918970
2000	6600146	5241049	2815412	801593	592572	386747	1359097	1644650
2001	7312523	5953938	3243086	865975	646851	555826	1358585	1734899
2002	8349852	6931808	3725200	1055354	606548	882807	1418044	2008016
2003	9873063	8476445	4488309	1427401	622937	1403112	1396618	2549373
2004	12636500	11217558	6267732	1985739	847299	2116787	1418942	2863485
2005	17690715	15223560	9008716	2747259	599670	2867915	2467155	3416021
2006	22465743	19956664	11706485	3722813	827563	3699803	2509079	3978916
2007	29700845	26271518	14385378	5270504	1252801	5362835	3429327	5562505
2008	37831385	33526716	18057743	7689521	1512659	6273423	4304669	6663557
2009	57066957	51593360	26145334	15525521	1785694	8136811	5473597	9200203
2010	78590660	71618399	34794814	22158979	2602395	12062211	6972261	12279939
2011	101604527	92803004	41853857	30548054	5226437	15174656	8801523	15554926
2012	126352181	114823208	49754367	42570996	6948457	15549388	11528973	16020340

注：1978年～1981年为全民投资总额，1982年以后为全社会投资总额。2008年的数据根据经济普查数予以调整。

Note: Investment in fixed assets during the years 1978 to 1981 refer to total people investment, and since 1982 are total social investment in fixed assets. The data in 2008 has been adjusted by the 2nd Economic Census.

5－1 续表 continued

年 份 Year	全社会投资总额 Total Investment	按管理渠道分 By Channel of Management 城镇投资 Urban Investment	基本建设投资 Basic Investment	更新改投资 Innovation	其他固定资产投资 Others	房地产开发投资 Real Estate Development	农村投资 Rural Investment	全社会投资总额中住宅 Residential Buildings
增长速度（上年=100） Growth Rate (preceding year=100)								
1978	22.1		22.1					17.2
1980	24.2		7.4	809.7				84.2
1985	49.9		54.9	55.9	129.4			72.7
1990	-4.6		2.5	-13.1	-33.5			16.4
1991	30.7	32.1	35.7	30.1	19.8	6.3	27.8	29.1
1992	57.3	68.7	80.7	54.9	79.1	94.8	31.3	32.5
1993	97.2	117.8	110.6	54.4	173.7	596.8	36.9	79.9
1994	37.6	22.4	28.0	24.8	-30.4	3.8	108.3	62.0
1995	10.7	14.5	11.6	4.1	11.2	56.8	0.2	9.7
1996	12.5	6.2	11.1	4.0	-35.4	-16.1	32.2	27.2
1997	0.7	0.9	4.9	-17.1	38.1	-22.4	0.3	8.3
1998	19.2	23.2	31.5	18.0	8.1	-2.5	9.0	11.3
1999	8.5	10.1	9.3	0.5	151.0	0.9	3.9	3.6
2000	6.4	12.5	7.0	14.4	50.4	17.3	-11.9	-14.3
2001	10.8	13.6	15.2	8.0	9.2	43.7	0.0	5.5
2002	14.2	16.4	14.9	21.9	-6.2	58.8	4.4	15.7
2003	18.2	22.3	20.5	35.3	2.7	58.9	-1.5	27.0
2004	28.0	32.3	39.6	39.1	36.0	50.9	1.6	12.3
2005	40.0	35.7	43.7	38.3	-29.2	35.5	73.9	19.3
2006	27.0	31.1	29.9	35.5	38.0	29.0	1.7	16.5
2007	32.2	31.6	22.9	41.6	51.4	44.9	36.7	39.8
2008	27.2	27.6	25.5	45.9	20.7	15.9	25.5	19.8
2009	50.8	53.9	44.8	101.9	18.1	29.7	27.2	38.1
2010	37.7	38.8	33.1	42.7	45.7	48.2	27.4	33.5
2011	29.3	29.6	20.3	37.9	100.8	25.8	26.2	26.7
2012	24.4	23.7	18.9	39.4	32.9	2.5	31.0	3.0

5－2 国有单位固定资产投资及增长速度（1978－2012年）
Investment in Fixed Assets of State-owned Units & Its Growth Rate （1978－2012）

年 份 Year	投资总额 Total Investment	中央项目 Central	地方项目 Local	地方投资占总额比重（%） Proportion of Local Investment in Total Investment(%)	新 增 固定资产 Newly Increased Fixed Assets
投资额（万元） Investment (10 000 yuan)					
1978	96055	15710	80345	83.6	54677
1980	121815	28129	93686	76.9	89031
1985	247349	88319	159030	64.3	163230
1990	411663	88657	323006	78.5	374779
1991	542295	128015	414280	76.4	419072
1992	926799	229885	696914	75.2	609629
1993	1693664	393855	1299809	76.7	960428
1994	1939743	518424	1421319	73.3	1089639
1995	2162880	623052	1539828	71.2	1917553
1996	2361406	550378	1811028	76.7	1753595
1997	2228299	467362	1760937	79.0	1946615
1998	2765781	581435	2184346	79.0	2141607
1999	3034692	689587	2345105	77.3	2112000
2000	3287710	994743	2292967	69.7	3140709
2001	3575582	922303	2653279	74.2	2332310
2002	4023603	990379	3033224	75.4	2270341
2003	4492504	1052907	3439597	76.6	3142566
2004	5394295	932227	4462068	82.7	3296786
2005	7078102	1135701	5942401	84.0	4248682
2006	8225875	1190370	7035505	85.5	4107952
2007	10056627	1167349	8889278	88.4	5110058
2008	12698400	1445195	11253205	88.6	5492696
2009	23510063	3850208	19659855	83.6	10552524
2010	30665485	5562613	25102872	81.9	11285161
2011	34849787	5196362	29653425	85.1	15927158
2012	38361748	5416951	32944797	85.9	18639488

注：2006年以后国有单位固定资产投资包含了农村非农户投资，2006年数据做相应调整。根据经普对2008年数据进行调整。

Note: Investment in fixed assets of state-owned units has included investment from rural non-agriculture households in fixed assets since 2006,and the data of 2006 is adjusted relevantly.The data in 2008 has been adjusted by the 2nd Economic Census.

5－2　续表　continued

年　份 Year	投资总额 Total Investment	中央项目 Central	地方项目 Local	地方投资占总额比重（%） Proportion of Local Investment in Total Investment(%)	新　增 固定资产 Newly Increased Fixed Assets
增长速度（上年=100） Growth Rate (preceding year=100)					
1978	20.9	32.3	18.8		-8.5
1980	24.2	-4.3	36.5		13.0
1985	50.6	57.4	47.0		19.6
1990	-0.6	-8.0	1.6		2.5
1991	31.7	44.4	28.3		11.8
1992	70.9	79.6	68.2		45.5
1993	82.7	71.3	86.5		57.5
1994	14.5	31.6	9.3		13.5
1995	11.5	20.2	8.3		76.0
1996	9.2	-11.7	17.6		-8.6
1997	-5.6	-15.1	-2.8		11.0
1998	24.1	24.4	24.0		10.0
1999	9.7	18.6	7.4		-1.4
2000	8.3	44.3	-2.2		48.7
2001	8.8	-7.3	15.7		-25.7
2002	12.5	7.4	14.3		-2.7
2003	11.7	6.3	13.4		38.4
2004	20.1	-11.5	29.7		4.9
2005	31.2	21.8	33.2		28.9
2006	16.2	4.8	18.4		-3.3
2007	22.3	-1.9	26.3		24.4
2008	26.3	23.8	26.6		7.5
2009	85.1	166.4	74.7		92.1
2010	30.4	44.5	27.7		6.9
2011	13.6	-6.6	18.1		41.1
2012	10.1	4.2	11.1		17.0

5—3 主要年份全社会固定资产投资总额
Total Investment in Fixed Assets in Main Years

单位：亿元 (100 million yuan)

指 标	Item	1995	2000	2005	2010	2011	2012
总 计	**Total**	**423.37**	**660.01**	**1769.07**	**7859.07**	**10160.45**	**12635.22**
基本建设投资	**Basic Construction**	**157.10**	**281.54**	**900.87**	**3479.48**	**4185.39**	**4975.44**
按经济类型分	By Economic Type						
国有经济	State-owned Units	137.15	249.95	553.93	2245.94	2506.27	2868.61
联营经济	Joint-owned	0.86	0.45	4.23	1.86	4.85	10.65
其他经济	Others	19.09	31.14	342.71	1231.67	1674.26	2096.18
按隶属关系分	By Administrative Relationship						
中 央	Central	43.58	71.48	118.63	490.81	446.27	471.34
地 方	Local	113.52	210.06	782.24	2988.67	3739.12	4504.10
更新改造投资	**Innovation**	**68.56**	**80.16**	**274.73**	**2215.90**	**3054.81**	**4257.10**
按经济类型分	By Economic Type						
国有经济	State-owned Units	55.24	64.41	106.81	538.18	616.13	684.74
联营经济	Joint-owned	0.07	0.08	0.27	6.19	5.26	11.00
其他经济	Others	13.25	15.67	167.65	1671.52	2433.41	3561.36
按隶属关系分	By Administrative Relationship						
中 央	Central	18.81	38.51	39.34	98.73	108.51	86.64
地 方	Local	49.75	41.65	235.39	2117.17	2946.29	4170.46
其他固定资产投资	**Others**	**16.27**	**59.26**	**59.97**	**237.25**	**441.77**	**569.99**
按经济类型分	By Economic Type						
国有经济	State-owned Units	5.41	2.96	17.04	72.49	94.17	102.97
集体经济	Joint-owned	8.10	6.92	4.32	0.86	3.30	1.10
其他经济	Others	2.76	49.38	38.61	163.89	344.30	465.92
按隶属关系分	By Administrative Relationship						
中 央	Central	0.17	0.15	1.43	2.10	9.51	4.31
地 方	Local	16.10	59.11	58.54	235.14	432.27	565.68
房地产开发投资	**Real Estate Development**	**51.51**	**38.67**	**286.79**	**1206.22**	**1517.47**	**1554.94**
按经济类型分	By Economic Type						
国有经济	State-owned Units	18.28	11.45	30.03	100.49	145.01	189.27
集体经济	Joint-owned	9.23	3.25	6.35	0.84	0.24	5.74
其他经济	Others	23.80	23.97	250.41	1104.90	1372.22	1359.93
农村非农户固定资产投资	**Investment from Rural Non-agriculture in Fixed Assets**	**39.67**	**50.32**	**99.74**	**358.97**	**470.40**	**689.46**
私人固定资产投资	**Individual**	**90.28**	**150.06**	**146.97**	**361.25**	**490.63**	**588.29**
城镇和工矿区私人建房	Housing Construction by Urban & Industrial & Mining Areas Individuals	27.23	64.47		22.99	80.87	124.86
农村农户投资	Rural Individuals	63.05	85.59	146.97	338.26	409.76	463.43

注：2005年前，非农户投资由调查队提供，城镇工矿区为全部私人建房投资。2005年起，国家统计制度改革统一将城镇工矿区私人建房以及农村非农户投资按项目统计。2008年的数据根据经济普查数予以调整。

Note: Before 2005, the data on the investment from non-agriculture households was provided by the Survey Office in Guangxi, and the housing construction by urban & industrial & mining areas refered to the total investment for individual housing construction. Since 2005, the housing construction by urban & industrial & mining areas individuals and the investment from rural non-agriculture households were calculated unitedly by sector according to the reformation of the state statistic system.

5－4　主要年份固定资产投资资金来源
Investment in Fixed Assets by Source of Funds in Main Years

单位：万元　　　　(10 000 yuan)

指　标	Item	1995	2000	2005	2010	2011	2012
资金来源总计	**Total Fund**	**2939513**	**4198133**	**16044415**	**75978774**	**95911551**	**121816653**
＃地 方	Local	2331578	3066097	14357240	70082471	72249974	116605198
＃国家预算内	State Budgetary Appropriation	78769	378744	1400300	3819964	4335425	6203347
＃地 方	Local	57511	280640	889757	3108320	3814097	5647903
国内贷款	Domestic Loans	854107	1029012	3026562	11669666	12032171	14654095
＃地 方	Local	611133	617914	2495061	9637499	7499023	13073702
利用外资	Foreign Investment	220117	154224	629035	718151	769380	420027
＃地 方	Local	177239	154224	628585	711543	699256	387026
自筹投资	Fundraising	1264132	1901390	7702416	47479010	65682301	82800579
＃地 方	Local	1012207	1330788	7089364	45136176	55798279	80726770
在资金来源总计中:	In Total Fund						
基本建设资金来源	**Basic Construction**	**1540377**	**2714050**	**9129466**	**34765422**	**41499968**	**70839780**
＃地 方	Local	1117568	1966652	7853019	29978628	36662231	66608781
＃国家预算内	State Budgetary Appropriation	69741	369687	1312284	3105247	3450090	4607904
＃地 方	Local	48550	272429	820560	2481063	2938630	4105766
国内贷款	Domestic Loans	435347	738631	2136352	6815018	6566367	10282592
＃地 方	Local	216517	357399	1620027	4948199	4652505	8920765
利用外资	Foreign Investment	139004	126656	349733	291442	317719	211504
＃地 方	Local	103334	126656	349283	285942	317719	178503
自筹投资	Fundraising	653431	1084562	4088562	21118834	27928690	40431570
＃地 方	Local	547660	863847	3844733	19572221	26192105	39059191
更新改造资金来源	**Innovation**	**669422**	**790952**	**2897512**	**23214855**	**31259988**	**43922122**
＃地 方	Local	490525	410096	2508256	22166358	30147586	42984724
＃国家预算内	State Budgetary Appropriation	3511	3881	41947	578956	722581	1362091
＃地 方	Local	3444	3035	23128	491496	712713	1308785
国内贷款	Domestic Loans	204597	172464	303837	2301995	2771150	4238135
＃地 方	Local	180841	143345	288661	2136647	2628207	4019569
利用外资	Foreign Investment	16959	7076	194299	321268	367446	205748
＃地 方	Local	9751	7076	194299	320160	367446	205748
自筹投资	Fundraising	401512	579146	2193981	19020094	26585829	36726062
＃地 方	Local	257846	231174	1840264	18244885	25632832	36067612

注：资金来源为城镇基建、更改、其它和房地产四部分当年资金到位数。

Note: Sources of funds refer to the funds reaching the designated positions in the current year, including basic construction, innovation, other investment & real estate by urban areas.

5—5 按登记注册类型分的固定资产投资（2012年）
Investment in Fixed Assets Grouped by Registration Status (2012)

单位：万元 (10 000 yuan)

指标	Item	投资合计 Total Investment	基本建设 Basic Construction	更新改造 Innovation	其他 Others	房地产 Real Estate Development
合计	**Total**	**114823208**	**49754367**	**42570996**	**6948457**	**15549388**
内资	**Domestic Fund**	**107908753**	**47957895**	**39504623**	**5885504**	**14560731**
国有	State-owned	32386005	23924680	6411113	1018390	1031822
集体	Collective-owned	1667078	1055537	439998	119649	51894
股份合作	Cooperative Share Holding	518518	190632	264587	21924	41375
国有联营	State Joint-owned	195894	144759	41011	4456	5668
集体联营	Collective Joint-owned	78007	52349	19682	5976	
国有与集体联营	State & Collective Joint-owned	17599	9800		2300	5499
其他联营	Other Joint-owned	144584	44383	90269	2762	7170
国有独资公司	State Sole Investment	5878654	4616637	395301	11483	855233
其他有限责任公司	Other Limited Companies	19093419	4950293	8690039	1328240	4124847
股份有限公司	Share Holding Limited	6838594	2184683	3730590	184785	738536
私营	Individual	34263532	7978120	16490903	2274006	7520503
其他	Others	6826869	2806022	2931130	911533	178184
港澳台商投资	**Funded by Enterprises from Hong Kong, Macao & Taiwan**	**2190235**	**543823**	**894824**	**15702**	**735886**
合资经营	Joint Venture	605903	50805	356671	3640	194787
合作经营	Cooperative Operation	122903	20562	17751		84590
独资	Sole Investment	1111409	321061	327025	6814	456509
股份有限	Share Holding Limited	334779	145010	186924	2845	
其他	Other	15241	6385	6453	2403	
外商投资	**Foreign-funded**	**1915580**	**266604**	**1338166**	**58039**	**252771**
合资经营	Joint Venture	807916	95867	615439	25570	71040
合作经营	Cooperative Operation	20103	4988	7659	2578	4878
独资	Sole Investment	615371	110536	350412	11570	142853
股份有限	Share Holding Limited	449713	53169	353174	9370	34000
其他	Other	**22477**	2044	11482	8951	
个体经营	**Individual**	**2808640**	**986045**	**833383**	**989212**	
个体户	Private	2378427	811927	691478	875022	
个人合伙	Individual Partnership	430213	174118	141905	114190	

注：本表数据合计含城镇基建、更改、其他和房地产四部分。

Note: Total investment in this table includes basic construction, innovation, other investment & real estate development over designated size .

5—6　按登记注册类型分的投资资金来源（2012年）

单位：万元

指　标	Item	资金来源合计 Total Sources of Fund	上年末结余资金 Surplus from Fund of the End of Last Year
合　计	**Total**	**128970671**	**7154018**
内资	**Domestic Fund**	**120642756**	**6481019**
国有	State-owned	34863279	1752642
集体	Collective-owned	1746833	44413
股份合作	Cooperative Share Holding	566501	12448
国有联营	State Joint-owned	274193	4893
集体联营	Collective Joint-owned	83165	
国有与集体联营	State & Collective Joint-owned	20051	248
其他联营	Other Joint-owned	155131	743
国有独资公司	State Sole Investment	5564534	333860
其他有限责任公司	Other Limited Companies	22644585	1501466
股份有限公司	Share Holding Limited	8101056	388919
私营	Individual	39115202	2376459
其他	Others	7508226	64928
港澳台商投资	**Funded by Enterprises from Hongkong, Macao & Taiwan**	**3012577**	**431711**
合资经营	Joint Venture	1072230	101638
合作经营	Cooperative Operation	186694	9862
独资	Sole Investment	1437147	313511
股份有限	Share Holding Limited	301265	6700
其他	Other	**15241**	
外商投资	**Foreign-funded**	**2436751**	**233209**
合资经营	Joint Venture	1012909	161057
合作经营	Cooperative Operation	24911	3373
独资	Sole Investment	838939	67185
股份有限	Share Holding Limited	537451	1594
其他	Other	22541	
个体经营	**Individual**	**2878587**	**8079**
个体户	Private	2438774	5629
个人合伙	Individual Partnership	439813	2450

注：本表含城镇基建、更改、其他和房地产四部分。

Note: Total investment in this table includes basic construction, innovation, other investment & real estate development over designated size .

Sources of Funds for Investment in Fixed Assets Grouped by Registration Status (2012)

(10 000 yuan)

本年资金来源小计 Surplus of Fund in This Year	预算内资金 Budgetary Appropriation	国内贷款 Domestic Loans	利用外资 Foreign Investment	自筹资金 Fundraising	其他资金 Others
121816653	**6203347**	**14654095**	**420027**	**82800579**	**17738605**
114161737	**6199708**	**13706597**	**278693**	**77999305**	**15977434**
33110637	5287048	5318770	49629	17847489	4607701
1702420	120841	34106		1257167	290306
554053	3697	20856		477527	51973
269300	21553	92600		141517	13630
83165	950	6010		64888	11317
19803		800		13700	5303
154388	500	11245		129525	13118
5230674	143102	2353263	13274	1864447	856588
21143119	110759	2534611	175723	15308341	3013685
7712137	383812	760011		5500845	1067469
36738743	62970	2311958	23222	29492677	4847916
7443298	64476	262367	16845	5901182	1198428
2580866		**435835**	**77318**	**1282722**	**784991**
970592		149162	1450	373302	446678
176832		2000	13132	39331	122369
1123636		275573	62736	581657	203670
294565		8900		273911	11754
15241		**200**		**14521**	**520**
2203542		**447634**	**62846**	**1334489**	**358573**
851852		157123	27182	506393	161154
21538			3171	14225	4142
771754		122276	29793	493127	126558
535857		168235	2700	306063	58859
22541				14681	7860
2870508	**3639**	**64029**	**1170**	**2184063**	**617607**
2433145	3489	50885	1170	1937362	440239
437363	150	13144	0		177368

5－7 按登记注册类型分的新增固定资产（2012年）

单位：万元

指 标	Item	新增固定资产合计 Newly Increased Fixed Assets
合 计	**Total**	**70621267**
内资	**Domestic Fund**	**65396091**
国有	State-owned	16800699
集体	Collective-owned	1401324
股份合作	Cooperative Share Holding	390253
国有联营	State Joint-owned	144504
集体联营	Collective Joint-owned	48743
国有与集体联营	State & Collective Joint-owned	7300
其他联营	Other Joint-owned	116936
国有独资公司	State Sole Investment	833003
其他有限责任公司	Other Limited Companies	11508668
股份有限公司	Share Holding Limited	4046617
私营	Individual	24903003
其他	Others	5195041
港澳台商投资	**Funded by Enterprises from Hong Kong, Macao & Taiwan**	**1578254**
合资经营	Joint Venture	225032
合作经营	Cooperative Operation	73206
独资	Sole Investment	1120748
股份有限	Share Holding Limited	144027
其他	Other	15241
外商投资	**Foreign-funded**	**1203228**
合资经营	Joint Venture	475283
合作经营	Cooperative Operation	11808
独资	Sole Investment	439498
股份有限	Share Holding Limited	255506
其他	Other	21133
个体经营	**Individual**	**2443694**
个体户	Private	2052684
个人合伙	Individual Partnership	391010

注：本表仅含城镇基建、更改、其他和房地产四部分。

Note: The investment in fixed assets in this table just contains 3 parts by urban areas: investment in basic construction, innovation & others.

Newly Increased Fixed Assets Grouped by Registration Status (2012)

(10 000 yuan)

基本建设 Basic Construction	更新改造 Innovation	其他 Others	房地产 Real Estate Development
27025017	**30684041**	**5988319**	**6923890**
25067716	**28655335**	**5076773**	**6596267**
11302501	3920292	922773	655133
831260	395415	103240	71409
112652	234703	20351	22547
48434	91669	4353	48
33399	13940	1404	
5000		2300	
36128	79087	1721	
654387	100031	5053	73532
3098596	5730405	1196231	1483436
1193062	2381263	172901	299391
5796749	13348440	1807177	3950637
1955548	2360090	839269	40134
880558	**464969**	**15534**	**217193**
59289	101496	3472	60775
20776	15566		36864
771312	223068	6814	119554
22796	118386	2845	
6385	6453	2403	
203604	**838950**	**50244**	**110430**
35156	374967	24340	40820
2988	6059	2578	183
24349	337337	8445	69367
139411	110105	5930	60
1700	10482	8951	
873139	**724787**	**845768**	
734099	582735	735850	
139040	142052	109918	

5—8　分行业固定资产投资（2012年）
Investment in Fixed Assets by Sector (2012)

单位：万元　　(10 000 yuan)

指　　标	Item	投资总额 Total Investment	按隶属关系分 By Administrative Relationship		新增固定资产 Newly Increased Fixed Assets
			中央 Central	地方 Local	
总　计	**Total**	**99273820**	**5622834**	**93650986**	**63697377**
按三次产业分	**By Industry**				
第一产业	Primary Industry	3349619	180	3349439	2705715
第二产业	Secondary Industry	46956864	1558743	45398121	34014551
第三产业	Tertiary Industry	48967337	4063911	44903426	26977111
按国民经济行业分	**By Sector**				
农、林、牧、渔业	Farming, Forestry, Animal Husbandry & Fishery	3349619	180	3349439	2705715
农业	Farming	678240		678240	571598
林业	Forestry	797935		797935	724396
工业	Industry	46531697	1549100	44982597	33674163
采矿业	Mining	3473176	149894	3323282	2685163
制造业	Manufacturing	37762576	169268	37593308	27104596
电力燃气及水的生产供应业	Power, Gas & Water Production & Supply	5295945	1229938	4066007	3884404
建筑业	Construction	425167	9643	415524	340388
交通运输、仓储及邮政业	Transportation,Storage,Postal,& Telecommunication Services	13315246	3517129	9798117	4461826
交通运输业	Transportation	12288959	3507318	8781641	4035492
仓储业	Storage	1014887	9592	1005295	417080
邮政业	Telecommunication Services	11400	219	11181	9254
信息传输、计算机服务和软件业	Information Transmission, Computer Service & Software Industries	1323696	211412	1112284	1168307

注：本表仅含城镇基建、更改、其他三部分，不含房地产开发投资。
Note: The investment in fixed assets in this table just contains 3 parts by urban areas: investment in basic construction, innovation & others.

5－8 续表 continued

单位：万元 (10 000 yuan)

指 标	Item	投资总额 Total Investment	按隶属关系分 By Administrative Relationship		新增固定资产 Newly Increased Fixed Assets
			中 央 Central	地 方 Local	
批发和零售业	Wholesale & Retail Trade	4425720	102154	4323566	3513201
批发业	Wholesale	2129890	59795	2070095	1596767
零售业	Retail Trade	2295830	42359	2253471	1916434
住宿和餐饮业	Hotel & Catering Trade	2254783	510	2254273	1677682
餐饮业	Catering Trade	862676	120	862556	696601
金融业	Finance	370812	16417	354395	243405
房地产业	Real Estate	5246263	49388	5196875	3515354
租赁和商务服务业	Leasing & Business Service	2127289	5575	2121714	1399581
科学研究、技术服务地质勘查业	Scientific Research, Technology Service & Geological Prospecting	633144	16479	616665	506817
水利、环境和公共设施管理业	Water Conservancy, Environment & Public Facility Management	12070611	37637	12032974	5357897
水利管理业	Water Conservancy	1475280	11443	1463837	1093523
公共设施管理业	Public Facility Management	10225785	26194	10199591	4061050
居民服务和其他服务业	Resident & Other Services	615813		615813	436529
教育事业	Education	2439104	16917	2422187	1515895
卫生、社会保障和社会福利业	Public Health, Social Security & Social Welfare	1153486	4287	1149199	887962
卫生事业	Public Health	1079151	1304	1077847	838663
文化、体育和娱乐业	Culture, Sports & Entertainment	1370475	68185	1302290	1000781
公共管理和社会组织	Public Administration & Social Organizations	1620395	17821	1602574	1291374
国际组织	International Organizations				

5－9 城镇工业分行业固定资产投资（2012年）
Investment in Urban Fixed Assets by Industrial Sector (2012)

单位：万元 (10 000 yuan)

指 标	Item	投资总额 Total Investment	按隶属关系分 By Administrative Relationship		新增固定资产 Newly Increased Fixed Assets
			中央 Central	地方 Local	
合 计	**Total**	**46531697**	**1549100**	**44982597**	**33674163**
煤炭采选业	Coal Mining & Processing	257259		257259	70046
石油和天然气开采	Petrol & Natural Gas Mining	4183	68	4115	4840
黑色金属矿采选业	Ferrous Metals Mining & Processing	593650		593650	487730
有色金属矿采选业	Nonferrous Metals Mining & Processing	1086413	69079	1017334	873962
非金属矿采选业	Nonmetal Mining & Processing	1351424	28917	1322507	1164107
开采辅助活动	Mining Assist Activities	74437	51830	22607	49637
其他采矿业	Other Mining & Processing	105810		105810	34841
农副食品加工	Major Grain & Sideline Food Processing	2483485	18700	2464785	2118232
＃制糖业	Sugar Production	487424	7300	480124	538280
食品制造业	Food Production	1168344		1168344	947597
饮料制造业	Beverage Production	943862		943862	600102
烟草加工业	Tobacco Processing	53399	35548	17851	22071
纺织业	Textile Industry	598757		598757	422908
纺织服装、鞋帽制造业	Textile Clothes, Shoes & Caps Producing	706672		706672	624042
皮革、毛皮、羽毛（绒）及其制品业	Leathers, Furs, Down & Related Products	604758		604758	458242
木材加工及竹、藤、棕、草制品业	Timber, Bamboo, Cane, Palm Fiber, Straw Products	3334522		3334522	2812233
家具制造业	Furniture Manufacturing	709149		709149	556422
造纸及纸制品业	Papermaking & Paper Products	1311092		1311092	879227
印刷业、记录、媒介的复制	Printing & Record Medium Reproduction	503577		503577	435649
文教体育用品制造业	Culture, Education & Sports Facilities Producing	397169		397169	284979
石油加工、炼焦及核燃料加工业	Petroleum Processing, Coking Products & Nuclear Fuel Processing	562357	832	561525	138036
化学原料及化学制品制造业	Raw Chemical Materials & Chemical Products	2375951	4570	2371381	1582392

注：本表仅含基建、更改、其他三部分。
Note: The investment in fixed assets in this table just contains 3 parts: investment in basic construction, innovation & others.

5－9 续表 continued

单位：万元 (10 000 yuan)

指 标	Item	投资总额 Total Investment	按隶属关系分 By Administrative Relationship 中央 Central	地方 Local	新增固定资产 Newly Increased Fixed Assets
医药制造业	Medical & Pharmaceutical Products	887178		887178	626312
化学纤维制造业	Chemical Fiber	123163		123163	6250
橡胶和塑料制品业	Rubber & Plastic Products	875516	32620	842896	693594
非金属矿物制品业	Nonmetal Mineral Products	5820664	24393	5796271	4611005
＃水泥制造业	Cements Products	570873	5472	565401	362624
黑色金属冶练及压延加工业	Smelting & Pressing of Ferrous Metals	1972617		1972617	874452
有色金属冶练及压延加工业	Smelting & Pressing of Nonferrous Metals	2256212	10560	2245652	902722
金属制品业	Metal Products	1291292	753	1290539	1000399
通用机械制造业	General Machinery Manufacturing	1317301	1955	1315346	1191594
专用设备制造业	Special Purpose Equipment	1505251		1505251	1216773
交通运输设备制造业	Transport Equipment	2610312	23504	2586808	1759120
电气、机械及器材制造业	Electric Equipment & Machinery Manufacturing	1405556	5322	1400234	1092780
通信设备、计算机及其他电子设备制造业	Communications Equipment, Computer & Other Electric Equipment Manufacturing	1041669	9121	1032548	729937
仪器仪表及文化、办公用机械制造业	Instruments, Meters, Cultural & Clerical Machinery	84836		84836	65331
工艺品及其他制造业	Artworks & Other Products Manufacturing	130817		130817	66308
废弃资源和废旧材料回收加工业	Abandoned Resources & Junk Materials Recycling & Processing	481615		481615	272325
金属制品、机械和设备修理业	Metal Product, Machinery & Equipment Repair Services	205483	1390	204093	113562
电力、蒸气、热水的生成和供应业	Electricity, Steam, Hot Water Production & Supply	3760757	1192708	2568049	3117782
＃水电	Hydropower	564037	128891	435146	1253490
火电	Thermal Power	647884	111979	535905	461110
燃气生产和供应业	Gas Production & Supply	674543	34551	639992	199349
自来水的生成和供应业	Tap Water Production & Supply	860645	2679	857966	567273

5－10　基本建设分行业固定资产投资（2012年）
Investment in Fixed Assets in Basic Construction by Sector (2012)

单位：万元　(10 000 yuan)

指　标	Item	投资总额 Total Investment	按隶属关系分 By Administrative Relationship		新增固定资产 Newly Increased Fixed Assets
			中 央 Central	地 方 Local	
总　计	**Total**	**49754367**	**4713354**	**45041013**	**27025017**
按三次产业分	**By Industry**				
第一产业	Primary Industry	2112491	180	2112311	1691009
第二产业	Secondary Industry	11026100	984231	10041869	7783108
第三产业	Tertiary Industry	36615776	3728943	32886833	17550900
按国民经济行业分	**By Sector**				
农、林、牧、渔业	Farming,Forestry,Animal Husbandry & Fishery	2112491	180	2112311	1691009
农业	Farming	464973		464973	374274
林业	Forestry	405896		405896	377124
工业	Industry	10865806	977901	9887905	7664299
采矿业	Mining	817401	91530	725871	685892
制造业	Manufacturing	7515448	13530	7501918	4724657
电力燃气及水的生产供应业	Power, Gas & Water Production & Supply	2532957	872841	1660116	2253750
建筑业	Construction	160294	6330	153964	118809
交通运输、仓储及邮政业	Transportation,Storage,Postal,& Telecommunication Services	10685166	3395591	7289575	3001000
交通运输业	Transportation	10031631	3386750	6644881	2731736
仓储业	Storage	648859	8622	640237	265243
邮政业	Telecommunication Services	4676	219	4457	4021
信息传输、计算机服务和软件业	Information Transmission, Computer Service & Software Industries	409118	73900	335218	429551

5－10 续表 continued

单位：万元 (10 000 yuan)

指标	Item	投资总额 Total Investment	按隶属关系分 By Administrative Relationship		新增固定资产 Newly Increased Fixed Assets
			中央 Central	地方 Local	
批发和零售业	Wholesale & Retail Trade	2538719	55371	2483348	1932673
批发业	Wholesale	1082795	18583	1064212	700845
零售业	Retail Trade	1455924	36788	1419136	1231828
住宿和餐饮业	Hotel & Catering Trade	1590064	510	1589554	1124162
餐饮业	Catering Trade	564169	120	564049	441167
金融业	Finance	213919	3928	209991	105469
房地产业	Real Estate	3487861	43588	3444273	1924184
租赁和商务服务业	Leasing & Business Service	1228987	4575	1224412	694782
科学研究、技术服务地质勘查业	Scientific Research, Technology Service & Geological Prospecting	281204	12448	268756	234853
水利、环境和公共设施管理业	Water Conservancy, Environment & Public Facility Management	10597931	35297	10562634	4387962
水利管理业	Water Conservancy	1168531	11103	1157428	835415
公共设施管理业	Public Facility Management	9122391	24194	9098197	3414009
居民服务和其他服务业	Resident & Other Services	357465		357465	219626
教育事业	Education	2078998	13520	2065478	1188326
卫生、社会保障和社会福利业	Public Health, Social Security & Social Welfare	700314	4287	696027	478985
卫生事业	Public Health	633851	1304	632547	436718
文化、体育和娱乐业	Culture, Sports & Entertainment	1149576	68185	1081391	819834
公共管理和社会组织	Public Administration & Social Organizations	1295954	17743	1278211	1008993
国际组织	International Organizations				

5—11　工业行业基本建设投资(2012年)
Investment in Basic Construction by Industrial Sector(2012)

单位：万元　(10 000 yuan)

指　标	Item	投资总额 Total Investment	按隶属关系分 By Administrative Relationship 中　央 Central	地　方 Local	新增固定资产 Newly Increased Fixed Assets
合　计	**Total**	**10865806**	**977901**	**9887905**	**7664299**
煤炭采选业	Coal Mining & Processing	6176		6176	17609
石油和天然气开采	Petrol & Natural Gas Mining	188	68	120	845
黑色金属矿采选业	Ferrous Metals Mining & Processing	100352		100352	99932
有色金属矿采选业	Nonferrous Metals Mining & Processing	251524	35500	216024	231908
非金属矿采选业	Nonmetal Mining & Processing	338381	4132	334249	280488
开采辅助活动	Mining Assist Activities	62430	51830	10600	40280
其他采矿业	Other Mining & Processing	58350		58350	14830
农副食品加工	Major Grain & Sideline Food Processing	554394	4300	550094	413663
#制糖业	Sugar Production	58619		58619	32158
食品制造业	Food Production	263615		263615	178938
饮料制造业	Beverage Production	236434		236434	124142
烟草加工业	Tobacco Processing	2711		2711	2711
纺织业	Textile Industry	88706		88706	63349
纺织服装、鞋帽制造业	Textile Clothes, Shoes & Caps Producing	289447		289447	252797
皮革、毛皮、羽毛（绒）及其制品业	Leathers, Furs, Down & Related Products	226623		226623	160786
木材加工及竹、藤、棕、草制品业	Timber, Bamboo, Cane, Palm Fiber, Straw Products	720822		720822	546101
家具制造业	Furniture Manufacturing	236750		236750	147998
造纸及纸制品业	Papermaking & Paper Products	169190		169190	151187
印刷业、记录、媒介的复制	Printing & Record Medium Reproduction	71304		71304	64953
文教体育用品制造业	Culture, Education & Sports Facilities Producing	86269		86269	67076
石油加工、炼焦及核燃料加工业	Petroleum Processing, Coking Products & Nuclear Fuel Processing	38064	832	37232	9871
化学原料及化学制品制造业	Raw Chemical Materials & Chemical Products	318755		318755	173855

5－11 续表 continued

单位：万元 (10 000 yuan)

指 标	Item	投资总额 Total Investment	按隶属关系分 By Administrative Relationship 中央 Central	地方 Local	新增固定资产 Newly Increased Fixed Assets
医药制造业	Medical & Pharmaceutical Products	140428		140428	94479
化学纤维制造业	Chemical Fiber	118477		118477	3752
橡胶和塑料制品业	Rubber & Plastic Products	183247		183247	123735
非金属矿物制品业	Nonmetal Mineral Products	1491719		1491719	1097219
#水泥制造业	Cements Products	87309		87309	65970
黑色金属冶练及压延加工业	Smelting & Pressing of Ferrous Metals	231106		231106	71088
有色金属冶练及压延加工业	Smelting & Pressing of Nonferrous Metals	632349		632349	77774
金属制品业	Metal Products	190941		190941	153452
通用机械制造业	General Machinery Manufacturing	139554		139554	132212
专用设备制造业	Special Purpose Equipment	172820		172820	119841
交通运输设备制造业	Transport Equipment	170464	4783	165681	103113
电气、机械及器材制造业	Electric Equipment & Machinery Manufacturing	349169		349169	215661
通信设备、计算机及其他电子设备制造业	Communications Equipment, Computer & Other Electric Equipment Manufacturing	159674	2225	157449	57655
仪器仪表及文化、办公用机械制造业	Instruments, Meters, Cultural & Clerical Machinery	11579		11579	5546
工艺品及其他制造业	Artworks & Other Products Manufacturing	93240		93240	26506
废弃资源和废旧材料回收加工业	Abandoned Resources & Junk Materials Recycling & Processing	104891		104891	61611
金属制品、机械和设备修理业	Metal Product, Machinery & Equipment Repair Services	22706	1390	21316	23586
电力、蒸气、热水的生成和供应业	Electricity, Steam, Hot Water Production & Supply	1803903	839364	964539	1824577
#水电	Hydropower	202352	11582	190770	1166312
火电	Thermal Power	211066	46758	164308	155596
煤气生成和供应业	Gas Production & Supply	195698	31263	164435	91639
自来水的生成和供应业	Tap Water Production & Supply	533356	2214	531142	337534

5－12 基本建设分行业投资项目和新增固定资产（2012年）

Basic Construction Projects & Newly Increased Fixed Assets by Sector(2012)

项 目	Item	施工项目（个） Project under Construc-tion (unit)	全部建成投产项目（个） Projects Fully Completed Put into Operation (unit)	项目建成投产率（%） Rate of Investment of Projects Completed (%)	投资总额（万元） Total Investment (10 000 yuan)	新增固定资产（万元） Newly Increased Fixed Assets (10 000 yuan)	固定资产交付使用率（%） Rate of Fixed Assets Put into Use (%)
总 计	**Total**	**27758**	**19864**	**71.6**	**49754367**	**27025017**	**54.3**
按三次产业分	**By Industry**						
第一产业	Primary Industry	1829	1458	79.7	2112491	1691009	80.0
第二产业	Secondary Industry	4408	3009	68.3	11026100	7783108	70.6
第三产业	Tertiary Industry	21521	15397	71.5	36615776	17550900	47.9
按国民经济行业分	**By Sector**						
农、林、牧、渔业	Farming,Forestry,Animal Husbandry & Fishery	1829	1458	79.7	2112491	1691009	80.0
农业	Farming	375	305	81.3	464973	374274	80.5
林业	Forestry	333	275	82.6	405896	377124	92.9
工业	Industry	4270	2910	68.1	10865806	7664299	70.5
采矿业	Mining	372	284	76.3	817401	685892	83.9
制造业	Manufacturing	2998	2044	68.2	7515448	4724657	62.9
电力燃气及水的生产供应业	Power, Gas & Water Production & Supply	900	582	64.7	2532957	2253750	89.0
建筑业	Construction	138	99	71.7	160294	118809	74.1
交通运输、仓储及邮电通讯业	Transportation,Storage,Postal,& Telecommunication Services	3851	2997	77.8	10685166	3001000	28.1
交通运输业	Transportation	3643	2868	78.7	10031631	2731736	27.2
仓储业	Storage	196	122	62.2	648859	265243	40.9
邮电通讯业	Telecommunication Services	12	7	58.3	4676	4021	86.0
信息传输、计算机服务和软件业	Information Transmission, Computer Service & Software Industries	347	252	72.6	409118	429551	105.0

5-12 续表 continued

项　　目	Item	施工项目（个）Project under Construc-tion (unit)	全部建成投产项目（个）Projects Fully Completed Put into Operation (unit)	项目建成投产率（%）Rate of Investment of Projects Completed (%)	投资总额（万元）Total Investment (10 000 yuan)	新增固定资产（万元）Newly Increased Fixed Assets (10 000 yuan)	固定资产交付使用率（%）Rate of Fixed Assets Put into Use (%)
批发和零售业	Wholesale & Retail Trade	1617	1253	77.5	2538719	1932673	76.1
批发业	Wholesale	640	495	77.3	1082795	700845	64.7
零售业	Retail Trade	977	758	77.6	1455924	1231828	84.6
住宿和餐饮业	Hotel & Catering Trade	1115	881	79.0	1590064	1124162	70.7
餐饮业	Catering Trade	549	453	82.5	564169	441167	78.2
金融业	Finance	124	94	75.8	213919	105469	49.3
房地产业	Real Estate	2732	1944	71.2	3487861	1924184	55.2
租赁和商务服务业	Leasing & Business Service	503	350	69.6	1228987	694782	56.5
科学研究、技术服务地质勘查业	Scientific Research, Technology Service & Geological Prospecting	237	167	70.5	281204	234853	83.5
水利、环境和公共设施管理业	Water Conservancy, Environment & Public Facility Management	5126	3303	64.4	10597931	4387962	41.4
水利管理业	Water Conservancy	1554	1182	76.1	1168531	835415	71.5
公共设施管理业	Public Facility Management	3376	1995	59.1	9122391	3414009	37.4
居民服务和其他服务业	Resident & Other Services	267	206	77.2	357465	219626	61.4
教育事业	Education	2175	1473	67.7	2078998	1188326	57.2
卫生、社会保障和社会福利业	Public Health, Social Security & Social Welfare	855	594	69.5	700314	478985	68.4
卫生事业	Public Health	715	494	69.1	633851	436718	68.9
文化、体育和娱乐业	Culture, Sports & Entertainment	840	665	79.2	1149576	819834	71.3
公共管理和社会组织	Public Administration & Social Organizations	1731	1217	70.3	1295954	1008993	77.9
国际组织	International Organizations						

5—13　分行业更新改造投资（2012年）
Investment in Innovation by Sector(2012)

单位：万元 (10 000 yuan)

指　标	Item	投资总额 Total Investment	按隶属关系分 By Administrative Relationship		新增固定资产 Newly Increased Fixed Assets
			中央 Central	地方 Local	
总　计	**Total**	**42570996**	**866422**	**41704574**	**30684041**
按三次产业分	**By Industry**				
第一产业	Primary Industry	585182		585182	436792
第二产业	Secondary Industry	34813274	570246	34243028	25306840
第三产业	Tertiary Industry	7172540	296176	6876364	4940409
按国民经济行业分	**By Sector**				
农、林、牧、渔业	Farming,Forestry,Animal Husbandry & Fishery	585182		585182	436792
农业	Farming	113971		113971	84026
林业	Forestry	82731		82731	62644
工业	Industry	34728318	567911	34160407	25234109
采矿业	Mining	2484268	58364	2425904	1868088
制造业	Manufacturing	29544197	155738	29388459	21786683
电力燃气及水的生产供应业	Power, Gas & Water Production & Supply	2699853	353809	2346044	1579338
建筑业	Construction	84956	2335	82621	72731
交通运输、仓储及邮电通讯业	Transportation,Storage,Postal,& Telecommunication Services	2002263	106205	1896058	973126
交通运输业	Transportation	1721364	105725	1615639	880986
仓储业	Storage	277951	480	277471	89592
邮电通讯业	Telecommunication Services	2948		2948	2548
信息传输、计算机服务和软件业	Information Transmission, Computer Service & Software Industries	761225	135159	626066	598075

5－13 续表 continued

单位：万元 (10 000 yuan)

指　标	Item	投资总额 Total Investment	按隶属关系分 By Administrative Relationship		新增固定资产 Newly Increased Fixed Assets
			中　央 Central	地　方 Local	
批发和零售业	Wholesale & Retail Trade	773479	32491	740988	588472
批发业	Wholesale	361526	26920	334606	275685
零售业	Retail Trade	411953	5571	406382	312787
住宿和餐饮业	Hotel & Catering Trade	310808		310808	282907
餐饮业	Catering Trade	115512		115512	95498
金融业	Finance	59702	10422	49280	50368
房地产业	Real Estate	426315	5322	420993	389929
租赁和商务服务业	Leasing & Business Service	393195	1000	392195	243173
科学研究、技术服务地质勘查业	Scientific Research, Technology Service & Geological Prospecting	161024	2937	158087	100928
水利、环境和公共设施管理业	Water Conservancy, Environment & Public Facility Management	1290014	2340	1287674	819204
水利管理业	Water Conservancy	255362	340	255022	212996
公共设施管理业	Public Facility Management	994127	2000	992127	558453
居民服务和其他服务业	Resident & Other Services	165830		165830	146553
教育事业	Education	235826	300	235526	212569
卫生、社会保障和社会福利业	Public Health, Social Security & Social Welfare	256403		256403	237773
卫生事业	Public Health	252381		252381	233901
文化、体育和娱乐业	Culture, Sports & Entertainment	107929		107929	94768
公共管理和社会组织	Public Administration & Social Organizations	228527		228527	202564
国际组织	International Organizations				

5-14 工业分行业更新改造投资（2012年）

Investment in Innovation by Industrial Sector(2012)

单位:万元 (10 000 yuan)

指 标	Item	投资总额 Total Investment	按隶属关系分 By Administrative Relationship 中 央 Central	地 方 Local	新增固定资产 Newly Increased Fixed Assets
合 计	**Total**	**34728318**	**567911**	**34160407**	**25234109**
煤炭采选业	Coal Mining & Processing	251083		251083	52437
石油和天然气开采	Petrol & Natural Gas Mining	3500		3500	3500
黑色金属矿采选业	Ferrous Metals Mining & Processing	465363		465363	365223
有色金属矿采选业	Nonferrous Metals Mining & Processing	775860	33579	742281	593261
非金属矿采选业	Non-metal Mining & Processing	931866	24785	907081	827170
开采辅助活动	Ming Assist Activities	10575		10575	7925
其他采矿业	Other Mining & Processing	46021		46021	18572
农副食品加工	Major Grain & Sideline Food Processing	1870911	14400	1856511	1656685
#制糖业	Sugar Production	423853	7300	416553	502418
食品制造业	Food Production	885929		885929	753047
饮料制造业	Beverage Production	671977		671977	446079
烟草加工业	Tobacco Processing	50488	35548	14940	19360
纺织业	Textile Industry	500626		500626	350220
纺织服装、鞋帽制造业	Textile Clothes, Shoes & Caps Producing	399852		399852	351808
皮革、毛皮、羽毛（绒）及其制品业	Leathers, Furs, Down & Related Products	373869		373869	294985
木材加工及竹、藤、棕、草制品业	Timber, Bamboo, Cane, Palm Fiber, Straw Products	2490901		2490901	2140832
家具制造业	Furniture Manufacturing	444938		444938	384222
造纸及纸制品业	Papermaking & Paper Products	1133783		1133783	719627
印刷业、记录、媒介的复制	Printing & Record Medium Reproduction	423467		423467	365390
文教体育用品制造业	Culture, Education & Sports Facilities Producing	296666		296666	204145
石油加工、炼焦及核燃料加工业	Petroleum Processing, Coking Products & Nuclear Fuel Processing	523023		523023	126895
化学原料及化学制品制造业	Raw Chemical Materials & Chemical Products	2041278	4570	2036708	1393278

5－14 续表 continued

单位:万元 (10 000 yuan)

指 标	Item	投资总额 Total Investment	按隶属关系分 By Administrative Relationship 中央 Central	地方 Local	新增固定资产 Newly Increased Fixed Assets
医药制造业	Medical & Pharmaceutical Products	740942		740942	528008
化学纤维制造业	Chemical Fiber	4043		4043	2000
橡胶和塑料制品业	Rubber & Plastic products	680253	32620	647633	564879
非金属矿物制品业	Nonmetal Mineral Products	4170347	24393	4145954	3367629
#水泥制造业	Cements Products	451948	5472	446476	274783
黑色金属冶练及压延加工业	Smelting & Pressing of Ferrous Metals	1699383		1699383	769836
有色金属冶练及压延加工业	Smelting & Pressing of Nonferrous Metals	1608201	10560	1597641	811986
金属制品业	Metal Products	1082761	753	1082008	829857
通用机械制造业	General Machinery Manufacturing	1169499	1955	1167544	1054641
专用设备制造业	Special Purpose Equipment	1298737		1298737	1076530
交通运输设备制造业	Transport Equipment	2409251	18721	2390530	1645201
电气、机械及器材制造业	Electric Equipment & Machinery Manufacturing	1046945	5322	1041623	868850
通信设备、计算机及其他电子设备制造业	Communications Equipment, Computer & Other Electric Equipment Manufacturing	866047	6896	859151	664209
仪器仪表及文化、办公用机械制造业	Instruments, Meters, Cultural & Clerical Machinery	67980		67980	57920
工艺品及其他制造业	Artworks & Other Products Manufacturing	37107		37107	39332
废弃资源和废旧材料回收加工业	Abandoned Resources & Junk Materials Recycling & Processing	373724		373724	210714
金属制品、机械和设备修理业	Metal Product, Machinery & Equipment Repair services	181269		181269	88518
电力、蒸气、热水的生成和供应业	Electricity, Steam, Hot Water Production & Supply	1921528	353344	1568184	1269846
#水电	Hydropower	358770	117309	241461	84263
火电	Thermal Power	429520	65221	364299	298966
煤气生成和供应业	Gas Production & Supply	465935		465935	94407
自来水的生成和供应业	Tap Water Production & Supply	312390	465	311925	215085

5—15　分行业更新改造投资项目和新增固定资产（2012年）

Investment in Innovation Projects & Newly Increased Fixed Assets by Sector (2012)

指　标	Item	施工项目（个）Project under Construc-tion (unit)	全部建成投产项目（个）Projects Fully Completed Put into Operation (unit)	项目建成投产率（%）Rate of Investment of Projects Completed (%)	投资总额（万元）Total Investment (10 000 yuan)	新增固定资产（万元）Newly Increased Fixed Assets (10 000 yuan)	固定资产交付使用率（%）Rate of Fixed Assets Put into Use (%)
总　计	**Total**	**18192**	**13855**	**76.2**	**42570996**	**30684041**	**72.1**
按三次产业分	**By Industry**						
第一产业	Primary Industry	511	429	84.0	585182	436792	74.6
第二产业	Secondary Industry	13339	10197	76.4	34813274	25306840	72.7
第三产业	Tertiary Industry	4342	3229	74.4	7172540	4940409	68.9
按国民经济行业分	**By Sector**						
农、林、牧、渔业	Farming,Forestry,Animal Husbandry & Fishery	511	429	84.0	585182	436792	74.6
农业	Farming	121	105	86.8	113971	84026	73.7
林业	Forestry	69	58	84.1	82731	62644	75.7
工业	Industry	13284	10165	76.5	34728318	25234109	72.7
采矿业	Mining	1149	898	78.2	2484268	1868088	75.2
制造业	Manufacturing	11000	8473	77.0	29544197	21786683	73.7
电力燃气及水的生产供应业	Power, Gas & Water Production & Supply	1135	794	70.0	2699853	1579338	58.5
建筑业	Construction	55	32	58.2	84956	72731	85.6
交通运输、仓储及邮电通讯业	Transportation, Storage, Postal & Telecommunication Services	798	555	69.5	2002263	973126	48.6
交通运输业	Transportation	738	523	70.9	1721364	880986	51.2
仓储业	Storage	57	29	50.9	277951	89592	32.2
邮电通讯业	Telecommunication Services	3	3	100.0	2948	2548	86.4
信息传输、计算机服务和软件业	Information Transmission, Computer Service & Software Industries	352	240	68.2	761225	598075	78.6

5－15 续表 continued

指标	Item	施工项目（个）Project under Construc-tion (unit)	全部建成投产项目（个）Projects Fully Completed Put into Operation (unit)	项目建成投产率（%）Rate of Investment of Projects Completed (%)	投资总额（万元）Total Investment (10 000 yuan)	新增固定资产（万元）Newly Increased Fixed Assets (10 000 yuan)	固定资产交付使用率（%）Rate of Fixed Assets Put into Use (%)
批发和零售业	Wholesale & Retail Trade	528	429	81.3	773479	588472	76.1
批发业	Wholesale	226	177	78.3	361526	275685	76.3
零售业	Retail Trade	302	252	83.4	411953	312787	75.9
住宿和餐饮业	Hotel & Catering Trade	218	201	92.2	310808	282907	91.0
餐饮业	Catering Trade	98	85	86.7	115512	95498	82.7
金融业	Finance	38	29	76.3	59702	50368	84.4
房地产业	Real Estate	133	84	63.2	426315	389929	91.5
租赁和商务服务业	Leasing & Business Service	174	131	75.3	393195	243173	61.8
科学研究、技术服务地质勘查业	Scientific Research, Technology Service & Geological Prospecting	91	66	72.5	161024	100928	62.7
水利、环境和公共设施管理业	Water Conservancy, Environ-ment & Public Facility Management	1075	785	73.0	1290014	819204	63.5
水利管理业	Water Conservancy	412	279	67.7	255362	212996	83.4
公共设施管理业	Public Facility Management	610	464	76.1	994127	558453	56.2
居民服务和其他服务业	Resident & Other Services	118	94	79.7	165830	146553	88.4
教育事业	Education	274	200	73.0	235826	212569	90.1
卫生、社会保障和社会福利业	Public Health, Social Security & Social Welfare	136	102	75.0	256403	237773	92.7
卫生事业	Public Health	131	99	75.6	252381	233901	92.7
文化、体育和娱乐业	Culture, Sports & Entertainment	105	78	74.3	107929	94768	87.8
公共管理和社会组织	Public Administration & Social Organizations	302	235	77.8	228527	202564	88.6

5－16　城镇国有单位分行业投资项目和新增固定资产（2012年）
Investment Projects & Newly Increased Fixed Assets of States-owned Units(2012)

项　目	Item	施工项目（个）Project under Construc-tion (unit)	全部建成投产项目（个）Projects Fully Completed Put into Operation (unit)	项目建成投产率（%）Rate of Investment of Projects Completed (%)	投资总额（万元）Total Investment (10 000 yuan)	新增固定资产（万元）Newly Increased Fixed Assets (10 000 yuan)	固定资产交付使用率（%）Rate of Fixed Assets Put into Use (%)
总　计	**Total**	**19100**	**13056**	**68.4**	**36192358**	**16873629**	**46.6**
按三次产业分	**By Industry**						
第一产业	Primary Industry	1465	1266	86.4	1297467	1128001	86.9
第二产业	Secondary Industry	1856	1134	61.1	5949946	3300395	55.5
第三产业	Tertiary Industry	15779	10656	67.5	28944945	12445233	43.0
按国民经济行业分	**By Sector**						
农、林、牧、渔业	Farming,Forestry,Animal Husbandry & Fishery	1465	1266	86.4	1297467	1128001	86.9
农业	Farming	276	255	92.4	196014	189916	96.9
林业	Forestry	428	367	85.7	436080	405863	93.1
工业	Industry	1834	1122	61.2	5877935	3240986	55.1
采矿业	Mining	140	98	70.0	311206	289394	93.0
制造业	Manufacturing	447	219	49.0	2409227	860134	35.7
电力燃气及水的生产供应业	Power, Gas & Water Production & Supply	1247	805	64.6	3157502	2091458	66.2
建筑业	Construction	22	12	54.5	72011	59409	82.5
交通运输、仓储及邮电通讯业	Transportation,Storage,Postal & Telecommunication Services	3091	2285	73.9	9649532	2579059	26.7
交通运输业	Transportation	2996	2231	74.5	9379288	2479913	26.4
仓储业	Storage	85	47	55.3	263754	93763	35.5
邮电通讯业	Telecommunication Services	10	7	70.0	6490	5383	82.9
信息传输、计算机服务和软件业	Information Transmission, Computer Service & Software Industries	372	266	71.5	671387	513732	76.5

注：本表仅含基建、更改、其他三部分。

Note: The investment in fixed assets in this table just contains 3 parts: investment in basic construction, innovation & others.

5－16 续表 continued

项　　目	Item	施工项目（个）Project under Construc-tion (unit)	全部建成投产项目（个）Projects Fully Completed Put into Operation (unit)	项目建成投产率（%）Rate of Investment of Projects Completed (%)	投资总额（万元）Total Investment (10 000 yuan)	新增固定资产（万元）Newly Increased Fixed Assets (10 000 yuan)	固定资产交付使用率（%）Rate of Fixed Assets Put into Use (%)
批发和零售业	Wholesale & Retail Trade	339	246	72.6	586361	338399	57.7
批发业	Wholesale	148	117	79.1	343326	169960	49.5
零售业	Retail Trade	191	129	67.5	243035	168439	69.3
住宿和餐饮业	Hotel & Catering Trade	75	60	80.0	113598	60645	53.4
餐饮业	Catering Trade	49	39	79.6	58654	16769	28.6
金融业	Finance	56	42	75.0	155768	58793	37.7
房地产业	Real Estate	1189	590	49.6	2445912	1303332	53.3
租赁和商务服务业	Leasing & Business Service	160	105	65.6	511884	252464	49.3
科学研究、技术服务地质勘查业	Scientific Research, Technology Service & Geological Prospecting	170	107	62.9	235740	158397	67.2
水利、环境和公共设施管理业	Water Conservancy, Environment & Public Facility Management	5234	3461	66.1	9596187	3996682	41.6
水利管理业	Water Conservancy	1711	1252	73.2	1304311	953209	73.1
公共设施管理业	Public Facility Management	3325	2071	62.3	8038464	2929891	36.4
居民服务和其他服务业	Resident & Other Services	63	41	65.1	150476	30503	20.3
教育事业	Education	2093	1400	66.9	2020711	1190643	58.9
卫生、社会保障和社会福利业	Public Health, Social Security & Social Welfare	826	548	66.3	936919	707888	75.6
卫生事业	Public Health	706	466	66.0	878098	672393	76.6
文化、体育和娱乐业	Culture, Sports & Entertainment	575	451	78.4	736769	420553	57.1
公共管理和社会组织	Public Administration & Social Organizations	1536	1054	68.6	1133701	834143	73.6
国际组织	International Organizations						

5－17 城镇集体分行业投资项目和新增固定资产（2011年）
Investment Projects by Sector & Newly Increased Fixed Assets of Urban Collective Owned Units(2011)

指 标	Item	施工项目（个）Project under Construc-tion (unit)	全部建成投产项目（个）Projects Fully Completed Put into Operation (unit)	项目建成投产率（%）Rate of Investment of Projects Completed (%)	投资总额（万元）Total Investment (10 000 yuan)	新增固定资产（万元）Newly Increased Fixed Assets (10 000 yuan)	固定资产交付使用率（%）Rate of Fixed Assets Put into Use (%)
总 计	**Total**	**2423**	**2050**	**84.6**	**2134014**	**1714839**	**80.4**
按三次产业分	**By Industry**						
第一产业	Primary Industry	114	98	86.0	155901	131143	84.1
第二产业	Secondary Industry	467	402	86.1	734911	643829	87.6
第三产业	Tertiary Industry	1842	1550	84.1	1243202	939867	75.6
按国民经济行业分	**By Sector**						
农、林、牧、渔业	Farming,Forestry,Animal Husbandry & Fishery	114	98	86.0	155901	131143	84.1
农业	Farming	27	26	96.3	28215	28528	101.1
林业	Forestry	26	24	92.3	33483	26153	78.1
工业	Industry	457	396	86.7	706273	630655	89.3
采矿业	Mining	26	20	76.9	136160	143669	105.5
制造业	Manufacturing	262	224	85.5	418963	349724	83.5
电力燃气及水的生产供应业	Power, Gas & Water Production & Supply	169	152	89.9	151150	137262	90.8
建筑业	Construction	10	6	60.0	28638	13174	46.0
交通运输、仓储及邮电通讯业	Transportation,Storage,Postal,& Telecommunication Services	660	614	93.0	313537	250764	80.0
交通运输业	Transportation	647	604	93.4	303812	242129	79.7
仓储业	Storage	12	10	83.3	9515	8635	90.8
邮电通讯业	Telecommunication Services	1	0	0.0	210	0	0.0
信息传输、计算机服务和软件业	Information Transmission, Computer Service & Software Industries	7	5	71.4	7660	10660	139.2

注：本表仅含基建、更改、其他三部分。

Note: The investment in fixed assets in this table just contains 3 parts: investment in basic construction, innovation & others.

5－17 续表 continued

指 标	Item	施工项目（个）Project under Construc-tion (unit)	全部建成投产项目（个）Projects Fully Completed Put into Operation (unit)	项目建成投产率（%）Rate of Investment of Projects Completed (%)	投资总额（万元）Total Investment (10 000 yuan)	新增固定资产（万元）Newly Increased Fixed Assets (10 000 yuan)	固定资产交付使用率（%）Rate of Fixed Assets Put into Use (%)
批发和零售业	Wholesale & Retail Trade	80	61	76.3	129213	72734	56.3
批发业	Wholesale	16	12	75.0	22440	17241	76.8
零售业	Retail Trade	64	49	76.6	106773	55493	52.0
住宿和餐饮业	Hotel & Catering Trade	46	27	58.7	70116	59347	84.6
餐饮业	Catering Trade	26	12	46.2	23423	16160	69.0
金融业	Finance	29	18	62.1	21409	25120	117.3
房地产业	Real Estate	244	186	76.2	217165	140275	64.6
租赁和商务服务业	Leasing & Business Service	20	11	55.0	32494	18705	57.6
科学研究、技术服务地质勘查业	Scientific Research, Technology Service & Geological Prospecting	10	9	90.0	8165	6299	77.1
水利、环境和公共设施管理业	Water Conservancy, Environment & Public Facility Management	279	245	87.8	153184	128265	83.7
水利管理业	Water Conservancy	181	161	89.0	65565	63908	97.5
公共设施管理业	Public Facility Management	73	63	86.3	67680	43972	65.0
居民服务和其他服务业	Resident & Other Services	12	9	75.0	7295	6325	86.7
教育事业	Education	36	23	63.9	35842	17300	48.3
卫生、社会保障和社会福利业	Public Health, Social Security & Social Welfare	81	71	87.7	37071	31878	86.0
卫生事业	Public Health	55	50	90.9	28475	24992	87.8
文化、体育和娱乐业	Culture, Sports & Entertainment	109	101	92.7	36539	29838	81.7
公共管理和社会组织	Public Administration & Social Organizations	229	170	74.2	173512	142357	82.0
国际组织	International Organizations						

5－18　城镇私营个体固定资产投资和新增固定资产（2012年）

Investment in Fixed Assets & Newly Increased Fixed Assets of Urban Private & Individual Units(2012)

指　标	Item	施工项目（个）Project under Construc-tion (unit)	投产项目（个）Projects Fully Completed Put into Operation (unit)	项目建成投产率（%）Rate of Investment of Projects Completed (%)	投资完成额（万元）Investment Made (10 000 yuan)	新增固定资产（万元）Newly Increased Fixed Assets (10 000 yuan)	固定资产交付使用率（%）Rate of Fixed Assets Put into Use (%)
总　计	**Total**	**6628**	**6178**	**93.2**	**2808640**	**2443694**	**87.0**
按三次产业分	**By Industry**						
第一产业	Primary Industry	113	102	90.3	74123	64547	87.1
第二产业	Secondary Industry	962	827	86.0	1059830	915477	86.4
第三产业	Tertiary Industry	5553	5249	94.5	1674687	1463670	87.4
按国民经济行业分	**By Sector**						
农、林、牧、渔业	Farming,Forestry,Animal Husbandry & Fishery	113	102	90.3	74123	64547	87.1
农业	Farming	19	16	84.2	20572	20372	99.0
林业	Forestry	9	9	100.0	2603	2587	99.4
工业	Industry	958	823	85.9	1056390	912037	86.3
采矿业	Mining	116	105	90.5	151593	135210	89.2
制造业	Manufacturing	833	710	85.2	897430	770080	85.8
电力燃气及水的生产供应业	Power, Gas & Water Production & Supply	9	8	88.9	7367	6747	91.6
建筑业	Construction	4	4	100.0	3440	3440	100.0
交通运输、仓储及邮电通讯业	Transportation,Storage,Postal,& Telecommunication Services	21	18	85.7	36260	25156	69.4
交通运输业	Transportation	17	14	82.4	32110	21756	67.8
仓储业	Storage	4	4	100.0	4150	3400	81.9
邮电通讯业	Telecommunication Services						
信息传输、计算机服务和软件业	Information Transmission, Computer Service & Software Industries	13	10	76.9	5205	4988	95.8

注：本表仅含基建、更改、其他三部分。

Note: The investment in fixed assets in this table just contains 3 parts: investment in basic construction, innovation & others.

5－18 续表 continued

指　标	Item	施工项目（个）Project under Construc-tion (unit)	投产项目（个）Projects Fully Completed Put into Operation (unit)	项目建成投产率（%）Rate of Investment of Projects Completed (%)	投资完成额（万元）Investment Made (10 000 yuan)	新增固定资产（万元）Newly Increased Fixed Assets (10 000 yuan)	固定资产交付使用率（%）Rate of Fixed Assets Put into Use (%)
批发和零售业	Wholesale & Retail Trade	375	335	89.3	265922	234477	88.2
批发业	Wholesale	95	80	84.2	80725	71012	88.0
零售业	Retail Trade	280	255	91.1	185197	163465	88.3
住宿和餐饮业	Hotel & Catering Trade	502	465	92.6	422630	378256	89.5
餐饮业	Catering Trade	264	247	93.6	214780	199665	93.0
金融业	Finance	1	1	100.0	411	411	100.0
房地产业	Real Estate	4381	4186	95.5	709076	614330	86.6
租赁和商务服务业	Leasing & Business Service	18	17	94.4	23852	23367	98.0
科学研究、技术服务地质勘查业	Scientific Research, Technology Service & Geological Prospecting	7	7	100.0	5939	5939	100.0
水利、环境和公共设施管理业	Water Conservancy, Environment & Public Facility Management	8	7	87.5	10411	9911	95.2
水利管理业	Water Conservancy	1	1	100.0	160	160	100.0
公共设施管理业	Public Facility Management	7	6	85.7	10251	9751	95.1
居民服务和其他服务业	Resident & Other Services	78	69	88.5	69169	55085	79.6
教育事业	Education	48	45	93.8	27279	25374	93.0
卫生、社会保障和社会福利业	Public Health, Social Security & Social Welfare	19	18	94.7	15101	13104	86.8
卫生事业	Public Health	18	17	94.4	14065	12068	85.8
文化、体育和娱乐业	Culture, Sports & Entertainment	76	66	86.8	77969	68309	87.6
公共管理和社会组织	Public Administration & Social Organizations	6	5	83.3	5463	4963	90.8
国际组织	International Organizations						

5－19 主要年份房地产开发主要指标
Major Indicators of Real Estate Development in Main Years

指 标	Item	1995	2000	2005	2010	2011	2012
一、企业(单位)个数(个)	**Number of Enterprises (unit)**	**626**	**528**	**1730**	**3212**	**3154**	**2934**
内资企业	Domestic Funds	473	407	1542	3035	2993	2793
#国有	State-owned	251	164	205	159	141	141
集体	Collective-owned	152	78	74	42	32	26
港澳台商投资企业	Funded by Enterprises form Hongkong, Macao & Taiwan	64	92	112	99	93	85
外商投资企业	Foreign Funded	86	29	76	78	68	56
二、土地开发及购置(万平方米)	**Land Development & Purchase (10 000 sq.m)**						
完成开发土地面积	Land Space Developed	1274.35	176.47	674.48	363.01		
购置土地面积	Land Space Purchased	682.18	195.3	1218.06	1193.71	978.86	541.71
三、完成投资(万元)	**Investment Completed (10 000 yuan)**	**515050**	**386747**	**2867915**	**12062211**	**15174656**	**15549388**
#住宅	Residential Building	260541	207861	1907662	8788924	10789954	10696420
#经济适用房	Economical Houses	65078	32545	74493	218072		
四、资金来源小计(万元)	**Sources of Funds (10 000 yuan)**	**566735**	**502039**	**3395656**	**15383429**	**17835008**	**20073616**
#国内贷款	Domestic Loans	168318	92998	555493	2473098	2557343	2638371
利用外资	Foreign Investment	53886	12916	59114	85861	70124	3294
自筹资金	Fundraising	137817	131654	1128707	5417241	7117514	7884479
五、房屋建筑面积及价值	**Floor Space & Value of Buildings**						
施工面积(万平方米)	Floor Space under Construction (10 000 sq.m)	867.27	766.19	4082.76	12048.73	14264.02	15018.46
#住宅	Residential Building	625.77	595.25	3164.96	9767.64	11407.86	11846.86
#经济适用房	Economical Houses	133.40	112.59	94.73	402.64		
竣工面积(万平方米)	Floor Space Completed (10 000 sq.m)	276.09	226.74	1330.74	1564.31	2303.35	2333.58
#住宅	Residential Building	231.99	191.17	1090.30	1342.87	1936.94	1956.57
#经济适应房	Economical Houses	59.90	50.39	14.58	46.30		
竣工价值(万元)	Value of Floor Space Completed (10 000 yuan)	188746	164650	1167764	2306901	3931192	4903501
#住宅	Residential Building	148492	131042	913452	1922323	3262656	4077306
#经济适应房	Economical Houses	37461	31137	9191	73396		
六、商品房屋销售	**Sales of Commercial Buildings**						
销售面积(万平方米)	Floor Space of Sales (10 000 sq.m)	156.84	191.36	1438.40	2793.92	2964.15	2759.26
#住宅	Residential Building	133.98	177.80	1314.37	2607.15	2749.33	2546.96
#经济适用房	Economical Houses	38.58	43.32	42.48	92.36		
销售额(万元)	Total Sales of Commercial Buildings (10 000 yuan)	158387	277384	2896410	9951860	11182159	11598322
#住宅	Residential Building	133779	245721	2398083	8817021	9771009	9958158
#经济适用房	Economical Houses	27149	39800	61184	166859		
七、商品房待售面积(万平方米)	**Space of Commercial Buildings for sale (10 000 sq.m)**	**109.98**	**119.29**	**269.86**	**192.49**	**540.60**	**926.02**
#住宅	Residential Building	85.83	74.15	145.09	181.02	377.18	643.07
#经济适用房	Economical Houses	17.60	6.09		0.40		
八、新增固定资产(万元)	**Newly Increased Fixed Assets (10 000 yuan)**	**226874**	**183837**	**1635726**	**3164161**	**5410764**	**6923890**
九、实收资本合计(万元)	**Total Capital Hold (10 000 yuan)**	**502690**	**543513**	**2099130**	**4812635**	**5554412**	**7352140**
十、经营收入总计(万元)	**Total Revenue (10 000 yuan)**	**205908**	**338043**	**192426**	**643311**	**711708**	**7919996**
#土地转让收入	Land Transferred	38567	44056	79030	45917	52231	163012

主要统计指标解释

全社会固定资产投资 是以货币形式表现的在一定时期内全社会建造和购置固定资产活动的工作量以及与此有关的费用的总称，它是反映固定资产投资规模、结构和发展速度的综合性指标，又是观察工程进度和考核投资效果的重要依据。全社会固定资产投资按登记注册类型可分为国有、集体、个体、联营、股份制、外商、港澳台商、其他等。按照管理渠道可分为：基本建设、更新改造、房地产开发和其他固定资产投资四个部分。

基本建设投资 基本建设指企业、事业、行政单位以扩大生产能力或工程效益为主要目的的新建、扩建工程及有关工作。其范围为总投资50万元以上（含50万元）的基本建设项目。

更新改造投资 更新改造指企业、事业单位对原有设施进行技术改造（包括固定资产更新）以及相应配套的辅助性生产、生活福利设施等工程和有关工作。其范围为总投资50万元以上的更新改造单位（或项目）。

其他固定资产投资 指全社会固定资产投资中未列入基本建设、更新改造和房地产开发投资的建造和购置固定资产的活动。

固定资产投资的资金来源 根据固定资产投资的资金来源不同，分为国家预算内资金、国内贷款、利用外资、自筹资金和其他资金来源。

(1) 国家预算内资金：指中央财政和地方财政中由国家统筹安排的基本建设拨款和更新改造拨款，以及中央财政安排的专项拨款中用于基本建设的资金和基本建设拨款改贷款的资金等。

(2) 国内贷款：指报告期内企、事业单位向银行及非银行金融机构借入的用于固定资产投资的各种国内借款。

(3) 利用外资：指报告期内收到的用于固定资产投资的国外资金，包括统借统还、自借自还的国外贷款，中外合资项目中的外资，以及对外发行债券和股票等。国家统借统还的外资指由我国政府出面同外国政府、团体或金融组织签订贷款协议、并负责偿还本息的国外贷款。

(4) 自筹资金：指建设单位报告期内收到的，用于进行固定资产投资的上级主管部门、地方和企、事业单位自筹资金。

(5) 其他资金来源：指报告期内收到的除以上各种拨款、借款、自筹资金以外其他用于固定资产投资的资金。

固定资产投资按国民经济行业分 建设项目归哪个行业，按其建成投产后的主要产品或主要用途及社会经济活动性质来确定。基本建设按建设项目划分国民经济行业，更新改造、国有单位其他固定资产投资及城镇集体投资根据整个企业、事业单位所属的行业来划分。一般情况下，一个建设项目或一个企业、事业单位只能属于一种国民经济行业。为了更准确地反映国民经济各行业之间的比例关系，联合企业（总厂）所属分厂属于不同行业的，原则上按分厂划分行业。

固定资产投资按建设性质分 建设项目的性质一般分为新建、扩建、改建、迁建、恢复。基本建设按建设项目划分建设性质，更新改造、国有单位其他固定资产投资及城镇集体投资等按整个企业、事业单位的建设情况确定建设性质，房地产开发单位、农村投资、城镇工矿区私人建房等投资不划分建设性质。

(1) 新建：一般是指从无到有、“平地起家”新开始建设的单位。有的单位原有的基础很小，经过建设后其新增加的固定资产价值超过原有固定资产价值（原值）三倍以上的也算新建。

(2) 扩建：一般是指为扩大原有产品的生产能力，在厂内或其他地点增建主要生产车间（或主要工程）、独立的生产线或分厂的企业，事业单位和行政单位在原单位增建业务用房（如学校增建教学用房、医院增建门诊部或病床用房、行政机关增建办公楼等）也作为扩建。

(3) 改建：一般是指现有企业、事业单位为了技术进步，提高产品质量，增加花色品种，促进产品升级换代，降低消耗和成本，加强资源综合利用和三废治理、劳保安全等，采用新技术、新工艺、新设备、新材料等对现有设施、工艺条件进行技术改造或更新（包括相应配套的辅助性生产、生活福利设施）。有的企业为充分发挥现有生产能力，进行填平补齐而增建不增加本单位主要产品生产能力的车间等，也属于改建。

大中小型基本建设项目划分 是根据基本建设项目的建设总规模（设计生产能力或工程效益）或计划总投资，按照

《基本建设项目大中小型划分标准》划分的建设项目类型。建设项目总规模或计划总投资划分标准原则上应按照上级批准的设计任务书或初步设计所确定的总规模或总投资为准；没有正式批准设计任务书或初步设计的，按国家或省、自治区、直辖市基本建设投资计划中所列的总规模或总投资划分；上述两条均不具备的，按本年计划施工工程的建设总规模或总投资划分。

施工项目　指报告期内曾进行建筑或安装工程施工活动的建设项目，凡是报告期内施过工的建设项目，不论施工时间长短，均作为施工项目统计。施工项目个数可以反映一定时期固定资产投资的实际规模，与同期建成投产的建设项目个数相比，可以从建设速度的角度反映固定资产投资的效果。根据建设项目施工活动的不同性质，施工项目又分为本年正式施工项目，本年收尾项目和以前年度全部停缓建项目。

全部建成投产项目　工业项目是指设计文件规定形成生产能力的主体工程及其相应配套的辅助设施全部建成，经负荷试运转，证明具备生产设计规定合格产品的条件，并经过验收鉴定合格或达到竣工验收标准，与生产性工程配套的生活福利设施可以满足近期正常生产的需要，正式移交生产的建设项目。非工业项目是指设计文件规定的主体工程和相应的配套工程全部建成，能够发挥设计规定的全部效益，经验收鉴定合格或达到竣工验收标准，正式移交使用的建设项目。

新增生产能力　指通过固定资产投资活动而增加的设计能力或工程效益，它是用实物形态表示的固定资产投资的成果的指标，也是考核投资经济效果的重要依据之一。

房屋建筑面积　指从房屋外墙线算起的各层平面面积的总和，包括可供使用的有效面积和房屋结构（如柱、墙）占用的面积。多层建筑按各层（包括地下室）面积总和计算。

住宅建筑面积　指施工和竣工房屋建筑面积中供居住用的施工和竣工房屋建筑面积。

施工面积　指报告期内施工的全部房屋建筑面积。包括本期新开工的面积、上期跨入本期继续施工的房屋面积、上期停建在本期恢复施工的房屋面积、本期竣工及本期施工后又停缓建的房屋面积。

竣工面积　指在报告期内房屋建筑按照设计要求已全部完工，达到住人和使用条件，经验收鉴定合格（或达到竣工验收标准），正式移交使用单位的各栋房屋建筑面积的总和。

房屋建筑面积竣工率　指一定时期内房屋竣工面积占同期房屋施工面积的比率。它是从房屋建筑施工速度的角度反映投资效果和建筑业经济效益的指标。

新增固定资产　指报告期内已经完成建造和购置过程，并已交付生产或使用单位的固定资产价值。该指标是表示固定资产投资成果的价值指标，也是反映建设进度，计算固定资产投资效果的指标。

建设项目投产率　指一定时期内全部建成投入生产项目个数与同期正式施工项目个数的比率。它是从项目建设速度的角度反映投资效果的指标。

固定资产交付使用率　指一定时期新增固定资产与同期完成投资额的比率。它是反映各个时期固定资产动用速度，衡量建设过程中投资效果的一个综合性指标。

房地产开发投资　指各种登记注册类型的房地产开发公司、商品房建设公司及其他房地产开发法人单位和附属于其他法人单位实际从事房地产开发或经营的活动单位统一开发的包括统代建、拆迁还建的住宅、厂房、仓库、饭店、宾馆、度假村、写字楼、办公楼等房屋建筑物和配套的服务设施，土地开发工程（如道路、给水、供电、供热、通讯、平整场地等基础设施工程）的投资，不包括单纯的土地交易活动。

商品房建设投资额　是指房地产开发企业（单位）开发建设的供出售、出租用的商品住宅、厂房、仓库、饭店、度假村、写字楼、办公楼、拆迁、回迁还建用房等房屋工程及其配套的服务设施所完成的投资额。

住宅　是指专供居住的房屋，包括别墅、公寓、职工家属宿舍和集体宿舍、职工单身宿舍和学生宿舍等。但不包括住宅楼中作为人防用、不住人的地下室等。

商业营业用房　是指商业、粮食、供销、饮食服务业等部门对外营业的用房，如度假村、饭店、商店、门市部、粮店、书店、供销店、饮食店、菜店、加油站、日杂等房屋。

完成开发土地面积　是指报告期内对土地进行开发并已完成七通一平等前期开发工程，具备进行房屋建筑物施工或出让条件的土地面积。

购置土地面积 是指报告期内通过各种方式获得土地使用权的土地面积。

商品房销售面积 指报告期内出售商品房屋合同总面积（即双方签署的正式买卖合同中所确定的建筑面积），由现房销售建筑面积和期房销售建筑面积两部分组成。

商品房销售额 指报告期内出售商品房屋的合同总价款（即双方签署的正式买卖合同中所确定的合同总价）。该指标与商品房销售面积同口径，由现房销售额和期房销售额两部分组成。

商品房待售面积 指报告期末已竣工的可供销售或出租的商品房屋建筑面积中，尚未销售或出租的商品房屋面积，包括以前年度竣工和本期竣工的房屋面积，但不包括报告期已竣工的拆迁还建、统建代建、公共配套建筑、房地产公司自用及周转房等不可销售或出租的房屋面积。

实收资本 是指企业实际收到的所有投资人投入的资本，包括以实物形式、货币形式、发明创造或技术成果等无形资产投入企业的资本。

Explanatory Notes on Main Statistical Indicators

Total Investment in Fixed Assets refers to the volume of activities in construction and purchases of fixed assets in monetary terms. It is a comprehensive indicator, which shows the size, composition and pace of the investment in fixed assets, providing basis for observing the progress of construction projects and evaluating results of investment. Total investment in fixed assets includes, by registration type of ownership, the investment by the state-owned units, collective units, individuals, joint ownership units, share-holding units, as well as investment by businessmen from foreign countries and from Hong Kong, Macao and Taiwan, and by other units. According to Chinese current management systems, the investment in fixed assets is classified into the following four parts: investment in capital construction, investment in innovation, investment in real estates development and other investment in fixed assets.

Investment in Capital Construction refers to the new construction projects or extension projects and the related work of the enterprises, institutions or administrative units mainly for the purpose of expanding production capacity or improving project efficiency covering only projects each with a total investment of 500,000 RMB and over.

Investment in Innovation Innovation refers to technological innovation (including the renewal of fixed assets) of the original facilities by the enterprises and institutions as well as the corresponding accessory facilities projects for production or for living and welfare purpose and the related work covering only projects each with a total investment of 500,000 RMB and over.

Other Investment in Fixed Assets refers to the construction and purchases of fixed assets not listed in the investment capital construction, investment in innovation and investment in real estate development.

Sources of Funds for Investment in Fixed Assets According to various sources of funds of investment in fixed assets, it is divided into state budgetary appropriation, domestic loans, foreign investment, self-raised funds, and other sources of funds.

(1) State budgetary appropriation refers to appropriation in the budget of the central and local governments earmarked for capital construction and for innovation projects, and the special appropriation from the budget of the central government for capital construction and for the transfer fund to banks to be issued as loans for capital construction projects.

(2) Domestic loans refer to various funds borrowed by enterprises and institutions from banks and non-bank financial institutions during the reference period for the purpose of investment in fixed assets.

(3) Foreign investment refers to foreign funds received during the reference period for the purpose of investment in fixed assets, including foreign funds borrowed and managed by the government, by individual units, foreign fund in joint venture program, and issue of bonds and stocks at the international financial markets. The foreign funds borrowed and managed by the government refer to foreign loans borrowed by the government from foreign governments, organizations, or financial institutions under official agreements signed by both parties, under which government is responsible for the repayment of both the principal and interests of the foreign loans.

(4) **Self-raised funds** refer to funds received by construction enterprises from their higher responsible authorities, local governments, or raised by enterprises or institutions themselves for the purpose of investment in fixed assets during the reference period.

(5) **Other** srefer to funds received during the reference period, which are not included in the above-mentioned sources.

Investment in Fixed Assets by Sector The classification of construction projects by sector is determined by the major products or the purpose of the projects when they are put into production or use, and by the nature of their social economic activities. The investment in capital construction is classified by construction projects, while investment in innovation, other investment by state-owned units and urban collective units are classified according to the sector which the whole enterprises or institution belongs to. In general, one project or one enterprise or institution can only belong to one sector. In order to reflect more accurately the proportions among various sectors, the branch factories of integrated complex are classified into different sectors according to their economic activities.

Investment in Fixed Assets by Type of Construction The construction projects in general can be classified by the type of construction into new construction, expansion, reconstruction and moving away. In capital construction, the type of construction is determined by the condition of the project. In investment, in innovation, in other investment by state-owned units and investment by collective-owned units, the type of construction is determined by the condition of the whole enterprise or institution. Investment by type of construction is not applied to investment by real-estate development units, investment in rural areas and investment in housing by urban individuals.

(1) New construction in general refers to newly constructed units. In the case in which the value of the original fixed assets is quite small, and the value of newly added fixed assets exceeds the original ones by three times, the expansion construction is considered as new construction.

(2) Expansion refers to construction of new major production workshop or independent production line within a factory or in other locations, or construction of a branch factory so as to increase the production capacity of the original products. Newly constructed business houses in institutions and administrative organizations (such as the newly constructed teaching buildings in schools, clinics or bed building in hospitals, and office buildings in administrative agencies, etc.) are also classified as expansion.

(3) Reconstruction refers to technical conditions undertaken by enterprises and institutions for the purposes of technological advancement, improvement in product quality, enlarging variety of products, promoting new generation of products, reducing production consumption and cost, promoting comprehensive utilization of resources, strengthening treatment of waste gas, waste water and solid wastes, and safety in production, etc. through application of new technologies and techniques, use of new equipment and new materials(including accessory facilities for production or for living and welfare purposes). Construction of new workshops for improving existing production capacity rather than increasing production capacity is also considered as reconstruction.

Capital Construction Projects by Size is the types of construction projects based on the total scale (designed producing capacity or project efficiency) or total investment set, according to Standards for the Classification of Construction Projects into Large, Medium-sized and Small Ones. The classification of size of construction projects or total plan investment should be determined according to the total scale or total investment set in the approved construction plan by higher responsible authorities or in the tentative design, otherwise according to the total scale or total investment set in the current capital construction plan of the state, provinces, autonomous regions, and municipalities directly under central government.

Projects Under Construction refer to projects having construction and installation activities undertaken in the reference period, irrespective of the length of construction. The number of projects under construction can reflect the actual size of investment in fixed assets during a certain period, and when compared with the number of projects completed and put into use, it can reflect the efficiency of investment in fixed assets from the perspective of the speed of construction. Depending on the nature of construction activities, projects under construction can also be classified into projects under construction in current year, winding-up projects in current year and stopped or suspended projects in previous years.

Projects Completed and Put into Use Industrial projects refer to the major projects and accessory facilities completed which result in forming production capacity and have been checked and accepted while the living and welfare facilities have been completed and can ensure normal production and formally put into production. Non-industrial projects refer to the major projects and accessory facilities completed which posses the designed capacity and have been checked, accepted and formally put into production.

Newly Increased Production Capacity refers to the increase of designed capacity and project efficiency through investment in fixed assets, which reflects the accomplishment of investment in fixed assets in kind and is one of the important indicators of observing efficiency the economic efficiency of investment.

Floor Space of Buildings Under Construction and Completed refers to total floor space in each story of buildings calculated from the outside line of building walls, including both usable space and the space occupied by constructions like pillars or walls. The floor space of multi-story buildings includes the total floor space of each story (including basement).

Floor Space of Residential Buildings refers to the floor space of the residential buildings under construction and completed among the total space of buildings under construction and completed.

Floor Space under Construction refers to total floor space of all buildings under construction during the reference period, including floor space of newly started buildings during the reference period, floor space of construction extended from the previous period to the current period, floor space of construction suspended during the previous period and resumed in the current period, floor space of construction completed in the current period, and floor space of construction started and the suspended in the current period.

Floor Space of Buildings Completed refers to the total floor space of buildings completed in the reference period, which have come up to the designed standards and have been put into use.

Completed Rate of Floor Space of Buildings refers to the ratio of the floor space of buildings completed in certain period of time to the floor space of buildings under construction in the same period that reflects the investment result and economic efficiency of the construction industry from the angle of the speed of project construction.

Newly Increased Fixed Assets refers to the value of investment in fixed assets which completed the construction and purchases and put into production or use. It is a value indicator of achievements of investment in fixed assets, reflecting the progress of construction and calculating the efficiency of investment in fixed assets.

Rate of Construction Projects Completed and Put into Use refers to the ratio of the number of construction projects completed and put into use in certain period of time to the number of projects under construction in the same period. This reflects the investment efficiency from the angle of the speed of projects construction.

Rate of Projects of Fixed Assets Completed and Put into Operation refers to the ratio of the newly increase fixed assets to the total investment made in the same period. This is a comprehensive indicator, reflecting the speed of the employment of fixed assets and the investment efficiency.

Real Estate Development and Investment It includes the investment by the real estate development companies of various registration types, commercial buildings construction companies and other real estate development units of various types of ownership in the construction of house buildings, such as residential buildings, factory buildings, warehouses, hotels, guesthouses, holiday villages, office buildings, and the complementary service facilities and land development projects, such as roads, water supply, power supply, heating, telecommunications, land leveling and other projects of infrastructure. It excludes the activities in simple land transactions.

Investment in Commercial Buildings refers to the investment in residential buildings, workshops, warehouses, hotels, official buildings, houses completed pulled down and returned, unified construction buildings and related service establishment for sale or rent by real estate development enterprises.

Residential Buildings refers to houses simply for resident, including villas, apartments, dormitory for staff and workers and students. It excludes the basements without people living in residential buildings.

Commercial Buildings refer to buildings for external business belongs to commercial, grain, supply-sales and catering departments and so on. Such as buildings of holiday villages, hotels, shops, grain shops, bookstores, supply-sales stores, catering restaurants, vegetable stores, gas stations and daily facilities stores.

Developed Land Area Completed refers to the land area of land development and prophase development projects completed, which can carry out construction or remise.

Purchased Land Area in Current Year refers to the land area accessible by various means in reporting period.

Area of Commercialized Housing Sold refers to total contracted area of commercialized housing (i.e. area of floor space as designated in the formal contracts signed by both sides)during the reference time. It constitutes floor space of completed housing and floor space of future housing.

Value of Commercialized Housing Sold refers to the total contracted value (i.e. value of sales/purchase for selling/purchase of commercialized housing as designated in the contract signed by both sides) during the reference time. This indicator has the same coverage as the area of commercialized housing sold, which constitutes as the area of commercialize housing sold, which constitutes floor space of completed housing and floor space of future housing.

Space of Commercial Houses for Sale refers to the space of commercial houses which are completed, for sale or rent but not yet in report period. It includes space of houses completed in former years and this period, but excludes space of houses completed during report period but unable to be sell or rent, such as houses completed pulled down and returned, unified construction buildings, public complementary buildings, houses for real estate companies owner-occupied and houses for turnover.

Actually Got Capital refers to capital that enterprises actually got from all the investors, including capital in kind, in form of money, as intangible assets participating enterprises such as inventions or technological achievements.

对外经济贸易

FOREIGN ECONOMY & TRADES

6－1 外贸进出口总额（1978－2012年）
Total Import & Export Value of Foreign Trade (1978－2012)

年份 Year	按人民币计算（万元） Calculated by RMB (10 000 yuan)				按美元计算（万美元） Calculated by USD (USD 10 000)			
	进出口总额 Total Import & Export Value	出口总额 Total Export Value	进口总额 Total Import Value	差额顺差+、逆差- Balance +,-	进出口总额 Total Import & Export Value	出口总额 Total Export Value	进口总额 Total Import Value	差额顺差+、逆差- Balance +,-
1978	45783	42305	3478	38827	26931	24885	2046	22839
1980	57112	55234	1878	53356	37823	36579	1244	35335
1985	153619	109260	44359	64901	52310	37205	15105	22100
1990	429517	348906	80611	268295	89797	72944	16853	56091
1991	544732	443062	101670	341392	102351	83248	19103	64145
1992	903567	611189	292378	318811	163850	110831	53019	57812
1993	1197113	763413	433700	329713	207760	132491	75269	57222
1994	2119857	1380777	739080	641697	245983	160222	85761	74461
1995	2689369	1880944	808425	1072519	321111	224585	96526	128059
1996	2349656	1590216	759440	830776	283132	191620	91512	100108
1997	2543484	1975177	568307	1406870	306821	238266	68555	169711
1998	2469994	2001785	468209	1533576	298377	241817	56560	185257
1999	1451332	1032287	419045	613242	175322	124701	50621	74080
2000	1686986	1236078	450908	785170	203789	149319	54470	94849
2001	1487461	1022629	464832	557797	179715	123554	56161	67393
2002	2011854	1248137	763717	484420	243032	150775	92257	58518
2003	2642161	1630853	1011308	619545	319173	197007	122166	74841
2004	3550058	1983071	1566987	416084	428847	239554	189293	50261
2005	4182696	2322127	1860569	461558	518289	287741	230548	57193
2006	5257761	2835001	2422761	412240	667398	359863	307535	52328
2007	6915250	3811510	3103740	707770	927686	511317	416369	94948
2008	9041850	5019577	4022274	997303	1324179	735117	589062	146055
2009	9699570	5715622	3983955	1731667	1420599	837110	583490	253620
2010	11808365	6408922	5399443	1009480	1770609	960988	809621	151367
2011	14818350	7912949	6905395	1007554	2333084	1245859	1087224	158635
2012	18525688	9722669	8803012	919657	2947369	1546841	1400527	146314

注：1.外贸进出口数字自1999年起（含1999年）采用海关统计数据。

2.按当年12月汇率计算。

Note: 1.The imports & exports figure of the foreign trade have adopted customs statistics data since 1999 (including 1999).

2.The change rate of RMB yuan to US dollar is calculated as the change rate of December of current year.

6－2 主要年份外贸进出口总额（按贸易方式分）

Total Import & Export Value of Foreign Trade in Main Years (by Type of Trade)

单位：万美元 （USD 10 000）

项 目	Item	1995	2000	2005	2010	2011	2012
合 计	**Total**	**321111**	**203789**	**518289**	**1770609**	**2333084**	**2947369**
一般贸易	Original Trade	261645	149839	358142	1068883	1276476	1446971
国家间、国际组织无偿援助和赠送的物资	Donation between Countries & from International Organizations		2	2	24	30	85
华侨、港澳台同胞、外籍华人捐赠物资	Donation from Overseas Chinese Compatriots in Hong Kong, Macao & Foreign Chinese		3		11	12	
补偿贸易	Compensation Trade	3706					
来料加工装配贸易	Processing & Assembly Trade with Customers Materials	25112	16317	31841	23579	85166	94951
进料加工贸易	Processing Trade with Imported Materials		21221	44497	151060	221317	409329
寄售、代销贸易	Consign & Commission Trade		8	20			
边境小额贸易	Frontier Small Value Trade	24652	15013	70140	424094	625024	834777
来料加工装配进口的设备	Import Equipments for Processing & Assembly Trade with Customers Materials		7	311		177	57
对外承包工程出口货物	Export Commodities for Contracted Projects with Foreign Countries & Regions		18	40	4675	5210	13957
租赁贸易	Leasing Trade			2		2	
外商投资企业作为投资进口的设备物资	Import Equipments & Materials as Investment of Foreign Investment Enterprises		1134	9842	8697	26526	16949
出料加工贸易	Outward Processing Trade		1				
易货贸易	Barter Trade	5996	5				
免税外汇商品	Tax Free Foreign Exchange Commodities		6				
保税仓库进出境货物	Import & Export Commodities in Protective Tariff Zone		156	3349	55857	85757	
保税区仓储转口货物	Transit Goods in Protective Tariff Zone				5514		
其它	Others		59	103	26379	760	623

6－3 主要年份外贸出口总额（按贸易方式分）
Total Export Value of Foreign Trade in Main Years (by Type of Trade)

单位：万美元 (USD 10 000)

项　目	Item	1995	2000	2005	2010	2011	2012
合　计	**Total**	**224585**	**149319**	**287741**	**960988**	**1245859**	**1546861**
一般贸易	Original Trade	188402	118392	205852	462011	531479	501079
国家间、国际组织无偿援助和赠送的物资	Donation Between Countries & from International Organizations			2	20	30	85
补偿贸易	Compensation Trade	3429					
来料加工装配贸易	Processing & Assembly Trade with Customers Materials	16037	7976	16583	11645	32220	39932
进料加工贸易	Processing Trade with Imported Materials		14509	27498	109523	148935	248860
寄售、代销贸易	Consign & Commission Trade		8	20			
边境小额贸易	Frontier Small Value Trade	11369	8351	37729	331945	508593	724780
对外承包工程出口货物	Export Commodities for Contracted Projects with Foreign Countries & Regions		18	40	4675	5210	13957
租赁贸易	Leasing Trade			2		2	
出料加工贸易	Outward Processing Trade		1				
易货贸易	Barter Trade	5348	2				
免税外汇商品	Tax Free Foreign Exchange Commodities						
保税仓库进出境货物	Import & Export Commodities in Protective Tariff Zone		59		12220	14982	
保税区仓储转口货物	Transit Goods in Protective Tariff Zone				2903		
其它	Others		3	15	26046	381	331

6—4 主要年份外贸进口总额（按贸易方式分）

Total Import Value of Foreign Trade in Main Years (by Type of Trade)

单位：万美元 (USD 10 000)

项　目	Item	1995	2000	2005	2010	2011	2012
合 计	**Total**	**96526**	**54470**	**230548**	**809621**	**1087224**	**1400527**
一般贸易	Original Trade	73243	31447	152290	606872	744998	945891
国家间、国际组织无偿援助和赠送的物资	Donation between Countries & from International Organizations		2		3		
华侨、港澳台同胞、外籍华人捐赠物资	Donation from Overseas Chinese Compatriots in Hong Kong, Macao & Foreign Chinese		3		11		
补偿贸易	Compensation Trade	277					
来料加工装配贸易	Processing & Assembly Trade with Customers Materials	9075	8341	15258	11934	52946	55019
进料加工贸易	Processing Trade with Imported Materials		6712	16999	41537	72382	160469
寄售、代销贸易	Consign & Commission Trade						
边境小额贸易	Frontier Small Value Trade	13283	6662	32411	92149	116431	109997
来料加工装配进口的设备	Import Equipments for Processing & Assembly Trade with Customers Materials		7	311	471	177	
租赁贸易	Leasing Trade						
外商投资企业作为投资进口的设备物资	Import Equipments & Materials as Invest-ment of Foreign Investment Enterprises		1134	9842	8697	26526	16949
出料加工贸易	Outward Processing Trade						
易货贸易	Barter Trade	648	3				
免税外汇商品	Tax Free Foreign Exchange Commodities		6				
保税仓库进出境货物	Import & Export Commodities in Protective Tariff Zone		97	3349	43638	70775	
其它	Others		56	88	334	379	293

6－5 主要年份外贸进出口总额（按企业业性质分）

Total Import & Export Value in Main Years (by Nature of Enterprises)

单位：万美元 (USD 10 000)

项 目	Item	2008 出口 Export	2008 进口 Import	2009 出口 Export	2009 进口 Import	2010 出口 Export	2010 进口 Import	2011 出口 Export	2011 进口 Import	2012 出口 Export	2012 进口 Import
总 计	**Total**	**735117**	**589062**	**837110**	**583490**	**960988**	**809621**	**1245859**	**1087224**	**1546841**	**1400527**
国有企业	State-Owned Enterprises	186634	137598	101583	155850	126064	271035	195818	296411	239671	410500
外商投资企业	Foreign Funded Enterprises	161965	292438	127766	239424	203246	288202	264702	429415	354236	608451
#合作企业	Sino-foreign Cooperation	1987	124	2678	88	2910	72	3193	220	2036	344
合资企业	Sino-foreign Joint Venture	78104	85225	41970	51889	65776	86702	89585	156520	156513	282467
独资企业	Whouy Foreign-Owned	81874	207089	83118	187447	134560	201429	171923	272676	195687	325640
民营企业	Civilian-Owned	386519	159026	607760	188037	631677	250187	785340	361012	952935	381569
# 集体企业	Collective-Owned Enterprises	27228	4245	15810	5175	17171	4812	17685	6588	13316	11643
私营企业	Private Enterprises	358753	154618	591803	182857	614196	245375	767196	354425	939203	369927
个体工商户	Individual-Owned Business			146	5	311	0	460	0	415	0

6—6 广西同主要国家（地区）进出口商品总值（2012年）
Total Import & Export Value by Country & Region(2012)

单位：万美元 (USD 10 000)

进口原产国(地) Imported from Countries (Regions) of Origin	出口最终目的（地） Exported to Final Destination	进出口 Import & Export	出口 Export	进口 Import	2012年比2011年增减% 2012 as % of 2011		
					进出口 Import & Export	出口 Export	进口 Import
总 值	**Total**	**2947369**	**1546841**	**1400527**	**26.2**	**24.2**	**28.5**
亚洲	**Asia**	**1686263**	**1206120**	**480143**	**20.7**	**27.3**	**6.9**
中国香港	Hong Kong, China	162397	157010	5388	25.2	24.3	56.6
印度	India	24512	20939	3573	-49.2	-6.0	-86.2
印度尼西亚	Indonesia	111239	44893	66346	14.4	36.2	3.3
日本	Japan	68412	35383	33028	-28.8	-20.9	-35.8
马来西亚	Malaysia	37221	13840	23381	23.7	17.9	27.4
菲律宾	the Philippines	19437	7995	11442	30.8	12.0	48.2
新加坡	Singapore	24204	7872	16333	18.2	-28.6	72.7
韩国	Republic of Korea	36916	16313	20603	2.7	-27.0	51.5
泰国	Thailand	30464	22584	7880	12.7	39.9	-27.6
越南	Viet Nam	972714	827140	145574	28.4	38.8	-9.9
台湾省	Taiwan Province	45145	7793	37353	17.9	-37.9	45.1
非洲	**Africa**	**149229**	**35119**	**114109**	**22.5**	**9.1**	**27.4**
加蓬	Gabon	12750	454	12296	40.2	8.4	41.8
南非	South Africa	51303	4248	47055	54.6	43.6	55.7
欧洲	**Europe**	**262424**	**97495**	**164929**	**8.3**	**-7.0**	**19.9**
比利时	Belgium	6206	4861	1344	-18.7	16.4	-26.3
英国	United Kingdom	14640	11192	3448	13.4	6.0	46.5
德国	Germany	61293	14533	46760	26.1	0.6	36.9
法国	France	25193	5359	19833	93.1	-15.3	195.0
意大利	Italy	16975	9515	74600	-10.2	-26.7	26.0
荷兰	Netherlands	15298	12450	2848	-1.1	-13.8	178.9
西班牙	Spain	9579	5671	3908	-9.0	-25.4	33.7
芬兰	Finland	5700	1257	4443	68.2	50	74.2
瑞典	Sweden	5132	2134	2997	-14	-30.7	3.8
俄罗斯联邦	Russia	29511	10128	19383	-22.9	10.4	-33.4
拉丁美洲	**Latin America**	**372696**	**41650**	**331046**	**41.4**	**-4.4**	**50.5**
北美洲	**North America**	**344855**	**140360**	**204496**	**78.8**	**50.1**	**105.8**
加拿大	Canada	104039	9449	94590	203.3	49.2	238.2
美国	United States	240817	130911	109905	51.9	50.1	54.0
大洋洲	**Oceanic**	**131900**	**26097**	**105803**	**11.8**	**7.1**	**13.0**
澳大利亚	Australia	130252	24583	105668	11.7	6.8	12.9
东南亚国家联盟	**Association of Southeast Asia**	**1204865**	**933744**	**271121**	**26.0**	**36.8**	**-0.9**
欧洲联盟	**European Union**	**187939**	**77586**	**110352**	**19.5**	**-10.1**	**55.5**
亚太经济合作组织	**Asia Pacific Economic Cooperation**	**2118945**	**1333532**	**785413**	**26.7**	**30.1**	**21.5**

注：东南亚国家联盟包括：文莱、印度尼西亚、马来西亚、菲律宾、新加坡、泰国、越南、缅甸、柬埔寨、老挝。
欧洲联盟包括：比利时、丹麦、英国、德国、法国、爱尔兰、意大利、卢森堡、荷兰、希腊、葡萄牙、西班牙、奥地利、芬兰、瑞典、塞浦路斯、匈牙利、马耳他、波兰、爱沙尼亚、拉托维亚、立陶宛、斯洛文尼亚、捷克、斯洛伐克、罗马尼亚、保加利亚。
亚太经济合作组织包括：文莱、香港、印度尼西亚、日本、马来西亚、菲律宾、新加坡、韩国、泰国、中华人民共和国、台湾省、智利、墨西哥、加拿大、美国、澳大利亚、新西兰、巴布亚新几内亚、越南、俄罗斯、秘鲁。

Note: Association of Southeast Asia includes: Brunei, Indonesia, Malaysia, the Philippines, Singapore, Thailand, Viet Nam, Myanmar,Cambodia, Laos.
European Union include: Belgium, Denmark, United Kingdom, Germany, France, Ireland, Italy, Luxembourg, Holland, Greece,Portugal, Spain, Austria, Finland, Sweden, Cyprus, Hungary, Malta, Poland, Estonia, Lithuania , Latvia, Slovenia ,Czech , Slovakia, Romania, Bulgaria .
Asia Pacific Economic Cooperation include: Brunei, Hong Kong, Indonesia, Japan, Malaysia, the Philippines, Singapore, Republic of Korea, Thailand, People's Republic of China, Taiwan Province, Chile, Mexico, Canada, United States, Australia, New Zealand, Papua New Guinea, Viet Nam, Russia, Peru.

6－7 广西与东盟进出口商品总值（2012年）
Total Import & Export Value from Guangxi to ASEAN (2012)

单位：万美元 (USD 10 000)

主要贸易方式	Main Form of Trade	进出口 Import & Export	出口 Export	进口 Import
#合计	Total	1204865	933744	271121
边境小额贸易	Frontier Small Value Trade	834776	724780	109996
一般贸易	Original Trade	273760	133564	140195
进料加工贸易	Processing Trade with Imported Materials	37743	20206	17537
来料加工装配贸易	Processing & Assembly Trade with Customers Materials	31963	31350	613
主要贸易国别	**Main Countries of Trade**			
#合计	Total	1204865	933744	271121
越南	Viet Nam	972714	827140	145574
印度尼西亚	Indonesia	111239	44893	66346
新加坡	Singapore	37221	13840	23381
马来西亚	Malaysia	30464	22584	7880
泰国	Thailand	24204	7872	16333
菲律宾	the Philippines	19437	7995	11442
缅甸	Myanmar	6267	6232	35
柬埔寨	Cambodia	2100	1988	111
老挝	Laos	952	933	19
文莱	Brunei	267	267	0

6－8 各市进出口商品总值（2012年）
Total Import & Export Value by City (2012)

单位：万美元 (USD 10 000)

地　区	Region	进出口 Import & Export	出口 Export	进口 Import
全　区	**Guangxi**	**2947369**	**1546841**	**1400527**
南宁市	Nanning City	414678	251734	162944
柳州市	Liuzhou City	311234	90678	220556
桂林市	Guilin City	97487	78858	18629
梧州市	Wuzhou City	121038	44127	76912
北海市	Beihai City	207820	118382	89438
防城港市	Fangchenggang City	489826	82804	407022
钦州市	Qinzhou City	376656	100190	276466
贵港市	Guigang City	23144	10609	12535
玉林市	Yulin City	58807	35843	22964
百色市	Baise City	50866	29286	21580
贺州市	Hezhou City	15589	9061	6528
河池市	Hechi City	52444	8112	44332
来宾市	Laibin City	14321	6565	7756
崇左市	Chongzuo City	713458	680593	32865

6－9 主要出口商品数量及金额（2012年）
Volume & Value of Major Export Commodities(2012)

单位：万美元 (USD 10 000)

商品名称	Item	数量 Volume	金额 Value
活猪（种猪除外）（万头）	Live Hogs(except for the boar) (10 000 heads)	557	1731
活家禽（万只）	Live Poultry (10 000 heads)	100	245
猪肉（吨）	Pork (ton)	1275	667
水海产品（吨）	Aquatic & Seawater Products (ton)	103782	39225
谷物及谷物粉（吨）	Cereals & Cereals Flour (ton)	2136	204
蔬菜（吨）	Vegetables (ton)	346496	22159
粮食（吨）	Grain(ton)	82244	6122
鲜、干水果及坚果（吨）	Fresh, Dried Fruits & Nuts (ton)	433023	28630
食用油籽（吨）	Edible Oil Seeds (ton)	2405	370
茶叶（吨）	Tea (ton)	1484	488
蘑菇罐头（吨）	Canned Mushroom (ton)	4526	1279
肥料（吨）	Fertilizer(ton)	400280	16162
药材（吨）	Medicinal Materials (ton)	26016	9762
生丝（吨）	Raw Silk (ton)	436	2029
黏土及其他耐火矿物（吨）	Clay & Other Refractory Minerals (ton)	174818	315
天然硫酸钡（重晶石）（吨）	Nature barium sulfate (Barite) (ton)	1349680	14999
滑石（吨）	Talcum (ton)	260562	7605
氧化锌及过氧化锌（吨）	Zinc Oxide & Zinc Peroxide (ton)	346	51
锌钡白（立德粉）（吨）	Lithopone (ton)	5133	302
医药品（吨）	Medicinal & Pharmaceutical Products (ton)	1920	7479
烟花、爆竹（吨）	Fireworks & Firecrackers (ton)	19708	5733
松香及树脂酸（吨）	Resin & Resin Acids (ton)	19910	3245
家用或装饰用木制品（吨）	Wooden Products for household Use or Decoration (ton)	5582	1090
纸及纸板（未切成形的）（吨）	Paper & Paperboard in Rolls (ton)	11035	3800
纺织纱线、织物及制品	Spin Yarn, Fabric & the Products		64150
水泥（吨）	Cement (ton)	191926	1100
平板玻璃（万平方米）	Plain Glass (10 000 sq.m)	938	282
家用陶瓷器皿（吨）	Porcelain & Pottery Wares for Family Use (ton)	123197	13154
珍珠、宝石及半宝石	Pearls , Precious or Semi-Stones		130
钢材（吨）	Rolled Steel (ton)	206683	16537
未锻造的铜及铜材（吨）	Unwrought Copper & Related Products (ton)	6877	5874

6－9　续表　continued

单位：万美元　　　　(USD 10 000)

商品名称	Item	数量 Volume	金额 Value
未锻造的铝及铝材（吨）	Unwrought Aluminum & Related Products (ton)	32643	10823
液化石油气及其他烃类气（吨）	Liquified Petroleum Gas & Other Hydrocarbon Gases	178391	14923
磷酸及多磷酸（吨）	Phosphoric Acid & Polyphosphoric Acid	176016	14711
未锻造的锰（吨）	Unwrought Manganese (ton)	14524	4270
手用或机用工具（吨）	Hand Tools & Tools for Machines (ton)	10735	15648
电扇（万台）	Fans (10 000 units)	980	2182
金属加工机床（台）	Machine Tools (unit)	10366	1803
自动数据处理设备及其部件（万台）	Automatic Data Processing Machines & Compo-nents (10 000 sets)	3635	47104
轴承（万套）	Bearings (10 000 units)	4413	6907
原电池（万个）	Primary Cells & Batteries (10 000 units)	15247	1005
蓄电池（万个）	Electric Accumulators (10 000 units)	593	273
扬声器（万个）	Loudspeakers (10 000 units)	186	353
电容器（吨）	Electrical Capacitors (ton)	762	818
电线和电缆（吨）	Electric Wires & Cables (ton)	31933	20083
汽车（包括整套散件）（辆）	Motor Vehicles & Chassis (unit)	17510	20367
汽车零件	Parts of Motor Vehicles		17365
摩托车（辆）	Motorcycle (unit)		6421
船舶（艘）	Ships(unit)	428	508
家具及其零件	Furniture & accessory		13150
灯具、照明装置及类似品	Lights ,Lighting Apparatus & Similar Articles		4682
箱包及类似容器	Boxes, Bags & similar container		6086
服装及衣着附件	Garments & Clothing Accessories		363443
鞋类	Footwear		15421
塑料制品（吨）	Plastic Articles (ton)	2183	12568
贵金属或包贵金属的首饰	Precious Metal or Jewelry of Rolled Precious Metal		449
圣诞用品	Articles for Christmas	3646	2483
竹编结品（吨）	Bamboo Products (ton)	2112	1638
藤编结品（吨）	Rattan Products (ton)	4302	1748
草编结品（吨）	Straw Mats & Straw Products (ton)	3251	1482
手表（万只）	Wrist Watches (10 000 units)	78	78
机电产品（包括本目录已具体列名的机电产品）	Mechanical & Electrical Products (including those have been show in this content)		582274
高技术产品（包括本目录已具体列名的机电产品）	High & New-tech Products (including those have been show in this content)		159448

6—10 主要进口商品数量及金额（2012年）
Volume & Value of Major Import Commodities(2012)

单位:万美元 (USD 10 000)

商品名称	Item	数量 Volume	金额 Value
鲜.干水果及坚果（吨）	Fresh & Dry Fruit,Nuts (ton)	520514	25153
大豆（万吨）	Soybean (10 000 tons)	480	291494
食用植物油（万吨）	Edible Vegetable Oil (10 000 tons)	10	9315
天然橡胶（包括胶乳,吨）	Natural Rubber (including Latex, ton)	25083	6586
合成橡胶（包括胶乳,吨）	Synthetic Rubber (including Latex, ton)	876	295
原木（立方米）	Logs (cu.m)	7763	1419
锯材（立方米）	Wood Sawn (cu.m)	1359	82
纸浆（吨）	Paper Pulp (10 000 tons)	97391	6024
纺织用合成纤维（吨）	Synthetic Fibers Suitable for Spinning (tons)	1022	331
铁矿砂及其精矿（万吨）	Iron Ore (10 000 tons)	1287	170091
锰矿砂及其精矿（万吨）	Manganese Ores (10 000 tons)	247	45167
煤（万吨）	Coal (10 000 tons)	1583	153305
成品油（万吨）	Petroleum Products Refined (10 000 tons)	9	8597
医药品（吨）	Pharmaceutical Products (ton)	15	455
初级形状的塑料（吨）	Primary Plastic (ton)	17683	4339
牛皮革及马皮革（吨）	Cattle Hide & Horsehide (ton)	63915	9482
棉纱线（吨）	Cotton Yarn (ton)	620	272
合成纤维纱线（吨）	Synthetic Fibers, Continuous Filament & Yarn (ton)	419	259
合成纤维长丝机织物（万米）	Synthetic Fibers, Continuous Filament Woven Fabrics (10 000 m)	360	520
针织或钩编织物	Garments, knitted or Crocheted		485
原油（吨）	Crude Oil(ton)	1108847	95096
钢材（吨）	Rolled Steel (ton)	15060	1965
未锻造的铜及铜材（吨）	Unwrought Copper & Related Products (ton)	7361	5795
未锻造的铝及铝材（吨）	Unwrought Aluminum & Related Products (ton)	6091	1295
液泵及液体提升机（台）	Liquid Pump & Machine with Liquid Exaltation (unit)	25420	2015
活塞式内燃机的零件（吨）	Accessories of Gas Engine with Liquid Exaltation (ton)	613	3562
空气调节器（台）	Air Conditioners (set)	4	27
机械提升搬运装卸设备及零件	Portage ,Load & Unload Equipments & Accessories with Machine Exaltation		4735
建筑及采矿用机械及零件	Building , Mining Machinery & accessory		1541
食品加工机械及零件	Food Processing Machinery & accessory		225
制造纸及纸制品用机械及零件	Papermaking & Paper Products Machinery & accessory		9284
印刷、装订机械及零件	Printing & Binding Machinery & accessory		1807
纺织机械及零件	Spinning Machinery & accessory		158
金属加工机床（台）	Machine Tools (unit)	214	8759
橡胶或塑料加工机械及零件	Rubber or Plastic Processing Machinery & accessory		1025
阀门（万套）	Valves (10 000 sets)	79	6374
自动数据处理设备及其部件（千台）	Automatic Data Processing Machines & Components (1 000 sets)	2132	14222
电话机（台）	Telephone sets (set)	8	22
通断及保护电路装置及零件	Electrical Apparatus for Switching or Protecting Electrical Circuit		5060
电线和电缆（吨）	Electric Wires & Cables (ton)	2974	5130
汽车（辆）	Motor Vehicles (unit)	17	46
汽车零件	Parts of Motor Vehicles		917
机电产品（包括本目录具体列名的机电产品）	Mechanical & Electrical Products (including those have been show in this content)		217151
高技术产品（包括本目录已具体列名的机电产品）	High & New-tech Products (including those have been show in this content)		111604

6－11　外商直接投资额（1979－2012年）
Foreign Direct Investment (1979－2012)

单位：万美元　　(USD 10 000)

年份 Year	外商直接投资 Foreign Direct Investments	年份 Year	外商直接投资 Foreign Direct Investments
1979-1983	1226	2001	38415
1985	1251	2002	41726
1990	3025	2003	45619
		2004	29579
1991	3871	2005	37866
1992	18026		
1993	87203	2006	44740
1994	81506	2007	68396
1995	66952	2008	97119
		2009	103533
1996	66618	2010	91200
1997	87986		
1998	88613	2011	101381
1999	63730	2012	74853
2000	52466		

6－12　主要年份实际利用外资情况
Basic Statistics of Foreign Capital Actually Utilized in Main Years

单位：万美元　　(USD 10 000)

项　目	Item	1995	2000	2006	2010	2011	2012
外商直接投资	**Foreign Direct Investment**	**66952**	**52466**	**44740**	**91200**	**101381**	**74853**
按投资方式分	By Investment Manner						
独资经营	Sole Investment	15163	18476	25150	65377	78103	43660
合资经营	Joint-venture	41367	16413	18120	25770	22698	21298
合作经营	Cooperative	10422	15477	1470	53		6
股份制	Share Holding						
按国民经济行业分	By National Economic Sector						
1.农林牧渔业	Farming, Forestry, Animal Husbandry & Fishery	2917	2092	2594	10090	6206	2509
2.工业	Industry	33316	22697	34408	46989	64424	30519
3.建筑业	Construction	3517	6157	221	2	30	0
4.运输、邮电业	Transport,Post & Telecommunication	4587	2147	995	3003	18154	6121
5.批发和零售贸易、住宿和餐饮业	Wholesale' Retail Trade,Hotel & Catering Services	1369	492	1458	14268	8260	4716
6.房地产业	Real Estate	19997	11607	3806	11925	3233	15024
7.其他行业	Other Sectors	1249	7274	1258	4923	1074	15964
按国别、地区分	By Countries,Region						
#中国香港	Hong Kong, China	37226	20204	15559	52114	54275	42352
中国澳门	Macao, China	2420	1321	402	2579	2910	445
日本	Japan	3175	524	1019	1347	1480	6
新加坡	Singapore	4039	1407	1817	6010	3094	2964
中国台湾	Taiwan, China	4295	4750	880	990	972	363
泰国	Thailand	4464	609	12	590		0
美国	United States	2004	1282	935	135	11	3024
英属维尔京群岛	British Virgin Islands		6815	11704	11708	6044	5546

注：1995年“房地产业”数据包含“租赁和商务服务业”。
Note: The data on “Real Estate” in 1995 includes “Leasing & Bnsiness Service”.

6－13 主要年份分市新签外商直接投资项目和金额

Items & Value of Utilization of Foreign Direct Investment Through Newly Signed Agreement by City in Main Years

城 市	City	1995	2000	2005	2010	2011	2012
新签项目个数（个）	**Number of Items Newly Signed (unit)**	**571**	**246**	**351**	**190**	**169**	**109**
南宁市	Nanning	88	31	89	73	57	37
柳州市	Liuzhou	36	8	20	10	8	5
桂林市	Guilin	116	45	49	18	13	11
梧州市	Wuzhou	85	41	53	19	14	5
北海市	Beihai	56	17	32	21	9	6
防城港市	Fangchenggang	24	23	11	8	3	4
钦州市	Qinzhou	20	8	24	11	23	13
贵港市	Guigang		9	7	6	11	5
玉林市	Yulin	62	43	23	14	11	5
百色市	Baise	2	3	8	1	4	3
贺州市	Hezhou	30	7	19	3	3	6
河池市	Hechi	9	5	4	1	0	0
来宾市	Laibin	18	5	4	1	6	5
崇左市	Chongzuo	4	1	8	4	7	4
新签项目合同外资额（万美元）	**Foreign Capital to Be Utilized through the Newly Signed Agreements & Contracts(USD 10 000)**	**104177**	**71549**	**110182**	**209523**	**103165**	**91192**
南宁市	Nanning	23557	10637	31704	70743	38396	23916
柳州市	Liuzhou	8275	3380	3909	6124	11396	3659
桂林市	Guilin	10772	6550	15437	1543	61	3244
梧州市	Wuzhou	5837	3151	12609	9325	4487	6541
北海市	Beihai	10155	821	9596	30177	8214	3217
防城港市	Fangchenggang	3746	34536	14158	5296	1392	2794
钦州市	Qinzhou	12048	3057	7127	20188	13752	24278
贵港市	Guigang		521	255	6246	9019	2320
玉林市	Yulin	16465	2210	2834	11445	5899	2238
百色市	Baise	429	412	1502	354	3856	4560
贺州市	Hezhou	2303	559	1331	26348	1612	6976
河池市	Hechi	2605	4345	1826	265	-1682	-471
来宾市	Laibin	947	530	637	3435	5702	2890
崇左市	Chongzuo	903	840	7257	18034	1061	5030

6－14 主要年份对外承包工程
Overseas Contracted Projects in Main Years

项　目	Item	1995	2000	2005	2010	2011	2012
合同项目（个）	**Contracted Projects(unit)**	**19**	**14**	**12**	**39**	**13**	**23**
#巴基斯坦	Pakistan	3					
越南	Vietnam	11	8	1			
泰国	Thailand			2			
安哥拉	Angola			2			
纳米比亚	Namibia			4			
冈比亚	The Gambia			3			
印度尼西亚	Indonesia						
合同金额（万美元）	**Contracted Value (USD 10 000)**	**7634**	**2994**	**1233**	**61019**	**55061**	**29703**
#巴基斯坦	Pakistan	930					
越南	Vietnam	5137	699	346			
泰国	Thailand			66			
安哥拉	Angola			206			
纳米比亚	Namibia			224			
冈比亚	The Gambia			391			
印度尼西亚	Indonesia						
当年完成营业额（万美元）	**Volume of Business Fulfilled in the Year (USD 10 000)**	**8292**	**5042**	**2421**	**56429**	**65296**	**74972**
#境内国际招标工程	Domestic International Bidding Process Projects						

主要统计指标解释

进出口总额 海关进出口总额指实际进出我国国境的货物总金额，它可用以观察一个国家在对外贸易方面的总规模。进出口总额统计范围包括：对外贸易实际进出口货物，来料加工装配进出口货物，国家间、联合国及国际组织无偿援助物资和赠送品，华侨、港澳台同胞和外籍华人捐赠品，租赁期满归承租人所有的租赁货物，进料加工进出口货物，边境地方贸易及边境地区小额贸易进出口货物（边民互市贸易除外），中外合资、合作、外商独资企业进出口货物和公共物品，到、离岸价格在规定限额以上的进出口货样和广告品（无商业价值、无使用价值和免费提供出口的除外），从保税仓库提取在中国境内销售的进口货物，以及其他进出口货物。我国规定出口货物按离岸价格统计，进口货物按到岸价格统计。

外商直接投资 指外国企业和经济组织或个人（包括华侨、港澳台同胞以及我国在境外注册的企业），按我国有关政策、法规，用现汇、实物、工业产权、技术等在我国境内开办的外商独资、中外合资、合作经营的企业或合作开发资源的投资（包括外商投资收益的再投资）。

对外承包工程 指各对外承包公司以招标议标承包方式承揽的下列业务：（1）承包国外工程建设项目；（2）承包我国对外经援项目；（3）承包我国驻外机构的工程建设项目；（4）承包我国境内利用外资进行建设的工程项目；（5）与外国承包公司合营或联合承包工程项目时我国公司分包部分；（6）对外承包兼营的房屋开发业务。

Explanatory Notes on Main Statistical Indicators

Total Import & Export Value refers to the value of commodities imported into and exported from the boundary of China, it can be used to observe the total scale in foreign trade of a country. It includes: the actual imports and exports through foreign trade, imported and exported goods under the processing and assembling trades and materials, supplies and gifts as aid given gratis between governments and by the United Nations and other international organizations, the donated products of overseas Chinese, compatriot from Hong Kong, Macao and Taiwan and Chinese of foreign nationality, lease goods belonging to lessee after expiring leasing period, the imports and exports of processing with imported materials, the local trade in the border and cargoes imported and exported of small trade of border area (excluding the trade between the residents in the border), the imported and exported commodities and articles for public use of the Sino-foreign joint ventures, cooperative enterprises and ventures exclusively with foreign own investment, imported and exported sample of regulation and advertising product that are in the stipulated above-norm of the CIF and FOB (excluding which have no commercial value, using value and which export for free), the imports that are picked up from the bonded warehouse and sale in china, and other imports and exports. In our country, exports are calculated according to FOB, and imports are calculated according to CIF.

Foreign Direct Investment refers to the investments made inside China by foreign enterprises and economic organizations or individuals (including overseas Chinese, compatriots in Hong Kong, Macao and Taiwan, and Chinese enterprises registered abroad), in line with the relevant policies and laws of China, for the establishment of wholly foreign-owned enterprises, and joint ventures or development projects launched in China (including reinvestment of profits from foreign business).

Overseas Contracted Projects refer to projects undertaken by Chinese contractors (project contracting companies) through bidding process. They include: (1) overseas civil engineering construction projects financed by foreign investors. (2) overseas projects financed by the Chinese government through its foreign-aid programs. (3) construction projects of Chinese diplomatic missions, trade offices and other institutions stationed abroad. (4) construction projects in China financed by foreign investment. (5) sub-contracted projects to be taken by Chinese contractors through a joint umbrella project with foreign contractor(s). (6) housing development projects.

资源与环境
NATURAL RESOURCES & ENVIRONMENT

7－1 自然资源（2012年）

Natural Resources (2012)

指　　标	Indicators	2012
一、土地	**Land**	
土地面积（万平方公里）	Land Area(10 000 sq.km)	23.76
按土地特征分：（万公顷）	By Land Use(10 000 hectares)	
林地面积	Area of Afforested Land	1332.95
牧草地面积	Grass	111.92
水域及水利设施用地面积	Water Area & Water Conservancy Facilities Area	86.49
二、海洋	**Sea**	
海岸线长度（公里）	Length of Mainland Shore(km)	1595
浅海面积（平方公里）	Shallow Sea Area(sq.km)	6488
滩涂面积（平方公里）	Sea-beach Area(sq.km)	1005
三、气候	**Climate**	
年平均气温（℃）	Annual Average Temperature(℃)	20.6
年平均日照时数（小时）	Annual Average Sunshine Time(hour)	1264.6
年平均降水量（毫米）	Annual Average Precipitation(mm)	1670.9
四、森林	**Forest**	
森林面积（万公顷）	Forest Area(10 000 hectares)	1458.37
人均森林面积（亩，按常住人口平均）	Per Capita Forest Area(mu，Average by Permanent Population)	4.67
森林蓄积量（万立方米）	Stock Volume of the Forest(10 000 cu.m)	64006

注：本表资料由自治区国土厅、海洋局、林业厅、气象局气候中心气候变化评价室提供。

Note: Autonomous Region Territorial Resources Bureau, Oceanic Administration Bureau,Forestry Bureau and Evaluation Office for Climatic Variation in Weather Center of Meteorological Bureau provide the data in this table.

7—1　续表 1　countinued

指　标	Indicators	2012
森林覆盖率（%）	Forest-coverage Rate(%)	61.40
按市分	Grouped by City	
南 宁 市	Nanning	47.34
柳 州 市	Liuzhou	64.36
桂 林 市	Guilin	70.24
梧 州 市	Wuzhou	75.47
北 海 市	Beihai	36.05
防城港市	Fangchenggang	57.11
钦 州 市	Qinzhou	52.34
贵 港 市	Guigang	45.66
玉 林 市	Yulin	60.49
百 色 市	Baise	65.97
贺 州 市	Hezhou	72.46
河 池 市	Hechi	67.90
来 宾 市	Laibin	50.33
崇 左 市	Chongzuo	53.80
五、矿产资源（保有资源储量, 万吨）	**Mineral Ensured Reserves (10 000 tons)**	
锰矿（矿石）	Manganese (ore)	33051.79
锡（Sn）	Tin	70.30
砷（As）	Arsenic	41.90
钨（Wo_3）	Wolfram	30.85
锑（Sb）	Antimony	49.84
铝土矿（矿石）	Bauxite(ore)	73647.76
滑石（矿石）	Talcum(ore)	1266.95
重晶石（矿石）	Barite(ore)	4737.23
镁（白云岩,矿石）	Magnesium(dolomite,ore)	161.00
硫铁矿（矿石）	Troilite(ore)	8929.83
煤矿（矿石）	Coal(ore)	215732.30

7－2 主要河流基本情况（2012年）
Major Rivers (2012)

河流名称	River	流域面积（万平方公里）Drainage Area (10 000 sq.km)	年径流量（亿立方米）Annual Flow (100 million sq.m)	水力资源蕴藏量（万千瓦）Hydropower Resource (10 000 kw)	流域面积占全区总面积的比重（%）As Percentage of Total Drainage Area of Guangxi (%)
全自治区	**Total**	**23.67**	**2083.36**	**2133.00**	**100.00**
#红水河	Hongshuihe River	3.86	283.69	690.00	16.30
郁　江	Yujiang River	6.81	271.95	355.86	28.80
西江下游区	Lower Reaches of Xijiang River	2.14	190.32	25.82	9.00
桂　江	Guijiang River	1.82	241.93	146.20	7.70
南流江	Nanliujiang River	0.92	61.73	49.06	3.90
柳　江	Liujiang River	4.20	441.71	341.82	17.70
贺　江	Hejiang River	0.84	64.46		3.50

注：本表数据由自治区水利厅提供,下表同。
Note: The data in this table and the above one is provided by Autonomous Region Water Conservancy Bureau.

7—3 水资源基本情况
Water Resources of Guangxi

年份与市别	Year & Cities	地表水资源量（亿立方米）Volume of Surface Water Resources (100 million cu.m)	地下水资源量（亿立方米）Volume of Underground Water Resources (100 million cu.m)	人均水资源量（立方米/人）Per Capita Water Resources (cu.m/person)
2000		1592.10	385.01	3375.00
2001		2415.10	438.78	5031.00
2002		2372.60	514.50	4942.00
2003		1807.10	575.30	3740.00
2004		1604.52	321.53	3282.00
2005		1720.82	365.69	3494.00
2006		1881.00	453.20	3792.00
2007		1377.83	341.30	2891.02
2008		2282.45	504.77	4739.41
2009		1484.31	256.84	3069.29
2010		1823.60	355.80	3962.00
2011		1350.02	271.21	2909.00
2012		2086.36	587.34	4476.04
南宁市	Nanning	146.30	27.07	2163.41
柳州市	Liuzhou	213.24	34.29	5598.04
桂林市	Guilin	359.55	83.20	7469.22
梧州市	Wuzhou	110.26	30.61	3777.43
北海市	Beihai	43.16	8.92	2827.53
防城港市	Fangchenggang	106.95	16.22	12116.74
钦州市	Qinzhou	98.94	28.38	3169.74
贵港市	Guigang	81.82	18.17	1961.34
玉林市	Yulin	142.76	42.23	2567.74
百色市	Baise	184.20	42.24	5253.35
贺州市	Hezhou	123.73	116.43	6252.81
河池市	Hechi	255.53	49.04	7505.68
来宾市	Laibin	106.86	64.98	5024.68
崇左市	Chongzuo	113.06	25.56	5609.34

7—4 供水用水情况（2012年）

Statistics of Water Supply & Consumption(2012)

单位：亿立方米 (100 million cu.m)

地 区	Region	供水总量 Total Volume of Water Supply	#地表水 Surface Water	用水总量 Total Volume of Water Consumption	#农田灌溉用水 Water for Irrigation of Agricultural Land	工业用水 Water Consumption for Industry	居民生活用水 Water Consumption for Household
全自治区	**Total**	**305.42**	**294.42**	**305.42**	**173.87**	**62.37**	**26.66**
南宁市	Nanning	40.36	39.55	40.36	22.45	7.97	4.04
柳州市	Liuzhou	23.12	21.78	23.12	10.42	7.31	2.63
桂林市	Guilin	43.61	42.74	43.61	27.37	4.96	2.70
梧州市	Wuzhou	15.88	15.86	15.88	8.70	2.86	1.78
北海市	Beihai	11.41	9.76	11.41	5.70	2.09	1.08
防城港市	Fangchenggang	6.40	6.38	6.40	3.15	1.47	0.55
钦州市	Qinzhou	17.14	16.36	17.14	11.96	2.52	1.60
贵港市	Guigang	33.13	31.59	33.13	20.03	7.36	2.40
玉林市	Yulin	25.33	24.40	25.33	16.00	4.83	2.76
百色市	Baise	20.42	19.63	20.42	11.40	3.94	1.98
贺州市	Hezhou	16.31	15.96	16.31	10.80	1.35	1.09
河池市	Hechi	16.18	15.54	16.18	9.55	1.62	1.80
来宾市	Laibin	24.50	23.87	24.50	10.62	12.22	1.08
崇左市	Chongzuo	11.61	10.99	11.61	5.72	1.88	1.17

注：本表由自治区水利厅提供。
Note: The data in this table is provided by Autonomous Region Water Conservancy Bureau.

7－5　主要城市气象站点平均气温（2012年）

单位：℃

城市	City	1月 Jan.	2月 Feb.	3月 Mar.	4月 Apr.	5月 May.	6月 Jun.
南宁	Nanning	9.8	12.1	17.2	24.0	27.1	27.5
柳州	Liuzhou	7.9	9.3	15.6	22.9	26.2	27.4
桂林	Guilin	6.1	7.3	12.8	20.9	24.4	26.5
梧州	Wuzhou	9.2	11.9	16.7	23.1	26.5	27.6
北海	Beihai	11.6	13.5	18.8	25.1	28.0	28.6
防城港	Fangchenggang	11.5	13.1	18.1	24.6	28.0	28.7
钦州	Qinzhou	11.0	12.9	18.2	25.0	28.0	28.7
贵港	Guigang	9.2	11.6	16.7	23.9	27.2	27.7
玉林	Yulin	10.6	12.9	17.7	24.8	27.5	28.1
百色	Baise	10.9	13.1	18.4	26.1	27.7	27.3
贺州	Hezhou	6.2	8.9	14.1	21.4	25.0	26.4
河池	Hechi	8.1	9.1	15.6	22.6	25.3	26.4
来宾	Laibin	8.4	10.2	16.3	23.6	26.9	27.7
崇左	Chongzuo	11.2	13.5	18.6	26.1	28.8	28.4

注：本表资料由自治区气象局气象台气候变化评价室提供。
Note: The data on this table is provided by Evaluation Office for Climatic Variation in Weather Center of Meteorological Bureau.

Monthly Average Temperature at Meteorological Stations of Major Cities (2012)

(℃)

7月 Jul.	8月 Aug.	9月 Sep.	10月 Oct.	11月 Nov.	12月 Dec.	年平均 Annual Average
28.2	27.9	25.8	23.8	19.2	14.4	21.4
29.5	29.3	26.2	24.3	16.7	11.9	20.6
28.5	28.8	24.8	22.4	14.6	9.3	18.9
28.2	28.1	26.1	24.0	18.4	13.2	21.1
28.9	28.8	27.4	25.8	21.3	16.9	22.9
28.9	29.0	27.5	25.6	20.8	16.2	22.7
29.1	29.2	27.8	26.0	20.8	16.1	22.7
29.0	29.0	26.7	24.9	19.0	13.7	21.6
28.7	28.8	27.2	25.6	20.3	15.2	22.3
28.3	28.3	25.4	24.2	19.5	15.3	22.0
28.4	27.9	24.9	22.8	15.5	10.4	19.3
28.1	28.1	24.4	23.0	16.6	11.9	19.9
29.2	29.2	26.4	24.6	17.6	12.6	21.1
29.1	28.9	27.1	25.8	20.9	15.9	22.9

7—6　主要城市气象站点降水量（2012年）

单位：毫米

城　市	City	1月 Jan.	2月 Feb.	3月 Mar.	4月 Apr.	5月 May.	6月 Jun.
南　宁	Nanning	75.6	18.7	33.2	35.6	159.8	97.9
柳　州	Liuzhou	110.7	34.8	77.1	81.6	270.8	454.8
桂　林	Guilin	117.8	84.1	160.1	285.1	197.2	487.0
梧　州	Wuzhou	100.2	37.0	135.0	277.6	160.3	100.1
北　海	Beihai	45.3	20.7	41.7	36.6	225.2	328.2
防城港	Fangchenggang	71.9	44.9	38.5	32.9	419.3	439.7
钦　州	Qinzhou	84.0	48.6	82.3	34.7	272.4	392.0
贵　港	Guigang	89.5	45.7	71.4	152.9	364.5	252.2
玉　林	Yulin	130.9	42.8	88.7	259.8	347.5	380.7
百　色	Baise	83.9	4.9	12.0	1.5	219.0	292.1
贺　州	Hezhou	114.8	71.8	109.4	237.1	186.5	339.5
河　池	Hechi	104.6	24.4	59.6	107.0	243.3	360.2
来　宾	Laibin	80.9	48.6	126.0	119.0	301.0	260.3
崇　左	Chongzuo	57.8	13.3	25.4	86.4	209.9	134.1

Monthly Average Precipitation at Meteorological Stations of Major Cities (2012)

(mm)

7月 Jul.	8月 Aug.	9月 Sep.	10月 Oct.	11月 Nov.	12月 Dec.	年平均 Annual Average
109.2	253.4	56.4	148.0	53.2	45.1	1086.8
104.2	129.8	101.8	31.0	77.2	60.2	1534.0
200.5	141.7	129.7	32.8	162.0	68.9	2067.0
198.6	104.4	37.8	98.0	156.0	66.0	1471.6
425.3	636.3	150.1	249.0	94.4	13.9	2266.8
492.6	814.5	186.6	226.0	357.0	25.9	3150.5
377.6	314.1	102.0	201.0	130.0	32.9	2072.9
177.9	161.2	17.6	88.3	77.0	67.7	1565.9
254.9	141.1	75.5	111.0	177.0	156.0	2167.9
198.8	61.2	82.9	36.9	40.2	42.1	1075.5
98.7	114.0	14.1	55.4	146.0	80.0	1567.5
217.4	52.4	123.5	49.6	70.0	41.1	1453.1
133.2	132.8	22.2	35.9	72.9	30.9	1363.7
305.9	197.1	24.1	140.0	41.1	31.9	1267.6

7－7　主要年份城市公用事业基本情况
Basic Statistics on Urban Public Utilities in Main Years

指　标	Item	2000	2005	2010	2011	2012
全年供水总量（万吨）	Total Volume of Tap Water Supply(10 000 tons)	135826	132888	147291	154483	155501
#生活用水量	Households	57442	64785	72822.76	74324.3	63118.30
人均日生活用水量（升）	Per Capita Daily Water Consumption(liter)	294	272	250	242	247
用水普及率（%）	Percentage of Population with Access Tap Water（%）	98.40	82.28	94.65	93.91	95.30
年末实有公共汽车营运车辆（辆）	Year-end Total Operating Public Buses(vehicle)	2718	5239	6839	9429	9822
年末公共汽车标准运营车数（标台）	Year-end Total Operating Standard Public Buses（standard vehicle）	2593	5497	7701	9843	10381
平均每万人拥有公共汽车（辆）	Operating Buses Owned per 10 000 Persons（vehicle）	6.10	6.93	9.09	10.83	11.20
人均城市道路面积（平方米）	Area of Roads Owned per 10 000 Persons(sq.m)	10.20	10.20	14.31	14.34	14.74
排水管道总长度（公里）	Length of Drainpipes（km）	2885	4116	6417	7264.46	7725.60
污水处理厂座数（座）	Number of Effluent Treatment Plants(unit)	5	7	32	33	33
污水处理厂能力（万立方米/日）	Treatment Capacity of Polluted Water（10 000 cu.m/day）	27.85	57.85	220.50	256.50	254.00
污水处理厂集中处理率（%）	Rate of Centralized Treatment of Polluted Water (%)		11.61	46.84	52.99	59.96
液化石油气供气总量（吨）	Total Liquefied Petroleum Gas Supply（ton）	204904	315998	303804	297416	326110
#家庭用量	Used by Residential Households	190552	245711	263720	246834	262661
人工煤气供气总量（万立方米）	Total Manufactured Gas Supply（10 000 cu.m）	2817	4483	4517	4503	4423
#家庭用量	Used by Residential Households	1744	3544	3993	3927	3788
天然气供气总量（万立方米）	Total Natural Gas Supply（10 000 cu.m）		84.41	10320	13606	16904
#家庭用量	Used by Residential Households		23.75	4403.35	5982.52	7590.54
用气普及率（%）	Rate of Households with Access to Natural Gas(%)	90.80	72.70	92.35	91.08	93.26
园林绿地面积（公顷）	Area of Gardens & Green Space (hectare)	22327	29689	60225	64461	67149
公园绿地面积（公顷）	Area of Green Space of Parks (hectare)	3407	5362	8331	10012	10753
人均公园绿地面积（平方米）	Per Capita Public Green Space of Parks（sq.m）	8.00	6.76	9.83	11.02	11.60
建成区绿化覆盖率（%）	Coverage Area of Forestation of Developed Area（%）	31.90	29.82	34.96	37.35	37.65
公园个数（个）	Number of Parks(unit)	90	110	146	168	178
公园面积（公顷）	Area of Parks (hectare)	2791	3676	5842	7205	7603
实际清扫面积（万平方米）	Area Under Cleaning Program (10 000 sq.m)	3550	6528	11005	11133	11601
生活垃圾及粪便清运量（万吨）	Volume of Garbage, Excrement & Urine Disposal (10 000 tons)	196	227	267.71	255.81	267
公共厕所数（座）	Number of Public Lavatories(unit)	1422	1502	1487	2104	2159
生活垃圾无害化处理率（%）	Rate of Garbage No Harmful Disposal(%)	79.20	64.57	91.14	95.49	98.12

注：1. 本表为21个设市城市平均水平,下表同。
2. 城市建设资料由自治区住房和城乡建设厅提供。
3. 有关公共交通的三个指标由自治区交通厅提供。

Note: 1. The data in this table refers to the average level of the 21 cities of Guangxi, and the same as the continued table.
2. The data on city construction is prouvided by the Guangxi Housing & Urban & Rural Cons truction Departments.
3. The data on public transportation is provided by the Guangxi Transportation Depar tment.

7—8 城市市政公用设施水平（2012年）
Level of Urban Public Utilities in Cities (2012)

地 区	Region	人口密度（人/平方公里）Population Density (person/sq.km)	人均日生活用水量（升）Per Capita Daily Consumption of Tap Water for Residential Use (litre)	用水普及率（%）Rate of Population with Access to Water(%)	用气普及率（%）Rate of Population with Access to Gas(%)	每万人拥有公共汽车（标台）Buses Owned Per 10 000 Persons (vehicle)	建成区排水管道密度（公里/平方公里）Density of Sewer Pipelines (km/sq.km)
全区城市	**All Cities**	**1528**	**246.89**	**95.30**	**93.26**	**11.20**	**7.13**
南宁市	Nanning City	2950	308.20	95.38	100.00	14.28	3.11
柳州市	Liuzhou City	3360	262.61	97.93	94.30	8.00	6.40
桂林市	Guilin City	1455	298.98	88.30	100.22	12.57	7.64
梧州市	Wuzhou City	1374	207.49	95.78	93.34	7.04	5.25
北海市	Beihai City	375	253.57	99.72	99.86	6.91	7.83
防城港市	Fangchenggang City	691	205.22	100.00	93.49	15.32	11.75
钦州市	Qinzhou City	815	216.85	99.76	95.50	12.92	6.51
贵港市	Guigang City	1274	168.22	99.97	95.29	5.91	4.99
玉林市	Yulin City	2185	164.80	100.00	98.86	3.45	10.81
百色市	Baise City	645	267.16	100.00	49.55	4.43	8.49
贺州市	Hezhou City	4075	217.37	64.46	59.35	5.41	6.68
河池市	Hechi City	2903	212.34	95.18	80.40	5.17	18.88
来宾市	Laibin City	3261	191.54	96.67	90.00	6.23	12.32
崇左市	Chongzuo City	3812	185.70	92.60	83.20	3.70	4.41

注:本表为21个设市城市平均水平,下表同。

Note: The data in this table refers to the average level of the 21 cities of Guangxi, and the same as the continued table.

7—8　续表　continued

地 区	Region	人均城市道路面积（平方米）Area of Paved Roads per Population (sq.m)	人均公园绿地面积（平方米）Public Green Space of Parks per Population (sq.m)	建成区绿地率（%）Rate of Green Land of Developed Area(%)	建成区绿化覆盖率（%）Coverage Area of Forestation of Developed Area(%)	污水处理率（%）Treatment Rate of Polluted Water(%)	#污水处理厂集中处理率（%）Concentrated Treatment Rate by Factory (%)	生活垃圾无害化处理率（%）Rate of Garbage No Harmful Disposal(%)
全区城市	**All Cities**	**14.74**	**11.60**	**32.76**	**37.65**	**87.77**	**59.96**	**98.12**
南宁市	Nanning City	13.44	13.04	36.30	42.00	94.79	73.86	100.00
柳州市	Liuzhou City	10.21	13.42	32.89	40.91	90.90	40.04	97.48
桂林市	Guilin City	9.49	10.29	38.09	42.50	91.01	90.30	100.00
梧州市	Wuzhou City	14.09	12.45	43.54	43.41	86.98	73.36	100.00
北海市	Beihai City	22.33	10.28	32.62	38.06	82.45	82.45	100.00
防城港市	Fangchenggang City	36.47	7.94	28.28	32.96	68.53	38.31	95.24
钦州市	Qinzhou City	31.47	7.44	29.42	34.29	66.98	52.52	95.69
贵港市	Guigang City	19.57	13.20	23.32	24.93	86.88	32.87	97.00
玉林市	Yulin City	14.02	11.17	33.04	38.03	99.08	99.08	100.00
百色市	Baise City	17.53	9.23	36.09	39.03	61.92	61.92	100.00
贺州市	Hezhou City	9.69	11.70	37.25	41.47	68.41	68.41	100.00
河池市	Hechi City	8.65	6.50	29.92	30.33	88.87	85.70	100.00
来宾市	Laibin City	16.61	10.50	33.51	35.69	77.34	77.34	99.80
崇左市	Chongzuo City	14.36	8.55	29.05	32.64	50.87	50.87	63.97

7—9 城市人口和建设用地（2012年）
Population & Developed Areas in Cities(2012)

地 区	Region	市区人口（万人）Urban Population (10 000 persons)	市区面积（平方公里）Area of Urban (sq.km)	城区人口（万人）Population of Cities	城区（县城）暂住人口（万人）Transient Population of cities (counties) (10 000 persons)	城区面积（平方公里）Area of Cities (sq.km)	建成区面积（平方公里）Developed Area (sq.km)	城市建设用地面积（平方公里）Land for Construction in Cities (sq.km)	#居住用地 Land for Residence	公共设施用地 Land for Public Utilities	工业用地 Land for Industry
全区城市	**All Cities**	**1954.75**	**56337**	**757.57**	**169.34**	**6067.38**	**1083.57**	**1029.77**	**322.49**	**48.69**	**162.72**
#南宁市	Nanning	274.45	6569	193.43	54.65	841.08	242.05	236.75	79.15	6.29	27.11
柳州市	Liuzhou	114.48	1016	108.60	47.44	464.39	172.10	172.10	46.33	3.64	37.58
桂林市	Guilin	75.70	565	75.70	6.50	565.00	66.00	66.00	18.40	4.82	13.75
梧州市	Wuzhou	37.80	1097	37.80	4.37	307.00	37.00	35.86	12.17	2.00	5.10
北海市	Beihai	62.48	957	34.65	1.25	957.00	66.58	65.38	25.60	8.00	4.00
防城港市	Fangchenggang	56.99	2816	14.98	1.14	233.13	33.98	20.74	4.87	0.97	2.21
钦州市	Qinzhou	141.55	4767	21.82	7.06	354.38	86.17	85.63	21.20	1.77	20.53
贵港市	Guigang	191.41	3533	38.41	0.00	301.50	66.51	58.90	19.19	2.27	13.41
玉林市	Yulin	104.43	1251	51.95	14.05	302.04	66.56	64.05	25.28	2.22	1.90
百色市	Baise	34.75	3702	19.48	4.90	377.89	34.97	33.62	13.37	0.95	6.92
贺州市	Hezhou	151.12	5677	18.95	10.45	72.15	32.00	27.08	8.14	3.76	3.73
河池市	Hechi	33.94	2340	20.47	2.75	80.00	19.62	18.32	5.28	2.23	3.90
来宾市	Laibin	109.84	4363	19.80	10.20	92.00	35.00	35.00	9.78	5.12	5.42
崇左市	Chongzuo	36.66	2951	12.67	0.31	34.02	22.00	13.88	3.94	1.40	2.38

注：1. 全区城市数为21个设市合计数，14个地级市数为市本级数据，不含所辖（市）县。以下各表同。

2. 市区、城区人口及面积统计范围以国家建设部城市（县城）建设统计报表制度为准。即市区面积指的是城市行政区域内的全部土地面积（包括水域面积），城区面积指的是设市城市的城建统计的范围面积，市区、城区人口统计范围同。

Note:1. The data on all the cities of Guangxi refers to the summary of data on 21 cities, and the data on 14 prefecture-level cities excludes the under counties(county-level cities). And the same as the tables below.

2. The statistical ranges of population and area of urban area and cities subject to the statistical report system of city(county seat) construction from the Ministry of Construction. The area of city district refers to the total land area(including the area of water) in the administrative areas of a city, and the urban area refers to the area of statistical range of city construction in a city. And so as the statistical range of the population of city district and urban area.

7－10 城市供水情况（2012年）
Statistics of Water Supply in Cities (2012)

地 区	Region	供水综合生产能力（万立方米/日）Comprehensive Productive Capacity of Water Supply (10 000 cu.m/day)	供水管道长度（公里）Length of Water Supply Pipelines (km)	供水总量（万立方米）Total Volume of Water Supply (10 000 cu.m)	#家庭用量 Households	用水人口（万人）Number of Residents with Access to Tap Water (10 000 persons)
全区城市	**All Cities**	**662.47**	**14423.59**	**155500.93**	**63118.33**	**883.30**
#南宁市	Nanning	146.50	3125.93	40215.25	20294.11	236.63
柳州市	Liuzhou	134.22	2424.41	47016.34	11977.45	152.81
桂林市	Guilin	46.70	1513.12	11110.66	5689.97	72.58
梧州市	Wuzhou	25.00	377.62	4498.36	1989.07	40.39
北海市	Beihai	32.50	1106.41	5114.56	2371.32	35.80
防城港市	Fangchenggang	16.00	400.71	3596.56	973.2	16.12
钦州市	Qinzhou	32.33	701.78	4922.39	2035.64	28.81
贵港市	Guigang	35.99	1019.57	9538.49	2308.2	38.40
玉林市	Yulin	18.50	747.5	5552.00	3033	66.00
百色市	Baise	16.23	339.85	4176.12	2047.09	24.38
贺州市	Hezhou	8.00	431.87	2125.32	1353.5	18.95
河池市	Hechi	53.50	291.63	2336.40	1546.3	22.10
来宾市	Laibin	20.20	645.4	2414.95	1892.5	29.00
崇左市	Chongzuo	5.00	170.94	1134.45	520	12.02

7－11 城市园林绿化情况（2012年）

Basic Statistics on Parks, Gardens & Green Areas in Cities (2012)

地区	Region	绿化覆盖面积（公顷）Coverage Area of Forestation (hectare)	#建成区 Developed Area	园林绿地面积（公顷）Area of Gardens & Green Area (hectare)	#建成区 Developed Area	公园绿地面积 Area of Public Green Area (hectare)	公园面积（公顷）Area of Parks (hectare)
全区城市	**All Cities**	**72893**	**40795**	**67149**	**35494**	**10753**	**7603**
#南宁市	Nanning	38603	10165	37225	8787	3235	2651
柳州市	Liuzhou	7886	7040	6738	5661	2094	1331
桂林市	Guilin	2805	2805	2514	2514	846	584
梧州市	Wuzhou	2361	1606	2367	1611	525	458
北海市	Beihai	2534	2534	2172	2172	369	337
防城港市	Fangchenggang	1179	1120	979	961	128	79
钦州市	Qinzhou	3186	2955	2720	2535	215	45
贵港市	Guigang	1660	1658	1551	1551	507	184
玉林市	Yulin	2824	2531	2637	2199	737	716
百色市	Baise	1560	1365	1263	1262	225	89
贺州市	Hezhou	1408	1327	1273	1192	344	337
河池市	Hechi	640	595	588	587	151	97
来宾市	Laibin	1264	1249	1195	1173	315	47
崇左市	Chongzuo	809	718	663	639	111	48

7—12　城市市政设施情况（2012年）
Basic Statistics on Municipal Utilities in Cities (2012)

地区	Region	城市道路长度（公里）Length of Roads (km)	城市道路面积（万平方米）Area of Roads (10 000 sq.m)	路灯盏数（盏）Number of Street Lights (10 000 unit)	排水管道长度（公里）Length of Drainpipes (km)	污水年排放量（万吨）Discharged Volume of Polluted Water (10 000 tons)	污水处理厂集中处理能力（万吨/日）Concentrated Treatment Capacity of Polluted Water by Factory (10 000 tons/day)	污水处理总量（万吨）Treated Total Volume of Polluted Water (10 000 tons)
全区城市	**All Cities**	**7021**	**13661.56**	**564069**	**7725.6**	**119963.45**	**254.0**	**105294.59**
#南宁市	Nanning	1356.16	3334.38	62744	753	30161.44	78	28589.5
柳州市	Liuzhou	934.27	1593.04	56971	1101.12	37613	47.5	34191.34
桂林市	Guilin	469.1	780.3	56000	504.01	8473	25.5	7711
梧州市	Wuzhou	318.83	593.97	52422	194.32	3193.84	7.5	2778
北海市	Beihai	402.64	801.57	26539	521	3887.06	10	3205
防城港市	Fangchenggang	269.98	587.91	17841	399.18	2681.04	4	1837.25
钦州市	Qinzhou	375.52	908.77	31273	561.24	3712.8	9.5	2487
贵港市	Guigang	337.86	751.53	23671	331.79	7737	10	6722
玉林市	Yulin	532.49	925	25526	719.62	4355	20	4315
百色市	Baise	190.49	427.34	26330	296.92	2923.29	6	1810
贺州市	Hezhou	151.98	284.89	15910	213.76	1572.76	5	1076
河池市	Hechi	132.07	200.96	13951	370.41	1937	5	1721.5
来宾市	Laibin	159.28	498.3	84743	431.27	1862	5	1440
崇左市	Chongzuo	169.3	186.44	8100	97	794.11	1.5	404

7—13 城市公共交通、清洁卫生和供气情况（2012年）

Basic Statistics on Public Traffic, Urban Sanitation & Gas Supply in Cities (2012)

地 区	Region	年末实有公共汽车营运车辆（辆）Year-end Operating Public Buses (vehicle)	年末实有公共汽车标台营运车辆（标台）Year-end Operating Public Buses (standard vehicle)	运营线路网长度（公里）Length of Public Transporta-tion Routes (km)	公共汽车客运总量（万人次）Total Passenger Traffic (10 000 person-times)	出租汽车运营车数（辆）Taxis (vehicle)	道路清扫保洁面积（万平方米）Area Under Cleaning Program (10 000 sq.m)	生活垃圾清运量（万吨）Volume of Garbage Disposal (10 000 tons)
全区城市	**All Cities**	**9822**	**10381**	**16501**	**160505**	**18877**	**11601**	**266**
#南宁市	Nanning	2767	3543	2548	58339	5670	3236	75.79
柳州市	Liuzhou	1033	1249	1646	25326	1861	1589	37.27
桂林市	Guilin	775	1033	771	25057	1976	1237	28.82
梧州市	Wuzhou	301	297	437	4780	500	383	8.82
北海市	Beihai	252	248	283	2175	555	906	14.77
防城港市	Fangchenggang	272	247	804	1709	138	540	6.09
钦州市	Qinzhou	413	373	428	4716	400	798	15.08
贵港市	Guigang	221	227	236	2738	365	318	10.65
玉林市	Yulin	235	228	168	3927	599	429	16.65
百色市	Baise	108	108	239	1494	685	403	5
贺州市	Hezhou	159	159	240	3976	300	226	6.51
河池市	Hechi	121	120	178	1230	383	132	3.84
来宾市	Laibin	187	187	318	2130	370	256	4.95
崇左市	Chongzuo	46	48	136	311	143	142	4.58

7—13 续表 continued

地 区	Region	垃圾无害化处理量（万吨）Volume of Garbage & Urine No Harmful Disposal (10 000 tons)	粪便清运量（万吨）Volume of Excrement & Urine Disposal (10 000 tons)	公共厕所座数（座）Number of Public Lavatories (unit)	环卫机械总数（台）Environmental Sanitation Equipment (unit)	液化石油气供气总量（吨）Total Volume of Liquid Petrol Gas Supply (ton)	人工煤气供气总量（万立方米）Total Volume of Manufactured Gas Supply (10 000 cu.m)	天然气供气总量（万立方米）Total Volume of Natural Gas Supply (10 000 cu.m)
全区城市	**All Cities**	**261.0**	**13.0**	**2159**	**2022**	**326110**	**4423**	**16904**
#南宁市	Nanning	75.8	1.5	903	585	93000		6554
柳州市	Liuzhou	36.3	1.3	304	416	56116	4226	3070
桂林市	Guilin	28.8	0.0	288	169	21896		2401
梧州市	Wuzhou	8.8	1.0	67	61	7475		552.3
北海市	Beihai	14.8	0.7	107	148	18450		1883
防城港市	Fangchenggang	5.8	0.0	20	62	9400		68
钦州市	Qinzhou	14.4	0.8	70	50	9162		561
贵港市	Guigang	10.3	0.4	54	80	9856		451
玉林市	Yulin	16.7	3.3	58	47	38445		500
百色市	Baise	5.0	1.0	86	85	5684		1
贺州市	Hezhou	6.5	0.0	35	47	6500		
河池市	Hechi	3.8	0.0	20	35	5038	197	
来宾市	Laibin	4.9	0.0	24	40	7476		
崇左市	Chongzuo	2.93	0	12	24	2986		

7－14 主要年份工业污染治理项目建设情况
Construction of Industrial Pollution Treatment Projects in Main Years

指　标	Item	1995	2000	2005	2010	2011	2012
汇总工业企业数（个）	Total Number of Industrial Enterprises (unit)			255	126	191	194
施工项目本年投资来源合计（万元）	Total Funds of Projects under Construction in This Year(10 000 yuan)			103730.4	92845	129745	127329
排污费补助	Pollution Charges Subsidies			9533	770	1524	494
政府其他补助	Other Government Subsidies			284	388	3574	4721
企业自筹	Self-raising Funds			93914	91687	123639	80429
#银行贷款	Loans			32665	30	19258	8193
施工项目本年完成投资额（万元）	Completed Investment in Construction Projects in This Year(10 000 yuan)	33191	73659	103730.4	92845	129745	127329
治理废水	Treatment of Waste Water	17867	40020	33678	47388	58814	47863
治理废气	Treatment of Waste Gas	10184	26895	56863	27250	64494	63105
治理固体废物	Treatment of Solid Wastes	3771	2716	1849	17024	3249	8782
治理噪声	Treatment of Noise Pollution	389	102	505.3	80	156	2
治理污染搬迁	Treatment of Moving away for Pollution			10	0	0	0
治理其他	Treatment of Other Pollution	980	3927	10824.4	1104	2801	7577
施工和竣工项目（个）	Projects under Construction & Projects Completed (unit)						
当年施工项目（个）	Projects under Construction (unit)	1002	1270	389	175	315	207
#治理废水	Treatment of Waste Water			166	109	146	95
治理废气	Treatment of Waste Gas			174	36	84	40
治理固体废物	Treatment of Solid Wastes			34	22	37	16
治理噪声	Treatment of Noise Pollution			7	1	6	1
治理污染搬迁	Treatment of Moving away for Pollution			1	0	0	0
治理其他	Treatment of Other Pollution			7	7	36	55
当年竣工项目（个）	Projects Completed (unit)	844	1060	307	166	223	203
#治理废水	Treatment of Waste Water	292	443	124	104	105	92
治理废气	Treatment of Waste Gas	355	553	138	34	62	42
治理固体废物	Treatment of Solid Wastes	100	32	30	20	25	13
治理噪声	Treatment of Noise Pollution	62	4	7	1	6	1
治理污染搬迁	Treatment of Moving away for Pollution			1	0	0	0
治理其他	Treatment of Other Pollution		28	7	7	22	55

7－15 主要年份工业污染排放及处理利用情况

Discharge, Treatment & Utilization of Industrial Pollution in Main Years

指 标	Item	1995	2000	2005	2010	2011	2012
汇总工业企业数（个）	Total Number of Industrial Enterprises (unit)			1738	4443	3565	3517
工业废水排放量（万吨）	Volume of Industrial Waste Water Discharged (10 000 tons)	96563	81571	145609	165211	101234	110671
#经过处理达标	Treated Waste Water up to Discharge Standard	42227	30303	121873	160139		
工业废气排放总量（亿标立方米）	Volume of Industrial Waste Gas Discharged (100 million cu.m)	2797	4607	8339	14520	29853	27611
#燃料燃烧过程中废气排放量	Volume of Waste Gas in the Process of Fuel Burning	1699	1787	4370	8584		
生产工艺过程中废气排放量	Volume of Waste Gas in the Process of Production	1098	2820	3969	5936		
二氧化硫排放总量（万吨）	Volume of Sulfur Dioxide Discharged (10 000 tons)	76	83	97	85	48.87	47.16
烟（粉）尘排放量（万吨）	Volume of Smoke (dust) Discharged (10 000 tons)					26	26.85
烟尘排放总量（万吨）	Volume of Soot Discharged (10 000 tons)	50	59	54	26		
工业粉尘排放量（万吨）	Volume of Dust Discharged (10 000 tons)	28	57	56	32		
工业固体废物产生量（万吨）	Volume of Industrial Solid Waste Product (10 000 tons)	1588	2108	3489	6232	7438	7964
工业固体废物处置量（万吨）	Volume of Industrial Solid Waste Treated (10 000 tons)	238	227	109	1563	2050	2218
工业固体废物综合利用量（万吨）	Volume of Comprehensive Utilization of Industrial Solid Waste (10 000 tons)	727	1058	2165	4231	4292	5369
工业固体废物排放量(万吨)	Volume of Industrial Solid Wastes Discharged (10 000 tons)	99	127	110	9.1	2.57	0.41
"三废"综合利用产品产值（万元）	Output Value of Products Made from Utilization of Waste Gas, Waste Water & Waste Residues (10 000 yuan)	110322	84856	238923	510233		

7－16 环境污染治理投资情况（2012年）
Investment in Environment Pollution Treatment (2012)

指　标	Item	2012
环境污染治理投资总额（万元）	**Total Investment in Treatment of Environmental Pollution (10 000 yuan)**	**1976067**
一、工业污染源治理项目本年完成投资	Completed Investment in Treatment of Industrial Pollution Sources Projects in This Year	127329
二、新改扩建“三同时”项目环保投资	Investment in New Building, Rebuilding & Enlarging the Three-meanwhile Projects	752204
三、城市环境基础设施建设本年完成投资额（万元）	Investment in Urban Environment Basic Facilities Construction Completed in This Year (10 000 yuan)	1096534
燃气工程建设	Engineering Construction of Gas	62444
排水工程建设	Engineering Construction of Drainage	225056
园林绿化工程建设	Engineering Construction of Landscaping	707145
市容环境卫生	Sanitation of Cities	101889

7—17 重点调查工业废水排放及治理情况（2012年）
Discharge & Treatment of Waste Water by Branch of Industry (2012)

指 标 名 称	Item	汇总工业企业数（个）Number of Industrial Enterprises (unit)	工业废水排放总量（万吨）Total Discharged Volume of Industrial Waste Water (10 000 tons)	废水治理设施数（套）Number of Facilities for Treatment of Waste Water (set)
总 计	**Total**	**3517**	**101303.00**	**2392**
煤炭采选业	Coal Mining & Processing	14	692.51	3
石油和天然气开采业	Petroleum & Natural Gas Extraction	1	0	1
黑色金属矿采选业	Ferrous Metals Mining & Processing	49	74.30	31
有色金属矿采选业	Nonferrous Metals Mining & Processing	271	10415.97	182
非金属矿采选业	Nonmetal Mining & Processing	38	285.17	18
其他采矿业	Other Mining Industries	2	13.05	2
农副食品加工业	Major Grain & Sideline Product Processing	372	31752.53	428
食品制造业	Food Production	69	883.86	50
饮料制造业	Beverage Production	66	4590.99	64
烟草制造业	Tobacco Processing	3	44.76	1
纺织业	Textile Industry	78	1622.76	77
纺织服装、鞋、帽制造业	Garments, Shoes & Accessories Manufacturing	24	1415.57	24
皮革、毛皮、羽绒及其制造业	Leather, Furs, Down & Related Products	26	444.77	26
木材加工及竹、藤、棕、草制品业	Timber, Bamboo, Cane, Palm Fiber, Straw Products	99	1228.24	64
家具制造业	Manufacture of Furniture	5	6.06	5
造纸及纸制品业	Papermaking & Paper Products	264	23536.19	247
印刷业和记录媒介的复制	Printing & Record Medium Reproduction	5	9.41	2
文教、工美、体育和娱乐用品制造业	Culture, Education, Handcraft Art, Sport & Enter tainment Goods Manufacturing	2	5.80	0
石油加工、炼焦及核燃料加工业	Petroleum Refining & Coking	6	1001.51	18
化学原料及化学制品制造业	Raw Chemical Materials & Chemical Products	235	11387.07	254
医药制造业	Medical & Pharmaceutical Products	77	1854.16	72

7—17 续表 continued

指 标 名 称	Item	汇总工业企业数（个）Number of Industrial Enterprises (unit)	工业废水排放总量（万吨）Total Discharged Volume of Industrial Waste Water (10 000 tons)	废水治理设施数（套）Number of Facilities for Treatment of Waste Water (set)
橡胶制品业	Rubber Products	15	207.07	10
非金属矿物制品业	Nonmetal Mineral Products	1167	2604.29	191
#水泥制造业	Cements Products	190	1565.86	61
黑色金属冶炼及压延加工业	Smelting & Pressing of Ferrous Metals	215	2720.45	261
有色金属冶炼及压延加工业	Smelting & Pressing of Nonferrous Metals	168	2292.58	132
金属制品业	Metal Products	72	348.94	47
通用设备制造业	Ordinary Machinery	12	125.29	9
专用设备制造业	Special Purpose Equipment	14	138.28	13
汽车制造业	Automobile Manufacturing	34	524.85	33
铁路、船舶、航空航天和其他运输设备制造业	Railway, Ship, Aerospace & Other Transportation Equipment Manufacturing	8	43.41	5
电气机械和器材制造业	Electric Equipment & Machinery	18	96.35	14
计算机、通信和其他电子设备制造业	Computer, Communication & Other Electronic Equipment Manufacturing	10	479.52	6
仪器仪表制造业	Instruments Manufacturing	3	16.10	3
其他制造业	Other Manufacturing	37	64.98	12
废弃资源综合利用业	Waste Resources Comprehensive Utilization	14	10.08	10
金属制品、机械和设备修理业	Metal Product, Machinery & Equipment Repair Services	3	166.70	6
电力、热力生产和供应业	Production & Supply of Electric Power & Steam	19	198.94	70
#火力发电业	Thermal Power	17	198.94	69
燃气生产和供应业	Production & Supply of Gas	1		
其他行业	Other Industries	1		1

7—18 重点调查工业废气排放及治理情况（2012年）

指 标 名 称	Item	汇总工业企业数（个）Number of Industrial Enterprises (unit)	废气治理设施数（套）Number of Facilities for Treatment of Waste Gas (set)	工业废气排放量（万标立方米）Total Discharged Volume of Industrial Waste Gas (10 000 cu.m)
总 计	**Total**	**3517**	**6418**	**276106566**
煤炭采选业	Coal Mining & Processing	14		
石油和天然气开采业	Petroleum & Natural Gas Extraction	1		
黑色金属矿采选业	Ferrous Metals Mining & Processing	49	33	70741
有色金属矿采选业	Nonferrous Metals Mining & Processing	271	10	67397
非金属矿采选业	Nonmetal Mining & Processing	38	37	118825
其他采矿业	Other Mining Industries	2	2	5931
农副食品加工业	Major Grain & Sideline Product Processing	372	584	13169880
食品制造业	Food Production	69	84	222645
饮料制造业	Beverage Production	66	100	667862
烟草制造业	Tobacco Processing	3	7	32675
纺织业	Textile Industry	78	73	212130
纺织服装、鞋、帽制造业	Garments, Shoes & Accessories Manufacturing	24	24	23562
皮革、毛皮、羽绒及其制造业	Leather, Furs, Down & Related Products	26	25	31043
木材加工及竹、藤、棕、草制品业	Timber, Bamboo, Cane, Palm Fiber, Straw Products	99	137	4919853
家具制造业	Manufacture of Furniture	5	3	9454
造纸及纸制品业	Papermaking & Paper Products	264	298	3625522
印刷业和记录媒介的复制	Printing & Record Medium Reproduction	5	3	40693
文教、工美、体育和娱乐用品制造业	Culture, Education, Handcraft, Art, Sport & Entertainment Goods Manufacturing	2	0	51
石油加工、炼焦及核燃料加工业	Petroleum Refining & Coking	6	5	1986786
化学原料及化学制品制造业	Raw Chemical Materials & Chemical Products	235	398	8574174
医药制造业	Medical & Pharmaceutical Products	77	82	402764

Discharge & Treatment of Waste Gas by Branch of Industry (2012)

二氧化硫去除量（吨）Removed Volume of Sulfur Dioxide (ton)	二氧化硫排放量（吨）Volume of Sulfur Dioxide Discharged (ton)	氮氧化物去除量（吨）Removed Volume of Nitrogen Oxides (ton)	氮氧化物排放量（吨）Volume of Nitrogen Oxides Discharged (ton)	烟（粉）尘去除量（吨）Removed Volume of Smoke & Dust (ton)	烟（粉）尘排放量（吨）Volume of Smoke & Dust Discharged (ton)
1134604.00	**430805.00**	**24866.40**	**333517.10**	**18571611.30**	**247022.70**
51.00	293.42	7.00	28.03	598.65	566.77
				614.00	75.95
89.66	148.52	10.31	43.27	4592.85	286.26
135.60	47.00	48.29	24.71	65.00	42.16
12679.15	20402.04	156.52	13988.43	425946.65	44680.85
821.26	2053.86	1.10	453.49	3713.26	829.93
2796.77	5167.18	2.70	1780.16	21878.19	1384.12
78.35	88.60		67.26	325.11	48.67
123.29	324.75	0.01	286.93	5708.83	1153.46
	325.26		60.30	766.41	111.60
147.27	317.13	0.27	55.45	705.46	93.37
19.03	612.11		587.82	185914.87	6975.13
	1.20		7.63	1239.80	62.64
25629.79	24848.45	10.48	8111.25	384824.35	14255.95
	155.76		15.89	283.26	126.63
	0.35	0.00	0.10	0.00	0.01
14540.66	7916.75	1382.83	1598.97	1875.92	647.57
79714.20	35685.70	15595.36	4659.37	231726.72	11975.28
473.29	1944.11		345.31	5156.71	800.26

7－18 续表

指 标 名 称	Item	汇总工业企业数（个）Number of Industrial Enterprises (unit)	废气治理设施数（套）Number of Facilities for Treatment of Waste Gas (set)	工业废气排放量（万标立方米）Total Discharged Volume of Industrial Waste Gas (10 000 cu.m)
橡胶制品业	Rubber Products	15	25	126360
非金属矿物制品业	Nonmetal Mineral Products	1167	2878	126144600
#水泥制造业	Cements Products	190	2597	111124754
黑色金属冶炼及压延加工业	Smelting & Pressing of Ferrous Metals	215	474	36918590
有色金属冶炼及压延加工业	Smelting & Pressing of Nonferrous Metals	168	601	26997790
金属制品业	Metal Products	72	28	370852
通用设备制造业	Ordinary Machinery	12	122	122375
专用设备制造业	Special Purpose Equipment	14	143	131870
汽车制造业	Automobile Manufacturing	34	76	2281551
铁路、船舶、航空航天和其他运输设备制造业	Railway, Ship, Aerospace & Other Transportation Equipment Manufacturing	8	3	61668
电气机械和器材制造业	Electric Equipment & Machinery	18	39	228696
计算机、通信和其他电子设备制造业	Computer, Communication & Other Electronic Equipment Manufacturing	10	5	10940
仪器仪表制造业	Instruments Manufacturing	3	1	2900
其他制造业	Other Manufacturing	37	8	234000
废弃资源综合利用业	Waste Resources Comprehensive Utilization	14	3	6660
金属制品、机械和设备修理业	Metal Product, Machinery & Equipment Repair Services	3	26	1052188
电力、热力生产和供应业	Production & Supply of Electric Power & Steam	19	77	47115210
#火力发电业	Thermal Power	17	71	47095015
燃气生产和供应业	Production & Supply of Gas	1		
其他行业	Other Industries	1	4	118327

continued

二氧化硫去除量（吨）Removed Volume of Sulfur Dioxide (ton)	二氧化硫排放量（吨）Volume of Sulfur Dioxide Discharged (ton)	氮氧化物去除量（吨）Removed Volume of Nitrogen Oxides (ton)	氮氧化物排放量（吨）Volume of Nitrogen Oxides Discharged (ton)	烟（粉）尘去除量（吨）Removed Volume of Smoke & Dust (ton)	烟（粉）尘排放量（吨）Volume of Smoke & Dust Discharged (ton)
73.74	1288.98		269.47	5984.24	274.58
3562.06	43034.31	50.80	117326.80	8742852.32	72576.68
2096.16	12572.10	3.80	104396.17	8379867.77	39474.55
18908.21	31656.15	71.33	25289.77	1426521.09	37138.91
337631.61	82726.49	40.67	13647.91	885121.99	15363.01
18702.67	1320.51	4.88	12.14	5479.21	195.28
142.67	73.91		9.94	1317.24	58.58
32.50	122.62		66.87	1084.17	799.65
38.68	37.64	7.15	53.79	6657.21	987.30
0.00	1.81		1.47	8.65	21.04
22.14	59.41		28.56	111.88	51.95
12.67	5.41		21.68	1362.04	13.25
	12.08		1.28	6.60	1.56
	34523.32		6527.99	601.22	1256.34
0.32	2.85		3.15	318.44	19.10
	50.32		10.19	2873.82	621.69
618177.50	135484.10	7476.70	138131.70	6211892.92	33429.08
617790.28	135290.79	7476.62	138031.35	6211483.43	33368.98
	72.93			3482.63	98.14

7—19 重点调查工业固体废物排放及治理情况（2012年）

指 标 名 称	Item	汇总工业企业数（个）Number of Industrial Enterprises (unit)	工业固体废物产生量（万吨）Volume of Industrial Solid Waste Produced (10 000 tons)	#危险废物（吨）Dangerous Wastes (ton)
总 计	**Total**	**3517**	**7465.36**	**787883.9**
煤炭采选业	Coal Mining & Processing	14	41.26	
石油和天然气开采业	Petroleum & Natural Gas Extraction	1		
黑色金属矿采选业	Ferrous Metals Mining & Processing	49	301.88	49.55
有色金属矿采选业	Nonferrous Metals Mining & Processing	271	2007.02	9.13
非金属矿采选业	Nonmetal Mining & Processing	38	68.53	7500
其他采矿业	Other Mining Industries	2	11.29	
农副食品加工业	Major Grain & Sideline Product Processing	372	848.23	18.3
食品制造业	Food Production	69	5.72	
饮料制造业	Beverage Production	66	72.32	1.77
烟草制造业	Tobacco Processing	3	0.46	
纺织业	Textile Industry	78	1.70	
纺织服装、鞋、帽制造业	Garments, Shoes & Accessories Manufacturing	24	0.96	
皮革、毛皮、羽绒及其制造业	Leather, Furs, Down & Related Products	26	0.69	209.37
木材加工及竹、藤、棕、草制品业	Timber, Bamboo, Cane, Palm Fiber, Straw Products	99	36.97	0
家具制造业	Manufacture of Furniture	5	0.04	1.01
造纸及纸制品业	Papermaking & Paper Products	264	131.63	34.76
印刷业和记录媒介的复制	Printing & Record Medium Reproduction	5	0.20	3.08
文教、工美、体育和娱乐用品制造业	Culture, Education, Handcraft, Art, Sport & Entertainment Goods Manufacturing	2	0.00	0.04
石油加工、炼焦及核燃料加工业	Petroleum Refining & Coking	6	0.22	6184.39
化学原料及化学制品制造业	Raw Chemical Materials & Chemical Products	235	286.52	388163.1
医药制造业	Medical & Pharmaceutical Products	77	4.08	3

Discharge & Treatment of Industrial Solid Wastes (2012)

工业固体废物 综合利用量 （万吨） Volume of Industrial Solid Wastes Utilized (10 000 tons)	工业固体废物 贮存量 （万吨） Volume of Industrial Solid Wastes Accumulated (10 000 tons)	工业固体废物 处置量 （万吨） Volume of Industrial Solid Wastes Treated (10 000 tons)	工业固体废物 排放量 （万吨） Volume of Industrial Solid Wastes Discharged (10 000 tons)
5054.83	**1005.76**	**2078.00**	**0.39**
40.59	0.45	0.22	
158.97	43.02	99.89	
794.61	161.93	1510.27	0.28
69.11	1.37	0.04	
0.01		133.16	
782.61	20.78	65.41	0.03
5.67		0.06	
77.36	0.29	1.19	
0.46			
1.59		0.11	
0.96			
0.64	0.01	0.05	
36.63	0.00	0.34	
0.04			
116.51	3.93	11.21	0.03
0.20			
		0.22	
266.43	11.24	9.24	
4.05		0.04	0.04

7—19 续表

指 标 名 称	Item	汇总工业企业数（个）Number of Industrial Enterprises (unit)	工业固体废物产生量（万吨）Volume of Industrial Solid Waste Produced (10 000 tons)	#危险废物（吨）Dangerous Wastes (ton)
橡胶制品业	Rubber Products	15	1.32	0.00
非金属矿物制品业	Nonmetal Mineral Products	1167	197.23	10.42
#水泥制造业	Cements Products	190	125.96	8.09
黑色金属冶炼及压延加工业	Smelting & Pressing of Ferrous Metals	215	1004.80	3816.04
有色金属冶炼及压延加工业	Smelting & Pressing of Nonferrous Metals	168	1733.58	371042.30
金属制品业	Metal Products	72	0.96	2499.45
通用设备制造业	Ordinary Machinery	12	1.77	590.42
专用设备制造业	Special Purpose Equipment	14	0.96	569.23
汽车制造业	Automobile Manufacturing	34	11.70	5997.10
铁路、船舶、航空航天和其他运输设备制造业	Railway, Ship, Aerospace & Other Transportation Equipment Manufacturing	8	0.28	15.28
电气机械和器材制造业	Electric Equipment & Machinery	18	0.03	944.27
计算机、通信和其他电子设备制造业	Computer, Communication & Other Electronic Equipment Manufacturing	10	0.20	2.49
仪器仪表制造业	Instruments Manufacturing	3	0.02	11.50
其他制造业	Other Manufacturing	37	5.44	5.00
废弃资源综合利用业	Waste Resources Comprehensive Utilization	14	0.09	0.00
金属制品、机械和设备修理业	Metal Product, Machinery & Equipment Repair Services	3	0.38	200.67
电力、热力生产和供应业	Production & Supply of Electric Power & Steam	19	681.26	2.20
#火力发电业	Thermal Power	17	680.91	0.00
燃气生产和供应业	Production & Supply of Gas	1	0.0020	
其他行业	Other Industries	1	5.62	

continued

工业固体废物 综合利用量 (万吨) Volume of Industrial Solid Wastes Utilized (10 000 tons)	工业固体废物 贮存量 (万吨) Volume of Industrial Solid Wastes Accumulated (10 000 tons)	工业固体废物 处置量 (万吨) Volume of Industrial Solid Wastes Treated (10 000 tons)	工业固体废物 排放量 (万吨) Volume of Industrial Solid Wastes Discharged (10 000 tons)
1.32	0.00	0.00	0.00
184.14	3.74	10.68	0.00
125.21	0.89	1.20	0.00
908.16	50.65	61.27	0.00
941.70	705.10	126.10	0.00
0.45	0.15	0.35	0.00
1.68	0.02	0.07	0.00
0.91	0.00	0.06	0.00
11.50	0.00	0.20	0.00
0.28	0.00	0.00	0.00
0.03	0.00	0.00	0.00
0.20	0.00	0.00	0.00
0.02	0.00	0.00	0.00
5.44	0.00	0.00	0.00
0.04	0.00	0.04	0.00
0.07	0.00	0.31	0.00
636.83	3.08	47.48	0.00
636.47	3.08	47.48	0.00
0.0015	0.0000	0.0005	0.0000
5.62	0	0	0

主要统计指标解释

自然资源　指人类可以直接从自然界获得,并用于生产和生活的物质资源。自然资源一般可以分成可再生资源和非再生资源两大类。可再生资源指在较短时间内可以再生、可以循环利用的资源,包括土地资源、水资源、气候资源、生物资源和海洋资源等。非再生资源指在使用后不能再生的资源,包括矿产资源和地热能源。

土地资源　土地是指陆地的表层部分，它主要由岩石、岩石的风化物和土壤构成。土地资源按利用类型可以分为农用地、建筑用地和未利用地。农用地包括耕地、园地、林地、牧草地和水面。建筑用地包括居民点及工矿用地、交通用地和水利设施用地。未利用地指家用地和建筑用地以外的土地，包括滩涂、荒漠、戈壁、冰川和石山等。

林业用地面积　指生长乔木、竹类、灌木、沿海红树林等林木的土地面积，包括有林地、灌木林、疏林地、未成林造林地、迹地、苗圃等。

草地面积　指牧区和农区用于放牧牲畜或割草，植被盖度在5%以上的草原、草坡、草山等面积。包括天然的和人工种植或改良的草地面积。

海洋　是海和洋的统称。洋为地球表面上相连接的广大咸水水体的主体部分。海为地球表面相连接的广大咸水水体被陆地、岛礁、半岛包围或分隔的边缘部分。

森林面积　指由乔木树种构成，郁闭度0.2以上（含0.2）的林地或冠幅宽度10米以上的林带的面积，即有林地面积。森林面积包括天然起源和人工起源的针叶林面积、阔叶林面积、针阔混交林面积和竹林面积，不包括灌木林地面积的疏林地面积。

森林蓄积量　指一定森林面积上存在着的林木树干部分的总材积。它是反映一个国家或地区森林资源总规模和水平的基本指标之一，也是反映森林资源的丰富程度、衡量森林生态环境优劣的重要依据。

森林覆盖率　指一个国家或地区森林面积占土地总面积的百分比。森林覆盖率是反映森林资源的丰富程度和生态平衡善的重要指标。在计算森林覆盖率时，森林面积包括郁闭度0.2以上的乔木林地面积和竹林地面积，国家特别规定的灌木林地面积、农田林网以及四旁（村旁、路旁、水旁、宅旁）林木的覆盖面积。计算公式为：

$$\text{森林覆盖率}(\%)=\frac{\text{森林面积}}{\text{土地总面积}}\times 100\%$$

矿产资源保有储量　指探明的矿产储量（包括工业储量和远景储量）扣除已开采部分和地下损失量后的年底实有储量。它反映国家矿产资源的现状。

径流量　指在一定时段内通过河流某一过水断面的水量，用以反映一个国家或地区水资源的丰歉程度。计算公式为：

径流量=降水量－蒸发量

气温　指空气的温度，我国一般以摄氏度（℃）为单位表示。气候观测的温度表是放在离地面约1.5米处通风良好的百叶箱里测量的，因此，通常的气温指的是离地面1.5米处百叶箱中的温度。其统计计算方法为：

月平均气温是将全月各日的平均气温相加，除以该月的天数而得。

年平均气温是将12个月的平均气温累加后除以12而得。

降水量　指从天空降落到地面的液态或固态（经融化后）水，未经蒸发、渗透、流失而在地面上积聚的深度。其统计计算方法为：

月降水量是将全月各日的降水量累加而得。

年降水量是将12个月的月降水量累加而得。

日照时数　指太阳实际照射地面的时间。其统计方法与降水量相同。

工业废水排放量　指经过企业厂区所有排放口排到企业外部的工业废水量。包括生产废水、外排的直接冷却水、超标排放的矿井地下水和与工业废水混排的厂区生活污水，不包括外排的间接冷却水（清污不分流的间接冷却水应计算在内）。

工业废水排放达标量　指各项指标都达到国家或地方排放标准的外排工业废水量，包括未经处理外排达标和经过处理后外排达标两部分。

工业废气排放量　指企业厂内燃料燃烧和生产工艺过程中产生的各种排入空气的含有污染物的气体总量，按标准状态（273K，101325Pa）计算。

二氧化硫排放量　指企业在燃料燃烧和生产工艺过程中排入大气的二氧化硫数量。

烟尘排放量　指企业厂内燃料燃烧产生的烟气中夹带的颗粒物数量。

工业粉尘排放量　指企业在生产工艺过程中排放的颗粒物重量，如钢铁企业的耐火材料粉尘、焦化企业的筛焦系统粉尘、烧结机的粉尘、石灰窑的粉尘、建材企业的水泥粉尘等。不包括电厂排入大气的烟尘。

工业固体废物产生量　指企业在生产过程中产生的固体状、半固体状和高浓度废液体废弃物的总量，包括危险废物、冶炼废渣、粉煤灰、炉渣、煤矸石、尾矿、放射性废物和其他废物等；不包括矿山开采的剥离废石和掘进废石（煤矸石和呈酸性或碱性的废石除外）。酸性或碱性废石指采掘的废石其流经水、雨淋水的pH值小于4或pH值大于10.5者。

工业固体废物综合利用量　指通过回收、加工、循环、交换等方式，从固体废物中提取或者使其转化为可以利用的资源、能源和其他原材料的固体废物量（包括当年利用往年的工业固体废物累计贮存量），如用作农业肥料、生产建筑材料、筑路等。综合利用量由原产生固体废物的单位统计。

工业固体废物处置量　指将固体废物焚烧或者最终置于符合环境保护规定要求的场所，并不再回取的工业固体废物量（包括当年处置往年的工业固体废物累计贮存量）。处置方法有填埋（其中危险废物应安全填埋）、焚烧、专业贮存场（库）封场处理、深层灌注、回填矿井等。

工业固体废物排放量　指将所产生的固体废物排到固体废物污染防治设施、场所以外的数量，不包括矿山开采的剥离废石和掘进废石（煤矸石和呈酸性或碱性的废石除外）。

“三废”综合利用产品产值　指利用“三废”（废液、废气、废渣）作为主要原料生产的产品价值（现行价）；已经销售或准备销售的应计算产品价值，留作生产自用的不应计算产品价值。

城市统计范围　根据建设部的新规定，设市城市按城区范围统计，县的统计范围为县城。

设市城市的城区　包括：

（一）街道办事处所辖地域；

（二）城市公共设施、居住设施和市政公用设施等连接到的其他镇（乡）地域；

（三）常住人口在3000人以上独立的工矿区、开发区、科研单位、大专院校等特殊区域。

县城　包括：

（一）县政府驻地的镇（城关镇）或街道办事处地域；

（二）县城公共设施、居住设施和市政公用设施等连接到的其他镇（乡）地域；

（三）常住人口在3000人以上独立的工矿区、开发区、科研单位、大专院校等特殊区域。

市区面积　指城市行政区域内的全部土地面积（包括水域面积）。地级城市行政区不包括市辖县（市），以国务院批准的行政区划面积为准。

城区面积　指设市城市的城建统计的范围面积。

市区（县）人口　指城市（县）行政区域内有常住户口和未落常住户口的人，以及被注销户口的在押犯、劳改、劳教人员。未落常住户口是指持出生、迁移、复员转业、劳改释放、解除劳教等证件未落常住户口的、无户口的人员以及户口情况不明且定居一年以上的流入人口。

城区（县城）人口　指划定的城区（县城）范围的人口数。

Explanatory Notes on Main Statistical Indicators

Natural Resources refer to the material resources that can be get from nature directly and used for production and life. Natural resources usually can be divided into 2 kinds; renewable resources and non-renewable resources. Renewable resources refer to the resources that can reproduce or recycle in a comparatively short time, including land resource, water resource, climate resource, biology resource, ocean and sea resource and so on. Non-renewable resources refer to the resources that cannot reproduce after using, including mineral resources and geothermal resource.

Land Resource Land refers to the surface of the earth, consisting of mainly rocks and its weathering and earth. Land resource can be classified, by its utilization, as land for agriculture, land for construction and unused land. Land for agriculture includes cultivated land, plantation land, forestland, grassland and waters. Land for construction includes land for residential purpose, for manufacturing and mining, for transportation and for water conservancy projects. Unused land refers to land other than land for agriculture and construction, including beaches, deserts, Gobi, glaciers and rock mountains.

Area of Afforested Land refers to land for trees, bamboo, bushes and mangrove, including forest-covered land, bush-covered land, sparse forest land, land planned for forestation and nurseries of young trees.

Area of Grassland refers to areas of grassland, grass-slopes and grass-covered hills with vegetation covering rate of over 5% that are used for animal husbandry or harvesting of grass. It includes natural, cultivated and improved grassland area.

Oceans and Seas Oceans refer to the principal part of the large bodies of saltwater connecting on the surface of the earth. Seas refer to the edges that the large bodies of saltwater connecting on the surface of the earth encircled or isolated by land, islands, reefs and peninsulas.

Forest Area refers to the area of forest where trees and bamboo grow with canopy density above 0.2 including land of natural woods and planted woods, but excluding bush land and thin forestland. It reflects the total areas of forestation.

Stock Volume of Forest refers to total stock volume of wood growing in forest area, which shows the total size and level of forest resources of a country or a region. It is also an important indicator illustrating the richness of forest resource and the status of forest ecological environment.

Forest Coverage Rate refers to the ratio of area of forestation land to total land area. It is a very important indicator that reflects the status of abundance of forest resource and ecosystem balance. Forest area includes the area of trees and bamboo grow with canopy density above 0.2, the area of shrubby tree according to regulations of the government, the area of forest land inside farm land and the area of trees plated by the side of villages, farm houses and along roads and rivers. The formula for calculating forest coverage rate is as follows:

Forest Coverage Rate(%) = (Area of Forested Land / Area of Total Land) ×100%

Ensured Reserves of Mineral Resources refer to the proven reserves of mineral resources (including industrial reserves and future reserves), which equal to the basic reserves and volume of resources minus the part mined and underground losses. They reflect status quo of mineral resources of countries.

Volume of Runoff refers to the volume of water that run through a certain cross section of a river during a given period, and it reflects the abundance of water resource in a country or region. The formula for calculating the volume of runoff is as follows:

Volume of Runoff = Amount of Precipitation – Amount of Evaporation

Atmospheric Temperature refers to the temperature of air, and is usually measured in degree centigrade (℃) in China. The thermometer for climate observation is placed in a drafty thermometer screen in distance of 1.5 meters from ground, thus the atmospheric temperature usually called refers to the temperature in the thermometer in distance of 1.5 meters from ground. The statistical calculating method is:

Average monthly atmospheric temperature equals to add up the average atmospheric temperatures of all days over a month and then multiplies the number of days over the month.

Average annual atmospheric temperature equals to add up the average monthly atmospheric temperatures and then multiplies 12.

Amount of Precipitation refers to the depth of liquid or solid (melted) water, which falls from sky to land, collected on ground without evaporation, infiltration and loss. The statistical calculating method is:

Monthly amount of precipitation equals to add up the amount of precipitation in all days over a month.

Annual amount of precipitation equals to add up the monthly amount of precipitation in 12 months of 1 year.

Sunshine Time refers to the actual hours that the sun shining ground. The statistical calculating method is the same as amount of precipitation.

Volume of Industrial Waste Water Discharged refers to the volume of industrial waste water discharged, through all outlets, to the outside of industrial enterprises, including waste water produced, direct-cooling water, underground water from mines from mines that does not meet the standard of discharge, and the domestic sewage mixed up with industrial waste water when discharged, but excluding discharged indirect-cooling water.

Volume of Waste Water up to the Standard for Discharged refers to the volume of discharged industrial wastewater that, with or without treatment, has come up to the national or local standard for discharge.

Volume of Industrial Waste Gas Emission refers to waste gas emitted from burning of fuels and from production process in the area of factory, and is measured by 10 000 standard cubic meters each year under normal condition (273K, 101325Pa).

Volume of Industrial Sulphur Dioxide Dischargedd refers to the volume of sulphur dioxide to the air in the process of fuel burning or in the production process.

Volume of Industrial Soot Discharged refers to the volume solid soot in the smoke discharged in the process of fuel burning in the area of the factory.

Industrial Dust Discharged refers to the total weight of solid dust discharged by industrial enterprises in the production process, such as dust of refractory materials form iron plants, dust from coke-screening systems or from sintering machines of coking plants, dust form lime kilns, cements dust from building material enterprises, etc., but excluding smoke and dust discharged by power plants.

Volume of Industrial Solid Wastes Produced refers to the total volume of solid, semi-solid or high-concentration liquid residue produced by industrial enterprises in their production process, including dangerous wastes, residues from melting, fly ash, slag, gangue, tailings, radioactive residues and other residues, but excluding stripped or dug stones in mining (except gangue and acid or alkali stones which are stones washed or soaked by water with a PH value smaller than 4 or larger than 10.5)

Volume of Industrial Solid Wastes Utilized in a Comprehensive Way refers to the volume of solid wastes form which useful materials can be extracted or which can be changed to be utilizable resources, energy or other materials, including the volume of industrial solid wastes stored up in the previous years and utilized in the current year, such as the solid wastes utilized as fertilizers, building materials, for making roads or for other purpose. Solid wastes producing units collect statistical data on utilization of industrial solid wastes.

Volume of Industrial Solid Wastes Treated refers to solid wastes disposed of in a non-recoverable place that meet the requirement of environmental protection, such as burying (The dangerous wastes should be buried safely), burning, piling in designated sites, pouring water into the deep strata, filing of old mines, etc. (including treatment of solid wastes piled up in the previous years).

Volume of Industrial Solid Wastes Discharged refers to the volume of industrial solid wastes produced and discharged at the places outside the special facilities or special sites for preventing against pollution, excluding stripped or dug stones in mining (except gangue and acid or alkali waste stones).

Output Value of Products Made from Utilization of Waste Gas, Waste Water and Industrial Solid Wastes refers to the value of products (calculated at current prices) made by industrial enterprises using recovered waste water, waste gas or solid wastes as main raw materials. Only the value of the products, which have been sold or are ready, to be sold should be included. The value of the products, which will be used in the production of the enterprises, should not be included.

Statistical Range of City According to the new regulation of Ministry of Construction, the statistical range of administratively designated city refers to the urban area, and the statistical range of county refers to the county seat.

Urban Area of Administratively Designated City includes:

1. the area ruled by sub-district offices;

2. the area of other towns(villages) joint by city public facilities, living facilities and municipal facilities;

3. the special area of independent industrial and mining areas, development zones, institutions of scientific research and univer-

sities and colleges, with the permanent population above 3000 persons.

County Seat includes:

1. the area of the seat towns of county governments or sub-district offices;

2. the area of other towns(villages) joint by public facilities of county seats, living facilities and municipal facilities;

3. the special area of independent industrial and mining areas, development zones, institutions of scientific research and universities and colleges, with the permanent population above 3000 persons.

Area of City District refers to the total land area(including water area) in the administrative areas of the city. The administrative areas of the prefecture-level city excludes the under counties(county-level cities), and subject to the area of administrative divisions authorized by the State Department.

Urban Area refers to the area of the statistical range of the administratively designated cities' construction.

Population of City District(county) refers to the population with permanent residences and not yet with permanent residences, and the residence-canceled population of criminals in custody, reform- through-labor personnel and reeducation- through-labor personnel. The population not yet with permanent residences refers to the personnel that without residences or have not registered their identifications(such as for birth, transferring, demobilization and returning to civilian work, reform- through-labor personnel released and reeducation- through-labor personnel released) as permanent residences yet, and also includes the influx of population that have uncertain residences and settle for more than 1 year.

Population of Urban Area(county seat) refers to the population in the range of the circumscribed urban area(county seat).

能源生产与消费

ENERGY PRODUCTION & CONSUMPTION

8－1 能源生产、消费总量(1978－2012年)
Production & Consumption of Energy (1978－2012)

单位：万吨标准煤 (10 000 tons of SCE)

年份 Year	能源生产总量 Total Production of Energy	原煤 Coal	原油 Crude Oil	水电 Hydropower	能源消费总量 Total Consumption of Energy	煤炭 Coal	石油 Oil	水电 HydroPower
1978	508.59	382.26		126.33	781	479.53	175.14	126.33
1979	475.57	341.44		134.13	765	437.58	193.29	134.13
1980	415.21	287.79		127.42	730	413.91	188.69	127.42
1981	440.82	288.59		152.23	717	391.55	173.22	152.23
1982	481.92	306.91		175.01	769	439.95	154.04	175.01
1983	524.21	333.76	3.07	187.38	810	461.21	161.41	187.38
1984	526.19	324.50	4.50	197.19	854	487.63	169.18	197.19
1985	638.52	330.16	5.13	303.23	1008.21	530.60	125.70	303.23
1986	571.19	264.64	0.00	306.55	1022.77	542.36	125.89	306.55
1987	628.55	315.04	5.39	308.12	1135.66	648.80	133.47	308.12
1988	684.25	417.56	5.20	261.49	1160.21	728.76	121.75	261.49
1989	706.28	465.87	4.67	235.74	1200.28	776.59	127.22	235.74
1990	704.63	416.27	17.14	271.22	1308.21	820.62	151.81	271.22
1991	693.59	426.95	4.49	262.15	1386.88	903.22	155.70	262.15
1992	783.88	492.88	4.59	286.41	1549.30	1034.80	157.16	286.41
1993	958.47	502.35	4.40	451.72	1809.21	1068.67	179.18	451.72
1994	1064.73	575.91	4.61	484.21	2047.95	1232.19	193.60	484.21
1995	1103.39	561.90	14.53	526.96	2256.52	1261.41	227.49	526.96
1996	1035.50	531.33	5.14	499.03	2301.11	1303.05	244.90	499.03
1997	1065.84	472.81	5.60	587.43	2327.74	1190.25	245.92	587.43
1998	975.93	430.71	4.50	540.72	2417.68	1218.87	318.95	540.72
1999	855.47	346.25	5.00	504.22	2472.73	1299.03	327.89	504.22
2000	833.28	300.26	4.70	528.32	2669.34	1393.61	405.61	528.32
2001	838.35	260.31	4.64	573.21	2898.53	1471.75	495.19	573.21
2002	770.23	185.31	5.00	579.93	2981.82	1418.49	577.36	579.93
2003	729.67	188.12	4.69	651.15	3420.82	1770.10	651.66	651.15
2004	908.43	267.06	5.13	636.24	4308.20	1996.34	765.50	636.24
2005	1220.99	358.78	4.90	857.31	4868.57	2724.85	856.81	857.31
2006	1359.27	288.54	4.84	1065.88	5390.35	2897.26	927.39	1065.88
2007	1467.60	305.91	4.11	1157.58	5997.38	3537.14	995.77	1157.58
2008	1926.42	191.30	4.09	1730.91	6497.05	3645.04	1048.49	1730.91
2009	1820.23	259.86	4.13	1556.24	7074.96	4159.93	1146.79	1556.24
2010	1951.85	428.48	3.84	1519.53	7918.97	4264.41	1315.24	1519.53
2011	1777.24	445.37	3.24	1328.63	8591.36	4631.48	1473.65	1328.63
2012	2129.80	440.96	3.27	1685.57	9154.51	4891.04	1641.06	1685.57

注：1.本表指标均为常规能源折合标准煤。

2.从1988年起电力折标系数调整，2004年、2010年能源生产量作调整，2005年-2008年因第二次经济普查数据作调整。

Note: 1.The items in this table are converted into SCE.

2.Since 1988, the ratio of Hydro-Power converted into SCE has been adjusted. And the production of energy in 2004 has been adjusted, too. The data from 2005 to 2008 has been adjusted by the 2nd Economic Census.

8－2 能源生产、消费构成(1978－2012年)

Composition of Energy Production & Consumption(1978－2012)

单位：%　　　　(%)

年份 Year	能源生产总量 Total Production of Energy	原煤 Coal	原油 Crude Oil	水电 Hydro- power	能源消费总量 Total Consumption of Energy	煤炭 Coal	石油 Oil	水电 Hydro-Power
1978	100	75.2		24.8	100	61.4	22.4	16.2
1979	100	71.8		28.2	100	57.2	25.3	17.5
1980	100	69.3		30.7	100	56.7	25.9	17.5
1981	100	65.5		34.5	100	54.6	24.2	21.2
1982	100	63.7		36.3	100	57.2	20.0	22.8
1983	100	63.7	0.5	35.8	100	56.9	19.9	23.1
1984	100	61.7	0.8	37.5	100	57.1	19.8	23.1
1985	100	51.7	0.8	47.5	100	52.6	12.4	30.1
1986	100	46.3	0.9	53.7	100	53.0	12.3	30.0
1987	100	50.1	0.9	49.0	100	57.1	11.8	27.1
1988	100	61.0	0.8	38.2	100	62.8	10.5	22.5
1989	100	66.0	0.7	33.4	100	64.7	10.6	19.6
1990	100	59.1	2.4	38.5	100	62.7	11.6	20.7
1991	100	61.6	0.6	37.8	100	65.1	11.2	18.9
1992	100	62.9	0.6	36.5	100	66.8	10.1	18.5
1993	100	52.4	0.5	47.1	100	59.1	9.9	25.0
1994	100	54.1	0.4	45.5	100	60.2	9.5	23.6
1995	100	50.9	1.3	47.8	100	55.9	10.1	23.4
1996	100	51.3	0.5	48.2	100	56.6	10.6	21.7
1997	100	44.4	0.5	55.1	100	51.1	10.6	25.2
1998	100	44.1	0.5	55.4	100	50.4	13.2	22.4
1999	100	40.5	0.6	58.9	100	52.5	13.6	20.4
2000	100	36.0	0.6	63.4	100	49.3	15.2	20.5
2001	100	31.1	0.6	68.3	100	50.8	17.1	20.8
2002	100	24.1	0.7	75.2	100	47.6	19.3	20.6
2003	100	25.8	0.6	73.6	100	51.2	21.3	17.3
2004	100	32.3	0.8	66.9	100	49.1	21.5	14.4
2005	100	29.4	0.4	70.2	100	56.0	17.6	17.6
2006	100	21.2	0.4	78.4	100	53.7	17.2	19.8
2007	100	20.8	0.3	78.9	100	59.0	16.6	19.3
2008	100	9.9	0.2	89.9	100	56.1	16.1	26.6
2009	100	14.3	0.2	85.5	100	58.8	16.2	22.0
2010	100	22.0	0.2	77.9	100	53.9	16.6	19.2
2011	100	25.1	0.2	74.8	100	53.9	17.2	15.5
2012	100	20.7	0.15	79.1	100	53.4	17.9	18.4

8－3　能源利用效益主要指标
Economic Results Indicators for the Utilization of Energy

年份 Year	每万元地区生产总值消费能源（吨标准煤） Per 10 000 Yuan GDP Energy Consumption (ton of SCE)	每万元工业总产值消费能源（吨标准煤） Per10 000 Yuan Gross Output Value of Industry Energy Consumption (ton of SCE)	每吨能源消费实现的地区生产总值（元） Per Ton Energy Consumption Format Gross Domestic Product (yuan)	每吨能源消费实现的工业总产值（元） Per Ton Energy Consumption Format Gross Industrial Output Value (yuan)
1985	5.57	5.25	1795	1905
1990	2.91	2.84	3431	3526
1991	2.67	2.57	3739	3891
1992	2.40	2.16	4173	4640
1993	2.08	1.59	4818	6276
1994	1.71	1.26	5851	7912
1995	1.51	1.26	6637	7917
1996	1.36	1.16	7379	8597
1997	1.28	1.12	7807	8928
1998	1.27	1.09	7906	9161
1999	1.27	1.16	7973	8649
2000	1.28	1.13	7792	8859
2001	1.27	1.22	7864	8213
2002	1.22	1.17	8464	8575
2003	1.21	1.11	8247	8982
2004	1.26	0.95	7970	10523
2005	1.22	0.97	8197	10273
2006	1.14	0.83	8809	12081
2007	1.03	0.72	9710	13843
2008	0.93	0.63	10806	15983
2009	0.91	0.6	10967	16678
2010	0.83	0.47	12000	21277
2011	0.73	0.41	13643	24235
2012	0.7	0.38	14239	26144

注：1.价值指标按当年价格计算。因1998年后价值指标作调整，故本表资料相应变化。

2.2005–2008年因第二次经济普查数据作相应调整。

Note: 1. The data in value terms in this table are calculated at current prices. Due to the indicators of value have been readjusted since 1998, the data in this table have been relatively changed.

2.The data from 2005 to 2008 has been adjusted by the 2nd Economic Census.

8－4 能源消费弹性系数

Elasticity Ratio of Energy Consumption

年份 Year	能源消费 比上年增长（%） Growth Rate of Energy Consump-tion over Preceding Year (%)	电力消费 比上年增长（%） Growth Rate of Electricity Consump-tion over Preceding Year (%)	地区生产总值 比上年增长（%） Growth Rate of GDP over Preceding Year (%)	能源消费 弹性系数 Elasticity Ratio of Energy Consumption	电力消费 弹性系数 Elasticity Ratio of Electricity Consumption
1985	6.4	15.1	11.0	0.58	1.37
1990	8.2	11.8	7.0	1.17	1.69
1991	6.0	7.8	12.7	0.47	0.61
1992	11.7	13.1	18.3	0.64	0.72
1993	16.8	10.1	18.3	0.92	0.55
1994	13.2	13.0	15.2	0.87	0.85
1995	10.2	19.8	11.4	0.90	1.74
1996	2.0	7.5	8.3	0.24	0.90
1997	1.2	3.3	8.0	0.15	0.41
1998	3.9	7.9	10.0	0.39	0.79
1999	2.3	5.7	8.0	0.29	0.71
2000	8.0	11.4	7.9	1.01	1.44
2001	8.6	3.1	8.3	1.03	0.37
2002	2.8	7.5	10.6	0.26	0.73
2003	14.7	16.5	10.2	1.44	1.58
2004	25.9	9.9	11.8	2.19	0.84
2005	15.6	11.7	13.2	1.18	0.89
2006	10.7	13.6	13.6	0.79	1.00
2007	11.3	17.6	15.1	0.75	1.17
2008	8.3	11.7	12.8	0.65	0.91
2009	8.9	11.7	13.9	0.64	0.84
2010	11.9	16.0	14.2	0.84	1.13
2011	8.5	12	12.3	0.69	0.98
2012	6.6	3.7	11.3	0.58	0.33

8－5 主要年份分行业能源消费量和构成

行业名称	Sector	1995 消费总量（万吨标准煤）Total Consumption (10 000 tce)	1995 构成（%）Composition (%)
消费总计	**Total Consunmption**	**2256.52**	**100.00**
一、农、林、牧、渔业、水利业	**Farming,Forestry,Animal Husbandry,Fishery & Conservancy**	**45.37**	**2.01**
二、工业	**Industry**	**1848.24**	**81.91**
轻工业	**Light Industry**	**480.48**	**21.29**
重工业	**Heavy Industry**	**1367.76**	**60.61**
（一）采矿业	**Mining & Quarrying**	**92.03**	**4.08**
煤炭开采和洗选业	Mining & Washing of Coal	34.62	1.53
石油和天然气开采业	Extraction of Petroleum & Natural Gas		
黑色金属矿采选业	Mining & Processing of Ferrous Metal Ores	10.55	0.47
有色金属矿采选业	Mining & Processing of Non-Ferrous Metal Ores	32.46	1.44
非金属矿采选业	Mining & processing of Nonmetal Ores	9.74	0.43
开采辅助活动	Mining Assist Activities		
其他采矿业	Mining of Other Ores	4.66	0.21
（二）制造业	**Manufacturing**	**1568.96**	**69.53**
农副食品加工业	Processing of Food from Agricultural Products	187.26	8.30
食品制造业	Manufacture of Foods	36.78	1.63
酒、饮料和精制茶制造业	Wine, Drink & Refined Tea Marunfacturing	29.40	1.30
烟草制品业	Manufacture of Tobacco	4.18	0.19
纺织业	Manufacture of Textile	34.56	1.53
纺织服装、服饰业	Manufacture of Textile Wearing Apparel,Footware & Caps	2.80	0.12
皮革、毛皮、羽毛及其制品业和制鞋业	Manufacture of Leather,Fur,Feather & Related Products	2.33	0.10
木材加工及木、竹、藤、棕、草制品业	Processing of Timber,Manufacture of Wood,Bamboo,Rattan,Palm & Sreaw Products	14.27	0.63
家具制造业	Manufacture of Furniture	4.56	0.20
造纸及纸制品业	Manufacture of Paper and Paper Products	66.99	2.97
印刷业和记录媒介的复制	Printing ,Reproduction of Recording Media	1.92	0.09
文教、工美、体育和娱乐用品制造业	Manufacture of Articles For Culture,Education & Sport Activity	0.29	0.01
石油加工、炼焦和核燃料加工业	Processing of Petroleum,Coking,Processing of Nuclear Fuel	8.64	0.38
化学原料及化学制品制造业	Manufacture of Raw Chemical Materials & Chemical Products	225.44	9.99
医药制造业	Manufacture of Medicines	19.76	0.88
化学纤维制造业	Manufacture of Chemical Fibers	18.37	0.81
橡胶和塑料制品业	Rubber & Plastic Products	22.83	0.65
非金属矿物制品业	Manufacture of Non-metallic Mineral Products	448.60	19.88
黑色金属冶炼及压延加工业	Smelting and Pressing of Ferrous Metals	216.38	9.59
有色金属冶炼及压延加工业	Smelting and Pressing of Nonferrous Metals	86.10	3.82
金属制品业	Manufacture of Metal Products	20.91	0.93
通用设备制造业	Manufacture of Genereal Purpose Machinery	24.95	1.11
专用设备制造业	Manufacture of Special Purpose Machinery	9.15	0.41
汽车制造业	Automotive Manu facturing	13.76	0.61
铁路、船舶、航空航天和其他运输设备制造业	Railway, Ship, Aerospace & Other Transportation Equipment Manufacturing		
电气机械及器材制造业	Manufacture of Electrical Machinery & Equipment	6.60	0.29
通信设备、计算机及其他电子设备制造业	Manufacture of Communication Equipment,Computers & Other Electronic Equipment	1.63	0.07
仪器仪表制造业	Manufacture of Measuring Instruments & Machinery for Cultural Activity & Office Work	0.85	0.04
其他制造业	Other Manufacturing		
废弃资源综合利用业	Recycling and Disposal of Waste		
金属制品业、机械和设备修理业	Metal Product, Machinery & Equipment Repair services		
（三）电力、燃气及水的生产和供应业	**Electric Power,Gas & Water Production & Supply**	**187.26**	**8.30**
电力、热力的生产和供应业	Production and Distribution of Electric Power & Heat Power	173.48	7.69
燃气生产和供应业	Production & Distribution of Gas	1.77	0.08
水的生产和供应业	Production & Distribution of Water	12.00	0.53
三、建筑业	**Construction**	**12.34**	**0.55**
四、交通运输储运业和邮政业	**Transportation,Storage & Post**	**106.17**	**4.71**
五、批发、零售业和住宿、餐饮业	**Wholesale,Retail Trade & Hotel,Restaurants**	**23.76**	**1.05**
六、其他行业	**Others**	**46.06**	**2.04**
七、城乡居民生活	**Residential Consumption**	**174.69**	**7.74**

注：2005-2008年因第二次经济普查数据作相应调整，行业分类按2011年《国民经济行业分类》（GB/T4754-2011）标准。

Consumption & Composition of Energy by Sector in Main Years

2000		2005		2011		2012	
消费总量（万吨标准煤）Total Consumption（10 000 tce）	构　成（%）Composi-tion（%）	消费总量（万吨标准煤）Total Consumption（10 000 tce）	构　成（%）Composi-tion（%）	消费总量（万吨标准煤）Total Consumption（10 000 tce）	构　成（%）Composi-tion（%）	消费总量（万吨标准煤）Total Consumption（10 000 tce）	构　成（%）Composi-tion（%）
2669.34	100.00	4868.57	100.00	8591.36	100.00	9154.51	100.00
56.52	2.12	103.23	2.12	139.43	1.62	144.58	1.58
2032.12	76.13	3586.08	73.66	6227.22	72.48	6580.70	71.88
483.30	18.11	604.80	12.42	952.66	11.09	944.40	10.32
1548.82	58.02	2981.28	61.24	5274.56	61.39	5636.30	61.57
89.62	3.36	98.79	2.03	92.50	1.08	85.90	0.94
27.71	1.04	15.07	0.31	10.12	0.12	18.66	0.20
0.51	0.02	0.57	0.01	0.00	0.00	0.37	0.00
8.47	0.32	23.40	0.48	35.20	0.41	16.25	0.18
43.36	1.62	41.83	0.86	32.66	0.38	25.75	0.28
7.00	0.26	14.28	0.29	14.53	0.17	24.87	0.27
						0.00	0.00
2.56	0.10	3.63	0.07	0.00	0.00	0.00	0.00
1802.95	67.54	3331.10	68.42	5734.26	66.74	6034.23	65.92
256.79	9.62	307.58	6.32	539.69	6.28	512.72	5.60
22.21	0.83	13.77	0.28	34.39	0.40	44.31	0.48
13.81	0.52	25.87	0.53	55.55	0.65	73.04	0.80
4.04	0.15	6.86	0.14	3.05	0.04	3.28	0.04
17.46	0.65	22.51	0.46	34.91	0.41	28.35	0.31
1.16	0.04	1.70	0.03	3.28	0.04	7.26	0.08
2.41	0.09	5.02	0.10	5.51	0.06	6.64	0.07
18.27	0.68	27.35	0.56	107.13	1.25	105.33	1.15
1.69	0.06	3.33	0.07	4.39	0.05	5.03	0.05
66.48	2.49	129.05	2.65	236.73	2.76	218.16	2.38
2.00	0.07	6.80	0.14	3.10	0.04	5.13	0.06
0.21	0.01	0.27	0.01	0.55	0.01	1.77	0.02
10.05	0.38	35.37	0.73	165.66	1.93	234.80	2.56
237.81	8.91	381.27	7.83	481.48	5.60	525.25	5.74
10.70	0.40	20.86	0.43	27.19	0.32	31.81	0.35
12.79	0.48	5.64	0.12	0.00	0.00	5.33	0.06
18.33	0.49	17.74	0.21	24.31	0.09	25.75	0.28
528.99	19.82	630.22	12.94	1272.36	14.81	1366.57	14.93
260.33	9.75	1119.75	23.00	1596.93	18.59	1630.14	17.81
226.57	8.49	397.53	8.17	938.96	10.93	1011.18	11.05
14.05	0.53	23.54	0.48	24.31	0.28	32.38	0.35
15.07	0.56	21.63	0.44	44.83	0.52	15.92	0.17
4.88	0.18	7.92	0.16	15.24	0.18	18.61	0.20
9.89	0.37	43.56	0.89	67.69	0.79	69.07	0.75
						8.73	0.10
8.21	0.31	10.35	0.21	30.98	0.36	31.74	0.35
1.61	0.06	3.37	0.07	9.30	0.11	11.95	0.13
0.47	0.02	0.99	0.02	1.12	0.01	1.14	0.01
		55.54	1.14	4.33	0.05	1.55	0.02
		5.70	0.12	1.28	0.01	1.15	0.01
						0.13	0.00
139.55	5.23	156.19	3.21	400.46	4.66	460.57	5.03
127.62	4.78	128.42	2.64	388.55	4.52	437.22	4.78
0.38	0.01	8.64	0.18	0.23	0.00	0.88	0.01
11.52	0.43	19.13	0.39	11.68	0.14	22.47	0.25
8.14	0.30	35.62	0.73	44.17	0.51	45.50	0.50
229.41	8.59	410.78	8.44	815.74	9.49	883.34	9.65
37.94	1.42	117.35	2.41	214.74	2.50	231.53	2.53
50.15	1.88	126.58	2.60	271.39	3.16	299.10	3.27
255.07	9.56	488.93	10.04	878.67	10.23	969.77	10.59

Note:The data from 2005 to 2008 has been adjusted by the 2nd Economic Census, and the industrial classification is hased on the standard of the Classification of National Economic Industries (GB/T4754-2011) in 2011.

8－6 主要年份电力消费量

单位：亿千瓦时

指 标	Item
消费总计	**Total Consunmption**
一、农、林、牧、渔业、水利业	**Farming,Forestry,Animal Husbandry,Fishery & Conservancy**
二、工业	**Industry**
轻工业	**Light Industry**
重工业	**Heavy Industry**
（一）采矿业	**Mining & Quarrying**
煤炭开采和洗选业	Mining & Washing of Coal
石油和天然气开采业	Extraction of Petroleum & Natural Gas
黑色金属矿采选业	Mining & Processing of Ferrous Metal Ores
有色金属矿采选业	Mining & Processing of Non-Ferrous Metal Ores
非金属矿采选业	Mining & Processing of Nonmetal Ores
开采辅助活动	Mining Assist Activities
其他采矿业	Mining of Other Ores
（二）制造业	**Manufacturing**
农副食品加工业	Processing of Food from Agricultural Products
食品制造业	Manufacture of Foods
酒、饮料和精制茶制造业	Wine, Drink & Refined Tea Manufacturing
烟草制品业	Manufacture of Tobacco
纺织业	Manufacture of Textile
纺织服装、服饰业	Manufacture of Textile Wearing Apparel, Footware & Cops
皮革、毛皮、羽毛及其制品业和制鞋业	Manufacture of Leather, Fur, Feather & Ralated Products
木材加工及木、竹、藤、棕、草制品业	Processing of Timber,Manufacture of Wood,Bamboo,Rattan,Palm & Sreaw Products
家具制造业	Manufacture of Furniture
造纸及纸制品业	Manufacture of Paper & Paper Products
印刷和记录媒介的复制	Printing ,Reproduction of Recording Media
文教、工美、体育和娱乐用品制造业	Manufacture of Articles for Culture, Education & Sport Activity
石油加工、炼焦及核燃料加工业	Processing of Petroleum,Coking,Processing of Nuclear Fuel
化学原料及化学制品制造业	Manufacture of Raw Chemical Materials & Chemical Products
医药制造业	Manufacture of Medicines
化学纤维制造业	Manufacture of Chemical Fibers
橡胶和塑料制品业	Rubber & Plastic Products
非金属矿物制品业	Manufacture of Non-metallic Mineral Products
黑色金属冶炼及压延加工业	Smelting and Pressing of Ferrous Metals
有色金属冶炼及压延加工业	Smelting and Pressing of Nonferrous Metals
金属制品业	Manufacture of Metal Products
通用设备制造业	Manufacture of Genereal Purpose Machinery
专用设备制造业	Manufacture of Special Purpose Machinery
汽车制造业	Manufacture of Transport Equipment
铁路、船舶、航空航天和其他运输设备制造业	Railway, Ship, Aerospace & Otfher Transporation Epuipment Manufacturing
电气机械及器材制造业	Manufacture of Electrical Machinery & Equipment
通信设备、计算机和其他电子设备制造业	Manufacture of Communication Equipment,Computers & Other Electronic Equipment
仪器仪表制造业	Manufacture of Measuring Instruments & Machinery for Cultural Activity & Office Work
其他制造业	Manufacture of Artwork & Other Manufacturing
废弃资源综合利用业	Recycling & Disposal of Waste
金属制品、机械和设备修理业	Metal Product, Machinery & Equipment Repair Services
（三）电力、燃气及水的生产和供应业	**Electric Power,Gas & Water Production & Supply**
电力、热力的生产和供应业	Production & Distribution of Electric Power & Heat Power
燃气生产和供应业	Production & Distribution of Gas
水的生产和供应业	Production & Distribution of Water
三、建筑业	**Construction**
四、交通运输储运业和邮政业	**Transportation,Storage & Post**
五、批发、零售业和住宿、餐饮业	**Wholesale,Retail Trade & Hotel,Restaurants**
六、其他行业	**Others**
七、城乡居民生活	**Residential Consumption**

注:行业分类按2011年《国民经济行业分类》（GB/T4754-2011）标准。

Consumption of Electricity in Main Years

(100 million kwh)

1995	2000	2005	2010	2011	2012
228.08	**322.02**	**510.15**	**993.24**	**1112.21**	**1153.85**
8.68	**13.17**	**14.01**	**20.09**	**22.74**	**22.49**
155.51	**211.41**	**384.44**	**737.55**	**815.76**	**832.73**
40.88	**49.10**	**53.51**	**98.74**	**89.69**	**80.87**
114.63	**162.31**	**330.93**	**638.81**	**726.07**	**751.86**
14.97	**14.80**	**16.56**	**18.91**	**23**	**19.18**
5.86	4.30	2.53	2.94	2.72	3.46
	0.16	0.13	0.5	0	0.11
1.26	0.87	2.96	1.8	8.87	2.75
5.99	9.00	8.11	8.54	8.74	6.76
1.47	0.22	1.80	3.87	2.67	6.1
					0
0.39	0.25	0.83	1.26	0	0
118.75	**179.80**	**306.51**	**618.13**	**682.7**	**699.85**
13.68	15.03	18.13	34.14	40.14	37.02
2.61	1.26	1.56	4.32	4.28	5.79
1.71	0.89	1.40	6.59	5.17	6.71
0.31	0.33	0.89	1.14	0.46	0.51
3.96	3.58	4.01	3.55	5.29	3.27
0.43	0.21	0.35	0.58	0.91	2.14
0.30	0.45	0.65	1.15	1	1.26
1.76	3.35	4.73	10.71	19.51	15.64
1.04	0.38	0.76	0.27	1.01	1.18
5.29	7.67	9.95	15.86	26.02	14.78
0.38	0.54	0.96	0.57	0.94	1.52
0.04	0.05	0.05	0.04	0.15	0.52
0.50	0.83	0.92	4.03	7.63	11.52
18.46	26.18	36.01	50.77	54.62	54.08
0.93	0.65	1.86	1.99	3.33	4.25
2.43	3.73	1.21	2.14		1.66
2.11	1.99	3.12	5.96	5.34	6.67
20.01	24.27	40.98	89.03	99.35	102.31
14.86	30.56	94.12	192.27	210.95	240.84
13.06	41.74	52.62	148.67	145.02	137.51
2.27	2.50	5.06	9.08	6.07	8.55
3.01	3.11	3.77	4.52	11.12	3.48
1.34	1.00	1.16	2.37	3.89	4.51
2.09	2.18	6.45	8.45	16.91	17.76
					2.31
0.87	1.63	2.06	4.63	9.14	9.53
0.33	0.49	0.68	1.29	2.85	3.68
0.14	0.12	0.22	0.25	0.31	0.27
0.13	5.07	11.73	13.38	0.99	0.26
		1.10	0.38	0.3	0.28
					0.04
21.79	**16.81**	**61.37**	**100.51**	**110.06**	**113.7**
18.61	13.45	56.73	94.65	106.42	106.49
0.11	0.02	0.94	0.19	0.05	0.27
3.07	3.34	3.70	5.68	3.59	6.94
2.04	**1.00**	**5.02**	**9.84**	**11.83**	**11.89**
2.09	**4.39**	**6.87**	**11.52**	**13.31**	**14.35**
3.49	**5.97**	**13.11**	**23.92**	**27.41**	**31.13**
6.06	**9.67**	**17.26**	**46.2**	**51.27**	**57.83**
31.19	**49.58**	**69.44**	**144.12**	**169.89**	**183.43**

Note:The industrial classification is based on the standard of the classification of National Economic Industries (GB/T4754-2011) in 2011.

8—7 主要年份万元工业总产值电力消费量

单位：千瓦小时/万元

指 标	Item
总 计	**Total**
采矿业	**Mining & Quarrying**
煤炭开采和洗选业	Mining & Washing of Coal
石油和天然气开采业	Extraction of Petroleum & Natural Gas
黑色金属矿采选业	Mining & Processing of Ferrous Metal Ores
有色金属矿采选业	Mining & Processing of Non-Ferrous Metal Ores
非金属矿采选业	Mining & Processing of Nonmetal Ores
开采辅助活动	Mining Assist Acticities
其他采矿业	Mining of Other Ores
制造业	**Manufacturing**
农副食品加工业	Processing of Food from Agricultural Products
食品制造业	Manufacture of Foods
酒、饮料和精制茶制造业	Wine, Drink & Refine Tea Products
烟草制品业	Manufacture of Tobacco
纺织业	Manufacture of Textile
纺织服装、服饰业	Manufacture of Textile Wearing Apparel,Footware & Caps
皮革、毛皮、羽毛（绒）及其制品业和制鞋业	Manufacture of Leather, Fur, Feather & Related Products.
木材加工及木、竹、藤、棕、草制品业	Processing of Timber,Manufacture of Wood,Bamboo,Rattan,Palm & Sreaw Products
家具制造业	Manufacture of Furniture
造纸及纸制品业	Manufacture of Paper & Paper Products
印刷业和记录媒介的复制	Printing ,Reproduction of Recording Media
文教、工美、体育和娱乐用品制造业	Manufacture of Articles For Culture,Education & Sport Activity
石油加工、炼焦及核燃料加工业	Processing of Petroleum,Coking,Processing of Nuclear Fuel
化学原料及化学制品制造业	Manufacture of Raw Chemical Materials and Chemical Products
医药制造业	Manufacture of Medicines
化学纤维制造业	Manufacture of Chemical Fibers
橡胶和塑料制品业	Rubber & Plastic Products
非金属矿物制品业	Manufacture of Non-metallic Mineral Products
黑色金属冶炼及压延加工业	Smelting & Pressing of Ferrous Metals
有色金属冶炼及压延加工业	Smelting & Pressing of Nonferrous Metals
金属制品业	Manufacture of Metal Products
通用设备制造业	Manufacture of Genereal Purpose Machinery
专用设备制造业	Manufacture of Special Purpose Machinery
汽车制造业	Manufacture of Automotive
铁路、船舶、航空航天和其他运输设备制造业	Railway, Ship, Aerospace & Other Transportation Equipment Manufacturing
电气机械及器材制造业	Manufacture of Electrical Machinery & Equipment
通信设备、计算机及其他电子设备制造业	Manufacture of Communication Equipment,Computers and Other Electronic Equipment
仪器仪表制造业	Manufacture of Measuring Instruments
其他制造业	Other Manufactures
废弃资源综合利用业	Comprehensive Utilization of Waste Resources
金属制品、机械和设备修理业	Metal Products, Machinery & Equipment Repair Services
电力、燃气及水的生产和供应业	**Electric Power,Gas and Water Production & Supply**
电力、热力的生产和供应业	Production & Distribution of Electric Power & Heat Power
燃气生产和供应业	Production & Distribution of Gas
水的生产和供应业	Production & Distribution of Water

注：2010年起工业总产值统计范围为年主营业务收入2000万元及以上工业法人企业，2012年起按当年价格，行业分类按2011年《国民经济行业分类》（GB/T4754-2011）标准。

Electricity Consumption of Gross Output Value of Industry per 10,000 Yuan in Main Years

(kwh/10 000 yuan)

1995	2000	2005	2010	2011	2012
1613	**1753**	**1330**	**952**	**946**	**567**
6003	**5987**	**5642**	**827**	**925**	**401**
4056	3404	3174	1732	1735	927
2576	1311	2324	161	152	626
2350	1023	1090	1152	702	310
1056	275	498	860	816	250
1085					
1436	**1298**	**1222**	**862**	**865**	**544**
1000	750	827	347	404	245
623	450	357	420	412	254
754	464	354	359	332	195
154	139	87	101	98	30
1025	1555	843	279	254	263
391	1229	158	176	181	182
388	682	175	141	152	112
1464	2658	1416	407	411	427
4464	5061	418	122	131	125
1734	2393	1674	1039	1009	911
489	833	198	98	97	171
272	3307	377	33	31	84
641	339	256	204	203	115
2538	2704	1972	1103	1104	659
434	182	343	113	105	160
3178	8715				
823	1074	2835	327	317	348
2129	3460	2826	1757	1762	1089
4113	4173	2806	2551	2456	1378
2710	4088	2033	3064	3041	1536
1103	1988	729	1219	1185	437
554	488	398	317	306	130
521	495	212	86	83	103
319	252	145	67	65	107
					121
340	629	307	180	162	177
290	222	100	44	42	70
370	384	240	79	76	88
385	412	396	276	266	128
					44
					30
1358	**1436**	**1246**	**1353**	**1269**	**1046**
4818	1439	1187	1311	1261	988
2895	796	104	715	696	58
7962	4487	3317	2855	2404	1991

Note: Since 2010, the statistical range of gross industrial output value has been adjusted to the corporat industrial enterprises with an annual major business income over 20 million yuan, and the industrial classification is based on the standard of the Classification of National Economic Industries (GB/T4754−2011) in 2011.

8－8　能源消费水平

Annual Average per Capita Energy Consumption

年 份 Year	每人每年平均用能（千克标准煤）Annual Average per Capita Energy Consumption (kilo of SCE)	每人每年平均用电（千瓦小时）Annual Average per Capita Electricity Consumption(kwh)	每人每年平均生活用能（千克标准煤）Annual Average per Capita Household Energy Consumption (kilo of SCE)	每人每年生活用电（千瓦小时）Annual Average per Capita Household Electricity Consumption(kwh)
1985	251	197	25	27
1990	299	275	25	41
1991	313	293	31	48
1992	345	327	31	51
1993	408	379	38	59
1994	456	424	36	64
1995	497	502	38	69
1996	501	535	42	73
1997	502	547	48	78
1998	517	585	49	84
1999	525	613	51	92
2000	562	678	54	104
2001	605	696	57	101
2002	620	743	62	115
2003	707	857	65	127
2004	884	938	76	123
2005	1069	1095	106	149
2006	1169	1228	117	171
2007	1287	1429	122	195
2008	1363	1580	132	226
2009	1463	1771	141	267
2010	1673	2099	163	305
2011	1858	2405	190	367
2012	1963	2474	208	393

注：从2005年起按常住人口调整，2005年-2008年因第二次经济普查数据作相应调整。
Note:The data in this table is adjusted by permanent population since 2005.The data from 2005 to 2008 has been adjusted by the 2nd Economic Census.

8—9 能源主要产品生活消费量

Household Energy Consumption of Main Energy Products

年 份 Year	生活用能合计 (万吨标准煤) Total Household Energy Consumption (10 000 tons of SCE)	原 煤 (万吨) Coal (10 000 tons)	液化石油气 (万吨) Liquefied Gas (10 000 tons)	煤 气 (亿立方米) Gas (100 million cu.m)	电 力 (亿千瓦时) Electricity (100 million kwh)
1985	76.12	66.71	0.07	0.00	10.56
1990	106.83	60.31	0.09	0.09	17.45
1991	133.21	59.07	6.03	0.12	20.59
1992	135.10	55.18	6.06	0.15	22.14
1993	169.27	57.57	7.89	0.21	25.97
1994	161.79	28.40	8.46	0.53	28.66
1995	174.69	27.65	15.66	0.60	31.19
1996	193.14	29.52	22.42	0.22	33.31
1997	221.23	26.16	24.40	0.37	36.30
1998	228.79	12.89	27.81	0.34	39.50
1999	238.00	10.64	32.26	0.30	43.27
2000	255.07	13.09	32.24	0.37	49.58
2001	273.02	12.96	38.94	0.25	48.44
2002	296.32	11.17	43.11	0.27	55.31
2003	316.72	13.38	45.76	0.36	61.48
2004	372.42	17.75	50.26	0.39	60.07
2005	493.28	18.56	54.26	0.41	69.44
2006	552.73	23.53	65.70	0.49	80.53
2007	582.82	29.45	70.04	0.58	93.01
2008	635.55	22.35	74.57	0.94	109.09
2009	682.64	22.56	75.8	1.1	129
2010	772.44	32.52	79.52	1.7	144.12
2011	878.67	32.45	84.56	0.4	169.89
2012	969.77	36.78	96.58	0.83	183.43

8－10　主要年份石油及燃料消费量
Consumption of Petroleum & Fuel in Main Years

品　　名	Type	1995	2000	2005	2010	2011	2012
原　　油（万吨）	Crude Oil (10 000 tons)	42.44	61.41	97.71	396.02	1018.84	1471.92
汽　　油（万吨）	Gasoline (10 000 tons)	41.32	65.87	146.48	247.68	259.48	285.41
煤　　油（万吨）	Kerosene (10 000 tons)	5.60	3.79	7.00	2.73	0.28	0.08
柴　　油（万吨）	Diesel Oil (10 000 tons)	72.43	146.82	327.46	442.37	476.91	515.50
燃料油（万吨）	Fuel Oil (10 000 tons)	13.57	7.67	32.96	34.64	50.45	49.72
液化石油气（万吨）	Liquefied Gas (10 000 tons)	15.89	35.27	77.70	104.58	112.94	141.07
煤　　气（亿立方米）	Gas (100 million cu.m)	1.16	5.83	12.31	228.97	190.04	225.88

8－11　能源可供量（2012年）
Energy Available for Consumption (2012)

品　　名	Type	综合能源可供量 Total Energy Available	生产量 Output	调入量 Transfer From Other Regions	进口量 Imports	调出量 Transfer to Other Province Regions	年初年末库存差额 Stock Balance in This Year
综合能源（万吨标准煤）	Total Energy (10 000 tons of SCE)	9154.68	2129.80	7892.14	968.19	2381.87	90.61
煤炭（万吨）	Coal(10 000 tons)	6654.16	753.61	5356.76	1393.54	750.07	99.68
原油（万吨）	Crude Oil (10 000 tons)	1473.00	2.29	1381.16	110.88		21.33
电力（亿千瓦时）	Electricity(100 million kwh)	1153.85	1172.07	97.48		115.70	

注：电力可供生产量为水电、火电可供生产量,未包括回收能。
Note: Data on electricity available output refers to the total available output of hydro-power & thermal power, excluding the recycled energy.

主要统计指标解释

能源生产总量 指一定时期内一个国家或地区一次能源生产量的总和，是观察全国能源生产水平、规模、构成和发展速度的总量指标。一次能源生产量包括原煤、原油、天然气、水电、核能及其他动力能（如风能、地热能等）发电量，不包括低热值燃料生产量、生物质能、太阳能等的利用和由一次能源加工转换而成的二次能源产量。

能源消费总量 指一定时期内一个国家或地区物质生产部门、非物质生产部门和生活消费的各种能源的总和，是观察能源消费水平、构成和增长速度的总量指标。能源消费总量包括原煤和原油及其制品、天然气、电力，不包括低热值燃料、生物质能和太阳能等的利用。能源消费总量分为终端能源消费量、能源加工转换损失量和损失量三部分。

终端能源消费量 指一定时期内一个国家或地区生产和生活消费的各种能源在扣除了用于加工转换二次能源消费量和损失量以后的数量。

能源加工转换损失量 指一定时期内一个国家或地区投入加工转换的各种能源数量之和与产出各种能源产品之和的差额，是观察能源在加工转换过程中损失量变化的指标。

能源损失量 指一定时期内一个国家或地区能源在输送、分配、储存过程中发生的损失和由客观原因造成的各种损失量，不包括各种气体能源放空、放散量。

能源消费弹性系数 是反映能源消费增长速度与国民经济增长速度之间比例关系的指标。

计算公式为：

$$\text{能源消费弹性系数}=\frac{\text{能源消费量年平均增长速度}}{\text{国民经济年平均增长速度}}$$

电力消费弹性系数 反映电力消费增长速度与国民经济增长速度之间比例关系的指标。

计算公式为：

$$\text{电力消费弹性系数}=\frac{\text{电力消费量年平均增长速度}}{\text{国民经济年平均增长速度}}$$

Explanatory Notes on Main Statistical Indicators

Total Energy Production refers to the total production of primary energy by all energy production enterprises in a country or region in a given period of time. It is a comprehensive indicator to show the capacity, scale, composition and development of energy production of the country. The production of primary energy includes that of coal, crude oil, natural gas, hydro-power and electricity generated by nuclear energy and other means such as wind power and geothermal power. However, it excludes the production of fuels of low calorific value bio-energy, solar energy and the secondary energy converted from the primary energy.

Total Domestic Energy Consumption refers to the total consumption of energy of various kinds by material production sectors, non-material production sectors and households in a country or region in a given period of time. It is a comprehensive indicator to show the scale, composition and development of energy consumption. The total energy consumption includes that of coal, crude oil and their products, natural gas and electricity. However, it excludes the consumption of fuel of low calorific value, bio-energy and solar energy. Total domestic energy consumption can be divided into three parts: final energy consumption, loss during the process of energy conversion and loss.

Volume of Terminal Energy Consumption refers to volume of various of energy consumption for production and living in a country or region during a giving period after deducting the volume consummated in processing secondhand energy and the volume losing.

Volume of Energy Lost by Processing and Conversion refers to balance between volume of various of energy put into processing and conversion and output volume of energy in one country or area in certain period, and it is an indicator to carrying out observations at changes of volume of energy lost in processing and conversion.

Volume of Energy Los refers to various of volume of energy lost in transporting, distributing and storing and for objective causes in one country or area in certain period, excludes discharged volume of various of gas energy.

Elasticity Ratio of Energy Consumption is an indicator to show the relationship between the growth rate of energy consumption and the growth rate of the national economy. The formula is:

$$\text{Elasticity Ratio of Energy Consumption} = \frac{\text{Average Annual Growth Rate of Energy Consumption}}{\text{Average Annual Growth Rate of National Economy}}$$

Elasticity Ratio of Energy Consumption is an indicator to show the relationship between the growth rate of energy consumption and the growth rate of the national economy. The formula is:

$$\text{Elasticity Ratio of Energy Consumption} = \frac{\text{Average Annual Growth Rate of Electricity Consumption}}{\text{Average Annual Growth Rate of National Economy}}$$

财政、金融和保险
FINANCE,BANKING & INSURANCE

9－1 公共财政预算收支总额及指数（1978－2012年）

Total Volume & Index of Public Budget Income & Expenditure (1978－2012)

单位：万元 (10 000 yuan)

年 份 Year	公共财政预算收入 Public Budget Income	公共财政预算支出 Public Budget Expenditure	收支差额 Income & Expenditure Balance	指数（以上年为100） Index (preceding year =100)	
				公共财政预算收入 Public Budget Income	公共财政预算支出 Public Budget Expenditure
1978	149029	207838	-58809	123.4	143.2
1979	123898	205987	-82089	83.1	99.1
1980	125791	174440	-48649	101.5	84.7
1981	130329	160412	-30083	103.6	92.0
1982	133183	174422	-41239	102.2	108.7
1983	138862	188416	-49554	104.3	108.0
1984	137567	230558	-92991	99.1	122.4
1985	201773	297485	-95712	146.7	129.0
1986	252306	422199	-169893	125.0	141.9
1987	305368	476958	-171590	121.0	113.0
1988	338871	532723	-193852	111.0	111.7
1989	414130	577433	-163303	122.2	108.4
1990	468305	650005	-181700	113.1	112.6
1991	559225	716089	-156864	119.4	110.2
1992	611953	784754	-172801	109.4	109.6
1993	959269	1074853	-115584	156.8	137.0
1994	622617	1249283	-626666	64.9	116.2
1995	794422	1405892	-611470	127.6	112.5
1996	905102	1570121	-665019	113.9	111.7
1997	991568	1708345	-716777	109.6	108.8
1998	1196720	1983609	-786889	120.7	116.1
1999	1335647	2249775	-914128	111.6	113.4
2000	1470539	2584866	-1114327	110.1	114.9
2001	1786706	3516498	-1729792	121.5	136.0
2002	1867320	4198575	-2331255	104.5	119.4
2003	2036578	4436023	-2399445	109.1	105.7
2004	2377721	5074721	-2697000	116.8	114.4
2005	2830359	6114806	-3284447	119.0	120.5
2006	3425788	7295172	-3869384	121.0	119.3
2007	4188265	9859433	-5671168	122.3	135.2
2008	5184245	12971100	-7786855	123.8	131.6
2009	6209888	16218218	-10008330	119.8	125.0
2010	7719918	20075907	-12355989	124.3	123.8
2011	9477209	25452778	-15975569	122.8	126.8
2012	11660614	29852261	-18191647	123.0	117.3

说明：本表中地方财政收入及地方财政支出自2011年起口径为公共财政预算收入和公共财政预算支出。

Note: The indicators of "Local Government Revenue" and "Local Government Expenditure" have been changed into "Public Budget Income" and "Public Budget Expenditure" since 2011.

9－2 主要年份财政分项目收入
Local Government Revenue by Items in Main Years

单位:万元 (10 000 yuan)

指标	Item	2007	2008	2009	2010	2011	2012
财政总收入	**Total Financial Revenue**	**7038810**	**8433036**	**9668808**	**12286122**	**15422300**	**18101386**
#上划中央收入	Turn Over Revenue to the Central Government	2850545	3248791	3458920	4566204	5945091	6440772
公共财政预算收入	**Public Budget Income**	**4188265**	**5184245**	**6209888**	**7719918**	**9477209**	**11660614**
税收收入	**Total Tax Revenue**	**2826809**	**3464935**	**4176820**	**5338656**	**6448003**	**7624567**
增值税	Taxes on Value Added	588429	658507	650089	774782	861253	848105
营业税	Run Taxes	1031216	1219700	1548621	2074387	2407465	2623212
企业所得税	Enterprises Income Taxes	300304	372285	360607	589533	856453	859532
企业所得税退税	Return for Enterprises Income Taxes		-117		-334		
个人所得税	Individual Income Taxes	192112	194782	200448	258422	294069	241900
资源税	Resource Tax	31740	41411	53448	69713	85553	101929
固定资产投资方向调节税	Fixed Assets Investment Orientation Regulation Tax	534	-5	-2	-2	-10	
城市维护建设税	City Maintenance and Construction Tax	185412	217927	240827	296697	405098	420483
房产税	House Property Tax	86254	102785	113070	116542	142581	173472
印花税	Stamp Tax	26670	43831	53965	70265	81757	100136
城镇土地使用税	Urban Land Use Tax	39211	85333	94409	95713	118644	128883
土地增值税	Land Appreciation Tax	105211	157758	151990	222740	339912	593007
车船税	Tax on Vehicles and Boat Operation	8734	19452	32987	43253	54222	74962
耕地占用税	Farm Land Occupation Tax	39951	131219	336245	309510	339006	906846
契税	Deed Tax	184189	212325	330283	411765	453475	540723
烟叶税	Tobacco Leaf Tax	6703	7574	9798	5670	8525	11377
其他税收收入	Other Tax Revenue	139	168	35			
非税收入	**Total Non-tax Revenue**	**1361456**	**1719310**	**2033068**	**2381262**	**3029206**	**4036047**
专项收入	Special Income	163642	220854	180871	226704	303745	314887
行政事业性收费收入	Charge of Adiministrative and Institutional Units	404737	615911	593492	650728	956031	1214518
罚没收入	Penalty Receipts	229299	251511	243914	312924	297410	381689
国有资本经营收入	Government Capital Operating Income	372212	404895	593341	661566	756247	991353
国有资源（资产）有偿使用收入	Paid use of Stated-owned Vesources Income	141731	133138	265671	358740	531203	833992
其他收入	Other Income	49835	93001	155779	170600	184570	299608

9—3 主要年份财政分项目支出
Local Government Expenditure by Accounting Items in Main Years

单位：万元 (10 000 yuan)

指 标	Item	2007	2008	2009	2010	2011	2012
公共财政预算支出	**Public Budget Expenditure**	**9859433**	**12971100**	**16218218**	**20075907**	**25452778**	**29852261**
一般公共服务	General Public Service	1933693	2245366	2370751	2687583	3221799	3863708
外交	Diplomacy	82					
国防	National Defense	34323	31057	51815	72561	82131	76619
公共安全	Public Security	824496	956563	1077044	1251395	1394382	1523891
教育	Education	1893837	2512210	2965980	3668362	4568882	5892383
#普通教育	Regular Education	1543495	2074491	2390167	2982905	3719736	4887114
职业教育	Vocational Education	157548	225549	334877	349163	355561	406955
科学技术	Science & Technology	131873	162149	180741	216554	282470	428120
#应用研究	Application Research	22223	23349	30712	31212	32775	39412
技术研究与开发	Technological Research & Development	44628	66849	70661	89541	126866	263396
科学技术普及	Popularization of Science & Technology	10766	14592	11115	12345	13656	16724
文化体育与传媒	Culture，Sport & Media	214101	292467	292731	327718	374814	455212
社会保障和就业	Social Security & Employment	1106700	1289769	2036887	2170733	2506400	2823276
#财政对社会保险基金的补助	Subsidy of Finance to the Fund of Social Security	198138	142628	432047	446204	687335	988788
行政事业单位离退休	Retire of Administrative Department	399340	458704	512987	577000	530725	483010
城市居民最低生活保障	Lowest Cost-of-Living of Citizens in Urban Area	59818	97871	116540	129143	158387	137102
农村最低生活保障	Lowest Cost-of-Living of Peasants in Rural Area	12753	84622	144463	254607	353717	309049
医疗卫生	Public Health & Sanitation	507547	787683	1161466	1654911	2328800	2531744
#医疗服务	Public Health Service	91227	110341	216395			
医疗保障	Medical Security	257360	437517	583090	836314	1248112	1405004
环境保护	Environment Protection	135469	279740	499221	639887	538979	600090
#污染防治	Pollution Prevention & Treatmernt	39033	106564	161690	181610	113020	146243
退耕还林	Returning Land for Farming to Forestry	71327	79393	118652	123239	98495	94228
城乡社区事务	Community Affair in Urban & Rural Area	586447	723033	1040811	1038717	1187324	1620715
农林水事务	Affairs of Agriculture, Forestry & Water Resources	898179	1393970	2107419	2602616	3148555	3690650
#农业	Agriculture	404699	640248	1135962	1233650	1099138	1347723
扶贫	Poverty Alleviation	130868	174651	171991	182179	200648	270335
交通运输	Transpotation	412666	584781	815499	937145	2489779	2427442
工业商业金融等事务	Affairs of Industry, Commerce & Finance	717962	1066574	1064948	2167009	2932896	3466946
其他支出	Other Expenditures	462058	645738	552905	640716	395567	451465

9－4 金融机构存贷款情况（期末余额，2005－2012年）
Deposits & Loans of Financial Institutions (Year-end，2005－2012)

单位：亿元 （10 000 yuan）

年 份 Year	本外币存款 Balance of Deposits in RMB & Foreign Currencies	本外币贷款 Balance of Loans in RMB & Foreign currencies
2005	4262.30	3104.60
2006	5029.47	3636.90
2007	5801.04	4331.03
2008	7075.02	5110.06
2009	9638.89	7360.43
2010	11813.90	8979.87
2011	13527.97	10646.43
2012	15966.65	12355.52

9—5 2012年全社会金融机构本外币信贷收支平衡表（期末余额）

Balance Sheet of Credit Funds in RMB & Foreign Currencies of Total Financial Institutions in Main Years (2012,Year-end)

单位：亿元 (100 million yuan)

资金来源项目	Sources of Finance	余额 Balance	比年初增加 Increasing Volume than Preceding Year
一、各项存款	Total Deposits	15966.65	2439.03
（一）单位存款	Deposits of Units	7464.34	996.29
# 活期存款	#Current Deposit	4195.93	259.58
定期存款	Time Deposit	1520.83	401.20
通知存款	Notice Deposit	131.03	28.12
保证金存款	Margin Deposit	680.14	212.20
（二）个人存款	Personal Deposits	8042.23	1334.52
储蓄存款	Savings Account	7931.28	1249.07
保证金存款	Margin Deposit	3.32	2.33
结构性存款	Structured Deposit	107.63	83.12
（三）财政性存款	Treasury Deposits	235.26	52.88
（四）临时性存款	Temporary Deposits	32.32	10.61
（五）委托存款	Entrusted Deposits	13.22	-5.51
（六）其他存款	Other Deposits	179.27	50.24
二、金融债券	Bonds	10.00	
三、中长期借款	Medium & Long-term Loans	6.58	-0.47
四、应付及暂收款	Accounts Payable & Suspense Credit	378.08	90.15
五、同业往来（来源方）	Dealings in the Same Trade（sources）	73.84	-16.96
六、系统内资金往来（来源方）	Fund Transfer within System（sources）		
七、外汇买卖（来源方）	Foreign Exchange Trading （sources）	284.14	273.35
八、各项准备	Other Reserve Funds	271.13	55.77
九、所有者权益	Creditor's Equity	683.03	187.16
#实收资本	#Called-up Capital	214.57	48.89
十、其它	Others	-2092.56	-714.88
资金来源总计	**Total Capital Sources**	**15580.88**	**2313.16**

9－5 续表 continued

单位：亿元 (100 million yuan)

资金来源项目	Sources of Finance	余额 Balance	比年初增加 Increasing Volume than Preceding Year
一、各项贷款	Total Deposits	12355.52	1708.37
（一）境内贷款	Domestic Loans	12183.53	1630.99
短期贷款	Short-term Loans	3467.82	948.27
个人贷款及透支	Personal Loans & Overdrafts	649.63	214.88
单位普通贷款及透支	Loans & Overdrafts of Units	2543.17	651.38
普通并购贷款	Ordinary M & A Loans		
银团贷款	Bank Syndicate Loans	0.72	-1.38
贸易融资	Trade Finance	274.30	83.39
境外筹资转贷款	Loans Transformed from Overseas Financing		
中长期贷款	Medium & Long-term Loans	8537.74	623.87
个人贷款	Personal Loans	2990.76	309.01
#个人消费贷款	Personal Loans for Consumption	2151.09	255.67
单位普通贷款	Overdrafts of Units	4864.41	173.21
普通并购贷款	Ordinary M & A Loans	20.04	0.40
银团贷款	Bank Syndicate Loans	656.97	141.25
贸易融资	Trade Finance	0.50	0.47
境外筹资转贷款	Loans Transformed from Overseas Financing	5.06	-0.47
融资租赁	Finance Leasing	8.44	8.44
票据融资	Bill Financing	167.51	49.60
各项垫款	Advance Money	2.02	0.81
（二）境外贷款	Overseas Loans	172.00	77.38
二、有价证券	Securities	336.43	36.08
三、股权及其它投资	Stock Rights & Other Investments	304.10	180.97
四、应收及预付款	Accounts Payable & Suspense Credit	169.27	40.43
五、同业往来（运用方）	Dealings in the Same Trade (applications)	119.76	20.03
六、系统内资金往来（运用方）	Fund Transfer within System (applications)	1669.25	16.98
七、外汇买卖（运用方）	Foreign Exchange Trading (applications)	284.02	273.26
八、固定资产	Fixed Investment	178.54	13.43
九、库存现金	Cash Holding	163.06	23.48
十、投资性房地产	Investment Real Estate	0.93	0.11
资产总计	**Total Assets**	**15580.88**	**2313.16**

9－6 2012年全社会金融机构人民币信贷收支平衡表（期末余额）

Balance Sheet of Credit Funds in Renminbi of Total Financial Institutions in Main Years (2012,Year－end)

单位：亿元 (100 million yuan)

资金来源项目	Sources of Finance	余额 Balance	比年初增加 Increasing Volume than Preceding Year
一、各项存款	Total Deposits	15856.00	2403.15
（一）单位存款	Deposits of Units	7385.71	962.94
# 活期存款	#Current Deposit	4162.29	260.58
定期存款	Time Deposit	1511.33	394.20
通知存款	Notice Deposit	130.87	27.99
保证金存款	Margin Deposit	650.76	190.94
（二）个人存款	Personal Deposits	8010.63	1332.38
储蓄存款	Savings Account	7900.77	1246.81
保证金存款	Margin Deposit	3.24	2.33
结构性存款	Structured Deposit	106.62	83.24
（三）财政性存款	Treasury Deposits	236.28	52.83
（四）临时性存款	Temporary Deposits	30.92	10.21
（五）委托存款	Entrusted Deposits	13.20	-5.45
（六）其他存款	Other Deposits	179.25	50.24
二、金融债券	Bonds	10.00	
三、中长期借款	Medium & Long-term Loans	3.89	-0.15
四、应付及暂收款	Accounts Payable & Suspense Credit	333.94	73.97
五、同业往来（来源方）	Dealings in the Same Trade (sources)	65.66	-24.33
六、系统内资金往来（来源方）	Fund Transfer within System (sources)		
七、外汇买卖（来源方）	Foreign Exchange Trading (sources)	134.99	132.48
八、各项准备	Other Reserve Funds	257.43	42.98
九、所有者权益	Creditor's Equity	688.22	195.50
#实收资本	#Called-up Capital	214.57	48.89
十、其它	Others	-2075.34	-690.70
资金来源总计	**Total Capital Sources**	**15274.79**	**2132.90**

9－6　续表　continued

单位：亿元　　　　(100 million yuan)

资金运用项目	Applications of Funds	余额 Balance	比年初增加 Increasing Volume than Preceding Year
一、各项贷款	Total Deposits	11941.44	1532.17
（一）境内贷款	Domestic Loans	11938.80	1532.03
短期贷款	Short-term Loans	3293.59	854.37
个人贷款及透支	Personal Loans & Overdrafts	649.59	214.87
单位普通贷款及透支	Loans & Overdrafts of Units	2462.07	605.78
普通并购贷款	Ordinary M & A Loans		
银团贷款	Bank Syndicate Loans	0.72	-1.38
贸易融资	Trade Finance	181.21	35.10
境外筹资转贷款	Loans Transformed from Overseas Financing		
中长期贷款	Medium & Long-term Loans	8467.70	618.80
个人贷款	Personal Loans	2990.76	309.01
#个人消费贷款	Personal Loans for Consumption	2151.09	255.67
单位普通贷款	Overdrafts of Units	4843.01	170.79
普通并购贷款	Ordinary M & A Loans	18.16	-1.49
银团贷款	Bank Syndicate Loans	615.28	140.01
贸易融资	Trade Finance	0.50	0.47
境外筹资转贷款	Loans Transformed from Overseas Financing		
融资租赁	Finance Leasing	8.44	8.44
票据融资	Bill Financing	167.51	49.60
各项垫款	Advance Money	1.55	0.82
（二）境外贷款	Overseas Loans	2.64	0.15
二、有价证券	Securities	336.43	36.08
三、股权及其它投资	Stock Rights & Other Investments	304.10	180.97
四、应收及预付款	Accounts Payable & Suspense Credit	124.50	25.99
五、同业往来（运用方）	Dealings in the Same Trade（applications）	118.41	19.50
六、系统内资金往来（运用方）	Fund Transfer within System（applications）	1974.39	168.47
七、外汇买卖（运用方）	Foreign Exchange Trading（applications）	135.78	132.63
八、固定资产	Fixed Investment	178.53	13.43
九、库存现金	Cash Holding	160.29	23.54
十、投资性房地产	Investment Real Estate	0.93	0.11
资金运用总计	**Total Capital Applications**	**15274.79**	**2132.90**

9－7 主要年份保险业务

Major Indictors of Insurance Business in Main Years

单位:万元 (10 000 yuan)

项　目	Item	2001	2005	2010	2011	2012
全部业务	**All Insurance Business**					
保费收入	**Premium Income**	**350616**	**731142**	**1790516**	**2126634**	**2382639**
保险密度（元）	Insurance Density （yuan）	73.69	149.39	389.02	457.83	508.78
保险深度（%）	Insurance Depth （%）	1.57	1.80	1.88	1.82	1.84
财产保险公司业务	**Property Insurance Business**					
保费收入	Premium Income	133096	238790	691943	829520	969182
企业财产保险	Enterprise Property Insurance	30655	31204	44305	49939	52598
机动车辆保险	Automobile Insurance	75637	160592	529660	631612	741209
货物运输保险	Cargo Transportation Insurance	7653	9228	13727	16898	18161
其他财产保险	Other Property Insurance	8425	9084	16228	39272	43586
责任保险	Liability Insurance	8898	8060	23152	29846	31615
信用保证保险	Credit & Guarantee Insurance	726	7878	12005	14751	22431
农业保险	Agriculture Insurance	1102	347	7454	8314	12962
短期健康保险	Short-term Health Insurance		308	10517	11808	14333
意外伤害险	Personal Accident Insurance		12089	24078	27081	32289
储金	Deposits From Insured	8446	5611	4901	4701	4193
赔案件数（万件）	Number of Claims （10 000 cases）	11.82	28.24	79.93	90.12	120.83
赔款支出	Benefit Paid	62992	117165	270387	367699	479145
企业财产保险	Enterprise Property Insurance	14836	13173	10984	13995	22360
机动车辆保险	Automobile Insurance	36795	72637	217688	297803	385634
货物运输保险	Cargo Transportation Insurance	3118	18904	4831	7828	10290
其他财产保险	Other Property Insurance	2366	3322	5270	16199	21640
责任保险	Liability Insurance	4143	2571	9114	12680	13880
信用保证保险	Credit & Guarantee Insurance	33	1921	765	1668	1590
农业保险	Agriculture Insurance	476	116	7148	5371	9544
短期健康保险	Short-term Health Insurance		61	5523	5623	7087
意外伤害险	Personal Accident Insurance		4459	6860	6531	7119
未决赔款	Outstanding Insurance	21255	55668	158487	186717	233909

注：2001-2007年保险密度使用平均总人口计算，2008年保险密度使用平均常住人口计算，请使用时注意口径区别。

Note:The data on "Insurance Density" from 2001 to 2007 was calculated by average total population, while the data in 2008 was calculated by average permanent population, please pay attention to the difference of coverage while using.

9－7 续 continued

单位：万元 (10 000 yuan)

项 目	Item	2001	2005	2010	2011	2012
人身保险公司业务	**Life Insurance Business**					
保费收入	Premium Income	217520	492352	1098573	1297114	1413457
个人业务	Personal Insurance					
人寿保险	Life Insurance Business	161293	383881	970539	1157509	1232878
分红产品	Participating	36710	250131	837623	1025296	1095057
投资连接产品	Unit-link	8837		603	496	574
其他产品	Others	115546	133750	132314	131717	137248
意外伤害险	Personal Accident Insurance	6302	6847	21642	24604	31514
健康险	Health Insurance	3180	21642	57851	68628	87237
团体业务	Group Insurance					
人寿保险	Life Insurance Business	27140	43950	15804	9828	9624
分红产品	Participating	2300	33443	0	302	761
投资连接产品	Unit-link				1	
其他产品	Others	2440	10507	15804	9525	8863
意外伤害险	Personal Accident Insurance	16496	17875	14765	17216	19893
健康险	Health Insurance	3109	18157	17972	19329	32312
#新单保费	Initial Premium	104475	244075	615763	737232	708929
有效保单件数（万件）	Policies In Force (10 000 cases)	785.49	589.65	1063	1229	1159
赔款和给付支出	Benefit Paid	83988	52123	173078	220447	263311
个人业务	Personal Insurance					
年金给付	Annuity Paid	36306	11836	24995	24491	35867
满期给付	Maturity Benefit	17754	6972	90873	129193	153677
死伤医疗给付	Benefit of Deaths, Injury & Medical Treatment	7573	7936	14436	21405	25832
团体业务	Group Insurance					
年金给付	Annuity Paid	6136	2952	6904	7782	8378
满期给付	Maturity Benefit	4791	313	3182	4476	3474
死伤医疗给付	Benefit of Deaths, Injury & Medical Treatment	11428	934	1085	2155	3475
退保	Surrender	27014	83367	82797	105651	141586

注：1. 本表由中国保险监督管理委员会广西监管局提供。

2.2005年人身保险公司业务中人寿保险的个人业务和团体业务"投资连接保险"并入其他产品中统计。

3.2005年赔款和给付支出中"赔款支出"从"死伤医疗给付"中剔除，但包含在赔款和给付支出总额中。

Note: 1. The data in this table is provided by Guangxi management & supervison bureau of Chinese insurance management & supervison committee.

2. The "Unit-link", which belonging to personal insurance and group insurance of life insurance business in life insurance company business, was merged into the other business in 2005.

3. The "Benefit" was eliminated from "Benefit of Deaths, Injury & Medical Treatment" in "Benefit Paid" in 2005, but it is still belong to the "Benefit Paid".

主要统计指标解释

财政收入 是指国家财政参与社会产品分配所取得的收入，是实现国家职能的财力保证。财政收入所包括的内容几经变化，目前主要包括：（1）各项税收，包括增值税、营业税、消费税、土地增值税、城市维护建设税、资源税、城市土地使用税、印花税、房产税、车船使用税、屠宰税、个人所得税、企业所得税、关税、契税、农牧业税和耕地占用税等。（2）专项收入：包括征收排污费收入、城市水资源费收入、教育费附加收入、矿产资源补偿费收入。（3）其他收入，包括国有资产经营收益、国有企业计划亏损补贴、基本建设贷款归还收入、基本建设收入、罚没收入、行政性收费收入、其他收入等。

地方财政收入 指按财政体制划分的地方本级收入。1994年分税制财政体制改革以后，属于中央财政的收入包括关税、海关代征消费税和增值税，消费税，中央企业所得税，地方银行和外资银行及非银行金融企业所得税，铁道、银行总行、保险总公司等集中缴纳的营业税、所得税、利润和城市维护建设税，增值税的75%部分，证券交易税（印花税）50%部分和海洋石油资源税。属于地方财政的收入包括营业税，地方企业所得税，个人所得税，城镇土地使用税，固定资产投资方向调节税，城镇维护建设税，房产税，车船使用税，印花税，屠宰税、农牧业税，农业特产税，耕地占用税，契税、增值税的25%部分，证券交易税（印花税）50%部分和除海洋石油资源税以外的其他资源税。

财政支出 是指国家为行使其职能，对筹集的财政资金进行有计划的分配使用的总称。国家财政支出，体现政府的活动范围和方向，反映财政资金的分配关系。财政支出主要包括：（1）基本建设支出；（2）企业挖潜改造资金；（3）地质勘探费；（4）科技三项费用；（5）流动资金；（6）支援农村生产支出；（7）农林水利气象等部门的事业费；（8）工业交通等部门事业费；（9）商业部门事业费；（10）城市维护费；（11）文教卫生事业费；（12）科学事业费；（13）其他部门事业费；（14）抚恤和社会福利救济费；（15）国防支出类；（16）行政管理费；（17）公检法支出；（18）价格补贴支出；（19）支援不发达地区支出；（20）专项支出；（21）农业综合开发支出；（22）行政事业单位离退休经费（23）其他支出等。

地方财政支出 指根据政府在经济和社会活动中的不同职责，划分中央和地方政府的责权，按照政府的责权划分确定的支出。中央财政支出包括国防支出，武装警察部队支出，中央行政管理费和各项事业费，重点建设支出以及中央政府调整国民经济结构、协调地区发展、实施宏观调控的支出。地方财政支出主要包括地方行政管理和各项事业费，地方统筹的基本建设、技术改造支出，支援农村生产支出，城市维护和建设费，价格补贴支出等。

地方财政用于农业的支出 指国家财政预算内资金用于农业的各项投资支出。包括：（1）对农垦、农业、畜牧、林业、农机管理、水利、水产、气象等部门的各项事业经费和基本建设、流动资金、挖潜改造资金、科技三项费用等专项拨款；（2）支援农业的各项生产支出，如小型农田水利和水土保持补助费、扶持农业经济困难的乡镇企业，农业生产队（组、户）改善生产基本条件的资金和农村开荒补助、农村草场和畜禽保护补助费、农村造林和林木保护补助费、农村水产补助费、农业发展和发展粮食生产专项资金支出、支援不发达地区资金中用于农业的支出等；（3）农业综合开发支出。

地方财政用于教育的支出 指国家财政预算内资金安排用于教育的各项支出。包括：（1）教育部门的事业费和基本建设拨款；（2）各部门事业费中用于教育的支出。如中等专业学校、技工学校经费、干部培训费等；（3）专项经费中的教育费附加支出，支援不发达地区资金中用于教育的支出。

信贷资金 指金融机构以信用方式积聚和分配的货币资金。金融机构信贷资金的来源有各项存款，对省外（国际）金融机构负债、流通中货币、银行自有资金及当年结益等；信贷资金的运用有各项贷款、黄金占款、外汇占款、财政借款及在省外（国际）金融机构中的资产等。

存款 指企业、机关、团体或居民根据资金必须收回的原则，把货币资金存入银行或其他信用机构保管并取得一定利息的一种信用活动形式。根据存款对象的不同可划分为企业存款、财政存款、机关团体存款、基本建设存款、城镇储蓄存款、农村存款等科目。它是银行信贷资金的主要来源。

贷款 指银行或其他信用机构根据资金必须归还的原则，按一定利率，为企业、个人等提供资金的一种信用活动形式。我国银行贷款分为流动资金贷款、固定资产贷款、城乡个体工商户贷款以及农业贷款等科目。

保险公司　在中国境内的、经过保险监督部门批准设立，并依法登记注册的各类商业保险公司。

保险金额　又叫承保额，是指保险人对被保险人负提损失补偿或约定给付的金额。它是保险合同上的最高责任额，也是计算保费的依据。

保费　又叫保险费，是指投保人为取得保险人在约定范围内所承担赔偿责任而支付给保险人的费用。

赔款　指保险人根据保险合同的规定，向被保险人支付的赔偿保险责任损失的金额。

给付　包括死伤医疗给付和满期给付。死伤医疗给付是指保险人根据人寿保险及长期健康保险合同的规定，因被保险人在保险期内发生保险责任范围内的保险事故支付给被保险人（或受益人）的金额。满期给付是指被保险人生存期满，保险人按人寿保险合同规定支付给被保险人的满期保险金额。

Explanatory Notes on Main Statistical Indicators

Government Revenue refers to the revenue of the government finance by means of participating in the distribution of the social products, which are the financial resources for ensuring the government to function. The contents of government revenue have been changed several times. Now it includes the following main items: (1) Various tax revenues, including value added taxes, business tax, consumption tax, land value added tax, tax on city maintenance and construction, resources tax, tax on use of urban land, stamp tax, tax on real estate, tax on the use of vehicles and ships, slaughter tax, personal income tax, enterprise income tax, tariff, contract tax, tax on agriculture and animal husbandry and tax on occupancy of cultivated land, etc. (2) Special income: including revenue collected from imposing fee on sewage treatment, revenue collected from imposing fee on urban water resources, extra-charges for education, and revenue collected from imposing fee on mine resources. (3) Other revenues, including profits from management of state-owned assets, subsidies to loss-making state-owned enterprise, revenue from the repayment of capital construction loan, revenue from capital construction, penalty, administration income and other incomes.

Revenue of the Local Government In according with the classification of the structure of the government finance in 1994 on the basis of the classification of channels for collection of tax revenues, the revenue of the local governments have different coverage. The revenue of the central government includes tariff, consumption tax and value added tax levied by the customs, consumption tax, income tax of the enterprises subordinate to the central government, income taxes of the local banks, foreign-funded banks and non-band financial institutions, business tax, income tax and profits of railways, head office of insurance company, which are handed over to the government in a centralized way, tax on city maintenance and construction, 75% of the value added tax, tax on ocean petroleum resources, 50% of the tax on stock dealing (stamp tax). The revenue of the local government includes business tax, income tax of the enterprises subordinated to the local government, personal income tax, tax on the use of urban land, tax on the adjustment of the investment in fixed assets. Tax on town maintenance and construction, tax on real estate, tax on the use of vehicles and ships, stamp tax, slaughter tax, tax on agriculture and animal husbandry, tax on special agricultural products, tax on the occupancy of cultivated land, contract tax, 25% of the value added tax, 50% of the tax on stock dealing (stamp tax) and tax on resources other than the ocean petroleum resources.

Government Expenditure refers to the (1) Expenditure for capital construction; (2) Innovation funds of the enterprises; (3) Geological prospecting expenses; (4) Expenditures for science and technology promotion; (5) Circulating funds; (6) Expenditure for supporting rural production; (7) Operating expenses of the departments of farming, forestry, water conservancy and meteorology etc; (8) Operating expenses of the departments of industry, transport; (9) Operating expenses of the department of commerce; (10) Expenditure for city maintenance; (11) Operating expenses of the departments of culture, education and public health; (12) Operating expenses of the department of science; (13) Operating expenses of the other departments; (14) Pension for the disabled or for the families of the bereaved and relief funds for social welfare; (15) Expenditures for national defense; (16) Administrative expenses (17) Expenditure for public security agency, procurator agency and court of justice; (18) Expenditure for price subsidies; (19) Expenditure for supporting under-developed areas; (20) Special expenditure; (21) Expenditure for comprehensive development of agriculture; (22) Expenditure for retired persons in administrative department; (23) Other expenditures.

Expenditure of the Local Governments According to the different functions of the central government and local governments in the economic and social activities, the rights of affairs administration are classified between the central government and local governments are made on the basis of the classification of the rights of affairs administration between them. The expenditure of the central government includes the expenditure for national defense, expenditure for armed police forces, the administrative expenses and various operating expenses at the level of central government, expenditure for key projects and the expenditure of the central government for adjusting the national economic structure, coordinating the development among different regions and exercising the macro-economic regulation and control. The expenditure of the local governments includes mainly the administrative expenses and various operating expenses at the level of local government, expenditure for supporting rural production, expenditure for city maintenance and construction and expenditure for price subsidies, etc.

Local Government Expenditure for Agriculture refers to the investment and expenditure of national financial budgetary fund for agriculture, including: （1） Operating expenses for agricultural exclamation, agriculture, animal husbandry, forestry, agricultural machinery management, water conservancy, aquatic products and meteorology, and special appropriation for capital construction, floating funds, innovation funds and expenditures for science and technology promotion; （2） Expenditures for supporting agricultural production, such as subsidies to the small water conservancy and rural water and soil conserving, expenditure for supporting township enterprises, funds for improving capital productive conditions of agricultural production teams and subsidies on the rural waste land exclamation, subsidies to the expenditure for the protection of grasslands and cattle and fowls, subsidies on forestation and forest protection in rural areas, subsidies on the rural aquatic products industry, special fund for developing agriculture and grain production, expenditure in funds supporting under-developed areas for agriculture; （3） Expenditure for agriculture comprehensive development.

Local Government Expenditure for Education refers to expenses of national financial budgetary fund for education, including: （1） Operating expenses and capital construction appropriation of education departments; （2） Expenditure for education in operating expenses of various departments, such as expenses for specialized secondary schools and skilled workers' schools and expenditure for cadres training, etc. （3） Education expenditure added in special expenditure and expenditure in funds supporting under-developed areas for education.

Credit Funds refer to the funds issued as loans by banking institution. The sources of credit funds of the banking institutions included deposits, liabilities to international financial institutions, currency in circulation, self-owned funds and current retained profits, etc. The credit funds can be used in forms of loans, gold, foreign exchange, government debt and assets in the other provinces, autonomous regions and municipalities （international） financial institutions.

Deposit is a form of credit by which enterprises, institutions, organizations or residents can put money into banks and other credit institutions for safekeeping and interest earning under the principle of free withdrawal. According to different depositors, deposits are divided into enterprise deposits, treasury deposits, deposits of government agencies and organizations, capital construction deposits, urban savings deposits, rural deposits and other deposits. Deposits are major sources of the credit funds of banks.

Loan is a form of credit by which banks and other credit institutions provide funds at certain interest rate to enterprises and individuals in the light of the principle of unconditional repayment. Loans from Chinese banks include circulating capital loans, fixed assets loans, loans to urban and rural individuals engaged in industrial and commercial business and agricultural loans.

Insurance Companies refer to commercial insurance companies of various forms registered by law and established in China with the approval of insurance regulatory agencies.

Amount Insured refers to the maximum that the insurant will get for the claim of the case insured.

Premium is the fee paid by the insurant based on a proportion of the benefit he or she may get from the insurance plus the insurance value. It includes the income from the deposit of property insurance and personal insurance.

Settle Claim is the compensation paid by the insurer to the insurant in accordance with the insurance contact.

Payment includes payment for death, injury or medical treatment and mature payment. Payment for death, injury or medical treatment refers to the money paid to the insurant （of the beneficiary） in accordance with the life of health insurance contract when the insurant encounters accidents within the insured period covered in the contract. Mature payment refers to the mature payment to the insurant in according with the life insurance contract at the end of the insured period for the loss which has been checked and found to be in the range liability of the insurance after an accident has happened to the insured property or to a person who has insured his life. It is further divided into settled and unsettled claim.

物价
PRICE

10－1 居民消费及商品零售价格总指数（1978－2012年）
Consumer & Retail General Price Indices (1978－2012)

（以上年价格为100） （preceding year=100）

年 份 Year	居民消费价格总指数 Consumer General Price Index			商品零售价格总指数 Retail General Price Index		
	全 区 Total	城 市 Urban Areas	农 村 Rural Areas	全 区 Total	城 市 Urban Areas	农 村 Rural Areas
1978	100.0	99.8	100.0	100.0	99.8	100.1
1979	102.6	102.8	101.1	102.3	102.9	101.7
1980	110.0	112.6	106.0	109.2	113.1	106.1
1981	101.6	102.7	100.1	101.7	103.0	100.5
1982	103.3	104.1	102.4	103.1	104.4	102.4
1983	102.7	103.0	102.7	102.8	103.0	102.7
1984	103.3	104.6	102.4	104.2	104.5	104.1
1985	113.0	114.7	111.8	111.2	114.2	109.3
1986	106.2	106.2	106.2	105.1	106.0	104.4
1987	108.2	110.2	105.8	108.0	110.5	105.5
1988	120.8	123.3	118.4	121.0	123.5	119.4
1989	121.1	119.7	123.3	121.3	119.1	123.5
1990	101.1	98.3	104.4	100.1	97.4	102.4
1991	102.8	102.7	103.0	102.5	102.5	102.5
1992	105.9	107.0	105.4	104.6	106.2	103.9
1993	122.0	123.3	119.1	118.9	121.9	114.8
1994	126.0	125.4	126.5	124.4	122.7	125.6
1995	118.4	118.0	118.6	116.4	115.0	117.7
1996	106.5	105.5	107.4	104.5	104.1	104.9
1997	100.8	100.7	100.8	99.6	99.9	99.4
1998	97.0	97.1	96.8	96.3	96.7	95.9
1999	97.7	97.2	98.2	97.2	96.8	97.6
2000	99.7	100.0	99.5	98.6	98.4	98.8
2001	100.6	101.3	99.6	97.8	97.3	99.0
2002	99.1	98.9	99.3	98.1	98.2	98.0
2003	101.1	100.9	101.3	100.2	99.6	100.8
2004	104.4	104.1	104.9	103.9	103.4	104.4
2005	102.4	103.0	101.6	101.1	101.3	101.0
2006	101.3	101.6	100.9	100.3	100.8	99.8
2007	106.1	105.6	106.8	104.8	104.2	105.3
2008	107.8	107.6	108.5	107.6	107.6	108.3
2009	97.9	97.9	97.5	98.0	98.1	96.9
2010	103.0	102.9	103.4	103.0	103.0	103.2
2011	105.9	105.7	106.4	106.0	105.7	106.6
2012	103.2	103.2	103.3	102.3	102.2	102.4

注：1994年起商品零售价格总指数不包括农资。

Note: Retail General Price Index since 1994 has excluded agricultural means of production.

10—2 各地区商品零售和农业生产资料价格指数（2012年）

（以上年价格为100）

地 区	Region	总指数 General Index	一、食品类 Food	粮食 Grain	油脂类 Oil or Fat	肉禽及其制品 Meal, Poultry & Their Products	水产品 Aquatic Products	菜 Vegetables
全区平均	**Average of the Whole Autonomous Region**	**102.3**	**105.4**	**103.5**	**108.3**	**104.0**	**105.1**	**116.2**
城市平均	**Average of Urban Areas**	**102.2**	**105.4**	**103.3**	**109.0**	**104.5**	**105.1**	**116.2**
南宁市	Nanning	101.7	105.3	101.9	104.9	105.7	105.0	117.5
柳州市	Liuzhou	102.8	107.5	104.2	111.0	107.4	109.4	118.7
桂林市	Guilin	102.4	104.1	107.2	107.0	102.8	107.6	109.8
梧州市	Wuzhou	102.0	104.5	103.3	109.4	103.0	99.7	114.8
北海市	Beihai	102.2	105.6	99.8	109.4	102.2	99.5	114.3
农村平均	**Average of Rural Areas**	**102.4**	**105.3**	**103.7**	**107.1**	**103.2**	**105.2**	**116.3**
贵港市	Guigang	102.5	105.0	104.8	104.9	97.8	105.1	121.5
贺州市	Hezhou	101.8	103.5	101.7	109.4	102.4	109.2	110.8
百色市	Baise	102.5	105.6	106.9	105.3	106.2	97.9	109.8

Retail & Agricultural Means of Production Price Indices by Region (2012)

(preceding year=100)

干鲜瓜果 Dry Fruit (Nut) & Melon & Fruit	其他食品 Other Foods	二、饮料、烟酒类 Beverages, Tobacco & Liquor	三、服装、鞋帽类 Clothes, Shoes & Hats	服装 Clothes	鞋袜帽 Shoes, Socks & Hats	四、纺织品类 Textiles
98.7	**104.7**	**102.8**	**102.8**	**104.3**	**99.4**	**101.4**
99.4	**103.6**	**103.4**	**102.1**	**103.4**	**98.8**	**101.2**
100.3	102.0	105.2	102.7	104.6	96.5	103.5
103.5	102.7	102.9	103.4	105.3	99.1	99.2
95.7	103.8	103.0	101.0	101.4	100.3	102.0
98.0	106.0	103.4	102.5	103.5	102.8	103.6
97.1	100.2	104.6	101.8	102.2	101.2	104.6
97.1	**106.9**	**101.9**	**104.3**	**106.3**	**100.5**	**101.7**
99.8	110.1	102.3	103.8	105.5	100.2	102.7
98.1	101.2	102.9	102.9	105.0	99.9	100.2
96.0	105.5	100.4	105.8	107.6	101.1	102.7

10－2 续表 1

（以上年价格为100）

地 区	Region	五、家用电器及音像器材 Household Appliances, Music & Video Equipments	家庭设备 Household Appliances	文娱用耐用消费品 Durable Consumer Goods for Recrea-tional Use	音像器材类 Music & Video Equip-ments	六、日用品 Daily Necessi-ties	七、体育娱乐用品 Sports & Recrea-tion Goods	体育用品 Sports Goods
全区平均	**Average of the Whole Autonomous Region**	**97.0**	**99.1**	**94.0**	**100.3**	**101.4**	**100.1**	**100.1**
城市平均	**Average of Urban Areas**	**96.9**	**99.2**	**93.6**	**100.4**	**101.3**	**100.2**	**100.0**
南宁市	Nanning	95.6	97.6	91.8	100.6	100.5	100.2	99.7
柳州市	Liuzhou	95.8	101.1	88.9	95.8	101.4	99.6	98.5
桂林市	Guilin	100.5	103.8	96.0	99.3	102.5	102.1	104.5
梧州市	Wuzhou	98.6	101.2	94.5	102.0	102.9	103.1	105.3
北海市	Beihai	97.0	100.9	91.2	99.2	102.8	96.0	92.3
农村平均	**Average of Rural Areas**	**97.0**	**98.9**	**94.7**	**98.6**	**101.5**	**99.9**	**100.5**
贵港市	Guigang	97.7	99.3	95.5	100.0	101.9	98.1	99.5
贺州市	Hezhou	97.6	99.6	94.6	100.0	101.3	100.3	99.9
百色市	Baise	96.8	98.2	94.9	97.4	101.1	98.9	100.4

continued

(preceding year=100)

娱乐用品 Recreation Goods	八、交通、通信用品 Transporta-tion & Communi-cation Appliances	交通运输机械 Transpor-tation Appliances	通讯器材类 Communi-cation Appliances	九、家具 Furnitures	十、化妆品类 Cosmetics	十一、金银珠宝类 Gold, Silver & Jewelry
100.0	**97.4**	**99.5**	**93.6**	**102.2**	**102.0**	**102.5**
100.4	**97.4**	**99.3**	**93.8**	**102.2**	**102.1**	**102.2**
100.7	96.2	98.6	91.9	104.8	102.5	100.2
100.6	97.9	99.0	96.2	105.2	100.8	100.5
99.5	98.8	99.9	94.6	100.3	100.8	101.5
100.5	95.3	100.4	86.9	101.0	104.2	93.9
99.9	98.7	100.0	96.3	100.6	105.6	100.7
99.2	**97.5**	**99.9**	**93.3**	**102.2**	**101.6**	**103.3**
96.9	98.4	99.5	96.3	100.7	103.9	101.0
100.7	95.4	100.0	88.8	104.7	102.5	105.0
97.6	97.6	99.3	93.9	101.5	100.7	101.7

10－2 续表2 continued

（以上年价格为100） (preceding year=100)

地 区	Region	十二、中西药品及医疗保健用品类 Traditianal Chinese &Western Medicines & Health Care Articles	医疗器具及用品 Medical Appliances & Articles	中药及中成药 Traditi-onal Chinese Medicine	西药 Western Medicine	保健品及器具 Health Care Appliances & Articles	十三、书报杂志及电子出版物类 Books, Newspapers, Magazines & Electronic Publications
全区平均	**Average of the Whole Autonomous Region**	**101.8**	**102.0**	**103.2**	**101.0**	**100.3**	**100.3**
城市平均	**Average of Urban Areas**	**101.7**	**102.9**	**103.2**	**100.7**	**100.2**	**100.3**
南宁市	Nanning	100.2	104.2	98.8	100.8	100.2	100.1
柳州市	Liuzhou	101.1	103.6	102.0	100.3	98.9	100.7
桂林市	Guilin	102.3	104.4	110.5	97.8	99.5	100.0
梧州市	Wuzhou	102.6	101.5	105.4	102.1	100.1	101.5
北海市	Beihai	97.9	101.8	94.6	100.3	99.4	100.0
农村平均	**Average of Rural Areas**	**102.1**	**99.7**	**103.3**	**101.5**	**100.6**	**100.3**
贵港市	Guigang	100.8	100.5	101.1	100.7	100.2	98.9
贺州市	Hezhou	103.1	100.5	104.7	102.4	101.1	100.9
百色市	Baise	103.2	97.9	106.2	101.5	100.2	101.6

10－2 续表3 continued

（以上年价格为100） (preceding year=100)

地 区	Region	农业生产资料价格指数 Price Index of Agricultural Means of Production	农用手工工具 Small Farm Tools	饲料 Forage	产品畜 Young Live-stock & Fowls	半机械化农具 Semimechanized Farm Tools
全区平均	**Average of the Whole Autonomous Region**	**103.9**	**103.7**	**111.3**	**91.5**	**101.2**
农村平均	**Average of Rural Areas**	**103.9**	**103.7**	**111.3**	**91.5**	**101.2**

10－2 续表4 continued

（以上年价格为100） (preceding year=100)

地 区	Region	机械化农具 Mechanized Farm Machin-ery	化学肥料 Chemical Fertilizer	农药及农药械 Pesticide & Its Applia-nces	农用机油 Oil for Farm Machinery	其他农业生产资料 Others
全区平均	**Average of the Whole Autonomous Region**	**101.4**	**104.8**	**103.6**	**106.3**	**105.8**
农村平均	**Average of Rural Areas**	**101.4**	**104.8**	**103.6**	**106.3**	**105.8**

10－3 各地区居民消费价格指数（2012年）

（以上年价格为100）

地 区	Region	总指数 General Index	一、食品 Food	1.粮食 Grain	2.淀粉 Starches & Tubers	3.干豆类及豆制品 Bean & Its Products	4.油脂 Oil or Fat	5.肉禽及制品 Meal, Poultry & Their Products	6.蛋 Eggs
全区平均	**Average of the Whole Autonomous Region**	**103.2**	**105.2**	**103.8**	**102.1**	**101.6**	**108.2**	**103.0**	**97.3**
城市平均	**Average of Urban Areas**	**103.2**	**105.2**	**103.5**	**101.9**	**101.4**	**108.9**	**103.6**	**97.3**
南宁市	Nanning	102.9	105.0	101.9	99.5	104.1	105.4	104.6	96.4
柳州市	Liuzhou	104.0	107.3	104.1	107.1	98.9	110.6	106.6	98.8
桂林市	Guilin	103.5	103.8	107.2	102.4	98.1	107.0	101.9	97.6
梧州市	Wuzhou	102.9	104.5	103.3	100.8	104.6	109.7	103.1	98.1
北海市	Beihai	102.6	105.5	99.8	98.0	99.5	109.3	101.7	98.8
农村平均	**Average of Rural Areas**	**103.3**	**105.1**	**104.3**	**102.7**	**101.9**	**107.1**	**101.9**	**97.4**
贵港市	Guigang	103.5	104.4	105.0	99.8	102.0	104.9	97.7	94.3
贺州市	Hezhou	102.8	103.5	101.7	106.0	101.9	110.7	100.9	96.6
百色市	Baise	103.0	105.5	106.9	103.8	99.1	105.3	106.2	100.4

Consumer Price Indices by Region (2012)

(preceding year=100)

7.水产品 Aquatic Products	8.菜 Vegetables	9.调味品 Flavoring	10.糖 Sugar	11.茶及饮料 Tea & Beverages	12.干鲜瓜果 Dried & Fresh, Melons & Fruits	13.糕点饼干面包 Cake, Biscuit & Bread	14.液体乳及乳制品 Milk & Its Products
104.9	**116.7**	**101.8**	**103.9**	**103.8**	**98.7**	**104.1**	**103.3**
104.9	**115.9**	**101.9**	**106.2**	**105.0**	**99.6**	**105.2**	**103.4**
104.9	117.5	102.2	107.5	103.6	100.3	106.0	100.6
109.0	118.5	103.6	102.1	108.7	103.6	102.7	107.1
107.4	109.8	101.9	110.1	105.6	95.7	108.4	100.9
100.4	114.4	101.6	104.1	102.8	98.3	104.1	106.3
99.5	114.0	103.3	114.2	105.1	97.2	104.8	113.5
104.9	**118.4**	**101.6**	**100.6**	**101.1**	**97.0**	**101.8**	**103.0**
104.8	121.5	102.1	103.5	100.5	99.8	101.4	104.3
109.3	111.3	101.1	97.7	101.2	98.3	100.6	102.6
97.9	109.8	101.6	101.1	100.9	96.0	104.1	101.7

10－3 续表1

(以上年价格为100)

地 区	Region	15.在外用膳食品 Outward Dinner	16.其它食品 Other Foods & Manufactu ring Services	二、烟酒及用品 Tobacco, Liquor & Articles	1.烟草 Tobacco	2.酒 Liquor	三、衣着 Clothing	1.服装 Garments
全区平均	**Average of the Whole Autonomous Region**	**108.3**	**104.9**	**103.1**	**100.2**	**105.5**	**103.6**	**104.7**
城市平均	**Average of Urban areas**	**107.0**	**103.3**	**103.3**	**100.3**	**105.8**	**102.7**	**103.7**
南宁市	Nanning	105.5	102.0	106.3	100.0	111.4	102.5	104.7
柳州市	Liuzhou	107.6	102.7	101.5	100.0	103.0	104.1	105.6
桂林市	Guilin	104.8	103.8	102.1	99.3	104.7	101.3	101.3
梧州市	Wuzhou	105.9	106.0	104.0	102.6	105.2	103.3	103.5
北海市	Beihai	118.3	100.2	104.6	102.3	106.5	102.3	102.2
农村平均	**Average of Rural areas**	**111.2**	**107.0**	**102.6**	**100.2**	**105.0**	**105.4**	**106.7**
贵港市	Guigang	113.3	110.1	103.8	100.8	107.3	104.3	105.2
贺州市	Hezhou	105.9	101.2	103.4	100.0	107.0	103.5	104.7
百色市	Baise	112.6	105.5	100.4	99.6	101.4	106.1	107.6

continued

(preceding year=100)

2.衣着材料 Clothing Material	3.鞋袜帽 Footgear & Hats	4.衣着加工服务业 Clothing Manufacturing Services	四、家庭设备用品及维修服务 Household Facilities, Articles & Services	1.耐用消费品 Durable Consumer Goods	2.室内装饰品 Interior Decorations	3.床上用品 Bed Articles	4.家庭日用杂品 Daily Use Household Articles
106.4	**99.5**	**109.5**	**101.1**	**100.5**	**99.5**	**101.7**	**101.8**
105.4	**99.1**	**106.4**	**101.4**	**100.8**	**100.0**	**101.8**	**101.7**
106.5	96.5	102.0	101.5	100.4	102.0	101.1	102.8
102.9	99.7	103.6	101.8	102.6	97.4	101.5	100.6
108.7	99.7	116.1	101.9	102.3	100.4	101.0	100.3
107.5	102.7	103.4	102.1	101.0	101.3	104.0	102.8
110.8	100.9	118.8	104.8	101.1	102.4	103.4	103.9
107.9	**100.5**	**116.8**	**100.4**	**99.7**	**98.5**	**101.5**	**101.8**
111.5	100.1	124.9	100.0	99.5	99.6	100.6	102.2
102.1	99.8	108.2	100.6	101.6	97.6	99.2	102.2
105.6	101.1	109.0	101.3	99.6	100.2	103.8	101.2

10－3 续表2

(以上年价格为100)

地 区	Region	5.家庭服务及加工维修服务 Household Service & Manufacturing Upkeep	五、医疗保健和个人用品 Health Cares & Personal Articles	1.医疗保健 Medical Applia-nces & Articles	2.个人用品及服务 Personal Articles & Services	六、交通和通讯 Transportation & Communication	1.交通 Transportation	2.通讯 Communication	七、娱乐教育文化用品及服务 Recreation, Education & Culture Articles & Services
全区平均	**Average of the Whole Autonomous Region**	**102.0**	**102.0**	**101.6**	**102.8**	**100.2**	**101.9**	**98.3**	**101.5**
城市平均	**Average of Urban areas**	**101.7**	**101.7**	**101.5**	**102.2**	**100.2**	**101.8**	**98.6**	**101.5**
南宁市	Nanning	101.2	101.2	101.1	101.6	99.9	101.5	98.1	101.2
柳州市	Liuzhou	101.4	101.4	101.3	101.6	100.1	101.1	99.1	99.5
桂林市	Guilin	102.5	102.5	102.6	102.3	100.6	101.6	99.6	103.2
梧州市	Wuzhou	103.3	103.3	102.5	105.0	100.3	102.5	98.5	100.7
北海市	Beihai	99.9	99.9	97.9	104.1	99.7	101.5	97.5	100.1
农村平均	**Average of Rural areas**	**102.5**	**102.5**	**101.8**	**104.0**	**100.0**	**102.1**	**97.6**	**101.4**
贵港市	Guigang	104.0	104.0	100.9	107.6	100.9	102.2	98.8	102.4
贺州市	Hezhou	103.8	103.8	102.9	105.8	99.4	102.6	95.2	102.5
百色市	Baise	102.3	102.3	102.7	101.3	99.4	100.4	98.3	100.5

continued

(preceding year=100)

1.文娱用耐用消费品及服务 Durable Consumer Goods for Recreati-onal Use	2.教育 Education	3.文化娱乐用品 Cultural & Recrea tional Articles	4.旅游 Touring & Outgoing	八、居住 Residence	1.建房及装修材料 Building & Building Decora-tion Materials	2.租房 Rent	3.自有住房 Private Housing	4.水、电、燃料 Water, Electricity & Fuels
94.5	**103.1**	**103.7**	**102.8**	**103.7**	**101.4**	**103.0**	**102.1**	**108.2**
93.6	**103.1**	**104.0**	**104.0**	**103.7**	**102.0**	**101.9**	**102.0**	**108.2**
92.8	104.9	104.3	99.3	102.8	100.5	101.1	99.9	109.0
89.3	102.2	102.8	100.4	105.5	104.0	104.5	103.3	107.2
96.9	101.8	105.8	113.0	107.0	105.5	102.2	107.7	109.9
94.7	100.9	103.9	104.5	102.8	100.6	101.8	100.6	107.8
91.6	101.9	103.8	99.8	100.8	102.1	100.9	96.3	108.1
96.5	**103.0**	**103.0**	**100.0**	**103.6**	**100.6**	**105.8**	**102.5**	**108.0**
97.4	104.1	101.2	103.5	104.4	98.4	109.0	102.1	108.7
96.6	104.3	104.8	99.6	103.9	101.8	104.5	103.3	106.7
97.0	102.4	102.8	97.5	102.1	100.1	104.2	99.9	107.5

10—4 主要年份工业品出厂价格分类指数

Ex-Factory Price Indices of Industrial Products in Main Years

(以上年价格为100)　　　　(preceding year=100)

指　标	Item	1995	2000	2005	2010	2011	2012
总 指 数	**General Index**	**117.2**	**105.5**	**104.9**	**112.0**	**108.5**	**97.8**
按轻重工业分	**Grouped by Light & Heavy Industry**						
轻工业	Light Industry	123.8	109.0	105.8	115.0	114.7	98.6
以农产品为原料	Using Farm Products as Raw Materials	126.6	109.9	107.5	118.9	116.1	98.0
以非农产品为原料	Using Non-farm Products as Raw Materials	113.1	100.4	101.8	105.6	106.2	102.6
重工业	Heavy Industry	111.2	103.1	104.2	110.3	106.3	97.5
采掘	Mining & Quarrying	126.6	106.1	126.5	129.1	121.2	101.7
原料	Raw Materials Industry	105.3	106.1	105.2	113.0	106.3	98.5
加工	Manufacturing Industry	115.8	96.0	101.5	106.3	105.2	96.6
按两大部类分	**Grouped by Production & Living materials**						
生产资料	Production materials	114.2	103.2	104.0	110.3	107.2	97.4
生活资料	Living materials	121.4	110.4	106.8	118.2	112.0	99.0
按工业部门分	**Grouped by Department of Industry**						
冶金工业	Metallurgical Industry	111.0	108.5	106.4	118.1	110.1	90.9
电力工业	Power Industry	107.9	112.6	100.9	102.0	99.3	106.3
煤炭及炼焦工业	Coal & Coking Industry	100.9	104.1	133.1	111.0	130.5	113.6
化学工业	Chemical Industry	129.2	95.6	108.0	114.7	113.4	95.8
机械工业	Machine Building Industry	106.2	95.7	100.6	102.3	101.4	100.0
建筑材料工业	Building Materials Industry	95.2	100.6	98.3	106.6	110.7	98.1
森林工业	Timber Industry	99.8	101.4	100.5	106.4	105.7	105.4
食品工业	Food Industry	124.4	111.1	109.4	120.3	118.2	97.5
纺织工业	Textile Industry	126.1	115.5	99.9	126.8	118.0	95.2
造纸工业	Paper Making Industry	146.6	111.2	102.0	113.5	102.7	96.1
其他工业	Other Industry	126.1	98.4	103.8	117.0	108.9	102.4

10－4 续表 continued

（以上年价格为100） (preceding year=100)

指　标	Item	1995	2000	2005	2010	2011	2012
按工业行业分	**Grouped by Industrial Sector**						
煤炭开采和采选业	Coal Mining & Dressing	109.4	104.1	133.1	111.5	131.5	113.9
黑色金属矿采选业	Ferrous Metals Mining & Dressing	96.9	111.0	112.5	120.4	107.3	96.4
有色金属矿采选业	Nonferrous Metals Mining & Dressing	143.4	107.4	130.5	149.9	129.3	98.9
非金属矿采选业	Nonmetal Ores Mining & Dressing	114.7	109.7	109.1	107.4	115.0	110.9
水的生产和供应业	Water Production & Supply	116.9	106.7	101.1	106.1	102.2	103.3
食品制造业	Food Manufacturing	132.6	116.8	101.9	99.3	111.3	106.7
饮料制造业	Beverage Manufacturing	121.2	100.4	101.1	112.8	107.4	101.8
烟草制品业	Tobacco Products	112.9	100.0	102.8	104.3	100.6	101.9
纺织业	Textile Industry	123.6	118.0	99.9	125.5	116.7	96.2
木材加工及竹、藤、棕草制品业	Timber Processing, Bamboo, Cane, Palm Fiber & Straw Products	93.5	100.7	100.4	106.8	105.9	105.3
家具制造业	Furniture Manufacturing	139.2	111.2	100.9	99.7	101.7	106.0
造纸及纸制品业	Papermaking & Paper Products	146.6	97.9	102.0	113.5	102.7	96.1
文教体育用品制造业	Cultural, Educational & Sports Goods	127.1	112.6	100.6	100.8	109.6	102.3
电力、热力的生产和供应业	Electricity & Heating Power Production & Supply	107.9	102.3	100.9	102.0	99.3	106.3
化学原料及化学制品制造业	Raw Chemical Materials & Chemical Products	117.0	96.4	110.1	117.7	118.1	92.4
医药制造业	Medical & Pharmaceutical Products	137.7	96.6	102.4	103.0	102.5	103.2
橡胶制品业	Rubber Products	127.7	90.9	101.3	103.6	110.1	102.4
塑料制品业	Plastic Products	95.2	100.7	110.2	101.1	103.4	101.1
非金属矿物制品业	Manufacturing of Non-metallic Minerals Mining Products	92.0	100.5	98.3	106.6	110.6	97.0
黑色金属冶炼及压延加工业	Smelting & Pressing of Ferrous Metals	116.8	103.1	98.4	111.6	107.9	88.1
有色金属冶炼及压延加工业	Smelting & Pressing of Nonferrous Metals	95.7	112.4	108.0	126.2	111.6	92.4
金属制品业	Metal Products	106.6	101.5	108.5	102.1	101.6	100.1
交通、运输设备制造业	Transport Equipment	108.5	92.6	98.7	102.1	100.7	100.8
电气机械及器材制造业	Electric Equipment & Machinery	107.2	94.1	99.5	104.3	105.5	97.2
仪器仪表及文化、办公用机械制造业	Instruments, Meters, Cultural & Clerical Machinery Producing	98.2	100.2	101.5	102.2	112.7	101.8

10－5　主要年份工业生产者购进价格指数
Purchasing Price Indices for Industrial Producers in Main Years

（以上年价格为100）　　(preceding year=100)

指　标	Item	1995	2000	2005	2010	2011	2012
总 指 数	**General Index**	**112.9**	**100.9**	**108.2**	**111.2**	**110.0**	**99.2**
燃料、动力类	Fuel & Power	107.8	98.9	112.1	109.3	105.5	104.0
黑色金属材料类	Ferrous Metals	94.7	103.0	111.3	103.7	107.7	95.2
其中：钢材	During Ferrous metals: steel	94.4	105.0	105.9	105.7	109.1	96.4
有色金属材料和电线类	Non-ferrous Metals & Wire	137.6	123.8	114.5	128.6	114.5	95.2
化工原料类	Raw Chemical Materials	125.2	104.5	110.0	112.3	116.5	98.3
木材及纸浆类	Timber & Paper Pulp	108.9	99.8	94.4	111.2	108.6	97.5
建筑材料类及非金属矿类	Building Materials & Nonmetal Mineral	88.1	92.5	103.6	114.6	109.5	98.3
其他工业原材料及半成品类	Other Industrial Raw Materials	91.7	104.7	103.7	110.3	107.0	98.5
农副产品类	Agricultural Products	148.2	90.3	116.8	116.6	115.9	101.3
纺织原料类	Textile Materials	150.5	106.3	90.6	121.4	119.5	92.1

10－6　主要年份固定资产投资价格指数
Price Indices of Investment in Fixed Assets in Main Years

（以上年价格为100）　　(preceding year=100)

指　标	Item	1995	2000	2005	2010	2011	2012
总 指 数	**General Index**	**103.4**	**101.4**	**101.4**	**103**	**106.2**	**100.6**
建筑安装工程	Construction & Installation	101.8	102.4	101.3	103.8	108.7	100.8
设备、工器具购置	Purchase of Equipment, Tools & Instruments	106.2	95.7	100.8	101.2	101	99.3
其他费用	Others	105.5	104.5	102.0	102.5	103.9	101.5

主要统计指标解释

居民消费价格指数 是反映一定时期（年、季、月）内城市、农村居民所购买的消费品价格和服务项目价格变动趋势和程度的相对数，是对城市居民消费价格指数和农村居民消费价格指数进行综合汇总的结果。该指数可以观察、分析消费品的零售价格和服务项目价格变动对城乡居民实际生活费用支出的影响程度。

商品零售价格指数 是反映一定时期内城乡商品零售价格变动趋势的一种经济指数。零售物价的调整变动直接影响城乡居民的生活支出和国家财政的收入，影响居民购买力和市场供需平衡，影响消费与积累的比例。因此，该指数可以从一个侧面对上述经济活动进行观察和分析。

工业品出厂价格指数 是反映一定时期内全部工业产品出厂价格总水平的变动趋势和程度的相对数，包括工业企业出售给本企业以外的所有单位的各种产品和直接售给居民用于生活消费的产品。该指数能够观察工业品出厂价格变动对工业总产值及增加值影响。

工业生产购进价格指数 是反映全部工业原材料、燃料、动力购进价格总水平的变动趋势和程度的相对数。用其可以观察和研究工业企业原材料价格变动对生产的影响，以及企业对原材料变动的消化能力和承受能力，为制订价格政策提供依据。

固定资产投资价格指数 是反映固定资产投资额价格变动趋势和程度的相对数。固定资产投资额是由建筑安装工程投资完成额和设备、工器具购置投资完成额和其他费用投资完成额三部分组成的。编制固定资产投资价格指数，先分别编制上述三部分投资的价格指数，然后采用加权算术平均法，计算出固定资产投资价格总指数。

Explanatory Notes on Main Statistical Indicators

Consumer Price Indices reflect the trend and degree of change in prices of consumer goods and services purchased by urban and rural residents, and is a composite indices derived from the urban consumer price indices and rural consumer price indices. Consumer price indices can be used to analyze the impact of consumer price change on actual expenditure for living cost of urban and rural residents.

Retail General Price Indices reflect the trend and degree of change in retail prices of commodities during a given period. The change in retail prices of commodities directly affects the living expenditure of urban and rural residents, government revenue, purchasing power of residents and the equilibrium of market supply and demand, and the ratio of consumption to accumulation. Therefore, the retail price indexes are useful to analyze the changes of the above economic activities.

Ex-Factory Price Indices of Industrial Products reflect the trend and degree of change in general ex-factory prices of all industrial products during a given period, including sales of industrial products by an enterprise to all units outside the enterprise, as well as sales of consumer goods to residents. It can be used to analyze the impact of ex-factory prices on gross output value and value-added of the industrial sector.

Purchasing Price Indices for Industrial Producters reflect changes in the general purchase prices of all industrial raw materials, fuel and power. The index can be used to observe and research the impact of price changes of industrial raw materials on the production, the abilities of enterprises to digest and bear the change of raw materials, so as to provide basis for the government to formulate price policies.

Price Indices of Investment in Fixed Assets reflect the change trend and degree of change in prices of investment goods and projects in fixed assets during a given period. The investment in fixed assets consists of three components, namely the investment in construction and installation, the investment in purchases of equipment and instrument, and the investment in other items. Price indices of investment in fixed assets are calculated as the weighted arithmetic mean of the price indices of the three components of investment in fixed assets.

人民生活
PEOPLE'S LIVELIHOOD

11－1　城乡居民家庭人均收入及恩格尔系数（1978－2012年）

Per Capita Annual Income & Engle Coefficient of Urban & Rural Households (1978－2012)

年份 Year	城镇居民人均可支配收入 Per Capita Annual Disposable Income of Urban Households		农民人均纯收入 Per Capita Annual Net Income of Rural Households		城镇居民家庭恩格尔系数（%） Engle Coefficient of Urban Households (%)	农村居民家庭恩格尔系数（%） Engle Coefficient of Rural Households (%)
	绝对数（元） Value (yuan)	比上年±% Growth Rate Over Precding Year (%)	绝对数（元） Value (yuan)	比上年±% Growth Rate Over Precding Year (%)		
1978						
1979						
1980	455		173		57.3	63.5
1981	429	-5.7	204	17.9	58.7	67.6
1982	427	-0.6	235	15.2	61.5	66.2
1983	444	4.1	262	11.5	59.2	66.2
1984	563	26.8	267	1.9	57.2	64.6
1985	683	21.4	303	13.5	56.6	62.2
1986	784	14.7	316	4.3	58.0	61.9
1987	899	14.7	354	12.0	59.1	62.1
1988	1159	28.9	424	19.8	54.6	59.6
1989	1304	12.5	483	13.9	59.3	58.3
1990	1448	11.0	639	3.5	58.6	64.4
1991	1614	11.4	658	3.0	55.3	62.0
1992	2104	30.4	732	11.2	55.9	61.8
1993	2895	37.6	885	20.9	53.7	63.6
1994	3981	37.5	1107	25.1	50.4	59.0
1995	4792	20.4	1446	30.6	51.0	61.3
1996	5033	5.0	1703	17.8	50.4	58.2
1997	5110	1.5	1875	10.1	47.4	58.2
1998	5412	5.9	1972	5.2	46.3	57.2
1999	5620	3.8	2048	3.9	44.3	58.3
2000	5834	3.8	1865	-9.0	39.9	55.4
2001	6666	14.3	1944	4.3	37.7	52.3
2002	7315	9.8	2013	3.5	40.7	51.9
2003	7785	6.4	2095	4.1	40.0	51.3
2004	8177	5.0	2305	10.0	44.0	54.3
2005	8917	9.0	2495	8.2	42.5	50.5
2006	9899	11.0	2771	11.1	42.1	49.5
2007	12200	23.2	3224	16.3	41.7	50.2
2008	14146	16.0	3690	14.5	42.4	53.4
2009	15451	9.2	3980	7.9	39.9	48.7
2010	17064	10.4	4543	14.1	38.1	48.5
2011	18854	10.5	5231	15.1	39.5	43.8
2012	21243	12.7	6008	14.8	39.0	42.8

11－2　主要年份城镇居民家庭人均年收支
Per Capita Annual Income & Expenditure of Urban Households in Main Years

单位：元　　　　(yuan)

项　目	Item	1995	2000	2005	2010	2011	2012
家庭总收入	Total Income of Household	4809.43	5881.65	9559.72	18742.21	20846.11	23209.41
可支配收入	Disposable Income	4791.87	5834.43	8916.82	17063.89	18854.06	21242.80
工薪收入	Income of Wages & Salaries			6580.57	12061.82	13550.16	14693.47
工资及补贴	Wages & Allowance			6313.00	11671.49	13233.72	14228.25
其它劳动收入	Other Income from Labor			267.58	390.33	316.43	465.22
经营净收入	Net Income from Management	120.39	260.14	836.67	1474.90	1699.84	2131.79
财产性收入	Property Income	210.62	305.85	145.56	576.87	844.91	883.71
转移性收入	Transfer Income	565.44	1027.72	1996.92	4628.62	4751.20	5500.43
#离、退休金	Retirement Pension	277.09	693.31	1510.80	4012.34	3897.83	4507.47
借贷收入	Loan Income	1234.19	1952.39	2130.84	6276.26	6444.26	7039.81
#提取储蓄存款	Withdraw Saving Deposit	909.03	1295.14	1868.18	5947.77	6064.33	6687.67
家庭总支出	Total Expenditure of Household	4879.15	6097.68	8184.10	16155.17	17125.96	18889.23
消费支出	Consumption Expenditure	4045.83	4852.31	6426.24	11490.08	12848.37	14243.98
非消费支出	Non-consumption Expenditure	816.33	1228.37				
贷款利息	Loan Interest	0.69	3.50				
个人所得税	Personal Income Tax	0.57	7.19	68.40	122.45	123.82	62.03
各种税金	Total Taxes	1.27	4.65				
非储蓄性保险支出	Non-saving-deposits Insurance	2.11	10.14	13.55	45.61	93.85	85.85
赡养支出	Supporting Expenditure	161.40	218.38	379.57	572.71	652.22	739.19
赠送支出	Giving Expenditure	257.94	411.37	428.99	1258.1	1152.84	1410.26
购房与建房支出	Expenditure for Residence	349.01	517.21	300.29	1096.63	352	396.77
其他非消费性支出	Others	43.29	55.92				
借贷支出	Loan Expenditure	1111.25	1492.21	3223.38	8667.54	9755.63	11278.69
存入储蓄款	Deposit Saving Money	824.48	1015.89	2742.65	7856.51	8707.27	10320.43
存入储金会款	Deposit Saving Fund	17.96	2.07				
归还借款	Returned Loan	64.77	167.46	57.16	162.78	131.86	133.77
借出款	Lent Money	53.28	44.77	28.85	26.78	62.15	22.69
储蓄性保险支出	Insurance Expenditure for Saving	25.85	62.12	82.88	138.76	139.24	119.77
购买有价证券	Expenditure for Securities	56.89	42.24	40.24	3.33	34.46	15.21
预　购	Purchases in Advance	0.46	0.08				
归还购房贷款	Return the Housing Loan	2.67	52.50	189.64	348.64	582.02	550.53
其他借贷支出	Other Debt-credit Expenditure	64.89	105.10	12.50	25.26	34.15	23.27
期末手存现金	Cashes in Hand at Year-end	266.58	429.78	521.21	930.71	874.41	868.94
其他借贷支出	Other Debt-credit Expenditure	64.89	105.10	12.50	25.26	34.15	23.27
期末手存现金	Cashes in Hand at Year-end	266.58	429.78	521.21	930.71	874.41	868.94

11－3 主要年份城镇居民家庭情况

Basic Conditions of Urban Households in Main Years

项 目	Item	1995	2000	2005	2010	2011	2012
调查户数（户）	Number of Households Surveyed (household)	1000	1150	1400	1340	1340	1340
平均每户家庭人口（人）	Average Household Size (person)	3.30	3.19	3.09	3.03	3.09	3.04
平均每户就业人口（人）	Average Number of Employed Persons per Household (person)	1.80	1.77	1.56	1.57	1.66	1.63
平均每户就业面（%）	Percentage of Employment per Household (%)	57.27	55.49	50.49	51.8	53.7	53.6
平均每一就业者负担人数（人）	Number of Persons Supported by Each Employee (person)	1.75	1.80	1.98	1.93	1.86	1.87
平均每人全年可支配收入（元）	Per Capita Annual Disposable Income (yuan)	4791.87	5834.43	8916.82	17063.89	18854.06	21242.8
平均每人全年实际收入（元）	Per Capita Annual Actural Income (yuan)	4809.43	5881.65	9559.72	18742.21	20846.11	23209.41
按每人每月可支配收入分	Grouped by Per Capita Disposable Income Every Month						
分组户数占总户数比重（%）	Composition of the Grouped Households in Total Households (%)	100.0	100.0	100			
100元以下	Under 100 Yuan	0.2	0.3	2.8			
100——200元	100-200 yuan	10.9	4.6				
200——300元	200-300 yuan	26.3	14.4	15.2			
300——400元	300-400 yuan	29.0	20.0				
400——500元	400-500 yuan	17.2	17.5	23.2			
500——600元	500-600 yuan	9.0	16.8				
600——700元	600-700 yuan	2.9	8.5	19.2			
700——800元	700-800 yuan	2.3	5.8				
800——900元	800-900 yuan	2.2	4.6	13.6			
900——1000元	900-1000 yuan		2.9				
1000——1100元	1000-1100 yuan		2.1				
1100——1200元	1100-1200 yuan		0.9				
1200——1300元	1200-1300 yuan		0.6	18.2			
1300——1400元	1300-1400 yuan		0.2				
1400——1500元	1400-1500 yuan		0.2				
1500元以上	Above 1500 yuan		0.6	7.8			
平均每人全年实际支出（元）	Per Capita Annual Real Expenditure (yuan)	4879.15	6097.68	8184.1	16155.17	17125.96	18889.23
#消费支出	Consumption Expenditure	4045.83	4852.31	6426.24	11490.08	12848.37	14243.98
年末平均每人居住面积（平方米）	Per Capita Living Floor Space At Year-end (sq.m)	14.51	18.91	25.23	28.88	29.34	29.83

11－4 主要年份城镇居民家庭人均年消费支出和构成
Per Capita Annual Consumption Expenditure of Urban Households & Its Composition in Main Years

项 目	Item	1995	2000	2005	2010	2011	2012
家庭总支出（元）	Total Expenditure of Household (yuan)	4879.15	6097.68	8184.10	16155.17	17125.96	18889.23
消费支出（元）	Consumption Expenditure(yuan)	4045.83	4852.31	6424.24	11490.08	12848.37	14243.98
食品	Food	2061.47	1936.10	2730.91	4372.75	5074.49	5552.56
衣着	Clothing	355.00	313.43	469.78	926.42	1019.34	1146.46
家庭设备用品及服务	Household Facilities, Articles & Services	384.18	436.89	379.43	853.59	884.85	1125.39
#日用耐用消费品	Durable Consumption Goods for Daily use	250.31	259.50	191.57	427.17	388.63	531.67
医疗保健	Medicine & Medical Service	99.02	228.01	381.69	625.45	779.08	883.56
交通和通讯	Transport & Communication	211.41	372.78	647.70	1973.04	2000.57	2088.64
娱乐教育文化服务	Recreation, Education & Cultural Services	452.25	585.68	866.12	1243.71	1502.65	1626.05
#文化娱乐用品	Durable Consumer Goods for Recreation Use	122.15	133.43	218.11	389.32	460.30	424.81
教 育	Education	253.90	348.93	462.97	454.47	561.81	679.88
学杂费	Tuition & Miscellaneous	191.58	273.24	284.51	204.72	211.90	243.65
书报杂志	Newspapers & Magazines	23.88	32.56	35.38	45.00	88.63	72.69
居住	Residence	325.52	752.54	736.49	1166.85	1237.91	1377.26
#房租	Tenancy	69.40	242.24	29.47	35.66	41.60	42.90
水	Water	25.00	43.57	60.99	130.47	112.12	118.82
电	Electricity	74.90	131.83	206.25	387.09	369.84	421.28
燃料	Fuels	75.47	155.87	211.82	214.86	242.53	246.57
杂项商品和服务	Miscellaneous Commodities & Services	156.98	226.97	214.12	328.27	349.48	444.06
消费支出构成（%）	Composition of Consumption Expenditure (%)	100.00	100.00	100.00	100.00	100.00	100.00
食品	Food	50.95	39.90	42.50	38.06	39.50	38.98
衣着	Clothing	8.77	6.46	7.31	8.06	7.93	8.05
家庭设备用品及服务	Household Facilities, Articles & Services	9.49	9.00	5.90	7.43	6.89	7.90
#日用耐用消费品	Durable Consumer Goods for Daily use	6.19	5.35	2.98	3.72	3.02	3.73
医疗保健	Medicine & Medical Service	2.45	4.70	5.94	5.44	6.06	6.20
交通和通讯	Transport & Communication	5.23	7.68	10.08	17.17	15.57	14.66
娱乐教育文化服务	Recreation,Education & Cultural Services	11.18	12.07	13.48	10.82	11.70	11.42
#文娱用耐用消费品	Durable Consumer Goods for Recreation use	3.02	2.75	3.39	3.39	3.58	2.98
教 育	Education	6.28	7.19	7.20	3.96	4.37	4.77
学杂费	Tuition & Miscellaneous	4.74	5.63	4.43	1.78	1.65	1.71
书报杂志	Newspapers & Magazines	0.59	0.67	0.55	0.39	0.69	0.51
居住	Residence	8.05	15.51	11.46	10.16	9.63	9.67
#房租	Tenancy	1.72	4.99	0.46	0.31	0.32	0.30
水	Water	0.62	0.90	0.95	1.14	0.87	0.83
电	Electricity	1.85	2.72	3.21	3.37	2.88	2.96
燃料	Fuels	1.87	3.21	3.30	1.87	1.89	1.73
杂项商品和服务	Miscellaneous Commodities & Services	3.88	4.68	3.33	2.86	2.72	3.12

11－5　主要年份城镇居民家庭人均购买主要商品数量

Per Capita Annual Purchases of Major Commodities Urban Households in Main Years

项　　目	Item	1995	2000	2005	2010	2011	2012
粮食（千克）	Grain (kg)	92.96	70.42	70.77	72.69	71.12	68.21
鲜菜（千克）	Fresh Vegetables (kg)	104.92	99.42	107.43	102.64	99.04	100.97
油脂类（千克）	Oil & Fat (kg)	7.32	7.59	7.90	5.67	6.58	6.14
猪肉（千克）	pork (kg)	23.57	21.19	33.02	30.41	30.40	31.57
牛羊肉（千克）	Beef & Mutton (kg)	2.67	2.73	3.73	5.00	5.21	4.33
家禽（千克）	Poultry (kg)	13.97	16.22	18.88	19.66	19.52	19.74
鲜蛋（千克）	Eggs (kg)	6.54	6.47	6.41	5.94	6.34	6.55
鱼（千克）	Fish (kg)	11.09	10.31	13.70	11.63	11.24	12.03
鲜果（千克）	Fresh Fruits (kg)	36.29	38.50	37.05	40.55	40.27	45.03
鲜瓜（千克）	Fresh Melons (kg)	12.25	14.70	9.51	14.54	13.94	3.01
酒（千克）	Liquor (kg)	5.90	7.29	5.19	5.18	5.35	5.12
糕点（千克）	Cakes (kg)	2.30	2.20	2.62	3.77	4.11	4.04
鲜奶（千克）	Milk (kg)	1.34	3.88	7.78	10.67	10.61	11.17
奶粉（千克）	Milk Powder (kg)	0.28	0.41	0.50	0.46	0.41	0.52
服装（件）	Garments (piece)	6.12	6.69	6.46	7.92	7.74	8.42
水（吨）	Water (ton)	44.16	48.10	52.90	65.92	57.31	55.07
电（度）	Electricity (kw·hour)	204.31	254.60	383.76	690.33	680.53	753.30
煤炭（千克）	Coal (kg)	19.10	18.33	14.33	4.04	4.74	1.22
液化石油气（千克）	Liquefied Petroleum Gas (kg)	21.68	38.09	63.26	33.78	34.78	29.08

注：2010年粮食数量包括其它粮食及制品；家禽数量包括其它禽类及制品。

Note: The data on “Grain” in 2010 includes other grain and relative products,and the data on “Poultry” in 2010 includes other poultry and relative products

11－6　主要年份城镇居民家庭平均每百户年末耐用品拥有量
Ownership of Durable Consumer Goods of Per 100 Urban Households at Year-end in Main Years

项　目	Item	1995	2000	2005	2010	2011	2012
摩托车（辆）	Motorcycle (unit)	10.01	38.32	57.37	48.11	48.15	47.16
家用汽车（辆）	Automobile (unit)		0.21	1.88	13.26	17.24	22.24
洗衣机（台）	Washing Machine (unit)	88.52	88.33	87.85	97.77	97.04	98.33
电冰箱（台）	Refrigerator (unit)	63.94	80.17	82.86	97.41	98.36	100.34
家用电脑（台）	Computer (unit)		9.36	43.44	78.98	91.72	98.44
淋浴热水器（台）	Shower (unit)	45.76	83.63	93.95	104.28	109.09	110.81
消毒碗柜（台）	Disinfect Cupboard (unit)			54.99	68.49	69.52	71.86
彩色电视机（台）	Color Television Set (unit)	78.17	114.76	135.84	136.07	136.03	136.68
组合音响（套）	Hi-Fi Stereo Component System (set)	11.96	28.91	34.89	40.63	34.68	36.20
照相机（架）	Camera (unit)	22.95	33.55	35.60	43.52	47.77	50.86
空调器（台）	Air conditioner (unit)	5.71	24.33	76.34	112.40	133.60	138.96
微波炉（台）	Oven (unit)		14.66	46.01	66.82	70.18	72.54
移动电话（部）	Mobile Telephone (unit)		16.81	147.67	210.37	231.85	237.15

11—7 主要年份城镇居民家庭居住构成
Housing Conditions of Urban Households at Year-end in Main Years

项　　目	Item	1995	2000	2005	2010	2011	2012
总　　计	Total	100.00	100.00	100.00	100.00	100.00	100
按自来水使用情况分组	Grouped by Using of Tap Water						
无自来水	No Tap Water						
独用自来水	Private Tap Water	98.50	99.00	93.37	99.61	99.80	99.72
公用自来水	Public Shared Tap Water	1.50	1.00	6.63	0.31	0.15	0.26
按卫生设备拥有情况分组	Grouped by Sanitary Equipment						
无卫生设备	No Sanitary Equipment	7.00	4.50	4.86	0.62	0.07	0.04
有浴室厕所	With Toilet & Shower Room	85.00	87.40	89.84	96.58	97.84	97.75
有厕所无浴室	With Toilet but No Shower Room	0.50	2.90	2.66	1.50	1.30	1.13
公用卫生设备	Public Sanitary Equipment	7.50	5.20	2.63	1.30	0.79	1.08
按房屋产权分组	Grouped by Property of Dwelling						
公房	Public Housing	40.70	19.70	10.99	4.99	4.45	4.58
租赁私房	Rent Housing	1.60	0.60	1.80	2.38	2.82	2.21
自有房	Private Owned Housing	57.70	79.70	87.21	87.99	86.88	87.58
按燃料使用情况分	Grouped by Using of Fuel						
管道煤气	Pipeline Petroleum Gas	2.70	2.50	4.61	4.21	5.60	4.74
液化石油气	Liquefied Petroleum Gas	78.50	90.40	90.86	84.01	81.31	80.17
煤	Coal	6.20	2.80	2.08	2.64	1.63	0.87
其它	Others	12.60	4.30	2.45	9.14	11.46	14.22
按住宅建筑式样分	Grouped by Style of Resident Building						
家庭单栋配套房	Independent House	4.40	7.20	13.06	17.09	19.09	19.31
单元式配套住宅	Flat	78.70	78.40	76.07	74.97	75.64	75.91
一居室	Single Room	8.20	7.00	3.32	2.85	3.14	2.64
二居室	Two Rooms	46.90	38.90	39.76	29.80	30.02	30.50
三居室	Three Rooms	19.30	29.60	30.03	36.59	34.78	35.00
四居室以上	Four Rooms & Above	4.30	2.90	2.96	5.73	7.70	7.78
普通楼房	Ordinary Multi-storey Building	6.90	6.30	5.83	5.78	3.61	3.31
其它住宅	Others	10.00	8.10	5.04	2.16	1.67	1.47

11－8 城镇居民家庭生活基本情况（2012年）
Basic Indicators of Urban Households (2012)

项目	Item	总平均 Total Average	最低收入户 Lowest Income Households	低收入户 Low Income Households	中等偏下户 Lower Middle Income Households
调查户数（户）	Number of Households Surveyed (household)	1340.00	134.00	134.00	268.00
各组户数所占的比重（%）	Composition of the Grouped Households in Total Households (%)	100.00	10.00	10.00	20.00
平均每户家庭人口数（人）	Average Household Size (person)	3.04	3.30	3.43	3.37
平均每户就业人口数（人）	Average Number of Employed Persons per Household (person)	1.63	1.46	1.56	1.65
平均每户就业面（%）	Percentage of Employment per Household (%)	53.62	44.24	45.48	48.96
平均每就业者负担人数（人）	Number of Persons Supported by Each Employee (person)	1.87	2.26	2.20	2.04
家庭人均全年总收入（元）	Per Capita Annual Total Income (yuan)	23209.41	8709.43	12514.46	15928.34
全年人均可支配收入	Annual Disposable Income	21242.80	7660.32	11321.92	14618.66
家庭人均全年总支出（元）	Per Capita Annual Expenditure (yuan)	18889.23	8337.47	10751.74	12837.46
家庭人均全年消费支出	Per Capita Annual Consumption Expenditures	14243.98	6691.04	8580.57	10192.44
食品	Food	5552.56	3466.46	4130.08	4852.58
#粮食	Grain	387.45	344.47	363.80	366.12
油脂类	Oil & Fat	143.58	102.26	132.42	147.00
肉类	Meat	1111.97	758.09	1013.62	1069.23
禽类	Poultry	505.64	364.32	435.35	494.24
蛋类	Eggs	83.19	61.06	69.88	73.96
水产品类	Aquatic Products	378.22	218.30	281.60	374.01
蔬菜类	Vegetables	521.24	441.06	460.58	496.93
烟草类	Tobacco	164.41	93.38	65.03	131.32
酒类	Wine	101.00	41.21	51.29	87.73
饮料	Beverages	64.68	26.46	43.86	54.09
干鲜瓜果类	Dried (Fresh) Melons & Fruits	406.75	198.81	246.66	330.79
奶及奶制品	Milk & Its Products	189.55	93.49	136.68	144.49
衣着	Clothing	1146.46	372.37	508.72	695.36
#服装	Garments	874.12	273.56	369.44	512.39
家庭设备用品及服务	Household Facilities, Articles & Services	1125.39	290.63	478.09	698.03
#耐用消费品	Durable Consumer Goods	531.67	93.03	205.60	326.35
医疗保健	Medical Appliances & Articles	883.56	432.72	613.64	709.70
交通和通讯	Transportation & Communication	2088.64	549.62	893.29	930.25
交通	Transportation	1448.53	201.35	499.41	417.02
通讯	Communication	640.12	348.28	393.88	513.23
教育文化娱乐服务	Education Cultural & Recreation Services	1626.05	818.87	1015.46	1046.26
文化娱乐用品	Consumption Goods for Recreational Use	424.81	164.77	135.01	256.63
#书报杂志	Newspapers & Magazines	72.69	20.87	17.98	36.80
文化娱乐服务	Cultural & Recreation Services	521.37	122.70	263.34	258.15
教育	Education	679.88	531.40	617.11	531.48
#教育费用	Education Expenses	650.08	490.85	592.33	491.79
居住	Residence	1377.26	656.10	760.71	1035.16
#住房	Housing	498.69	59.78	125.43	248.15
水费	Water Fee	118.82	92.57	92.93	110.55
电费	Electricity Fee	421.28	293.11	307.20	379.85
燃料	Fuel	246.57	191.59	205.32	239.26
杂项商品和服务	Miscellaneous Commodities & Services	444.06	104.28	180.58	225.10

11－8 续表 continued

项　目	Item	中等收入户 Middle Income Households	中等偏上户 Upper Middle Income Households	高收入户 High Income Households	最高收入户 Highest Income Households
调查户数（户）	Number of Households Surveyed (household)	268.00	268.00	134.00	134.00
各组户数所占的比重（%）	Composition of the Grouped Households in Total Households (%)	20.00	20.00	10.00	10.00
平均每户家庭人口数（人）	Average Household Size (person)	3.07	2.87	2.55	2.69
平均每户就业人口数（人）	Average Number of Employed Persons per Household (person)	1.56	1.65	1.65	1.87
平均每户就业面（%）	Percentage of Employment per Household (%)	50.81	57.49	64.71	69.52
平均每就业者负担人数（人）	Number of Persons Supported by Each Employee (person)	1.97	1.74	1.55	1.44
家庭人均全年总收入（元）	Per Capita Annual Total Income(yuan)	20763.05	26831.57	34717.50	54021.53
全年人均可支配收入	Annual Disposable Income	19100.83	24475.84	31539.88	50127.11
家庭人均全年总支出（元）	Per Capita Annual Expenditure (yuan)	17012.92	23712.01	27358.46	38320.99
家庭人均全年消费支出	Per Capita Annual Consumption Expenditures	12963.83	17825.01	19824.08	27387.99
食品	Food	5657.44	6382.27	6816.60	7594.86
#粮食	Grain	407.94	407.04	419.35	381.95
油脂类	Oil & Fat	154.45	148.61	147.25	153.89
肉类	Meat	1151.19	1221.89	1174.05	1310.83
禽类	Poultry	533.26	521.54	556.03	616.51
蛋类	Eggs	88.62	94.36	92.99	95.27
水产品类	Aquatic Products	396.46	407.85	408.16	538.84
蔬菜类	Vegetables	542.28	555.68	535.00	595.56
烟草类	Tobacco	164.22	251.05	206.61	183.75
酒类	Wine	101.63	126.91	140.67	149.67
饮料	Beverages	62.98	81.26	93.73	88.52
干鲜瓜果类	Dried(Fresh) Melons & Fruits	399.43	497.99	593.48	595.06
奶及奶制品	Milk & Its Products	187.87	258.65	227.12	265.22
衣着	Clothing	1007.06	1494.68	2005.54	2364.32
#服装	Garments	772.61	1137.47	1564.33	1831.41
家庭设备用品及服务	Household Facilities, Articles & Services	832.60	1664.28	1942.31	2322.19
#耐用消费品	Durable Consumer Goods	371.90	945.61	726.99	1075.21
医疗保健	Medical Appliances & Articles	913.48	946.59	1265.35	1471.95
交通和通讯	Transportation & Communication	1620.23	2848.07	3227.24	6069.75
交通	Transportation	1026.10	2087.39	2346.95	4957.19
通讯	Communication	594.13	760.68	880.29	1112.55
教育文化娱乐服务	Education, Cultural & Recreation Services	1430.87	2080.48	2272.28	3304.28
文化娱乐用品	Consumption Goods for Recreational Use	288.94	580.57	644.61	1170.55
#书报杂志	Newspapers & Magazines	44.00	67.36	78.83	363.43
文化娱乐服务	Cultural & Recreation Services	464.80	695.05	865.43	1238.77
教育	Education	677.12	804.86	762.23	894.95
#教育费用	Education Expenses	650.90	777.21	742.43	870.09
居住	Residence	1136.34	1882.19	1232.09	3331.04
#住房	Housing	295.79	882.90	220.26	1970.82
水费	Water Fee	112.06	125.53	139.58	175.53
电费	Electricity Fee	401.34	458.94	510.17	657.90
燃料	Fuel	271.03	251.62	265.69	283.48
杂项商品和服务	Miscellaneous Commodities & Services	365.81	526.45	1062.67	929.61

11－9 城镇居民家庭人均年现金收入和支出（2012年）
Per Capita Annual Cash Income & Expenditure of Urban Households (2012)

单位：元 (yuan)

项目	Item	总平均 Total Average	最低收入户 Lowest Income Households	低收入户 Low Income Households	中等偏下户 Lower Middle Income Households
家庭总收入	Total Income of Households	23209.41	8709.43	12514.46	15928.34
其中：可支配收入	Thereinto: Disposable Income	21242.80	7660.32	11321.92	14618.66
工薪收入	Income of Pay	14693.47	4810.19	7879.77	9094.71
工资及补贴收入	Wage & Subsidy	14228.25	4535.38	7338.51	8785.12
其他劳动收入	Other Income	465.22	274.81	541.26	309.60
经营净收入	Net Income from Management	2131.79	1709.26	946.08	1862.96
财产性收入	Property Income	883.71	105.24	44.30	513.73
#利息收入	Interest	62.80	1.04		21.66
股息与红利收入	Dividend & Bonus	48.33	0.89	4.86	5.45
保险收益	Yield	1.20			
其它投资收入	Other Investment Income	99.55		1.41	12.80
出租房屋收入	House Rent Income	658.95	103.25	38.03	470.50
转移性收入	Transfer Income	5500.43	2084.75	3644.31	4456.94
#养老金或离退休金	Pensions for Old People & Retirement	4507.47	1507.39	3286.77	3897.76
社会救济收入	Social Relief Income	23.59	137.87	15.25	17.41
保险收入	Insurance Income	16.96	72.00		18.91
提取住房公积金	Withdraw House Accumulation Fund	159.36			15.61
辞退金	Dismiss Pensions	44.02			1.00
赡养收入	Old Alimony	201.17	44.57	104.48	186.67
捐赠收入	Contribution Income	272.90	150.12	94.02	166.32
出售财物收入	Sold Property	14.70	13.06	5.06	2.27
借贷收入	Loan Income	7039.81	2527.38	3478.36	4022.65
#提取储蓄存款	Withdraw Saving Diposit	6687.67	2417.86	3306.73	3968.72
借入款	Borrowed Money	128.12	109.52	161.29	40.30
住房货款	Loan for Residence	157.31			
家庭总支出	Total Expenditure	18889.23	8337.47	10751.74	12837.46
消费支出	Consumption Expenditures	14243.98	6691.04	8580.57	10192.44
购房与建房支出	Expenditures for Residence	396.77	69.07	76.79	79.84
转移性支出	Transfer Expenditures	2371.29	673.67	1020.74	1356.00
财产性支出	Property Expenditures	130.72	8.70	28.44	47.59
社会保障支出	Social Relief Expenditures	1746.47	894.98	1045.18	1161.59
借贷支出	Loan Expenditures	11278.69	2640.12	5075.87	7037.95
#存入储蓄款	Deposit Saving Money	10320.43	2574.35	4893.97	6708.26
储蓄性保险支出	Insurance Expenditure for Saving	119.77	41.64	7.88	63.66
购买有价证券	Expenditure for Securities	15.21			18.59

11－9 续表 continued

单位：元 (yuan)

项目	Item	中等收入户 Middle Income Households	中等偏上户 Upper Middle Income Households	高收入户 High Income Households	最高收入户 Highest Income Households
家庭总收入	Total Income of Households	20763.05	26831.57	34717.50	54021.53
其中：可支配收入	Thereinto: Disposable Income	19100.83	24475.84	31539.88	50127.11
工薪收入	Income of Pay	12561.98	17031.08	24257.90	36041.78
工资及补贴收入	Wage & Subsidy	12339.99	16781.15	23759.53	33974.51
其他劳动收入	Other Income	221.99	249.93	498.38	2067.27
经营净收入	Net Income from Management	1872.40	2080.17	2159.60	5435.08
财产性收入	Property Income	361.29	904.16	1277.20	4458.68
#利息收入	Interest	35.20	34.68	92.26	412.89
股息与红利收入	Dividend & Bonus	29.68	42.24	119.43	235.52
保险收益	Yield		5.82		
其它投资收入	Other Investment Income	29.75	91.81	161.23	662.21
出租房屋收入	House Rent Income	259.20	729.07	904.28	3021.48
转移性收入	Transfer Income	5967.38	6816.16	7022.80	8085.99
#养老金或离退休金	Pensions for Old People & Retirement	5253.02	5586.37	4989.18	5954.49
社会救济收入	Social Relief Income	18.25	2.05	6.20	1.11
保险收入	Insurance Income	14.69	3.67	19.33	2.64
提取住房公积金	Withdraw House Accumulation Fund	11.45	261.96	192.82	959.40
辞退金	Dismiss Pensions			427.41	
赡养收入	Old Alimony	145.55	342.03	317.06	183.17
捐赠收入	Contribution Income	226.90	240.64	592.50	694.33
出售财物收入	Sold Property	1.19	38.80	20.30	25.42
借贷收入	Loan Income	5960.15	9544.51	10668.19	16084.51
#提取储蓄存款	Withdraw Saving Diposit	5498.45	9180.72	10535.20	14518.01
借入款	Borrowed Money	57.88	197.05	1.68	484.03
住房货款	Loan for Residence	329.80	132.16		755.99
家庭总支出	Total Expenditure	17012.92	23712.01	27358.46	38320.99
消费支出	Consumption Expenditures	12963.83	17825.01	19824.08	27387.99
购房与建房支出	Expenditures for Residence	508.16	464.36		2000.00
转移性支出	Transfer Expenditures	1941.98	3130.69	4391.10	5193.63
财产性支出	Property Expenditures	128.38	167.51	242.83	379.99
社会保障支出	Social Relief Expenditures	1470.56	2124.43	2900.46	3359.37
借贷支出	Loan Expenditures	9527.79	12869.71	17751.93	31776.70
#存入储蓄款	Deposit Saving Money	8915.45	11933.20	15580.53	27875.54
储蓄性保险支出	Insurance Expenditure for Saving	106.66	127.55	319.63	251.75
购买有价证券	Expenditure for Securities	4.48	25.07	31.12	25.23

11－10 城镇居民家庭消费性支出构成（2012年）
Expenditure Composition for Consumption of Urban Households (2012)

单位：%　　　　(%)

项　目	Item	总平均 Total Average	最低收入户 Lowest Income Households	低收入户 Low Income Households	中等偏下户 Lower Middle Income Households
家庭人均全年消费支出	Per Capita Annual Expenditures for Consumption	100.00	100.00	100.00	100.00
食品	Food	38.98	51.81	48.13	47.61
#粮食	Grain	2.72	5.15	4.24	3.59
油脂类	Oil & Fat	1.01	1.53	1.54	1.44
肉类	Meat	7.81	11.33	11.81	10.49
禽类	Poultry	3.55	5.44	5.07	4.85
蛋类	Eggs	0.58	0.91	0.81	0.73
水产品类	Aquatic Products	2.66	3.26	3.28	3.67
蔬菜类	Vegetables	3.66	6.59	5.37	4.88
烟草类	Tobacco	1.15	1.40	0.76	1.29
酒类	Wine	0.71	0.62	0.60	0.86
饮料	Beverages	0.45	0.40	0.51	0.53
干鲜瓜果类	Dried (Fresh) Melons & Fruits	2.86	2.97	2.87	3.25
奶及奶制品	Milk & Its Products	1.33	1.40	1.59	1.42
衣着	Clothing	8.05	5.57	5.93	6.82
#服装	Garments	6.14	4.09	4.31	5.03
家庭设备用品及服务	Household Facilities, Articles & Services	7.90	4.34	5.57	6.85
#耐用消费品	Durable Consumer Goods	3.73	1.39	2.40	3.20
医疗保健	Medical Appliances & Articles	6.20	6.47	7.15	6.96
交通和通讯	Transportation & Communication	14.66	8.21	10.41	9.13
交通	Transportation	10.17	3.01	5.82	4.09
通讯	Communication	4.49	5.21	4.59	5.04
教育文化娱乐服务	Education Cultural & Recreation Services	11.42	12.24	11.83	10.27
文化娱乐用品	Consumer Goods for Recreational Use	2.98	2.46	1.57	2.52
#书报杂志	Newspapers & Magazines	0.51	0.31	0.21	0.36
文化娱乐服务	Cultural & Recreation Services	3.66	1.83	3.07	2.53
教育	Education	4.77	7.94	7.19	5.21
#教育费用	Education Expenses	4.56	7.34	6.90	4.83
居住	Residence	9.67	9.81	8.87	10.16
#住房	Housing	3.50	0.89	1.46	2.43
水费	Water Fee	0.83	1.38	1.08	1.08
电费	Electricity Fee	2.96	4.38	3.58	3.73
燃料	Fuel	1.73	2.86	2.39	2.35
杂项商品和服务	Miscellaneous Commodities & Services	3.12	1.56	2.10	2.21

11－10 续表 continued

单位：% (%)

项　目	Item	中等收入户 Middle Income Households	中等偏上户 Upper Middle Income Households	高收入户 High Income Households	最高收入户 Highest Income Households
家庭人均全年消费支出	Per Capita Annual Expenditures for Consumption	100.00	100.00	100.00	100.00
食品	Food	43.64	35.81	34.39	27.73
#粮食	Grain	3.15	2.28	2.12	1.39
油脂类	Oil & Fat	1.19	0.83	0.74	0.56
肉类	Meat	8.88	6.85	5.92	4.79
禽类	Poultry	4.11	2.93	2.80	2.25
蛋类	Eggs	0.68	0.53	0.47	0.35
水产品类	Aquatic Products	3.06	2.29	2.06	1.97
蔬菜类	Vegetables	4.18	3.12	2.70	2.17
烟草类	Tobacco	1.27	1.41	1.04	0.67
酒类	Wine	0.78	0.71	0.71	0.55
饮料	Beverages	0.49	0.46	0.47	0.32
干鲜瓜果类	Dried (Fresh) Melons & Fruits	3.08	2.79	2.99	2.17
奶及奶制品	Milk & Its Products	1.45	1.45	1.15	0.97
衣着	Clothing	7.77	8.39	10.12	8.63
#服装	Garments	5.96	6.38	7.89	6.69
家庭设备用品及服务	Household Facilities, Articles & Services	6.42	9.34	9.80	8.48
#耐用消费品	Durable Consumer Goods	2.87	5.30	3.67	3.93
医疗保健	Medical Appliances & Articles	7.05	5.31	6.38	5.37
交通和通讯	Transportation & Communication	12.50	15.98	16.28	22.16
交通	Transportation	7.92	11.71	11.84	18.10
通讯	Communication	4.58	4.27	4.44	4.06
教育文化娱乐服务	Education Cultural & Recreation Services	11.04	11.67	11.46	12.06
文化娱乐用品	Consumer Goods for Recreational Use	2.23	3.26	3.25	4.27
#书报杂志	Newspapers & Magazines	0.34	0.38	0.40	1.33
文化娱乐服务	Cultural & Recreation Services	3.59	3.90	4.37	4.52
教育	Education	5.22	4.52	3.84	3.27
#教育费用	Education Expenses	5.02	4.36	3.75	3.18
居住	Residence	8.77	10.56	6.22	12.16
#住房	Housing	2.28	4.95	1.11	7.20
水费	Water Fee	0.86	0.70	0.70	0.64
电费	Electricity Fee	3.10	2.57	2.57	2.40
燃料	Fuel	2.09	1.41	1.34	1.04
杂项商品和服务	Miscellaneous Commodities & Services	2.82	2.95	5.36	3.39

11－11 城镇居民家庭人均购买的主要商品数量（2012年）
Per Capita Annual Purchases of Major Commodities in Urban Households by Level of Income (2012)

项 目	Item	总平均 Total Average	最低收入户 Lowest Income Households	低收入户 Low Income Households	中等偏下户 Lower Middle Income Households	中等收入户 Middle Income Households	中等偏上户 Upper Middle Income Households	高收入户 High Income Households	最高收入户 Highest Income Households
粮食（千克）	Grain (kg)	68.21	67.07	67.39	66.94	70.93	69.70	70.04	61.17
油脂类（千克）	Oil & Fat (kg)	6.14	5.25	5.71	6.15	6.69	6.23	6.21	6.01
猪肉（千克）	Pork (kg)	31.57	24.65	30.36	30.59	32.63	34.59	31.82	33.24
牛肉（千克）	Beef (kg)	3.70	2.15	3.00	3.32	3.36	4.25	5.34	4.76
羊肉（千克）	Mutton (kg)	0.63	0.26	0.39	0.62	0.69	0.66	0.82	0.96
鸡（千克）	Chicken (kg)	11.24	9.18	9.49	11.35	11.57	11.69	12.09	12.61
鸭（千克）	Duck (kg)	5.51	4.35	4.99	5.18	6.01	5.34	6.25	6.55
蛋类（千克）	Eggs (kg)	6.55	5.10	5.75	6.00	6.99	7.35	6.97	7.00
鱼类（千克）	Fish (kg)	12.03	9.09	10.15	12.12	12.11	12.25	13.09	15.53
虾类（千克）	Shrimp (kg)	0.92	0.50	0.64	0.93	1.07	1.01	0.92	1.15
鲜菜（千克）	Fresh Vegetables (kg)	100.97	91.59	95.48	97.00	107.02	104.92	99.25	106.03
酒类（千克）	Wine (kg)	5.12	3.68	3.91	4.22	5.25	6.61	6.85	4.34
白酒（千克）	Liquor (kg)	2.87	1.25	1.65	2.10	3.38	3.60	4.41	3.20
果酒（千克）	Fruit Wine (kg)	0.11	0.13	0.05	0.07	0.11	0.15	0.10	0.11
啤酒（千克）	Beer (kg)	2.13	2.29	2.21	2.02	1.75	2.85	2.35	1.02
鲜果（千克）	Fresh Fruits (kg)	45.03	25.40	30.73	40.26	45.20	52.23	63.11	56.74
鲜瓜（千克）	Fresh Melons (kg)	11.57	6.69	7.25	9.39	11.98	16.14	15.46	10.83
糕点（千克）	Cake (kg)	4.04	1.82	2.47	3.67	4.01	5.00	5.59	5.22
鲜乳品（千克）	Fresh Dairy Products (kg)	11.17	5.50	7.22	8.27	10.86	15.63	15.22	14.53
奶粉（千克）	Milk Powder (kg)	0.83	0.46	0.37	0.78	0.63	1.11	1.11	1.35
服装（件）	Garments (piece)	8.42	4.33	5.09	6.33	8.10	10.60	11.90	13.56
鞋类（双）	Shoes (pair)	2.36	1.31	1.55	2.06	2.29	2.88	3.41	2.95
水（吨）	Water (ton)	55.07	42.15	42.14	52.13	51.50	57.68	64.59	83.63
电（度）	Electricity (kw·hour)	753.30	516.31	542.78	674.19	715.64	821.72	935.71	1179.29
煤炭（千克）	Coal (kg)	1.22	3.91	0.79	0.23	0.22	0.15	5.39	0.97
液化石油气（千克）	Liquefied Petroleum Gas (kg)	29.08	26.83	26.98	26.40	34.21	30.70	25.61	28.60
管道煤气（立方米）	Coal Gas Through Pipelines (cu.m)	4.95	3.05	1.39	5.45	6.93	3.42	5.26	8.79

11－12 城镇居民家庭平均每百户家庭年末主要消费品拥有量（2012年）

Ownership of Major Consumer Goods of Per 100 Urban Households at Year-end (2012)

项　目	Item	总平均 Total Average	最低收入户 Lowest Income Households	低收入户 Low Income Households	中等偏下户 Lower Middle Income Households
摩托车（辆）	Motorcycle (unit)	47.16	28.98	47.58	53.72
助力车（辆）	Helping Hand Car (unit)	63.51	72.59	65.26	71.26
家用汽车（辆）	Automobile (unit)	22.24	4.90	7.06	13.26
洗衣机（台）	Washing Machine (unit)	98.33	85.76	91.40	98.04
电冰箱（台）	Refrigerator (unit)	100.34	82.48	92.49	102.31
彩色电视机（台）	Color Television Set (unit)	136.68	110.73	118.52	130.43
家用电脑（台）	Computer (unit)	98.44	45.34	77.58	90.90
组合音响（套）	Hi-Fi Stereo Component System (set)	36.20	14.61	28.64	29.03
摄像机（架）	Pickup Camera (unit)	7.48	2.12	2.85	4.95
照相机（架）	Camera (unit)	50.86	18.41	36.70	38.67
钢琴（架）	Piano (unit)	1.23		0.30	0.20
其他中高档乐器（件）	Other Medium & High Grade Musical Instrument (unit)	6.55	0.99	1.00	4.87
微波炉（台）	Oven (unit)	72.54	39.53	54.72	69.37
空调器（台）	Air Conditioner (unit)	138.96	51.35	82.09	116.22
淋浴热水器（台）	Shower (unit)	110.81	95.01	100.79	110.34
消毒碗柜（台）	Disinfect Cupboard (unit)	71.86	35.92	53.66	70.43
洗碗机（台）	Dishwasher (unit)	0.69		1.36	0.14
健身器材（套）	Healthy Equipment (unit)	4.61		0.41	3.81
普通电话（部）	Telephone (unit)	58.23	34.06	51.23	56.76
移动电话（部）	Mobile Telephone (unit)	237.15	202.46	225.03	230.31

11—12　续表　continued

项　目	Item	中等收入户 Middle Income Households	中等偏上户 Upper Middle Income Households	高收入户 High Income Households	最高收入户 Highest Income Households
摩托车（辆）	Motorcycle (unit)	53.45	49.17	39.99	42.18
助力车（辆）	Helping Hand Car (unit)	61.17	67.64	52.00	47.88
家用汽车（辆）	Automobile (unit)	15.70	26.04	35.61	59.17
洗衣机（台）	Washing Machine (unit)	100.51	98.78	103.97	104.60
电冰箱（台）	Refrigerator (unit)	100.74	102.25	106.78	107.48
彩色电视机（台）	Color Television Set (unit)	134.53	150.57	140.51	158.78
家用电脑（台）	Computer (unit)	97.78	112.90	110.30	136.80
组合音响（套）	Hi-Fi Stereo Component System (set)	35.51	38.55	50.85	55.58
摄像机（架）	Pickup Camera (unit)	9.51	9.53	6.98	13.54
照相机（架）	Camera (unit)	51.05	64.32	58.99	77.71
钢琴（架）	Piano (unit)	1.03	1.70	2.14	3.57
其他中高档乐器（件）	Other Medium & High Grade Musical Instrument (unit)	11.21	6.30	1.90	16.97
微波炉（台）	Oven (unit)	79.19	84.78	73.89	83.09
空调器（台）	Air Conditioner (unit)	140.80	162.42	170.33	223.66
淋浴热水器（台）	Shower (unit)	107.57	113.54	116.93	129.08
消毒碗柜（台）	Disinfect Cupboard (unit)	75.94	79.26	75.92	95.28
洗碗机（台）	Dishwasher (unit)	2.35	0.31		
健身器材（套）	Healthy Equipment (unit)	4.58	5.66	6.30	10.06
普通电话（部）	Telephone (unit)	60.33	60.57	68.69	67.64
移动电话（部）	Mobile Telephone (unit)	245.52	241.43	244.32	258.52

11－13 各市城镇居民家庭基本情况（2012年）
Basic Indicators of Urban Household by City (2012)

地 区 Region	平均每户家庭人口（人）Average Household Size (person)	平均每户就业人口（人）Average Number of Employed Persons per Household (person)	平均每一就业者负担人数（人）Average Number of Persons Supported by a Laborer (person)	平均每人全年家庭总收入（元）Per Capita Annual Total Revenue (yuan)	平均每人全年可支配收入（元）Per Capita Annual Disposable Income (yuan)	平均每人全年家庭总支出（元）Per Capita Annual Expenditure (yuan)	平均每人全年消费性支出（元）Per Capita Annual Living Expendi-ture for Consump-tion (yuan)	平均每人年末居住面积（平方米）Per Capita Living Floor Space at Year-end (sq.m)
南宁市 Nanning City	3.00	1.68	1.79	24860	22561	19555	15292	23.72
柳州市 Liuzhou City	2.86	1.39	2.06	24564	22181	18759	14115	33.26
桂林市 Guilin City	2.88	1.48	1.95	23743	22300	18312	14470	28.81
梧州市 Wuzhou City	3.06	1.77	1.73	22257	20563	17967	13630	29.67
北海市 Beihai City	3.11	1.73	1.80	22279	21202	16746	14224	42.54
防城港市 Fangchenggang City	3.76	1.86	2.02	22673	22203	14748	13544	33.05
钦州市 Qinzhou City	3.44	1.98	1.74	22399	21600	14762	13095	32.75
贵港市 Guigang City	3.09	1.81	1.71	21014	19314	16449	13123	43.93
玉林市 Yulin City	3.32	1.78	1.87	23060	22171	15984	13755	46.77
百色市 Baise City	3.28	1.74	1.89	21301	19561	16648	12327	29.63
贺州市 Hezhou City	3.02	1.62	1.86	21209	19855	15202	11706	37.37
河池市 Hechi City	3.26	1.63	2.00	19256	17964	15631	11695	39.48
来宾市 Laibin City	2.90	1.61	1.80	23285	21499	17764	13709	34.51
崇左市 Chongzuo City	3.10	1.65	1.88	20736	19370	14611	11566	28.24

11－14 各市城镇居民家庭人均年现金收入和支出（2012年）

单位：元

项目	Item	南宁市 Nanning	柳州市 Liuzhou	桂林市 Guilin	梧州市 Wuzhou
家庭总收入（元）	**Total Income of Households (yuan)**	**24860**	**24564**	**23743**	**22257**
可支配收入	Disposable Income	22561	22181	22300	20563
工薪收入	Income of Pay	17639	14258	13415	14369
工资及补贴收入	Wage & Subsidy	17339	13845	12768	13766
其他劳动收入	Other Working Income	300	413	647	603
经营净收入	Net Income from Management	1427	2388	2898	2310
财产性收入	Property Income	426	790	1049	616
利息收入	Interest	29	30	80	38
股息与红利收入	Dividend & Bonus	47	173	149	83
保险收益	Yield	9	5	16	7
其它投资收入	Other Investment Income	54	132	242	115
出租房屋收入	House Rent Income	283	446	504	364
转移性收入	Transfer Income	5368	7128	6380	4962
养老金或离退休金	Pensions for Old People & Retirement	4758	6151	5162	4145
社会救济收入	Social Relief Income	11	18	58	12
保险收入	Insurance Income	20	9	27	14
提取住房公积金	Withdraw House Accumulation Fund	76	211	139	67
辞退金	Dismiss Pensions	1	…	19	
赡养收入	Old Alimony	81	188	145	161
捐赠收入	Contribution Income	238	281	392	284
出售财物收入	Sold Property	74	46	4	1
借贷收入	Loan Income	11834	11663	4637	5469
提取储蓄存款	Withdraw Saving Deposit	11660	11386	4478	5045
借入款	Borrowed Money	56	94	60	23
住房贷款	Loan for Residence	3	16	15	392
家庭总支出（元）	**Total Expendtiure (yuan)**	**19555**	**18759**	**18312**	**17967**
消费支出	Consumption Expenditure	15292	14115	14470	13630
购房与建房支出	Expenditures for Residence	405	359	263	870
转移性支出	Transfer Expenditures	1662	2103	2288	1911
财产性支出	Property Expenditures	138	57	18	73
社会保障支出	Social Relief Expenditures	2058	2125	1274	1483
借贷支出	Loan Expenditures	16178	16885	9671	8169
存入储蓄款	Diposit Saving Money	15543	15893	9156	7597
储蓄性保险支出	Insurance Expenditure for Saving	92	160	30	53
购买有价证券	Expenditure for Securities	3	11	56	8

注：各市城镇居民收支指标由该市汇总、加权计算所辖各县（市、区）资料所得。与以往公布的由国家统计局广西调查总队提供的资料所含口径不同，不可比。

Note: The data of annual cash Income & expenditure of urban households of city were summarized , weighted by statistical bureau of the city with the materials of every counties (cities, districts) that under the city jurisdiction. They are not comparable.

Per Capita Annual Cash Income & Expenditure of Urban Households by City (2012)

(yuan)

北海市 Beihai	防城港市 Fangchenggang	钦州市 Qinzhou	贵港市 Guigang	玉林市 Yulin	百色市 Baise	贺州市 Hezhou	河池市 Hechi	来宾市 Laibin	崇左市 Chongzuo
22279	**22673**	**22399**	**21014**	**23060**	**21301**	**21209**	**19256**	**23285**	**20736**
21202	22203	21600	19314	22171	19561	19855	17964	21499	19370
12291	10116	13869	14928	13211	14036	12780	11397	14881	12924
10957	7584	12682	14277	12440	12216	12332	10470	14038	12168
1334	2532	1187	651	771	1819	448	928	843	756
3034	8123	3361	2515	4060	2631	1489	2307	3017	3452
1086	1329	598	755	1272	736	1556	936	885	447
162	44	38	81	25	62	139	61	8	29
82	50	31	141	130	83	35	162	20	9
		10		4	4	6	2		9
144	68		184	71	63	269	136	70	5
547	1076	493	347	1041	522	1095	535	784	384
5869	3105	4572	2816	4516	3899	5385	4616	4502	3913
5274	2213	3985	2044	3575	3308	4515	3474	3654	3052
19	53	13	33	23	39	18	44	67	69
1	1	19	9	14	9	11	6		8
54	16	30	107	15	100	71	312	216	198
			15				3		
151	122	87	178	212	80	288	233	64	128
152	574	208	246	514	182	255	262	297	207
19		9	4	2	4	42	4	1	2
3234	3010	2639	7867	5486	6062	7119	6219	12241	6079
3206	2865	2306	7862	5401	5707	6782	5915	12103	5954
3	66	77	1	38	246	41	90	117	91
	1		…	38	48	240	140		
16746	**14748**	**14762**	**16449**	**15984**	**16648**	**15202**	**15631**	**17764**	**14611**
14224	13544	13095	13123	13755	12327	11706	11695	13709	11566
84	59		5	201	464	408	335	370	385
1499	762	903	1784	1252	2213	1844	2420	2048	1460
55	7	65	27	10	81	47	57	29	52
885	377	699	1511	766	1563	1197	1125	1607	1148
8459	7726	9828	12308	12652	9654	12444	10219	17729	11117
8164	7391	9316	11942	12525	9069	11957	9774	17033	10628
34	1	18	20	19	34	71	50	59	5
				1					

11－15　各市城镇居民家庭人均年消费支出（2012年）

单位：元

项　目	Item	南宁市 Nanning	柳州市 Liuzhou	桂林市 Guilin	梧州市 Wuzhou
家庭人均全年消费支出（元）	**Consumption Expenditures (yuan)**	**15292**	**14115**	**14470**	**13630**
食品	Food	5994	5851	5935	6146
粮食	Grain	429	414	413	453
油脂类	Oil & Fat	179	150	160	264
肉类	Meat	1186	1159	1084	1313
禽类	Poultry	634	545	452	695
蛋类	Eggs	86	93	90	97
水产品类	Aquatic Products	376	299	285	382
蔬菜类	Vegetables	623	613	589	619
烟草类	Tobacco	90	174	227	119
酒类	Wine	85	90	142	63
饮料	Beverages	77	82	73	68
干鲜瓜果类	Dried (Fresh) Melons & Fruits	462	436	491	372
奶及奶制品	Milk & Its Products	221	178	214	160
衣着	Clothing	1111	1061	1305	995
服装	Garments	832	786	905	732
家庭设备用品及服务	Household Facilities, Articles & Services	1123	951	950	864
耐用消费品	Durable Consumer Goods	494	409	447	407
医疗保健	Medical Appliances & Articles	863	807	902	770
交通和通讯	Transportation & Communication	2613	1977	1832	1701
交通	Transportation	1763	1221	1136	923
通信	Communication	850	756	696	779
教育文化娱乐服务	Education Cultural & Recreation Services	1879	1586	1826	1416
文化娱乐用品	Consumer Goods for Recreational Use	407	385	404	325
书报杂志	Newspapers & Magazines	59	43	35	36
教育	Education	741	529	772	430
教育费用	Education Expenses	712	507	752	410
文化娱乐服务	Cultural & Recreation Services	731	672	650	661
居住	Residence	1292	1468	1330	1298
住房	Housing	389	540	423	287
租赁房房租	Tenancy	51	56	72	49
水费	Water Fee	136	106	119	151
电费	Electricity Fee	429	464	449	512
燃料	Fuel	238	280	283	262
杂项商品和服务	Miscellaneous Commodities & Services	416	414	390	440

注：各市城镇居民收支指标由该市汇总、加权计算所辖各县（市、区）资料所得。与以往公布的由国家统计局广西调查总队提供的资料所含口径不同，不可比。

Note: The data of annual cash Income & expenditure of urban households of city were summarized , weighted by statistical bureau of the city with the materials of every counties （cities，districts） that under the city jurisdiction. They are not comparable.

Per Capita Annual Consumption Expenditure of Urban Households by City (2012)

(yuan)

北海市 Beihai	防城港市 Fangchenggang	钦州市 Qinzhou	贵港市 Guigang	玉林市 Yulin	百色市 Baise	贺州市 Hezhou	河池市 Hechi	来宾市 Laibin	崇左市 Chongzuo
14224	**13544**	**13095**	**13123**	**13755**	**12327**	**11706**	**11695**	**13709**	**11566**
6666	5439	5946	5556	5808	4934	4664	4913	5215	4847
356	355	421	398	485	362	333	370	364	373
171	134	196	288	284	183	149	113	222	173
1207	1357	1321	1160	1402	1020	991	1181	1230	1197
627	609	685	589	683	539	466	475	609	653
97	71	100	84	98	60	79	68	80	63
1544	979	728	309	308	197	231	182	251	294
578	636	661	675	720	485	503	458	567	578
54	86	40	106	85	149	125	170	153	118
59	71	42	69	62	132	39	131	99	89
61	34	52	56	70	73	55	98	70	52
459	270	359	370	338	351	347	342	509	340
121	53	94	157	149	120	144	127	154	86
806	670	1131	981	1007	1143	936	1021	1383	755
603	529	898	735	738	870	710	776	1050	571
815	927	1167	787	1034	870	803	839	944	760
325	465	661	321	581	332	340	313	460	393
538	517	575	596	843	586	638	701	873	580
2398	1755	1241	2293	1746	1975	2215	1556	1945	2093
1632	1123	596	1533	951	1284	1689	952	1154	1464
767	632	645	760	794	692	526	603	791	629
949	868	1369	1350	1538	1208	1105	1098	1537	1006
312	203	506	267	389	303	261	281	384	266
27	20	187	25	17	39	26	34	38	29
273	348	371	558	350	530	441	431	697	403
255	346	359	524	332	508	406	408	672	392
364	318	492	524	799	374	403	386	456	337
1663	2965	1360	1249	1338	1266	1090	1166	1377	1237
654	1992	521	259	356	461	241	311	430	410
68	196	22	76	77	28	49	40	46	45
137	163	118	154	168	141	106	144	170	137
520	511	444	507	506	449	468	440	475	396
287	269	236	271	281	178	222	247	278	244
389	403	305	314	443	345	257	401	435	288

11－16 各市城镇居民人均可支配收入和人均消费性支出

Per Capita Annual Disposable Income ＆ Consumption Expenditure by City Households

单位：元 (yuan)

地区	Region	2011		2012	
		人均可支配收入 Per Capita Annual Disposable Income	人均消费支出 Per Capita Annual Consumption Expenditure	人均可支配收入 Per Capita Annual Disposable Income	人均消费支出 Per Capita Annual Consumption Expenditure
南宁市	Nanning City	20005	13843	22561	15292
柳州市	Liuzhou City	19615	12909	22181	14115
桂林市	Guilin City	19882	12852	22300	14470
梧州市	Wuzhou City	18239	12183	20563	13630
北海市	Beihai City	18656	12832	21202	14224
防城港市	Fangchenggang City	19722	12068	22203	13544
钦州市	Qinzhou City	19248	11918	21600	13095
贵港市	Guigang City	17017	11547	19314	13123
玉林市	Yulin City	19590	11830	22171	13755
百色市	Baise City	17384	11013	19561	12327
贺州市	Hezhou City	17606	10488	19855	11706
河池市	Hechi City	16448	11120	17964	11695
来宾市	Laibin City	19233	12533	21499	13709
崇左市	Chongzuo City	17301	10747	19370	11566

注：1.各市城镇居民收支指标由该市汇总、加权计算所辖各县（市、区）资料所得，与以往公布的由国家统计局广西调查总队提供的资料所含口径不同，不可比。

2.可支配收入指居民家庭可以用来自由支配的收入。计算公式为：

可支配收入＝家庭总收入－交纳个人所得税－个人交纳的社会保障支出－记帐补贴

Note: 1. The data of annual cash Income ＆ expenditure of urban households of city were summarized , weighted by statistical bureau of the city with the materials of every counties （cities，districts） that under the city jurisdiction. They are not compa

2. Disposable Income refer to actual revenue after paying for personal income tax . It is calculated as follows:

Disposable Income＝Total Income of Households－ Render for the Income Tax － Social Relief Expenditures Paid by Individual － the Recording Replenishing of the Households Surveyed

11－17 各县（市、区）城镇居民人均可支配收入（2012年）
Per Capita Annual Disposable Income of Urban Households by County (County-level City,District, 2012)

单位：元/人 (yuan/person)

县（市、区）	Region	可支配收入 Disposable Income	工薪收入 Wages Income	经营净收入 Net Income from Management	财产性收入 Property Income	转移性收入 Transfer Income
良庆区	Liangqing District	19315	14302	2873	906	3153
邕宁区	Yongning District	19764	12205	2715	369	5994
武鸣县	Wuming	21504	18799	1317	461	2919
隆安县	Long'an	17768	14508	1656	377	2339
马山县	Mashan	17683	9254	3181	677	5119
上林县	Shanglin	17137	13494	2197	118	2098
宾阳县	Binyang	20321	15366	3516	63	2547
横　县	Hengxian	21016	17232	1852	640	3073
柳江县	Liujiang	21010	10429	3025	2516	5883
柳城县	Liucheng	18573	12434	2098	323	5513
鹿寨县	Luzhai	20520	13211	2352	298	5871
融安县	Rong'an	18603	8862	4081	386	6311
融水县	Rongshui	19244	11402	4789	779	3600
三江县	Sanjiang	18495	11179	2781	1736	3733
阳朔县	Yangshuo	26584	13078	5755	4034	5308
临桂县	Lingui	26175	17067	2006	1898	6967
灵川县	Lingchuan	23297	16760	2413	1411	4483
全州县	Quanzhou	18763	12300	3253	274	3219
兴安县	Xing'an	22456	14823	2360	1946	4893
永福县	Yongfu	22984	13962	4083	1545	4575
灌阳县	Guanyang	19403	12411	2653	567	4823
龙胜县	Longsheng	21368	15466	2215	825	4816
资源县	Ziyuan	19873	15143	1599	1524	2849
平乐县	Pingle	19265	10883	3792	545	4383
荔浦县	Lipu	22310	10629	4895	630	6681
恭城县	Gongcheng	20158	12088	2283	1459	5342
苍梧县	Cangwu	20209	15182	1428	855	4970
藤　县	Tengxian	19032	17300	916	611	1560
蒙山县	Mengshan	18926	12523	1775	643	4980
岑溪市	Cenxi	21149	16287	3881	641	2124
合浦县	Hepu	20676	12025	3705	425	4896
防城区	Fangcheng District	23289	8259	10126	1299	3793
上思县	Shangsi	14567	8978	3715	124	2089
东兴市	Dongxing	26110	8676	11628	2981	3198
钦南区	Qinnan District	22242	13414	3866	180	5203
钦北区	Qinbei District	21761	13681	4991	873	2738
灵山县	Lingshan	20865	14681	2009	1464	4430
浦北县	Pubei	20932	13986	3178	345	4050
港北区	Gangbei District	20223	18017	1307	867	3034
港南区	Gangnan District	20528	14510	3942	461	2582
覃塘区	Qintang District	19832	11619	6500	352	1930
平南县	Pingnan	19087	15463	1716	223	2432
桂平市	Guiping	18494	13102	2941	1153	3098
玉州区	Yuzhou District	25111	13229	4925	2101	6290
福绵区	Fumian District	23454	13273	8114	1213	1072
容　县	Rongxian	19150	11057	2233	640	6249

11－17 续表 continued

单位：元/人 (yuan/person)

县（市、区）	Region	可支配收入 Disposable Income	工薪收入 Wages Income	经营净收入 Net Income from Management	财产性收入 Property Income	转移性收入 Transfer Income
陆川县	Luchuan	19937	12058	3506	1894	3323
博白县	Bobai	18897	13721	2428	276	3075
兴业县	Xingye	18539	11626	1810	1244	4372
北流市	Beiliu	23505	14713	4676	693	3970
右江区	Youjiang District	19242	16098	872	598	4204
田阳县	Tianyang	20131	14325	1667	509	5267
田东县	Tiandong	22334	14257	4992	996	4599
平果县	Pingguo	22526	19373	2291	730	3130
德保县	Debao	21734	10724	4219	1350	6402
靖西县	Jingxi	16733	8389	4014	879	3536
那坡县	Napo	14852	10446	2164	217	3150
凌云县	Lingyun	18141	15266	2111	722	1629
乐业县	Leye	18803	13821	2972	1244	2053
田林县	Tianlin	18278	13199	3120	111	2968
西林县	Xilin	15876	12028	1640	450	3129
隆林县	Longlin	19974	13002	3520	1043	2869
八步区	Babu District	21005	12194	1278	2682	6326
平桂区	Pinggui District	18862	13432	942	561	5207
昭平县	Zhaoping	19043	13553	1574	590	4835
钟山县	Zhongshan	18723	12812	1505	69	5947
富川县	Fuchuan	18490	13550	2314	884	2195
金城江区	Jinchengjiang District	20767	12718	1847	1754	5888
南丹县	Nandan	21600	12304	2862	729	7081
天峨县	Tian'e	16019	11021	2786	536	2660
凤山县	Fengshan	14606	11764	1290	684	2479
东兰县	Donglan	14372	10559	1563	610	2900
罗城县	Luocheng	13864	8311	2232	396	3614
环江县	Huanjiang	16017	13482	795	468	3268
巴马县	Bama	14929	9448	2759	436	3126
都安县	Du'an	14854	10519	2184	783	2776
大化县	Dahua	14752	8946	3754	378	2515
宜州市	Yizhou	19341	11776	2514	1191	5179
兴宾区	Xingbin District	22235	14416	3692	1032	4861
忻城县	Xincheng	20659	14154	3322	747	3695
象州县	Xiangzhou	22065	16102	2124	1003	4242
武宣县	Wuxuan	20911	15037	1980	937	4710
金秀县	Jinxiu	21336	15586	2546	1281	4090
合山市	Heshan	19709	15543	2416	175	3955
江州区	Jiangzhou District	19976	15579	2599	408	3576
扶绥县	Fusui	19858	15756	2034	560	3374
宁明县	Ningming	17420	9845	3325	662	4118
龙州县	Longzhou	17699	9179	3885	465	4891
大新县	Daxin	20211	15539	2359	80	3707
天等县	Tiandeng	16469	12689	1364	79	3732
凭祥市	Pingxiang	21582	10981	7003	546	4101

11—18 各县（市、区）城镇居民消费支出（2012年）

Consumption Expenditure of Urban Households by County (County-level City,District, 2012)

单位：元/人 (yuan/person)

县(市、区)	Region	消费支出 Consumption Expenditure	食品 Food	衣着 Clothing	家庭设备用品及服务 Household Facilities, Articles & Services	医疗保健 Medicine & Medical Services	交通和通讯 Transport, Post & Communi-cation Services	教育文化娱乐服务 Education, Culture & Recreation Services	居住 Residence	杂项商品和服务 Miscella-neous Commod-ities & Services
良庆区	Liangqing District	10912	5520	681	513	273	1691	1124	962	148
邕宁区	Yongning District	11778	5578	683	605	573	1835	1382	946	177
武鸣县	Wuming	14818	6436	1047	1171	593	2356	1647	1091	477
隆安县	Long'an	10546	4384	775	862	751	1631	1025	885	233
马山县	Mashan	10317	4759	512	668	704	1499	798	1142	235
上林县	Shanglin	10562	4962	896	739	604	1154	1072	861	274
宾阳县	Binyang	12724	5461	1147	792	433	1777	1374	1351	389
横　县	Hengxian	12774	5352	988	749	542	1973	1336	1396	438
柳江县	Liujiang	12506	5039	931	1128	707	1292	1247	1715	446
柳城县	Liucheng	11714	4857	935	801	636	1513	1359	1250	363
鹿寨县	Luzhai	11038	4200	860	691	509	1588	895	1970	325
融安县	Rong'an	10697	5122	704	799	622	814	1320	916	401
融水县	Rongshui	11421	5103	1013	660	713	1316	900	1495	220
三江县	Sanjiang	12325	4730	937	819	440	2621	1089	1443	245
阳朔县	Yangshuo	14169	6266	1153	890	1014	1370	1206	1590	679
临桂县	Lingui	16249	6448	1621	1016	850	2752	1939	1465	159
灵川县	Lingchuan	16081	5964	1310	725	1204	3709	1858	810	502
全州县	Quanzhou	13787	5267	1086	1060	1040	1765	1655	1629	284
兴安县	Xing'an	14895	4821	1540	1307	732	2149	1799	1956	591
永福县	Yongfu	13844	4508	1180	782	557	2024	1700	2323	771
灌阳县	Guanyang	10747	5046	1273	677	466	1113	887	934	352
龙胜县	Longsheng	15519	5538	2094	1389	871	1717	2258	1256	395
资源县	Ziyuan	14582	5008	1729	1042	927	1791	2159	1419	508
平乐县	Pingle	12439	4420	778	1358	738	1830	1372	1492	450
荔浦县	Lipu	15027	7252	1707	732	1385	1126	1216	1159	450
恭城县	Gongcheng	14689	4286	865	859	754	3466	2179	1929	351
苍梧县	Cangwu	12345	5535	922	862	818	1704	1135	1065	305
藤　县	Tengxian	13543	5980	1060	1044	821	1377	1515	1399	348
蒙山县	Mengshan	10038	4569	1059	670	497	1103	687	1200	251
岑溪市	Cenxi	13752	5237	1027	899	587	2210	1955	1515	323
合浦县	Hepu	11056	6441	440	563	354	1196	559	1188	314
防城区	Fangcheng District	14860	5839	425	842	364	2051	595	4629	115
上思县	Shangsi	8664	4765	567	507	314	682	780	1010	39
东兴市	Dongxing	14040	5394	668	1512	517	1536	1040	2935	438
钦南区	Qinnan District	13034	5638	1189	1439	759	1265	1392	1065	287
钦北区	Qinbei District	14224	5844	1056	1139	496	1245	1077	3166	200
灵山县	Lingshan	13675	6744	1148	921	412	1424	1100	1490	437
浦北县	Pubei	11960	5690	1001	842	377	938	1802	1089	221
港北区	Gangbei District	13404	5162	998	863	849	2023	1612	1449	447
港南区	Gangnan District	11298	4749	887	769	691	1805	1378	804	218
覃塘区	Qintang District	12128	6004	897	893	398	1140	1362	1147	287
平南县	Pingnan	13177	5060	1022	733	334	3394	1212	1240	183
桂平市	Guiping	13498	6280	977	763	602	2029	1259	1249	339
玉州区	Yuzhou District	15421	5871	1026	1045	1205	2175	1947	1623	529
福绵区	Fumian District	14836	4466	969	1620	668	2197	1872	2301	744
容　县	Rongxian	12759	5154	887	1142	1020	2058	1010	1263	225

11－18 续表 continued

单位：元/人 (yuan/person)

县(市、区)	Region	消费支出 Consumption Expenditure	食品 Food	衣着 Clothing	家庭设备用品及服务 Household Facilities, Articles & Services	医疗保健 Medicine & Medical Services	交通和通讯 Transport, Post & Communi-cation Services	教育文化娱乐服务 Education, Culture & Recreation Services	居住 Residence	杂项商品和服务 Miscella-neous Commod-ities & Services
陆川县	Luchuan	12500	5522	889	844	772	1510	1061	1075	826
博白县	Bobai	9340	4497	653	597	415	742	1251	1008	178
兴业县	Xingye	11020	4148	753	780	682	1937	1346	1109	265
北流市	Beiliu	16048	7683	1403	1328	697	1747	1654	1219	318
右江区	Youjiang District	13213	5414	1353	946	767	2090	1277	913	453
田阳县	Tianyang	11041	4814	618	776	518	2025	1017	1127	147
田东县	Tiandong	14032	4727	925	606	526	2893	1719	2303	333
平果县	Pingguo	14213	4903	1224	1068	686	2866	1453	1621	393
德保县	Debao	12798	6127	908	689	597	2239	1145	885	208
靖西县	Jingxi	10659	4314	1192	1039	166	1107	1157	1477	209
那坡县	Napo	10906	5361	1118	595	447	1079	477	1152	678
凌云县	Lingyun	12034	5317	1851	672	508	1223	1238	793	433
乐业县	Leye	12113	4816	1268	1037	875	1196	1400	1080	441
田林县	Tianlin	10522	4271	1558	929	801	943	855	786	379
西林县	Xilin	11377	4500	855	887	621	2114	1094	910	398
隆林县	Longlin	9958	4112	772	733	591	1733	635	1172	210
八步区	Babu District	13642	5052	1046	911	727	3082	1322	1185	318
平桂区	Pinggui District	11017	4751	818	768	956	1688	902	988	145
昭平县	Zhaoping	10649	4725	805	785	535	1689	598	1309	205
钟山县	Zhongshan	9836	4238	791	537	607	1368	1203	894	197
富川县	Fuchuan	8582	3646	924	749	372	982	971	719	218
金城江区	Jinchengjiang District	12564	5232	1069	837	773	1207	1299	1639	509
南丹县	Nandan	14026	5653	1226	1193	873	2075	1165	1357	485
天峨县	Tian'e	12769	5035	997	952	776	2029	1460	1149	371
凤山县	Fengshan	9853	4024	1193	696	511	1123	973	908	425
东兰县	Donglan	10810	4107	775	495	1389	1723	1035	750	535
罗城县	Luocheng	9026	3842	988	832	506	738	780	888	451
环江县	Huanjiang	10510	4765	1163	544	803	1150	825	780	479
巴马县	Bama	10224	4010	937	622	512	1558	1201	1122	263
都安县	Du'an	10741	5093	879	816	398	1663	705	932	255
大化县	Dahua	10551	4398	938	682	474	1733	711	1293	322
宜州市	Yizhou	12031	5137	910	880	690	1866	1322	952	274
兴宾区	Xingbin District	15002	5419	1583	1061	1047	2087	1924	1462	419
忻城县	Xincheng	14109	5325	1489	707	1167	2420	1241	1274	487
象州县	Xiangzhou	12147	4610	1183	851	765	1584	1133	1403	619
武宣县	Wuxuan	12097	4825	1249	871	614	1018	1375	1606	540
金秀县	Jinxiu	11893	5763	1229	675	346	1638	971	925	346
合山市	Heshan	12550	5096	980	947	631	2467	1103	1083	242
江州区	Jiangzhou District	11457	4979	775	873	382	1663	1151	1463	171
扶绥县	Fusui	12816	4894	745	756	742	2746	1649	953	332
宁明县	Ningming	10910	4788	713	540	643	1628	530	1847	221
龙州县	Longzhou	9819	4812	559	581	556	1427	625	996	263
大新县	Daxin	11530	4893	769	768	623	2628	721	948	180
天等县	Tiandeng	10128	4000	714	719	663	1877	1045	879	230
凭祥市	Pingxiang	12783	5014	931	966	531	2494	1004	1319	522

11－19 主要年份农民家庭基本情况
Basic Indicators of Rural Households in Main Years

单位：人 (person)

项目	Item	1995	2000	2005	2010	2011	2012
调查户数（户）	Number of Households Surveyed (household)	2240	2310	2310	2310	2310	2310
平均每户常住人口	Average Number of Permanent Residents per Household	5.32	4.82	4.75	4.59	4.47	4.48
平均每户整半劳动力	Average Number of Able-bodied & Semi-able-bodied Laborers per Household	3.06	3.09	3.33	3.37	3.17	3.19
整劳动力	Able-bodied Laborers	2.62	2.29	2.46	2.27	2.13	2.13
半劳动力	Semi-able-bodied Laborers	0.44	0.80	0.87	1.10	1.04	1.06
平均每个劳动力负担人口	Average Number of Persons Supported by a Laborer (including self)	1.74	1.56	1.43	1.36	1.41	1.4
平均每百个劳动力中：	In Per 100 Rural Labor Force:						
文盲或半文盲人数	Illiteracy & Semi-Illiteracy	8.31	5.43	2.22	1.34	3.02	2.81
小学程度人数	Primary School	44.28	35.97	25.06	22.41	25.58	24.89
初中程度人数	Junior Secondary School	38.52	47.38	58.32	56.19	56.70	56.85
高中程度人数	Senior Secondary School	8.21	8.94	10.59	14.17	9.48	9.77
中专程度人数	Specialized Secondary School	0.63	2.10	2.95	3.87	2.81	2.92
大专程度人数	College & Higher Level	0.06	0.02	0.86	2.02	1.84	1.99
平均每百户	Per 100 Households						
乡村企业从业人数	Number of Employees of Rural Enterprises	0.76	0.95	1.60	3.03	—	—
在外从事其他劳动人数	Number of Labour Outside Engaged in Other Amount	11.88	46.37	83.12	104.07	103.07	105.8

11－20　主要年份农民人均纯收入及构成

Per Capita Annual Net Income of Rural Households & Its Composition in Main Years

项　目	Item	1995	2000	2005	2010	2011	2012
平均每人纯收入（按来源分）（元）	**Per Capita Annual Net Income (By Source of Income) (yuan)**	**1446.14**	**1864.51**	**2494.67**	**4543.41**	**5231.33**	**6007.55**
#工资性收入	Wages Income	202.10	483.75	907.36	1707.18	1820.18	2245.95
家庭经营纯收入	Net Income from Household Business	1158.07	1297.16	1516.36	2510.15	3007.93	3234.55
财产性收入	Property Income	11.43	7.47	18.3	33.78	41.22	53.87
转移性收入	Transfer Income	74.54	76.13	52.66	292.3	362	473.17
平均每人纯收入（按来源分）构成（%）	**Composition of Per Capita Annual Net Income (By Source of Income) (%)**	**100.0**	**100.0**	**100.0**	**100.0**	**100.0**	**100.0**
#工资性收入	Wages Income	14.0	26.0	36.4	37.6	34.8	37.4
家庭经营纯收入	Net Income from Household Business	80.1	69.6	60.8	55.3	57.5	53.8
财产性收入	Property Income	0.8	0.4	0.7	0.7	0.8	0.9
转移性收入	Transfer Income	5.2	4.1	2.1	6.4	6.9	7.9
平均每人纯收入（按性质分）（元）	**Per Capita Annual Net Income (By Type of Income) (yuan)**	**1446.14**	**1864.51**	**2494.67**	**4543.41**	**5231.33**	**6007.55**
生产性收入	Productive Income	1347.15	1764.20	2414.10	4209.24	4815.23	5465.15
农业（种植业）生产收入	Productive of Income Farming (Planting)	593.49	674.00	885.76	1577.68	1804.40	1963.29
非农业生产收入	Non-productive Income of Farming	753.66	1090.20	1528.34	2631.56	3010.83	3501.85
非生产性收入	Non-productive Income	98.99	100.31	80.57	334.17	416.10	542.40
平均每人纯收入（按性质分）构成（%）	**Composition of Per Capita Annual Net Income (By Type of Income) (%)**	**100.0**	**100.0**	**100.0**	**100.0**	**100.0**	**100.0**
生产性收入	Productive Income	93.2	94.6	96.8	92.6	92.046	91.0
农业（种植业）生产收入	Productive Income of Farming (Planting)	41.0	36.1	35.5	34.7	34.4922	32.7
非农业生产收入	Other Productive Income Excludes Farming	52.1	58.5	61.3	57.9	57.5538	58.3
非生产性收入	Non-productive Income	6.9	5.4	3.2	7.4	7.954	9.0
平均每人纯收入（按收入分）（%）	**Per Capita Annual Net Income (By Income) (%)**	**100.0**	**100.0**	**100.0**	**100.0**	**100.0**	**100.0**
2000元及以上的户	2000 yuan & over	20.7	36.6	65.5	89.8	90.5	94.1
1500—2000元的户	1500—2000 yuan	18.5	24.7	16.0	5.2	4.1	2.4
1000—1500元的户	1000—1500 yuan	30.5	23.5	13.0	3.2	2.4	1.3
800—1000元的户	800—1000 yuan	13.4	6.6	2.3	0.7	1.1	0.5
500—800元的户	500—800 yuan	13.6	6.9	2.4	0.5	0.7	0.7
300—500元的户	300—500 yuan	2.3	1.5	0.6	0.1	0.2	0.2
300元以下的户	Below 300 yuan	0.4	0.3	0.2	0.4	1	0.8

11－21 主要年份农户平均每人经济收支情况

Per Capita Annual Income & Expenditures of Rural Households in Main Years

单位：元 (yuan)

项　目	Item	1995	2000	2005	2010	2011	2012
全年总收入	**Annual Total Revenue**	**2101.41**	**2649.18**	**3717.52**	**6181.50**	**7521.13**	**8458.92**
工资性收入	Wages Income	202.10	483.75	907.36	1707.18	1820.18	2245.95
家庭经营收入	Household Business Income	1802.88	2042.38	2710.92	4094.31	5175.95	5550.14
财产性收入	Property Income	11.43	7.47	18.30	33.78	41.22	53.87
转移性收入	Transfer Income	84.99	115.58	80.94	346.23	483.78	608.96
平均每人纯收入（按来源分）	**Per Capita Annual Net Income (By Source of Income)**	**1446.14**	**1864.51**	**2494.67**	**4543.41**	**5231.33**	**6007.55**
#工资性收入	Wages Income	202.10	483.75	907.36	1707.18	1820.18	2245.95
家庭经营纯收入	Net Income from Household Business	1158.07	1297.16	1516.35	2510.15	3007.93	3234.55
财产性收入	Property Income	11.43	7.47	18.30	33.78	41.22	53.87
转移性收入	Transfer Income	74.54	76.13	52.66	292.30	362	473.17
平均每人纯收入（按性质分）	**Per Capita Annual Net Income(By Type of Income)**	**1446.14**	**1864.51**	**2494.67**	**4543.41**	**5231.33**	**6007.55**
生产性收入	Productive Income	1347.15	1764.20	2414.10	4209.24	4815.23	
农业（种植业）生产收入	Productive Income of Farming (Planting)	593.49	674.00	885.76	1577.68	1804.40	1963.29
非农业生产收入	Other Productive Income Excludes Farming	753.66	1090.20	1528.34	2631.56	3010.83	
非生产性收入	Non-productive Income	98.99	100.31	80.57	334.17	416.10	
全年总支出	**Annual Total Expenditure**	**1830.12**	**2317.08**	**3696.72**	**5270.80**	**6792.05**	**7753.50**
家庭经营费用支出	Expenditure for Household Business	589.84	662.18	1125.78	1475.23	2000.09	2132.61
税费支出	Expenditure for Tax & Fee	29.88	41.47	5.85	2.84	5.24	6.55
购置生产性固定资产	Purchasing Productive Fixed Assets	43.74	50.87	108.28	152.14	215.49	233.51
生活消费支出	Expenditure for Live Consumption	1143.04	1487.96	2349.60	3455.29	4210.89	4877.63

11－22 主要年份农户平均每人家庭经营总收入

Per Capita Gross Income on Household Business of Rural Households in Main Years

单位：元 (yuan)

项 目	Item	1995	2000	2005	2010	2011	2012
家庭经营总收入	**Total Income from Household Business**	**1802.88**	**2042.38**	**2710.92**	**4094.31**	**5175.95**	**5550.14**
农业收入	Farming	860.66	943.57	1390.99	2366.39	2838.81	3037.30
林业收入	Forestry	27.52	49.94	84.21	134.04	187.39	182.40
牧业收入	Animal Husbandry	623.80	701.66	918.75	1074.50	1507.98	1544.07
渔业收入	Fishery	27.16	49.59	86.65	94.95	114.70	136.55
工业收入	Industry	62.38	57.66	48.14	58.49	70.61	100.67
建筑业收入	Construction	50.01	47.53	12.43	39.30	50.98	49.59
交通、运输和邮电业收入	Transport, Post & Telecommunication Services	47.01	43.91	56.07	120.40	178.59	204.62
批发零售贸易、餐饮业收入	Wholesale & Retail Trade & Catering Services	51.86	94.10	70.61	139.09	168.27	228.88
社会服务业收入	Social Services	15.01	17.92	12.42	14.64	17.10	18.78
文教卫生业收入	Culture, Education & Health Care		6.44	13.80	23.57	13.60	18.71
其他家庭经营收入	Others	37.57	30.06	16.62	28.47	25.97	28.05

注：2003年起农业、林业、牧业收入的计算口径改变，使用资料时请注意。

Note: The calculation standard of the farming, forestry and animal husbandry incomes has been changed since 2003.

11—23 主要年份农户平均每人生活消费支出和构成

Per Capita Consumption Expenditures of Rural Households & Its Composition in Main Years

项　目	Item	1995	2000	2005	2010	2011	2012
平均每人生活消费支出（元）	**Per Capita Living Expenditures for Consumption (yuan)**	**1143.04**	**1487.96**	**2349.60**	**3455.29**	**4210.89**	**4877.63**
食品消费	Food	700.40	824.97	1186.71	1675.41	1844.94	2085.63
衣着消费	Clothing	49.17	51.58	79.48	110.46	123.93	156.47
居住消费	Residence	139.48	201.12	379.65	692.51	1018.56	1200.80
家庭设备、用品及服务	Household Facilities, Articles & Services	51.98	62.95	95.47	192.77	241.61	274.63
医疗保健	Medicines & Medical Services	29.04	52.38	123.39	228.99	301.25	383.95
交通通讯	Transport, Post & Telecommunication Services	27.33	64.83	214.07	310.30	384.81	453.01
文教娱乐用品及服务	Cultural, Educational & Recreational Articles & Services	127.69	186.76	226.38	182.55	218.72	214.30
其他商品和服务	Other Commodities & Services	17.95	43.37	44.45	62.30	77.07	108.84
构　成（%）	**Composition (%)**	**100**	**100**	**100**	**100**	**100**	**100**
食品消费	Food	61.28	55.44	50.51	48.49	43.81	42.76
衣着消费	Clothing	4.3	3.47	3.38	3.2	2.94	3.21
居住消费	Residence	12.2	13.52	16.16	20.04	24.19	24.62
家庭设备、用品及服务	Household Facilities, Articles & Services	4.55	4.23	4.06	5.58	5.74	5.63
医疗保健	Medicines & Medical Services	2.54	3.52	5.26	6.63	7.15	7.87
交通通讯	Transport, Post & Telecommunication Services	2.39	4.36	9.11	8.98	9.14	9.29
文教娱乐用品及服务	Cultural, Educational & Recreational Articles & Services	11.17	12.55	9.63	5.28	5.19	4.39
其他商品和服务	Other Commodities & Services	1.57	2.91	1.89	1.80	1.83	2.23

11－24　主要年份农户平均每人全年现金收支情况
Per Capita Annual Cash Income & Expenditures of Rural Households in Main Years

单位：元　　(yuan)

项　目	Item	1995	2000	2005	2010	2011	2012
期内现金收入合计	**Annual Cash Income**	**1522.44**	**1975.68**	**2994.06**	**5151.58**	**6448.80**	**7380.51**
工资性收入	Wages Income	201.92	483.75	907.36	1706.12	1820.06	2245.92
出售产品的现金收入	From Selling Production	1005.40	1101.88	1763.79	2654.64	3578.63	3830.18
工业加工业的现金收入	From Industry Processing	10.84	31.11	26.21	25.78	46.55	60.61
建筑业的现金收入	From Construction	50.01	47.53	11.40	39.30	50.94	49.54
交通运输业的现金收入	From Transportation	47.01	43.91	56.07	120.40.	178.59	204.62
批发和零售贸易、餐饮业	Wholesale, Retail Trade & Catering Services	51.86	94.10	70.61	139.09	168.27	228.88
社会服务业的现金收入	Social Services	15.01	17.92	12.42	14.64	17.10	18.78
文教卫生业的现金收入	Culture, Education & Health Care		6.44	13.80	23.57	13.60	18.71
其他家庭经营收入的现金收入	Others	33.52	26.11	34.64	28.47	25.96	27.81
财产性收入	Property Income	16.11	7.42	18.01	33.15	40.01	53.54
转移性收入	Transfer Income	90.24	115.51	79.75	340.01	468.94	592.46
期内现金支出合计	**Annual Cash Expenditure**	**1389.54**	**1809.36**	**3078.52**	**4475.64**	**5959.49**	**6828.22**
生产费用支出	Expenditure of Productive Costs	534.08	618.20	1106.22	1506.97	2078.42	2217.33
家庭经营费用支出	Expenditure for Household Business	490.34	567.34	997.17	1354.69	1861.22	1981.07
购置生产性固定资产支出	Purchasing Productive Fixed Assets	43.74	50.87	108.28	152.14	215.49	233.51
税费支出	Expenditure for Tax & Fee	19.25	30.31	5.85	2.84	5.24	6.54
生活消费支出	Living Expenditure	784.17	1087.20	1860.36	2783.18	3522.59	4109.25
食品	Food	369.14	437.01	750.52	1044.79	1212.52	1373.88
衣着	Clothing	49.17	51.56	79.48	110.46	123.93	156.47
居住	Residence	112.21	188.35	326.66	651.02	962.67	1144.20
家庭设备、用品及服务	Household Facilities, Articles & Services	51.65	62.95	95.47	192.77	241.61	274.63
医疗保健	Medicines & Medical Services	29.04	52.38	123.39	228.99	301.25	383.95
交通和通讯	Transport, Post & Telecommunica-tion Services	27.33	64.83	214.07	310.30	384.81	453.01
文化教育、娱乐用品及服务	Cultural, Educational & Recreational Articles & Services	127.69	186.76	226.38	182.55	218.72	214.30
其他商品及服务	Other Commodities & Services	17.93	43.37	44.39	62.30	77.07	108.82
财产性支出	Property Expenditure	52.04	6.44	6.26	3.94	11.35	5.77
转移性支出	Transfer Expenditure		67.21	99.83	178.71	341.89	489.34

11－25　主要年份农户平均每人粮食收支情况

Per Capita Major Grain Gross & Consumption of Rural Households in Main Years

单位：千克　　(kg)

项　目	Item	1995	2000	2005	2010	2011	2012
年初粮食结存（原粮）	**Grain at Year-head (Crude Grain)**	**263.66**	**200.41**	**219.10**	**334.81**	**201.81**	**236.24**
年内粮食收入	**Annual Income of Grain**	**491.37**	**499.41**	**487.66**	**513.52**	**461.17**	**467.14**
家庭经营生产的	Of Household Business	453.97	452.67	456.50	484.86	417.19	419.15
购入	Purchase	33.21	46.26	29.78	26.23	41.67	42.52
借入	Borrowing	1.65	0.15	…		0.02	0.08
收回借出粮	Retracting Lent Grain	2.18	0.27	1.07	1.64	1.79	4.72
其他粮食收入	Others	0.35	0.06	0.31	0.79	0.50	0.66
年内粮食支出	**Annual Expenditure of Grain**	**426.69**	**440.53**	**419.43**	**401.35**	**393.03**	**381.52**
主食用粮	Staple Grain	243.72	233.75	189.96	180.67	179.36	172.46
其他生活用粮	Other Grain for Living	2.51	0.22	0.11	0.00	0.01	0.01
出售	For Sale	59.82	72.24	126.86	148.24	150.23	148.34
种籽	Seeds	5.17	5.22	3.07	2.37	2.27	2.53
饲料	Feed	96.03	115.87	98.99	68.41	60.48	56.69
借出	Lending	4.64	1.11	0.16	0.17	0.05	0.43
归还借粮	Return Borrowed Grain	2.37	0.16	0.10	0.29	…	
其他粮食支出	Others	11.11	11.95	0.17	1.20	0.63	1.06
年末粮食结存	**Grain at Year-end**	**328.34**	**254.19**	**287.34**	**310.08**	**244.36**	**264.90**

11－26 主要年份农户主要农副产品人均生产量和商品率情况
Per Capita Major Grain & Sideline Products & Their Commodity Rate of Rural Households in Main Years

产品名称	Item	2000			2005		
		生产量（千克）Output (kg)	出售量（千克）Sold Amount (kg)	商品率（%）Commodity Rate(%)	生产量（千克）Output (kg)	出售量（千克）Sold Amount (kg)	商品率（%）Commodity Rate(%)
粮食	Grain	452.67	72.24	15.96	456.51	126.86	27.79
油料	Oil-bearing Crops	13.05	3.84	29.43	13.94	3.84	27.55
麻类	Fiber Crops	0.94	0.86	91.49	2.75	2.58	93.82
糖料	Sugar	866.89	854.89	98.62	1048.26	1037.99	99.02
烟叶	Tobacco	0.97	0.95	97.94	1.09	0.76	69.72
蔬菜	Vegetables	208.31	90.54	43.46	225.14	131.43	58.38
果用瓜	Melons	30.55	29.09	95.22	45.57	43.80	96.12
水果	Fruits	40.61	35.07	86.36	54.53	48.91	89.69
茶叶	Tea	0.30	0.20	66.67	0.18	0.16	88.89
猪肉	Pork	55.32	51.62	93.31	51.61	49.72	96.34
羊肉	Mutton	0.58	0.53	91.38	0.16	0.15	93.75
家禽	Poultry	5.27	2.91	55.22	11.99	6.24	52.04
鱼虾	Fish & Shrimps	6.45	4.90	75.97	4.77	3.99	83.65
蛋类	Eggs	0.79	0.25	31.64	0.50	0.09	18.00
蜂蜜	Honey	0.10	0.04	40.00	0.08	0.07	87.50
蚕茧	Silkworm Cocoons	0.81	0.81	100.00	5.22	5.22	100.00

产品名称	Item	2010			2012		
		生产量（千克）Output (kg)	出售量（千克）Sold Amount (kg)	商品率（%）Commodity Rate(%)	生产量（千克）Output (kg)	出售量（千克）Sold Amount (kg)	商品率（%）Commodity Rate(%)
粮食	Grain	484.86	148.25	30.58	419.15	136.78	32.63
油料	Oil-bearing Crops	14.03	2.61	18.60	10.54	3.21	30.47
麻类	Fiber Crops	1.78	1.24	69.66	0.76	0.76	100.00
糖料	Sugar	1447.33	1445.12	99.85	1769.02	1768.91	99.99
烟叶	Tobacco	1.29	1.27	98.45	3.31	3.30	99.71
蔬菜	Vegetables	253.29	168.66	66.59	222.99	149.15	66.89
果用瓜	Melons	56.94	55.56	97.58	13.53	13.44	99.35
水果	Fruits	61.38	59.22	96.48	59.15	57.17	96.66
茶叶	Tea	0.21	0.21	100.00	0.25	0.24	94.83
猪肉	Pork	34.3	33.46	97.55	26.89	26.03	96.82
羊肉	Mutton	0.12	0.12	100.00	0.47	0.47	100.00
家禽	Poultry	9.16	3.49	38.10	13.84	7.77	56.12
鱼虾	Fish & Shrimps	3.17	2.6	82.02	8.61	8.37	97.21
蛋类	Eggs	0.73	0.33	45.21	2.42	1.78	73.82
蜂蜜	Honey	0.03	0.03	100.00	0.02	0.01	98.08
蚕茧	Silkworm Cocoons	8.08	8.08	100.00	11.33	11.33	100.00

11－27 主要年份农户平均每人主要消费品消费量

Per Capita Consumption for Major Consumer Goods of Rural Households in Main Years

项　目	Item	1995	2000	2005	2010	2011	2012
粮食（原粮）（千克）	Grain(Crude Grain)(kg)	243.73	231.80	189.96	180.67	179.36	172.46
蔬菜（千克）	Vegetables(kg)	117.69	118.64	101.68	96.76	87.84	86.43
食用油（千克）	Edible Oil(kg)	4.49	6.20	5.05	4.95	5.56	5.59
植物油	Vegetable Oil	2.40	3.98	3.02	3.04	3.34	3.38
动物油	Animal Oil	2.09	2.22	2.02	1.91	2.22	2.21
肉类（千克）	Meat (kg)	11.07	14.07	15.44	27.75	30.92	30.91
猪肉	Pork	10.82	13.86	15.22	13.87	16.06	15.89
牛羊肉	Beef & Mutton	0.25	0.21	0.22	0.38	0.55	0.32
家禽（千克）	Poultry (kg)	3.68	6.29	9.19	9.84	10.61	10.71
蛋类（千克）	Eggs (kg)	0.88	1.28	1.05	1.29	1.79	2.22
鱼虾（千克）	Fish & Shrimp(kg)	1.94	3.08	3.97	3.49	3.66	3.62
食糖（千克）	Sugar (kg)	1.04	1.27	1.18	1.02	0.91	0.94
卷烟(盒)	Cigarettes (pack)	12.03	11.07	15.90	15.05	17.95	16.68
酒（千克）	Wine (kg)	5.99	5.53	7.33	8.51	9.93	8.97
糖果、糕点（千克）	Candy & Cake (kg)	1.38	0.59	8.35	13.52	21.07	22.08
水果（千克）	Fruits (kg)	7.23	10.05	10.33	9.75	10.52	13.49
服装(件)	Garments (unit)	1.14	1.19	1.88	1.70	2.06	2.14

注：2003年起糖果、糕点的人均消费量单位为元，使用时请注意。
Note: The measurment unit of per capita comsumption for candy and cake is yuan since 2003.

11－28　主要年份农户平均每百户耐用消费品年末拥有量
Ownership of Durable Consumer Goods of Per 100 Rural Households at Year-end in Main Years

品　名	Item	1995	2000	2005	2010	2011	2012
洗衣机（台）	Washing Machine (set)	1.29	3.25	6.80	15.17	28.92	35.97
电冰箱（台）	Refrigerator (unit)		2.94	6.67	30.71	55.71	61.08
空调机（台）	Air conditioner (unit)		0.17	0.61	4.33	8.23	10.35
抽油烟机（台）	Smoke Absorber (unit)		0.30	1.08	1.34	2.81	4.03
微波炉（台）	Oven (unit)		0.13	1.39	3.72	8.27	9.65
热水器（台）	Shower (unit)		2.60	9.22	20.24	28.35	33.90
自行车（辆）	Bicycle (unit)	159.60	124.98	86.06	84.98	47.88	51.21
摩托车（台）	Motorcycle (unit)	2.28	18.01	57.14	76.04	87.75	89.44
汽车（生活用）（台）	Automobile (unit)		0.09	0.09	0.26	1.47	2.25
电话机（部）	Telephone (unit)		8.14	56.58	58.83	29.31	30.04
移动电话（部）	Mobile Telephone (unit)		0.69	62.55	140.35	210.26	215.45
彩色电视机（台）	Color Television Set (unit)	5.04	30.04	80.91	99.22	109.39	109.91
黑白电视机（台）	Black & White TV Set (unit)	59.38	60.78	29.22	14.16	1.39	1.21
摄像机（台）	Pickup Camera (unit)		0.13		0.04	1.13	0.78
影碟机（台）	Video Disc Player (unit)		11.90	50.52	47.71	43.81	45.58
照相机（架）	Camera (unit)		0.87	1.60	2.42	2.08	2.16

注：1995年大型家具按2000年指标口径调整。
Note: Large Furniture of 1995 has been adjusted according to the statistical standard of 2000.

11－29　主要年份农户房屋情况
Housing Conditions of Rural Households in Main Years

项　目	Item	1995	2000	2005	2010	2011	2012
平均每人年末住房面积（平方米）	Per Capita Living Floor Space At Year-end (sq.m)	18.21	23.40	28.67	33.94	34.90	35.98
#钢筋混凝土结构面积	Reinforced Concrete Structure	3.24	9.40	18.15	24.03	27.57	28.21
砖木结构面积	Brick & Wood Structure	7.81	8.71	6.48	6.44	5.52	6.16
年内新建（购）住房面积（平方米）	Rooms Newly Built(bought) within the Year (sq. m)	0.51	1.11	1.10	0.89	1.74	1.55
#钢筋混凝土结构面积	Reinforced Concrete Structure	0.43	0.94	1.04	0.81	1.59	1.44
砖木结构面积	Brick & Wood Structure	0.05	0.17	0.03	0.07	0.15	0.12
平均每平方米新建（购）住房价值(元)	Value of Per Square Meter Rooms Newly built (bought) (yuan)	195.47	224.64	295.10	383.99	967.69	880.11

11－30 农户生活基本情况（按五等份分组，2012年）
Basic Indicators of Rural Households by Five Grades(2012)

项　目	Item	低收入户 Low Income Households	中低收入户 Lower Middle Income Households	中等收入户 Middle Income Households	中高收入户 Upper Middle Income Households	高收入户 High Income Households
调查户数（户）	Number of Households Surveyed (household)	462	462	462	462	462
常住人口（人）	Permanent Residents	2381.75	2270.00	2088.50	1908.75	1696.00
#整半劳动力	Able-bodied & Semi-able-bodied Laborers	1607.00	1544.00	1464.00	1424.00	1330.00
人均新建房屋面积（平方米）	Per Capita Floor Space of Houses Newly Built(sq.m)	0.90	1.12	1.11	2.86	2.13
人均年末居住住房面积（平方米）	Per Capita Floor Space of Houses at Year-end (sq.m)	27.23	31.29	35.93	41.93	47.92
人均经营耕地面积（亩）	Per Capita Has Cultivated Land under Management(mu)	2.12	1.89	2.11	2.45	3.69
平均每人全年总收入（元）	Per Capita Annual Total Revenue (yuan)	3772.15	5845.14	7753.84	10431.45	17187.39
工资性收入	Wages Income	932.47	1777.44	2243.36	2836.95	4055.66
家庭经营收入	Household Business	2453.49	3571.72	4947.44	6867.58	11806.34
#农业收入	Farming	1391.19	2054.03	2811.80	3830.74	6049.75
林业收入	Forestry	113.91	165.78	185.53	171.68	309.02
牧业收入	Animal Husbandry	688.45	1063.52	1496.25	1900.57	3046.52
渔业收入	Fishery	42.02	20.95	44.46	135.82	538.27
财产性收入	Property Income	20.91	25.33	41.87	91.33	110.97
转移性收入	Transfer Income	365.28	470.65	521.18	635.59	1214.42
平均每人全年纯收入（元）	Per Capita Annual Net Income (yuan)	2185.80	4110.36	5558.33	7583.53	12693.36
平均每人全年总支出（元）	Per Capita Annual Total Expenditure (yuan)	4872.74	5839.96	7060.18	9705.69	13016.87
家庭经营费用支出	Expenditure for Household Business	1350.84	1495.92	1907.80	2469.91	3979.90
购置生产性固定资产支出	Expenditure for Purchasing Productive Fixed Assets	130.40	128.23	170.72	377.62	434.36
税费支出	Expenditure for Tax & Fee	4.38	7.48	9.07	7.06	4.63
生活消费支出	Living Expenditure	3117.53	3897.04	4520.15	6270.46	7534.53
食品	Food	1517.99	1888.96	2073.11	2443.95	2758.16
衣着	Clothing	91.32	132.49	144.62	207.51	237.25
居住	Residence	597.54	769.20	962.32	1828.35	2213.06
家庭设备、用品及服务	Household Facilities, Articles & Services	187.24	209.26	247.39	312.15	476.18
医疗保健用品及服务	Medicine & Medical Articles & Services	289.78	315.63	417.48	454.22	487.26
交通和通讯用品及服务	Transport, Post & Communication Articles & Services	244.24	316.06	362.13	632.35	839.56
文化娱乐用品及服务	Cultural, Educational & Recreational Articles & Services	118.53	183.90	217.54	270.30	322.46
其他商品和服务	Other Commodities & Services	70.90	81.54	95.56	121.63	200.61
财产性支出	Property Expenditure	0.67		3.99	13.43	14.20
转移性支出	Transfer Expenditure	268.71	310.80	448.27	564.85	1036.36

11－31　各市县（区）农村居民家庭基本情况（2012年）
Basic Indicators of Rural Households by City,County & District(2012)

市、县（区）	City, County & District	调查户数（户）Number of Households Surveyed (household)	家庭常住人口（人）Number of Permanent Residents in the Households (person)	在校学生（人）Student Enrollment (person)	整半劳动力（人）Able-bodied & Semi-able-bodied Laborers (person)	人均住房面积（平方米）Per Capita Residence Floor Space(sq.m)
南宁市	**Nanning City**	**1230**	**5286**	**804**	**3890**	**40.8**
兴宁区	Xingning District	80	308	47	238	38.1
青秀区	Qingxiu District	80	334	62	238	45.9
江南区	Jiangnan District	80	315	62	221	62.6
西乡塘区	Xixiangtang District	100	393	55	305	44.3
良庆区	Liangqing District	100	442	81	308	35.8
邕宁区	Yongning District	100	399	63	278	42.1
武鸣县	Wuming County	120	473	70	365	43.0
隆安县	Long' an County	100	486	47	348	36.3
马山县	Mashan County	70	331	30	250	41.2
上林县	Shanglin County	120	556	76	425	36.4
宾阳县	Binyang County	140	652	105	479	37.1
横　县	Hengxian County	140	600	106	435	41.1
柳州市	**Liuzhou City**	**790**	**3302**	**433**	**2312**	**39.5**
城中区	Chengzhong District	30	116	11	87	30.4
鱼峰区	Yufeng District	30	124	3	18	81.4
柳南区	Liunan District	60	223	33	147	65.4
柳北区	Liubei District	50	211	30	146	43.5
柳江县	Liujiang County	120	486	51	411	49.4
柳城县	Liucheng County	100	400	48	313	48.1
鹿寨县	Luzhai County	100	436	61	311	43.6
融安县	Rong' an County	100	394	57	278	34.9
融水县	Rongshui County	100	452	74	318	29.0
三江县	Sanjiang County	100	460	65	283	26.1
桂林市	**Guilin City**	**1440**	**5640**	**772**	**4178**	**42.6**
秀峰区	Xiufeng District	30	115	14	87	64.7
叠彩区	Diecai District	30	121	11	88	42.0
象山区	Xiangshan District	30	124	23	85	58.8
七星区	Qixing District	40	160	32	110	66.7
雁山区	Yanshan District	50	185	40	128	53.2
阳朔县	Yangshuo County	100	409	44	299	50.9
临桂县	Lingui County	120	443	88	338	46.1
灵川县	Lingchuan County	100	415	59	288	34.5
全州县	Quanzhou County	120	426	59	319	39.1
兴安县	Xing' an County	120	402	42	317	55.7
永福县	Yongfu County	100	430	58	306	32.6
灌阳县	Guanyang County	100	369	46	283	44.0
龙胜县	Longsheng County	80	336	42	246	38.8
资源县	Ziyuan County	100	381	39	289	42.3
平乐县	Pingle County	120	521	70	390	42.1
荔浦县	Lipu County	100	390	47	297	41.7
恭城县	Gongcheng County	100	415	58	308	33.9
梧州市	**Wuzhou City**	**660**	**3243**	**575**	**2209**	**34.4**
万秀区	Wanxiu District	60	298	43	218	40.9
蝶山区	Dieshan District	60	275	44	188	42.8
长洲区	Changzhou District	60	273	46	188	44.0

11－31 续表1 continued

市、县（区）	City, County & District	调查户数（户）Number of Households Surveyed (household)	家庭常住人口（人）Number of Permanent Residents in the Households (person)	在校学生（人）Student Enrollment (person)	整半劳动力（人）Able-bodied & Semi-able-bodied Laborers (person)	人均住房面积（平方米）Per Capita Residence Floor Space (sq.m)
苍梧县	Cangwu County	120	624	131	398	22.7
藤　县	Tengxian County	140	745	125	491	35.7
蒙山县	Mengshan County	100	464	63	334	42.6
岑溪市	Cenxi City	120	565	123	392	36.1
北海市	**Beihai City**	**370**	**1599**	**268**	**1146**	**38.3**
海城区	Haicheng District	50	209	26	160	50.3
银海区	Yinghai District	80	342	59	245	42.5
铁山港区	Tieshangang District	100	401	80	273	41.1
合浦县	Hepu County	140	647	103	468	36.8
防城港市	**Fangchenggang City**	**400**	**1689**	**300**	**1221**	**33.6**
港口区	Gangkou District	100	405	83	259	37.7
防城区	Fangcheng District	100	442	73	336	30.2
上思县	Shangsi County	100	414	81	302	33.2
东兴市	Dongxing City	100	428	63	324	42.0
钦州市	**Qinzhou City**	**500**	**2506**	**476**	**1777**	**27.0**
钦南区	Qinnan District	120	590	121	418	25.9
钦北区	Qinbei District	120	693	115	470	22.8
灵山县	Lingshan County	140	651	121	491	32.4
浦北县	Pubei County	120	572	119	398	22.2
贵港市	**Guigang City**	**580**	**2737**	**428**	**2067**	**41.1**
港北区	Gangbei District	100	460	59	361	47.6
港南区	Gangnan District	100	459	74	355	39.5
覃塘区	Qintang District	100	463	53	365	46.3
平南县	Pingnan County	140	647	105	505	39.9
桂平市	Guiping City	140	707	137	481	39.1
玉林市	**Yulin City**	**840**	**3975**	**711**	**2791**	**34.3**
玉州区	Yuzhou District	100	466	71	329	26.3
福绵区	Fumian District	100	426	75	308	36.3
容　县	Rongxian County	120	529	84	384	40.4
陆川县	Luchuan County	120	618	111	448	31.2
博白县	Bobai County	140	740	154	484	29.9
兴业县	Xing' ye County	120	547	91	382	40.3
北流市	Beiliu City	140	651	125	456	37.0
百色市	**Baise City**	**1050**	**4715**	**719**	**3342**	**33.0**
右江区	Youjiang District	100	440	51	340	34.9
田阳县	Tianyang County	100	410	44	293	40.8
田东县	Tiandong County	80	339	59	232	38.9
平果县	Pingguo County	100	415	42	337	40.2

11－31　续表 2　continued

市、县（区）	City, County & District	调查户数（户）Number of Households Surveyed (household)	家庭常住人口（人）Number of Permanent Residents in the Households (person)	在校学生（人）Student Enrollment (person)	整半劳动力（人）Able-bodied & Semi-able-bodied Laborers (person)	人均住房面积（平方米）Per Capita Residence Floor Space (sq.m)
德保县	Debao County	100	462	52	327	37.6
靖西县	Jingxi County	80	395	46	284	30.2
那坡县	Napo County	80	353	42	253	31.9
凌云县	Lingyun County	80	334	59	230	34.4
乐业县	Leye County	80	383	112	219	24.1
田林县	Tianlin County	70	314	51	222	29.0
西林县	Xilin County	80	400	70	272	25.9
隆林县	Longlin County	100	471	91	333	21.3
贺州市	**Hezhou City**	**520**	**2544**	**439**	**1793**	**36.9**
平桂区	Pinggui District	100	489	89	312	31.4
八步区	Babu District	120	576	94	436	43.1
昭平县	Zhaoping County	100	498	97	342	34.7
钟山县	Zhongshan County	100	525	97	362	41.7
富川县	Fuchuan County	100	457	62	341	27.7
河池市	**Hechi City**	**990**	**4398**	**682**	**3145**	**36.2**
金城江区	Jinchengjiang District	100	413	47	305	34.8
南丹县	Nandan County	70	299	53	219	33.8
天峨县	Tian' e County	80	338	75	215	43.5
凤山县	Fengshan County	80	376	67	260	38.1
东兰县	Donglan County	100	412	74	301	31.7
罗城县	Luocheng County	100	495	54	369	26.6
环江县	Huanjiang County	70	290	58	203	39.5
巴马县	Bama County	100	461	73	332	40.4
都安县	Du' an County	70	341	50	240	39.5
大化县	Dahua County	100	412	54	322	34.8
宜州市	Yizhou City	120	562	77	379	38.0
来宾市	**Laibin City**	**550**	**2325**	**352**	**1728**	**38.7**
兴宾区	Xingbin District	140	634	108	475	37.4
忻城县	Xincheng County	70	264	35	190	39.4
象州县	Xiangzhou County	100	416	61	286	47.5
武宣县	Wuxuan County	100	428	82	315	38.9
金秀县	Jinxiu County	80	344	39	260	33.9
合山市	Heshan City	60	240	27	202	30.5
崇左市	**Chongzuo City**	**670**	**2971**	**379**	**2266**	**41.0**
江州区	Jiangzhou District	100	415	54	329	48.4
扶绥县	Fusui County	100	398	62	290	46.4
宁明县	Ningming County	100	452	60	331	35.7
龙州县	Longzhou County	100	427	52	327	31.3
大新县	Daxin County	100	472	46	364	51.1
天等县	Tiandeng County	100	494	77	378	34.2
凭祥市	Pingxiang City	70	314	28	247	31.3

11－32 各市县（区）农村居民总收入（2012年）

Per Capita Annual Income of Rural Households by City,County & District(2012)

单位：元/人 (yuan/person)

市、县（区）	City, County & District	总收入 Annual Income	工资性收入 Wages Income	家庭经营收入 Household Business Income	财产性收入 Property Income	转移性收入 Transfer Income
南宁市	**Nanning City**	**10659.4**	**2245.7**	**7809.8**	**217.3**	**386.6**
兴宁区	Xingning District	12449.0	3445.8	8351.8	206.2	445.3
青秀区	Qingxiu District	14850.7	3517.2	9923.4	747.9	662.3
江南区	Jiangnan District	13606.9	3349.7	9088.0	836.4	332.8
西乡塘区	Xixiangtang District	14267.3	1776.7	11557.9	760.3	172.4
良庆区	Liangqing District	12696.0	2128.6	10059.7	181.0	326.8
邕宁区	Yongning District	10905.0	1379.9	8858.8	3.6	662.7
武鸣县	Wuming County	12407.8	1343.9	10648.6	271.0	144.3
隆安县	Long' an County	8177.5	1905.4	5822.9	29.4	419.7
马山县	Mashan County	7021.0	3363.0	3185.2	71.7	401.0
上林县	Shanglin County	7602.2	2238.8	4973.4	19.2	370.7
宾阳县	Binyang County	10457.0	2494.7	7426.7	97.2	438.5
横　县	Hengxian County	10945.6	1911.0	8383.1	251.3	400.2
柳州市	**Liuzhou City**	**10838.1**	**1963.4**	**8264.0**	**163.9**	**446.8**
城中区	Chengzhong District	12735.3	4296.8	2232.4	6039.6	166.5
鱼峰区	Yufeng District	14072.9	4324.7	2814.6	5366.4	1567.2
柳南区	Liunan District	13395.5	4826.8	6517.1	1400.1	651.6
柳北区	Liubei District	15095.2	1249.2	12361.7	549.6	934.7
柳江县	Liujiang County	12787.9	2231.8	10043.1	…	515.2
柳城县	Liucheng County	18961.7	1052.7	17750.1	2.2	159.0
鹿寨县	Luzhai County	12452.1	2000.3	9554.2	390.3	507.4
融安县	Rong' an County	8534.0	2008.8	5842.1	34.4	648.7
融水县	Rongshui County	5784.1	2216.3	3162.5	0.4	404.9
三江县	Sanjiang County	5707.9	1711.0	3648.9	6.2	341.7
桂林市	**Guilin City**	**10730.1**	**2612.7**	**7510.2**	**203.8**	**403.5**
秀峰区	Xiufeng District	10951.0	3929.8	3920.0	2610.9	490.4
叠彩区	Diecai District	11934.7	3225.2	6705.9	1668.1	335.4
象山区	Xiangshan District	11653.8	4111.0	6234.5	1061.0	247.3
七星区	Qixing District	9401.0	6436.6		2661.1	303.3
雁山区	Yanshan District	9749.7	2344.4	6855.6	75.2	474.4
阳朔县	Yangshuo County	11416.4	2358.3	8461.6	213.6	382.8
临桂县	Lingui County	13183.4	1886.1	10744.0	125.9	427.4
灵川县	Lingchuan County	13393.2	3310.9	9246.5	538.4	297.4
全州县	Quanzhou County	9686.9	2749.4	6384.1	182.2	371.2
兴安县	Xing' an County	13417.7	3879.1	8241.0	261.7	1035.9
永福县	Yongfu County	9942.9	1899.7	7629.6	44.1	369.5
灌阳县	Guanyang County	8138.8	1865.8	5742.1	42.2	488.7
龙胜县	Longsheng County	6689.6	1773.5	4483.3	72.1	360.6
资源县	Ziyuan County	7506.8	2266.6	4755.4	186.6	298.2
平乐县	Pingle County	8630.5	2660.7	5626.0	51.9	291.8
荔浦县	Lipu County	14442.5	2365.0	11789.8	25.9	261.8
恭城县	Gongcheng County	8329.6	2879.2	5206.7	22.7	220.9
梧州市	**Wuzhou City**	**8101.4**	**2871.6**	**4415.4**	**92.0**	**722.3**
万秀区	Wanxiu District	11440.2	3648.6	7406.4	173.2	212.1
蝶山区	Dieshan District	11183.9	3058.7	7854.6	38.9	231.7
长洲区	Changzhou District	10089.9	3507.8	5162.8	439.0	980.3

11－32 续表 1 continued

单位：元/人 (yuan/person)

市、县（区）	City, County & District	总收入 Annual Income	工资性收入 Wages Income	家庭经营收入 Household Business Income	财产性收入 Property Income	转移性收入 Transfer Income
苍梧县	Cangwu County	8343.6	2279.5	5658.0	171.5	234.7
藤　县	Tengxian County	7357.1	3184.4	3527.6	54.2	590.9
蒙山县	Mengshan County	7639.5	1857.6	5397.4	21.2	363.2
岑溪市	Cenxi City	8177.2	2994.6	3773.2	55.2	1354.2
北海市	**Beihai City**	**12308.9**	**1994.4**	**9858.1**	**160.8**	**295.6**
海城区	Haicheng District	14987.9	3209.7	11102.5	242.9	432.8
银海区	Yinghai District	13874.6	2310.9	11011.1	334.8	217.7
铁山港区	Tieshangang District	11313.5	2194.8	8650.5	100.2	368.0
合浦县	Hepu County	12143.0	1867.0	9843.7	144.9	287.4
防城港市	**Fangchenggang City**	**10687.4**	**1935.8**	**8053.9**	**159.6**	**538.2**
港口区	Gangkou District	15405.5	2764.6	11083.4	684.7	872.7
防城区	Fangcheng District	10784.4	2409.0	7700.1	72.4	603.0
上思县	Shangsi County	8551.5	499.3	7722.7	64.7	264.8
东兴市	Dongxing City	10742.0	2896.8	7049.7	163.2	632.3
钦州市	**Qinzhou City**	**9291.4**	**3255.6**	**5462.7**	**95.6**	**477.5**
钦南区	Qinnan District	11720.8	2127.4	8557.2	566.2	470.0
钦北区	Qinbei District	8599.8	2614.2	5465.7	63.0	457.0
灵山县	Lingshan County	8945.6	3786.9	4628.6	21.6	508.4
浦北县	Pubei County	9028.8	3570.4	5037.8	…	448.3
贵港市	**Guigang City**	**10509.8**	**2999.7**	**6897.2**	**162.0**	**450.9**
港北区	Gangbei District	9747.4	3294.2	5665.3	478.7	309.3
港南区	Gangnan District	10852.5	2948.7	7161.7	162.2	579.9
覃塘区	Qintang District	11277.4	2928.8	7618.5	186.7	543.4
平南县	Pingnan County	9348.1	2980.8	5810.9	104.6	451.7
桂平市	Guiping City	11226.1	2976.6	7725.6	112.3	411.5
玉林市	**Yulin City**	**10848.0**	**3388.8**	**6926.1**	**65.8**	**467.4**
玉州区	Yuzhou District	12259.7	4178.1	6668.7	467.0	946.0
福绵区	Fumian District	10287.4	4108.1	5671.8	59.4	448.0
容　县	Rongxian County	9794.4	3386.5	6009.1	1.9	396.8
陆川县	Luchuan County	11690.9	3365.9	7511.0	62.0	752.0
博白县	Bobai County	11329.9	2095.6	8794.5	43.3	396.5
兴业县	Xing' ye County	11558.6	2173.7	8629.9	74.6	680.5
北流市	Beiliu City	9611.3	5259.0	4214.3	2.5	135.5
百色市	**Baise City**	**7122.4**	**1446.4**	**5168.3**	**19.1**	**488.6**
右江区	Youjiang District	9833.0	1399.2	8048.7	35.6	349.5
田阳县	Tianyang County	10371.5	890.2	8949.8	20.3	511.2
田东县	Tiandong County	9735.2	1821.7	7463.5	22.1	428.0
平果县	Pingguo County	7140.0	2434.6	4438.4	19.1	247.9

11－32 续表 2 continued

单位：元/人 (yuan/person)

市、县（区）	City, County & District	总收入 Annual Income	工资性收入 Wages Income	家庭经营收入 Household Business Income	财产性收入 Property Income	转移性收入 Transfer Income
德保县	Debao County	6300.4	1996.7	3837.1	6.5	460.0
靖西县	Jingxi County	6334.6	1153.9	4200.8	12.5	967.4
那坡县	Napo County	4947.3	846.5	3730.3	17.4	353.2
凌云县	Lingyun County	6067.3	1500.4	4069.4	22.5	475.1
乐业县	Leye County	5780.3	1172.6	4402.6	7.8	197.3
田林县	Tianlin County	6211.2	1076.2	4588.6	45.9	500.5
西林县	Xilin County	5885.5	1159.7	4192.7	15.5	517.6
隆林县	Longlin County	5405.3	1295.8	3795.2	12.1	302.3
贺州市	**Hezhou City**	**7985.4**	**2644.1**	**4888.0**	**77.9**	**375.4**
平桂区	Pinggui District	8383.7	4073.6	3781.4	41.3	487.2
八步区	Babu District	8893.9	2546.3	5855.4	146.7	345.6
昭平县	Zhaoping County	7099.7	1723.9	4832.7	74.1	469.0
钟山县	Zhongshan County	6864.1	2513.8	4013.1	54.9	282.4
富川县	Fuchuan County	8399.3	2430.2	5654.8	22.1	292.2
河池市	**Hechi City**	**6526.3**	**1797.1**	**4219.6**	**37.1**	**472.5**
金城江区	Jinchengjiang District	6932.5	2417.1	4107.0	117.4	291.1
南丹县	Nandan County	7877.3	2624.3	4599.5	21.2	632.4
天峨县	Tian' e County	7184.6	1656.2	4904.9	3.8	619.6
凤山县	Fengshan County	4998.6	1633.2	3133.9	2.7	228.9
东兰县	Donglan County	5080.0	1752.7	2922.9	12.1	392.3
罗城县	Luocheng County	5718.6	1219.9	4172.7	5.3	320.7
环江县	Huanjiang County	7646.7	1169.3	6160.4	42.0	275.1
巴马县	Bama County	4939.2	1043.6	3590.5	17.6	287.5
都安县	Du' an County	5354.7	2173.6	2341.6	30.2	809.3
大化县	Dahua County	5517.2	1998.1	2865.1	14.2	639.8
宜州市	Yizhou City	9947.1	1600.9	7988.7	100.0	257.6
来宾市	**Laibin City**	**9257.6**	**1599.7**	**7182.5**	**59.5**	**415.8**
兴宾区	Xingbin District	10538.1	1638.4	8398.9	85.7	415.2
忻城县	Xincheng County	7364.1	1453.8	5320.4	73.9	516.0
象州县	Xiangzhou County	12185.8	1499.7	9991.4	44.8	649.9
武宣县	Wuxuan County	8164.3	1828.9	5985.9	16.6	333.0
金秀县	Jinxiu County	5858.3	1476.3	4186.4	24.9	170.8
合山市	Heshan City	7762.1	1616.5	5909.2	56.7	179.7
崇左市	**Chongzuo City**	**9567.4**	**1305.6**	**7908.0**	**58.8**	**295.1**
江州区	Jiangzhou District	10879.7	1016.8	9553.6	128.2	181.1
扶绥县	Fusui County	11144.4	631.3	10187.5	49.6	276.0
宁明县	Ningming County	10570.3	719.6	9570.1	59.5	221.2
龙州县	Longzhou County	8214.4	474.9	7459.6	14.3	265.6
大新县	Daxin County	8510.3	2603.9	5369.0	49.0	488.4
天等县	Tiandeng County	8207.5	1781.8	6125.6	36.7	263.4
凭祥市	Pingxiang City	7643.0	2736.8	4222.6	108.7	574.9

11－33　各市县（区）农村居民总支出（2012年）

Per Capita Annual Expenditures of Rural Households by City,County & District(2012)

单位：元/人　　　　(yuan/person)

市、县（区）	City, County & District	总支出 Annual Expenditures	家庭经营支出 Expenditure for Household Business	生活消费支出 Expenditure for Consumption	财产性支出 Property Expenditure	转移性支出 Transfer Expenditure
南宁市	**Nanning City**	**9435.0**	**3653.2**	**5200.6**	**13.9**	**356.5**
兴宁区	Xingning District	9659.6	4485.9	4804.2	12.1	99.1
青秀区	Qingxiu District	13963.1	6729.3	6115.9	15.3	455.2
江南区	Jiangnan District	12333.7	5543.3	6191.6		197.0
西乡塘区	Xixiangtang District	12844.8	6853.2	5180.1		542.8
良庆区	Liangqing District	9339.7	4894.3	4118.1	27.1	79.5
邕宁区	Yongning District	10100.8	3523.7	5715.3	3.0	647.7
武鸣县	Wuming County	10924.1	4206.3	6167.3	0.9	206.9
隆安县	Long' an County	7311.5	2608.6	4352.7		297.4
马山县	Mashan County	7184.7	1937.7	4526.0	0.5	651.2
上林县	Shanglin County	6194.7	2197.7	3574.1	2.7	307.7
宾阳县	Binyang County	8951.3	3124.0	5171.5	25.4	345.9
横　县	Hengxian County	9897.8	3676.5	5753.4	32.4	325.1
柳州市	**Liuzhou City**	**10243.8**	**3752.2**	**5829.5**	**4.2**	**386.8**
城中区	Chengzhong District	11675.4	286.4	10654.4		723.8
鱼峰区	Yufeng District	11097.9	1237.4	9828.3		32.2
柳南区	Liunan District	12368.9	1722.8	9967.6		634.9
柳北区	Liubei District	14450.2	5350.4	7811.6		899.2
柳江县	Liujiang County	10253.3	4215.4	5480.4		465.4
柳城县	Liucheng County	18540.2	10314.1	6794.9		518.5
鹿寨县	Luzhai County	13004.0	4883.8	7268.2		460.0
融安县	Rong' an County	8244.9	1878.6	5782.8	0.5	387.3
融水县	Rongshui County	5347.9	1013.1	4003.1	4.7	209.0
三江县	Sanjiang County	6170.3	768.2	5142.8	21.8	179.7
桂林市	**Guilin City**	**9625.2**	**3133.3**	**5770.5**	**0.5**	**496.2**
秀峰区	Xiufeng District	8597.3	1780.3	6614.5	6.1	155.0
叠彩区	Diecai District	13371.0	4181.8	8202.4		957.8
象山区	Xiangshan District	10344.1	3523.5	6188.0		606.0
七星区	Qixing District	5557.0	26.3	5121.5		409.1
雁山区	Yanshan District	8239.7	2857.3	4832.5		407.3
阳朔县	Yangshuo County	12118.9	2723.5	8184.2		1011.8
临桂县	Lingui County	12290.6	4179.0	7044.6	0.8	459.2
灵川县	Lingchuan County	12826.0	5432.7	6870.6		413.1
全州县	Quanzhou County	6766.1	2071.0	4110.6	1.9	394.3
兴安县	Xing' an County	15714.1	3703.5	10738.5		1008.9
永福县	Yongfu County	7945.6	2832.0	4610.4		181.5
灌阳县	Guanyang County	8474.9	2833.1	4853.6		586.0
龙胜县	Longsheng County	7339.1	1916.1	4626.7		617.7
资源县	Ziyuan County	5285.3	1436.9	3564.3		76.5
平乐县	Pingle County	7097.5	1624.5	4769.9		544.7
荔浦县	Lipu County	12196.4	6753.5	4973.1		303.3
恭城县	Gongcheng County	6834.5	1656.0	4804.2		337.7
梧州市	**Wuzhou City**	**6931.7**	**1313.1**	**5106.4**	**2.4**	**325.9**
万秀区	Wanxiu District	8506.3	3003.5	4304.2	0.5	217.0
蝶山区	Dieshan District	9713.3	2707.3	6609.5	8.7	105.5
长洲区	Changzhou District	11038.5	1733.6	8243.3		555.7

11－33 续表 1 continued

单位：元/人 (yuan/person)

市、县（区）	City, County & District	总支出 Annual Expenditures	家庭经营支出 Expenditure for Household Business	生活消费支出 Expenditure for Consumption	财产性支出 Property Expenditure	转移性支出 Transfer Expenditure
苍梧县	Cangwu County	6157.5	1630.8	4085.8		99.8
藤　县	Tengxian County	5422.8	851.3	4337.1	1.8	187.3
蒙山县	Mengshan County	8241.1	2193.1	5489.0		402.2
岑溪市	Cenxi City	8064.6	1121.9	6177.0	5.3	624.5
北海市	**Beihai City**	**10149.3**	**4738.1**	**4938.6**		**365.2**
海城区	Haicheng District	12805.2	5597.7	6644.1		465.0
银海区	Yinghai District	11024.1	4823.2	5812.7		216.3
铁山港区	Tieshangang District	8967.7	3579.0	5228.8		158.8
合浦县	Hepu County	10097.9	4865.4	4705.7		410.5
防城港市	**Fangchenggang City**	**8812.7**	**2904.7**	**5280.1**	**0.5**	**205.5**
港口区	Gangkou District	13834.2	7317.1	6332.0	3.8	132.8
防城区	Fangcheng District	9037.8	2667.8	5794.0		306.2
上思县	Shangsi County	7245.4	2136.6	4155.4		104.1
东兴市	Dongxing City	6774.4	1162.4	5138.9		172.4
钦州市	**Qinzhou City**	**6731.5**	**1917.3**	**4397.6**	**12.4**	**321.0**
钦南区	Qinnan District	8802.1	3812.3	4748.7		168.8
钦北区	Qinbei District	6923.4	1610.4	4986.6		219.2
灵山县	Lingshan County	6458.6	1682.2	4308.9	30.7	395.0
浦北县	Pubei County	5825.2	1463.7	3852.5		372.1
贵港市	**Guigang City**	**8617.2**	**2966.6**	**5165.7**	**2.0**	**312.1**
港北区	Gangbei District	6188.9	1753.9	4170.8		162.8
港南区	Gangnan District	8479.2	2502.5	5481.7		426.9
覃塘区	Qintang District	10422.8	2870.5	6754.9		478.4
平南县	Pingnan County	7509.5	2255.9	4930.4	7.2	192.9
桂平市	Guiping City	9576.2	4034.2	4980.2		347.4
玉林市	**Yulin City**	**8052.7**	**3074.5**	**4614.6**	**0.1**	**259.5**
玉州区	Yuzhou District	10742.8	3328.4	6965.5	1.7	416.5
福绵区	Fumian District	6969.9	2896.5	3918.3		97.3
容　县	Rongxian County	7118.0	2538.6	4029.1		396.9
陆川县	Luchuan County	8948.6	4011.9	4698.1		194.9
博白县	Bobai County	8293.2	3412.3	4479.3		249.3
兴业县	Xing'ye County	9967.5	4384.2	4990.6		373.6
北流市	Beiliu City	6109.9	1563.4	4345.1		172.7
百色市	**Baise City**	**7780.0**	**2124.8**	**4977.4**	**4.6**	**266.5**
右江区	Youjiang District	9733.2	3265.0	5789.5	68.5	139.9
田阳县	Tianyang County	12128.3	4319.9	6044.5	0.4	402.0
田东县	Tiandong County	11682.4	2946.0	7621.2		409.2
平果县	Pingguo County	6036.9	1611.3	4083.3		243.3

11－33 续表 2 continued

单位：元/人 (yuan/person)

市、县（区）	City, County & District	总支出 Annual Expenditures	家庭经营支出 Expenditure for Household Business	生活消费支出 Expenditure for Consumption	财产性支出 Property Expenditure	转移性支出 Transfer Expenditure
德保县	Debao County	6349.7	1740.4	4293.0		239.0
靖西县	Jingxi County	6473.6	1766.6	4062.9		214.3
那坡县	Napo County	5647.2	1099.0	3942.9		285.4
凌云县	Lingyun County	6880.0	2105.1	4139.5		289.1
乐业县	Leye County	6209.1	1896.5	3982.5		162.0
田林县	Tianlin County	7285.0	1643.5	5042.9		348.3
西林县	Xilin County	7711.9	1624.1	5819.5		158.3
隆林县	Longlin County	6890.6	1382.6	5029.8		228.5
贺州市	**Hezhou City**	**7348.4**	**1977.9**	**4926.0**	**0.4**	**314.6**
平桂区	Pinggui District	7938.1	2205.4	5287.5		386.6
八步区	Babu District	8285.0	2485.5	5539.4		172.4
昭平县	Zhaoping County	7361.4	1376.9	5362.0	2.0	447.6
钟山县	Zhongshan County	5514.0	1001.4	4005.8		367.9
富川县	Fuchuan County	7219.0	2840.7	3890.0		253.7
河池市	**Hechi City**	**6192.6**	**1649.2**	**4062.1**	**6.5**	**283.8**
金城江区	Jinchengjiang District	6171.1	1608.5	4302.2		203.0
南丹县	Nandan County	7226.2	1793.5	4813.3		344.0
天峨县	Tian' e County	7651.4	2278.3	4735.1		407.8
凤山县	Fengshan County	4843.5	972.9	3550.0		162.1
东兰县	Donglan County	4893.5	1203.7	3329.4		287.6
罗城县	Luocheng County	5944.9	1688.7	3676.6	4.6	247.5
环江县	Huanjiang County	7520.2	2388.8	4650.5		283.8
巴马县	Bama County	4905.2	901.4	3636.0	0.1	244.4
都安县	Du' an County	4910.7	970.5	3503.8	17.3	376.1
大化县	Dahua County	4909.2	1119.0	3568.7		139.9
宜州市	Yizhou City	9333.4	3207.1	5330.8	15.7	319.3
来宾市	**Laibin City**	**8754.1**	**2630.0**	**5483.6**	**21.7**	**461.4**
兴宾区	Xingbin District	10612.6	3019.1	6884.1	47.3	471.3
忻城县	Xincheng County	7159.3	1652.3	4653.9		725.0
象州县	Xiangzhou County	11854.8	4897.0	6061.1	21.6	565.3
武宣县	Wuxuan County	5871.8	1797.0	3767.4		269.8
金秀县	Jinxiu County	5265.2	1337.6	3611.9		205.5
合山市	Heshan City	6898.3	1665.0	4861.6		371.7
崇左市	**Chongzuo City**	**9527.2**	**3062.6**	**5842.7**	**4.6**	**257.8**
江州区	Jiangzhou District	12086.6	3747.4	7766.4		285.3
扶绥县	Fusui County	11147.4	3849.6	6435.8		375.6
宁明县	Ningming County	10543.1	4118.5	5795.1	0.7	357.5
龙州县	Longzhou County	8781.4	2482.0	5560.5		223.4
大新县	Daxin County	7395.8	1739.3	4813.4	27.6	346.5
天等县	Tiandeng County	7977.7	2648.1	5151.6		1.3
凭祥市	Pingxiang City	6415.0	1196.2	4639.7		122.9

11－34 各市县（区）农村居民纯收入（2012年）

Per Capita Annual Net Income of Rural Households by City,County & District(2012)

单位：元/人 (yuan/person)

市、县（区）	City, County & District	纯收入 Net Income	工资性收入 Wage Income	家庭经营纯收入 Household Business Net Income	财产性收入 Property Net Income	转移性收入 Transfer Net Income
南宁市	**Nanning City**	**6777.0**	**2245.7**	**4001.6**	**217.3**	**312.3**
兴宁区	Xingning District	7811.9	3445.8	3715.1	206.2	444.8
青秀区	Qingxiu District	7911.8	3517.2	3055.2	747.9	591.4
江南区	Jiangnan District	7776.8	3349.7	3257.9	836.4	332.8
西乡塘区	Xixiangtang District	7226.8	1776.7	4535.9	760.3	154.0
良庆区	Liangqing District	7438.9	2128.6	4823.2	181.0	306.1
邕宁区	Yongning District	7055.4	1379.9	5162.1	3.6	509.7
武鸣县	Wuming County	7981.3	1343.9	6251.3	271.0	115.0
隆安县	Long' an County	5339.9	1905.4	3029.1	29.4	376.0
马山县	Mashan County	4865.4	3363.0	1136.8	71.7	293.9
上林县	Shanglin County	5081.6	2238.8	2660.6	19.2	162.9
宾阳县	Binyang County	7187.4	2494.7	4188.9	97.2	406.7
横　县	Hengxian County	7038.5	1911.0	4576.5	251.3	299.6
柳州市	**Liuzhou City**	**6746.5**	**1963.4**	**4226.1**	**163.9**	**393.1**
城中区	Chengzhong District	12278.4	4296.8	1860.5	6039.6	81.4
鱼峰区	Yufeng District	12821.8	4324.7	1577.2	5366.4	1553.5
柳南区	Liunan District	11350.1	4826.8	4689.6	1400.1	433.7
柳北区	Liubei District	9409.5	1249.2	6788.6	549.6	822.1
柳江县	Liujiang County	8099.1	2231.8	5437.2	…	432.3
柳城县	Liucheng County	7776.6	1052.7	6573.1	2.2	150.9
鹿寨县	Luzhai County	7276.3	2000.3	4466.6	390.3	419.1
融安县	Rong' an County	6493.9	2008.8	3834.1	34.4	616.6
融水县	Rongshui County	4640.0	2216.3	2044.4	0.4	378.9
三江县	Sanjiang County	4826.4	1711.0	2812.6	6.2	296.6
桂林市	**Guilin City**	**7327.6**	**2612.7**	**4219.2**	**203.8**	**291.9**
秀峰区	Xiufeng District	9129.3	3929.8	2098.3	2610.9	490.4
叠彩区	Diecai District	7620.9	3225.2	2519.0	1668.1	208.5
象山区	Xiangshan District	7627.6	4111.0	2289.2	1061.0	166.4
七星区	Qixing District	9374.7	6436.6	…	2661.1	303.3
雁山区	Yanshan District	6763.5	2344.4	3874.3	75.2	469.6
阳朔县	Yangshuo County	8377.3	2358.3	5535.5	213.6	269.9
临桂县	Lingui County	8642.6	1886.1	6299.0	125.9	331.5
灵川县	Lingchuan County	7700.5	3310.9	3650.3	538.4	200.9
全州县	Quanzhou County	7434.7	2749.4	4241.1	182.2	262.0
兴安县	Xing' an County	9071.0	3879.1	4350.8	261.7	579.4
永福县	Yongfu County	6824.4	1899.7	4567.5	44.1	313.2
灌阳县	Guanyang County	4991.1	1865.8	2703.6	42.2	379.5
龙胜县	Longsheng County	4601.7	1773.5	2452.3	72.1	303.7
资源县	Ziyuan County	5841.5	2266.6	3201.8	186.6	186.5
平乐县	Pingle County	6844.0	2660.7	3909.7	51.9	221.6
荔浦县	Lipu County	7476.0	2365.0	4849.4	25.9	235.6
恭城县	Gongcheng County	6472.6	2879.2	3396.4	22.7	174.3
梧州市	**Wuzhou City**	**6592.1**	**2871.6**	**3025.9**	**92.0**	**602.5**
万秀区	Wanxiu District	8322.7	3648.6	4304.4	173.2	196.6
蝶山区	Dieshan District	8328.7	3058.7	5016.9	38.9	214.2
长洲区	Changzhou District	8240.4	3507.8	3382.8	439.0	910.8

11－34　续表 1　continued

单位：元/人 (yuan/person)

市、县（区）	City, County & District	纯收入 Net Income	工资性收入 Wage Income	家庭经营纯收入 Household Business Net Income	财产性收入 Property Net Income	转移性收入 Transfer Net Income
苍梧县	Cangwu County	6668.3	2279.5	3994.0	171.5	223.3
藤　县	Tengxian County	6311.9	3184.4	2578.0	54.2	495.3
蒙山县	Mengshan County	5297.8	1857.6	3076.0	21.2	342.9
岑溪市	Cenxi City	6720.4	2994.6	2588.1	55.2	1082.6
北海市	**Beihai City**	**7226.9**	**1994.4**	**4827.4**	**160.8**	**244.2**
海城区	Haicheng District	7910.3	3209.7	4098.1	242.9	359.6
银海区	Yinghai District	7941.0	2310.9	5083.4	334.8	211.8
铁山港区	Tieshangang District	7514.1	2194.8	4858.3	100.2	360.8
合浦县	Hepu County	7062.5	1867.0	4825.9	144.9	224.7
防城港市	**Fangchenggang City**	**7539.1**	**1935.8**	**4993.3**	**159.6**	**450.5**
港口区	Gangkou District	7973.1	2764.6	3652.8	684.7	871.0
防城区	Fangcheng District	7785.7	2409.0	4877.5	72.4	426.8
上思县	Shangsi County	6274.4	499.3	5445.6	64.7	264.8
东兴市	Dongxing City	9263.9	2896.8	5648.6	163.2	555.3
钦州市	**Qinzhou City**	**7140.4**	**3255.6**	**3453.3**	**95.6**	**335.9**
钦南区	Qinnan District	7588.1	2127.4	4492.1	566.2	402.4
钦北区	Qinbei District	6780.9	2614.2	3815.6	63.0	288.1
灵山县	Lingshan County	7049.4	3786.9	2865.3	21.6	375.6
浦北县	Pubei County	7328.7	3570.4	3513.7	…	272.4
贵港市	**Guigang City**	**7253.1**	**2999.7**	**3697.7**	**162.0**	**393.7**
港北区	Gangbei District	7883.0	3294.2	3830.3	478.7	279.9
港南区	Gangnan District	7684.1	2948.7	4113.4	162.2	459.8
覃塘区	Qintang District	8086.2	2928.8	4490.4	186.7	480.4
平南县	Pingnan County	6975.7	2980.8	3490.4	104.6	399.9
桂平市	Guiping City	6867.3	2976.6	3410.9	112.3	367.5
玉林市	**Yulin City**	**7268.7**	**3388.8**	**3513.2**	**65.8**	**301.0**
玉州区	Yuzhou District	8370.9	4178.1	3086.7	467.0	639.2
福绵区	Fumian District	7055.0	4108.1	2645.9	59.4	241.6
容　县	Rongxian County	7012.1	3386.5	3252.3	1.9	371.3
陆川县	Luchuan County	7206.8	3365.9	3317.5	62.0	461.5
博白县	Bobai County	7127.2	2095.6	4721.1	43.3	267.3
兴业县	Xing' ye County	6483.3	2173.7	3928.7	74.6	306.4
北流市	Beiliu City	7795.5	5259.0	2439.6	2.5	94.4
百色市	**Baise City**	**4773.9**	**1446.4**	**2869.8**	**19.1**	**438.6**
右江区	Youjiang District	6400.7	1399.2	4640.2	35.6	325.7
田阳县	Tianyang County	5693.1	890.2	4309.5	20.3	473.1
田东县	Tiandong County	6418.9	1821.7	4231.3	22.1	343.8
平果县	Pingguo County	5419.7	2434.6	2744.1	19.1	222.0

11－34 续表 2 continued

单位：元/人 (yuan/person)

市、县（区）	City, County & District	纯收入 Net Income	工资性收入 Wage Income	家庭经营纯收入 Household Business Net Income	财产性收入 Property Net Income	转移性收入 Transfer Net Income
德保县	Debao County	4414.4	1996.7	1976.0	6.5	435.1
靖西县	Jingxi County	4234.6	1153.9	2218.8	12.5	849.4
那坡县	Napo County	3558.6	846.5	2423.5	17.4	271.3
凌云县	Lingyun County	3798.4	1500.4	1819.9	22.5	455.6
乐业县	Leye County	3777.5	1172.6	2401.8	7.8	195.2
田林县	Tianlin County	4365.1	1076.2	2765.9	45.9	477.1
西林县	Xilin County	4113.3	1159.7	2455.6	15.5	482.5
隆林县	Longlin County	3922.8	1295.8	2336.3	12.1	278.7
贺州市	**Hezhou City**	**5823.4**	**2644.1**	**2778.2**	**77.9**	**323.2**
平桂区	Pinggui District	5923.8	4073.6	1468.7	41.3	340.1
八步区	Babu District	6261.6	2546.3	3257.2	146.7	311.5
昭平县	Zhaoping County	5513.9	1723.9	3312.3	74.1	403.7
钟山县	Zhongshan County	5709.8	2513.8	2862.9	54.9	278.2
富川县	Fuchuan County	5379.8	2430.2	2650.1	22.1	277.4
河池市	**Hechi City**	**4620.4**	**1797.1**	**2404.0**	**37.1**	**382.2**
金城江区	Jinchengjiang District	5047.8	2417.1	2297.2	117.4	216.1
南丹县	Nandan County	5739.4	2624.3	2551.7	21.2	542.2
天峨县	Tian’e County	4602.1	1656.2	2341.1	3.8	600.9
凤山县	Fengshan County	3922.5	1633.2	2067.7	2.7	218.8
东兰县	Donglan County	3771.0	1752.7	1663.1	12.1	343.1
罗城县	Luocheng County	3938.0	1219.9	2410.3	5.3	302.6
环江县	Huanjiang County	4977.6	1169.3	3590.0	42.0	176.4
巴马县	Bama County	3788.0	1043.6	2490.7	17.6	236.1
都安县	Du’an County	4047.3	2173.6	1284.3	30.2	559.2
大化县	Dahua County	4298.6	1998.1	1687.5	14.2	598.9
宜州市	Yizhou City	6299.7	1600.9	4406.6	100.0	192.3
来宾市	**Laibin City**	**6231.0**	**1599.7**	**4276.7**	**59.5**	**295.0**
兴宾区	Xingbin District	6977.2	1638.4	4944.3	85.7	308.8
忻城县	Xincheng County	5359.8	1453.8	3503.6	73.9	328.6
象州县	Xiangzhou County	6733.1	1499.7	4775.0	44.8	413.6
武宣县	Wuxuan County	6175.2	1828.9	4086.8	16.6	242.9
金秀县	Jinxiu County	4399.2	1476.3	2738.4	24.9	159.7
合山市	Heshan City	5970.3	1616.5	4119.3	56.7	177.8
崇左市	**Chongzuo City**	**6263.4**	**1305.6**	**4627.3**	**58.8**	**271.7**
江州区	Jiangzhou District	6885.5	1016.8	5561.8	128.2	178.7
扶绥县	Fusui County	7048.3	631.3	6107.6	49.6	259.8
宁明县	Ningming County	6208.4	719.6	5243.3	59.5	186.1
龙州县	Longzhou County	5484.3	474.9	4731.7	14.3	263.4
大新县	Daxin County	6487.6	2603.9	3410.2	49.0	424.4
天等县	Tiandeng County	5353.5	1781.8	3278.9	36.7	256.0
凭祥市	Pingxiang City	6279.9	2736.8	2905.8	108.7	528.7

11－35　各市县（区）农村居民家庭经营收入（2012年）

Per Capita Annual Income on Household Business of Rural Households by City,County & District(2012)

单位：元/人　　(yuan/person)

市、县（区）	City, County & District	家庭经营收入 Household Business Income	第一产业收入 Primary Industry	第二产业收入 Secondary Industry	第三产业收入 Tertiary Industry
南宁市	**Nanning City**	**7809.8**	**6744.2**	**465.9**	**599.7**
兴宁区	Xingning District	8351.8	8254.1	19.8	77.9
青秀区	Qingxiu District	9923.4	9515.3	41.3	366.8
江南区	Jiangnan District	9088.0	8238.8	1.1	848.1
西乡塘区	Xixiangtang District	11557.9	11224.9		333.0
良庆区	Liangqing District	10059.7	9491.2	35.9	532.5
邕宁区	Yongning District	8858.8	8622.8		236.0
武鸣县	Wuming County	10648.6	10382.6	135.0	131.0
隆安县	Long' an County	5822.9	5383.1	0.9	438.9
马山县	Mashan County	3185.2	2625.5	300.3	259.4
上林县	Shanglin County	4973.4	4064.1	319.2	590.2
宾阳县	Binyang County	7426.7	4324.7	1498.8	1603.2
横　县	Hengxian County	8383.1	7316.3	600.2	466.6
柳州市	**Liuzhou City**	**8264.0**	**7338.1**	**370.5**	**555.4**
城中区	Chengzhong District	2232.4	941.6		1290.8
鱼峰区	Yufeng District	2814.6	352.1	8.9	2453.6
柳南区	Liunan District	6517.1	5296.5	237.4	983.2
柳北区	Liubei District	12361.7	11700.9	6.6	654.2
柳江县	Liujiang County	10043.1	7685.3	1354.7	1003.2
柳城县	Liucheng County	17750.1	17000.7	56.2	693.1
鹿寨县	Luzhai County	9554.2	8779.3	266.4	508.5
融安县	Rong' an County	5842.1	5289.6	298.3	254.3
融水县	Rongshui County	3162.5	3024.7	3.1	134.7
三江县	Sanjiang County	3648.9	3136.9	44.5	467.5
桂林市	**Guilin City**	**7510.2**	**6053.5**	**410.0**	**1046.7**
秀峰区	Xiufeng District	3920.0	242.3		3677.7
叠彩区	Diecai District	6705.9	5317.2	12.4	1376.2
象山区	Xiangshan District	6234.5	4145.7	485.5	1603.3
七星区	Qixing District				
雁山区	Yanshan District	6855.6	6323.2	69.4	463.0
阳朔县	Yangshuo County	8461.6	6882.5	589.8	989.3
临桂县	Lingui County	10744.0	8150.8	1214.2	1379.0
灵川县	Lingchuan County	9246.5	7875.8		1370.7
全州县	Quanzhou County	6384.1	5097.1	316.4	970.6
兴安县	Xing' an County	8241.0	5239.5	221.6	2779.9
永福县	Yongfu County	7629.6	6966.3		663.3
灌阳县	Guanyang County	5742.1	4650.5	533.2	558.3
龙胜县	Longsheng County	4483.3	3598.5	253.7	631.2
资源县	Ziyuan County	4755.4	4217.4	116.2	421.8
平乐县	Pingle County	5626.0	5232.8	78.4	314.8
荔浦县	Lipu County	11789.8	10044.2	1140.0	605.5
恭城县	Gongcheng County	5206.7	3696.4	111.6	1398.8
梧州市	**Wuzhou City**	**4415.4**	**3446.5**	**241.6**	**727.3**
万秀区	Wanxiu District	7406.4	5313.0	531.7	1561.7
蝶山区	Dieshan District	7854.6	5509.2	358.5	1986.9
长洲区	Changzhou District	5162.8	4715.0	54.7	393.0

11－35 续表 1 continued

单位：元/人 (yuan/person)

市、县（区）	City, County & District	家庭经营收入 Household Business Income	第一产业收入 Primary Industry	第二产业收入 Secondary Industry	第三产业收入 Tertiary Industry
苍梧县	Cangwu County	5658.0	4392.1	678.4	587.5
藤　县	Tengxian County	3527.6	3033.7	63.9	430.0
蒙山县	Mengshan County	5397.4	4578.7	6.5	812.3
岑溪市	Cenxi City	3773.2	2527.6	212.3	1033.3
北海市	**Beihai City**	**9858.1**	**8475.0**	**203.3**	**1179.9**
海城区	Haicheng District	11102.5	6230.7		4871.8
银海区	Yinghai District	11011.1	9975.1	201.3	834.7
铁山港区	Tieshangang District	8650.5	6775.5	979.0	896.0
合浦县	Hepu County	9843.7	8659.6	93.6	1090.5
防城港市	**Fangchenggang City**	**8053.9**	**6598.9**	**135.7**	**1319.3**
港口区	Gangkou District	11083.4	7344.7	258.1	3480.6
防城区	Fangcheng District	7700.1	6834.7	197.8	667.6
上思县	Shangsi County	7722.7	7114.4	51.7	556.6
东兴市	Dongxing City	7049.7	3822.2	0.3	3227.2
钦州市	**Qinzhou City**	**5462.7**	**4789.2**	**182.3**	**491.1**
钦南区	Qinnan District	8557.2	7884.2	168.9	504.0
钦北区	Qinbei District	5465.7	4523.9	259.8	682.0
灵山县	Lingshan County	4628.6	4012.3	123.7	492.6
浦北县	Pubei County	5037.8	4493.3	221.4	323.1
贵港市	**Guigang City**	**6897.2**	**5267.5**	**892.2**	**737.5**
港北区	Gangbei District	5665.3	4861.5	331.3	472.5
港南区	Gangnan District	7161.7	5189.0	246.8	1725.9
覃塘区	Qintang District	7618.5	6332.4	269.6	1016.5
平南县	Pingnan County	5810.9	5076.2	298.4	436.3
桂平市	Guiping City	7725.6	5203.9	1932.8	588.9
玉林市	**Yulin City**	**6926.1**	**5634.7**	**299.5**	**991.8**
玉州区	Yuzhou District	6668.7	3180.1	1044.2	2444.4
福绵区	Fumian District	5671.8	4909.9	224.7	537.2
容　县	Rongxian County	6009.1	5133.8	123.0	752.3
陆川县	Luchuan County	7511.0	6513.7	246.8	750.5
博白县	Bobai County	8794.5	7720.6	378.2	695.6
兴业县	Xing'ye County	8629.9	7272.9	0.3	1356.7
北流市	Beiliu City	4214.3	2759.5	287.9	1166.9
百色市	**Baise City**	**5168.3**	**4466.7**	**130.3**	**571.3**
右江区	Youjiang District	8048.7	7713.3	169.8	165.6
田阳县	Tianyang County	8949.8	8058.7	28.4	862.7
田东县	Tiandong County	7463.5	6062.5	351.9	1049.0
平果县	Pingguo County	4438.4	3855.5	203.4	379.5

11－35 续表 2 continued

单位：元/人 (yuan/person)

市、县（区）	City, County & District	家庭经营收入 Household Business Income	第一产业收入 Primary Industry	第二产业收入 Secondary Industry	第三产业收入 Tertiary Industry
德保县	Debao County	3837.1	3087.2		750.0
靖西县	Jingxi County	4200.8	3390.6	201.7	608.4
那坡县	Napo County	3730.3	3219.8	6.7	503.8
凌云县	Lingyun County	4069.4	3771.6	40.6	257.2
乐业县	Leye County	4402.6	4056.1	41.6	304.9
田林县	Tianlin County	4588.6	3924.2	3.5	660.9
西林县	Xilin County	4192.7	3600.7	125.7	466.4
隆林县	Longlin County	3795.2	3280.0	133.5	381.7
贺州市	**Hezhou City**	**4888.0**	**3930.6**	**267.7**	**689.8**
平桂区	Pinggui District	3781.4	2505.4	340.0	936.0
八步区	Babu District	5855.4	4866.4	382.7	606.4
昭平县	Zhaoping County	4832.7	3799.9	202.3	830.5
钟山县	Zhongshan County	4013.1	3008.5	200.3	804.3
富川县	Fuchuan County	5654.8	5347.8	122.4	184.6
河池市	**Hechi City**	**4219.6**	**3497.8**	**197.9**	**523.9**
金城江区	Jinchengjiang District	4107.0	3607.0	162.6	337.3
南丹县	Nandan County	4599.5	4303.4	62.7	233.4
天峨县	Tian'e County	4904.9	4000.5	113.4	791.0
凤山县	Fengshan County	3133.9	2323.3	72.8	737.8
东兰县	Donglan County	2922.9	2394.7	71.0	457.2
罗城县	Luocheng County	4172.7	3710.3	58.0	404.4
环江县	Huanjiang County	6160.4	5732.8	7.0	420.7
巴马县	Bama County	3590.5	1610.5	196.7	1783.3
都安县	Du'an County	2341.6	1657.8	520.1	163.8
大化县	Dahua County	2865.1	2320.5	137.2	407.4
宜州市	Yizhou City	7988.7	7162.3	181.8	644.5
来宾市	**Laibin City**	**7182.5**	**6167.0**	**315.5**	**700.0**
兴宾区	Xingbin District	8398.9	7188.3	237.6	973.0
忻城县	Xincheng County	5320.4	4619.3	96.9	604.2
象州县	Xiangzhou County	9991.4	8701.8	1118.4	171.2
武宣县	Wuxuan County	5985.9	5366.5	197.5	421.9
金秀县	Jinxiu County	4186.4	3415.0	179.2	592.2
合山市	Heshan City	5909.2	4192.9	2.9	1713.3
崇左市	**Chongzuo City**	**7908.0**	**7340.3**	**84.8**	**482.9**
江州区	Jiangzhou District	9553.6	9319.8		233.8
扶绥县	Fusui County	10187.5	9967.8		219.7
宁明县	Ningming County	9570.1	8925.9	53.2	591.0
龙州县	Longzhou County	7459.6	7182.8	133.3	143.4
大新县	Daxin County	5369.0	5183.7	12.1	173.1
天等县	Tiandeng County	6125.6	4608.7	273.4	1243.6
凭祥市	Pingxiang City	4222.6	3371.7	188.0	662.9

11－36　各市县（区）农村居民家庭经营费用支出(2012年)

Per Capita Annual Expenditure on Household Business of Rural Households by City,County & District(2012)

单位：元/人　　　　(yuan/person)

市、县（区）	City, County & District	家庭经营费用支出 Expenditure for Household Business	第一产业支出 Primary Industry	第二产业支出 Secondary Industry	第三产业支出 Tertiary Industry
南宁市	**Nanning City**	**3653.2**	**3261.8**	**196.2**	**195.2**
兴宁区	Xingning District	4485.9	4405.7	39.3	40.9
青秀区	Qingxiu District	6729.3	6626.5	34.8	68.1
江南区	Jiangnan District	5543.3	4134.9		1408.4
西乡塘区	Xixiangtang District	6853.2	6753.1	28.4	71.8
良庆区	Liangqing District	4894.3	4649.0	97.1	148.2
邕宁区	Yongning District	3523.7	3421.9	32.1	69.7
武鸣县	Wuming County	4206.3	4035.4	4.6	166.3
隆安县	Long' an County	2608.6	2554.7		53.9
马山县	Mashan County	1937.7	1698.6	179.5	59.6
上林县	Shanglin County	2197.7	1756.8	230.6	210.4
宾阳县	Binyang County	3124.0	1969.2	724.1	430.6
横　县	Hengxian County	3676.5	3556.9	102.1	17.5
柳州市	**Liuzhou City**	**3752.2**	**3348.8**	**188.0**	**215.5**
城中区	Chengzhong District	286.4	286.4		
鱼峰区	Yufeng District	1237.4	40.8		1196.7
柳南区	Liunan District	1722.8	1662.2	49.9	10.8
柳北区	Liubei District	5350.4	5237.3		113.1
柳江县	Liujiang County	4215.4	2991.2	705.4	518.8
柳城县	Liucheng County	10314.1	10001.6	0.4	312.1
鹿寨县	Luzhai County	4883.8	4561.5	135.7	186.6
融安县	Rong' an County	1878.6	1661.4	181.6	35.6
融水县	Rongshui County	1013.1	1011.7	1.2	0.2
三江县	Sanjiang County	768.2	589.7	9.8	168.6
桂林市	**Guilin City**	**3133.3**	**2669.2**	**156.4**	**307.6**
秀峰区	Xiufeng District	1780.3	626.4		1153.9
叠彩区	Diecai District	4181.8	4085.4		96.5
象山区	Xiangshan District	3523.5	2704.5	0.6	818.4
七星区	Qixing District	26.3	19.9		6.4
雁山区	Yanshan District	2857.3	2779.1	18.6	59.5
阳朔县	Yangshuo County	2723.5	2624.2	7.3	92.0
临桂县	Lingui County	4179.0	3800.1	177.6	201.4
灵川县	Lingchuan County	5432.7	4709.4	69.5	653.8
全州县	Quanzhou County	2071.0	1726.9	178.9	165.2
兴安县	Xing' an County	3703.5	2468.3	119.3	1115.8
永福县	Yongfu County	2832.0	2499.8	65.1	267.1
灌阳县	Guanyang County	2833.1	2093.7	461.0	278.4
龙胜县	Longsheng County	1916.1	1757.1	56.9	102.1
资源县	Ziyuan County	1436.9	1198.0	72.2	166.6
平乐县	Pingle County	1624.5	1492.6	82.2	49.6
荔浦县	Lipu County	6753.5	6110.1	496.3	147.1
恭城县	Gongcheng County	1656.0	1020.3	26.5	609.2
梧州市	**Wuzhou City**	**1313.1**	**1150.5**	**37.4**	**125.3**
万秀区	Wanxiu District	3003.5	2405.4	1.6	596.5
蝶山区	Dieshan District	2707.3	2352.1	199.0	156.2
长洲区	Changzhou District	1733.6	1640.1	22.3	71.1

11－36 续表 1 continued

单位：元/人 (yuan/person)

市、县（区）	City, County & District	家庭经营费用支出 Expenditure for Household Business	第一产业支出 Primary Industry	第二产业支出 Secondary Industry	第三产业支出 Tertiary Industry
苍梧县	Cangwu County	1630.8	1547.2	69.2	14.4
藤　县	Tengxian County	851.3	646.7	35.5	169.1
蒙山县	Mengshan County	2193.1	1978.1	8.8	206.2
岑溪市	Cenxi City	1121.9	1013.1	17.8	90.9
北海市	**Beihai City**	**4738.1**	**4286.4**	**88.1**	**363.6**
海城区	Haicheng District	5597.7	2883.7	3.9	2710.1
银海区	Yinghai District	4823.2	4499.7	136.8	186.7
铁山港区	Tieshangang District	3579.0	2894.8	374.8	309.4
合浦县	Hepu County	4865.4	4541.4	42.0	282.1
防城港市	**Fangchenggang City**	**2904.7**	**2372.3**	**96.1**	**436.3**
港口区	Gangkou District	7317.1	4627.0	162.1	2527.9
防城区	Fangcheng District	2667.8	2313.3	171.1	183.3
上思县	Shangsi County	2136.6	2097.9	0.2	38.5
东兴市	Dongxing City	1162.4	987.6		174.8
钦州市	**Qinzhou City**	**1917.3**	**1804.8**	**26.0**	**86.5**
钦南区	Qinnan District	3812.3	3614.1	99.2	98.9
钦北区	Qinbei District	1610.4	1423.6	8.5	178.3
灵山县	Lingshan County	1682.2	1579.4	22.0	80.8
浦北县	Pubei County	1463.7	1446.2	4.7	12.8
贵港市	**Guigang City**	**2966.6**	**2250.1**	**511.1**	**205.3**
港北区	Gangbei District	1753.9	1752.7		1.2
港南区	Gangnan District	2502.5	1843.1	94.2	565.1
覃塘区	Qintang District	2870.5	2444.7	16.3	409.6
平南县	Pingnan County	2255.9	2169.3	12.0	74.6
桂平市	Guiping City	4034.2	2529.8	1341.6	162.9
玉林市	**Yulin City**	**3074.5**	**2701.4**	**112.7**	**260.5**
玉州区	Yuzhou District	3328.4	1849.9	363.1	1115.4
福绵区	Fumian District	2896.5	2680.5	165.9	50.0
容　县	Rongxian County	2538.6	2311.7	50.6	176.3
陆川县	Luchuan County	4011.9	3419.5	195.1	397.4
博白县	Bobai County	3412.3	3307.1	72.5	32.7
兴业县	Xing' ye County	4384.2	3808.9	2.4	572.8
北流市	Beiliu City	1563.4	1327.3	106.3	129.8
百色市	**Baise City**	**2124.8**	**1894.6**	**37.4**	**192.8**
右江区	Youjiang District	3265.0	3057.0	101.1	106.9
田阳县	Tianyang County	4319.9	4113.5		206.4
田东县	Tiandong County	2946.0	2255.3	84.7	606.0
平果县	Pingguo County	1611.3	1523.4	62.1	25.7

11－36 续表 2 continued

单位：元/人 (yuan/person)

市、县（区）	City, County & District	家庭经营费用支出 Expenditure for Household Business	第一产业支出 Primary Industry	第二产业支出 Secondary Industry	第三产业支出 Tertiary Industry
德保县	Debao County	1740.4	1485.8	4.2	250.3
靖西县	Jingxi County	1766.6	1530.9	19.8	215.9
那坡县	Napo County	1099.0	1064.6	4.0	30.4
凌云县	Lingyun County	2105.1	2006.3	32.9	65.9
乐业县	Leye County	1896.5	1772.4	12.0	112.0
田林县	Tianlin County	1643.5	1412.3	14.0	217.1
西林县	Xilin County	1624.1	1395.8	37.5	190.8
隆林县	Longlin County	1382.6	1238.4	60.5	83.7
贺州市	**Hezhou City**	**1977.9**	**1692.0**	**123.7**	**162.2**
平桂区	Pinggui District	2205.4	1481.1	265.0	459.3
八步区	Babu District	2485.5	2264.8	129.9	90.9
昭平县	Zhaoping County	1376.9	1176.8	127.0	73.1
钟山县	Zhongshan County	1001.4	817.4	29.7	154.4
富川县	Fuchuan County	2840.7	2731.9	54.1	54.7
河池市	**Hechi City**	**1649.2**	**1517.6**	**36.4**	**95.2**
金城江区	Jinchengjiang District	1608.5	1513.5	60.0	35.0
南丹县	Nandan County	1793.5	1712.8	42.0	38.8
天峨县	Tian' e County	2278.3	2051.6	33.7	192.9
凤山县	Fengshan County	972.9	669.5	283.5	20.0
东兰县	Donglan County	1203.7	1105.3	19.1	79.2
罗城县	Luocheng County	1688.7	1494.6	17.6	176.5
环江县	Huanjiang County	2388.8	2062.0	17.2	309.6
巴马县	Bama County	901.4	714.3	15.6	171.4
都安县	Du' an County	970.5	918.8	27.0	24.7
大化县	Dahua County	1119.0	1034.9	2.3	81.8
宜州市	Yizhou City	3207.1	3088.6	11.3	107.3
来宾市	**Laibin City**	**2630.0**	**2231.2**	**136.9**	**261.9**
兴宾区	Xingbin District	3019.1	2433.1	43.7	542.3
忻城县	Xincheng County	1652.3	1557.2	12.2	82.9
象州县	Xiangzhou County	4897.0	4055.2	803.6	38.1
武宣县	Wuxuan County	1797.0	1787.5	0.2	9.4
金秀县	Jinxiu County	1337.6	1140.5	37.2	159.8
合山市	Heshan City	1665.0	1339.9	57.4	267.7
崇左市	**Chongzuo City**	**3062.6**	**2793.3**	**13.4**	**255.9**
江州区	Jiangzhou District	3747.4	3657.7	1.1	88.6
扶绥县	Fusui County	3849.6	3760.1	0.2	89.4
宁明县	Ningming County	4118.5	3579.4	19.3	519.8
龙州县	Longzhou County	2482.0	2399.3	21.3	61.3
大新县	Daxin County	1739.3	1687.2	1.8	50.3
天等县	Tiandeng County	2648.1	2043.9	22.9	581.3
凭祥市	Pingxiang City	1196.2	893.7	70.5	231.9

11－37　各市县（区）农村居民生活消费支出（2012年）
Per Capita Annual Living Expenditure of Rural Households by City, County & District(2012)

单位：元/人　(yuan/person)

市、县（区）	City, County & District	生活消费支出 Living Expenditure	食品支出 Food	衣着支出 Clothing	居住支出 Residence
南宁市	**Nanning City**	**5200.6**	**2431.3**	**179.4**	**870.2**
兴宁区	Xingning District	4804.2	2198.2	98.1	780.5
青秀区	Qingxiu District	6115.9	2986.0	156.8	1037.8
江南区	Jiangnan District	6191.6	3432.9	211.3	903.7
西乡塘区	Xixiangtang District	5180.1	2465.7	195.8	790.3
良庆区	Liangqing District	4118.1	2146.5	160.0	619.4
邕宁区	Yongning District	5715.3	2424.3	159.2	1641.2
武鸣县	Wuming County	6167.3	2507.1	323.0	1191.9
隆安县	Long' an County	4352.7	1757.2	89.7	1096.8
马山县	Mashan County	4526.0	2061.7	154.3	611.3
上林县	Shanglin County	3574.1	1499.7	114.9	676.7
宾阳县	Binyang County	5171.5	2599.5	156.6	1032.1
横　县	Hengxian County	5753.4	2829.7	202.8	519.3
柳州市	**Liuzhou City**	**5829.5**	**2520.1**	**252.2**	**1299.3**
城中区	Chengzhong District	10654.4	3811.3	301.6	930.6
鱼峰区	Yufeng District	9828.3	4078.5	664.1	1517.9
柳南区	Liunan District	9967.6	4088.0	620.7	2097.2
柳北区	Liubei District	7811.6	2404.1	318.0	2345.3
柳江县	Liujiang County	5480.4	2644.8	153.3	1036.4
柳城县	Liucheng County	6794.9	3134.6	294.0	940.3
鹿寨县	Luzhai County	7268.2	2391.7	373.7	2183.3
融安县	Rong' an County	5782.8	2522.8	204.4	1414.6
融水县	Rongshui County	4003.1	1908.3	210.3	773.7
三江县	Sanjiang County	5142.8	2405.4	250.4	1430.5
桂林市	**Guilin City**	**5770.5**	**2559.5**	**216.7**	**1143.6**
秀峰区	Xiufeng District	6614.5	3879.3	357.9	655.9
叠彩区	Diecai District	8202.4	3410.5	339.1	279.9
象山区	Xiangshan District	6188.0	3448.1	425.5	901.4
七星区	Qixing District	5121.5	3069.8	336.3	640.6
雁山区	Yanshan District	4832.5	2348.5	257.4	688.8
阳朔县	Yangshuo County	8184.2	2536.0	241.6	1788.3
临桂县	Lingui County	7044.6	3308.5	280.7	1288.3
灵川县	Lingchuan County	6870.6	3554.8	260.7	1014.5
全州县	Quanzhou County	4110.6	1779.1	220.3	798.7
兴安县	Xing' an County	10738.5	5014.7	304.9	2227.3
永福县	Yongfu County	4610.4	1987.1	128.9	659.4
灌阳县	Guanyang County	4853.6	2141.7	192.5	1026.7
龙胜县	Longsheng County	4626.7	2574.0	148.9	698.1
资源县	Ziyuan County	3564.3	1971.2	186.4	258.7
平乐县	Pingle County	4769.9	1735.4	99.0	1649.2
荔浦县	Lipu County	4973.1	2033.1	238.6	1157.4
恭城县	Gongcheng County	4804.2	2202.5	145.9	961.1
梧州市	**Wuzhou City**	**5106.4**	**2223.6**	**119.0**	**1360.5**
万秀区	Wanxiu District	4304.2	1618.5	131.6	579.5
蝶山区	Dieshan District	6609.5	3127.3	109.4	1131.8
长洲区	Changzhou District	8243.3	3032.0	253.5	2952.6

11－37 续表 1 continued

单位：元/人 (yuan/person)

市、县（区）	City, County & District	生活消费支出 Living Expenditure	食品支出 Food	衣着支出 Clothing	居住支出 Residence
苍梧县	Cangwu County	4085.8	2237.7	123.7	406.1
藤　县	Tengxian County	4337.1	2247.6	83.2	1071.4
蒙山县	Mengshan County	5489.0	2148.8	216.6	1606.8
岑溪市	Cenxi City	6177.0	2080.0	116.4	2173.4
北海市	**Beihai City**	**4938.6**	**2353.8**	**121.1**	**1385.5**
海城区	Haicheng District	6644.1	3823.9	131.2	1545.3
银海区	Yinghai District	5812.7	3173.1	196.8	1084.0
铁山港区	Tieshangang District	5228.8	2179.3	93.6	2238.6
合浦县	Hepu County	4705.7	2210.3	115.6	1283.4
防城港市	**Fangchenggang City**	**5280.1**	**2882.1**	**168.1**	**779.1**
港口区	Gangkou District	6332.0	2771.7	255.8	1244.6
防城区	Fangcheng District	5794.0	3318.4	154.9	960.1
上思县	Shangsi County	4155.4	2476.0	158.6	237.7
东兴市	Dongxing City	5138.9	2455.1	149.3	980.3
钦州市	**Qinzhou City**	**4397.6**	**2148.8**	**105.3**	**969.2**
钦南区	Qinnan District	4748.7	2485.8	165.2	713.8
钦北区	Qinbei District	4986.6	2847.5	89.2	1004.3
灵山县	Lingshan County	4308.9	1866.5	98.3	1121.8
浦北县	Pubei County	3852.5	1836.2	95.5	838.5
贵港市	**Guigang City**	**5165.7**	**2346.0**	**153.1**	**956.6**
港北区	Gangbei District	4170.8	1971.8	148.0	652.6
港南区	Gangnan District	5481.7	2496.8	143.7	798.6
覃塘区	Qintang District	6754.9	2677.6	212.5	1798.5
平南县	Pingnan County	4930.4	2257.4	135.3	859.7
桂平市	Guiping City	4980.2	2351.4	152.1	895.1
玉林市	**Yulin City**	**4614.6**	**2087.9**	**155.6**	**918.1**
玉州区	Yuzhou District	6965.5	2292.6	254.7	2171.0
福绵区	Fumian District	3918.3	2101.8	147.8	327.1
容　县	Rongxian County	4029.1	1850.5	124.5	411.1
陆川县	Luchuan County	4698.1	2418.3	215.3	495.1
博白县	Bobai County	4479.3	1912.1	128.2	1229.3
兴业县	Xing' ye County	4990.6	2460.6	176.7	854.7
北流市	Beiliu City	4345.1	1954.5	127.3	942.2
百色市	**Baise City**	**4977.4**	**2279.3**	**190.3**	**905.3**
右江区	Youjiang District	5789.5	2886.4	254.4	750.8
田阳县	Tianyang County	6044.5	2355.0	279.5	1073.8
田东县	Tiandong County	7621.2	2580.5	249.4	2645.3
平果县	Pingguo County	4083.3	1862.7	152.5	448.3

11－37　续表 2　continued

单位：元/人 (yuan/person)

市、县（区）	City, County & District	生活消费支出 Living Expenditure	食品支出 Food	衣着支出 Clothing	居住支出 Residence
德保县	Debao County	4293.0	2107.9	147.8	700.8
靖西县	Jingxi County	4062.9	1766.2	132.8	853.3
那坡县	Napo County	3942.9	1937.8	144.6	594.2
凌云县	Lingyun County	4139.5	2060.2	139.7	776.9
乐业县	Leye County	3982.5	1916.9	212.6	533.7
田林县	Tianlin County	5042.9	2285.2	249.4	700.8
西林县	Xilin County	5819.5	3142.9	266.5	1067.8
隆林县	Longlin County	5029.8	3111.2	153.4	353.9
贺州市	**Hezhou City**	**4926.0**	**2078.4**	**177.1**	**1213.9**
平桂区	Pinggui District	5287.5	2247.5	297.5	770.6
八步区	Babu District	5539.4	2394.2	163.3	1250.8
昭平县	Zhaoping County	5362.0	2083.9	173.3	2015.5
钟山县	Zhongshan County	4005.8	1910.5	127.1	878.4
富川县	Fuchuan County	3890.0	1438.6	123.9	1084.1
河池市	**Hechi City**	**4062.1**	**1799.7**	**162.9**	**756.1**
金城江区	Jinchengjiang District	4302.2	1971.3	184.9	434.8
南丹县	Nandan County	4813.3	1887.7	259.8	1019.7
天峨县	Tian' e County	4735.1	2194.4	208.9	668.6
凤山县	Fengshan County	3550.0	1572.9	126.6	1010.8
东兰县	Donglan County	3329.4	1377.1	132.6	538.2
罗城县	Luocheng County	3676.6	1426.6	116.7	966.0
环江县	Huanjiang County	4650.5	2175.3	180.6	866.9
巴马县	Bama County	3636.0	1792.4	109.9	590.9
都安县	Du' an County	3503.8	1640.1	173.0	642.1
大化县	Dahua County	3568.7	1634.1	97.7	465.1
宜州市	Yizhou City	5330.8	2342.5	210.5	1059.3
来宾市	**Laibin City**	**5483.6**	**2131.1**	**180.2**	**1342.7**
兴宾区	Xingbin District	6884.1	2520.2	200.4	2114.9
忻城县	Xincheng County	4653.9	1869.6	137.5	556.2
象州县	Xiangzhou County	6061.1	2286.1	195.8	1620.8
武宣县	Wuxuan County	3767.4	1595.2	166.8	670.2
金秀县	Jinxiu County	3611.9	1749.8	163.1	479.3
合山市	Heshan City	4861.6	1947.3	204.0	947.3
崇左市	**Chongzuo City**	**5842.7**	**2345.8**	**187.9**	**1559.7**
江州区	Jiangzhou District	7766.4	2992.1	239.0	2416.3
扶绥县	Fusui County	6435.8	2585.6	181.7	2261.6
宁明县	Ningming County	5795.1	2282.0	208.8	1698.3
龙州县	Longzhou County	5560.5	2430.2	244.6	1232.5
大新县	Daxin County	4813.4	2031.6	117.3	817.0
天等县	Tiandeng County	5151.6	1956.2	154.9	1025.7
凭祥市	Pingxiang City	4639.7	2109.0	222.4	1142.9

11－38　各市县（区）农村居民家庭经营纯收入（2012年）

Household Business Net Income of Rural Households by City,County & District (2012)

单位：元/人　　(yuan/person)

市、县（区）	City, County & District	家庭经营纯收入 Household Business Net Income	第一产业纯收入 Primary Industry	第二产业纯收入 Secondary Industry	第三产业纯收入 Tertiary Industry
南宁市	**Nanning City**	**4001.6**	**3360.3**	**266.7**	**374.7**
兴宁区	Xingning District	3715.1	3699.5	…	35.2
青秀区	Qingxiu District	3055.2	2772.0	…	298.7
江南区	Jiangnan District	3257.9	3860.9	…	…
西乡塘区	Xixiangtang District	4535.9	4329.0	…	235.8
良庆区	Liangqing District	4823.2	4543.4	…	341.0
邕宁区	Yongning District	5162.1	5038.2	…	156.1
武鸣县	Wuming County	6251.3	6174.8	125.9	…
隆安县	Long' an County	3029.1	2656.1	0.9	372.0
马山县	Mashan County	1136.8	836.0	106.9	193.9
上林县	Shanglin County	2660.6	2214.4	88.6	357.6
宾阳县	Binyang County	4188.9	2302.9	773.0	1112.9
横　县	Hengxian County	4576.5	3672.7	498.1	405.8
柳州市	**Liuzhou City**	**4226.1**	**3770.7**	**139.4**	**316.0**
城中区	Chengzhong District	1860.5	621.5		1239.0
鱼峰区	Yufeng District	1577.2	311.4	8.9	1256.9
柳南区	Liunan District	4689.6	3634.3	187.5	867.8
柳北区	Liubei District	6788.6	6240.9	6.6	541.1
柳江县	Liujiang County	5437.2	4513.7	443.6	479.9
柳城县	Liucheng County	6573.1	6190.7	55.8	326.5
鹿寨县	Luzhai County	4466.6	4032.3	124.6	309.8
融安县	Rong' an County	3834.1	3530.7	115.9	187.5
融水县	Rongshui County	2044.4	1915.9	1.8	126.6
三江县	Sanjiang County	2812.6	2522.0	34.6	255.9
桂林市	**Guilin City**	**4219.2**	**3279.3**	**250.0**	**689.9**
秀峰区	Xiufeng District	2098.3	…	…	2482.6
叠彩区	Diecai District	2519.0	1226.9	12.4	1279.7
象山区	Xiangshan District	2289.2	1236.6	377.3	675.3
七星区	Qixing District	…	…		…
雁山区	Yanshan District	3874.3	3438.1	50.7	385.4
阳朔县	Yangshuo County	5535.5	4149.4	582.4	803.6
临桂县	Lingui County	6299.0	4159.7	1023.5	1115.8
灵川县	Lingchuan County	3650.3	3030.0	…	689.7
全州县	Quanzhou County	4241.1	3327.0	136.9	777.2
兴安县	Xing' an County	4350.8	2670.8	96.0	1583.9
永福县	Yongfu County	4567.5	4427.5	…	205.1
灌阳县	Guanyang County	2703.6	2373.7	66.8	263.1
龙胜县	Longsheng County	2452.3	1796.0	196.8	459.6
资源县	Ziyuan County	3201.8	2917.7	41.9	242.1
平乐县	Pingle County	3909.7	3678.5	…	239.5
荔浦县	Lipu County	4849.4	3763.5	643.7	442.2
恭城县	Gongcheng County	3396.4	2551.7	84.9	759.7
梧州市	**Wuzhou City**	**3025.9**	**2249.9**	**195.0**	**581.0**
万秀区	Wanxiu District	4304.4	2875.5	530.2	898.7
蝶山区	Dieshan District	5016.9	3063.2	123.0	1830.7
长洲区	Changzhou District	3382.8	3040.9	32.4	309.5

11－38 续表 1 continued

单位：元/人 (yuan/person)

市、县（区）	City, County & District	家庭经营纯收入 Household Business Net Income	第一产业纯收入 Primary Industry	第二产业纯收入 Secondary Industry	第三产业纯收入 Tertiary Industry
苍梧县	Cangwu County	3994.0	2816.0	607.4	570.6
藤　县	Tengxian County	2578.0	2319.5	28.4	230.1
蒙山县	Mengshan County	3076.0	2532.5	…	545.8
岑溪市	Cenxi City	2588.1	1489.2	167.0	931.9
北海市	**Beihai City**	**4827.4**	**3958.6**	**111.3**	**757.6**
海城区	Haicheng District	4098.1	3044.7	…	1057.3
银海区	Yinghai District	5083.4	4371.0	64.4	648.0
铁山港区	Tieshangang District	4858.3	3683.8	604.2	570.3
合浦县	Hepu County	4825.9	3993.8	46.5	785.6
防城港市	**Fangchenggang City**	**4993.3**	**4105.9**	**38.4**	**849.0**
港口区	Gangkou District	3652.8	2605.8	96.0	951.0
防城区	Fangcheng District	4877.5	4381.8	24.4	471.3
上思县	Shangsi County	5445.6	4935.2	51.5	458.8
东兴市	Dongxing City	5648.6	2676.3	…	2974.3
钦州市	Qinzhou City	3453.3	2913.5	153.7	386.2
钦南区	Qinnan District	4492.1	4033.7	69.5	388.8
钦北区	Qinbei District	3815.6	3062.4	251.3	501.9
灵山县	Lingshan County	2865.3	2390.7	95.7	378.9
浦北县	Pubei County	3513.7	2997.2	215.8	300.7
贵港市	**Guigang City**	**3697.7**	**2881.1**	**338.1**	**478.4**
港北区	Gangbei District	3830.3	3027.6	331.3	471.3
港南区	Gangnan District	4113.4	3007.7	121.5	984.2
覃塘区	Qintang District	4490.4	3738.3	212.8	539.2
平南县	Pingnan County	3490.4	2851.7	286.2	352.5
桂平市	Guiping City	3410.9	2538.9	498.9	373.1
玉林市	**Yulin City**	**3513.2**	**2648.2**	**175.9**	**689.1**
玉州区	Yuzhou District	3086.7	1179.1	642.5	1265.1
福绵区	Fumian District	2645.9	2105.6	58.8	481.5
容　县	Rongxian County	3252.3	2672.5	72.4	507.4
陆川县	Luchuan County	3317.5	2936.1	48.3	333.0
博白县	Bobai County	4721.1	3810.5	283.2	627.3
兴业县	Xing'ye County	3928.7	3217.8	…	719.8
北流市	Beiliu City	2439.6	1268.7	176.9	993.9
百色市	**Baise City**	**2869.8**	**2456.2**	**88.6**	**325.1**
右江区	Youjiang District	4640.2	4557.2	67.4	15.5
田阳县	Tianyang County	4309.5	3740.5	7.2	561.8
田东县	Tiandong County	4231.3	3612.3	253.2	365.8
平果县	Pingguo County	2744.1	2272.1	135.4	336.6

11－38 续表 2 continued

单位：元/人 (yuan/person)

市、县（区）	City, County & District	家庭经营纯收入 Household Business Net Income	第一产业纯收入 Primary Industry	第二产业纯收入 Secondary Industry	第三产业纯收入 Tertiary Industry
德保县	Debao County	1976.0	1533.6	…	446.7
靖西县	Jingxi County	2218.8	1698.4	181.9	338.5
那坡县	Napo County	2423.5	2010.7	2.7	410.2
凌云县	Lingyun County	1819.9	1652.2	6.8	160.9
乐业县	Leye County	2401.8	2210.9	29.6	161.3
田林县	Tianlin County	2765.9	2462.1	…	314.3
西林县	Xilin County	2455.6	2134.3	83.1	238.2
隆林县	Longlin County	2336.3	1970.0	72.3	293.9
贺州市	**Hezhou City**	**2778.2**	**2145.9**	**129.7**	**502.6**
平桂区	Pinggui District	1468.7	958.8	66.7	443.3
八步区	Babu District	3257.2	2515.8	237.1	504.4
昭平县	Zhaoping County	3312.3	2555.4	32.6	724.2
钟山县	Zhongshan County	2862.9	2077.4	170.6	614.9
富川县	Fuchuan County	2650.1	2469.1	67.9	113.1
河池市	**Hechi City**	**2404.0**	**1854.5**	**157.3**	**392.2**
金城江区	Jinchengjiang District	2297.2	1914.7	92.2	290.3
南丹县	Nandan County	2551.7	2382.2	16.9	152.6
天峨县	Tian' e County	2341.1	1809.0	77.7	454.5
凤山县	Fengshan County	2067.7	1602.9	…	681.9
东兰县	Donglan County	1663.1	1251.5	48.6	362.9
罗城县	Luocheng County	2410.3	2158.4	40.4	211.5
环江县	Huanjiang County	3590.0	3535.6	…	65.6
巴马县	Bama County	2490.7	839.7	181.1	1469.8
都安县	Du' an County	1284.3	672.8	486.2	125.2
大化县	Dahua County	1687.5	1233.3	134.9	319.3
宜州市	Yizhou City	4406.6	3742.0	163.0	501.6
来宾市	**Laibin City**	**4276.7**	**3683.4**	**176.7**	**416.6**
兴宾区	Xingbin District	4944.3	4345.2	193.6	405.6
忻城县	Xincheng County	3503.6	2918.1	84.3	501.2
象州县	Xiangzhou County	4775.0	4355.3	304.1	115.6
武宣县	Wuxuan County	4086.8	3480.0	197.3	409.4
金秀县	Jinxiu County	2738.4	2207.8	141.6	389.0
合山市	Heshan City	4119.3	2751.1	…	1429.7
崇左市	**Chongzuo City**	**4627.3**	**4380.4**	**68.0**	**179.0**
江州区	Jiangzhou District	5561.8	5455.7	…	107.1
扶绥县	Fusui County	6107.6	6009.0	…	98.7
宁明县	Ningming County	5243.3	5208.7	33.9	0.7
龙州县	Longzhou County	4731.7	4610.2	111.8	9.7
大新县	Daxin County	3410.2	3309.3	9.1	91.8
天等县	Tiandeng County	3278.9	2433.5	233.1	612.3
凭祥市	Pingxiang City	2905.8	2405.8	117.5	382.5

11－39　各市县（区）农村居民家庭第一产业纯收入（2012年）
Primary Industry Net Income of Rural Households by City,County & District(2012)

单位：元/人　　(yuan/person)

市、县（区）	City, County & District	第一产业纯收入 Primary Industry	农业纯收入 Framing	林业纯收入 Forestry	牧业纯收入 Animal Husbandry	渔业纯收入 Fishery
南宁市	**Nanning City**	**3360.3**	**2543.1**	**114.2**	**669.9**	**33.1**
兴宁区	Xingning District	3699.5	3607.1	59.1	…	126.5
青秀区	Qingxiu District	2772.0	2681.2	…	56.2	37.0
江南区	Jiangnan District	3860.9	3527.8	285.0	53.4	…
西乡塘区	Xixiangtang District	4329.0	3368.4	203.7	647.0	109.8
良庆区	Liangqing District	4543.4	3127.0	513.8	906.4	…
邕宁区	Yongning District	5038.2	3935.3	47.0	1056.6	…
武鸣县	Wuming County	6174.8	4555.3	45.7	1538.4	35.4
隆安县	Long' an County	2656.1	1973.7	192.4	486.4	3.6
马山县	Mashan County	836.0	636.3	136.9	69.6	…
上林县	Shanglin County	2214.4	1032.2	307.5	797.8	76.9
宾阳县	Binyang County	2302.9	1754.1	38.8	497.8	12.2
横　县	Hengxian County	3672.7	2799.0	15.3	803.0	55.3
柳州市	**Liuzhou City**	**3770.7**	**2535.9**	**331.5**	**882.3**	**20.9**
城中区	Chengzhong District	621.5	779.9	…	…	
鱼峰区	Yufeng District	311.4	327.9	…	…	
柳南区	Liunan District	3634.3	3061.3	62.7	327.5	182.8
柳北区	Liubei District	6240.9	3720.7	1238.4	1093.4	188.3
柳江县	Liujiang County	4513.7	3867.6	11.8	634.6	…
柳城县	Liucheng County	6190.7	4640.9	17.1	1533.1	…
鹿寨县	Luzhai County	4032.3	2217.3	97.6	1682.0	35.3
融安县	Rong' an County	3530.7	2242.8	444.0	840.2	3.8
融水县	Rongshui County	1915.9	887.6	413.2	593.1	22.1
三江县	Sanjiang County	2522.0	1194.3	1016.4	288.8	22.6
桂林市	**Guilin City**	**3279.3**	**2410.3**	**173.6**	**663.5**	**31.8**
秀峰区	Xiufeng District	…	…	…		…
叠彩区	Diecai District	1226.9	831.1	…	504.2	
象山区	Xiangshan District	1236.6	706.6		516.5	13.5
七星区	Qixing District	…	…		…	
雁山区	Yanshan District	3438.1	2161.4	11.1	1482.1	…
阳朔县	Yangshuo County	4149.4	3545.7	62.7	535.7	5.4
临桂县	Lingui County	4159.7	3207.6	134.4	774.0	43.7
灵川县	Lingchuan County	3030.0	2336.8	200.8	417.0	75.4
全州县	Quanzhou County	3327.0	2645.4	…	672.3	28.5
兴安县	Xing' an County	2670.8	1870.3	372.4	343.7	84.4
永福县	Yongfu County	4427.5	2286.3	547.6	1499.2	94.5
灌阳县	Guanyang County	2373.7	1574.2	176.8	574.7	48.0
龙胜县	Longsheng County	1796.0	906.1	531.4	344.1	14.3
资源县	Ziyuan County	2917.7	1510.6	861.5	527.8	17.8
平乐县	Pingle County	3678.5	2980.6	33.7	659.5	4.7
荔浦县	Lipu County	3763.5	2705.7	156.3	898.8	2.8
恭城县	Gongcheng County	2551.7	1996.0	1.8	527.3	26.7
梧州市	**Wuzhou City**	**2249.9**	**1209.5**	**594.1**	**401.7**	**44.6**
万秀区	Wanxiu District	2875.5	961.2	800.4	997.2	116.7
蝶山区	Dieshan District	3063.2	2603.8	…	460.3	80.9
长洲区	Changzhou District	3040.9	2049.9	684.7	195.6	110.8

11－39 续表 1 continued

单位：元/人 (yuan/person)

市、县（区）	City, County & District	第一产业纯收入 Primary Industry	农业纯收入 Framing	林业纯收入 Forestry	牧业纯收入 Animal Husbandry	渔业纯收入 Fishery
苍梧县	Cangwu County	2816.0	1132.7	1158.8	473.9	50.5
藤　县	Tengxian County	2319.5	1579.7	377.0	299.8	63.0
蒙山县	Mengshan County	2532.5	964.7	467.1	1097.6	3.1
岑溪市	Cenxi City	1489.2	678.4	532.1	267.1	11.7
北海市	**Beihai City**	**3958.6**	**1822.5**	**61.1**	**583.1**	**1492.0**
海城区	Haicheng District	3044.7	1483.0	7.2	292.4	1262.2
银海区	Yinghai District	4371.0	1124.4	169.5	396.2	2680.9
铁山港区	Tieshangang District	3683.8	1724.6	46.6	582.1	1330.5
合浦县	Hepu County	3993.8	1939.3	52.5	620.0	1382.0
防城港市	**Fangchenggang City**	**4105.9**	**2161.2**	**588.9**	**428.8**	**926.9**
港口区	Gangkou District	2605.8	111.6	99.7	382.4	2012.1
防城区	Fangcheng District	4381.8	1923.5	913.0	566.9	978.4
上思县	Shangsi County	4935.2	4009.6	459.8	355.5	110.3
东兴市	Dongxing City	2676.3	623.7	266.5	173.7	1612.3
钦州市	**Qinzhou City**	**2913.5**	**1655.3**	**303.0**	**784.9**	**170.3**
钦南区	Qinnan District	4033.7	2097.1	242.7	758.7	935.2
钦北区	Qinbei District	3062.4	1521.3	460.2	1054.9	26.0
灵山县	Lingshan County	2390.7	1471.8	188.7	715.4	14.8
浦北县	Pubei County	2997.2	1810.9	393.9	689.6	102.8
贵港市	**Guigang City**	**2881.1**	**1821.9**	**156.0**	**828.3**	**74.9**
港北区	Gangbei District	3027.6	2265.9	…	763.5	1.6
港南区	Gangnan District	3007.7	2141.8	108.3	646.1	111.6
覃塘区	Qintang District	3738.3	2669.6	173.7	837.6	57.3
平南县	Pingnan County	2851.7	1561.9	151.1	974.5	164.2
桂平市	Guiping City	2538.9	1508.4	214.3	797.4	18.8
玉林市	**Yulin City**	**2648.2**	**1110.5**	**89.5**	**1392.7**	**55.6**
玉州区	Yuzhou District	1179.1	902.2	14.4	212.1	50.3
福绵区	Fumian District	2105.6	1218.9	125.1	590.9	170.7
容　县	Rongxian County	2672.5	1416.1	334.1	915.4	6.9
陆川县	Luchuan County	2936.1	1320.3	121.3	1399.7	94.8
博白县	Bobai County	3810.5	980.2	57.5	2720.5	52.4
兴业县	Xing' ye County	3217.8	1371.9	52.3	1771.5	22.1
北流市	Beiliu City	1268.7	832.7	…	400.7	44.2
百色市	**Baise City**	**2456.2**	**1652.5**	**305.3**	**482.6**	**15.7**
右江区	Youjiang District	4557.2	3118.8	807.2	571.6	59.7
田阳县	Tianyang County	3740.5	3132.1	68.7	535.4	4.2
田东县	Tiandong County	3612.3	2886.0	324.7	336.6	65.0
平果县	Pingguo County	2272.1	1521.7	29.1	692.9	28.5

11－39 续表 2 continued

单位：元/人 (yuan/person)

市、县（区）	City, County & District	第一产业纯收入 Primary Industry	农业纯收入 Framing	林业纯收入 Forestry	牧业纯收入 Animal Husbandry	渔业纯收入 Fishery
德保县	Debao County	1533.6	932.9	272.0	324.7	3.9
靖西县	Jingxi County	1698.4	1358.7	17.7	317.4	4.6
那坡县	Napo County	2010.7	870.6	622.3	517.5	0.3
凌云县	Lingyun County	1652.2	866.5	232.5	553.3	
乐业县	Leye County	2210.9	1391.8	313.2	504.4	1.6
田林县	Tianlin County	2462.1	1292.0	940.8	228.9	0.4
西林县	Xilin County	2134.3	1087.0	308.1	733.6	5.6
隆林县	Longlin County	1970.0	871.8	354.0	744.1	0.1
贺州市	**Hezhou City**	**2145.9**	**1158.4**	**423.4**	**521.3**	**42.9**
平桂区	Pinggui District	958.8	787.4	39.3	128.9	3.1
八步区	Babu District	2515.8	948.7	485.2	948.0	133.8
昭平县	Zhaoping County	2555.4	1382.7	979.1	183.3	10.3
钟山县	Zhongshan County	2077.4	1180.5	428.5	459.3	9.1
富川县	Fuchuan County	2469.1	1731.8	25.2	711.3	0.8
河池市	**Hechi City**	**1854.5**	**870.2**	**102.0**	**869.0**	**13.3**
金城江区	Jinchengjiang District	1914.7	1241.9	52.3	581.3	39.3
南丹县	Nandan County	2382.2	1906.5	142.2	314.6	18.8
天峨县	Tian' e County	1809.0	906.3	426.2	467.0	9.5
凤山县	Fengshan County	1602.9	455.6	440.3	705.7	1.4
东兰县	Donglan County	1251.5	365.6	186.8	694.9	4.3
罗城县	Luocheng County	2158.4	1546.2	11.6	585.8	14.8
环江县	Huanjiang County	3535.6	990.1	53.2	2493.3	…
巴马县	Bama County	839.7	476.8	159.0	202.1	1.8
都安县	Du' an County	672.8	498.4	…	170.8	4.9
大化县	Dahua County	1233.3	494.9	106.3	594.0	38.2
宜州市	Yizhou City	3742.0	1124.1	20.1	2585.5	12.4
来宾市	**Laibin City**	**3683.4**	**2745.8**	**160.7**	**765.7**	**11.2**
兴宾区	Xingbin District	4345.2	3644.0	141.5	531.6	28.1
忻城县	Xincheng County	2918.1	1130.9	72.6	1714.9	…
象州县	Xiangzhou County	4355.3	3659.0	175.2	522.1	…
武宣县	Wuxuan County	3480.0	2707.3	1.3	775.1	…
金秀县	Jinxiu County	2207.8	1147.5	545.0	506.8	8.4
合山市	Heshan City	2751.1	1818.7	216.6	715.6	0.2
崇左市	**Chongzuo City**	**4380.4**	**3936.5**	**194.6**	**224.7**	**24.6**
江州区	Jiangzhou District	5455.7	5335.1	…	108.2	12.8
扶绥县	Fusui County	6009.0	5655.8	94.6	256.8	1.8
宁明县	Ningming County	5208.7	4500.5	613.4	75.6	19.2
龙州县	Longzhou County	4610.2	4068.6	293.1	81.6	166.9
大新县	Daxin County	3309.3	3178.3	6.3	121.1	3.5
天等县	Tiandeng County	2433.5	1708.5	128.7	595.2	1.1
凭祥市	Pingxiang City	2405.8	1900.2	251.4	253.0	1.1

主要统计指标解释

家庭常住人口 指经常住在家庭中的人口数，包括家庭成员中（仅指直系亲属）在部队服役的战士（不包括干部），户口在本市学校或工作单位住单身宿舍的学生或职工、入全托的儿童。对于职工家庭中已成家、经济自立，连用饭也不在一起的子女，虽因住房问题，仍住在一户内，不计算为家庭人口，其居住面积也不包括。为了反映实际的居住情况，对于家庭中已婚，不在一起居住，而户口未迁出的子女，也不计算为该户的“家庭常住人口”。

家庭人口数 指居住在一起，经济上合在一起共同生活的家庭成员。凡计算为家庭人口的成员其全部收支应包括在一起。

现金收入 包括实际收入和借贷收入。

可支配收入 指居民家庭在支付个人所得税之后，所余下的实际收入。计算公式为：

可支配收入=实际收入–个人所得税–家庭副业生产支出–记帐补贴

实际收入 指调查户的全部的现金收入；不包括借贷收入，如提取银行存款、向亲友借入款、收回借出款以及其他各种暂收款。

借贷收入 指周转性收入。包括提取银行存款、储金会款、借入款、收回借出款、兑售有价证券、赊购、为购买房屋从银行贷款等。

实际支出 包括消费性支出、非消费性支出和家庭副业生产支出。

消费性支出 指调查户购买商品和用于服务的全部支出，共分八类：食品；衣着；家庭设备用品及服务；医疗保健；交通和通信；娱乐教育文化服务；居住；杂项商品和服务。购买商品支出是指从商店、集市、饮食业、工作单位食堂以及直接从工厂和农村购买各种商品支出，包括自用的和赠送亲友的在内；服务支出是指调查户用于社会提供的各种文化和生活服务方面的支出，包括各种修理费、加工费、洗理美容费、保姆费、劳务费等。

非消费性支出 包括直接税、消费性贷款利息支出、经常性转移支出等。如贷款利息、个人所得税、各种税金、赡养支出、各种非储蓄性保险支出、其他非消费性支出等。

家庭副业生产支出 指居民家庭从事喂猪、养鸡、种瓜菜等家庭副业生产购买的幼畜、幼禽及饲料、种籽、工具等各项支出。

借贷支出 包括存入储蓄款、存入储金会款、归还借款、借出款、储蓄性保险支出、购买有价证券、预购、归还为购买房屋的银行贷款等。

全年总收入 是指调查期内农村住户和住户成员从各种来源渠道得到的收入总和。按收入的性质划分为工资性收入、家庭经营收入、财产性收入和转移性收入。

全年总支出 是指农村住户用于生产、生活和再分配的全部支出。包括家庭经营费用支出、购置生产性固定资产支出、生产性固定资产折旧、税费支出、生活消费支出、财产性支出和转移性支出。

全年生活消费支出 是指农村住户用于日常生活的全部开支。生活消费支出按消费类别划分包括：食品、衣着、居住、家庭设备用品及服务、医疗保健、交通和通讯、文化教育娱乐用品及服务、其他商品和服务等消费支出。

全年纯收入 是指农村住户当年从各个来源渠道得到的总收入扣除相应的生产费用后可用于生活消费、扩大再生产和积累的收入总和。计算公式为：

农村住户全年纯收入=全年总收入–家庭经营费用支出–缴纳税款–上交集体承包任务–上交集体提留和摊派–调查补贴–农村内部亲友赠送–生产性固定资产折旧。

农村住户全年纯收入除以农村住户常住人口，即得出农村居民人均纯收入，简称农民人均纯收入。

全年纯收入按收入形式分类，分为现金纯收入和实物纯收入两部分。

现金纯收入 指当年从各个来源得到的现金总收入相应地扣除所发生的现金费用支出后的收入总和。“现金纯收入”是“纯收入”中已经“变现”的部分，反映的是在当年“纯收入”中，农民对外进行商品交换的现实支付能力。

实物纯收入 “纯收入”减去“现金纯收入”就是“实物纯收入”。

Explanatory Notes on Main Statistical Indicators

Family Permanent Resident Population refer to population staying at home permanently, including the family members (refer to the direct relative only) who serve in the army as soldiers (not including the cadre), students or workers whose registered permanent residences are in the school or in the working units of the city and live in the quarters singly, and the children entering the nursery for whole day. As to the children in worker families who have get married already, economy support oneself, even do not have dinner together, although because of the housing problem, still live in one, do not calculate for family's population, their living space does not include either. To reflect real situation of inhabiting, family being married, live together, the children that the registered permanent residence has not moved out, do not calculate for " permanent resident population of the family " of this family either.

Size of Household refers to family members who live together, share money with each other. The whole income and expenditure of members who are calculated in a household should be included together.

Cash Income includes actual income and loan income.

Disposable Income refers to the real income after the deduction of personal income tax. Its calculating formula is:

Disposable Income = Actual Income—Personal Income Tax—Household Sideline Production Expenditure—the Recording Replenishing of the Households Surveyed

Actual Income refers to the total cash income of the surveyed households; it excludes loan income, such as withdrawing bank deposits, borrowing money from natives and friends, calling back lending money and other various kinds of temporary credits.

Loan Income refers to the turnover income. It includes withdrawing bank deposits, savings funds, borrowed funds, calling back lent money, selling marketable securities, buying on tally, granting the loan from bank for house etc..

Actual Expenditure it includes consumption expenditure, non-consumption expenditure and production expenditure of non-staple work in households.

Consumption Expenditure refers to total expenditure of surveyed households for buying commodities and service, it is divided into eight parts: foods; clothing; household facilities, articles and service; medicine and medical service; transport, post and communication services; residence, miscellaneous commodities and services. Expenditure for buying commodities refers to expenditure for buying kinds of commodities from shop, markets, catering service sector, dining-room of working units, and from factories and country directly, including self-use and gifts for natives; expenditure for service refers to expenditure of surveyed households for kinds of services of culture and life, including kinds of fixing cost, processing charge, hairdressing cost, nurse's fee, service charge etc..

Non-consumption Expenditure including direct tax, interest expenditure for consumption loan, running transfer expenditure etc.. Such as loan interest, personal income tax, total taxes, supporting expenditure, insurance expenditure not for saving, other expenditure except consumption etc..

Production Expenditure of Non-staple Work in Households refers to expenditure that resident households cost in buying young animals, young poultry and fodder, seeds exc. when doing non-staple work of households such as feeding hogs, chickens, planting melons and vegetables etc..

Loan Expenditure including deposit saving money, deposit saving fund, the returned loan, the lent money, insurance expenditure for saving, purchase of securities, purchase in advance, returning the housing loan etc..

Annual Total Revenue refers to the total revenue of the rural households from kinds of source during survey time. By type of income, it can be divided into wages income, income from household management, property income and transfer Income.

Annual Total Expenditure refers to total expenditure for productive, living and redistributed use. It includes expenditure for household business, purchase of productive fixed assets, taxes and fees, consumption, property expenditure and transfer expenditure.

Annual Living Consumption Expenditure refers to total expenditure of rural households for daily use. By consumption kinds, living consumption expenditure can be divided into: foods, clothes, residence, household facilities, articles and services, medicine and medical services, transport, post and communication services, cultural, educational and recreational articles and services, other commodities and services exc..

Annul Net Revenue refers to total income of rural households after deduction of productive cost, which use for living consumption, enlargement and reproduction, calculation. Its calculating formula is:

Annul Net Revenue of Rural Households = Annul Total net revenue—Expenditure for Household Business—Taxes—Payment for Collective Units for Contracted Tasks—Profits Submitted to the Community and Apportionment—Surveyed Subsidy—Giving between rural relatives—Productive Fixed Asset

Annul net revenue of rural households divided by permanent resident population of rural households, namely draw the per-capita net revenue of rural households, abbreviated as the net revenue of rural households.

Grouped by income form, annul net revenue can be divided into net cash revenue and net revenue in kind.

Cash Net Revenue refers to cash net revenue from kinds of source pluses cash expenditure. "Cash Net Revenue" is the cash in "Net Revenue", show the actual pay ability of rural residents to change commodities in the current "Net Revenue".

Net Revenue in Kind "Net Revenue in Kind" is "Net Revenue" after deduction "Net Cash Revenue".

城市概况
GENERAL SURVEY OF CITIES

12－1　自治区辖市社会经济主要指标（2012年）

指　标	Item	南宁市 Nanning	柳州市 Liuzhou	桂林市 Guilin
年末总人口（万人）	Total Population at the Year-end (10 000 persons)	274.55	114.83	75.82
年平均人口（万人）	Annual Average Population (10 000 persons)	273.68	114.5	75.86
常住人口（万人）	Permanent Population (10 000 persons)	348.42	155.85	101.53
年出生人口（人）	Annual Birth Population (person)	40095	15024	7449
年死亡人口（人）	Annual Mortality Population (person)	20168	12073	2590
年末总户数（万户）	Total Households at the Year-end (10 000 households)	85.64	36.89	24.94
从业人员期末人数（城镇，万人）	Number of Employed Persons in Year-end (urban,10 000 persons)	62.26	36.97	17.99
第一产业（农、林、牧、渔业）	Primary Industry (Farming, Forestry, Animal Husban-dry & Fishery)	0.62	0.26	0.05
第二产业	Secondary Industry	21.12	15.69	6.83
采矿业	Mining	0.02	0.23	0
制造业	Manufacturing	11.04	12.04	4.34
电力、燃气及水的生产和供应业	Electricity, Gas & Water Production & Supply	0.61	0.41	0.42
建筑业	Construction	9.45	3.01	2.07
第三产业	Tertiary Industry	40.52	21.02	11.11
农、林、牧、渔服务业	Services for Farming,Forestry,Animal Husbandry & Fishery	0.16	0.12	0
开采辅助活动	Mining Assist Activities	0	0	0
金属制品、机械和设备修理业	Metal Products,Machinary & Equipment Repairing Services	0	0.05	0.11
批发和零售业	Wholesale & Retail Trade	4.39	1.1	0.86
交通运输、仓储及邮政业	Transportation, Storage & Postal	5.92	1.87	0.72
住宿、餐饮业	Hotel & Catering Trade	1.06	0.87	0.79
信息传输、计算机服务和软件业	Information Transmission, Computer Service & Software Industries	0.89	1.31	0.37
金融业	Finance	3.05	1.4	0.91
房地产业	Real Estate	1.56	1.09	0.32
租赁和商业服务业	Leasing & Commercial Services	3.09	2.08	0.76
科学研究、技术服务	Scientific Research & Technology Services	2.76	1.77	0.5
水利、环境和公共设施管理业	Water Conservancy, Environment & Public Facility Management	1.3	1.46	0.71
居民服务和其他服务业	Resident & Other Services	0.11	0.29	0.08
教育	Education	6.73	2.86	2.12
卫生和社会工作	Public Health & Social Work	3.32	2	1.11
文化、体育和娱乐业	Culture, Sports & Entertainment	1.07	0.31	0.29
公共管理和社会组织	Public Administration & Social Organizations	5.11	2.44	1.46
城镇私营和个体从业人员（人）	Private & Self-employed Individuals (person)	172238	327822	95600
年末城镇登记失业人员数（人）	Registered Unemployment in Urban Areas at the Year-end (person)	24600	20291	13750

注：1.本表数据均为市辖区数，下同。

2.人口指标数据除常住人口外，其他指标数据为公安户籍年报数。2012年公安部门全面换发二代居民身份证，清查了一批历年死亡未注销人口，导致死亡人口指标数据变动较大。

Note: 1. All the data in this table refers to municipal districts of the cities, and so as the continued tables.

2. The data of indicators on population is from the annual report of the household registration,except the permanent population,since the 2nd generation Idcard was renewed by the public security Department in 2012.a batch of no-cancellation dead persons were checked up,causing a cmsiderable changement in the data of deathe.

Main Social & Economic Indicators of Cities (2012)

梧州市 Wuzhou	北海市 eihai	防城港市 Fangcheng-gang	钦州市 Qinzhou	贵港市 Guigang	玉林市 Yulin	百色市 Baise	贺州市 Hezhou	河池市 Hechi	来宾市 Laibin	崇左市 Chongzuo
51.55	62.55	54.43	141.56	191.41	104.43	34.75	111.09	34.79	109.84	36.06
51.5	62.5	54.3	141.78	191.23	103.85	35.02	110.66	32.9	109.37	36.31
54.29	62.55	53.15	122.15	152.27	107.76	38.05	102.45	33.56	93.03	32.55
6161	10686	13125	13674	32970	20907	4974	15923	4922	19050	6586
5433	9744	6091	6428	25100	9585	6416	7242	7316	15800	7069
16.49	17.98	14.35	32.94	58.72	29.18	9.23	32.09	11	29.84	10.77
6.94	9.94	7.42	9.76	7.12	10.6	5.95	5.03	4.6	6.01	3.5
0.02	0.31	0.59	0.19	0.03	0.02	0.14	0.07	0.01	0.61	0.25
2.76	4.28	2.49	4.07	2.06	3.68	2.03	1.19	1.65	2.01	1.05
0	0.1	0.11	0.13	0.02	0.01	0.41	0.03	0.01	0	0.39
2.13	3.31	1.2	1.41	1.45	2.39	0.86	0.69	1.18	1.52	0.54
0.16	0.29	0.2	0.2	0.21	0.32	0.25	0.29	0.18	0.31	0.09
0.47	0.58	0.98	2.33	0.38	0.96	0.51	0.18	0.28	0.18	0.03
4.16	5.35	4.34	5.5	5.03	6.9	3.78	3.77	2.94	3.39	2.2
0.01	0.33	0	0.04	0.02	0.01	0	0	0	0.02	0.03
0	0	0	0	0	0	0	0	0	0	0
0	0	0	0	0	0	0	0	0	0	0
0.16	0.24	0.11	0.32	0.28	0.56	0.28	0.19	0.28	0.12	0.11
0.35	0.43	1.13	0.53	0.31	0.6	0.53	0.12	0.27	0.11	0.16
0.05	0.2	0.08	0.11	0	0.18	0.05	0.04	0.05	0	0.02
0.09	0.15	0.08	0.16	0.04	0.36	0.26	0.09	0.23	0.12	0.12
0.32	0.48	0.18	0.15	0.38	0.48	0.25	0.24	0.19	0.18	0.29
0.18	0.24	0.16	0.05	0.02	0.23	0.05	0.06	0.03	0.05	0.02
0.07	0.08	0.08	0.09	0.01	0.22	0.02	0.05	0.13	0.16	0.1
0.14	0.19	0.1	0.14	0.17	0.22	0.22	0.12	0.11	0.13	0.04
0.26	0.26	0.17	0.22	0.17	0.24	0.17	0.12	0.08	0.24	0.07
0	0.03	0	0.03	0.01	0.03	0.01	0	0.01	0	0
0.69	1.08	0.87	1.6	1.76	1.68	0.72	1.2	0.45	1.03	0.47
0.73	0.52	0.43	0.82	0.7	0.94	0.51	0.49	0.3	0.45	0.2
0.08	0.09	0.03	0.05	0.02	0.09	0.06	0.06	0.06	0.03	0.02
1.03	1.03	0.92	1.19	1.14	1.07	0.64	0.99	0.75	0.75	0.55
108199	103572	56500	110345	67944	37414	39454	48422	31141	116872	23067
7932	4987	1957	3770	2482	3236	1250	1500	1947	2777	1119

12－1 续表 1

指 标	Item	南宁市 Nanning	柳州市 Liuzhou	桂林市 Guilin
行政区域土地面积（平方公里）	Gross Area (sq.km)	6569	1017	565
#建成区面积	Developed Area	242	172	66
城市建设用地面积	Area of City Construction	237	172	66
#居住用地面积	Area of Living Space	79	46	18
公共设施用地面积	Area of Public Facilities	40	17	11
工业用地面积	Area of Industry	27	38	14
地区生产总值（当年价，万元）	Gross Domestic Product (current prices,10 000 yuan)	17871703	13237093	4356047
第一产业	Primary Industry	1178177	148327	90363
第二产业	Secondary Industry	6421833	9151767	1745913
第三产业	Tertiary Industry	10271693	3936999	2519771
地区生产总值（2010年价格，万元）	Gross Domestic Product (Prices in the year of 2010,10 000 yuan)	16483573	12504232	4312721
人均地区生产总值（元）	Per Capita Gross Domestic Product (yuan)	65301	85307	43474
地区生产总值增长率（%）	Growth Rate of Gross Domestic Product (%)	12.3	11.7	9.8
公共财政预算收入（万元）	Public Budget Income (10 000 yuan)	1953440	935810	494657
#各项税收	Local Government Revenue (10 000 yuan)	1384380	654639	259908
#企业所得税	Various Taxes	199695	84427	36019
个人所得税	Enterprise Income Taxes	54212	16160	11829
公共财政预算支出（万元）	Public Budget Expenditure (10 000 yuan)	2511690	1288715	751713
#一般性公共服务支出	Local Government Revenue (10 000 yuan)	280610	125862	131204
科学技术支出	Expenditure for General Public Service	39473	24207	14996
教育支出	Expenditure for Science & Technology	367193	200267	112919
文化体育与传媒支出	Expenditure for Education	56722	33788	15495
医疗卫生支出	Expenditure for Culture, Sport & Media	187703	82528	56926
节能保护支出	Expenditure for Energy Conservation & Environment Protection	26414	33417	16668
城乡社区事务支出	Expenditure for Environment Protection	337056	301672	68738
交通运输支出	Expenditure for Community Affair in Urban & Rural Area	144176	48422	19863
社会保障和就业支出	Expenditure for Transpotation	210752	86843	65717
住房保障支出	Expenditure Housing Security	83947	55093	33937
年末金融机构人民币各项存款余额（万元）	Year-end Deposit Balance of Financial Institutions in RMB (10 000 yuan)	50707099	14974573	9790278
#居民人民币储蓄存款余额	Saving Deposit in RMB	14613189	5963316	5020540
年末金融机构人民币各项贷款余额（万元）	Year-end Loun Balance of Financial Institutions in RMB (10 000 yuan)	51932096	11065884	5382086

continued

梧州市 Wuzhou	北海市 Beihai	防城港市 Fangcheng-gang	钦州市 Qinzhou	贵港市 Guigang	玉林市 Yulin	百色市 Baise	贺州市 Hezhou	河池市 Hechi	来宾市 Laibin	崇左市 Chongzuo
1097	957	2818	4764	3548	1251	3718	5708	2340	4363	2951
39	67	34	86	67	67	35	32	19	35	22
36	65	21	86	59	64	34	27	17	35	14
12	26	5	21	19	25	13	8	5	10	4
5	9	2	9	8	10	1	4	2	5	2
5	4	2	21	13	2	7	4	4	5	2
2845446	4664498	3319002	4346209	3026532	3009916	1659869	2200977	832698	2527972	1083539
80199	640561	319204	854800	564886	328355	205500	412709	101752	517139	249790
1702952	2602824	1888901	1883847	1059032	1192748	960579	1157008	341173	1155029	476091
1062295	1421113	1110897	1607562	1402614	1488813	493790	631260	389773	855804	357658
2104102	4117329	2981559	3931709	2957796	2878576	1467557	2033341	941833	2330533	962049
51353	58819	62777	35978	19956	28050	43767	21483	24909	27461	33546
15.1	25.7	9.8	15.3	10	9.5	12.5	8.6	-4	10	11.5
419212	364158	243732	257842	158317	318315	38202	82253	16808	60059	93723
246335	258413	136182	140732	113319	69945	27915	53215	3399	41330	49046
16629	21367	12095	16651	13591	22227	3887	4040	1411	3742	7432
4141	4245	2579	2258	3693	5662	971	1244	453	1583	993
664049	709122	479546	690222	563256	568981	126280	343065	112042	221722	312577
67786	83394	76187	66945	84243	112799	16531	41301	12080	43819	41412
9589	14049	2184	7933	2599	8635	985	3585	820	1890	3490
127924	91584	70529	140199	138126	108451	35396	85434	25540	64803	59958
7914	6624	5090	7285	3196	5436	1311	2078	1010	1503	7756
37281	44543	28334	70129	69374	62770	12526	38054	13312	28074	32354
12485	16388	10471	19634	11913	13326	4369	8415	11753	2818	5873
133412	102679	39391	42898	29305	27787	3106	18342	1074	1980	31691
9875	43530	18395	32835	16401	16326	3236	12703	2729	1123	9470
54009	25725	46142	67943	39457	45027	8044	38708	8687	24469	30690
30235	22633	12771	32826	18687	25605	6067	24543	8584	10745	11525
3253320	4396099	2525782	4139727	3483738	4303465	1894010	2047403	1629776	2047938	1069706
1651188	2354823	1207391	1948000	2178318	2503046	935331	1146741	886512	919193	470320
2585838	2436144	2046874	3433304	2489967	2433684	1477087	1280055	1005362	1576132	772384

12—1 续表 2

指 标	Item	南宁市 Nanning	柳州市 Liuzhou	桂林市 Guilin
规模以上工业法人企业:	Year-end Urban & Rural Savings Deposits			
工业企业数（个）	Year-end Loans Balance of Financial Institutions	528	538	141
内资企业	Domestic Investment	467	513	122
#国有企业	State-owned Enterprises	30	24	21
私营企业	Private Enterprises	301	287	34
#私营独资企业	Private Proprietorships	15	54	1
私营股份有限公司	Private Share Holding Enterprises	7	4	3
港、澳、台商投资企业	Enterprises with Funds from Hong Kong, Macao & Taiwan	25	8	5
外商投资企业	Foreign Funded Enterprises	36	17	14
工业总产值（当年价，万元）	Industrial Gross Output Value (current prices, 10 000 yuan)	14154799	30023060	4146406
内资企业	Domestic Investment	11538828	22228841	3752307
#国有企业	State-owned Enterprises	1901492	7440965	878186
私营企业	Private Enterprises	5723708	7097140	472998
#私营独资企业	Private Proprietorships	317974	1071083	30229
私营股份有限公司	Private Share Holding Enterprises	118142	70734	20842
港、澳、台商投资企业	Enterprises with Funds from Hong Kong, Macao & Taiwan	1637393	330547	114224
外商投资企业	Foreign Funded Enterprises	978578	7463672	279875
从业人员年平均人数（万人）	Annual Average Population of Employees (10 000 persons)	15.2	20.84	5.39
流动资产合计（万元）	Annual Average Balance of Circulating Funds (10 000 yuan)	4814855	12009489	2001285
固定资产合计（万元）	Total Value of Fixed Assets (10 000 yuan)	4783624	5813232	1417336
主营业务收入（万元）	Income of Major Business (10 000 yuan)	13639825	28626785	3515231
主营业务成本（万元）	Cost of Major Business (10 000 yuan)	10558589	25089886	2712291
主营业务税金及附加（万元）	Tax & Extra Charges on Income of Major Business	452338	665196	53364
本年应交增值税（万元）	Value Added Taxes Receivable in This Year (10 000 yuan)	497175	690009	119928
利润总额（万元）	Total After-tax Profits (10 000 yuan)	1002032	1059692	361277
年末邮政局（所）数（处）	Number of Post Offices in the Year-end (unit)	97	35	37
全社会用电量（万千瓦时）	Energy Consumption (10 000 kwh)	1012123	739463	252902
#工业用电	Electricity Consumption (10 000 kwh)	407175	507246	88865
城乡居民生活用电	Electricity Consumption by Industry	255784	118813	86545
社会消费品零售总额（万元）	Total Retail Sales of Consumer Goods (10 000 yuan)	10442926	5385701	2861404
限额以上批发零售贸易业商品销售总额（万元）	Total Sales of Enterprises above Designated Size in Wholesale & Retail Trades (10 000 yuan)	19032088	8138470	2327206
限额以上批发零售企业数（法人数）（个）	Number of Enterprises above Designated Size in Wholesale & Retail Trades (unit)	589	383	111
#零售业	Retail Trade	283	136	65

continued

梧州市 Wuzhou	北海市 Beihai	防城港市 Fangcheng-gang	钦州市 Qinzhou	贵港市 Guigang	玉林市 Yulin	百色市 Baise	贺州市 Hezhou	河池市 Hechi	来宾市 Laibin	崇左市 Chongzuo
126	115	105	118	151	100	44	86	36	48	32
103	89	88	102	134	92	41	73	35	42	23
3	7	3	7	4	4	7	6	6	9	2
49	46	59	60	80	45	9	31	9	12	17
12	3	11	8	23	5	0	3	0	0	4
2	0	4	2	2	0	0	3	0	2	0
15	16	5	8	16	3	3	9	0	1	3
8	10	12	8	1	5	0	4	1	5	6
5756158	9200915	6169801	9068989	2874701	2673896	2228977	1954883	934248	3031042	1233983
5079095	7347270	3239365	7464996	2333239	1491869	2065450	1833831	899644	2711426	527848
301806	290921	156204	5503678	548017	38837	494550	220722	97776	597887	222788
2288914	1658721	2294830	907009	953367	445107	223192	346473	56478	492807	277728
1248681	19682	136536	175232	145330	162338	0	15761	0	0	23152
62285	0	106829	17946	17241	0	0	132957	0	18107	0
208562	1395626	77507	1093693	519368	20719	163527	44128	0	16988	114531
468501	458019	2852929	510300	22094	1161308	0	76924	34604	302628	591604
4.5	4.53	1.71	2.46	3.59	3.68	1.53	1.78	2.14	2.23	1.27
1283694	1949619	2388036	3192769	1186917	1594865	638557	570503	985062	1283878	509208
815181	1819589	1773913	2703375	1902696	985394	1113938	598083	661113	1590015	621457
5625519	8627650	5708645	8829182	2844357	2556910	1791579	1796759	1330713	2771128	1122442
4747271	7384944	5236822	7953540	2566481	2146658	1638456	1538085	1039145	2594706	742106
25348	387125	26168	787304	8633	17724	8050	9835	2514	9002	6541
190329	523934	73045	159050	75156	82173	69260	61032	33854	89856	49706
265744	773488	328151	-209929	117699	138451	40673	154793	146954	-31197	143624
13	15	22	35	31	18	15	28	21	30	12
234792	257653	272269	372927	306862	200314	424816	373032	130548	533524	90888
170405	141596	198537	272433	219679	95474	380501	308312	89637	479983	21991
32451	51960	27327	45394	59220	57291	27614	40077	18228	34006	12658
1174780	910546	426059	1188171	1462261	1938161	387128	560960	432365	485561	176274
846625	966431	512306	1984576	836287	1771822	906611	658632	828848	539764	363696
51	31	44	95	54	120	33	40	27	25	16
32	17	25	40	44	76	24	24	14	14	11

12－1 续表 3

指　　标	Item	南宁市 Nanning	柳州市 Liuzhou	桂林市 Guilin
限额以上批发零售贸易业企业财务:	Finance of Enterprises above Designated Size in Wholesale & Retail Trades			
年末从业人数（万人）	Year-end Employed Persons(10 000 persons)	5.96	2.27	1.28
流动资产合计（万元）	Annual Average Balance of Circulating Funds (10 000 yuan)	8364448	2870694	407460
固定资产合计（万元）	Total Value of Fixed Assets (10 000 yuan)	441139	186237	117055
主营业务收入（万元）	Income of Major Business (10 000 yuan)	16467211	7127214	1990033
主营业务成本（万元）	Cost of Major Business (10 000 yuan)	15353059	6757513	1757115
主营业务税金及附加（万元）	Tax & Extra Charges on Income of Major Business	54933	23680	26697
本年应交增值税（万元）	Value Added Taxes Receivable in This Year (10 000 yuan)	1136442	67736	21399
利润总额（万元）	Total After-tax Profits (10 000 yuan)	246167	66635	79215
外商直接投资合同项目(个)	Nunber of Contract Items from Foreign Direct Investment(item)	37	8	6
当年实际使用外资金额（万美元）	Amount of Foreign Capital Actually Utilized(USD 10 000)	15802	32740	3473
全社会固定资产投资（万元）	Total Investment in Fixed Assets (10 000 yuan)	17922601	10890310	2836524
固定资产投资（不含农户,万元）	Investment in Fixed Assets (excluding rural households, 10 000 yuan)	17730271	10870130	2647597
#房地产开发投资	Investment in Real Estate Development	3097296	1706291	406428
#住宅	Residential Buildings	2121205	706397	330341
全年新增固定资产（万元）	Newly Increased Fixed Assets (10 000 yuan)	11514695	5045207	1342357
商品房屋销售面积（万平方米）	Floor Space of Selling Commercial Houses (10 000 sq.m)	511.12	231.61	67.28
#住宅	Residential Building	471.89	213.46	63.91
#别墅、高档公寓	Villa & High-class Flat	4.52	0.08	0.55
商品房屋销售额（万元）	Total Sales of Commercial Buildings (10 000 yuan)	3376660	1272344	444614
#住宅	Residential Building	2932845	1069521	414494
#别墅、高档公寓	Villa & High-class Flat	61355	1077	6271
商品房屋待售面积（万平方米）	Space of Commercial Buildings for Sale (10 000 sq.m)	170.04	27.38	21.15
学校数（所）	Number of Schools (unit)			
中等职业教育学校	Secondary Schools for Vocational Education	56	27	25
普通中学	Regular Secondary Schools	174	65	42
小学	Primary Schools	462	144	86
专任教师数（人）	Number of Full-time Teachers (person)			
普通高等学校	Institutions of Regular Higher Education	16548	3213	6316
中等职业教育学校	Secondary Schools for Vocational Education	4651	2245	1173
普通中学	Regular Secondary Schools	9891	4653	3247
小学	Primary Schools	12182	4514	3226
在校学生数	Student Enrollment			
普通高等学校（人）	Institutions of Regular Higher Education (person)	314404	68444	153981
高中阶段在校学生（人）	Secondary School Stages(person)	57178	94299	49976

continued

梧州市 Wuzhou	北海市 Beihai	防城港市 Fangcheng-gang	钦州市 Qinzhou	贵港市 Guigang	玉林市 Yulin	百色市 Baise	贺州市 Hezhou	河池市 Hechi	来宾市 Laibin	崇左市 Chongzuo
0.36	0.62	0.15	0.49	0.4	0.92	0.39	0.32	0.31	0.2	0.13
190812	199619	261485	702951	178856	425534	172996	164067	158045	79484	34068
39902	45724	6344	71809	41673	74046	59658	29486	43739	25550	17487
877350	838267	454246	1819225	774736	1580485	749528	640371	757458	464522	333550
797970	758859	419954	1700950	696362	1429083	662224	591225	578584	375018	290193
9625	9044	13444	10281	11078	13235	10719	6798	3618	6885	6621
12931	21910	4676	22836	13865	31695	16096	8944	10980	7171	6778
24281	25120	10621	26111	28268	53752	35551	14172	26408	23875	15484
3	6	0	8	4	4	0	5	0	4	0
6984	3207	0	12850	1162	224	6	0	0	1642	3506
2749068	5757280	3803482	3952484	2851116	3312570	1510443	3159709	602079	3163086	953038
2713719	5620774	3599573	2627562	2593010	3233636	1378136	2852258	540880	2818996	847523
265644	1639676	924426	548806	268729	494818	184969	133898	18464	443503	29053
189347	1224938	675425	418418	162486	340286	161317	101278	18464	229572	28251
1349952	3467146	635683	1624169	1737556	2603508	1042223	1777431	356993	886567	699038
61.04	102.08	95.47	107.35	86.19	173.45	29.17	26.4	24.39	75.24	43.46
57.79	100.6	92.78	100.86	77.43	129.76	28.59	23.23	23.44	70.06	43.44
1.58	0.33	0.97	1.68	0	0	0	0.79	0	0.35	0
235383	498185	317939	411770	346102	603641	102725	63768	77323	270673	77280
212099	481655	300388	352650	275560	411138	97355	51976	71696	205448	76978
3265	3950	8219	12560	0	0	0	2045	0	1088	0
60.51	99.05	7.95	61.95	21.32	26.2	25.87	16.15	0.86	99.44	0.2
13	2	1	15	12	19	1	12	3	5	0
21	44	23	78	94	42	24	46	22	48	15
82	119	209	367	424	237	109	302	77	248	61
651	1095	40	743	207	831	917	553	173	346	621
631	806	69	623	674	1734	62	563	522	296	0
1692	3588	1554	4883	8100	4167	1430	2788	1352	3961	955
2065	2940	2427	6415	7034	4226	1751	4479	1521	4478	1569
15620	24304	1783	14285	1716	15415	19417	9744	2943	5924	15350
10151	40543	9355	23522	82605	66000	16153	15524	9659	28562	4388

12－1 续表 4

指 标	Item	南宁市 Nanning	柳州市 Liuzhou	桂林市 Guilin
中等职业教育学校（人）	Secondary Schools for Vocational Education (person)	159163	59611	32982
普通中学（万人）	Regular Secondary Schools (10 000 persons)	17.71	7.59	4.21
小学（万人）	Primary Schools (10 000 persons)	26.97	10.45	6.09
体育场馆数（个）	Gymnasiums (unit)	17	12	16
剧场、影剧院数（个）	Cinemas & Theatres (unit)	9	3	7
公共图书馆图书总藏量（千册、件）	Total Collection of Public Libraries (1000 copies)	4624.6	1327	2472.7
订销报刊杂志累计份数（千份）	Total Volume of Suscription & Sales of Newspapers & Magazines (1000 copies)	41738.4	6152.45	17571.9
广播节目综合人口覆盖率（%）	Radio Coverage of the Population(%)	100	100	99.5
电视节目综合人口覆盖率（%）	Television Coverage of the Population(%)	100	100	100
有线电视入户率（%）	Cable Television Coverage of the Household(%)	88.83	82.39	84.2
医院、卫生院数（个）	Number of Hospitals (unit)	99	53	27
医院、卫生院床位数（张）	Total Number of Beds in Hospitals (bed)	19825	10791	5520
医生数（执业医师+执业助理医师，人）	Number of Doctors (Certified physicians & certified assis-tant physicians, person)	12194	5572	3473
注册护士（人）	Registered Nurses (person)	13543	7288	4441
在岗职工平均人数（万人）	Average Number of Working Staff & Workers (10 000 persons)	50.48	32.36	14.67
在岗职工工资总额（万元）	Total Wages of Working Staff & Workers (10 000 yuan)	2398753	1297576	608318
城镇居民人均可支配收入（元）	Per Capita Annual Disposable Income of Household (yuan)	23253	23280	22728
最低10%户人均可支配收入	Lowest Income Households (first quintile group)	9241	8668	8848
最高10%户人均可支配收入	Highest Income Households (fifth quintile group)	44869	53928	49079
城镇居民人均消费支出（元）	Per Capita Annual Consumption Expenditures of House-hold (yuan)	16049	15259	14557
#食品	Food	6137	6326	6423
衣着	Clothing	1144	1136	1316
居住	Residence	1315	1438	1178
家庭设备用品及服务	Household Facilities, Articles & Services	1200	1007	902
医疗保健	Medicines & Medical Services	959	894	891
交通和通信	Traffic & Communications	2833	2217	1513
教育文化娱乐服务	Services for Education,Culture & Entertainment	2039	1795	1996
每百户居民家庭拥有：	Per 100 Households:			
家用汽车（辆）	Automobile (unit)	27	24	12
家用电脑（台）	Computer (set)	112	93	80
城镇居民人均住房建筑面积（平方米）	Per Capita Housing Construction Area(sq.m)	27.98	31.66	28.93
居民消费价格指数(上年为100)（%）	Consumer General price Index (preceding year=100)	102.9	104	103.5

continued

梧州市 Wuzhou	北海市 Beihai	防城港市 Fangcheng-gang	钦州市 Qinzhou	贵港市 Guigang	玉林市 Yulin	百色市 Baise	贺州市 Hezhou	河池市 Hechi	来宾市 Laibin	崇左市 Chongzuo
13687	8534	6023	22205	10373	38906	1297	30138	15058	15638	0
2.59	4.2	2.79	7.67	14.13	6.66	1.26	5.1	1.09	6.3	0.86
3.58	6.5	4.74	13.23	12.43	10.18	2.92	9.4	2.37	8.38	2.42
2	1	1	9	1	10	8	7	3	6	8
2	1	1	2	6	4	2	3	1	1	0
558.01	342.79	184	300.23	280	540	183.64	200.1	194.32	128	135.56
14892.03	27732	8693.65	10903	10793	11671.65	4554.44	6069.5	4840	5488.3	52.1
98.95	100	95.8	98.6	98.23	96.2	97.77	94.06	93.43	93.79	97.55
98.87	100	97.3	98.6	99	98.2	98.01	98.13	97.46	96.99	96.52
98.01	40.2	31.91	58	42	49	85.86	30.49	67.26	18.62	39.32
20	23	21	42	40	32	19	38	18	34	15
3956	2833	1848	5507	4135	5964	3038	2686	2778	2906	992
1941	1876	673	1384	2201	2705	2653	1373	1541	1363	421
1921	1943	898	2545	2550	3125	1848	1546	1676	1355	461
6.03	8.11	6.98	8.16	6.43	9.46	4.5	4.49	3.89	4.74	2.83
211855	309682	263281	340162	212316	361633	190163	163597	141557	179077	103068
21472	21470	23018	22242	20248	24887	19242	21005	20767	22235	19976
9681	8006	7917	12669	7808	9004	6590	6801	8428	10283	6153
44339	57186	70526	65007	46177	48104	48272	69909	46465	52200	50865
15839	15840	14823	13034	12729	15342	13213	13642	12564	15002	11457
7121	6781	5648	5638	5167	5681	5414	5052	5232	5419	4979
1000	993	700	1189	958	1019	1353	1046	1069	1583	775
1469	1905	3543	1065	1254	1715	913	1185	1639	1462	1463
1284	944	881	1439	844	1123	946	911	837	1061	873
1285	631	576	759	754	1132	767	727	773	1047	382
1929	3012	2131	1265	1858	2178	2090	3082	1207	2087	1663
1397	1148	845	1392	1523	1937	1277	1322	1299	1924	1151
7	26	12	19	27	17	17	18	8	9	13
101	99	60	104	87	89	100	96	83	81	89
34	55.4	40.57	46.69	49.12	67.18	25.19	55.46	36.15	44.3	35.13
103	102.6	102.6	103.1	103.5	103.4	103	102.8	103.2	102.6	103.1

12－1 续表5

指 标	Item	南宁市 Nanning	柳州市 Liuzhou	桂林市 Guilin
城镇职工基本养老保险参保人数（人）	Number of Persons Joined Urban Staff Workers Basic Pension Insurance (person)	707136	630788	395878
城镇基本医疗保险参保人数（人）	Number of Persons Joined the Urban Basic Health Care Program (person)	1348681	1101096	615994
#城镇职工参保人数	Urban Staff & Workers	553800	594928	287843
失业保险参保人数（人）	Number of Persons Joined Unemployment Insurance (person)	321614	226451	144172
工伤保险参保人数（人）	Number of Persons Joined Industrial Injury Insurance (person)	408500	399421	262130
生育保险参保人数（人）	Number of Persons Joined Bearing Insurance (person)	362300	289324	168523
社会福利院数（个）	Number of Social Welfare Homes (unit)	63	23	23
社会福利院床位数（张）	Number of Beds in Social Welfare Homes (bed)	5302	4081	2633
社区服务设施数（个）	Number of Community Service Facilities (unit)	544	122	151
城镇居民最低生活保障人数（人）	Number of Urban Residents under Lowest Cost-of-living Level (person)	11133	13767	8498
交通事故死亡人数（人）	Death of Traffic Accidents (person)	141	69	48
交通事故损失额（万元）	Losses of Traffic Accidents (10 000 yuan)	147	8	60
火灾事故死亡人数（人）	Death of Fire Accidents (person)	6	1	0
火灾事故损失额（万元）	Losses of Fire Accidents (10 000 yuan)	1328	182	122
刑事案件立案数（起）	Number of Criminal Cases Registered (case)	41547	21646	11074
犯罪人数（人）	Number of Criminals (person)	3732	3049	1997
#青少年人数（年龄14-25周岁）	Adolescents(between the ages of 14-25)	1617	1164	644
城市维护建设资金支出（万元）	Expenditure for City Maintenance & Construction(10 000 yuan)	1524685	1045549	573880
年末实有城市道路面积（万平方米）	Area of City Road in the Year-end (10 000 sq.m)	3334	1593	780
排水管道长度（公里）	Length of Sewer Pipelines (km)	1153	1101	504
供水综合生产能力（包括自备水源，万立方米/日）	Compre hensive Productive Capacity of Water Supply(including prepared resources,10 000 cu.m/day)	146.5	134.22	46.7
城市供水总量（万吨）	Volume of Water Supply in ciyies (10 000 tons)	40215	47016	11110
售水量（万吨）	Volume of Sold Water (10 000 tons)	34054	44024	8873
#居民生活用水量	For Residential Living Use	20294	11977	5371
用水人口（万人）	Number of Residents with Access to Tap Water (10 000 persons)	236.63	152.81	72.1
供气总量（人工、天然气）（万立方米）	Total Volume of Gas Supply Including Manufactured & Natural Gas (10 000 cu.m)	6554	7296	2354
#家庭用量	Residential Use	3502	4921	1085
用气人口（人）	Number of Residents with Access to Gas (person)	950800	708900	280700
液化石油气供气总量（吨）	Total Volume of Liquid Petrol Gas Supply (ton)	93000	56116	21896
#家庭用量	Residential Use	73640	32163	20394
用液化气人口（人）	Population with Access to Liquid Petrol Gas Supply(person)	1530000	1061400	536900
年末实有公共汽（电）车营运车辆数（辆）	Year-end Total Operating Public Buses & Trolleys (unit)	2784	1033	755
全年公共汽（电）车客运总量（万人次）	Annual Passenger Traffic Volume of Public Buses & Trolleys (10 000 person-times)	58229.2	25800	25464
年末实有出租汽车数（辆）	Year-end Total Number of Taxi (unit)	5670	1861	1930
绿地面积（公顷）	Green Area(hectare)	40632	6738	2514
#公园绿地面积	Park	3235	2094	846
建成区绿化覆盖面积（公顷）	Coverage Area of Forestation in Developed Area(hectare)	10165	7886	2805

continued

梧州市 Wuzhou	北海市 Beihai	防城港市 Fangcheng-gang	钦州市 Qinzhou	贵港市 Guigang	玉林市 Yulin	百色市 Baise	贺州市 Hezhou	河池市 Hechi	来宾市 Laibin	崇左市 Chongzuo
184007	103581	77564	46129	66333	124000	18642	40400	85841	52041	21788
291757	283614	183049	221039	266648	217000	48123	101300	92505	143486	86456
159113	124024	68337	10368	109052	130000	19105	40400	11383	57426	64100
61996	66895	39529	36430	52106	52000	9950	21000	10515	34939	11280
79253	57051	45708	49134	66671	86000	11020	26900	16727	34950	15987
77764	47503	39299	60455	61276	90400	11020	22100	17227	40982	15467
48	3	21	30	35	18	1	2	18	24	11
2008	455	569	765	1203	1009	134	744	424	1266	314
43	25	26	16	22	39	38	10	8	18	0
4380	10199	28524	10212	16460	4877	3886	15099	2266	10466	3165
26	23	24	23	81	50	20	50	60	32	17
6	20	72	7	58	13	19	16	38	19	32
0	0	0	0	0	1	0	2	0	0	0
59	36	34	209	228	106	44	120	23	44	27
4870	969	3437	4678	8999	5565	4457	4878	181	3634	1330
829	1007	658	467	1488	847	717	775	450	698	1821
50	293	151	85	559	293	138	249	17	265	89
62852	112438	56739	26171	41943	69860	29456	27030	29340	128602	3113
594	802	588	909	752	925	427	285	167	498	186
194	521	399	561	332	720	297	214	390	431	97
27.5	32.5	16	31.18	35.99	18.5	16.23	8	15	20.2	5
5782	5115	3597	4922	3768	5552	4176	2125	2300	2415	1134
5219	4559	3025	3794	2962	5552	3647	2125	1931	2118	993
2244	2371	973	2036	1817	3063	2047	1353	1350	1892	520
40.39	35.8	16.12	28.81	38.4	66	24.38	18.95	27	29	12.02
552	1883	68	561	451	500	1	0	0	66	0
198	600	34	282	270	250	1	0	0	46	0
56000	63500	14500	82200	57000	85000	800	0	0	26583	0
7475	18450	9400	9162	9856	38445	5684	6500	935	7476	2986
7462	13100	8180	9036	6198	32507	5463	6000	900	7172	2985
337600	295000	136200	193600	309000	567500	120000	174500	175000	270000	108000
297	252	272	413	221	227	108	121	159	182	46
6542.01	2175	1709.1	3450	2738	4828.8	1494	1240	3976	2130	310.8
745	555	138	580	365	599	1348	380	300	370	143
2182	2172	979	2720	1378	2637	1263	1273	565	1173	663
355	369	128	215	495	737	225	344	128	296	111
1346	2534	1120	2955	1569	2531	1365	1327	1564	1249	718

主要统计指标解释

建成区面积　指市政区范围内经过征用的土地和实际建设发展起来的非农业生产生活建设地段，包括市区集中连片的部分以及分散在近郊区与城市有着密切联系，具有基本完善的市政公用设施的城市建设用地（如机场、污水处理厂、通讯电台）。

居住用地面积　指在城市中包括住宅及相当于居住小区及以下的公共服务设施、道路和绿地等设施的建设用地。

公共设施用地　城市中为社会服务的行政、经济、文化、教育、卫生、体育、科研及设计等机构或设施的建设用地。

工业用地　城市中工矿企业的生产车间、库房、堆场、建筑物等的建设用地。

社区服务设施数　指报告期末城镇（街道办事处、居委会）设立以非盈利为目的，为本社区居民服务，特别是为老年人、残疾人、儿童服务的社区服务中心、活动站、服务站、养老院、老年公寓、残疾人工疗站、家务服务站、婚姻介绍所等福利性设施以及职工社会保险管理服务的机构数。几种不同类型的社区服务单位，共用一个场所的，只能统计为一个社区服务设施。条件是（1）独立核算单位；（2）有固定的从业人员；（3）有一定的服务项目；（4）有一定的场所。

城镇居民最低生活保障人数　指在报告期末，家庭平均收入在当地规定的最低生活保障线以下的城镇居民数，包括“三无对象”，失业人员和在职、下岗，退休人员等。

年末实有城市道路面积　是路面经过铺筑的路面宽度在3.5米以上（含3.5米）的道路。包括高级、次高级道路和普通道路，不包括街道内部路面宽度不足3.5米的胡同、里弄。

道路面积只包括路面面积和与道路相通的广场、桥梁、停车场面积。不包括街心花坛、侧石、人行道和路肩的面积。

排水管道长度　排水道是指汇集和排放污水、废水和雨水的管渠及其附属设施所组成的系统。包括干管、支管以及通往处理厂的管道，无论修建在街道上或其它任何地方，只要是起排水作用的管道，都应作排水管道统计。排水管道按其排水性质分为污水管、雨水管、合流管三种。

供水综合生产能力　是指城建部门系统自来水公司所属自来水厂及各单位自备水源取水、净化、送水、出厂输水干管等环节的综合生产能力，以四个环节的薄弱环节为主，超负荷运行增加的能力不应计算。

供水总量　是指自来水厂供出厂外的全部水量，包括有效供水量及损失水量。

用水人口　指供应生活用水的年末实际人口。包括非农业人口和农业人口。

供气总量（人工、天然气）　是指城市煤气企业向城市生产用户、家庭用户和其他用户供应的全部煤气量，包括外购及损失量。

用气人口　指报告期末家庭用户的用气人口。

年末实有公共汽（电）车运营车辆数　是指城市公共交通企业可参加营运的全部车辆数。包括技术完好的、在修的、待修的、长期停驶的，以及拟报废尚未经上级主管部门批准报废的运营车辆数。不包括公交企业的油罐车、货车和其他专用车等非运营车，也不包括借入、租入的客运车辆。

全年公共汽（电）车客运总量　指运送乘客的总人数。包括普通票乘客人次，月票乘客人次和包车乘客人次。

年末实有出租汽车数　指经有关部门批准的专门从事出租业务的一切营业车辆。包括轿车、面包车、大客车。

绿地面积　指报告期末用作园林和绿化的各种绿地面积。包括公园绿地、生产绿地、防护绿地、附属绿地和其他绿地的面积。

公园绿地面积　指城市中向公众开放的、以游憩为主要功能，有一定的游憩设施和服务设施，同时有健全生态、美化景观、防灾减灾等综合作用的绿化用地。包括综合公园、社区公园、专类公园、带状公园和街旁绿地。其中综合公园、专类公园和带状公园面积之和为公园面积。

建成区绿化覆盖面积　指城市建成区内各单位管理的一切用于绿化的乔灌木和多年生草本植物的垂直投影面积。包括园林绿地以外的道路绿化覆盖面积（即道路的隔车带、中心绿岛和林荫道及行道树的覆盖面积）和单株树木的覆盖面积。

Explanatory Notes on Main Statistical Indicators

Developed Area refers to lands expropriated in urban administrative areas and sectors actually constructed and developed for non-agricultural production and living, it includes continuous parts in downtown area and lands for city construction that spread around outskirts and have close relation with city and have general perfect public administrative facilities(such as aerodrome, waste water treatment works and communication stations).

Area of Land for Residence refers to lands for construction in cities, including residential buildings and buildings up to residential quarters and accessorial public service facilities, roads, green land and so on.

Land for Public Facilities refers to lands for construction of institutions or facilities of administration, economy, culture, education, health care, sports, scientific research, designing services and so on serving the society in cities.

Land for Industry refers to lands for construction of productive workshops, storages, yards and buildings of industry and mining enterprises in cities.

Number of Service Facilities in Community refers to number of nonprofit institutions, set up by the urban sub-district offices or Neighbourhood Committees by the end of the reporting period, providing services for the residence in community especially the elderly, disabled persons and children, such as the Welfare facilities : community service center, activity stations, service stations, homes for the elderly, apartment for the elderly, working and treatment station for disabled persons, housework service stations, dating agencies and the service institutions for the social security of staff and workers in report period. Various community service units counted as one community service facilities if they share the same ground. The conditions are: (1) separated accounting units; (2) permanent employees; (3) certain service items; (4) certain grounds.

Number of Residents with Lowest Cost-of-living Protected refers to number of residents draw the lowest security cost in cities developing the system of lowest cost-of-living of residents, including persons without fixed habitation and work and effective identity, unemployed persons, in-service and lay-off staff , retired persons and so on.

Year-end Area of Roads Paved refers to the area of roads (except earth roads) whose paved road surface width are 3.5 meters and above. It includes high-class, less high-class and ordinary roads, and excludes earth roads and bystreets whose inner road surface is less than 3.5 meters. Area of roads just includes the area of road surface and area of plazas, bridges and parking lots communicating with road, excluding flower beds in street center, curb stones, pavements and road shoulders.

Total Length of Sewer Pipelines Sewer pipelines refer to system made up by pipelines and their appurtenant works for collecting and discharging polluted water, waste water and rain water, including artery pipelines, branch pipelines and lines leading to treatment works. All of the pipelines operating for drainage should be counted as sewer pipeline system, wherever they are built. According to nature of drainage, pipelines can be divided into sewer pipe, rain pipe and combined pipe.

Comprehensive Productive Capacity of Water Supply refers to the comprehensive productive capacity of catching water, cleaning, transportation and supply of water sources owned by various units and tap water works belong to tap water companies of city construction department system, and it gives priority to the weakest link of these four links. The increased capacity from overwork should not be figured in.

Volume of Water Supply refers to the total volume of water supply by the tap water works, including the effective water supply and loss.

Population with Access to Tap Water refers to the year-end actual population with access to tap water for residential use, including non-agricultural population and agricultural population.

Total Supply of Gas (Manufactured Gas & Natural Gas) refers to the total volume of gas supply to urban production users, residential users and other users by urban gas enterprises

Population with Access to Gas refers to the population with access to gas in the report period.

Year-end Total Operating Public Buses & Trolleys refers to total number of vehicles of city public traffic enterprises able to operate. It includes vehicles in good condition, in mending, waiting for mending, stopping operating and planning to reject but not yet approved by superior departments. It excludes the non-operating vehicles such as tank trucks, trucks and other special vehicles belonging to public traffic enterprises, and also excludes passenger vehicles borrowed or rented in.

Year-end Total Operating Public Buses & Trolleys refers to total number of passengers. It includes person-times of passengers with common tickets, person-times of passengers with commutation tickets and person-times of passengers chartering buses or trolleys.

Year-end Total Number of Taxi refers to the total number of operating vehicles approved by relevant departments exclusively for renting business. It includes number of cars, vans and buses.

Area of Green Areas refers to the area of all kinds of green land used as gardens and green areas by the end of reporting period, including the area of park green land, production green land, protection green land, accessorial green land and other kinds of green land.

Park Green Area refers to green areas open to the public for amusement and rest with the facilities of amusement, rest and services. Its function includes perfecting ecology, beautifying landscape, and preventing and reducing disaster. Park green areas include comprehensive park, community park, theme park, linear park and roadside green space. Total areas of comprehensive park, topic park and belt-shaped is the area of park

Coverage Area of Plantation in Developed Areas refers to the area of vertical projections of trees, shrubs and perennial herb for plantation managed by various units in developed areas. It includes plantation covered area of roads outside gardens and green areas (separation zones beside roads, central green islands and coverage area of boulevards and sideway trees) and coverage area of single trees.

农业
AGRICULTURE

13－1 主要年份农村基本情况

Basic Statistics of Rural Area in Main Years

指　　标	Item	1995	2000	2005	2010	2011	2012
乡镇个数（个）	Number of Township & Town Governments (unit)	1362	1360	1130	1126	1126	1126
#镇个数	Number of Town Governments	618	745	698	702	702	715
村委会个数（个）	Number of Villagers' Committees (unit)	14803	14849	14453	14354	14355	14355
通汽车村数	Villages with Bus Services	12072	14182	14017	14197	14207	14246
通电话村数	Villages with Telephone Communication	4842	11812	13669	14178	14213	14250
自来水受益村数	Villages with Tap Water	5617	7832	8440	9527	9827	10113
乡（镇）村户数、人口	Number of Rural(Town Governments) Households & Population						
乡（镇）村户数（万户）	Number of Rural(Town Governments) Households (10 000 households)	827.88	913.95	986.10	1029.14	1039.24	1060.83
乡（镇）村人口（万人）	Rural Population (10 000 persons)	3881.89	4026.44	4146.19	4203.98	4221.18	4243.35
乡（镇）村从业人员（万人）	Number of Rural(Town Governments) Laborers (10 000 persons)	1964.60	2145.35	2275.39	2387.2	2406.67	2427.11
按性别分	By sex						
男	Male	1030.85	1129.86	1202.11	1262.17	1276.01	1288.22
女	Female	933.75	1015.49	1073.28	1125.03	1130.66	1138.89
按产业分	By industry						
第一产业	Primary Industry	1562.88	1556.84	1503.06	1556.9	1546.23	1564.2
第二产业	Secondary Industry	125.97	148.57	182.84	469.46		
第三产业	Tertiary Industry	275.75	439.94	589.49	360.84		
农业机械总动力（亿瓦特）	Total Agricultural Machinery Power (100 million watts)	107.54	146.79	190.97	276.77	299.09	319.16
农用排灌动力机械（亿瓦特）	Motor Machinery for Agricultural Drainage & Irrigation (100 million watts)	10.12	16.05	23.94	31.64	37.66	
农用水泵（台）	Pumps (unit)	130684	228198	550225	834025	837376	845219
农用载重汽车（台）	Trucks for Agricultural use (unit)	24423	27501	33141	30137	30208	
渔业机动船（艘）	Motorized Fishing Boats (unit)	11123	13294	13971	18713	19564	23332
（亿瓦特）	(100 million watts)	3.48	4.46	4.87	6.99	7.09	

注：1995年乡（镇）村从业人员为“乡（镇）村实有劳动力”。

Note: "Number of rural (town governments) laborers" in 1995 refers to "Number of Rural (Town Governments) Actual Laborers".

13－2 农林牧渔业总产值（1978－2012年）
Gross Output Value of Farming, Forestry, Animal Husbandry & Fishery (1978－2012)

（当年价格） (At current prices) 单位：亿元 (100 million yuan)

年 份 Year	农林牧渔业总产值 Total	农业产值 Farming	林业产值 Forestry	牧业产值 Animal Husbandry	渔业产值 Fishery	农林牧渔服务业产值 Output Value of Service Industry for Farming, Forestry, Animal Husbandry & Fishery
一、总产值 Gross Output Value						
1978	46.17	36.99	2.28	6.37	0.53	
1980	63.31	44.41	4.39	13.64	0.87	
1985	108.02	66.34	8.09	30.43	3.16	
1990	252.22	149.69	18.05	75.50	8.98	
1991	278.15	164.73	20.87	81.99	10.56	
1992	333.12	188.65	26.77	100.71	16.99	
1993	378.62	214.24	27.47	114.15	22.76	
1994	516.46	283.71	31.78	164.02	36.95	
1995	698.28	384.17	32.56	225.57	55.98	
1996	821.55	450.52	38.14	263.80	69.09	
1997	882.60	482.48	38.64	280.67	80.81	
1998	865.90	476.24	37.75	263.96	87.95	
1999	844.78	454.85	37.48	261.87	90.58	
2000	828.97	418.83	38.76	275.33	96.05	
2001	872.90	439.93	39.44	292.34	101.19	
2002	916.50	465.47	39.81	306.50	104.72	
2003	1030.89	500.82	53.80	342.83	115.53	17.91
2004	1294.53	623.09	58.07	460.68	133.78	18.91
2005	1448.37	711.89	61.68	511.60	143.61	19.59
2006	1622.22	807.90	79.75	540.17	135.40	59.00
2007	2026.22	970.55	99.78	710.17	178.32	67.40
2008	2389.79	1106.74	124.26	871.66	206.98	80.15
2009	2380.51	1134.98	132.27	812.46	216.95	83.85
2010	2720.99	1339.58	173.47	870.73	247.16	90.05
2011	3323.37	1602.48	217.41	1096.58	303.11	103.79
2012	3490.72	1724.00	245.26	1072.77	331.74	116.95

13－2 续表 continued

（当年价格） (At current prices) 单位：亿元 (100 million yuan)

年 份	Year	农林牧渔业总产值 Total	农业产值 Farming	林业产值 Forestry	牧业产值 Animal Husbandry	渔业产值 Fishery	农林牧渔服务业产值 Output Value of Service Industry for Farming, Forestry, Animal Husbandry & Fishery
二、构成（以总产值合计为100）	**Composition(Gross Output Value=100)**						
1978		100.0	80.1	4.9	13.8	1.2	
1980		100.0	70.1	6.9	21.6	1.4	
1985		100.0	61.4	7.5	28.2	2.9	
1990		100.0	59.3	7.2	29.9	3.6	
1991		100.0	59.2	7.5	29.5	3.8	
1992		100.0	56.6	8.1	30.2	5.1	
1993		100.0	56.6	7.3	30.1	6.0	
1994		100.0	54.9	6.1	31.8	7.2	
1995		100.0	55.0	4.7	32.3	8.0	
1996		100.0	54.8	4.7	32.1	8.4	
1997		100.0	54.7	4.4	31.8	9.1	
1998		100.0	55.0	4.4	30.5	10.1	
1999		100.0	53.9	4.4	31.0	10.7	
2000		100.0	50.6	4.6	33.2	11.6	
2001		100.0	50.4	4.5	33.5	11.6	
2002		100.0	50.8	4.4	33.4	11.4	
2003		100.0	48.6	5.2	33.3	11.2	1.7
2004		100.0	48.1	4.5	35.6	10.3	1.5
2005		100.0	49.1	4.3	35.3	9.9	1.4
2006		100.0	49.8	4.9	33.3	8.4	3.6
2007		100.0	47.9	4.9	35.1	8.8	3.3
2008		100.0	46.3	5.2	36.5	8.7	3.3
2009		100.0	47.7	5.6	34.1	9.1	3.5
2010		100.0	49.2	6.4	32.0	9.1	3.3
2011		100.0	48.2	6.6	33.0	9.1	3.1
2012		100.0	49.4	7.0	30.7	9.5	3.4

注：1.按照国家统计口径，2003年起农林牧渔业总产值包括农业、林业、牧业、渔业以及农林牧渔服务业产值。

2.本表2006和2007年数据为第二次全国农业普查衔接数。

Note: 1. according to the statistic standard of our country, the gross output value of farming, forestry, animal husbandry & fishery has included the output value of the service industry of farming, forestry, animal husbandry & fishery since 2003.

2. Data of 2006and2007 in this table is in accordance with the second national agriculture census.

13－3　农林牧渔业总产值指数（1978－2012年）
Indices of Gross Output Value of Farming, Forestry, Animal Husbandry & Fishery(1978－2012)

（按可比价格计算，以上年为100）(at comparable prices , preceding year=100)　　单位：%(%)

年份 Year	农林牧渔业总产值 Total	农业产值 Farming	林业产值 Forestry	牧业产值 Animal Husbandry	渔业产值 Fishery	农林牧渔服务业产值 Output Value of Service Industry for Farming, Forestry, Animal Husbandry & Fishery
1978	101.8	101.9	100.8	105.0	72.8	
1979	104.8	106.1	109.7	96.9	85.2	
1980	104.2	105.2	98.9	99.0	112.8	
1981	106.0	104.1	122.7	111.7	106.4	
1982	116.2	115.4	104.6	123.5	126.3	
1983	100.7	100.6	92.5	102.7	112.0	
1984	99.7	97.0	113.7	105.6	104.2	
1985	102.1	99.6	110.5	107.2	112.5	
1986	103.4	103.1	104.2	103.3	114.5	
1987	104.9	106.6	93.1	102.7	112.5	
1988	98.1	96.7	102.7	100.4	107.0	
1989	110.3	111.4	94.5	111.8	109.4	
1990	108.0	105.4	125.1	111.3	113.9	
1991	108.1	105.3	113.0	112.9	112.2	
1992	114.9	115.3	106.7	116.1	122.9	
1993	104.7	101.3	104.2	108.9	126.6	
1994	107.3	102.4	108.0	111.5	136.0	
1995	114.9	114.0	96.2	117.2	135.9	
1996	105.0	99.6	100.3	112.5	120.4	
1997	109.9	110.7	97.4	107.7	120.4	
1998	105.2	106.5	95.5	102.9	110.1	
1999	107.9	111.4	99.8	103.6	106.2	
2000	100.2	94.7	101.9	109.4	105.3	
2001	104.9	104.9	103.5	106.0	103.4	
2002	107.8	111.2	100.7	105.2	102.7	
2003	104.3	100.0	114.8	109.2	106.9	104.0
2004	106.3	105.8	103.4	109.0	104.8	101.6
2005	107.4	105.8	107.0	110.6	105.0	101.1
2006	107.2	105.9	121.4	107.7	105.5	104.9
2007	105.8	108.1	110.3	102.0	105.2	104.7
2008	105.4	103.6	121.4	105.9	102.4	109.7
2009	105.4	105.3	102.1	105.6	106.2	106.3
2010	104.7	103.0	115.8	105.1	105.8	104.3
2011	104.8	105.8	110.9	101.4	105.9	108.7
2012	105.7	106.0	109.2	104.5	105.4	109.2

13－4　主要年份主要农作物播种面积
Sown Area of Major Farm Crops in Main Years

单位：千公顷　　　(1 000 hectares)

指　标	Item	1995	2000	2005	2010	2011	2012
农作物总播种面积	Total Sown Area	5745.7	6258.6	6343.9	5896.9	5996.5	6089.5
粮食作物	Grain Crops	3662.7	3653.8	3350.9	3061.1	3072.8	3069.1
占总播种面积比重（%）	Percentage to Total Area（%）	63.7	58.4	52.8	51.9	51.2	50.4
#稻　谷	Rice	2433	2301.6	2099.6	2094.4	2078.5	2057.6
#早　稻	Early Rice	1150.8	1078	970.1	964.8	941.3	929.8
晚　稻	Late Rice	1137.7	1068.7	982.3	979.7	986.3	979.2
玉　米	Corn	550.1	608.7	607.6	538.6	565.9	580.5
大　豆	Soybean	252.5	281.4	250.4	108.8	111.9	94.4
薯　类	Tubers	312.6	341.1	294.2	244.5	238.3	255.9
花　生	Peanuts	208.4	240.6	243.7	170.3	179.5	188.1
油菜籽	Rape Seeds	61.5	89.2	60.6	15.6	15.5	17.1
芝　麻	Sesame	9.4	7.3	4.9	5.2	5.0	5.0
黄红麻	Jute & Ambary Hemp	6.7	5.8	4.8	4.6	4.2	4.1
苎　麻	Ramie	1.2	0.9	0.4	0.5	0.5	0.5
甘　蔗	Sugarcane	454.3	508.7	747.6	1069.3	1091.6	1128.0
烤　烟	Flue-Cured Tobacco	10.1	11.4	13.9	12.0	12.7	14.8
木　薯	Cassava	272.9	264.3	269.5	233.0	237.5	231.2
蔬　菜	Vegetables	555.8	899.5	1094.4	1007.6	1040.7	1075.4

13－5　主要年份主要农作物产品产量
Output of Major Farm Crops in Main Years

单位：万吨　　(10 000 tons)

指　标	Item	1995	2000	2005	2010	2011	2012
粮食作物	Grain Crops	1553.31	1667.24	1516.29	1412.32	1429.93	1484.90
#稻　谷	Rice	1307.66	1360.77	1188.09	1121.25	1084.10	1141.00
#早　稻	Early Rice	699.25	706.82	573.03	531.50	530.41	544.90
晚　稻	Late Rice	536.72	570.25	533.55	509.40	471.93	509.70
玉　米	Corn	155.47	188.44	207.26	208.70	244.72	250.60
大　豆	Soybean	28.97	36.43	36.87	16.69	20.11	15.30
薯　类	Tubers	49.68	67.61	70.63	56.18	67.84	64.80
油　料	Oil-bearing Crops	45.35	58.61	63.18	45.81	50.14	53.94
#花　生	Peanuts	39.17	49.55	55.13	43.50	47.46	51.09
油菜籽	Rapeseeds	5.34	8.16	6.33	1.47	1.61	17.14
芝　麻	Sesame	0.52	0.57	0.46	0.59	0.61	0.64
黄红麻	Jute & Ambary Hemp	1.29	1.15	0.96	1.08	1.08	0.95
苎　麻	Ramie	0.18	0.17	0.11	0.14	0.15	0.15
甘　蔗	Sugarcane	2555.73	2937.89	5154.69	7119.62	7269.96	7829.71
烤　烟	Flue-Cured Tobacco	1.24	1.69	1.97	2.03	2.20	2.70
蔬　菜（含菌类）	Vegetables (including ungus)		1620.75	2130.60	2129.44	2246.40	2356.72
木　薯	Cassava	124.51	132.56	173.61	173.21	180.33	181.31
茶　叶	Tea	1.94	1.79	2.62	3.92	4.44	4.94
水　果（含园林和瓜果类）	Fruits (including grove & melon fruits)	266.60	526.69	766.84	1094.41	1222.98	1325.03
#园林水果	Grove Fruits	266.60	360.14	571.58	841.77	943.81	1030.95
#蕉　类	Banana	96.35	127.32	136.44	207.95	229.08	256.60
沙田柚	Shatian Pomeloe	8.77	18.36	29.38	41.33	43.57	47.28
柑桔橙	Citrus & Orange	72.58	87.99	155.08	268.29	307.70	332.72
菠　萝	Pineapple	12.22	8.00	6.54	2.76	2.93	3.05
龙　眼	Longyan	11.86	15.67	38.17	40.55	47.36	50.41
荔　枝	Litchi	14.85	14.55	33.48	46.58	53.19	53.06
芒　果	Mango	4.38	10.96	18.59	15.62	18.34	21.76

注：1. 2000年以后的水果产量包括园林水果和果用瓜。
2. 2009年起薯类包括马铃薯。

Note: 1. The output of fruits since 2000 has included grove fruits & fruited melon.
2.The "Tubers" includes potatoes since 2009.

13－6 主要年份主要农作物单位面积产量

Output of Major Farm Crops Per Hectare in Main Years

单位：公斤/公顷　　(500 kg/hectare)

指　标	Item	2005	2009	2010	2011	2012
粮食作物	Grain Crops	4525	4770	4614	4653	4838
#稻　谷	Rice	5659	5392	5354	5216	5545
#早 稻	Early Rice	5907	5596	5509	5636	5860
晚 稻	Late Rice	5432	5125	5200	4785	5205
玉 米	Corn	3411	4212	3875	4325	4317
大 豆	Soybean	1472	1652	1534	1799	1621
薯 类	Tubers	2401	2723	2298	2847	2532
花 生	Peanuts	2262	2477	2554	2644	2716
烤 烟	Flue-Cured Tobacco	1414	1914	1694	1734	1825
甘 蔗	Sugarcane	68950	70836	66583	66599	69411

13－7 主要年份农业生产条件基本情况

Basic Statistics on Agricultural Production Conditions in Main Years

指　标	Item	2005	2009	2010	2011	2012
机耕面积（千公顷）	Tractor Ploughed Area (1 000 hectares)	1032.8	2593.4	3163.7	3662.9	3868.8
农村用电量（亿千瓦小时）	Electricity Consumed in Rural Areas (100 million kwh)	34.31	48.48	50.22	56.18	63.31
化肥施用量（折纯量）（万吨）	Consumption of Chemical Fertilizers (10 000 tons)	201.25	229.32	237.16	242.71	249.04
氮 肥	Nitrogenous Fertilizer	63.27	68.38	69.94	70.82	72.45
磷 肥	Phosphate Fertilizer	25.23	27.98	28.85	29.57	30.46
钾 肥	Potash Fertilizer	47.95	51.49	53.23	54.82	56.04
复合肥	Compound Fertilizer	64.81	81.47	85.15	87.50	90.09
农田有效灌溉面积（千公顷）	Irrigated Area (1 000 hectares)	1519.8	1522.3	1523.0	1529.2	1541.3
水　库（座）	Number of Reservoirs (set)	4380	4369	4366	4348	4347
#大型水库	Large Reservoirs	33	37	37	37	37
中型水库	Medium-sizes Reservoirs	183	185	186	186	186
水库库容量（亿立方米）	Capacity of Reservoirs (100 million cu.m)	252.14	328.68	321.85	321.79	321.81
#大型水库	Large Reservoirs	154.3	230.44	223.38	223.37	223.37
中型水库	Medium-sizes Reservoirs	53.02	53.66	53.94	53.93	53.93
节水灌溉面积（千公顷）	Water-saving Irrigated Area (1 000 hectares)	622.1	685.9	702.2	727.2	780.8
#喷滴灌面积	Sprinkling & Drip Irrigation	4.8	5.2	5.5	6.9	26.0
除涝面积（千公顷）	Flooded or Waterlogged Area (1 000 hectares)	204.2	208.8	209.6	211.4	214.0
水土流失治理面积（千公顷）	Area of Soil Erosion under Control (1 000 hectares)	1487.6	1843.7	1870.3	1952.1	2019.5
堤防总长度（公里）	Total Length of Dikes (km)	2759	2805	2867.4	2948.2	3108.3
堤防保护耕地面积（千公顷）	Area of Land Protected by Dikes (1 000 hectares)	311.3	269.5	266.8	273.8	297.3

13－8 主要年份农作物播种面积构成
Sowing Areas Structure of Farm Crops in Main Years

（以总播种面积为100） (Total Planting Structure=100) 单位：（%）

指 标	Item	1995	2000	2005	2010	2011	2012
农作物播种面积	Planting Structure of Farm Crops	100.0	100.0	100.0	100.0	100.0	100.0
一、粮食作物	Grain Crops	63.8	58.4	52.8	51.8	51.2	50.4
#稻 谷	Rice	42.3	36.8	33.1	35.3	34.7	33.8
#早 稻	Early Rice	20.0	17.2	15.3	16.2	15.7	15.3
晚 稻	Late Rice	19.8	17.1	15.5	16.5	16.4	16.1
小 麦	Wheat	0.4	0.3	0.2	0.1	0.0	0.0
玉 米	Corn	9.6	9.7	9.6	9.0	9.4	9.5
大 豆	Soybean	4.4	4.5	3.9	1.9	1.9	2.5
薯 类	Tubers	5.4	5.5	4.6	4.4	4.0	4.5
二、经济作物及其他	Economic Crops	36.2	41.6	47.2	48.2	48.8	49.6
#油料合计	Total of Oil-bearing Crops	4.9	5.5	5.0	3.3	3.4	3.5
#花 生	Peanuts	3.6	3.8	3.8	2.9	3.0	3.1
油菜籽	Rapeseeds	1.1	1.4	1.0	0.3	0.3	0.3
芝 麻	Sesame	0.2	0.1	0.1	0.0	0.1	0.1
麻 类	Fiber Crops	0.1	0.1	0.1	0.1	0.1	0.1
#黄红麻	Jute & Ambary Hemp	0.1	0.1	0.1	0.1	0.1	0.1
甘 蔗	Sugarcane & Fruit Canes	7.9	8.1	11.8	18.2	18.2	18.5
#糖 蔗	Sugarcane	7.7	7.8	11.4	17.8	17.8	18.1
烟 叶	Tobacco	0.2	0.4	0.3	0.3	0.3	0.3
#烤 烟	Flue-Cured Tobacco	0.2	0.2	0.2	0.2	0.2	0.2
木 薯	Cassava	4.8	4.2	4.2	4.0	4.0	3.8
蔬 菜	Vegetables	9.7	14.4	17.3	17.1	17.4	17.7
绿 肥	Green Manure	3.7	2.5	1.5	0.9	0.9	0.9

13－9 主要年份林业生产情况
Basic Statistics on Forestry in Main Years

指 标	Item	1995	2000	2005	2010	2011	2012
造林面积（年末成活率达85（%）以上，千公顷）	Afforested Area (Survival Rate above 85（%）at Year-end，1 000 hectares)	130.2	57	124.0	143.3	147.8	148.9
#飞机播种	Sown by Airplane						
用材林	Timber Forest	63.8	30.5	89.4	108	113.2	9.96
经济林	Economic Forest	64.2	19.5	8.2	9.3	12.2	20.79
防护林	Shelter-forest	1.7	6.0	26.3	25.6	22.2	27.0
当年迹地更新面积（千公顷）	Slash Reforestation Areas of the Current Year (1 000 hectares)	69.6	100.7	53.6	119.9	135.3	151.78
育苗面积（千公顷）	Grow Seedlings Area (1000 hectares)	2.1	1.4	1.9	1.8	1.8	3.9
当年四旁零星植树（按实际成活计，万株）	Oddly (all around) Tree Planting of the Current Year (by actual survival rate，10 000 roots)	3519	3355	3092	5052	5408	5671.4
当年幼林抚育作业面积（千公顷次）	Operative Areas of Young Growth Fostering of the Current Year (1000 hectares times)	623.3	390.5	513.2	657.9	625.9	603.6
成林抚育实际面积（千公顷）	Actual Areas of Mature Timber Fostering (1000 hectares)	310.2	280.3	211.3	503.9	590.3	865.06
现有封山育林面积（千公顷）	Close Hillsides to Facilitate Afforesation Areas (1000 hectares)	4339.2	4251.2	3179.0	2151.0	2010.7	1858.1
林木种籽采集量（吨）	Forestry Seed Collection (ton)	100	154	101	154	91	69
林产品产量（吨）	Output of Forestry Products (ton)						
油茶籽	Tea-oil Seeds	86098	118620	117363	143749	151002	163924
油桐籽	Tung-oil Seeds	50854	63002	60372	72536	75525	77524
松 脂	Pine Resin	247202	216015	301943	495750	532903	557141
八 角	Anise	18382	30966	76462	99626	104821	114118
桂 皮	Cassia Bark	16716	16605	20305	28655	29940	31830
板 栗	Chestnuts	11162	22008	45951	73059	73100	82276
核 桃	Walnuts	478	262	339	929	982	1140
白 果	Ginkgo	2217	3629	5409	7878	8140	8471
茴 油	Fennel Oil	1186	1601	2236	2973	3297	3397
桂 油	Laurel Oil	642	779	701	1036	1133	1192
竹笋干	Bamboo Shoots	7453	16208	18770	24477	26003	28014
橡 胶	Rubber	2672	1403	678	378	213	225
木材采伐量（万立方米）	Felling Amount of Timber (10 000 cu.m)	372.90	270.27	762.55	1743.02	2065.25	2239.06
毛竹采伐量（万根）	Mao Bamboo (10 000 pieces)	2679.71	4655.48	5743.21	8712.93	9521.68	10207.25

注：2000年以前的木材和毛竹采伐量为村及村以下数量，2005年以后为全社会数量。

Note: Felling amount of timber & mao bamboo before 2000 only contains the amount of village & below. The amount after 2005 contains all amounts in every aspect.

13－10　主要年份畜牧水产主要产品生产情况

Basic Statistics on Main Products of Animal Husbandry & Fishery in Main Years

指　标	Item	1995	2000	2005	2010	2011	2012
一、畜禽产品产量	**Output of Animal Products**						
肉猪出栏头数（万头）	Number of Slaughtered Fattened Hogs (10000 heads)	1905.84	2756.91	3852.82	3230.00	3195.12	3342.09
肉类总产量（万吨）	Output of Meat (10 000 tons)	195.61	287.26	418.60	387.77	391.09	410.99
#猪　肉	Pork	153.63	217.87	300.02	241.5	239.79	252.5
牛　肉	Beef	6.54	9.79	16.95	13.7	14.27	13.86
羊　肉	Mutton	0.77	2.47	3.70	3.30	3.21	3.20
禽　肉	Poultry	34.52	55.85	95.11	124.93	128.84	136
牛　奶（吨）	Milk (ton)	9006	16816	53540	82000	88831	93600
蜂　蜜（吨）	Honey (ton)	4016	5563	7775	9286	9752	11639
蚕　茧（吨）	Silkworm Cocoons (ton)	21248	29542	148460	264716	296263	315703
禽　蛋（吨）	Eggs (ton)		144514	146271	200000	210000	218200
二、水产品产量（吨）	**Aquatic Products(ton)**	**1032871**	**2398592**	**2841935**	**2750934**	**2888198**	**3034656**
#海水产品产量	Seawater Aquatic Products	645706	1594505	1739581	1540362	1589085	1643851
按生产性质分	By Production Character						
天然生产	Naturally Grow	498192	888417	845786	662954	665281	668274
人工养殖	Artificially Cultured	147514	706088	893795	877408	923804	975577
淡水产品产量	Freshwater Aquiculture	387165	804087	1102354	1210572	1299113	1390805
按生产性质分	By Production Character						
天然生产	Naturally Grow	45818	91538	113148	116871	123259	129259
人工养殖	Artificially Cultured	341347	712549	989206	1093701	1175854	1261546

注：1996年以前水产品产量按旧标准统计，即贝类5斤折1斤计量。1997年起按新标准统计，即海蜇按三矾后的成品、海藻按干品计量，其余所有的水产品均按捕捞起水时的鲜活实际重量计量。

note:Output of aquatic products before 1996 was calculated according to old standard, namely 5kg of shellfish were equivalent to 1 kg to count. According to new standard statistics from 1997,the jellyfish was measured according to finished product after three vitriol, marine alga was measured according to the dry product , and other aquatic products are all measured according to thelifelike actual weight while being caught from water .

13－11 各市农林牧渔业总产值及构成（2012年）

Gross Output Value & Its Composition of Farming, Forestry, Animal Husbandry & Fishery by City(2012)

按当年价格计算 (at current prices)

各市名称	City	农林牧渔业总产值 Total	农业 Farming	林业 Forestry	牧业 Animal Husbandry	渔业 Fishery	农林牧渔服务业产值 Output Value of Service Industry for Farming, Forestry, Animal Husbandry & Fishery
一、总产值（亿元）	**Gross Output Value (100millon yuan)**						
南宁市	Nanning	534.52	282.77	26.83	178.95	20.43	25.54
柳州市	Liuzhou	243.57	139.64	20.25	69.53	6.31	7.85
桂林市	Guilin	429.00	255.95	26.40	125.70	9.76	11.19
梧州市	Wuzhou	171.62	86.91	22.03	49.34	7.41	5.93
北海市	Beihai	201.56	48.02	2.82	31.69	116.13	2.90
防城港市	Fangchenggang	99.56	32.82	12.12	11.38	41.81	1.44
钦州市	Qinzhou	268.44	122.82	19.07	74.10	48.22	4.23
贵港市	Guigang	250.26	108.55	14.23	92.33	23.15	11.99
玉林市	Yulin	382.85	147.61	18.89	182.30	14.52	19.54
百色市	Baise	220.67	119.33	21.53	64.88	11.04	3.90
贺州市	Hezhou	135.02	73.15	12.79	39.07	5.84	4.16
河池市	Hechi	209.25	92.70	21.57	84.97	6.30	3.72
来宾市	Laibin	204.03	123.62	12.63	57.40	5.15	5.24
崇左市	Chongzuo	229.38	168.15	19.34	29.54	7.23	5.11
二、构成（%）	**Composition (%)**						
南宁市	Nanning	100.0	52.9	5.0	33.5	3.8	4.8
柳州市	Liuzhou	100.0	57.3	8.3	28.5	2.6	3.2
桂林市	Guilin	100.0	59.7	6.2	29.3	2.3	2.6
梧州市	Wuzhou	100.0	50.6	12.8	28.8	4.3	3.5
北海市	Beihai	100.0	23.8	1.4	15.7	57.6	1.4
防城港市	Fangchenggang	100.0	33.0	12.2	11.4	42.0	1.4
钦州市	Qinzhou	100.0	45.8	7.1	27.6	18.0	1.6
贵港市	Guigang	100.0	43.4	5.7	36.9	9.3	4.8
玉林市	Yulin	100.0	38.6	4.9	47.6	3.8	5.1
百色市	Baise	100.0	54.1	9.8	29.4	5.0	1.8
贺州市	Hezhou	100.0	54.2	9.5	28.9	4.3	3.1
河池市	Hechi	100.0	44.3	10.3	40.6	3.0	1.8
来宾市	Laibin	100.0	60.6	6.2	28.1	2.5	2.6
崇左市	Chongzuo	100.0	73.3	8.4	12.9	3.2	2.2

13－12 各市农作物播种面积构成（2012年）

（以总播种面积为100） (Total Planting Structure=100)

各市名称	City	农作物播种面积 Planting Area of Farm Crops	一、粮食作物 Grain Crops	#稻谷 Rice	玉米 Corn
南宁市	Nanning	100.0	46.8	30.5	11.6
柳州市	Liuzhou	100.0	41.3	32.4	4.8
桂林市	Guilin	100.0	55.7	41.1	5.3
梧州市	Wuzhou	100.0	55.5	43.0	2.7
北海市	Beihai	100.0	43.9	27.2	5.5
防城港市	Fangchenggang	100.0	40.4	26.5	6.6
钦州市	Qinzhou	100.0	57.5	43.9	4.7
贵港市	Guigang	100.0	62.7	49.3	6.2
玉林市	Yulin	100.0	66.9	56.1	2.5
百色市	Baise	100.0	55.1	19.7	24.5
贺州市	Hezhou	100.0	57.2	43.1	5.9
河池市	Hechi	100.0	57.2	21.2	23.1
来宾市	Laibin	100.0	39.0	26.2	6.3
崇左市	Chongzuo	100.0	24.2	14.1	6.8

Sowing Areas Structure of Farm Crops by City(2012)

单位：%（%）

二、经济和其他农作物 Economic Crops	#油料 Oil-bearing Crops	甘蔗 Sugarcane	木薯 Cassava	蔬菜 Vegetables
53.2	4.8	17.9	5.5	18.5
58.7	2.7	28.1	0.8	21.8
44.3	3.1	1.0	1.0	25.2
44.5	4.6	1.1	8.8	25.0
56.1	8.3	17.9	7.8	19.2
59.6	2.2	38.8	1.8	16.3
42.5	2.2	14.5	6.6	14.9
37.3	6.0	7.6	6.2	13.8
33.1	3.0	3.2	4.4	20.2
44.9	2.1	19.0	1.5	16.8
42.8	5.2	1.3	3.7	22.9
42.8	1.8	18.9	3.3	13.7
61.0	2.9	40.0	1.6	11.4
75.8	2.0	56.4	2.8	8.3

13－13 各市主要农产品人均占有量（2012年）

Ownership of Per Capital Major Agricultural Products by City (2012)

单位：公斤 （kg）

各市名称	City	粮食产量 Grain	油料产量 Oil-bearing Crops	甘蔗产量 Sugarcane	蔬菜产量（含菌类） Vegetable	园林水果产量 Fruits	肉类产量 Meat	水产品产量 Aquatic Products
全　区	Total	318.41	11.57	1663.77	505.35	221.07	881.29	650.72
南宁市	Nanning	318.14	18.47	1671.33	577.41	233.54	953.92	321.54
柳州市	Liuzhou	214.43	6.25	2006.25	497.79	157.83	572.67	168.21
桂林市	Guilin	414.38	12.21	101.65	763.67	638.52	1086.30	210.97
梧州市	Wuzhou	280.81	12.62	73.58	621.53	151.43	704.61	266.12
北海市	Beihai	243.22	24.38	1523.22	463.63	61.98	820.59	6269.19
防城港市	Fangchenggang	218.14	6.27	3857.29	274.59	72.40	513.71	4926.91
钦州市	Qinzhou	344.94	6.83	1121.29	364.39	465.93	976.34	1537.38
贵港市	Guigang	357.46	20.91	573.28	318.48	49.18	864.07	448.46
玉林市	Yulin	339.87	7.74	273.07	475.65	127.64	1392.22	230.28
百色市	Baise	323.02	3.94	1490.83	534.87	143.15	742.23	335.37
贺州市	Hezhou	362.99	13.87	97.22	700.88	252.89	819.79	328.13
河池市	Hechi	299.15	2.69	1369.30	327.59	88.37	645.51	190.96
来宾市	Laibin	361.34	14.47	5694.84	473.98	172.59	691.31	263.45
崇左市	Chongzuo	241.85	9.28	11189.63	403.18	204.92	606.04	300.01

注：本表按常住人口计算。
Note: Data in the table are calculated by average of permanent population。

主要统计指标解释

农林牧渔业总产值　是以货币表现的农、林、牧、渔业全部产品总量和对农林牧渔业生产活动进行的各种支持性服务活动的价值。它反映一定时期内农林牧渔业生产总规模和总成果，是观察农林牧渔业生产水平和发展速度，研究农林牧渔业内部比例关系、农林牧渔业与工业、农林牧渔业与国家建设、人民生活比例关系的重要指标，同时也是计算农林牧渔业劳动生产率和农林牧渔业增加值的基础资料。

农、林、牧、渔业总产值的计算方法，通常采用“产品法”计算，即用产品产量乘以价格求出各种产品的产值，然后把它们加总求得各业的产值，最后各业相加求出农林牧渔业总产值。当年生产的各种农产品都要计算产值，并且每种产品都按全部产量计算，不扣除用于当年农产品生产消耗的那部分产品的产值。计算农林牧渔业总产值时，一般采用两种价格：现行价格和可比价格。

农林牧渔业增加值　用生产法计算的一定时期内农业生产活动的最终成果。其计算方法是用现价计算的农林牧渔业产值扣除各项中间投入。

农业机械总动力　指主要用于农、林、牧、渔业的各种动力机械的动力总和，包括耕作机械、农用排灌机械、收获机械、植保机械、林业机械、畜牧机械、渔业机械、农产品加工机械、农用运输机械、其他农用机械。总动力按法定计算单位千瓦计算。（注：1马力=735.5瓦特=0.735千瓦）

有效灌溉面积　指具有一定的水源，地块比较平整，灌溉工程或设备已经配套，在一般年景下当年能够进行正常灌溉的耕地面积。在一般的情况下，有效灌溉面积应等于灌溉工程或设备已经配套，能够进行正常灌溉的水田和水浇地面积之和。

农用化肥施用量　指本年度内实际用于农业生产的化肥数量。包括：氮肥、磷肥、钾肥和复合肥。化肥施用量要求按折纯数量，即多类化学肥料的实际施用数量按其含氮、含五氧化二磷、含氧化钾的比例折成百分之百计算。其计算公式为：折纯量=实物量x某种化肥有效成份含量的百分比

农作物总播种面积　指本日历年度内收获农产品的作物播种面积之和，包括实际播种或移植有农作物的面积。凡是实际种植有农作物的面积，不论种植在耕地上还是种植在非耕地上，均包括在农作物面积中。在播种季节基本结束后，因遭受灾害而重新改种和补种的农作物面积也包括在内。农作物包括谷物、豆类、薯类、油料、棉花、麻类、甘蔗、烟叶、药材、木薯、蔬菜、果用瓜类、饲料作物等。

粮食产量　指全社会的产量。包括谷物、豆类、薯类。其产量计算方法，谷物（稻谷、小麦、玉米、高粱、谷子及其他杂粮）产量一律按脱粒后的原粮（晒干）计算（玉米按脱粒后的干粒计算）；豆类（大豆、绿豆、红小豆等）按去荚后的干豆计算；薯类（红薯、马铃薯，不包括芋头、木薯）1963年以前按4公斤鲜薯折1公斤粮食计算，从1964年以后改为按5公斤鲜薯折1公斤粮食计算；2009年以前广西的马铃薯统计在蔬菜中，2009年以后统计在粮食的薯类中。

林产品产量　指从人工栽培的竹木上，不经砍伐竹木的根本而取得的各种林产品产量。包括生漆、棕片、五倍子、松脂、笋干、油茶籽、油桐籽、乌桕籽、核桃、板栗等各种林木籽实以及修剪竹木所获得的枝叶（包括荆条、柳条、蒲葵叶等。不包括桑叶、茶叶和水果。也不包括野生的林产品）。如果某些林产品人工栽培的和野生的混在一起，不易划分，应根据它的主要来源决定其应计入林产品产量还是其他农业的采集野生植物产量，不要两方面都计算，以免重复。

水果产量　指园林水果产量，即本年度内从果树上收获的全部水果产量。不论自食的或出售的，都应计算在内。但不包括果用瓜（西瓜、甜瓜、白兰瓜、哈密瓜、脆瓜等）和主要作蔬菜食用的藕、西红柿等。也不包括采集的野生水果。水果的产量按鲜果计算，干枣、葡萄干、柿饼、桔饼等应统一折成鲜果计算。香蕉不包括大蕉、龙牙蕉、粉蕉、西贡蕉等。

肉类总产量　是指当年出栏并已屠宰的猪、牛、羊、驴、骡、马、家禽、特种家禽和其它饲养动物肉类产量之和。即屠宰的猪、大牲畜、羊、狗除去头蹄下水以后带骨肉的重量；家禽、特种家禽和其它饲养动物除去毛和内脏后的重量，也叫胴体重。

水产品产量　指渔业（捕捞和养殖）生产活动的最终有效成果，包括全部海水和淡水鱼类、虾蟹、贝类、藻类和其它类渔业产品的最终产量，但不包括淡水水生植物，也不包括渔业生产过程中的中间成果，如鱼苗、鱼种、亲鱼、转塘鱼、存塘鱼和自用作饵料的产品等。水产品在上岸前已经腐烂变质，不能供人食用或加工成其它制品的，不统计在水产品产量中。

Explanatory Notes on Main Statistical Indicators

Gross Output Value of Farming, Forestry, Animal Husbandry and Fishery refers to the total amount of farming, forestry, animal husbandry and fishery products and the value of various supporting service activities for these producing activities that behave with the currency. It reflects the total achievement or total scale of agricultural production in form of magnitude of value during a certain period. It is an important synthesis index to observe the agricultural production level and development speed, and study proportionate relationship inside agriculture, proportionate relationship between agriculture and industry, agriculture and national construction, and proportionate relationship of people's livelihood. And it is also the basic data for calculating the agricultural productivity of labour and agricultural added value.

The computing technology of the agricultural gross output value, generally adopts " Product Method", which calculates the gross output value of various products by multiplying the amount of products by their prices, then adds up the value to get the total industrial gross output value, and adds up the gross output value of various industries to get the total agricultural gross output value. All the products produced in the year should be calculated into the gross output value, and every kind of product should be calculated with its total gross output volume, including the gross output value of the product consumed within the producing process. The accounting prices of the value of farming, forestry, animal husbandry and fishery, one is current price, another is the constant price.

The Added Value of Farming, Forestry, Animal Husbandry and Fishery refers to the final products of agricultural activities in a certain period accounted by " Product Method". The accounting method is deducting the various intermediate inputs from the gross output value of farming, forestry, animal husbandry and fishery which calculated by the current prices.

Total Power of Farm Machinery refers to the total mechanical power of machinery of farming, forestry, animal husbandry and fishery, including tillage machinery, drain and irrigate machinery for agriculture, harvest machinery, forestry protection machinery, animal husbandry machinery, fishery machinery, agricultural product processing machinery, transport machinery for agriculture and other machinery for agriculture. The total power of farm machinery is calculated by the statutory unit of measurement: KW (note: 1 horsepower=735.5W=0.735KW).

Effective Irrigated Area refers to the cultivated areas whose irrigated project or equipments is in suit, have water source, have been ploughed, and could normally irrigated in usual years. Under normal circumstances, the effective irrigated area should include the total area of paddy fields and irrigated lands which are fitted irrigating projects or equipments and can be irrigated normally.

Consumption of Chemical Fertilizers refers to the chemical fertilizers actually used in agricultural production during the year, including nitrogenous fertilizer, phosphate fertilizer, potash fertilizer and compound fertilizer. Consumption of chemical fertilizers must be covert to pure amount, namely actual consumption of all kinds of chemical fertilizer are converted into 100% according to their content of nitrogen, phosphorus pent oxide, potassium oxide. Its calculation formula is:

Pure Quantity = Material Object Amount × Percentage of the Content of Active Principle of a Certain Chemical Fertilizer

Total Sown Area of Farm Crops refers to the total sown area of farm crops which harvest farm products in the calendar year, including area of land sown or transplanted with crops regardless of being in cultivated area or non-cultivated area. Area of land re-sown due to natural disasters is also included. The farm crops include grains, beans, tubers, oilseeds, cotton, hemp, sugarcanes, tobacco, herbs, cassavas, vegetables, melon fruits and fodder crops.

The Output of Grain refers to the output of the whole society. It includes grains, beans and tubers. The calculation methods of their output are: the output of grains(including rice, wheat, corn, sorghum, grains and other cereals) are all calculated by the threshed and dried grains. Beans(including soybeans, mung beans and red beans) are calculated as the dried one without pods; tubers (including sweet potatoes and potatoes, excluding taros and cassavas) are converted into that of grain at the ratio 4:1, i.e. 4kg of fresh tubers was equivalent to 1 kg of grain up to 1963, since 1964, the ratio for conversion has been 5:1. Potatoes and taros in Guangxi are calculated as vegetable before 2009, and since 2009 they are calculated as tubers of grains.

The Output of Forestry refers to the output of various forestry products which are gained from artificial planted bamboos and trees without felling them down. It includes raw lacquer, palm sheets, Chinese gallnuts, pine resin, bamboo shoots, tea-oil seeds, tung-oil seeds, sapium spp seeds, walnuts, chestnuts and various seeds of trees and branches and leaves trimmed from bamboos and trees(including twigs of the chaste trees, twigs of the willow trees, leaves of palms etc. It excludes leaves of mulberry, leaves of tea trees and fruits, it also excludes the products from wild forests). If it is difficult to discriminate certain kinds of mixed forestry products from artificial ones to wild ones, it should be accounted into the output of forestry or the output of wild plants of other agriculture according to its major resource, and it shouldn't be calculated in both sides so as to avoiding repetition.

Output of Fruits refers to the output of grove fruits, namely the total output of fruits harvested from the fruit trees during the year. They should be taken into account both for self-consumption and for sale. The output of fruits should exclude melon fruits(watermelon, muskmelon, honey dew melon, cantaloupe and crackling melon etc.) and lotus roots and tomatoes mainly as vegetables. Wild fruits should be excluded too. Output of fruits is calculated as fresh fruits, and dried date, raisins, dried persimmon, tangerine cake, etc. should be converted into the fresh fruit and calculated in unison. The output of bananas excludes large bananas, Longya bananas, dwarf bananas and Saigon bananas.

Total Output of Meat refers to total output of pigs, cattle, sheep, donkey, horses, mules, poultry, special poultry and other feeding animals that have been sold and slaughtered at current year. The weigh of pigs, big animals, sheep and dogs should be gotten rid of heads, feet and offal, and weigh of poultry, specially weigh of poultry and other fed animals should be gotten rid of feather and entrails, which are also called carcass weight.

Output of Aquatic Products refers to the final effective products of fishery(fishing and cultivating) producing activities, including the final volume of products of all the marine fishes, freshwater fishes, shrimps, crabs, shellfishes, algae and other fishery products, excluding freshwater plants, also excluding the intermediate products in the fishery producing activities, such as fries, fingerlings, parent fishes, pond fishes, storage pond fishes and products for self-use of fodder. The aquatic products, which have rotten before shoring and cannot be eaten or processing to other products, should not be calculated as the output, too.

工业
INDUSTRY

14－1　全部工业总产值及指数
All Included Gross Industrial Output Value & Its Related Index

年份 Year	全部工业总产值 Total	按登记注册类型分类 Grouped by Status of Registration			按轻、重工业 Grouped by Light & Heavy Industry	
		国有 State-owned	集体 Collective-owned	其他 Others	轻工业 Light Industry	重工业 Heavy Industry
总产值（当年价，万元） Gross Output Value (At Current Prices, 10 000 yuan)						
1978	699727	551690	116121	31916	382292	317435
1980	786344	612702	136125	37517	468411	317933
1985	1393949	1084159	228070	81720	753461	640488
1990	3534331	2550882	586910	396539	1953243	1581088
1991	4214681	3000710	696019	517952	2270524	1944157
1992	5828107	3824655	955270	1048182	3041305	2786803
1993	9029300	5013602	1548821	2466877	4223400	4805900
1994	13216300	5921631	2246881	5047788	6492200	6724100
1995	14631700	5825904	2569475	6236321	6955900	7675800
1996	15984500	5798228	3014812	7171460	7951900	8032600
1997	16710300	5693497	3347962	7668841	8464900	8245400
1998	17276800	4980222	3601904	8694674	9103500	8173300
1999	16673250	4368813	3342196	8962241	8130100	8543200
2000	18002396	4105570	2769606	11127220	8620042	9382354
2001	19031372	3574148	2331629	13125595	9123525	9907847
2002	20365560	3489093	1942627	14933840	9760647	10604913
2003	23542453	3854711	1451699	18236043	10815312	12727141
2004	31530448	4426117	984325	26120006	13073722	18456726
2005	36840688	5534547	960144	30345997	14610518	22230170
2006	46864680	6201561	1080907	39582212	18008453	28856227
2007	61028644	7610728	1260445	52157471	22075424	38953220
2008	78019656	9005999	1319937	67693720	27725212	50294444
2009	86999513	9441093	1488212	76070208	30711524	56287989
2010	116717894	12812025	1594193	102311676	38578284	78139610
2011	150918805	18963165	1664560	130291080	49645017	101273788
2012	172046215	20500188	1859502	149686525	53959108	118087107

注：1. 本表从1995年起工业总产值按新规定计算,国有指纯国有企业。
2. 工业总产值指数按可比价格计算。
3. 本篇2004年数据为第一次经济普查数据。
4. 为了与第二次经济普查数据衔接，2005-2009年数据进行了相应调整。

Note: 1.Gross Industrial Output Value have been calculated in accordance with the new standards since 1995, State-owned refers to pure State-owned Enterprises.
2. Related Index of Gross Industrial Output Value are calculated in accordance with Constant Prices.
3. The data of 2004 in this chapter are the figures of economic census.
4. The data from 2005 to 2009 has been adjusted for lingking up with the 2nd Economic Census.

14－1 续表 continued

年 份 Year	全部工业总产值 Total	按登记注册类型分类 Grouped by Status of Registration			按轻、重工业 Grouped by Light & Heavy Industry	
		国有 State-owned	集体 Collective-owned	其他 Others	轻工业 Light Industry	重工业 Heavy Industry
指 数（上年=100） Index (preceding year=100)						
1978	109.7	109.7	109.2	117.1	107.6	112.3
1980	107.1	106.5	111.7	101.8	114.5	97.9
1985	120.8	121.1	112.2	148.3	116.7	128.0
1990	108.3	106.7	106.9	120.6	110.0	105.8
1991	115.3	111.9	119.1	190.8	117.1	113.2
1992	135.4	125.5	132.7	195.8	135.7	134.9
1993	135.2	109.1	146.7	220.3	125.7	146.3
1994	130.8	104.3	140.2	193.6	131.0	131.5
1995	115.1	105.2	113.5	110.7	103.2	121.9
1996	110.8	100.7	116.3	128.8	115.2	106.6
1997	107.2	100.5	113.7	99.8	109.7	98.2
1998	106.5	97.7	106.2	107.0	110.7	108.6
1999	106.5	97.8	85.4	118.0	100.2	102.6
2000	107.4	88.8	83.0	125.8	89.2	116.3
2001	108.0	89.5	85.6	120.0	104.5	110.6
2002	111.0	97.6	89.3	118.0	113.2	108.9
2003	115.4	100.4	75.3	127.4	117.2	116.2
2004	123.1	104.6	67.1	131.5	109.3	134.8
2005	113.2	119.2	93.5	112.9	108.1	116.8
2006	118.6	102.2	110.7	121.8	111.8	123.1
2007	125.2	117.4	112.4	126.8	126.0	124.7
2008	117.8	108.6	96.9	120.0	121.1	115.9
2009	118.1	112.2	119.5	118.2	109.5	122.8
2010	120.3	121.2	96.5	120.3	109.7	126.1
2011	118.4	136.5	96.2	116.6	111.7	121.8
2012	116.1	110.5	113.8	117.0	109.5	119.4

14－2　主要年份工业企业主要指标

指　标	Item	企业单位数（个） Number of Enterprises (unit)			
		2000	2005	2010	2012
总　计	**Total**	**3155**	**3687**	**6583**	**5239**
内资企业	**Civil Funded Enterprises**	**2948**	**3297**	**6039**	**4767**
国有经济	State-owned	1821	791	384	272
中央企业	Central Enterprises	63	49	45	37
地方企业	Local Enterprises	1758	742	339	235
集体经济	Collective-owned	548	256	256	128
股份合作企业	Cooperative Enterprises	82	71	50	43
联营企业	Joint Ownership Enterprises	13	11	9	11
有限责任公司	Limited Liability Corporations	163	707	1128	1130
股份有限公司	Share Holding Enterprises	88	167	212	173
私营企业	Private Enterprises	231	1277	3931	2799
其他企业	Other Enterprises				211
港澳台商投资企业	**Enterprises with Funds from Hong Kong ,Macao & Taiwan**	**103**	**207**	**293**	**264**
外商投资企业	**Foreign Funded Enterprises**	**104**	**183**	**251**	**208**
在总计中：	Of the Total:				
国有控股企业	State Holding Enterprises	2027	1005	632	527
在总计中：	Of the Total:				
轻工业	**Light Industry**	**1426**	**1487**	**2442**	**2018**
重工业	**Heavy Industry**	**1729**	**2200**	**4141**	**3221**
在总计中：	Of the Total:				
大型企业	Large-scale Industrial Enterprises	198	25	48	173
中型企业	Medium-scale Industrial Enterprises	400	419	798	1178
小型企业	Small-scale Industrial Enterprises	2557	3243	5737	3735
微型企业	Micro-enterprises				153

注：本表的统计范围1995年为全部乡及乡以上独立核算工业企业，2000年为全部国有和年产品销售收入500万元及以上非国有工业法人企业，2005-2010年为年主营业务收入500万元及以上工业法人企业，2011、2012年为年主营业务收入2000万元及以上工业法人企业。

Note: The statistic in the table of 1995 covered all of the township industrial enterprises and above, and data of 2000 refer to all state-owned industrial enterprises and the non-state-owned industrial enterprises with an annual sales income of over 5 million yuan, anddata of from 2005 to 2010 refer to industrial enterprises with annual business income of the main products over 5 million yuan, since 2011、2012, the data refer to industrial enterprises with annual income of the major business over 20 million yuan.

Major Indicators of Industrial Enterprises in Main Years

工业总产值（当年价，万元）Gross Industrial Output Value (At Current Prices, 10 000 yuan)				全部从业人员年平均人数（人）Average Employed Persons (person)				流动资产合计（万元）Annual Average Balance of Circulating Funds (10 000 yuan)			
2000	2005	2010	2012	2000	2005	2010	2012	2000	2005	2010	2012
10032391	**25473188**	**96441278**	**156572173**	**912488**	**912102**	**1505050**	**1601724**	**6638402**	**11249972**	**37005538**	**52899559**
8887051	**19731000**	**76682817**	**128428742**	**852564**	**773606**	**1263500**	**1327940**	**5904494**	**8772365**	**27707681**	**40292469**
4105570	5534547	12812025	20500188	499646	216272	150499	146217	3293473	2708710	5079458	7343206
869987	1700251	3791390	8288963	47509	29004	28358	29211	550005	750011	1738270	2429776
3235583	3834296	9020635	12211225	452137	187268	122141	117006	2743468	1958700	3341188	4913430
1326206	670825	1176462	1540712	113488	43455	37757	27908	610234	252430	372093	363485
202516	263114	1086610	1236959	22490	12029	15680	12050	117024	108695	314936	348881
32322	52265	140088	306316	2752	2260	2031	2911	23641	15396	50299	120583
1499467	6321223	24121675	38631799	103282	216067	359050	377782	907714	2925655	9029878	13506107
1159125	2779448	6887043	11673549	66217	94413	118552	112052	786486	1445803	4319642	5410004
557693	4069061	29503296	50283651	44008	186661	567856	601435	160086	1298079	8280640	12211118
			4255566				47585				989086
303508	**1357798**	**5699403**	**9423456**	**26210**	**62082**	**116632**	**148815**	**204492**	**682671**	**2206277**	**3416274**
841832	**4384390**	**14059058**	**18719975**	**33714**	**76414**	**124918**	**124969**	**529416**	**1794936**	**7091581**	**9190817**
6643575	12268731	36284650	51600748	653007	372398	389784	379570	5016849	5958746	15727556	19731020
3995063	**7903693**	**26615080**	**44829424**	**367066**	**377389**	**575986**	**628319**	**2444950**	**3349354**	**10784576**	**16091302**
6037328	**17569495**	**69826198**	**111742750**	**545422**	**534713**	**929064**	**973405**	**4193452**	**7900617**	**26220962**	**36808257**
4679394	7730400	26248738	51002907	310704	127227	265881	455098	3231741	3239585	10757623	20479253
2024944	8537754	33917379	54458186	201162	303237	535571	658702	1497109	4488641	16173669	18816869
3328053	9205034	36275161	50092014	400622	481638	703598	482588	1909552	3521746	10074246	13097649
			1019066				5336				505789

14—2　续表 1

单位：万元

指　标	Item	固定资产原价 Original Value of Fixed Assets 2000	2005	2010	2012
总　计	**Total**	**12964147**	**19080017**	**51408004**	**66133887**
内资企业	**Civil Funded Enterprises**	**11424337**	**16242526**	**43959624**	**55635534**
国有经济	State-owned	7418098	5773509	14181424	15511493
中央企业	Central Enterprises	2197845	2078259	7681474	8244412
地方企业	Local Enterprises	5220253	3695250	6499950	7267081
集体经济	Collective-owned	672445	301532	273513	232411
股份合作企业	Cooperative Enterprises	144689	110521	1208176	1090581
联营企业	Joint Ownership Enterprises	20426	30597	72634	174127
有限责任公司	Limited Liability Corporations	2077567	6780493	16763603	21369982
股份有限公司	Share Holding Enterprises	908918	2132785	3817158	5521111
私营企业	Private Enterprises	182009	1100109	7507511	10868308
其他企业	Other Enterprises				867521
港澳台商投资企业	**Enterprises with Funds from Hong Kong ,Macao & Taiwan**	**247456**	**856712**	**2900474**	**3382317**
外商投资企业	**Foreign Funded Enterprises**	**1292354**	**1980780**	**4547905**	**7116036**
在总计中：	Of the Total:				
国有控股企业	State Holding Enterprises	10419967	13036444	30226479	35941387
在总计中：	Of the Total:				
轻工业	**Light Industry**	**4006214**	**4986527**	**10690677**	**14783742**
重工业	**Heavy Industry**	**8957933**	**14093490**	**40717327**	**51350145**
在总计中：	Of the Total:				
大型企业	Large-scale Industrial Enterprises	6799517	5845482	15607285	26234750
中型企业	Medium-scale Industrial Enterprises	2878663	7607598	18652915	21850677
小型企业	Small-scale Industrial Enterprises	3285967	5626937	17147803	17259351
微型企业	Micro-enterprises				789109

continued

(10 000 yuan)

固定资产净值 Net Value of Fixed Assets				实收资本 Total Capital Hold			
2000	2005	2010	2012	2000	2005	2010	2012
9346627	**13126063**	**36664670**	**44807298**	**4407587**	**6803910**	**15851949**	**20638565**
8110169	**11232879**	**31496168**	**37780429**	**3577502**	**5360150**	**12713358**	**16085416**
5207488	3783996	10582569	11025859	2042639	1685247	3401392	4245092
1566070	1304105	5929332	6136643	388898	639194	2145031	2608763
3641418	2479891	4653237	4889216	1653741	1046053	1256361	1636328
468787	179329	154987	158709	268002	97648	98432	75490
101877	83803	949377	802532	55598	42653	299630	309551
16369	22562	53412	138386	9180	11962	17779	33854
1586998	4930027	11473828	13589353	716846	2276024	4683364	5646393
580225	1387345	2539310	3675988	370963	653284	1360922	2259854
148317	834968	5643092	7778063	108812	584074	2763000	3273672
			611538				241511
183498	**614773**	**2195275**	**2424608**	**179367**	**561962**	**1274570**	**1578393**
1052960	**1278412**	**2973228**	**4602261**	**650718**	**881799**	**1864021**	**2974756**
7377249	8879648	20912831	23660882	3126600	4049793	7906893	9995518
2910112	**3389276**	**7190196**	**9701665**	**1524190**	**2061449**	**4653204**	**5986765**
6436515	**9736788**	**29474474**	**35105634**	**2883397**	**4742461**	**11198744**	**14651801**
4923367	4023210	10340445	16856531	2086221	1446009	3008126	5958289
1999046	5025459	13339348	15602076	892996	2846052	7270892	8697032
2424214	4077394	12984876	11986333	1428370	2511849	5572931	5728175
			362359				255070

14－2 续表 2

单位：万元

指 标	Item	负债合计 Total Liabilities 2000	2005	2010	2012
总 计	**Total**	**12932824**	**18534169**	**54132948**	**73456045**
内资企业	**Civil Funded Enterprises**	**11587555**	**15496001**	**44287260**	**58810393**
国有经济	State-owned	7303345	4829643	12182305	14654858
中央企业	Central Enterprises	2057981	1552760	6050848	6714318
地方企业	Local Enterprises	5245364	3276884	6131457	7940540
集体经济	Collective-owned	966565	439258	398331	305007
股份合作企业	Cooperative Enterprises	159274	148790	784013	818295
联营企业	Joint Ownership Enterprises	32034	26166	64081	252679
有限责任公司	Limited Liability Corporations	1874049	6285633	16144204	21643007
股份有限公司	Share Holding Enterprises	1022749	2070123	5084569	6429222
私营企业	Private Enterprises	227736	1673542	9452050	13573224
其他企业	Other Enterprises				1134100
港澳台商投资企业	**Enterprises with Funds from Hong Kong ,Macao & Taiwan**	**285815**	**927998**	**2774814**	**3889455**
外商投资企业	**Foreign Funded Enterprises**	**1059454**	**2110169**	**7070873**	**10756197**
在总计中：	Of the Total:				
国有控股企业	State Holding Enterprises	10119721	11301229	29019882	35263073
在总计中：	Of the Total:				
轻工业	**Light Industry**	**4513151**	**4832793**	**11830719**	**18187877**
重工业	**Heavy Industry**	**8419672**	**13701377**	**42302229**	**55268168**
在总计中：	Of the Total:				
大型企业	Large-scale Industrial Enterprises	6462542	5106233	17013726	30019726
中型企业	Medium-scale Industrial Enterprises	3022973	7264774	20990158	24754644
小型企业	Small-scale Industrial Enterprises	3447309	6163162	16129064	18185924
微型企业	Micro-enterprises				495751

注：主营业务收入（产品销售收入）栏2000年为产品销售收入，2005-2012年为主营业务收入。

Note: In the table, data of Business Income of the Main Products（Sales Revenue） of 2000 is figure of Sales Revenue, and that from 2005 to 2012 are Business Income of the Main Products.

continued

(10 000 yuan)

主营业务收入（产品销售收入）Business Income of the Main Products (Sales Revenue)				利润总额 Total Profits				利税总额 Total Profits & Taxes			
2000	2005	2010	2012	2000	2005	2010	2012	2000	2005	2010	2012
9875056	**24667860**	**92358467**	**147336285**	**359400**	**1349867**	**7715895**	**9328294**	**1170124**	**2935645**	**13244225**	**17576194**
8782692	**19225332**	**73048098**	**120897799**	**313139**	**1018503**	**5753715**	**7122714**	**1057283**	**2342055**	**10349481**	**14197853**
4085024	5543125	12307051	19396742	127266	357318	482639	76139	476799	933325	1277748	1616716
832871	1688826	3407872	8144860	114801	230049	227554	-145297	225470	574811	650525	825676
3252152	3854299	8899179	11251883	12465	127269	255086	221437	251328	358514	627223	791040
1273077	661895	1178772	1563542	26869	10762	58512	107290	96542	45548	105170	188174
192191	251807	983230	1067633	13609	7400	139148	45515	28511	13960	277254	128283
32163	49302	119806	262942	-628	8113	22429	28704	115	12788	32533	45860
1520614	6239953	23025787	36192234	80830	302542	1900513	2324610	273400	653024	3679576	4810674
1167736	2734124	7091970	11315095	54496	232651	802764	756468	147523	437409	1198027	1955778
507548	3704471	27384971	46949368	10315	99990	2247046	3577840	33858	244949	3634787	5096063
			4150242				206147				356305
301552	**1288361**	**5349221**	**8518419**	**1775**	**79737**	**616372**	**712202**	**15224**	**144139**	**898128**	**1090877**
790812	**4154166**	**13961148**	**17920068**	**44486**	**251627**	**1345808**	**1493379**	**97617**	**449451**	**1996617**	**2287465**
6650384	12429732	36027399	49336571	248305	677038	2275089	1450873	866662	1685077	4894700	6057525
3763708	**7485388**	**24893120**	**41683637**	**108689**	**504939**	**2683730**	**3780196**	**462188**	**1152841**	**4412933**	**6413345**
6111348	**17182472**	**67465346**	**105652648**	**250711**	**844928**	**5032165**	**5548098**	**707935**	**1782804**	**8831293**	**11162849**
4587387	7593827	26390575	48535254	283872	476527	1816122	2817492	737433	1152721	3607502	5810716
1972244	8565199	32014676	50282937	55541	604357	2957365	2530754	204874	1116429	4979234	5969776
3315425	8508834	33953216	47500609	19987	268983	2942408	3868827	227817	666494	4657489	5648344
			1017485				111222				147359

14－3　工业企业分行业主要指标（2012年）

单位：万元

行　业	Sector	企业单位数（个）Number of Enterprises (unit)	工业总产值（当年价格）Gross Industrial Output Value (At Current Prices)	全部从业人员年平均人数（人）Average Employed Persons (person)
工业企业	**Industrial Enterprises**	**5239**	**156572173**	**1601724**
煤炭的开采和洗选业	Coal Mining & Dressing	14	322111	16865
黑色金属矿采选业	Ferrous Metals Mining & Dressing	71	1540577	11158
有色金属矿采选业	Nonferrous Metals Mining & Dressing	107	2803262	28538
非金属矿采选业	Nonmetal Minerals Mining & Dressing	104	1427633	17970
开采辅助活动	Mining Assist Activities	1	3169	126
农副食品加工业	Farm & Sideline Products Processing	509	18103197	139013
#制糖业	Carbohydrate Processing	96	6058747	68982
食品制造业	Food Production	129	2283648	35265
#罐头制造业	Canned Food Manufacturing	22	427877	9974
酒、饮料和精制茶制造业	Wine, Drink & Refined Tea Manufacturing	143	3436937	41613
#酒的制造	Beverage Manufacturing	47	1576042	15799
烟草制品业	Tobacco Processing	2	1664674	3260
#卷烟制造	Cigarettes Manufacturing	1	1656875	2900
纺织业	Textile Industry	132	1869848	42429
纺织服装、服饰业	Textiles, Clothing & Dresses Manufacturing	68	1176074	25829
皮革、毛皮、羽毛及其制品和制鞋业	Leather, Fur, Feather & Related Products & Shoes Manufacturing	80	1127872	38451
木材加工及木、竹、藤、棕、草制品业	Timber Processing, Bamboo, Cane, Palm Fiber & Straw Products	442	5576982	100917
家具制造业	Furniture Manufacturing	45	943742	10522
造纸及纸制品业	Papermaking & Paper Products	177	3158729	44028
#造纸	Papermaking	98	1892094	24374
印刷业和记录媒介的复制	Printing & Record Duplicating	70	891868	12001
#印刷业	Printing	66	791909	11557

注：工业企业分行业主要指标统计范围为年主营业务收入2000万元及以上工业法人企业。
Note: The statistic coverage of major indicators of industrial enterprises by industrial sectors is enterprises with business income ofthe main products of over 20 million yuan. the main products of over 5 million yuan.

Major Indicators of Industrial Enterprises by Industrial Sector (2012)

(10 000 yuan)

固定资产原价 Original Value of Fixed Assets	固定资产净值 Net Value of Fixed Assets	资产总计 Total Capital	流动资产合计 Annual Average Balance of Circulating Funds	所有者权益合计 Owner's Equity	利润总额 Total Profits	利税总额 Total Profits & Taxes	应交增值税 Value Added Tax Payable	主营业务收入 Business Income of the Main Products
66133887	**44807298**	**117595645**	**52899559**	**42951452**	**9328294**	**17576194**	**5286176**	**147336285**
231215	137196	536577	178555	190435	28580	60055	24768	237495
330325	235044	818312	429078	393528	163339	221051	47140	1484189
504091	320676	1365038	725721	647394	401221	565580	141053	2736044
341723	248681	711204	319862	282843	159544	245458	69868	1373194
3507	3438	3825	386	2434	205	238	4	2986
5728380	3647364	12765384	7876920	4407236	1405275	2049773	570203	16908284
3301585	1880831	6628813	4107377	2308943	644859	996543	315878	5249388
844684	600171	1590527	780568	775657	211981	306902	80049	2166326
152759	107009	250555	119164	136034	56349	77098	17960	431441
1306145	833039	2192438	814194	1033638	423508	612137	94052	2967691
701774	431188	1366827	496579	562473	118992	255683	50140	1254883
517058	237826	1275839	821299	1106622	242041	1245645	187155	1669274
501898	230092	1224182	779455	1058678	241746	1244260	186182	1661711
401170	306737	1001502	609558	410988	79156	132656	46308	1709588
177149	115851	462481	318852	149662	60901	92180	22632	1137912
178074	123526	388362	208864	175655	53552	102927	30953	1062349
1181698	809743	2237802	1062148	1098663	424495	632715	174782	5216928
110335	81102	365464	235496	113782	84103	117915	24308	896201
1859307	1326508	4330232	1311605	1360902	110849	203754	81205	2887322
1136590	902491	1930626	697642	558528	102885	153202	42758	1730161
378253	213616	509649	211144	273052	109084	141659	28498	839299
352781	196535	460566	193815	244435	89367	118026	25596	746082

14－3 续表

单位：万元

行业	Sector	企业单位数（个）Number of Enterprises (unit)	工业总产值（当年价格）Gross Industrial Output Value (At Current Prices)	全部从业人员年平均人数（人）Average Employed Persons (person)
文教、工美、体育和娱乐用品制造业	Culture, Education, Handcraft, Art, Sport & Entertainment Goods Manufacturing	84	619474	35933
石油加工、炼焦及核燃料加工业	Oil Processing, Coking & Nuclear Fuel Processing	18	9899334	4778
化学原料及化学制品制造业	Raw Chemical Materials & Chemical Products	462	7864035	95064
医药制造业	Medical & Pharmaceutical Products	151	2653410	37729
橡胶和塑料制品业	Rubber & Plastic Products	149	2096377	28979
非金属矿物制品业	Nonmetal Mineral Products	599	10338961	167438
#水泥制造	Cement Products	147	3680690	39784
黑色金属冶炼及压延加工业	Smelting & Pressing of Ferrous Metals	286	18104563	83566
有色金属冶炼及压延加工业	Smelting & Pressing of Nonferrous Metals	127	9026926	66499
金属制品业	Metal Products	118	2141605	26719
通用设备制造业	General Equipment Manufacturing	113	2681739	34899
专用设备制造业	For Special Purposes Equipment Manufacturing	161	4369631	46234
汽车制造	Automobile Manufacturing	300	15897901	132782
#汽车整车制造	#Vehicle manufacturing	7	6808580	26781
铁路、船舶、航空航天和其他运输设备制造业	Railway, Ship, Aerospace & Other Transportation Equipment Manufacturing	41	1107322	22734
电气机械及器材制造业	Electric Equipment & Machinery	146	5397976	42141
计算机、通信和其他电子设备制造业	Computer, Communication & Other Electronic Equipment Manufacturing	97	5224175	69398
仪器仪表制造	Instruments Manufacturing	20	305560	4695
其他制造业	Other Manufacturing	14	204856	3771
废弃资源综合利用业	Waste Resources Comprehensive Utilization	20	645547	2967
金属制品、机械和设备修理业	Metal Product, Machinery & Equipment Repair Services	3	14312	846
电力、热力的生产和供应业	Production & Supply of Electric Power ,Steam & Hot Water	196	11266864	116863
#电力生产	Electric Power Production	103	3398464	22971
#火力发电	Thermal Power	17	2123814	6487
水力发电	Hydropower	83	1231619	16236
燃气生产和供应业	Production & Supply of Gas	10	175146	1666
水的生产和供应业	Production & Supply of Water	30	206139	8038

continued

(10 000 yuan)

固定资产原价 Original Value of Fixed Assets	固定资产净值 Net Value of Fixed Assets	资产总计 Total Capital	流动资产合计 Annual Average Balance of Circulating Funds	所有者权益合计 Owner's Equity	利润总额 Total Profits	利税总额 Total Profits & Taxes	应交增值税 Value Added Tax Payable	主营业务收入 Business Income of the Main Products
82324	60447	195434	110616	103542	48812	72588	20590	594201
2368712	1980553	4397532	1987901	2431948	-340367	1353955	512423	9629040
3341458	2207994	6414037	2956060	2444246	585655	861470	223891	7632092
1086042	693791	2100160	1113187	1112412	352101	505470	135586	2395179
452735	291399	1254306	653569	463909	118891	171145	44974	1968860
5013501	3709791	7692545	3039822	3758046	944787	1422323	418054	9578086
3048145	2330394	4194928	1339377	2197494	392039	560491	150431	3274441
4893051	3431588	9253735	4518487	2992252	339740	710546	315006	17224468
5855590	4102666	8985385	3605313	1871684	114975	623445	466723	8013648
482623	294630	1552713	772871	588768	143772	212792	58061	2127854
879450	492069	2823468	1968552	1117002	197403	282194	75490	2594843
849225	521223	4439110	2902966	1906328	294872	402859	86451	3956440
2969840	1892245	9841273	6612374	2486059	714083	1382883	419441	15064552
1161926	686121	4146386	2853582	795883	388851	827049	244399	6722950
232149	141429	716278	488431	257212	97215	133665	28758	1072725
1133721	834291	2656700	1575549	1154483	603189	718747	101658	4931758
986734	688513	2048039	1156400	968722	611365	707082	83569	4735098
76588	40878	145224	77315	81822	27541	35908	7158	269619
64511	52047	106278	40265	67865	13955	21233	6343	197994
39805	24176	324568	186799	199479	47307	64076	14814	597047
5073	4542	10379	6920	6209	1377	3181	1427	18559
20218845	13384614	20822307	2999734	6077236	409662	1095155	625153	11039095
12131409	8524251	12676829	1562188	3245753	267418	565805	271769	3291533
3705943	2560239	4026597	761687	597989	103150	214563	102527	2050847
8312648	5857812	8523312	786157	2612059	162038	337140	157396	1203035
204671	167747	299071	81200	73295	16238	26412	8626	196716
804128	550150	962469	140981	366445	27890	38424	9008	203328

14—4 国有控股工业企业主要指标（2012年）

单位：万元

行业	Sector	企业单位数（个）Number of Enterprises (unit)	工业总产值（当年价格）Gross Industrial Output Value (At Current Prices)	全部从业人员年平均人数（人）Average Employed Persons (person)
国有控股工业企业	**State-holding Industrial Enterprises**	**527**	**51600748**	**379570**
在总计中:	**Of the Total:**			
轻工业	Light Industry	129	5684949	58416
重工业	Heavy Industry	398	45915799	321154
在总计中:	**Of the Total:**			
大型企业	Large-scale Industrial Enterprises	59	28604158	219596
中型企业	Medium-scale Industrial Enterprises	213	19221826	120643
小型企业	Small-scale Industrial Enterprises	246	3746275	39020
微型企业	Micro-enterprises	9	28488	311
煤炭的开采和洗选业	Coal Mining & Dressing	3	188029	8665
黑色金属矿采选业	Ferrous Metals Mining & Dressing	6	98015	1077
有色金属矿采选业	Nonferrous Metals Mining & Dressing	23	613063	10172
非金属矿采选业	Nonmetal Minerals Mining & Dressing	7	167265	2921
农副食品加工业	Farm & Sideline Products Processing	39	2671246	24409
#制糖业	Carbohydrate Processing	20	1492471	20652
食品制造业	Food Production	6	97307	1624
酒、饮料和精制茶制造业	Wine, Drink & Refined Tea Manufacturing	6	280577	2835
#酒的制造	Beverage Manufacturing	4	265327	2751
烟草制品业	Tobacco Processing	2	1664674	3260
#卷烟制造	Cigarettes Manufacturing	1	1656875	2900
纺织业	Textile Industry	7	119522	3410
纺织服装、服饰业	Textiles, Clothing & Dresses Manufacturing	2	15987	350
皮革、毛皮、羽毛及其制品和制鞋业	Leather, Fur, Feather & Related Products & Shoes Manufacturing	1	3893	48
木材加工及木、竹、藤、棕、草制品业	Timber Processing, Bamboo, Cane, Palm Fiber & Straw Products	14	300536	4697
造纸及纸制品业	Papermaking & Paper Products	13	229939	5661
#造纸	Papermaking	4	73286	1837

Major Indicators of State-owned & State-holding Industrial Enterprises (2012)

(10 000 yuan)

固定资产原价 Original Value of Fixed Assets	固定资产净值 Net Value of Fixed Assets	资产总计 Total Capital	流动资产合计 Annual Average Balance of Circulating Funds	所有者权益合计 Owner's Equity	利润总额 Total Profits	利税总额 Total Profits & Taxes	应交增值税 Value Added Tax Payable	主营业务收入 Business Income of the Main Products
35941387	**23660882**	**53358726**	**19731020**	**18055453**	**1450873**	**6057525**	**2292313**	**49336571**
3360414	1940141	6173111	2958990	2881378	364592	1511962	312917	5282740
32580973	21720741	47185614	16772030	15174075	1086281	4545562	1979396	44053831
17839288	10869279	27482250	11580918	8553571	1055582	3187394	1034305	27651251
10675713	7413196	17543372	6723693	7086944	108718	2320376	1035866	17969346
7389603	5352125	8284835	1416146	2394363	284636	547257	221672	3681144
36784	26284	48268	10263	20575	1937	2498	471	34830
157700	96855	328336	120528	129105	27464	48959	17293	140754
20069	14010	48354	19491	19066	5836	12073	4770	100013
201006	110114	652634	312527	300433	85407	137317	41959	601294
83100	52023	95143	36547	61264	35792	56276	16404	148239
1102343	617935	2243226	1416390	662439	73894	156320	73321	2264955
944710	545698	1573545	872841	556249	44686	116574	64681	1174297
76408	59190	91378	19790	45376	11623	17088	4898	95610
48122	26935	369830	102152	60557	17728	23805	1892	278547
45817	26113	367500	101842	59732	15469	21456	1823	263461
517058	237826	1275839	821299	1106622	242041	1245645	187155	1669274
501898	230092	1224182	779455	1058678	241746	1244260	186182	1661711
43097	21398	105561	73680	39910	1802	3760	1704	111626
6042	3374	8777	5352	5560	696	1699	901	16541
274	205	260	53	133	3	52	39	3866
158917	107100	250760	102228	127472	17771	28348	8253	273656
527994	277759	521998	127432	205900	-51250	-32938	17914	216747
110372	80490	140999	31931	29632	-8815	-6894	1778	67374

14—4 续表

单位：万元

行 业	Sector	企业单位数（个）Number of Enterprises (unit)	工业总产值（当年价格）Gross Industrial Output Value (At Current Prices)	全部从业人员年平均人数（人）Average Employed Persons (person)
印刷业和记录媒介的复制	Printing & Record Duplicating	17	219770	4098
文教、工美、体育和娱乐用品制造业	Culture, Education, Handcraft, Art, Sport & Entertainment Goods Manufacturing	3	9891	589
石油加工、炼焦及核燃料加工业	Oil Processing, Coking & Nuclear Fuel Processing	6	9111649	3224
化学原料及化学制品制造业	Raw Chemical Materials & Chemical Products	29	1367708	20830
医药制造业	Medical & Pharmaceutical Products	6	25623	900
橡胶和塑料制品业	Rubber & Plastic Products	8	269404	3933
非金属矿物制品业	Nonmetal Mineral Products	37	1376372	16544
#水泥制造	Cement Products	21	1215277	11702
黑色金属冶炼及压延加工业	Smelting & Pressing of Ferrous Metals	11	6905283	23638
有色金属冶炼及压延加工业	Smelting & Pressing of Nonferrous Metals	23	3944057	33428
金属制品业	Metal Products	7	208600	2931
通用设备制造业	General Equipment Manufacturing	15	354975	7027
专用设备制造业	For Special Purposes Equipment Manufacturing	20	1906337	21549
汽车制造	Automobile Manufacturing	16	7795371	38453
铁路、船舶、航空航天和其他运输设备制造业	Railway, Ship, Aerospace & Other Transportation Equipment Manufacturing	5	293379	6470
电气机械及器材制造业	Electric Equipment & Machinery	7	245940	2586
计算机、通信和其他电子设备制造业	Computer, Communication & Other Electronic Equipment Manufacturing	9	445389	3462
金属制品、机械和设备修理业	Metal Product, Machinery & Equipment Repair Services	2	14312	837
电力、热力的生产和供应业	Production & Supply of Electric Power ,Steam & Hot Water	152	10422972	112113
#电力生产	Electric Power Production	68	2612508	19469
#火力发电	Thermal Power	12	1509495	5538
水力发电	Hydropower	55	1084565	13903
燃气生产和供应业	Production & Supply of Gas	2	47300	775
水的生产和供应业	Production & Supply of Water	23	186365	7054

continued

(10 000 yuan)

固定资产原价 Original Value of Fixed Assets	固定资产净值 Net Value of Fixed Assets	资产总计 Total Capital	流动资产合计 Annual Average Balance of Circulating Funds	所有者权益合计 Owner's Equity	利润总额 Total Profits	利税总额 Total Profits & Taxes	应交增值税 Value Added Tax Payable	主营业务收入 Business Income of the Main Products
148772	84965	174512	87199	94725	23595	34176	9477	206767
5038	3434	7702	3664	3829	2481	3047	510	9059
2208322	1888194	3922839	1637163	2283504	-316295	1324245	505055	8937062
1364727	784236	2159336	819039	758326	50122	100653	43261	1398254
14211	7049	28833	20728	12405	1615	3524	1716	25019
142257	102723	431565	179546	109183	13025	16882	2566	257235
1357363	997578	1948498	746478	1095821	199377	276599	69691	1269861
1293040	962062	1734576	623479	1004562	193793	263122	63633	1125265
3066877	2088646	4742717	2062141	1394132	96465	193566	82599	6494924
3025563	1895890	4220034	1567941	893750	-5903	339563	318855	3551175
74082	40419	782168	350746	267740	15237	25166	8953	230061
101492	66406	434095	303969	111443	16821	28432	10391	344910
351945	201840	3222575	2167003	1336873	105902	138533	24856	1837398
1368354	790584	4772087	3320825	872248	398588	849766	256158	7454719
121166	63915	421144	293201	117602	3973	9051	4438	277353
95944	58559	235101	131443	76143	1502	8527	6199	230939
95856	47940	238355	150719	120820	59950	63859	3038	380003
5025	4530	9614	6168	6172	1374	3121	1376	14270
18583321	12296440	18540576	2552815	5350161	276403	891462	557744	10241819
10650216	7533842	10552091	1141274	2562449	145996	377858	207836	2556416
2782124	1973709	2563359	460603	115430	6642	66222	52327	1478147
7795083	5489569	7908061	672637	2426345	138852	300447	144823	1059820
115874	96526	164746	40015	43076	11012	12592	754	71138
753072	516286	910135	132748	343665	26821	36357	8173	183485

14－5　国有工业企业主要指标（2012年）

单位：万元

行　业	Sector	企业单位数（个）Number of Enterprises (unit)	工业总产值（当年价格）Gross Industrial Output Value (At Current Prices)	全部从业人员年平均人数（人）Average Employed Persons (person)
国有工业企业	**State-holding Industrial Enterprises**	**272**	**20500188**	**146217**
在总计中:	**Of the Total:**			
轻工业	Light Industry	63	776774	18032
重工业	Heavy Industry	209	19723415	128185
在总计中:	**Of the Total:**			
大型企业	Large-scale Industrial Enterprises	20	8077276	59334
中型企业	Medium-scale Industrial Enterprises	117	10748688	65350
小型企业	Small-scale Industrial Enterprises	131	1668107	21298
微型企业	Micro-enterprises	4	6117	235
煤炭的开采和洗选业	Coal Mining & Dressing	3	188029	8665
黑色金属矿采选业	Ferrous Metals Mining & Dressing	4	45028	757
有色金属矿采选业	Nonferrous Metals Mining & Dressing	11	213908	5518
非金属矿采选业	Nonmetal Minerals Mining & Dressing	4	154513	2410
农副食品加工业	Farm & Sideline Products Processing	18	503867	7751
#制糖业	Carbohydrate Processing	9	354078	6225
食品制造业	Food Production	3	17753	493
烟草制品业	Tobacco Processing	1	7799	360
纺织业	Textile Industry	1	4631	225
纺织服装、服饰业	Micro-enterprises	1	12921	284
皮革、毛皮、羽毛及其制品和制鞋业	Leather, Fur, Feather & Related Products & Shoes Manufacturing	1	3893	48
木材加工及木、竹、藤、棕、草制品业	Timber Processing, Bamboo, Cane, Palm Fiber & Straw Products	3	67497	1611
造纸及纸制品业	Papermaking & Paper Products	2	19316	296

Major Indicators of State-owned Industrial Enterprises (2012)

(10 000 yuan)

固定资产原价 Original Value of Fixed Assets	固定资产净值 Net Value of Fixed Assets	资产总计 Total Capital	流动资产合计 Annual Average Balance of Circulating Funds	所有者权益合计 Owner's Equity	利润总额 Total Profits	利税总额 Total Profits & Taxes	应交增值税 Value Added Tax Payable	主营业务收入 Business Income of the Main Products
15511493	**11025859**	**21552507**	**7343206**	**6895897**	**76139**	**1616716**	**715101**	**19396742**
590761	365329	857389	327147	384634	40962	77389	32153	731061
14920732	10660530	20695118	7016058	6511263	35177	1539327	682948	18665681
5262382	3323868	7585520	3135790	2043162	131184	315687	156868	7666993
5357851	4029063	8834708	3566657	3556907	-189777	1012757	422022	10092462
4873031	3661445	5116112	638007	1290394	135401	288610	135918	1633434
18229	11482	16168	2752	5434	-668	-338	294	3854
157700	96855	328336	120528	129105	27464	48959	17293	140754
10456	5469	33075	15035	10431	2065	4616	1769	39492
67738	35127	266133	167425	95359	19687	38938	15839	218835
54385	35031	75229	34128	54488	36061	55155	15341	135247
192488	113247	299770	138603	104391	28175	49563	19078	469996
181663	106921	269800	128650	91155	14789	32428	16340	298067
5965	3715	20536	6120	2642	1003	2158	1058	17726
15161	7735	51657	41844	47945	295	1386	973	7564
3079	2700	9387	5330	4134	153	478	282	4555
4575	2367	3472	1104	2276	645	1356	641	12822
274	205	260	53	133	3	52	39	3866
30654	24156	42092	16966	25789	10023	14249	2282	73316
11453	7399	18229	9086	11324	1142	2388	1122	23176

14－5 续表

单位：万元

行业	Sector	企业单位数（个） Number of Enterprises (unit)	工业总产值（当年价格） Gross Industrial Output Value (At Current Prices)	全部从业人员年平均人数（人） Average Employed Persons (person)
印刷业和记录媒介的复制	Printing & Record Duplicating	11	79140	2480
文教、工美、体育和娱乐用品制造业	Culture, Education, Handcraft, Art, Sport & Entertainment Goods Manufacturing	2	8258	424
石油加工、炼焦及核燃料加工业	Oil Processing, Coking & Nuclear Fuel Processing	3	6044143	2017
化学原料及化学制品制造业	Raw Chemical Materials & Chemical Products	11	263401	3415
医药制造业	Medical & Pharmaceutical Products	4	18142	648
橡胶和塑料制品业	Rubber & Plastic Products	2	12931	628
非金属矿物制品业	Nonmetal Mineral Products	14	258274	5504
#水泥制造	Cement Products	6	143475	1767
黑色金属冶炼及压延加工业	Smelting & Pressing of Ferrous Metals	5	5697138	20640
有色金属冶炼及压延加工业	Smelting & Pressing of Nonferrous Metals	5	1862174	9386
金属制品业	Metal Products	6	148739	2681
通用设备制造业	General Equipment Manufacturing	10	110600	3519
专用设备制造业	For Special Purposes Equipment Manufacturing	8	258778	5388
汽车制造	Automobile Manufacturing	8	510447	5548
铁路、船舶、航空航天和其他运输设备制造业	Railway, Ship, Aerospace & Other Transportation Equipment Manufacturing	4	267167	5672
电气机械及器材制造业	Electric Equipment & Machinery	3	105163	1018
计算机、通信和其他电子设备制造业	Computer, Communication & Other Electronic Equipment Manufacturing	6	179147	2067
金属制品、机械和设备修理业	Metal Product, Machinery & Equipment Repair Services	1	5498	346
电力、热力的生产和供应业	Production & Supply of Electric Power, Steam & Hot Water	100	3358349	42261
#电力生产	Electric Power Production	38	1541088	11222
#火力发电	Thermal Power	6	**833596**	**3412**
水力发电	Hydropower	31	689043	7782
水的生产和供应业	Production & Supply of Water	17	73546	4157

continued

(10 000 yuan)

固定资产原价 Original Value of Fixed Assets	固定资产净值 Net Value of Fixed Assets	资产总计 Total Capital	流动资产合计 Annual Average Balance of Circulating Funds	所有者权益合计 Owner's Equity	利润总额 Total Profits	利税总额 Total Profits & Taxes	应交增值税 Value Added Tax Payable	主营业务收入 Business Income of the Main Products
80086	49615	76103	25329	36325	2670	5772	2732	74111
2363	1872	4957	2486	2874	2447	2773	299	7383
1664806	1410269	2985298	1250155	1715024	-272750	557192	73187	5864143
217380	114189	434343	194906	100686	16936	21921	4454	270184
10376	5066	23135	17406	8803	1198	2637	1295	17540
19435	10072	34795	17778	13000	445	894	353	10617
187537	159609	316742	106745	138470	17537	29105	9711	213417
145964	137152	176279	27485	66313	13563	20222	6318	111477
2788103	1878714	4162847	1750817	1278319	-22187	35301	44111	5325418
1412173	800155	1695199	659628	259612	73910	323528	245330	1589504
57471	25154	527924	286545	229580	3226	12318	8822	141247
62769	43687	231626	142409	77061	7798	11259	3065	101395
79604	41520	353884	259371	95739	5243	12734	6327	242038
128447	54588	501070	411529	36721	2817	16721	11581	571729
100579	54127	306341	219630	84327	3830	8466	4118	250951
33638	25184	113783	69140	40255	2979	6741	3285	95595
67900	32275	171740	111062	88487	15064	18665	2785	147534
2982	2861	2982	1621	797	1224	1460	36	5498
7797452	5829420	8148059	1188731	2061073	84533	322927	214214	3249972
6557914	5030328	6372682	564010	1126946	33025	174702	127254	1510521
1543207	**1230102**	**1541012**	**252363**	**-27659**	**-13147**	**14634**	**23783**	**806732**
4941697	3729661	4750999	303613	1133932	45671	148880	92785	685340
244467	153479	313506	71694	140728	2503	7005	3684	71118

14－6 集体工业企业主要指标（2012年）

单位：万元

行业	Sector	企业单位数（个） Number of Enterprises (unit)	工业总产值（当年价格） Gross Industrial Output Value (At Current Prices)	全部从业人员年平均人数（人） Average Employed Persons (person)
集体工业企业	**Collective-owned Industrial Enterprises**	**128**	**1540712**	**27908**
在总计中:	**Of the Total:**			
轻工业	Light Industry	62	467310	15168
重工业	Heavy Industry	66	1073402	12740
在总计中:	**Of the Total:**			
大型企业	Large-scale Industrial Enterprises	1	246407	999
中型企业	Medium-scale Industrial Enterprises	24	479599	14523
小型企业	Small-scale Industrial Enterprises	97	786261	12279
微型企业	Micro-enterprises	6	28445	107
黑色金属矿采选业	Ferrous Metals Mining & Dressing	4	98334	371
有色金属矿采选业	Nonferrous Metals Mining & Dressing	1	7323	700
非金属矿采选业	Nonmetal Minerals Mining & Dressing	5	52627	653
农副食品加工业	Farm & Sideline Products Processing	5	27208	477
食品制造业	Food Production	3	14369	163
酒、饮料和精制茶制造业	Wine, Drink & Refined Tea Manufacturing	2	17564	245
木材加工及木、竹、藤、棕、草制品业	Timber Processing, Bamboo, Cane, Palm Fiber & Straw Products	2	8614	417
造纸及纸制品业	Papermaking & Paper Products	5	100275	437
#造纸业	Papermaking	5	100275	437
印刷业和记录媒介的复制	Printing & Record Medium Reproduction	1	2288	51
文教、工美、体育和娱乐用品制造业	Culture, Education, Handcraft, Art, Sport & Entertainment Goods Manufacturing	1	20174	1016
化学原料及化学制品制造业	Raw Chemical Materials & Chemical Products	50	313716	12781
医药制造业	Medical & Pharmaceutical Products	1	3357	65
橡胶和塑料制品业	Rubber & Plastic Products	6	33858	1914
非金属矿物制品业	Nonmetal Mineral Products	16	579949	4634
#水泥制造	Cement Products	8	29864	962
黑色金属冶炼及压延加工业	Smelting & Pressing of Ferrous Metals	4	91444	337
金属制品业	Metal Products	3	9760	367
通用设备制造业	Production & Supply of Electric Power & Heating Power	2	7452	132
专用设备制造业	For Special Purposes Equipment Manufacturing	2	6981	333
汽车制造	Automobile Manufacturing	5	83642	1120
铁路、船舶、航空航天和其他运输设备制造业	Railway, Ship, Aerospace & Other Transportation Equipment Manufacturing	3	17246	665
电气机械及器材制造业	Electric Equipment & Machinery	2	17009	308
仪器仪表制造业	Instruments Manufacturing	2	7640	640
废弃资源综合利用业	Waste Resources Comprehensive Utilization	1	7792	6
电力、热力的生产和供应业	Production & Supply of Electric Power & Heating Power	1	9003	28
水的生产和供应业	Production & Supply of Water	1	3088	48

Major Indicators of Collective Owned Industrial Enterprises (2012)

(10 000 yuan)

固定资产原价 Original Value of Fixed Assets	固定资产净值 Net Value of Fixed Assets	资产总计 Total Capital	流动资产合计 Annual Average Balance of Circulating Funds	所有者权益合计 Owner's Equity	利润总额 Total Profits	利税总额 Total Profits & Taxes	应交增值税 Value Added Tax Payable	主营业务收入 Business Income of the Main Products
232411	**158709**	**584553**	**363485**	**277011**	**107290**	**188174**	**58046**	**1563542**
42874	27821	112124	71925	59990	33189	56976	9768	461954
189537	130889	472429	291560	217021	74101	131199	48278	1101587
78256	65397	79915	8367	79547	25094	43256	15877	240593
55530	36387	107252	53063	73802	43361	79226	24520	458290
97221	56102	374485	280920	113085	41004	67466	17298	836920
1405	825	22900	21136	10579	-2169	-1773	352	27738
2451	1410	42763	41159	8783	265	4050	3444	92622
2436	2041	2245	204	2146	10	666	652	7243
3926	1491	7080	3926	3459	138	2982	1204	54585
3120	1924	10097	7000	3303	1005	1457	215	31569
1778	1244	8479	7022	1822	2476	3359	692	20734
2562	2216	7837	5448	2874	1205	1680	352	14598
1764	1406	3896	1666	1087	248	404	143	8547
3701	2285	6358	3887	4059	6338	6707	319	99823
3701	2285	6358	3887	4059	6338	6707	319	99823
1366	797	6314	5517	5271	148	227	75	2266
1308	967	7514	4087	6078	993	1419	416	16943
28302	19108	108036	78856	41969	21607	42529	7531	365330
724	384	3238	2854	-168	23	112	81	2849
2272	1250	30258	28451	2764	705	2064	1112	35103
135568	101209	155830	25372	131572	62994	105229	36755	568547
16524	9052	25352	4975	9572	1671	3094	790	29651
4958	3010	62088	53381	15186	4303	5274	697	98365
5730	2816	17694	11761	9017	704	1315	537	9704
1276	856	3786	2896	1884	1325	1652	265	7020
3430	1504	11407	8664	3102	69	391	232	6997
8677	5067	45794	37452	13948	850	2145	1006	66108
2873	1369	6666	4847	1683	655	1352	575	13685
3529	3211	7956	4744	919	156	651	480	15352
8922	2310	16712	14053	8878	1558	2334	647	5827
151	8	9666	9354	5933	-2444	-2270	153	7792
965	567	2035	703	877	1871	2259	374	9003
624	262	807	183	564	88	188	91	2931

14－7 工业企业主要经济效益指标（2012年）

行　业	Sector	企业亏损面(%) Composition of Loss-making Enterprises (%)	产值利税率(%) Ratio of Profits to Output Value (%)
总　计	**Total**	**14.9**	**11.2**
在总计中:	**Of the Total:**		
国有企业	State-owned	23.5	7.9
中央企业	Central Enterprises	18.9	10.0
地方企业	Local Enterprises	24.3	6.5
集体企业	Collective-owned	14.8	12.2
其他经济	Others		11.6
#外商及港澳台商投资企业	Foreign Funded Enterprises & Enterprises with Funds from Hong Kong ,Macao & Taiwan		12.0
在总计中:	**Of the Total:**		
轻工业	Light Industry	9.8	14.3
重工业	Heavy Industry	18.1	10.0
在总计中:	**Of the Total:**		
大型企业	Large-scale Industrial Enterprises	13.3	11.4
中型企业	Medium-scale Industrial Enterprises	12.7	11.0
小型企业	Small-scale Industrial Enterprises	14.9	11.3
微型企业	Micro-enterprises	32.0	14.5
煤炭的开采和洗选业	Coal Mining & Dressing	35.7	18.7
黑色金属矿采选业	Ferrous Metals Mining & Dressing	19.7	14.4
有色金属矿采选业	Nonferrous Metals Mining & Dressing	19.6	20.2
非金属矿采选业	Nonmetal Minerals Mining & Dressing	6.7	17.2
开采辅助活动	Mining Assist Activities		6.3
农副食品加工业	Farm & Sideline Products Processing	9.6	11.3
#制糖	Carbohydrate Processing	24.0	16.4
食品制造业	Food Production	10.1	13.4
#罐头食品制造	Canned Food Manufacturing		18.0
酒、饮料和精制茶制造业	Wine, Drink & Refined Tea Manufacturing	4.9	17.8
#酒的制造	Liquor & Beverage Manufacturing	8.5	16.2
烟草制品业	Tobacco Processing		74.8
#卷烟制造	Cigarettes Manufacturing		75.1
纺织业	Textile Industry	19.7	7.1

Major Economic Efficiency Indicators of Industrial Enterprises (2012)

主营业务收入利税率（%） Ratio of Per-tax Profits to Core Business Sales (%)	百元固定资产原价实现利税（元） Per-tax Profits per 100 yuan of Original Value of Fixed Assets (yuan)	百元主营业务收入实现利润（元） Per-tax Profits Per 100 yuan of Core Business Sales (yuan)	成本费用利润率（%） Ratio of Profits to Industrial (%)
11.9	**26.6**	**6.3**	**6.7**
8.3	10.4	0.4	0.4
10.1	10.0	-1.8	-1.9
7.0	10.9	2.0	2.0
12.0	81.0	6.9	7.4
12.4	31.1	6.9	7.4
12.8	32.2	8.3	9.0
15.4	43.4	9.1	10.0
10.6	21.7	5.3	5.5
12.0	22.1	5.8	6.2
11.9	27.3	5.0	5.3
11.9	32.7	8.1	8.7
14.5	18.7	10.9	12.0
25.3	26.0	12.0	13.6
14.9	66.9	11.0	11.2
20.7	112.2	14.7	16.9
17.9	71.8	11.6	13.1
6.7	5.7	6.7	8.3
12.1	35.8	8.3	8.8
19.0	30.2	12.3	13.6
14.2	36.3	9.8	10.8
17.9	50.5	13.1	15.1
20.6	46.9	14.3	16.5
20.4	36.4	9.5	10.7
74.6	240.9	14.5	38.9
74.9	247.9	14.5	39.3
7.8	33.1	4.6	4.8

14—7 续表

行 业	Sector	企业亏损面 (%) Composition of Loss-making Enterprises (%)	产值利税率 (%) Ratio of Profits to Output Value (%)
纺织服装、服饰业	Micro-enterprises	11.8	7.8
皮革、毛皮、羽毛及其制品和制鞋业	Leather, Fur, Feather & Related Products & Shoes Manufacturing	10.0	9.1
木材加工及木、竹、藤、棕、草制品业	Timber Processing, Bamboo, Cane, Palm Fiber & Straw Products	9.0	11.3
家具制造业	Furniture Manufacturing	2.2	12.5
造纸及纸制品业	Papermaking & Paper Products	19.2	6.5
#造纸	Papermaking	24.5	8.1
印刷业和记录媒介的复制	Printing & Record Duplicating	10.0	15.9
文教、工美、体育和娱乐用品制造业	Culture, Education, Handcraft, Art, Sport & Entertainment Goods Manufacturing	3.6	11.7
石油加工、炼焦及核燃料加工业	Oil Processing, Coking & Nuclear Fuel Processing	27.8	13.7
化学原料及化学制品制造业	Raw Chemical Materials & Chemical Products	16.2	11.0
医药制造业	Medical & Pharmaceutical Products	6.6	19.1
橡胶和塑料制品业	Rubber & Plastic Products	10.1	8.2
非金属矿物制品业	Nonmetal Mineral Products	15.2	13.8
#水泥制造	Cement Products	29.3	15.2
黑色金属冶炼及压延加工业	Smelting & Pressing of Ferrous Metals	33.6	3.9
有色金属冶炼及压延加工业	Smelting & Pressing of Nonferrous Metals	39.4	6.9
金属制品业	Metal Products	16.1	9.9
通用设备制造业	General Equipment Manufacturing	20.4	10.5
专用设备制造业	For Special Purposes Equipment Manufacturing	11.2	9.2
汽车制造业	Automobile Manufacturing	19.7	8.7
铁路、船舶、航空航天和其他运输设备制造业	Railway, Ship, Aerospace & Other Transportation Equipment Manufacturing	7.3	12.1
电气机械及器材制造业	Electric Equipment & Machinery	7.5	13.3
计算机、通信和其他电子设备制造业	Computer, Communication & Other Electronic Equipment Manufacturing	8.2	13.5
仪器仪表制造业	Instruments Manufacturing	5.0	11.7
其他制造业	Other Manufacturing	7.1	10.3
废弃资源综合利用业	Waste Resources Comprehensive Utilization	30.0	9.9
金属制品、机械和设备修理业	Metal Product, Machinery & Equipment Repair Services		22.4
电力、热力的生产和供应业	Production & Supply of Electric Power & Heating Power	18.9	9.7
#电力生产	Electric Power Production	22.3	16.6
#火力发电	Thermal Power	17.6	10.1
水力发电	Hydropower	22.9	27.4
燃气生产和供应业	Production & Supply of Gas	20.0	15.1
水的生产和供应业	Production & Supply of Water	23.3	18.6

continued

主营业务收入利税率（%） Ratio of Per-tax Profits to Core Business Sales (%)	百元固定资产原价实现利税（元） Per-tax Profits per 100 yuan of Original Value of Fixed Assets (yuan)	百元主营业务收入实现利润（元） Per-tax Profits Per 100 yuan of Core Business Sales (yuan)	成本费用利润率（%） Ratio of Profits to Industrial (%)
8.1	52.1	5.4	5.4
9.7	57.8	5.0	5.5
12.1	53.5	8.1	8.7
13.2	106.9	9.4	9.7
7.1	11.0	3.8	3.9
8.9	13.5	5.9	6.3
16.9	37.5	13.0	14.4
12.2	88.2	8.2	8.9
14.1	57.2	-3.5	-3.9
11.3	25.8	7.7	8.3
21.1	46.5	14.7	17.1
8.7	37.8	6.0	6.5
14.8	28.4	9.9	10.8
17.1	18.4	12.0	13.4
4.1	14.5	2.0	2.0
7.8	10.6	1.4	1.4
10.0	44.1	6.8	7.2
10.9	32.1	7.6	8.0
10.2	47.4	7.5	8.0
9.2	46.6	4.7	5.0
12.5	57.6	9.1	10.1
14.6	63.4	12.2	13.6
14.9	71.7	12.9	15.0
13.3	46.9	10.2	11.4
10.7	32.9	7.1	8.2
10.7	161.1	7.9	8.6
17.2	62.7	7.5	8.3
9.9	5.4	3.7	3.7
17.2	4.7	8.1	8.5
10.5	5.8	5.0	5.1
28.0	4.1	13.5	14.8
13.4	12.9	8.2	8.8
18.9	4.8	13.7	15.7

14－8 国有控股工业企业主要经济效益指标（2012年）

行 业	Sector	企业亏损面 (%) Composition of Loss-making Enterprises (%)	产值利税率 (%) Ratio of Profits to Output Value (%)
总 计	**Total**	**24.5**	**11.7**
在总计中:	**Of the Total:**		
轻工业	Light Industry	20.9	26.6
重工业	Heavy Industry	25.6	9.9
在总计中:	**Of the Total:**		
大型企业	Large-scale Industrial Enterprises	27.1	11.1
中型企业	Medium-scale Industrial Enterprises	22.1	12.1
小型企业	Small-scale Industrial Enterprises	25.6	14.6
微型企业	Micro-enterprises	33.3	8.8
煤炭的开采和洗选业	Coal Mining & Dressing		26.0
黑色金属矿采选业	Ferrous Metals Mining & Dressing	33.3	12.3
有色金属矿采选业	Nonferrous Metals Mining & Dressing	17.4	22.4
非金属矿采选业	Nonmetal Minerals Mining & Dressing	14.3	33.6
农副食品加工业	Farm & Sideline Products Processing	15.4	5.9
#制糖	Carbohydrate Processing	20.0	7.8
食品制造业	Food Production	16.7	17.6
酒、饮料和精制茶制造业	Wine, Drink & Refined Tea Manufacturing	16.7	8.5
#酒的制造	Liquor & Beverage Manufacturing	25.0	8.1
烟草制品业	Tobacco Processing		74.8
#卷烟制造	Cigarettes Manufacturing		75.1
纺织业	Textile Industry		3.1
纺织服装、服饰业	Textiles, Clothing & Dresses Manufacturing		10.6
皮革、毛皮、羽毛及其制品和制鞋业	Leather, Fur, Feather & Related Products & Shoes Manufacturing		1.3
木材加工及木、竹、藤、棕、草制品业	Timber Processing, Bamboo, Cane, Palm Fiber & Straw Products	35.7	9.4
造纸及纸制品业	Papermaking & Paper Products	61.5	-14.3
#造纸	Papermaking	75.0	-9.4

Major Economic Efficiency Indicators of State-owned &State Holding Industrial Enterprises (2012)

主营业务收入利税率（%） Ratio of Per-tax Profits to Core Business Sales (%)	百元固定资产原价实现利税（元） Per-tax Profits per 100 yuan of Original Value of Fixed Assets (yuan)	百元主营业务收入实现利润（元） Per-tax Profits Per 100 yuan of Core Business Sales (yuan)	成本费用利润率（%） Ratio of Profits to Industrial (%)
12.3	**16.9**	**2.9**	**3.1**
28.6	45.0	6.9	8.6
10.3	14.0	2.5	2.6
11.5	17.9	3.8	4.0
12.9	21.7	0.6	0.6
14.9	7.4	7.7	8.1
7.2	6.8	5.6	5.6
34.8	31.0	19.5	23.5
12.1	60.2	5.8	6.0
22.8	68.3	14.2	15.4
38.0	67.7	24.1	34.5
6.9	14.2	3.3	3.3
9.9	12.3	3.8	3.8
17.9	22.4	12.2	13.9
8.5	49.5	6.4	6.5
8.1	46.8	5.9	5.9
74.6	240.9	14.5	38.9
74.9	247.9	14.5	39.3
3.4	8.7	1.6	1.6
10.3	28.1	4.2	4.5
1.3	19.0	0.1	0.1
10.4	17.8	6.5	6.7
-15.2	-6.2	-23.6	-19.3
-10.2	-6.2	-13.1	-11.4

14－8 续表

行 业	Sector	企业亏损面 (%) Composition of Loss-making Enterprises (%)	产值利税率 (%) Ratio of Profits to Output Value (%)
印刷业和记录媒介的复制	Printing & Record Duplicating	29.4	15.6
文教、工美、体育和娱乐用品制造业	Culture, Education, Handcraft, Art, Sport & Entertainment Goods Manufacturing		30.8
石油加工、炼焦及核燃料加工业	Oil Processing, Coking & Nuclear Fuel Processing	33.3	14.5
化学原料及化学制品制造业	Raw Chemical Materials & Chemical Products	34.5	7.4
医药制造业	Medical & Pharmaceutical Products		13.8
橡胶和塑料制品业	Rubber & Plastic Products	12.5	6.3
非金属矿物制品业	Nonmetal Mineral Products	21.6	20.1
#水泥制造	Cement Products	19.0	21.7
黑色金属冶炼及压延加工业	Smelting & Pressing of Ferrous Metals	45.5	2.8
有色金属冶炼及压延加工业	Smelting & Pressing of Nonferrous Metals	52.2	8.6
金属制品业	Metal Products	28.6	12.1
通用设备制造业	General Equipment Manufacturing	26.7	8.0
专用设备制造业	For Special Purposes Equipment Manufacturing	35.0	7.3
汽车制造	Automobile Manufacturing	25.0	10.9
铁路、船舶、航空航天和其他运输设备制造业	Railway, Ship, Aerospace & Other Transportation Equipment Manufacturing	20.0	3.1
电气机械及器材制造业	Electric Equipment & Machinery	42.9	3.5
计算机、通信和其他电子设备制造业	Computer, Communication & Other Electronic Equipment Manufacturing		14.3
金属制品、机械和设备修理业	Metal Product, Machinery & Equipment Repair Services		21.8
电力、热力的生产和供应业	Production & Supply of Electric Power, Steam & Hot Water	20.4	8.6
#电力生产	Electric Power Production	26.5	14.5
#火力发电	Thermal Power	25.0	4.4
水力发电	Hydropower	27.3	27.7
燃气生产和供应业	Production & Supply of Gas		26.6
水的生产和供应业	Production & Supply of Water	26.1	19.5

continued

主营业务收入利税率（%）Ratio of Per-tax Profits to Core Business Sales (%)	百元固定资产原价实现利税（元）Per-tax Profits per 100 yuan of Original Value of Fixed Assets (yuan)	百元主营业务收入实现利润（元）Per-tax Profits Per 100 yuan of Core Business Sales (yuan)	成本费用利润率（%）Ratio of Profits to Industrial (%)
16.5	23.0	11.4	12.7
33.6	60.5	27.4	30.0
14.8	60.0	-3.5	-3.9
7.2	7.4	3.6	3.8
14.1	24.8	6.5	7.0
6.6	11.9	5.1	5.3
21.8	20.4	15.7	18.2
23.4	20.3	17.2	20.3
3.0	6.3	1.5	1.5
9.6	11.2	-0.2	-0.2
10.9	34.0	6.6	7.0
8.2	28.0	4.9	4.8
7.5	39.4	5.8	5.9
11.4	62.1	5.3	5.7
3.3	7.5	1.4	1.5
3.7	8.9	0.7	0.6
16.8	66.6	15.8	15.9
21.9	62.1	9.6	10.9
8.7	4.8	2.7	2.7
14.8	3.5	5.7	5.8
4.5	2.4	0.4	0.4
28.3	3.9	13.1	14.2
17.7	10.9	15.5	18.5
19.8	4.8	14.6	16.8

14—9　大中型工业企业主要经济效益指标（2012年）

行　业	Sector	企业亏损面（%） Composition of Loss-making Enterprises (%)	产值利税率（%） Ratio of Profits to Output Value (%)
总　计	**Total**	**12.8**	**11.2**
在总计中:	**Of the Total:**		
国有企业	State-owned	19.0	7.1
集体企业	Collective-owned		16.9
其他经济	Others	12.8	12.0
#外商及港澳台商投资企业	Foreign Funded Enterprises & Enterprises with Funds from Hong Kong, Macao & Taiwan	10.5	12.1
在总计中:	**Of the Total:**		
轻工业	Light Industry	10.7	16.1
重工业	Heavy Industry	14.6	9.4
在总计中:	**Of the Total:**		
大型企业	Large-scale Industrial Enterprises	13.3	11.4
中型企业	Medium-scale Industrial Enterprises	12.7	11.0
煤炭的开采和洗选业	Coal Mining & Dressing	33.3	18.5
黑色金属矿采选业	Ferrous Metals Mining & Dressing		16.8
有色金属矿采选业	Nonferrous Metals Mining & Dressing	17.9	22.8
非金属矿采选业	Nonmetal Minerals Mining & Dressing	15.4	19.1
农副食品加工业	Farm & Sideline Products Processing	15.9	11.9
#制糖	#Carbohydrate Processing	22.2	16.6
食品制造业	Food Production	8.0	15.4
#罐头制造	Canned Food Manufacturing		19.1
酒、饮料和精制茶制造业	Wine, Drink & Refined Tea Manufacturing	3.4	18.9
#酒的制造	#Liquor & Beverage Manufacturing		16.5
烟草制品业	Tobacco Processing		74.8
#卷烟制造	#Cigarettes Manufacturing		75.1
纺织业	Textile Industry	13.6	6.2
纺织服装、服饰业	Textiles, Clothing & Dresses Manufacturing	8.8	10.4
皮革、毛皮、羽毛及其制品和制鞋业	Leather, Fur, Feather & Related Products & Shoes Manufacturing	7.7	10.0
木材加工及木、竹、藤、棕、草制品业	Timber Processing, Bamboo, Cane, Palm Fiber & Straw Products	8.9	10.0
家具制造业	Furniture Manufacturing		11.5

Major Economic Efficiency Indicators of Large&Medium Industrial Enterprises(2012)

主营业务收入利税率（%）Ratio of Per-tax Profits to Core Business Sales（%）	百元固定资产原价实现利税（元）Per-tax Profits per 100 yuan of Original Value of Fixed Assets (yuan)	百元主营业务收入实现利润（元）Per-tax Profits Per 100 yuan of Core Business Sales (yuan)	成本费用利润率（%）Ratio of Profits to Industrial（%）
11.9	**24.5**	**5.4**	**5.7**
7.5	12.5	-0.3	-0.3
17.5	91.6	9.8	11.1
12.9	25.8	6.0	6.4
12.8	33.7	8.3	9.0
17.6	41.1	9.4	10.5
10.0	19.6	4.0	4.2
12.0	22.1	5.8	6.2
11.9	27.3	5.0	5.3
25.3	25.4	12.1	13.7
14.6	25.8	11.2	12.6
23.3	85.9	15.7	18.0
20.1	45.8	12.1	14.7
13.0	30.6	8.6	9.1
19.2	30.4	12.4	13.7
16.1	38.9	11.2	12.4
18.9	47.3	14.5	16.6
21.9	49.7	15.2	17.7
21.4	37.8	9.8	11.0
74.6	240.9	14.5	38.9
74.9	247.9	14.5	39.3
6.8	25.3	3.8	3.9
10.7	62.8	7.5	8.1
10.7	57.5	5.5	6.1
10.7	43.8	6.6	6.8
12.1	76.8	9.1	8.8

14－9　续表

行　业	Sector	企业亏损面(%) Composition of Loss-making Enterprises (%)	产值利税率(%) Ratio of Profits to Output Value (%)
造纸及纸制品业	Papermaking & Paper Products	43.6	4.7
#造纸	Papermaking	39.1	8.8
印刷业和记录媒介的复制	Printing & Record Duplicating		17.5
文教、工美、体育和娱乐用品制造业	Culture, Education, Handcraft, Art, Sport & Entertainment Goods Manufacturing		10.0
石油加工、炼焦及核燃料　加工业	Oil Processing, Coking & Nuclear Fuel Processing	75.0	14.0
化学原料及化学制品制造业	Raw Chemical Materials & Chemical Products	13.8	8.8
医药制造业	Medical & Pharmaceutical Products	5.3	23.4
橡胶和塑料制品业	Rubber & Plastic Products	6.9	6.8
非金属矿物制品业	Nonmetal Mineral Products	6.9	14.2
#水泥制造	Cement Products	17.9	16.7
黑色金属冶炼及压延加工业	Smelting & Pressing of Ferrous Metals	28.8	3.5
有色金属冶炼及压延加工业	Smelting & Pressing of Nonferrous Metals	32.6	7.7
金属制品业	Metal Products	11.8	8.4
通用设备制造业	General Equipment Manufacturing	14.3	10.2
专用设备制造业	For Special Purposes Equipment Manufacturing	19.4	8.5
汽车制造业	Automobile Manufacturing	9.4	9.2
铁路、船舶、航空航天和其他运输设备制造业	Railway, Ship, Aerospace & Other Transportation Equipment Manufacturing	5.0	11.1
电气机械及器材制造业	Electric Equipment & Machinery	6.1	14.8
计算机、通信和其他电子设备制造业	Computer, Communication & Other Electronic Equipment Manufacturing	5.7	13.6
仪器仪表制造业	Instruments Manufacturing		11.5
其他制造业	Other Manufacturing		10.0
废弃资源综合利用业	Waste Resources Comprehensive Utilization		4.6
金属制品、机械和设备修理业	Metal Product, Machinery & Equipment Repair Services		21.8
电力、热力的生产和供应业	Production & Supply of Electric Power, Steam & Hot Water	16.5	7.5
#电力生产	Electric Power Production	25.0	11.1
#火力发电	Thermal Power	27.3	6.9
水力发电	Hydropower	23.5	31.6
燃气生产和供应业	Production & Supply of Gas		26.6
水的生产和供应业	Production & Supply of Water	12.5	23.4

continued

主营业务收入利税率（%）Ratio of Per-tax Profits to Core Business Sales (%)	百元固定资产原价实现利税（元）Per-tax Profits per 100 yuan of Original Value of Fixed Assets (yuan)	百元主营业务收入实现利润（元）Per-tax Profits Per 100 yuan of Core Business Sales (yuan)	成本费用利润率（%）Ratio of Profits to Industrial (%)
5.4	5.0	1.3	1.3
10.0	10.4	6.5	7.0
19.3	36.0	14.2	15.8
10.5	106.1	6.0	6.4
14.4	57.4	-4.1	-4.4
9.5	12.5	5.8	6.0
26.2	54.4	17.9	21.5
7.4	28.2	4.6	4.9
15.6	23.0	10.6	11.7
19.2	17.1	13.9	15.9
3.7	11.8	1.7	1.7
8.8	10.7	1.6	1.5
8.8	58.6	4.9	5.1
10.4	26.6	6.7	7.1
9.2	51.3	7.1	7.5
9.7	47.8	4.9	5.2
11.4	45.9	8.0	8.8
16.5	58.4	14.3	16.1
14.6	74.2	12.6	14.4
16.0	16.8	8.4	8.8
10.8	20.2	6.5	7.0
3.7	9.2	0.4	0.4
21.9	62.1	9.6	10.9
7.7	5.8	2.5	2.5
11.5	4.9	5.4	5.5
7.2	4.0	2.2	2.2
32.0	6.5	20.9	25.3
17.7	10.9	15.5	18.5
23.6	4.9	18.5	22.3

14－10 主要年份主要工业产品产量
Output of Major Industrial Products in Main Years

产品名称	Item	1995	2000	2005	2010	2011	2012
锰矿石（万吨）	Manganese Ore (10 000 tons)	265.40	118.65	75.18	564.39	353.41	494.77
铁矿石（万吨）	Iron Ore (10 000 tons)	272.32	68.61	62.16	353.06	423.25	484.03
粗钢（万吨）	Steel (10 000 tons)	88.78	104.73	496.29	1204.57	1212.11	1341.65
生铁（万吨）	Pig Iron (10 000 tons)	96.76	125.32	485.39	1113.46	959.98	1302.70
钢材（万吨）	Rolled Steel (10 000 tons)	80.50	102.63	519.88	1560.34	1766.40	2149.54
铁合金（万吨）	Ferroalloys (10 000 tons)	31.14	41.58	126.28	269.44	315.87	388.57
十种有色金属（吨）	10 Nonferrous Metal (ton)	272700	605902	666284	1405548	1339961	1112295
#铝	Aluminum	64960	185867	246263	667180	631218	656208
锌	Zinc	129076	235535	170110	500762	471706	318971
锡	Tin	23457	45874	35338	29306	27393	15903
氧化铝（万吨）	Oxide of Aluminum (10 000 tons)		40.81	92.46	528.84	529.21	672.24
木材（万立方米）	Timber (10 000 cu.m)	420.71	315.17				
发电量（亿千瓦小时）	Electricity (100 million kwh)	217.29	289.09	446.04	1032.15	1039.01	1186.12
#水电	Hydropower	136.54	168.87	195.82	475.26	415.48	536.46
原煤（万吨）	Coal (10 000 tons)	1391.42	706.67	700.34	757.57	784.52	753.61
硫酸（万吨）	Sulfuric Acid (10 000 tons)	57.43	86.04	171.77	264.27	269.49	284.29
烧碱（吨）	Caustic Soda (ton)	101700	140719	240172	430064	488177	449042
农用化肥（折100%, 万吨）	Chemical Fertilizers (10 000 tons)	43.12	53.30	84.02	86.90	95.67	124.41
水泥（万吨）	Cement (10 000 tons)	1980.47	2198.35	3306.13	7516.51	8746.48	6986.88

14－10　续表　continued

产品名称	Item	1995	2000	2005	2010	2011	2012
汽车（辆）	Motor Vehicles (set)	73824	131238	377184	1366096	1423467	1673293
#客车	Buses		59137	288683	1076891	1116201	1245007
小型拖拉机（台）	Mini-tractors (set)	100900	90966	117804	282254	386795	442446
纱（万吨）	Yarn (10 000 tons)	7.70	9.22	11.87	11.01	12.45	11.78
布（万米）	Cloth (10 000 m)	16800	8714	5472	4633	5970	5550
机制纸及纸板（万吨）	Machine-made Paper & Paperboard (10 000 tons)	95.02	82.55	125.37	225.11	276.52	336.37
成品糖（万吨）	Machine-made Sugar (10 000 tons)	178.12	325.76	504.34	705.46	742.28	861.47
发酵酒精（万吨）	Liquor (10 000 tons)	13.93	21.46	22.45	55.76	56.18	55.95
化学原料药（吨）	Chemical Medicine (ton)	2804	2482	5449	5920	7334	6034
中成药（吨）	Traditional Chinese Medicine (ton)	57071	49719	74712	213336	189188	232036
表（万只）	Watches (10 000 units)	86.90	1016.88	95.34	102.15	98.41	97.06
原盐（万吨）	Salt (10 000 tons)	9.69	15.62	10.72	8.80	6.54	7.14
卷烟（万箱）	Cigarettes (10 000 cases)	98.35	72.33	106.90	143.30	148.30	150.70
罐头（吨）	Canned Food (ton)	234700	135747	171994	478805	487164	516198
饮料酒（千升）	Alcoholic Beverages (kilo-liter)	314889	546848.00	832112	1878833	2104674	2322123
原油加工量（万吨）	Volume of Crude Oil Proccessing (10 000 tons)				418.93	1108.01	1550.66
发动机（万千瓦）	Engine (10 000 kw)				15377.04	15505.84	14045.63

注：本表统计范围为全部工业产量。
Note:The statistical range of this table is the total output of industrial enterprises.

主要统计指标解释

工业　指从事自然物质资源采掘和对工业品原料及农产品原料进行加工和再加工的物质生产部门。具体包括：（1）对自然资源的开采，如采矿、晒盐、森林采伐等，但不包括禽兽捕猎和水产捕捞；（2）对农副产品的加工、再加工，如粮油加工、食品加工、轧花、缫丝、纺织、制革等；（3）对采掘品的加工、再加工，如炼铁、炼钢、化工生产、石油加工、机器制造、木材加工等，以及电力、自来水、煤气的生产和供应等；（4）对工业品的修理、翻新，如机器设备的修理、交通运输工具（包括小卧车）的修理等。

独立核算法人工业企业　指从事工业生产经营活动的单位。独立核算法人工业企业应同时具备以下条件：①依法成立，有自己的名称、组织机构和场所，能够承担民事责任；②独立拥有和使用资产，承担负债，有权与其他单位签订合同；③独立核算盈亏，并能够编制资产负债表。

国有企业　指企业全部资产归国家所有，并按《中华人民共和国企业法人登记管理条例》规定登记注册的非公司制的经济组织。不包括有限责任公司中的国有独资公司。

集体企业　指企业资产归集体所有，并按《中华人民共和国企业法人登记管理条例》规定登记注册的经济组织。是社会主义公有制经济的组成部分。包括城乡所有使用集体投资举办的企业，以及部分个人通过集资自愿放弃所有权并依据工商行政管理机关认定为集体所有制的企业。

国有控股企业　是指在企业的全部资本中，国家资本（股本）占较多比例，并且由国家实际控制的企业。分为“国有绝对控股企业”和“国有相对控股企业（含协议控制）”。

国有绝对控股企业　是指在企业的全部资本中，国家资本（股本）所占比例大于50%（含50%）的企业。包括：（1）纯国有企业。即“登记注册类型”为“国有”、“国有独资企业”、“国有联营”。（2）国家资本占实收资本比例≥50%。（3）在有一个或多个国有法人投资时，其中一个国有法人资本在实收资本中的比例超过50%。

国有相对控股企业（含协议控制）　是指国家资本比例不足50%，但相对大于企业中的其他经济成分所占比例的企业（相对控股），或者虽不大于其他经济成分，但根据协议规定由国家拥有实际控制权的企业（协议控制）。

股份制经济　是指以合作制为基础，由企业职工共同出资入股，吸收一定比例的社会资产投资组建，实行自主经营，自负盈亏，按劳分配与按股分红相结合的一种集体经济组织。

联营企业　是指两个及两个以上相同或不同所有制性质的企业法人或事业单位法人，按自愿、平等、互利的原则，共同投资组成的经济组织。包括国有联营、集体联营、国有与集体联营、其他联营等。

有限责任公司　是指根据《中华人民共和国公司登记管理条例》规定登记注册，由两个以上，五十个以下的股东共同出资，每个股东以其所认缴的出资额对公司承担有限责任，公司以其全部资产对其债务承担责任的经济组织。包括国有独资公司和其他有限责任公司两种。

股份有限公司　是指根据《中华人民共和国公司登记管理条例》规定登记注册，其全部注册资本由等额股份构成并通过发行股票筹集资本，股东以其认购的股份对公司承担有限责任，公司以其全部资产对其债务承担责任的经济组织。

私营企业　是指由自然人投资设立或由自然人控股，以亡雇佣劳动为基础的盈利性经济组织。包括按照《公司法》、《合伙企业法》、《私营企业暂行条例》规定登记注册的私营独资企业、私营合伙企业、私营有限责任公司、私营股份有限公司。

轻工业　指主要提供生活消费品和制作手工工具的工业。按其所使用的原料不同，可分为两大类：（1）以农产品为原料的轻工业，是指直接或间接以农产品为基本原料的轻工业。主要包括食品制造、饮料制造、烟草加工、纺织、缝纫、皮革和毛皮制作、造纸以及印刷等工业；（2）以非农产品为原料的轻工业，是指以工业品为原料的轻工业。主要包括文教体育用品、化学药品制造、合成纤维制造、日用化学制品、日用玻璃制品、日用金属制品、手工工具制造、医疗器械制造、文化和办公用机械制造等工业。

重工业　指为国民经济各部门提供物质技术基础的主要生产资料的工业。按其生产性质和产品用途，可以分为下列三类：（1）采掘（伐）工业，是指对自然资源的开采，包括石油开采、煤炭开采、金属矿开采、非金属矿开采和木材采伐等工业；（2）原材料工业，指向国民经济各部门提供基本材料、动力和燃料的工业。包括金属冶炼及加工、炼焦及焦炭化学、化工原料、水泥、人造板以及电力、石油和煤炭加工等工业；（3）加工工业，是指对工业原材料进行再加工制造的工业。包括装备国民经济各部门的机械设备制造工业、金属结构、水泥制品等工业，以及为农业提供的生产资料如化肥、农药等工业。

根据上述划分原则，修理业中以重工业产品为修理作业对象的划为重工业，反之划为轻工业。

工业总产值 是以货币表现的工业企业在一定时期内生产的已出售或可供出售工业产品总量，它反映一定时期内工业生产的总规模和总水平。包括在本企业内不再进行加工，经检验、包装入库（规定不需包装的产品除外）的成品价值，对外加工费收入，自制半成品、在产品期末期初差额价值。工业总产值采用“工厂法”计算，即以工业企业作为一个整体，按企业工业生产活动的最终成果来计算，企业内部不允许重复计算，不能把企业内部各个车间（分厂）生产的成果相加。但在企业之间、行业之间、地区之间存在着重复计算。

轻重工业总产值的划分也是按“工厂法”计算的，即一个工业企业在正常情况下生产的主要产品的性质属于轻工业，则该企业的全部总产值作为轻工业总产值；一个工业企业生产的主要产品的性质属于重工业，则该企业的全部总产值作为重工业总产值。

工业增加值 指工业企业在报告期内以货币形式表现的工业生产活动的最终成果，是企业全部生产活动的总成果扣除了在生产过程中消耗或转移的物质产品和劳务价值后的余额，是企业生产过程中新增加的价值。

固定资产原价 指企业在建造、购置、安装、改建、扩建、技术改造某项固定资产时所支出的全部货币总额。它一般包括买价、包装费、运杂费和安装费等。

固定资产净值 指固定资产原价减去历年已提折旧额后的净额。

主营业务收入 指企业在报告期内生产的成品、自制半成品和工业性劳务取得的收入。

Explanatory Notes on Main Statistical Indicators

Industry refers to the material production sector which is engaged in excavation of natural material resources, processing and reprocessing of industrial and agricultural raw materidls, including: (1) exploitation of natural resources, such as mining, solar salt, feeling of forest trees, but not including hunting and fishing ; (2) processing and reprocessing of farm and sideline products, such as rice husking, flour milling, wine making, oil pressing, cotton ginning, silk reeling, spinning and weaving, and leather making; (3) manufacture of industrial products, such as steel making, iron smelting, chemicals manufacturing, petroleum processing , machine building, timber processing; water and gas production and electricity generation and supply; (4) repairing of industrial products such as the repairing of machinery and means of transport (including cars) .

Corporate Industrial Enterprises with Independent Accounting System refer to enterprises engaging in industrial production activities, which meet the following requirements: 1. They are established legally, having their own names, organizations, location, able to take civil liability; 2. They possess and use their assets independently, assume liabilities, and are entitled to sign contracts with other units; 3.They are financially independent, and compile their own balance sheets.

State-owned Enterprises refer to industrial enterprises where the means of production or income are owned by the states. Joint states-private industries and private industries, which existed before 1957, have been transformed into states industries. Statistics on these enterprises has been included in the state-owned industries since 1957 when separation of data was no longer necessary.

Collective-owned Enterprises refer to industrial enterprises where the means of production are owned collectively, including urban and rural enterprises invested by collectives and some enterprises which were formerly owned privately but have been registered in industrial and commercial administration agency as collective units through raising fund from the public.

State-holding Enterprises refer to enterprises that state shares are more than any other ownership in terms of their total assets. They are classified into “absolutely state-holding enterprises” and “Compare state-holding enterprises.”

Absolutely State-holding Enterprises refer to enterprises whose state shares are more than 50%. They contain: (1) Pure state-holding enterprises, namely “Registration Ownership Enterprises”, “State-owned Enterprises”, “ Companies Exclusively Funded by State”, “State-owned Joint-operations Enterprises”. (2) Composition of state assets in total capital hold ≥50%. (3) When there is one or more state legal person invest, one of them have more than 50% assets in total capital hold.

Relatively State-holding Enterprises (contains controlled by agreement) refer to enterprises that state shares are less than 50%,but relatively more than other economic units(relatively control),or no more than other economic units, but according to agreement, the state have actuary controlling ability to the enterprises(contains controlled by agreement)

Share-holding Enterprises refer to economic units set up on cooperative basis, with funding party from members of the enterprises and partly from outside investment, where the operation and management is decided by the members who also participate in the production, and the distribution of income is based both on work (labor input) and on shares (capital input).

Joint-operation Enterprises refer to economic units that are established by joint investment by two or more corporate enterprise or institution of the same or different types of ownership on voluntary, equal and mutual-beneficial basis. They include state-owned joint-operation enterprises, collective joint-operation enterprises, state-collective joint-operation enterprises, other joint-operation etc.

Share-holding Liability Corporations refers to economic units registered in accordance with the Regulation of the People’s Republic of China on the registration of corporation enterprises, assets are collected by above 2 investors, bellow 50 investors, each investor bears limited liability to the corporation depending on the holding of shares, and the corporation bears liability to its debt to the maximum of its total assets

Share-holding Corporations Lid. refer to economic units registered in accordance with the Regulation of the People’s Republic of China on the Management of Registration of Corporation Enterprises, with total registered capital divided into equal shares and raised through issuing stocks. Each investor bears limited liability to the corporation depending on the holding of shares, and the corporation bears to its debt to the maximum of its total assets

Private Enterprises refer to economic units invested or controlled (by holding the majority of the shares) by natural persons who hire labors for profit-making activities. Included in this category are private limited liability corporations, private share-holding corporations ltd., private partnership and private sole investment enterprises registered in accordance with the Corporation law, Partnership law and Tentative Regulation on Private Enterprises.

Light Industry refers to the industry that produces consumer goods and hand tools. It consists of two categories, depending on the materials used: (1) Industries using farm products as raw materials. These are branches of light industry which directly or indirectly use farm products as basic raw materials, including the manufacture of food and beverages, tobacco processing, textile, clothing, fur and leather manufacturing, paper making, printing, etc. (2) Industries using non farm products as raw materials. These are branches of light industry which use manufactured goods as raw materials, including the manufacture of cultural, educational articles and sports goods, chemicals, synthetic fiber, chemical products for daily use, glass products for daily use, metal products for daily use, hand tools, medical apparatus and instruments, and the manufacture of cultural and clerical machinery.

Heavy Industry refers to the industry whose produces capital goods, and provides various sectors of the national economy with necessary material and technical basis. It consists of the following three branches according to the purpose of production or the use of products: (1) Mining, quarrying and logging industry refers to the industry that extracts natural resources, including extraction of petroleum, coal, metal and non metal ores and logging. (2) Raw materials industry refers to the industry that provides various sectors of the national economy with raw materials, fuels and power. It includes smelting and processing of metals, coking and coke chemistry, chemical materials and building materials such as cement, plywood, and power, petroleum refining and coal dressing. (3) Manufacturing industry refers to the industry that processes raw materials. It includes machine manufacturing industry which equips sectors of the national economy, industries of metal structure and cement products, industries producing means of agricultural production, such as chemical fertilizers and pesticides.

According to the above principle of classification, the repairing trades that are engaged primarily in repairing products of heavy industry are classified into heavy industry while these engaged in repairing products of light industry are classified into light industry.

Gross Industrial Output Value is the total volume of industrial products sold or available for sale in value terms that reflects the total achievements and overall scale of industrial production during a given period. It includes the value of the finished products, which are not to be further processed in the enterprises and have been inspected, packed and put in storage, the value of industrial services rendered to other units, and the changes in the value of the semi- finished products and products in process between the beginning and closing of the period. The gross industrial output value is calculated with "factory method". No double calculations are to be made within the same enterprise. However, double counting does occur among different enterprises.

Output value of light and heavy industries is also classified with the "factory" method. Under normal conditions, if the major products of an industrial enterprise belong to light industry products, the gross output value of that enterprise is classified wholly into light industry; the same principle applies to heavy industry.

Value-added of Industry refers to the final results of industrial production of the industrial trade in money terms during the reference period.

Original Value of Fixed Assets refers to the original value of all fixed assets owned by industrial enterprises, calculated at the cost paid at the time of purchase, installation, reconstruction, expansion, and technical innovation and transformation of the said assets, which includes expenses on purchase, package, transportation, and installation, etc. Net value of fixed assets is obtained by deducting depreciation over years from the original value of fixed assets.

Net Value of Fixed Assets is obtained by deducting depreciation over years from the original value of fixed assets.

Business Income of Main Products refers to the revenue form the sales of finished and semi-finished products and from rendering of industrial services by industrial services by industrial enterprises during the reference period.

建筑业
CONSTRUCTION

15－1 主要年份三级及三级以上建筑业企业主要指标
Major Indicators of the Third & Higher Grade Construction Enterprises in Main Years

指 标	Item	2000	2005	2010	2011	2012
企业个数(个)	**Number (unit)**	**1078**	**1047**	**1160**	**1174**	**1258**
#国有及国有控股企业	State-owned & State-holding Enterprises	260	216	169	159	159
城镇集体企业	Urban Collective-owned Enterprises	623	314	229	232	225
1. 内资企业	1. Domestic Enterprises	1067	1042	1153	1168	1252
2. 港澳台商投资企业	2.Enterprises Funded by Enterprises from Hong Kong, Macao & Taiwan	4	4	5	5	5
3. 外商投资企业	3. Foreign Funded Enterprises	7	1	2	1	1
总产值（万元）	**Gross Output Value (10 000 yuan)**	**1509158**	**4252101**	**12223126**	**15530712**	**18670580**
#国有及国有控股企业	State-owned & State-holding Enterprises	888224	2483506	6457240	8127477	9222792
城镇集体企业	Urban Collective-owned Enterprises	466152	638898	1170174	1464183	1526447
1. 内资企业	1. Domestic Enterprises	1502681	4228461	12007742	15292465	18270157
2. 港澳台商投资企业	2.Enterprises Funded by Enterprises from Hong Kong , Macao & Taiwan	670	1742	8837	16494	11344
3. 外商投资企业	3. Foreign Funded Enterprises	5807	21898	206548	221753	389079
年末从业人员（万人）	**Number of Employed Persons(10 000 persons)**	**33.3**	**43.0**	**59.06**	**59.48**	**67.03**
#国有及国有控股企业	State-owned & State-holding Enterprises	16.1	20.4	26.4	26.81	26.76
城镇集体企业	Urban Collective-owned Enterprises	13.5	10.5	7.39	7.4	7.8
1. 内资企业	1. Domestic Enterprises	15.5	42.8	58.01	58.58	63.78
2. 港澳台商投资企业	2.Enterprises Funded by Enterprises from Hong Kong, Macao & Taiwan	…	0.03	0.01	0.05	0.04
3. 外商投资企业	3. Foreign Funded Enterprises	0.1	0.1	1.03	0.85	3.21
房屋建筑施工面积（万平方米）	**Floor Space of Buildings under Construction (10 000 sqim)**	**2327.5**	**5518.1**	**10742.28**	**12906.3**	**15076.6**
房屋建筑竣工面积（万平方米）	**Completed Residential Areas of Buildings (10 000 sqim)**	**1188.7**	**2209.7**	**4093.82**	**4670.2**	**5028.7**

15－2 主要年份国有及国有控股建筑企业主要指标

Major Indicators of State-owned & State-holding Construction Enterprises in Main Years

指 标	Item	2000	2005	2010	2011	2012
企业个数（个）	Number of Enterprises (unit)	260	216	169	159	159
计算建筑业劳动生产率的平均人数（万人）	Average Number of Staff & Workers to Calculate Labor Productivity (10 000 persons)	15.6	19.7	25.1	25.8	25.2
建筑业总产值（万元）	Gross Output Value of Construction (10 000 yuan)	888224	2483506	6457240	8127477	9222792
竣工产值（万元）	Output Value of Construction Completed (10 000 yuan)	824396	1600790	3109693	4251798	4731476
房屋建筑施工面积（万平方米）	Floor Space of Buildings under Construction (10 000 sq.m)	1050.1	2380.9	4640.4	5802.0	6851.4
#本年新开工	Newly Started Buildings in the Year	416.6	1069	1658.8	2106.7	2811.9
房屋建筑竣工面积（万平方米）	Floor Space of Buildings Completed (10 000 sq.m)	464.9	808.1	1260.6	1511.6	1508.7
#住 宅	Residential Building	281.6	529.6	844.2	994.3	946.6
年末自有机械设备总台数（台）	Number of Machinery & Equipment Owned at Year-end (set)	42514	46905	36782	53406	37814
年末自有机械设备净值（万元）	Net Value of Machinery & Equipment Owned at Year-end (10 000 yuan)	125314	174423	183742	190427	180498
年末自有机械设备总功率（万千瓦）	Total Power of Machinery & Equipment Owned at Year-end (10 000 kw)	98.2	104.6	107.4	131.9	95.1
年末固定资产原值（万元）	Original Value of Fixed Assets (10 000 yuan)	751637	758096	782614	880048	825364
年末固定资产净值（万元）	Net Value of Fixed Assets (10 000 yuan)	597232	505996	477123	476779	444553
本年固定资产折旧（万元）	Depreciation of Fixed Assets (10 000 yuan)	20662	32117	53040	78022	48009
利润总额（万元）	Total Profits (10 000 yuan)	440	15102	51373	51471	48651
利税总额（万元）	Total Pre-tax Profits (10 000 yuan)	30485	95195	251929	292024	309995
按建筑业总产值计算的劳动生产率（元/人）	Overall Labor Productivity in Terms of Gross Output Value (yuan/person)	56937	125917	257132	315302	366174
按竣工面积计算的劳动生产率（平方米/人）	Overall Labor Productivity in Terms of Floor Space of Buildings Completed (sq.m/person)	29.8	41	50.2	58.6	59.9
产值利润率（%）	Ratio of Profit to Gross Output Value (%)	0.1	0.6	0.8	0.6	0.5
产值利税率（%）	Ratio of Pre-tax Profit to Gross Output Value (%)	3.4	3.8	3.9	3.6	3.4
房屋建筑面积竣工率（%）	Rate of Floor Space of Buildings Completed (%)	44.3	33.9	27.2	26.1	22
技术装备率（元/人）	Value of Machines per Laborer (yuan/person)	7784	8843	6960	7103	6745
动力装备率（千瓦/人）	Power of Machines per Laborer (kw/person)	6	5	4	5	4

15－3 主要年份地方国有建筑企业主要指标

Major Indicators of Local State-owned Construction Enterprises in Main Years

指 标	Item	2000	2005	2010	2011	2012
企业个数（个）	Number of Enterprises (unit)	238	200	156	128	130
计算建筑业劳动生产率的平均人数（万人）	Average Number of Staff & Workers to Calculate Labor Productivity (10 000 persons)	13.3	16.7	20.3	21.1	20.5
建筑业总产值（万元）	Gross Output Value of Construction (10 000 yuan)	691699	1949218	4878699	5985496	7588766
竣工产值（万元）	Output Value of Construction Completed(10 000 yuan)	601947	1213806	2560959	3401334	3731162
房屋建筑施工面积（万平方米）	Floor Space of Buildings under Construction (10 000 sq.m)	1004.7	2203.8	4415.9	5660.8	6697.2
#本年新开工	Newly Started Buildings in the Year	400.3	961.1	1490.9	2043.1	2740.4
房屋建筑竣工面积（万平方米）	Floor Space of Buildings Completed (10 000 sq.m)	444.3	702.3	1238.1	1479.9	1470.7
#住 宅	Residential Building	273.2	446.7	838.5	976.6	932.5
年末自有机械设备总台数（台）	Number of Machinery & Equipment Owned at Year-end (set)	34428	34397	23962	37314	22671
年末自有机械设备净值（万元）	Net Value of Machinery & Equipment Owned at Year-end (10 000 yuan)	93670	107045	86709	89677	114266
年末自有机械设备总功率（万千瓦）	Total Power of Machinery & Equipment Owned at Year-end (10 000 kw)	74.9	63.2	57.6	40.7	60.8
年末固定资产原值（万元）	Original Value of Fixed Assets (10 000 yuan)	647397	427785	423670	479034	504654
年末固定资产净值（万元）	Net Value of Fixed Assets (10 000 yuan)	532899	299639	298090	299218	318369
本年固定资产折旧（万元）	Depreciation of Fixed Assets (10 000 yuan)	14028	3118	15029	25264	25814
利润总额（万元）	Total Profits (10 000 yuan)	3789	7854	33002	31780	45516
利税总额（万元）	Total Pre-tax Profits (10 000 yuan)	25426	61464	186674	206497	259196
按建筑业总产值计算的劳动生产率（元/人）	Overall Labor Productivity in Terms of Gross Output Value (yuan/person)	52007	116991	239954	284116	370041
按竣工面积计算的劳动生产率（平方米/人）	Overall Labor Productivity in Terms of Floor Space of Buildings Completed (sq.m /person)	33	42.2	60.9	70.2	71.7
产值利润率（%）	Ratio of Profit to Gross Output Value (%)	0.5	0.4	0.7	0.5	0.5
产值利税率（%）	Ratio of Pre-tax Profit to Gross Output Value (%)	3.7	3.2	3.8	3.4	3
房屋建筑面积竣工率（%）	Rate of Floor Space of Buildings Completed (%)	44.2	31.9	28	26.1	22
技术装备率（元/人）	Value of Machines per Laborer (yuan/person)	6788	6425	3900	3950	5048
动力装备率（千瓦/人）	Power of Machines per Laborer (kw/person)	5	4	3	2	3

15－4 建筑企业生产情况（2012年）

Major Production Indicators of Construction Enterprises (2012)

指 标	Item	总 计 Total	#国有经济 State-owned Economic	中央企业 Central	地方企业 Local	#城镇集体经济 Urban Collective-owned Economic
企业个数（个）	Number of Enterprises (unit)	1258	143	13	130	225
#亏损企业个数	Number of Loss-making Enterprises	219	26	3	23	34
建筑业总产值(万元)	Gross Output Value of Construction (10 000 yuan)	18670580	8981801	1393035	7588766	1526447
建筑工程	Construction Projects	15776620	7720062	831992	6888070	1395869
安装工程	Installation Projects	1693955	897050	505471	391579	62959
其他	Others	1200004	364689	55572	309117	67620
竣工产值（万元）	Output Value of Construction Completed (10 000 yuan)	10232815	4600936	869774	3731162	1058043
房屋建筑施工面积（万平方米）	Floor Space of Buildings under Construction (10 000 sq.m)	15076.6	6812.2	115.0	6697.2	1695.7
#本年新开工	Newly Started Buildings in the Year	6630.4	2787.1	46.8	2740.4	851.6
#投标承包	Number of Bidding Projects	12191.4	6524.0	72.2	6451.8	1069.7
房屋建筑竣工面积（万平方米）	Floor Space of Buildings Completed (10 000 sq.m)	5028.7	1486.6	15.8	1470.7	870.0
#住宅面积	Residential Buildings	3154.5	935.7	3.2	932.5	576.0
年末自有机械设备总台数（台）	Number of Machinery & Equipment Owned at Year-end (set)	151564	36874	14203	22671	31837
年末自有机械设备总功率（万千瓦）	Total Power of Machinery & Equipment Owned at Year-end (10 000 kw)	255.9	92.4	31.5	60.8	40.9
年末自有机械设备净值（万元）	Net Value of Machinery & Equipment Owned at Year-end (10 000 yuan)	456152	173938	59672	114266	48963
计算建筑业劳动生产率的平均人数(万人)	Average Number of Staff & Workers to Calculate Labor Productivity (10 000 persons)	66.2	24.3	3.8	20.5	10.9

15－5 按主要行业分组的建筑企业生产情况（2012年）
Major Production Indicators of Construction Enterprises by Sector (2012)

指 标	Item	总 计 Total	房屋建筑业 Housing Industry	土木工程建筑业 Civil Engineering	建筑安装业 Construction & Installation	建筑装饰和其他建筑业 Architectual Ornament & Others
企业个数（个）	Number of Enterprises（unit）	1258	704	219	142	193
#亏损企业个数	Number of Loss-making Enterprises	219	107	42	30	40
建筑业总产值(万元)	Gross Output Value of Construction (10 000 yuan)	18670580	13679527	4134977	583817	272259
建筑工程	Construction Projects	15776620	12142914	3221092	226623	185992
安装工程	Installation Projects	1693955	581547	748133	336893	27382
其他	Others	1200004	955066	165752	20301	58885
竣工产值（万元）	Output Value of Construction Completed (10 000 yuan)	10232815	7256879	2509230	310044	156661
房屋建筑施工面积（万平方米）	Floor Space of Buildings under Construction (10 000 sq.m)	15076.6	14683.5	327.1	65.0	0.9
#本年新开工	Newly Started Buildings in the Year	6630.4	6440.6	170.9	18.2	0.7
#投标承包	Number of Bidding Projects	12191.4	11834.7	304.3	51.8	0.7
房屋建筑竣工面积（万平方米）	Floor Space of Buildings Completed (10 000 sq.m)	5028.7	4874.7	120.3	33.0	0.7
#住宅面积	Residential Buildings	3154.5	3083.7	69.2	1.5	0.2
年末自有机械设备总台数（台）	Number of Machinery & Equipment Owned at Year-end (set)	151564	116357	24496	5761	4950
年末自有机械设备总功率（万千瓦）	Total Power of Machinery & Equipment Owned at Year-end (10 000 kw)	255.9	162.3	80.5	6.1	7.0
年末自有机械设备净值（万元）	Net Value of Machinery & Equipment Owned at Year-end (10 000 yuan)	456152	283560	158701	7746	6145
计算建筑业劳动生产率的平均人数(万人)	Average Number of Staff & Workers to Calculate Labor Productivity (10 000 persons)	66.2	52.9	10.7	1.8	0.8

15－6 建筑企业主要财务状况（2012年）
Major Financial Indicators of Construction Enterprises (2012)

单位：万元 (10 000 yuan)

指 标	Item	总 计 Total	# 国有经济 State-owned Economic	中央企业 Central	地方企业 Local	# 城镇集体经济 Urban Collective-owned Economic
实收资本合计	Total Capital Hold	2707612	783578	159316	624262	217589
流动资产合计	Total Circulating Funds	8700154	4090336	1079546	3010790	594092
固定资产合计	Total Fixed Assets	1479493	658913	135448	523465	160158
固定资产原价	Original Value of Fixed Assets	1738689	795033	290379	504654	171488
累计折旧	Add Up Depreciation	667140	369616	183331	186285	42392
#本年折旧	Depreciation of the Year	97997	46204	20390	25814	5714
资产总计	Total Assets	11241396	5245533	1298565	3946968	819386
流动负债合计	Total Liquid Liabilities	6560014	3514035	1021957	2492078	439604
非流动负债合计	Total Non-liquid Liabilities	759634	593484	71718	521765	11282
所有者权益合计	Total Creditors Equity	3630011	1120929	204890	916039	324198
主营业务收入	Income from Major Business	16457995	8128507	1319218	6809289	1315682
主营业务成本	Cost of Major Business	14623569	7387728	1205494	6182234	1125843
主营业务税金及附加	Taxes & Extra Charges of Major Business	560768	245493	36667	208826	68006
其他业务利润	Other Profits	25377	11973	3790	8183	964
管理费用	Management Expenses	518072	209218	62406	146812	37484
财务费用	Property Expenses	118112	77739	22564	55175	4862
利润总额	Total Profits	342674	45933	416	45516	32977
利税总额	Total Pre-tax Profits	922608	297961	38766	259196	103499

15－7 按主要行业分组的建筑企业财务状况（2012年）

Major Production Indicators of Construction Enterprises by Sector (2012)

单位：万元 (10 000 yuan)

指 标	Item	总 计 Total	房屋建筑业 Housing Industry	土木工程建筑业 Civil Engineering	建筑安装业 Construction & Installation	建筑装饰和其他建筑业 Architectual Ornament & Others
实收资本合计	Total Capital Hold	2707612	1757402	716476	131699	102035
流动资产合计	Total Circulating Funds	8700154	5297168	2638319	542753	221915
固定资产合计	Total Fixed Assets	1479493	772567	616726	59364	30836
固定资产原价	Original Value of Fixed Assets	1738689	861990	750113	85083	41503
累计折旧	Add Up Depreciation	667140	255703	355400	37758	18278
#本年折旧	Depreciation of the Year	97997	41931	41040	9836	5189
资产总计	Total Assets	11241396	6578408	3689875	695778	277335
流动负债合计	Total Liquid Liabilities	6560014	3954247	2069365	420541	115861
非流动负债合计	Total Non-liquid Liabilities	759634	140579	583999	13472	21585
所有者权益合计	Total Creditors Equity	3630011	2294249	971630	239443	124690
主营业务收入	Income from Major Business	16457995	12039068	3606769	603479	208679
主营业务成本	Cost of Major Business	14623569	10930552	3018032	514192	160792
主营业务税金及附加	Taxes & Extra Charges of Major Business	560768	429664	108083	15621	7401
其他业务利润	Other Profits	25377	11229	10792	3124	232
管理费用	Management Expenses	518072	311558	140855	44896	20763
财务费用	Property Expenses	118112	49483	63805	2907	1917
利润总额	Total Profits	342674	276387	39676	15762	10848
利税总额	Total Pre-tax Profits	922608	718909	152611	31984	19104

15－8 各种分组的建筑企业主要经济效益指标（2012年）
Major Economic Efficiency Indicators of Construction Enterprises by Various Groups (2012)

指 标	Item	劳动生产率 Labor Productivity			房屋建筑面积竣工率（%） Rate of Floor Space of Buildings Completed (%)
		按总产值计算（元/人） Calculated by Gross Output Value (yuan/person)	按竣工产值计算（元/人） Calculated by Completed Output Value (yuan/person)	按房屋竣工面积计算（平方米/人） Calculated by Floor Space of Building Completed (sq.m/person)	
总 计	**Total**	**282007**	**154560**	**76.0**	**33.4**
按经济类型分	By Economic units				
#国有经济	State-owned Economic	368964	189002	61.1	21.8
中央企业	Central Enterprises	363205	226775	4.1	13.8
地方企业	Local Enterprises	370041	181938	71.7	22.0
集体经济	Collective-owned Economic	139959	97011	79.8	51.3
按企业资质等级分	By the Classes of Enterprises				
O、一级	Zero, One Classes	327598	161923	64.6	23.7
二、三级	Two, Three Classes	227083	145690	89.6	51.8
按行业分	By Sector				
房屋建筑业	Building Construction	258604	137187	92.2	33.2
土木工程建筑业	Civil Engineering Construction	384892	233564	11.2	36.8
建筑安装业	Installation	332565	176613	18.8	50.8
建筑装饰和其他建筑业	Architectural Decoration & Others	336205	193457	0.9	84.0

15－8 续表 continued

指 标	Item	资产利润率(%) Ratio of Profit to Funds (%)	资产利税率(%) Ratio of Per-tax Profit to Funds (%)	产值利润率(%) Ratio of Profit to Gross Output Value(%)	产值利税率(%) Ratio of Pre-tax Profit to Gross Output Value (%)
总 计	**Total**	**3.05**	**8.21**	**1.84**	**4.94**
按经济类型分	By Economic units				
#国有经济	State-owned Economic	0.88	5.68	0.51	3.32
中央企业	Central Enterprises	0.03	2.99	0.03	2.78
地方企业	Local Enterprises	1.15	6.57	0.53	3.01
集体经济	Collective-owned Economic	4.02	12.63	2.16	6.78
按企业资质等级分	By the Classes of Enterprises				
O、一级	Zero, One Classes	3.05	9.46	1.34	4.17
二、三级	Two, Three Classes	3.05	7.12	2.69	6.29
按行业分	By Sector				
房屋建筑业	Building Construction	4.20	10.93	2.02	5.26
土木工程建筑业	Civil Engineering Construction	1.08	4.14	0.96	3.69
建筑安装业	Installation	2.27	4.60	2.70	5.48
建筑装饰和其他建筑业	Architectural Decoration & Others	3.91	6.89	3.98	7.02

主要统计指标解释

建筑业统计单位 指从事房屋、构筑物建造和设备安装活动的法人企业。

建筑业总产值 建筑业总产值是以货币表现的建筑业企业在一定时期内生产的建筑业产品和提供的服务的总和。建筑业总产值包括:

(1) 建筑工程产值: 指列入建筑工程预算内的各种工程价值。

(2) 安装工程产值: 指设备安装工程价值，不包括被安装设备本身价值。

(3) 其他产值: 建筑业总产值中除建筑工程、安装工程以外的产值。包括房屋构筑物修理产值、非标准设备制造产值、总包企业向分包企业收取的管理费以及不能明确划分的施工活动所完成的产值。

竣工产值 指以货币表现的建筑业生产所形成的成品的价值。竣工产值一般是以单位工程为对象，当该工程按照设计所规定工程内容全部完成，达到了设计规定的交工条件，经有关部门检查验收鉴定合格的单位工程价值。竣工产值包括报告期内竣工单位工程从开工到竣工的全部自行完成的价值。如果一个单位工程跨两个年度施工，其竣工价值应当包括上年度完成的价值。竣工产值不包括附属辅助企业或内部核算的其他单位为外单位生产和服务的价值。

房屋建筑施工面积 是指报告期内施过工的全部房屋建筑面积，它包括本期新开工的面积、上期跨入本期继续施工的房屋面积、上期停缓建在本期恢复施工的房屋面积、本期竣工的房屋面积以及本期施工后又停缓建的房屋面积。

房屋竣工面积 是指在报告期内房屋建筑按照设计要求已全部完工，达到了使用条件，经检查验收鉴定合格的房屋建筑面积。计算房屋竣工面积，必须严格执行房屋竣工验收标准。

自有机械设备年末总功率 是指本企业（或单位）自有施工机械、生产设备、运输设备以及其他设备等列为固定资产的生产性机械设备年末总功率，按设定能力或查定能力计算。包括机械本身的动力和为该机械服务的单独动力设备，如电动机等。计量单位用千瓦，动力换算可按1马力＝0.735千瓦折合成千瓦数。电焊机、变压器、锅炉不计算动力。

自有机械设备净值 是指本企业（或单位）自有机械设备经过使用、磨损后实际存在的价值，即原值减去折旧后的净额。

房屋建筑面积竣工率 是指报告期内房屋建筑竣工面积占同期房屋建筑施工面积的比重。

技术装备率 指在报告期末自有机械设备净值与期末从业人数的比重。

动力装备率 指在报告期末自有机械设备总功率与期末从业人数的比重。

产值利润率 指在报告期内每百元产值所实现的利润。它的计算方法是:利润总额除以建筑业总产值。

产值利税率 指在报告期内每百元产值所实现的利税。它的计算方法是:利税总额除以建筑业总产值。

Explanatory Notes on Main Statistical Indicators

Statistical Unit in Construction refers to corporate enterprise engaged in the construction of buildings and structures and in the installation of equipment

Gross Output Value of Construction (Output Value of Projects Under Construction) refers to total of construction products, expressed, in money terms, completed by construction and installation enterprises during a given period of time. It includes:

(1)Output value of construction projects, that is the value of projects covered by the project budgets;

(2)Output value of installation projects, that is the value of the installation equipment,(excluding the value of the equipment to be installed);

(3)Output value of others, that is the output value of construction industry excluding of construction projects and installation projects. It includes: output value of repairs of buildings or structures; output value of non-standard equipment manufacturing; overhead expenses received by contracted enterprises the sub-contracted enterprises and the completed output value of construction activities that have no clear definition.

Output Value Completed refers to the value of the finished products make from construction producing that displays with the currency. It is the value of unit projects completed, which has come up to the designed standards and has been checked and accepted as qualified project by related departments. Output value completed includes the value of unit project completed that is all finished by itself from going into operation to completing during the report period. If the project of a unit is stepped for two years, its completed value should include the value that is finished in prior year. Output value completed does not include the value of attaching auxiliary enterprises or other checked-inside units that produce and serve for the other unit.

Floor Space of Buildings Under Construction refers to floor space of buildings under construction during the reference period including newly started buildings buildings started earlier and continued during the reference period and buildings suspended earlier restarted during the reference period, buildings completed during the reference period, and building under construction and then suspended during the reference period.

Floor Space of Buildings Completed refers to the floor space of buildings that are completed in reference period in accordance with the requirements of the design, up to the standard for putting into use, and have been checked and accepted by concerned departments as qualified ones.

Total Power of Machinery and Equipment Owned by the End of Year refers to the total power of machinery and equipment owned by the enterprises, and listed as the fixed assets of the enterprises by the end of the yea r' including machinery and equipment for construction, production and transportation. The power of the machinery is calculated on basis of the designed or verified capacity covering the power of the machinery / equipment and the separate power equipment serving the machinery / equipment (such as electric motors) but excluding welders, transformers and boilers. The unit used for the calculation of power is kilowatt, with horsepower converted to kilowatt by 1 horsepower = 0.735 kilowatt. Arc welding generator, voltage transformer and boiler don' t calculate power.

Net Value of Machinery and Equipment Owned refers to the actual value of machinery and equipment owned by the enterprises after being used and broken, is obtained by deducting net value after depreciation from original value.

Rate of Floor Space of Buildings Completed refers to the ration of the floor space of buildings completed in certain period of time to the floor space of buildings under Construction in the same period.

Value of Machines per Laborer refers to the proportion of net value of machinery and equipment owned with persons employed of construction at year-end during the reference period.

Power of Machines per Laborer refers to the proportion of total power of machinery and equipment owned with persons employed of construction at year-end during the reference period.

Ratio of Profit to Gross Output Value refers to the profits that per 100 yuan make. It can be calculated as: total profits /gross output value of construction.

Ratio of Pre-tax Profit to Gross Output Value that is ratio of pre-tax profit to gross output value. Refers to the profits that per 100 yuan make. It can be calculated as: total Pre-tax profits /gross output value of construction.

交通、运输和邮电通信业
TRANSPORTATION,POSTAL & TELECOMMUNICATION SERVICES

16－1 主要年份民用车辆拥有量
Possession of Civil Vehicles in Main Years

指　标	Item	1995	2000	2005	2010	2011	2012
一、汽车（万辆）	Civil Motor Vehicles（10 000 units）	24.9	29.13	63.54	155.73	191.45	231.03
#私人	Private	6.51	13.27	33.49	111.71	143.83	180.76
1. 载客汽车（万辆）	Number of Buses and Cars (100 000 units)	10.72	15.23	38	113.13	142.58	175.77
#私人	Private	1.89	6.03	21.07	88.01	115.4	146.94
载客量（万客位）	Passenger Vehicles Seats (10 000 sets)	111.16	192.57		793.31	966.43	1163.91
#私人	Private	21.55	78.96				
大型（万辆）	Large (10 000 units)	1.3	1.7	2.45	3.22	3.42	3.53
#私人	Private	0.31	0.53	0.19	0.12	0.12	0.13
载客量（万客位）	Passenger Vehicles Seats (10 000sets)	48.02	68.6		125.95	136.15	143.47
#私人	Private	8.05	19.81				
2. 载货汽车（万辆）	Ordinary Trucks (10 000 units)	13.07	13.16	19.48	36.82	42.90	49.20
#私人	Private	4.59	7.15	8.45	20	24.57	29.91
载重量（万吨位）	General Trucks (10 000 tons)	48.76	58.2		127.93	146.8	166.10
#私人	Private	17.62	27.78				
大（重）型（万辆）	Large (10 000 units)	8.93	7.38	9.36	8.97	10.44	11.79
#私人	Private	3.24	3.98	3.55	3.14	3.85	4.73
载重量（万吨位）	General Trucks (10 000 tons)	44.33	39.7		83.01	97.64	112.32
#私人	Private	16.41	21.52				
3. 其他汽车（万辆）	Other Special Motor Vehicles(10 000 units)	1.11	0.75	6.05	5.78	5.98	6.06
#私人	Private	0.04	0.09	3.97	3.69	3.85	3.91
二、拖拉机（万辆）	Wheel Tractor (10 000 units)	23.52	29.17	49.07	37.95	38.51	41.45
#私人	Private	22.61	28.37	49.79	37.95	38.51	41.45
手扶拖拉车（万辆）	Walking Tractor (10 000 units)	19.16	21.21		21.68	21.94	23.60
#私人	Private	18.6	20.9		21.68	21.94	23.60
三、摩托车（万辆）	Motorcycles（10 000 units）	45.69	160.15	433.8	638.52	672.4	693.17
#私人	Private	37.55	145.57	425.97	633.02	668.47	689.78
普通（万辆）	Motor Bikes (10 000 units)	37.45	145.5	414.12	633.4	667.52	688.42
#私人	Private	33.34	137.09	407.31	627.93	663.61	685.05
四、挂车（万辆）	Trailers (10 000 units)	0.91	0.45	0.89	1.46	1.74	2.03
#私人	Private	0.39	0.22	0.28	0.38	0.49	0.61
五、其他类型车（万辆）	Other Motor Vehicles (10 000 units)	1.09	3.4		0.02	0.01	0.01
#私人	Private	0.86	1.93		…	…	…

说明：根据2006年口径，2005年民用汽车拥有量及其中私人民用汽车拥有量数据已做调整，不再包含农机部门的三轮汽车和低速汽车。

Note: The number of Civil Motor Vehicles and Private Civil Motor Vehicles in 2005 have been adjusted according to the new standard in 2006, and exclude the motor pedicabs and low-speed motor vehicles belong to the Agricultual Machinery Department.

16－2 主要年份民用运输船舶拥有量
Possession of Civil Transport Vessels in Main Years

指 标	Item	1995	2000	2005	2010	2011	2012
一、机动船（艘）	**Ⅰ.Motor Vessels (unit)**	**12360**	**8472**	**8307**	**8800**	**8668**	**8873**
#私人	Private	6457	3978	3450	3493	3040	3023
载客量（客位）	Passenger Vehicles Seats (set)	93152	83676	89716	112138	103264	111394
净载重量（吨位）	Net Haulage Capacity (ton)	917539	849281	2036048	5140009	6209481	6811525
总功率（千瓦）	Total Power (kw)	491044	411586	674658	1485400	1730830	1831268
1. 客船（艘）	1.Passenger Vessels (unit)	1379	1872	2269	2725	2476	2611
#私人	Private	998	1456	1684	2168	1856	2010
载客量（客位）	Passenger Vehicles Seats (set)	59758	74087	88283	110731	101857	109987
2. 客货船（艘）	2.Passenger and Cargo Vessels (unit)	1150	166	5	5	5	5
#私人	Private	1084	143	1			
载客量（客位）	Passenger Vehicles Seats (set)	33394	9589	1433	1407	1407	1407
净载重量（吨位）	Net Haulage Capacity (ton)	11912	2420		2555	2553	2555
3. 货船（艘）	3.Cargo Boat (unit)	9638	6403	6030	6060	6184	6254
#私人	Private	4367	2379	1765	1325	1184	1013
净载重量（吨位）	Net Haulage Capacity (ton)	905627	846861	2034599	5131300	6206911	6808970
4. 拖船（艘）	4.Drawing (unit)	193	31	3	3	3	3
#私人	Private	8					
二、驳船（艘）	**Ⅱ.Barges (unit)**	**597**	**110**	**10**	**7**	**7**	**7**
#私人	Private	96					
净载重量（吨位）	Net Haulage Capacity (ton)	106289	32725	6740	6138	6138	6138

16－3 主要年份内河、沿海规模以上港口基本情况
Basic Statistics of Ports of Inland & Coast in Main Years

指 标	Item	码头长度（米） Length of Quay Lines (m)					
		1995	2000	2005	2010	2011	2012
内 河	**Navigable Inland Waterways**				**17288**	**17518**	**20649**
南宁港	Nanning Port	1115	2197	1643	3319	3319	4155
柳州港	Liuzhou Port	350	1150	1056	751	981	1556
梧州港	Wuzhou Port	1559	6376	4234	3970	3970	4586
贵港港	Guigang Port	890	5150	5951	7083	7083	7311
来宾港	Laibin Port				2165	2165	3041
广西北部湾港	**Ports of Beibu Gulf in Guangxi**				**24694**	**27136**	**31191**
其中：北海港域	Beihai Port	1210	1900	2504	5082	5082	6040
防城港域	Fangchenggang Port	2371	3211	4080	12134	12134	13945
钦州港域	Qinzhou Port	360	1730	3696	7478	9920	11206

16－4 主要年份运输线路里程

Length of Transportation Routes in Main Years

单位：公里 (km)

指 标	Item	1995	2000	2005	2010	2011	2012
一、铁路营业里程	Extension Length of Central Railways	2236	2725	2733	3174	3163	3164
二、铁路正线延展里程	Guangxi	2621	3349	3462	3675	3648	3647
三、公路里程	Length of Highways	40904	52910	62003	101782	104889	107906
四、内河航道里程	Length of Navigable Inland Waterways	4521	5618	6157	6157	6157	6157

注：2006年度国家交通部将村道纳入公路里程统计范围。
Note: The village road has been brought into the statistical range of length of Highuays by National Department of Transportation since 2006.

16－5 主要年份规模以上港口货物吞吐量

Cargo Handled at Major Ports in Main Years

单位：万吨 (10 000 tons)

港口名称	Name of Ports	1995	2000	2005	2010	2011	2012
规模以上港口货物吞吐量合计	**Total Volume of Cargo Handled in Ports above Designated Size**	**1717**	**2879**	**6877**	**18575**	**23335**	**26873**
#内河港口	**Ports of Navigable Inland Waterways**	**998**	**1112**	**3208**	**6652**	**8004**	**9435**
南宁港	Nanning Port	82	58	73	485	777	1070
柳州港	Liuzhou Port	74	36	56	189	124	197
梧州港	Wuzhou Port	160	85	403	1601	2071	2608
贵港港	Guigang Port	362	468	1507	3807	4108	4512
来宾港	Laibin Port				569	924	1048
广西北部湾港	**Ports of Beibu Gulf of Guangxi**	**719**	**1768**	**3669**	**11923**	**15331**	**17438**
北海港域	Beihai Port	201	265	437	1251	1591	1757
防城港域	Fangchenggang Port	464	919	2006	7650	9024	10058
钦州港域	Qinzhou Port	9	140	511	3022	4716	5622

16－6 全社会客运量及旅客周转量（1978－2012年）
Total Passenger Traffic & Turnover of Passenger Traffic(1978－2012)

年 份	Year	总计 Total	铁路 Railways	公路 Highways	水运 Waterways	民航 Civil Aviation
客运量（万人）	**Passenger Traffic(10 000 persons)**					
1978		6398	1368	4628	383	10
1980		9369	1869	7054	429	17
1985		20018	2456	16993	526	43
1990		26272	2391	22826	984	69
1991		24685	2346	21175	1089	75
1992		27262	2703	23189	1273	95
1993		39398	2980	33968	2344	106
1994		34274	3030	29954	1177	113
1995		34317	2819	30024	1192	283
1996		36066	2385	32582	805	294
1997		38343	2495	34752	802	294
1998		39670	2576	36006	786	302
1999		41009	2496	37412	779	322
2000		42952	2508	39321	766	357
2001		44451	2270	41020	755	373
2002		45868	2148	42459	850	410
2003		43595	1936	40524	785	350
2004		48870	1938	45578	861	439
2005		52197	2037	48740	883	536
2006		56635	2347	52609	1023	656
2007		61716	2578	57213	1119	806
2008		64745	2937	60645	340	823
2009		69740	2956	65045	302	1077
2010		76967	3163	72208	395	1201
2011		84431	3383	79300	417	1331
2012		91656	3310	86449	470	1427

16－6 续表 continued

年 份	Year	总计 Total	铁路 Railways	公路 Highways	水运 Waterways	民航 Civil Aviation
旅客周转量（亿人公里）	**Turnover of Passenger Traffic (100 million passenger-km)**					
1978		41.20	21.64	16.89	2.67	
1980		60.25	31.11	25.05	4.09	
1985		127.77	55.72	66.50	5.55	
1990		174.79	66.79	101.21	6.76	
1991		183.70	71.33	105.18	7.19	
1992		223.94	83.19	133.39	7.31	
1993		283.77	112.00	164.04	7.72	
1994		289.39	118.59	165.32	5.48	
1995		298.41	112.14	180.78	5.49	
1996		323.69	93.79	225.97	3.93	
1997		378.18	94.40	280.32	3.46	
1998		386.97	91.77	292.63	2.57	
1999		440.19	105.36	332.30	2.52	
2000		464.96	114.48	347.94	2.54	
2001		490.92	116.23	372.07	2.63	
2002		502.42	117.02	382.70	2.70	
2003		475.09	105.46	367.35	2.27	
2004		529.43	116.18	410.64	2.61	
2005		573.08	131.73	438.77	2.58	
2006		625.34	150.90	471.43	3.01	
2007		714.27	174.05	536.93	3.29	
2008		753.27	188.10	563.52	1.65	
2009		787.42	167.44	618.28	1.70	
2010		879.23	182.13	695.32	1.78	
2011		973.01	194.48	776.51	2.01	
2012		1047.98	187.72	857.98	2.28	

16－7　全社会货运量及货物周转量（1978－2012年）
Total Freight Traffic & Turnover of Freight Traffic(1978－2012)

年　份	Year	总计 Total	铁路 Railways	公路 Highways	水运 Waterways	民航 Civil Aviation
货运量（万吨）	**Freight Traffic (10 000 tons)**					
1978		5885	2118	2697	1070	
1980		4496	1833	1772	891	0.10
1985		12909	2224	9898	787	0.58
1990		19888	3798	14711	1338	0.50
1991		22469	3920	17146	1403	0.70
1992		23457	4167	17567	1666	0.90
1993		35509	4434	27723	3352	1.00
1994		28132	4920	20391	2820	1.00
1995		28622	5072	20686	2862	1.60
1996		29441	5166	22386	1887	1.70
1997		31473	5315	24349	1808	1.00
1998		32671	5364	25482	1823	1.80
1999		30862	5293	23720	1846	3.20
2000		31270	5843	23514	1910	3.38
2001		33267	6316	23747	2024	3.76
2002		33392	6636	24325	2423	7.64
2003		33457	6516	24164	2774	3.80
2004		37118	7860	25822	3432	4.20
2005		41025	8517	27861	4642	4.80
2006		45454	9374	30525	5549	5.60
2007		50152	10503	32920	6722	6.90
2008		84950	9861	64884	10198	6.80
2009		95076	9564	75766	9738	8.03
2010		113445	7052	93552	12832	9.49
2011		136143	6770	113549	15813	11.0
2012		161368	6846	135112	19398	12.2

16－7 续表 continued

年 份	Year	总计 Total	铁路 Railways	公路 Highways	水运 Waterways	民航 Civil Aviation
货物周转量（亿吨公里）	**Turnover of Freight Traffic (100 million ton-km)**					
1978		183.78	153.93	7.54	22.31	
1980		160.46	132.52	5.77	22.17	
1985		276.26	200.52	47.30	28.44	
1990		428.02	268.17	116.95	42.82	
1991		429.61	286.31	91.62	51.68	
1992		487.27	310.98	102.72	64.42	
1993		511.96	335.21	103.23	73.51	
1994		588.98	348.14	140.36	100.48	
1995		592.93	351.61	143.39	97.93	
1996		606.12	346.30	170.58	89.23	
1997		642.30	366.73	183.48	92.08	
1998		695.35	413.46	190.48	91.41	
1999		698.20	414.60	202.10	81.50	
2000		770.61	485.14	209.44	76.03	
2001		799.42	504.15	212.10	83.16	
2002		860.74	540.92	218.51	101.31	
2003		942.55	606.39	217.10	119.06	
2004		1095.66	713.35	235.62	146.69	
2005		1208.91	777.73	258.43	172.75	
2006		1338.95	846.02	286.85	206.08	
2007		1516.55	928.94	302.23	285.34	
2008		2210.23	912.86	799.96	497.41	
2009		2365.62	825.25	934.70	605.67	
2010		2926.77	891.33	1173.45	861.99	
2011		3478.23	895.38	1494.04	1088.81	
2012		4110.64	860.01	1878.29	1372.34	

16－8　公路线路长度（按等级分类，1978－2012年）
Total Length of Highways(Grouped by Class,1978－2012)

单位：公里　　(km)

年份 Year	公路里程总计 Total Length of Highways	等级公路合计 Expressway & Class I to IV Highway	高速 Expressway	一级 Class Ⅰ	二级 Class Ⅱ	三级 Class Ⅲ	四级 Class Ⅳ	等外 Below Class Ⅳ	公路等级里程占总里程（%） Proportion of Expressway & Class I to IV Highway in Total Length of Highways(%)
1978	29773							14996	
1979	30692	13771			83	1341	12347	16921	44.87
1980	31624	14703			83	1348	13272	16921	46.49
1981	31823	14902			83	1373	13446	16921	46.83
1982	32156	15264			83	1465	13716	16892	47.47
1983	32529	15740			84	1531	14125	16789	48.39
1984	32757	16061			84	1531	14446	16696	49.03
1985	32972	16329			104	1633	14592	16643	49.52
1986	33222	16703			105	1670	14928	16519	50.28
1987	33928	17604			139	1763	15702	16324	51.89
1988	35400	19193			202	1803	17188	16207	54.22
1989	35945	19829			214	1875	17740	16116	55.16
1990	36214	20098		8	358	2031	17701	16116	55.50
1991	36660	20711		11	428	1919	18353	15949	56.49
1992	37291	21488		11	682	1917	18878	15803	57.62
1993	38495	22754		11	1035	1910	19798	15741	59.11
1994	39550	23890		48	1074	2017	20751	15660	60.40
1995	40904	25509		66	1330	2163	21950	15395	62.36
1996	42696	27375		66	1448	2222	23639	15321	64.12
1997	45378	30283	193	189	1670	2208	26023	15095	66.73
1998	51073	43319	439	389	2107	16741	23643	7754	84.82
1999	51378	43671	575	389	2319	16721	23667	7707	85.00
2000	52910	45430	812	442	2628	16620	24928	7480	85.86
2001	54752	40192	822	449	4316	5213	29392	14560	73.40
2002	56297	42155	822	449	4773	5348	30763	14142	74.86
2003	58451	45284	1011	482	5351	5611	32829	13167	77.47
2004	59704	47304	1157	514	5783	5337	34314	12400	79.23
2005	62003	51046	1411	546	6299	5813	36977	10957	82.33
2006	90318	52101	1545	705	6847	5589	37415	38216	57.69
2007	94202	62861	1879	733	7325	5625	47296	31340	66.73
2008	99273	73051	2181	818	8114	6311	55624	26221	73.58
2009	100491	77154	2395	827	8559	6889	58484	23337	76.78
2010	101782	81239	2574	876	8646	7942	61200	20543	79.82
2011	104889	87296	2754	944	9132	8261	66205	17592	83.23
2012	107906	91583	2883	984	9720	8320	69676	16322	84.87

注：1. 从2001年起以第二次全国公路普查数据为调整基数。
　　2. 2006年度国家交通部将村道纳入公路里程统计范围，与往年数据不可比。

Note: 1. The data in the table have been readjusted basing on the data of the Second National Highway Census since 2001.
　　2. Since 2006, the Ministry of Transportation has broght the country roads under the statistical range of highway length, thus the data in 2006 is incomparable with the former years.

16—9 主要年份邮电通信水平
Level of Postal & Telecommunications Services in Main Years

指　　标	Item	1995	2000	2005	2010	2011	2012
平均每人每年发函件数（件）	Per Capita Annul Average Number of Letters (piece)	4.59	3.60	2.44	1.4	1.38	1.30
平均每人订有报刊数（件）	Annul Average Number of Newspapers & Magazines Per Capita Subscribed (piece)	13.06	9.5	3.95	6.2	7.41	7.83
平均每万人拥有电话机数（部）	Average Number of Telephone Subscribers per 10 000 Persons Owned (set)	233.64	1102.30	3852.64	6176.63	6879.74	7469.50
设有邮电局、所乡（镇）比重（%）	Proportion of townships with Post & Telecommunication Office (%)	85.4	90.30	91.27	95.5	95.74	96.0
邮政储蓄市场占有率（%）	Ratio of market shares of Postal Deposit (%)	4.0	7.1	9.8	11.4	11.8	12.0
通电话的乡（镇）比重（%）	Proportion of townships with Telephone Communication (%)	96.78	100	100	100	100	100
按固定班期投递邮件的乡（镇）比（%）	Proportion of townships with Delivery by Regularly Time (%)	98.24	99.9	98.66	100	100	100
通电话的行政村比重（%）	Proportion of Administrative Village with Telephone (%)		91.5	99.1	100	100	100

注：1. 1995年以来的“平均每万人拥有电话机数”含移动电话用户。

2. 平均每人每年发函件数、平均每人每年订报刊数、平均每万人拥有电话机数等指标根据2004年和2005年实际情况做相应修改。

Note: 1. “Number of Telephone Subscribers per 10 000 persons owned” have included mobile telephones subscribers since 1995.

2. The data on “Per Capita Annul Average Number of Letters”, “Annul Average Number of Newspapers & Magazines per Capita Subscribed” & “Average Number of Telephone Subscribers per 10000 persons owned” was adjusted by practical situation in 2004 & 2005.

16－10 主要年份邮政和电信主要指标
Major Indicators of Postal & Telecommunications Services in Main Years

指 标	Item	1995	2000	2005	2010	2011	2012
邮电局、所总数（个）	Number of Post & Telecommunication Offices (unit)	1503	1674	1613	1518	1469	1469
邮路总长度（含农村投递线路，万公里）	Length of Postal Routes(including Rural Delivery Routes, 10 000 km)	16.33	17.7	17.86	19.44	19.46	20.03
邮政汽车（辆）	Motor Vehicles for Post (unit)	683	1084	1318	1554	2102	1659
长途业务电路总数（万路）	Total Lines of Long Distance Business (line)	2.19	8.40	57.90	311.87	477.17	3603.62
邮电业务总量（亿元）	Business Volume of Post & Telecommunication Services (100 million yuan)	20.56	96.36	322.87	807.81	326.30	366.44
#邮政	Post		4.31	11.72	28.58	21.88	24.14
电信	Telecommunication Services		92.05	311.15	779.23	304.42	342.3
函件（亿件）	Number of Letters (100 million pcs)	2.08	1.67	1.20	0.72	0.64	0.61
报刊期发数（万份）	Newspapers & Magazines Circulation (10 000 copies)	720.0	667.4	340.1	360.22	389.85	387.26
固定电话年末户数（万户）	Number of Subscribers of Fixed-line Telephone(10 000 subscribers)	76.7	319.1	869.4	708.9	650.9	599.3
#城市电话	Urban	65.65	233.48	557.7	430.3	399.6	376.5
农村电话	Rural	11.04	85.64	311.70	278.60	251.30	222.8
订销报纸累计数（万份）	Total Number of Newspaper Subscribed & Sold (10 000 copies)	54392.00	40934.00	22387.00	27900.00	30579.00	32799.62
订销杂志累计数（万份）	Total Number of Magazines Subscribed & Sold (10 000 copies)	4284.00	3324.00	2490.00	3825.00	3715.00	3727.35
互联网用户数（万户）	Number of Subscribers of Internet(10 000 subscribers)	0.001	23.8	186	1579.6	2071.9	2721.8
#互联网宽带接入用户数	Broadband Internet Access		23.2	80	330.1	422.9	507.1
移动互联网用户数	Mobile Internet				1240.3	1619.4	2205.8
移动电话用户合计（万户）	Number of Mobile Telephone Subscribers (10 000 subscribers)	10	166.9	1021.0	2214.5	2532.7	2884.1
#3G移动电话用户数	3G Mobile Telephone Subscribers	—	—	—	98	278.6	560.7
公用电话（万户）	Public Telephone (10 000 subscribers)	2.26	9.92	61.8	57.4	47.5	46.6

注：邮电业务总量2000年及以前按1990年不变价格计算，以后按2000年不变价格计算。订销杂志累计数根据2005年实际情况做相应修改。

Note:The business volume of post & telecommunication services of 2000 and before were calculated at 1995's constant prices; and these since 2000 were calculated at 2000's constant prices. The Total Number of Magazines Subscribed & Sold was adjusted by the practical situation in 2005.

主要统计指标解释

铁路营业里程 又称营业长度（包括正式营业和临时营业里程），指办理客货运输业务的铁路正线总长度。凡是全线或部分建成双线及以上的线路，以第一线的实际长度计算；复线、站线、段管线、岔线和特殊用途线以及不计算运费的联络线都不计算营业里程。

公路里程 指在一定时期内实际达到《公路工程技术标准JTG B01-2003》规定的技术等级的公路，并经公路主管部门正式验收交付使用的公路里程数。包括大、中城市的郊区公路，以及公路通过小城镇（指县城、集镇）街道的公路里程和公路桥梁长度、隧道长度、渡口的宽度以及分期修建的公路已验收交付使用的里程，不包括大中城市的街道、厂矿、林区生产用道和农业生产用道的里程。两条或多条公路共同经由同一路段，只计算一次，不得重复计算里程长度。按公路技术等级分为等级公路和等外公路，其中等级公路分为高速公路、一级公路、二级公路、三级公路和四级公路。

内河航道通航里程 指在一定时期内，能通航运输船舶及排筏的天然河流、湖泊水库、运河及通航渠道的长度。包括全年季节性通航累计三个月以上的航道，不包括仅供零散流放竹、木排的河道。两省以河为界的航道里程，双方均按一半计算，以免重复。该指标可以反映内河水运网的规模、水平和发展情况。

铁路旅客运量 指一定时期内使用铁路客车运送的旅客人数。铁路旅客运量的计算方法：不论票价多少或行程长短，均按单程计算为一人次；不足购票年龄免购客票的儿童，不计算运量；月、季票按每月往返各21人次计算。

公路客运量 指公路运输企业及由其组织的其它单位在一定时期内实际运送的旅客人数。公路客运量的计算方法：不论乘车路程远近和票价的多少，以客票为依据，“人”为计量单位；不足购票年龄的免票儿童不计算客运量。

水路客运量 指水运企业及由其组织的其他单位在一定时期内实际运送的旅客人数。

民用航空客运量 指公共航空运输飞行所载运的旅客人数。成人和儿童各按一人计算，婴儿不计人数。每一特定航班的每一旅客只计算一次。唯一例外的是，乘坐定期航班既经过国内航段又经过国际航段的旅客，同时计算一个国内旅客和一个国际旅客。不定期航班运送的旅客每一特定航班（同一航班）只计算一次。

铁路旅客周转量 指一定时期内使用铁路客车运送的旅客人数与运输距离的乘积之和。计算公式为：

旅客周转量（人公里）=∑（实际运送的每一乘客×该旅客出发站与到达站间距离）

=实际运送的旅客人数×旅客平均运程

公路旅客周转量 指一定时期内由各种公路运输工具实际运送的旅客人数与相应的运送距离的乘积之和。计算公式为：

旅客周转量（人公里）=∑（实际运送的每一旅客×该旅客出发站与到达站间距离）

水路旅客周转量 指水运企业和由其组织的其他单位在一定时期内实际运送的旅客人数与相应的运送距离的乘积之和。

铁路货物运量 指使用铁路货车实际运送的货物数量。

公路货运量 指一定时期内由各种公路运输工具实际运送到目的地并卸完的货物数量。反映公路货运量的指标有发送货物吨数、到达货物吨数和运送货物吨数。

水路货运量 指在一定时期内由各种水运工具实际运送的货物数量，包括内河、江海、远洋货运量。

民用航空货邮运量 指公共航空运输飞行所载运的货物、邮件重量，货物包括外交信袋和快件。原始数据以吨位计算单位，保留一位小数。每一特定航班（同一航班）的货邮只计算一次，不能按航段重复计算。单对于既经过国内航段、又经过国际航段运输的货邮，则同时统计为国内货邮和国际货邮。不定期航班运输的货物每一特定航班（同一航班）只计算一次。

铁路货物周转量 指一定时期内使用铁路货车完成的货物运量与运送距离的乘积之和。计算公式为：

货物周转量（吨公里）=∑（每批货物重量×该批货物的运送距离）

=实际运送货物吨数×货物平均运程

公路货物周转量 指一定时期内由各种公路运输工具实际完成的货物运量与相应的运送距离的乘积之和。计算公式为:

货物周转量(吨公里)=∑(每批货物重量×该批货物的运送距离)

水路货物周转量 指一定时期内由各种水路运输工具实际完成的货物运量与相应的运送距离的乘积之和。

港口货物吞吐量 指经由水路进、出港区范围，并经过装卸的货物数量。按货物流向分为进港吞吐量和出港吞吐量，按货物的贸易性质分为内贸和外贸吞吐量。按货物的类别分，可根据现行的交通行业标准《运输货物分类和代码》分类。

邮电业务总量(又称通信业务总量) 指以价值量形式表现的邮电通信企业为社会提供各类邮电通信服务的总数量。邮电业务量按专业分类包括函件、包件、汇票、报刊发行、邮政快件、特快专递、邮政储蓄、集邮、传真、长途电话、出租电路、移动电话、分组交换数据通信、出租代维等。计算方法为各类产品乘以相应的平均单价(不变价)之和，再加上出租电路和设备、代用户维护电话交换机和线路等的服务收入。该指标综合反映了一定时期邮电业务发展的总成果，是研究邮电业务量构成和发展趋势的重要指标。计算公式为:

邮电业务总量=∑(各类邮电业务量×不变单价)+出租代维及其他业务收入

=邮政业务总量+电信业务总量

Explanatory Notes on Main Statistical Indicators

Length of Railways in Operation refers to the total length of the trunk line for passenger and freight transportation (including both full operation and temporary operation). The calculation is based on the actual length of the first line if this line has a full or partial double (or more). Not included are double tracks, station sidings, tracks under the charge of stations, branch lines, special-purpose lines and non-payable connecting lines.

Length of Highways refers to the length of highways which are built in conformity with the grades specified by the highway engineering standard [Highways WTBZ-Technical Standard JTG B01-2003] formulated by the Ministry of Transport, and have been formally checked and accepted by the departments of highways and put into use. The length of highways includes that of the suburb highways at large and medium-sized cities, highways passing through streets at small cities and towns, and also the length of bridges, tunnels, ferry piers, and the checked and accepted length of the installment highways being put to use. It does not include the length of streets in big and medium-sized cities and highways built for the production purpose at factories, mines, forest areas and agricultural areas. If two or more highways go the same section of the way, the length of the section is only calculated for once and no duplication is allowed. According to the technical grade, they are divided into grade highways and off-grade highways, and grade highways include express highways, Class I, Class II, Class III and Class IV. The length of highways is an indicator to show the development of the scale of highway construction and to provide essential information to calculate the transport network density.

Length of Navigable Inland Waterways is an indicator reflecting the size and development of inland water network. It refers to the length of the natural rivers, lakes, reservoirs, canals, and ditches open to navigation during a given period, which enables transportation by ships and rafts. It includes the channels open to navigation for over an accumulated period of 3 months in a year, yet this does not include the river courses which are only used to float odd logs and bamboo rafts. For fear of repeating calculation, the length of waterways of boundary rivers between two provinces is reckon in a half for each province. This indicator can reflect the scale, level and development situation of the inland waterway network.

Railway Passenger Traffic refers to the volume of passenger transported with railway within a specific period of time. It is calculated by the principle that one person can be counted only once in one trip and takes no account of the ticket price and traveling distance. The free tickets for under-aged children are not calculated in. Monthly tickets and season tickets are calculated as 21 person-times per 1 month.

Highway Passenger Traffic refers to volume of passenger transported with highway transportation enterprises and other units being organized by highway transportation enterprises within a specific period of time. It is calculated by the principle that one person can be counted as "1 person" and takes no account of the traveling distance and ticket price, according to the ticket. The free tickets for under-aged children are not calculated in.

Waterway Passenger Traffic refers to the volume of passenger transported with waterway transportation enterprises and other units being organized by highway transportation enterprises within a specific period of time.

Civil Aviation Passenger Traffic refers to the volume of passenger transported with public air transportation. An adult or child is counted as 1 person, and babies are not calculated in. One passenger in a certain flight is just counted once. The exception is that one passenger taking a fix-date flight both including domestic part and international part is calculated as 1 domestic passenger and 1 international passenger contemporarily. One passenger transported with a certain nonregular service (or the same service) is just counted once.

Turnover of Railway Passenger Traffic refers to the summary of products of the number of passengers transported with railway trains and the distance of transportation within a specific period of time. It is calculated as:

Turnover of Passenger Traffic(person-km)

=∑(each passenger actually transported × distance between this passenger's starting and arriving station)

= number of passengers actually transported × average distance of passengers transported

Turnover of Highway Passenger Traffic refers to the summary of products of the number of passengers actually transported with kinds of highway conveyances and the distance of transportation within a specific period of time. It is calculated as:

Turnover of Passenger Traffic(person-km)

=∑(each passenger actually transported ×distance between this passenger's starting and arriving station)

Turnover of Waterway Passenger Traffic refers to the summary of products of the number of passengers actually transported with waterway transportation enterprises and other units being organized by waterway transportation enterprises the distance of transportation within a specific period of time.

Railway Freight Traffic refers to the volume of goods actually transported with railway goods trains.

Highway Freight Traffic refers to the volume of goods actually transported to destinations and completely discharged with kinds of highway conveyances within a specific period of time. To reflecting Highway Freight Traffic, there are indicators such as the tonnage of goods sending off, the tonnage of goods receiving and the tonnage of goods transporting.

Waterway Freight Traffic refers to the volume of goods actually transported with kinds of waterway conveyances within a specific period of time. It includes the freight traffic of inland rivers, seas and oceans.

Civil Aviation Freight Traffic of Goods and Posts refers to the weight of goods and posts transported with public air transportation. The goods and posts of one certain flight can be just counted once. The exception is that the goods and posts taking a fix-date flight both including domestic part and international part are calculated as 1 domestic goods and posts and 1 international goods and posts contemporarily. The goods transported with a certain nonregular service (or the same service) is just counted once.

Turnover of Railway Freight Traffic refers to the summary of products of the volume of goods transported with railway goods trains and the distance of transportation within a specific period of time. The calculating formula is:

Turnover of Freight Traffic(ton-km)

= ∑(weight of each batch of goods× distance of this batch of goods transported)

= tonnage of goods actually transported × average distance of goods transported

Turnover of Highway Freight Traffic refers to the summary of products of the volume of goods actually transported with kinds of highway conveyances and the distance of transportation within a specific period of time. The calculating formula is:

Turnover of Freight Traffic(ton-km)

=∑(weight of each batch of goods × distance of this batch of goods transported)

Turnover of Waterway Freight Traffic refers to the summary of products of the volume of goods actually transported with kinds of waterway conveyances and the distance of transportation within a specific period of time.

Volume of Freight Handled in Coastal Ports refers to the volume of cargo passing in and out of the harbor area of the major coastal ports and having been loaded and unloaded. The volume of freight handled may be classified by direction of flow as freight for import and freight for export, or by nature of cargo as freight for domestic trade and freight for foreign trade. The volume of freight handled maybe classified by the classification of cargo, or the current transport standard of The Classification and Code of Cargo Type.

Business Volume of Post and Telecommunications (Business Volume of Communication) refers to the total amount of postal and telecommunication services, expressed in value terms, provided by the post and telecommunications departments for society. It can be classified as: letters, parcels, drafts, circulating presses, postal expresses, EMS, postal savings, stamp collecting, faxes, long distance telephones, rent circuitries, mobile phones, packet switching digital communication and lease and maintenance etc. This indicator reflects the overall results of development of postal and telecommunication services in a certain period, and it is an important indicator for researching construction and development of business volume of post and telecommunications. The calculating formula is:

Business Volume of Post and Telecommunications

= ∑(various Business Volume of Post and Telecommunications × fixed unit prices) + lease and maintenance and other business incomes

= Business Volume of Post + Business Volume of Telecommunications

批发和零售业
WHOLESALE & RETAIL TRADES

17－1　限额以上批发和零售业企业基本情况（2012年）
Basic Conditions of Enterprises above Designated Size in Wholesale & Retail (2012)

项　目	Item	法人企业（个）Corporation Enterprises (unit)	从业人员（人）Persons Employed (person)
总　计	**Total**	**2185**	**164632**
一、批发业	**Ⅰ.Wholesale**	**975**	**64506**
1.按登记注册类型分组	**1.Grouped by Status of Registration**		
内资企业	Domestic Funded Enterprises	969	64072
国有企业	State-owned Industry	74	13053
集体企业	Collective-owned Industry	20	866
股份合作企业	Cooperative Enterprises	5	165
联营企业	Joint Ownership Enterprises		
国有联营企业	State Joint Ownership Enterprises		
集体联营企业	Collective Joint Ownership Enterprises		
国有与集体联营企业	Joint State-Collective Ownership Enterprises		
其他联营企业	Other Joint Ownership Enterprises		
有限责任公司	Limited Liability Corporations	260	14720
国有独资企业	Sole State-funded Corporations	12	1627
其他有限责任公司	Other Limited Liability Corporations	248	13093
股份有限公司	Share Holding Enterprises	42	12383
私营企业	Private Enterprises	542	19480
私营独资企业	Private-funded Enterprises	13	390
私营合伙企业	Private Partnership Enterprises	4	79
私营有限责任公司	Private Limited Liability Corporations	512	18530
私营股份有限公司	Private Share Holding Enterprises	13	481
其他企业	Others	26	3405
港、澳、台商投资企业	Enterprises with Funds from Hong Kong, Macao & Taiwan	4	353
合资经营企业	Joint Venture Enterprises	2	138
合作经营企业	Cooperative Enterprises		
独资经营企业	Enterprises with Sole Investment	1	120
投资股份有限公司	Share-holding Corporations Ltd. with Investment	1	95
其他港澳台投资企业	Others		
外商投资企业	Foreign-investment Enterprise	2	81
中外合资经营企业	Joint Venture Enterprises	1	72
中外合作经营企业	Cooperative Enterprises		
外资企业	Enterprises with Sole Foreign Investment	1	9
外商投资股份有限公司	Share-holding Corporations Ltd. with Foreign Investment		
其他外商投资企业	Others		
2. 按国民经济行业分组	**2. Grouped by National Economic Sector**		
农畜产品批发业	Wholesale of the Agricultural & Animal Products	34	1915
食品、饮料及烟草制品批发业	Wholesale of Food , Beverage & Tobacco Products	94	16016
#米、面制品及食用油批发业	Wholesale of Rice, Flour Products & Edible Oil	20	1980

17—1 续表1 continued

项 目	Item	法人企业（个）Corporation Enterprises (unit)	从业人员（人）Persons Employed (person)
烟草制品批发业	Wholesale of Tobacco Products	15	7310
纺织、服装及日用品批发业	Wholesale of Textile, Garments & Daily Necessities	63	5993
#服装批发业	Wholesale of Garments	7	805
文化、体育用品及器材批发业	Wholesale of Culture, Sports Goods & Apparatus	15	853
医药及医疗器材批发业	Wholesale of Medicine & Medical Apparatus	71	6447
矿产品、建材及化工产品批发业	Wholesale of Mineral Products, Building Materials & Chemical Products	503	24928
#煤炭及制品批发业	Wholesale of Coal & Related Products	80	1581
石油及制品批发业	Wholesale of Petroleum & Related Products	62	15011
金属及金属矿批发业	Wholesale of Metal & Metallic Ore	207	3431
建材批发业	Wholesale of Building Materials	50	921
化肥批发业	Wholesale of Chemical Fertilizer	49	2326
机械设备、五金交电及电子产品批发业	Wholesale of Mechanical Equipment, Hardware & Electrical Equipment & Electronic Product	150	7412
#汽车、摩托车及零配件批发业	Wholesale of Motor Vehicles, Motorcycle & Parts	55	1974
家用电器批发业	Wholesale of Household Appliances	33	3458
计算机、软件及辅助设备批发业	Wholesale of Computer, Software & Auxiliary Equipment	15	748
贸易经纪与代理	Trade Manager & Acting as Agent	10	250
其他批发业	Others	35	692
二、零售业	**Ⅱ.Retail**	**1210**	**100126**
1.按登记注册类型分组	**1.Grouped by Status of Registration**		
内资企业	Domestic Funded Enterprises	1192	96424
国有企业	State-owned Industry	81	4766
集体企业	Collective-owned Industry	33	1624
股份合作企业	Cooperative Enterprises	8	484
联营企业	Joint Ownership Enterprises		
国有联营企业	State Joint Ownership Enterprises		
集体联营企业	Collective Joint Ownership Enterprises		
国有与集体联营企业	Joint State-Collective Ownership Enterprises		
其他联营企业	Other Joint Ownership Enterprises		
有限责任公司	Limited Liability Corporations	344	37641
国有独资企业	Sole State-funded Corporations	11	586
其他有限责任公司	Other Limited Liability Corporations	333	37055
股份有限公司	Share Holding Enterprises	46	12003
私营企业	Private Enterprises	630	37506
私营独资企业	Private-funded Enterprises	63	2129
私营合伙企业	Private Partnership Enterprises	13	563
私营有限责任公司	Private Limited Liability Corporations	527	32950
私营股份有限公司	Private Share Holding Enterprises	27	1864

17—1 续表2 continued

项　目	Item	法人企业（个）Corporation Enterprises (unit)	从业人员（人）Persons Employed (person)
其他企业	Others	50	2400
港、澳、台商投资企业	Enterprises with Funds from Hong Kong, Macao & Taiwan	13	3012
合资经营企业	Joint Venture Enterprises	3	497
合作经营企业	Cooperative Enterprises		
独资经营企业	Enterprises with Sole Investment	10	2515
投资股份有限公司	Share-holding Corporations Ltd. with Investment		
其他港澳台投资企业	Others		
外商投资企业	Enterprises With Foreign Investment	5	690
中外合资经营企业	Joint Venture Enterprises	1	28
中外合作经营企业	Cooperative Enterprises	2	217
外资企业	Enterprises with Sole Foreign Investment	2	445
外商投资股份有限公司	Share-holding Corporations Ltd. with Foreign Investment		
其他外商投资企业	Others		
2. 国民经济行业分组	**2. Grouped by National Economic Sector**		
综合零售业	Comprehensive Retail	218	41990
#百货零售业	Retail of Consumer Goods	80	18068
超级市场零售业	Retail of Supermarket	120	22986
食品、饮料及烟草制品专门零售业	Special Retail of Food , Beverage & Tobacco Products	41	1682
纺织、服装及日用品专门零售业	Special Retail of Textile , Garments & Daily Necessities	23	1979
#服装零售业	Retail of Garments	13	1483
文化、体育用品及器材专门零售业	Special Retail of Culture , Sports Goods & Apparatus	70	3041
#体育用品零售业	Retail of Sports Goods		
图书零售业	Retail of Books	57	2575
医药及医疗器材专门零售业	Special Retail of Medicine & Medical Apparatus	69	9922
#药品零售业	Retail of Medicines	61	9682
汽车、摩托车、燃料及零配件专门零售业	Special Retail of Motor Vehicles, Motorcycles & Parts	474	27787
#汽车零售业	Retail of Motor Vehicles	365	24583
机动车燃料零售业	Fuel Retail of Motor Vehicle	30	1051
家用电器及电子产品专门零售业	Special Retail of Household Appliances & Electronic Products	243	10183
#家用电器零售业	Retail of Household Appliances	126	5922
计算机、软件及辅助设备零售业	Retail of Computer , Software & Auxiliary Equipment	67	1789
通讯设备零售业	Retail of Communication Apparatus	14	793
五金、家具及室内装修材料专门零售业	Special Retail of Hardware, Furniture & Indoor Renovation Material	26	650
无店铺及其他零售业	Retail without Shop & Others	46	2892

17—2 主要年份限额以上批发和零售业企业商品购进、销售和库存总额

Total Purchases, Sales & Stock of Enterprises above Designated in Wholesale & Retail Sale Trade in Main Years

单位：万元 (10 000 yuan)

项　目	Item	1995	2000	2005	2010	2011	2012
一、法人企业数（个）	**Number of Corporation Enterprises (unit)**		**681**	**902**	**1465**	**1859**	**2176**
二、年末从业人员（人）	**Number of Persons Employed (person)**		**100057**	**119358**	**122788**	**143712**	**159978**
三、商品购进总额	**Ⅰ.Total Purchases**	**5009775**	**3890602**	**11143383**	**24393191**	**34038386**	**41578059**
＃进　口	Imports	214441	66953	136366	399495	577844	789367
四、商品销售总额	**Ⅱ.Total Sales**	**5637665**	**4181138**	**11682006**	**25892641**	**33657157**	**42275981**
1.批　发	1.Wholesale	4654163	3071302	8699573	18000452	23024914	30424752
＃出　口	Exports	690372	371065	331529	465449	563059	582354
2.零　售	2.Retail	983502	1109836	2982433	7892189	10632244	11851228
五、年末库存总额	**Ⅲ.Total Inventory at Year-end**	**720914**	**394164**	**694048**	**1887898**	**3023276**	**3770048**

注：1995年未统计限额以上法人企业个数和年末从业人员指标数据。

Note: The number of corporation enterprises above designated size and employed persons were not calculated in 1995.

17—3　限额以上批发和零售业企业商品购进、销售、库存总额（2012年）
Total Purchases, Sales & Stock of Enterprises above Designated in Wholesale & Retail Sale Trade by Sector(2012)

单位：万元　　　　　　　　　　　　　　　　　　　　　　　　　　(10 000 yuan)

项　目	Item	购进总额 Total Purchases	#进口 Imports	销售总额 Total Sales 合计 Total	批发 Wholesale	#出口 Exports	零售 Retail Sale	年末库存总额 Total Inventory at Year-end
总 计	**Total**	**41578059**	**789367**	**42275981**	**30424752**	**582354**	**11851228**	**3770048**
一、批发业	**Ⅰ. Wholesale**	**32596337**	**494598**	**32675571**	**29393494**	**581971**	**3282077**	**2762496**
1.按登记注册类型分组	**1. Grouped by Status of Registration**							
内资企业	Domestic Funded Enterprises	32417092	428084	32490233	29209983	581971	3280249	2732730
国有企业	State-owned Industry	6197791	27171	6959616	6554993	6163	404623	371248
集体企业	Collective-owned Industry	175507	11437	185848	177349		8499	14874
股份合作企业	Cooperative Enterprises	12865		14791	12690		2101	823
联营企业	Joint Ownership Enterprises							
国有联营企业	State Joint Ownership Enterprises							
集体联营企业	Collective Joint Ownership Enterprises							
国有与集体联营企业	Joint State-Collective Ownership Enterprises							
其他联营企业	Other Joint Ownership Enterprises							
有限责任公司	Limited Liability Corporations	9775785	153373	9888057	9780159	108234	107898	828874
国有独资企业	Sole State-funded Corporations	558395		741781	739413		2367	56150
其他有限责任公司	Other Limited Liability Corporations	9217390	153373	9146276	9040746	108234	105531	772725
股份有限公司	Share Holding Enterprises	7860675	1800	6819578	4250615	94388	2568963	339929
私营企业	Private Enterprises	7828917	233140	8065038	7899447	258039	165591	1103965
私营独资企业	Private-funded Enterprises	125239		135145	134033		1112	15733
私营合伙企业	Private Partnership Enterprises	232438		232443	230918	2614	1525	1930
私营有限责任公司	Private Limited Liability Corporations	7299627	233140	7523910	7363108	255425	160802	1060367
私营股份有限公司	Private Share Holding Enterprises	171612		173540	171389		2152	25936
其他企业	Others	565553	1164	557305	534730	115148	22575	73017
港、澳、台商投资企业	Enterprises with Funds from Hong Kong, Macao & Taiwan	18681	2176	26102	24275		1828	3407
合资经营企业	Joint Venture Enterprises	3470		3913	2086		1828	832
合作经营企业	Cooperative Enterprises							
独资经营企业	Enterprises with Sole Investment	3627	2176	6959	6959			1918
投资股份有限公司	Share-holding Corporations Ltd. with Investment	11584		15231	15231			658
其他港澳台投资企业	Others							

17—3 续表1 continue

单位：万元 (10 000 yuan)

项目	Item	购进总额 Total Purchases	#进口 Imports	销售总额 Total Sales 合计 Total	批发 Whole-sale	#出口 Exports	零售 Retail Sale	年末库存总额 Total Inven-tory at Year-end
外商投资企业	Enterprises With Foreign Investment	160564	64338	159236	159236			26358
中外合资经营企业	Joint Venture Enterprises	96226		92400	92400			8073
中外合作经营企业	Cooperative Enterprises							
外资企业	Enterprises with Sole Foreign Investment	64338	64338	66836	66836			18285
外商投资股份有限公司	Share-holding Corporations Ltd. with Foreign Investment							
其他外商投资企业	Others							
2.按国民经济行业分组	**2. Grouped by National Economic Sector**							
农畜产品批发业	Wholesale of the Agricultural & Animal Products	192422	9	236352	233708	16106	2644	78691
食品、饮料及烟草制品批发业	Wholesale of Food , Beverage & Tobacco Products	3421331	53539	4327952	4283307	19497	44645	263406
#米、面制品及食用油批发业	Wholesale of Rice, Flour Products & Edible Oil	201822	50110	191417	189987	599	1430	43541
烟草制品批发业	Wholesale of Tobacco Products	2206020	0	3082166	3073833		8333	152929
纺织、服装及日用品批发业	Wholesale of Textile, Gar-ments & Daily Necessities	1578789	29485	1559809	1495253	120362	64556	295225
#服装批发业	Wholesale of Garments	45630	2176	53876	47009		6867	9798
文化、体育用品及器材批发业	Wholesale of Culture , Sports Goods & Apparatus	168189	20368	174874	171917	16857	2957	20832
医药及医疗器材批发业	Wholesale of Medicine & Medical Apparatus	872504	95	936742	908026	7042	28716	66297
矿产品、建材及化工产品批发业	Wholesale of Mineral Products, Building Materials & Chemical Products	24490636	356794	23434734	20425976	151989	3008759	1829003
#煤炭及制品批发业	Wholesale of Coal & Related Products	2315880	178144	2388370	2385588	17869	2781	404505
石油及制品批发业	Wholesale of Petroleum & Related Products	9784956	53	8725818	5755070		2970748	414646
金属及金属矿批发业	Wholesale of Metal & Metallic Ore	10175137	173201	10020569	10008070	39226	12499	794163
建材批发业	Wholesale of Building Materials	693609	3170	731304	730466	13664	839	91122
化肥批发业	Wholesale of Chemical Fertilizer	980166		1004431	995277	392	9154	102970
机械设备、五金交电及电子产品批发业	Wholesale of Mechanical Equipment, Hardware & Electrical Equipment & Electronic Product	1368040	18710	1490040	1388864	82957	101176	183903
#汽车、摩托车及零配件批发业	Wholesale of Motor Vehicles, Motorcycle & Parts	533420	1458	557646	530530	39566	27116	64561
家用电器批发业	Wholesale of Household Appliances	1212199		1143276	1091135	3188	52141	260907
计算机、软件及辅助设备批发业	Wholesale of Computer, Software & Auxiliary Equipment	148403		149966	114053		35913	12660
贸易经纪与代理	Trade Manager & Acting as Agent	214756	1338	214168	186555	131215	27613	7704
其他批发业	Others	289669	14260	300900	299889	35947	1011	17433

17－3　续表2　continued

单位：万元　　　　(10 000 yuan)

项　　目	Item	购进总额 Total Purchases	#进口 Imports	销售总额 Total Sales 合计 Total	批发 Wholesale	#出口 Exports	零售 Retail Sale	年末库存总额 Total Inventory at Year-end
二、零售业	**Ⅱ. Retail**	**8981722**	**294769**	**9600410**	**1031258**	**383**	**8569151**	**1007552**
1.按登记注册类型分组	**1. Grouped by Status of Registration**							
内资企业	Domestic Funded Enterprises	8475763	213710	8994993	990120	383	8004873	962681
国有企业	State-owned Industry	343198	1065	351191	123145		228047	31590
集体企业	Collective-owned Industry	180624		181883	69349		112534	16146
股份合作企业	Cooperative Enterprises	32793		38193	1618		36575	4136
联营企业	Joint Ownership Enterprises							
国有联营企业	State Joint Ownership Enterprises							
集体联营企业	Collective Joint Ownership Enterprises							
国有与集体联营企业	Joint State-Collective Ownership Enterprises							
其他联营企业	Other Joint Ownership Enterprises							
有限责任公司	Limited Liability Corpora-tions	3656406	171961	3923040	291980	153	3631060	406953
国有独资企业	Sole State-funded Corpora-tions	88460		98781	3772		95010	6775
其他有限责任公司	Other Limited Liability Corporations	3567946	171961	3824259	288208	153	3536051	400177
股份有限公司	Share Holding Enterprises	1475830	625	1531570	116566		1415004	121183
私营企业	Private Enterprises	2566791	40060	2747611	380359	230	2367252	358280
私营独资企业	Private-funded Enterprises	159231	167	182293	41451		140842	32379
私营合伙企业	Private Partnership Enterprises	39355	8277	43161	379		42782	5886
私营有限责任公司	Private Limited Liability Corporations	2234359	31615	2325450	338529	230	1986920	305211
私营股份有限公司	Private Share Holding Enterprises	133845		196708			196708	14804
其他企业	Others	220121		221504	7104		214400	24393
港、澳、台商投资企业	Enterprises with Funds from Hong Kong, Macao & Taiwan	481362	81058	579502	41139		538364	40127
合资经营企业	Joint Venture Enterprises	180896	79765	181315	5617		175698	14597
合作经营企业	Cooperative Enterprises							
独资经营企业	Enterprises with Sole nvestment	300465	1293	398188	35522		362666	25530
投资股份有限公司	Share-holding Corporations Ltd. with Investment							
其他港澳台投资企业	Others							

17—3 续表3 continued

项 目	Item	购进总额 Total Purchases	#进口 Imports	销售总额 Total Sales 合计 Total	批发 Wholesale	#出口 Exports	零售 Retail Sale	年末库存总额 Total Inven-tory at Year-end
外商投资企业	Enterprises With Foreign Investment	24598		25915			25915	4745
中外合资经营企业	Joint Venture Enterprises	1784		1933			1933	16
中外合作经营企业	Cooperative Enterprises	11134		12094			12094	1544
外资企业	Enterprises with Sole Foreign Investment	11681		11888			11888	3186
外商投资股份有限公司	Share-holding Corporations Ltd. with Foreign Investment							
其他外商投资企业	Others							
2.按国民经济行业分组	**2.Grouped by National Economic Sector**							
综合零售业	Comprehensive Retail	2352102	3634	2699682	95393		2604289	205785
#百货零售业	Retail of Consumer Goods	1407041	2410	1641893	60316		1581577	91275
超级市场零售业	Retail of Supermarket	865181	0	976912	2183		974729	104879
食品、饮料及烟草制品专门零售业	Special Retail of Food , Beverage & Tobacco Products	81525	3594	147454	84026	153	63428	22197
纺织、服装及日用品专门零售业	Special Retail of Textile , Garments & Daily Necessities	100184		104124	20731		83393	17169
# 服装零售业	Retail of Garments	76216		78136	16340		61796	14311
文化、体育用品及器材专门零售业	Special Retail of Culture, Sports Goods & Apparatus	166722		162658	19013		143645	29645
#体育用品零售业	Retail of Sports Goods							
图书零售业	Retail of Books	138168		135574	14578		120996	20671
医药及医疗器材专门零售业	Special Retail of Medicine & Medical Apparatus	1072165	99	1136947	243136		893811	110999
#药品零售业	Retail of Medicines	1061839		1123348	236426		886922	109508
汽车、摩托车、燃料及零配件专门零售业	Special Retail of Motor Vehicles, Motorcycles & Parts	4063685	287185	4148994	386580	230	3762414	472288
#汽车零售业	Retail of Motor Vehicles	3623036	287185	3710839	239912	230	3470927	416761
机动车燃料零售业	Fuel Retail of Motor Vehicle	239804		226611	95071		131540	23077
家用电器及电子产品专门零售业	Special Retail of Household Appliances & Electronic Products	835487	62	865015	141159		723856	118636
#家用电器零售业	Retail of Household Appliances	459887	62	456467	50486		405981	73654
计算机、软件及辅助设备零售业	Retail of Computer , Software & Auxiliary Equipment	171841		180820	61373		119447	18179
通讯设备零售业	Retail of Communication Appa-ratus	61196		64607	883		63724	4488
五金、家具及室内装修材料专门零 售业	Special Retail of Hardware, Furniture & Indoor Renovation Material	30389		33117	1619		31499	6343
无店铺及其他零售业	Retail without Shop & Others	279465	195	302419	39602		262817	24491

17—4 限额以上批发和零售业企业主要财务指标（2012年）

单位：万元

项 目	Item	流动资产小计 Circulat-ing Funds	#存货 Deposit Products	固定资产原价 Original Value of Fixed Assets	累计折旧 Add Up Depreci-ation	#本年折旧 Depreciat-ion of the Year	资产合计 Total Assets	负债合计 Total Liabilities
总 计	**Total**	**15109353**	**3301630**	**1932513**	**629073**	**124128**	**19558182**	**14841162**
一、批发业	**Ⅰ. Wholesale**	**11645249**	**2419873**	**1122571**	**383718**	**67674**	**14937078**	**11433316**
1.按登记注册类型分组	**1. Grouped by Status of Registration**							
内资企业	Domestic Funded Enterprises	11568417	2390981	1116171	381693	67286	14766171	11069626
国有企业	State-owned Industry	1484176	378540	378931	130828	21350	2812811	1241719
集体企业	Collective-owned Industry	48849	11541	9909	2029	233	62400	48804
股份合作企业	Cooperative Enterprises	6510	722	2094	1493	110	7987	5206
联营企业	Joint Ownership Enterprises							
国有联营企业	State Joint Ownership Enterprises							
集体联营企业	Collective Joint Owner-ship Enterprises							
国有与集体联营企业	Joint State-Collective Ownership Enterprises							
其他联营企业	Other Joint Ownership Enterprises							
有限责任公司	Limited Liability Corpora-tions	4209889	779617	147776	51040	10524	4636905	4047779
国有独资企业	Sole State-funded Corpora-tions	191514	56307	60613	23359	3931	259443	94467
其他有限责任公司	Other Limited Liability Corporations	4018374	723310	87164	27681	6593	4377462	3953312
股份有限公司	Share Holding Enterprises	817297	348858	447767	153896	23485	1594988	801177
私营企业	Private Enterprises	4609713	797191	122898	40424	10984	5216188	4543735
私营独资企业	Private-funded Enter-prises	133517	15001	1789	887	122	138369	139207
私营合伙企业	Private Partnership Enter-prises	160448	1811	151	118	110	160568	159021
私营有限责任公司	Private Limited Liability Corporations	4252407	756484	116440	38819	10618	4849788	4192576
私营股份有限公司	Private Share Holding Enterprises	63342	23896	4519	599	134	67463	52932
其他企业	Others	391983	74514	6796	1983	601	434892	381206
港、澳、台商投资企业	Enterprises with Funds from Hong Kong, Macao & Taiwan	21058	3403	4546	1291	207	109853	57219
合资经营企业	Joint Venture Enterprises	13461	827	3859	834	147	101324	49504
合作经营企业	Cooperative Enterprises							
独资经营企业	Enterprises with Sole Investment	5698	1918	678	451	56	6625	5862
投资股份有限公司	Share-holding Corporations Ltd. with Investment	1899	658	10	7	4	1903	1853
其他港澳台投资企业	Others							

Main Financial Indicators of Enterprises above Designated in Wholesale & Retail Sale Trade (2012)

（10 000 yuan）

所有者权益合计 Total Creditors Equity	#实收资本 Capital Hold	#国家资本 State Capital	主营业务收入 Business Income of the Main Products	主营业务成本 Core Business Cost	主营业务税金及附加 Core Business Tax & Extra Charges	销售费用 Operat-ing Cost	管理费用 Manage-ment Expenses	财务费用 Financial Expenses	#利息支出 Interest Expen-diture	营业利润 Business Profits	利润总额 Gross Profits
4724751	**3513668**	**1442575**	**37000439**	**34424949**	**212895**	**1130595**	**688419**	**234597**	**187699**	**682628**	**796217**
3511493	**2742405**	**1289827**	**28859169**	**26902526**	**182366**	**622060**	**418727**	**185555**	**145557**	**511157**	**637792**
3704277	2715305	1289827	28689675	26743441	182106	616323	416386	181958	141928	510940	643561
1571092	967199	616674	6206958	5461439	113994	123214	164721	14917	23633	338705	371223
13596	9962		169854	158651	235	2074	2788	349	320	6431	3273
2781	1601		13756	12740	37	439	530	29	71	3678	4804
589126	358690	40084	8820426	8400522	44076	139111	92963	44812	27545	82476	118176
164976	11969	8997	647770	494431	36868	13450	35726	-539	1199	68629	71632
424151	346721	31087	8172656	7906091	7208	125661	57237	45351	26346	13847	46544
801542	686266	632949	5757419	5369823	5471	154379	52742	13915	9122	177288	168140
672453	651021	120	7223845	6868073	17620	177996	97251	99823	75433	-91066	-16639
-838	12948		116661	113018	112	3259	1570	3847	505	-4613	-4353
1547	21150		231988	231291	5	1174	400	536	382	-1579	-1529
657213	606325	120	6719138	6377008	17396	169979	94329	91762	73326	-85355	-54191
14531	10598		156058	146756	108	3584	952	3679	1221	480	43434
53686	40567		497417	472193	673	19110	5391	8113	5804	-6571	-5416
52634	24100		23684	18463	82	3582	1890	2773	2758	-3016	-9128
51821	20100		3708	3339	9	174	1199	2755	2758	-3678	-9822
764	3950		6959	3394	44	2210	605	18		690	725
50	50		13018	11731	29	1198	87	1		-28	-31

17—4　续表 1

单位：万元

项　目	Item	流动资产小计 Circulat-ing Funds	#存货 Deposit Products	固定资产原价 Original Value of Fixed Assets	累计折旧 Add Up Depreci-ation	#本年折旧 Depreciat-ion of the Year	资产合计 Total Assets	负债合计 Total Liabilities
外商投资企业	Enterprises With Foreign Investment	55774	25489	1853	734	181	61053	306472
中外合资经营企业	Joint Venture Enterprises	13776	7204	1735	731	178	18935	269261
中外合作经营企业	Cooperative Enterprises							
外资企业	Enterprises with Sole Foreign Investment	41999	18285	118	3	2	42118	37211
外商投资股份有限公司	Share-holding Corporations Ltd. with Foreign Investment							
其他外商投资企业	Others							
2.按国民经济行业分组	**2.Grouped by National Economic Sector**							
农畜产品批发业	Wholesale of the Agricultural & Animal Products	184771	90471	39204	14066	1910	253630	194039
食品、饮料及烟草制品批发业	Wholesale of Food, Beverage & Tobacco Products	1744414	279354	313562	112507	16614	2336137	1479017
#米、面制品及食用油批发业	Wholesale of Rice, Flour Products & Edible Oil	173276	48806	18005	5780	1293	238227	191270
烟草制品批发业	Wholesale of Tobacco Products	686388	159921	233326	78403	12442	897947	245516
纺织、服装及日用品批发业	Wholesale of Textile, Garments & Daily Necessities	1366676	305188	10602	3532	808	1401415	1325594
#服装批发业	Wholesale of Garments	21451	9368	1857	880	167	23599	18246
文化、体育用品及器材批发业	Wholesale of Culture, Sports Goods & Apparatus	74594	18038	8126	4870	444	211049	82669
医药及医疗器材批发业	Wholesale of Medicine & Medical Apparatus	424794	58944	30329	9333	2197	483304	382598
矿产品、建材及化工产品批发业	Wholesale of Mineral Products, Building Materials & Chemical Products	6748251	1470723	671126	221325	40465	9043112	6932372
#煤炭及制品批发业	Wholesale of Coal & Related Products	717312	124754	24134	7448	2378	923706	742158
石油及制品批发业	Wholesale of Petroleum & Related Products	871058	411180	544863	182213	31797	2379217	1239317
金属及金属矿批发业	Wholesale of Metal & Metallic Ore	3910586	705813	55756	16603	3487	4402642	3802933
建材批发业	Wholesale of Building Materials	680503	95372	8575	2580	603	696419	606224
化肥批发业	Wholesale of Chemical Fertilizer	418869	112500	23080	6625	643	467302	412980
机械设备、五金交电及电子产品批发业	Wholesale of Mechanical Equipment, Hardware & Electrical Equipment & Electronic Product	967002	172069	40041	14568	4467	1062211	918023
#汽车、摩托车及零配件批发业	Wholesale of Motor Vehicles, Motorcycle & Parts	220454	54956	9918	4340	1322	240019	202082
家用电器批发业	Wholesale of Household Appliances	1247992	269335	5209	1500	339	1256910	1219854
计算机、软件及辅助设备批发业	Wholesale of Computer, Software & Auxiliary quipment	29194	9547	434	319	65	33622	22915
贸易经纪与代理	Trade Manager & Acting as Agent	36766	7779	1474	513	72	37791	32683
其他批发业	Others	97981	17306	8109	3003	698	108429	86323

continued

（10 000 yuan）

所有者权益合计 Total Creditors Equity	#实收资本 Capital Hold	#国家资本 State Capital	主营业务收入 Business Income of the Main Products	主营业务成本 Core Business Cost	主营业务税金及附加 Core Business Tax & Extra Charges	销售费用 Operating cost	管理费用 Manage-ment Expenses	财务费用 Financial Expenses	#利息支出 Interest Expen-diture	营业利润 Business Profits	利润总额 Gross Profits
-245419	3000		145811	140622	178	2155	451	824	871	3234	3358
-250326			78974	75416	147	2155	187	10		1060	1187
4907	3000		66836	65206	31		264	814	871	2174	2171
59591	30186	15776	220811	212709	107	6436	9783	3702	3034	-9304	10354
857120	223579	113367	3791757	2960087	148978	128373	176380	24926	28277	375397	402420
46957	22817	6912	194193	179996	245	23921	3153	5346	3764	-17597	-14218
652431	105203	93342	2667434	1908156	146913	63457	152141	-3412	88	403645	410405
75821	79846		1489038	1413732	1614	38231	17303	2326	2208	25060	26797
5353	6245		52249	43624	118	6097	1847	166	132	488	608
128380	123160	4132	141410	121369	43	10084	5344	819	1057	3800	5711
100706	87576	92	852959	786398	1883	29591	25921	6205	4493	5302	5025
2118472	2091603	1147691	20543332	19683307	24997	338737	146626	138099	99114	107077	177242
181549	123502	5010	2105323	2039482	10843	44924	19077	15526	13874	-26261	58646
1147631	1189391	1109360	7635741	7169100	5883	194456	70527	16947	12486	192873	159662
599709	624653	29275	8774366	8563107	5804	51530	36016	83047	57465	-57111	-45341
90195	91642	67	625025	603625	874	7631	5740	10688	9092	-6738	-6427
54322	40435	2027	917611	887712	191	13638	6766	9226	3213	342	3958
144188	87649	3960	1327279	1251725	3143	60097	30915	7651	6313	4398	8436
37937	28865	3257	465230	472247	1607	12576	8441	1900	2242	-762	791
37056	15403		1109602	1065731	1162	20374	10472	775	1451	19343	19876
10706	9403		139994	133675	121	4232	1613	306	377	297	323
5109	4666	1000	214170	208786	923	3585	1213	790	225	-1101	-522
22106	14140	3808	278414	264414	678	6926	5242	1038	836	529	2329

17—4　续表2

单位：万元

项　目	Item	流动资产小计 Circulat-ing Funds	#存货 Deposit Products	固定资产原价 Original Value of Fixed Assets	累计折旧 Add Up Depreci-ation	#本年折旧 Depreciat-ion of the Year	资产合计 Total Assets	负债合计 Total Liabilities
二、零售业	**Ⅱ.Retail**	**3464105**	**881758**	**809942**	**245355**	**56455**	**4621104**	**3407845**
1. 按登记注册类型分组	**1.Grouped by Status of Registra-tion**							
内资企业	Domestic Funded Enterprises	3265651	829185	763468	231784	53919	4372419	3249332
国有企业	State-owned Industry	111417	30538	70685	32147	3225	235438	120719
集体企业	Collective-owned Industry	31476	6988	11413	3391	300	45844	41189
股份合作企业	Cooperative Enterprises	12799	2158	467	242	46	13623	12466
联营企业	Joint Ownership Enterprises							
国有联营企业	State Joint Ownership Enter-prises							
集体联营企业	Collective Joint Ownership Enterprises							
国有与集体联营企业	Joint State-Collective Owner-ship Enterprises							
其他联营企业	Other Joint Ownership Enter-prises							
有限责任公司	Limited Liability Corporations	1467587	352892	238525	71255	18651	1860279	1444904
国有独资企业	Sole State-funded Corporations	11940	5471	11377	4836	575	27847	11097
其他有限责任公司	Other Limited Liability Corpor-ations	1455646	347421	227148	66419	18076	1832432	1433807
股份有限公司	Share Holding Enterprises	464166	88002	248544	66568	8893	723542	444632
私营企业	Private Enterprises	1119855	324990	183786	55727	21933	1416442	1132735
私营独资企业	Private-funded Enterprises	65519	29421	6782	2407	669	77102	58541
私营合伙企业	Private Partnership Enterprises	13873	7099	1332	466	161	15044	9458
私营有限责任公司	Private Limited Liability Corpo-rations	1001634	273228	165978	50200	19896	1246917	1018187
私营股份有限公司	Private Share Holding Enter-prises	38830	15242	9693	2654	1207	77379	46549
其他企业	Others	58352	23617	10048	2455	872	77252	52688
港、澳、台商投资企业	Enterprises with Funds from Hong Kong, Macao & Taiwan	183802	46415	42619	12932	2327	224834	135955
合资经营企业	Joint Venture Enterprises	43519	19847	8846	3335	755	50428	31912
合作经营企业	Cooperative Enterprises							
独资经营企业	Enterprises with Sole Invest-ment	140282	26568	33773	9597	1572	174405	104043
投资股份有限公司	Share-holding Corporations Ltd. with Investment							
其他港澳台投资企业	Others							

continued

(10 000 yuan)

所有者权益合计 Total Creditors Equity	#实收资本 Capital Hold	#国家资本 State Capital	主营业务收入 Business Income of the Main Products	主营业务成本 Core Business Cost	主营业务税金及附加 Core Business Tax & Extra Charges	销售费用 Operat-ing Cost	管理费用 Manage-ment Expenses	财务费用 Financial Expenses	#利息支出 Interest Expen-diture	营业利润 Business Profits	利润总额 Gross Profits
1213259	**771263**	**152748**	**8141270**	**7522423**	**30529**	**508536**	**269692**	**49043**	**42142**	**171471**	**158425**
1123087	733933	152748	7575071	7044915	29018	465288	257468	46342	39353	136698	144579
114720	106834	96110	306546	267805	1548	25908	16435	1045	1035	990	3823
4655	6877		153968	138952	1471	4619	3634	1041	326	3762	3619
1158	853		34081	29950	164	847	3755	41	25	666	521
415375	255656	32735	3418543	3049087	11083	229837	89681	18319	16499	68753	74434
16750	14226	12725	85109	79443	111	3174	2860	250	211	443	595
398625	241430	20010	3333434	2969644	10972	226663	86821	18070	16288	68310	73839
278910	114859	22881	1005122	1172393	7344	56829	53016	4984	3003	44820	46082
283707	232160	101	2455456	2203271	7076	137965	87166	19825	18005	14431	13355
18561	12614		165212	148220	609	12833	3662	884	919	2144	2376
5586	4980		37808	34592	59	1898	997	104	17	156	140
228730	206608	1	2065290	1868363	5620	114329	75518	18102	16655	-5352	4423
30830	7958	100	187147	152096	787	8904	6989	735	415	17483	6416
24564	16694	921	201356	183458	333	9284	3781	1086	461	3274	2745
88879	35504		543572	456872	1436	39419	11610	2128	2772	36220	14746
18516	6730		150622	136356	321	6511	3517	970	1177	3253	3449
70362	28774		392950	320517	1115	32908	8093	1158	1594	32966	11297

17—4 续表3

单位：万元

项 目	Item	流动资产小计 Circulat-ing Funds	#存货 Deposit Products	固定资产原价 Original Value of Fixed Assets	累计折旧 Add Up Depreci-ation	#本年折旧 Depreciat-ion of the Year	资产合计 Total Assets	负债合计 Total Liabilities
外商投资企业	Enterprises With Foreign Investment	14652	6157	3855	639	209	23851	22558
中外合资经营企业	Joint Venture Enterprises	187	187	267	232	3	252	138
中外合作经营企业	Cooperative Enterprises	7426	2870	340	218	34	10968	10411
外资企业	Enterprises with Sole Foreign Investment	7039	3101	3249	189	173	12631	12010
外商投资股份有限公司	Share-holding Corporations Ltd. with Foreign Investment							
其他外商投资企业	Others							
2. 按国民经济行业分组	**2.Grouped by National Economic Sector**							
综合零售业	Comprehensive Retail	816157	185288	410432	111805	23804	1285133	934363
#百货零售业	Retail of Consumer Goods	504535	81218	314666	76419	15837	838106	605545
超级市场零售业	Retail of Supermarket	289626	99655	87901	34019	7594	412963	298999
食品、饮料及烟草制品专门零售业	Special Retail of Food , Beverage & Tobacco Products	58887	21616	7879	3443	605	71668	54195
纺织、服装及日用品专门零售业	Special Retail of Textile , Garments & Daily Necessities	38141	17093	2729	1741	326	51718	49726
#服装零售业	Retail of Garments	32374	15522	1802	1185	241	44013	42701
文化、体育用品及器材专门零售业	Special Retail of Culture , Sports Goods & Apparatus	76117	25792	72176	26648	2542	189326	72293
#体育用品零售业	Retail of Sports Goods							
图书零售业	Retail of Books	64569	19395	71141	26172	2404	176414	62341
医药及医疗器材专门零售业	Special Retail of Medicine & Medical Apparatus	517135	86849	31302	13173	2559	597392	480974
#药品零售业	Retail of Medicines	506735	85477	30841	12937	2499	586755	472693
汽车、摩托车、燃料及零配件专门零售业	Special Retail of Motor Vehicles, Motorcycles & Parts	1380441	405145	221670	65701	22400	1767318	1295326
#汽车零售业	Retail of Motor Vehicles	1273745	371180	200112	56885	19826	1617019	1176715
机动车燃料零售业	Fuel Retail of Motor Vehicle	28981	3457	14006	5647	1926	50452	36784
家用电器及电子产品专门零售业	Special Retail of Household App-liances & Electronic Products	408458	112220	23092	5885	1622	442614	377526
#家用电器零售业	Retail of Household Appliances	260193	71165	16209	2779	1042	285267	258271
计算机、软件及辅助设备零售业	Retail of Computer, Software & Auxiliary Equipment	59502	18375	2867	1503	233	63363	47031
通讯设备零售业	Retail of Communication Apparatus	17621	4131	388	224	65	18208	8919
五金、家具及室内装修材料专门零售业	Special Retail of Hardware, Furni-ture & Indoor Renovation Material	42246	5666	2732	974	166	46958	39492
无店铺及其他零售业	Retail without Shop & Others	126522	22090	37931	15985	2431	168977	103953

continued

（10 000 yuan）

所有者权益合计 Total Creditors Equity	#实收资本 Capital Hold	#国家资本 State Capital	主营业务收入 Business Income of the Main Products	主营业务成本 Core Business Cost	主营业务税金及附加 Core Business Tax & Extra Charges	销售费用 Operating Cost	管理费用 Manage-ment Expenses	财务费用 Financial Expenses	#利息支出 Interest Expen-diture	营业利润 Business Profits	利润总额 Gross Profits
1293	1827		22627	20636	75	3828	613	573	18	-1447	-900
115			1699	1596	2	103	62			-65	-51
557	1206		12094	10810	15	988	255	533	18	-506	30
621	621		8834	8229	57	2738	297	40		-876	-880
350771	179398	25292	2241144	1882493	15682	235989	99655	11092	5449	83952	61291
232561	120741	23787	1306959	1084399	11020	129447	63755	6381	3205	55026	33569
113965	53336	1474	871536	741671	4227	103513	33885	4187	2151	28651	27381
17473	8593	1627	135326	125878	432	4709	4309	1213	796	-27	676
1992	5159	576	79654	63330	401	14689	3757	653	625	-1209	-926
1312	3719		56458	45577	286	12513	2880	586	582	-1293	-948
117033	109875	93350	147805	115643	1036	15223	17374	817	681	1176	2202
114073	106941	93350	121912	93601	723	14143	15109	635	561	1089	2128
116418	69881	378	679406	892882	2694	44204	26819	8491	7524	22188	23498
114062	68206	378	667272	883087	2609	43094	25909	8447	7495	21986	23292
471992	311417	24151	3798342	3505023	6777	125433	82597	22525	22408	48485	52596
440304	290685	19854	3402915	3141395	5812	110624	75261	20532	20586	43581	47907
13668	8933	4295	206363	190334	571	7683	3189	595	558	2142	2034
65088	60305		743347	666660	2167	46459	22165	4534	3886	6806	8821
26996	29676		396655	353676	1144	27955	10720	2848	2092	4928	5745
16332	15784		160412	148220	362	4856	6087	1233	1145	-340	60
9289	6533		55969	51245	195	4099	1583	137	73	103	571
7466	6892	557	30357	25268	124	1634	2224	817	655	-280	-7
65025	19743	6818	285889	245245	1216	20196	10792	-1100	119	10381	10275

17－5　按登记注册类型分连锁零售企业基本情况（2012年）
Basic Conditions of Chain-retail Enterprises by Categories of Registration (2012)

项　目	Item	总店数（个）Number of Head Offices	门店总数（个）Number of Stores (unit)	从业人数（人）Engaged Persons (10 000 persons)	营业面积（平方米）Operating Area (10 000 sq.m)	商品销售额（万元）Total Sales of Commodities (10 000 yuan)	商品购进总额（万元）Total Purchases Value (10 000 yuan)	统一配送商品购进额（万元）Centralized Purchases &Delivery (10 000 yuan)
总　计	**Total**	**62**	**3465**	**39225**	**3308874**	**8410512.5**	**3779965.6**	**3513001.1**
内资企业	Domestic Funded Enterprises	62	3465	39225	3308874	8410512.5	3779965.6	3513001.1
国有企业	State-owned Industry							
集体企业	Collective-owned Industry							
股份合作企业	Cooperative Enterprises							
联营企业	Joint Ownership Enterprises							
国有联营企业	State Joint Ownership Enterprises							
集体联营企业	Collective Joint Ownership Enterprises							
国有与集体联营企业	Joint State-Collective Ownership Enterprises							
其他联营企业	Other Joint Ownership Enterprises							
有限责任公司	Limited Liability Corporations	19	1297	11201	375464	703236.9	595270.2	331960.2
国有独资公司	Sole State-funded Corpora-tions							
其他有限责任公司	Other Limited Liability Corporations	19	1297	11201	375464	703236.9	595270.2	331960.2
股份有限公司	Share Holding Enterprises	31	1686	24004	2831627	7554967.8	3036491.7	3035838.9
私营企业	Private Enterprises	12	482	4020	101783	152307.8	148203.7	145202.0
私营独资企业	Private-funded Enterprises							
私营合伙企业	Private Partnership Enter-prises							
私营有限责任公司	Private Limited Liability Corporations	12	482	4020	101783	152307.8	148203.7	145202.0
私营股份有限公司	Private Share Holding Enterprises							
其他企业	Others							
港、澳、台商投资企业	Enterprises with Funds from Hong Kong, Macao & Taiwan							
合资经营企业（港或澳、台资）	Joint Venture Enterprises							
合作经营企业（港或澳、台资）	Cooperative Enterprises							
港、澳、台商独资经营企业	Enterprises with Sole Investment							
港、澳、台商投资股份有限公司	Share-holding Corporations Ltd. with Investment							
外商投资企业	Enterprises With Foreign Investment							
中外合资经营企业	Joint Venture Enterprises							
中外合作经营企业	Cooperative Enterprises							
外资企业	Enterprises with Sole Foreign Investment							
外商投资股份有限公司	Share-holding Corporations Ltd. with Foreign Investment							

17—6 亿元以上商品交易市场基本情况（2012年）

Basic Conditions of Commodity Exchange Markets of Transaction Value over 100 Million Yuan(2012)

项　目	Item	市场数量（个）Number of Markets (unit)	摊位数（个）Number of Booths (unit)	营业面积（平方米）Operating Area (sq.m)	成交额（万元）Turnover (10 000 yuan)
总 计	**Total**	**95**	**77813**	**4729794**	**11161779**
1.综合市场	**Integrated Markets**	**26**	**28137**	**723450**	**1671709**
工业消费品综合市场	Industrial Consumable Comprehensive Markets	3	7232	226860	186304
农产品综合市场	Farm Produce Comprehensive Markets	16	11972	333975	1207653
其他综合市场	Other Comprehensive Markets	7	8933	162615	277752
2.专业市场	**Special Markets**	**69**	**49676**	**4006344**	**9490070**
生产资料市场	Production Markets	19	8332	1340860	5875912
#农用生产资料市场	Agricultural Production Markets	4	590	76900	218123
木材市场	Wood Markets	2	262	163000	93419
建材市场	Building Material Markets	6	4754	271700	361713
金属材料市场	Metal Material Markets	5	1571	696260	4930800
机械设备市场	Mechanical Equipment Markets	1	500	23000	103000
其他生产资料市场	Others	1	655	110000	168857
农产品市场	Farm Produce Markets	13	9331	766228	1374131
#肉禽蛋市场	Meat,Poultry & Eggs Markets	4	4840	84632	413189
水产品市场	Aquatic Products Markets	1	500	2100	22000
蔬菜市场	Vegetables Markets	3	1306	356051	442795
干鲜果品市场	Dried & FreshMelons & Fruits Markets	1	100	73260	98520
其他农产品市场	Others	4	2585	250185	397627
食品、饮料及烟酒市场	Food,Beverages,Tobacco & Liquor Markets	9	6019	92163	370040
#食品饮料市场	Food & Beverages Markets	2	2563	45020	148081
茶叶市场	Tea Markets	2	240	12500	106078
其他食品饮料及烟酒市场	Others	5	3216	34643	115881
纺织、服装、鞋帽市场	Textiles,Clothing,Shoes & Hats Markets	13	19576	749017	550013
#服装市场	Clothing Markets	7	12543	619535	394472
其他纺织服装鞋帽市场	Others	6	7033	129482	155541
电器、通讯器材、电子设备市场	Electrical Appliances,Communication Appliances & Electronical Appliances Markets	2	792	24259	143300
#计算机及辅助设备市场	Computer & Accessory Equipment Markets	2	792	24259	143300
医药、医疗用品及器材市场	Medicine,Medical Materials & Medical Instruments Markets	1	1116	23000	506000
#中药材市场	Traditional Chinese Medicinal Materials Markets	1	1116	23000	506000
家具、五金及装饰材料市场	Furniture,Hardware & Decoration Materials Markets	7	3556	378340	349610
#家具市场	Furniture Markets	3	1566	78340	105120
装饰材料市场	Decoration Materials Markets	2	874	160000	37890
五金材料市场	Hardware Materials Markets	1	700	40000	120300
其他装修市场	Others	1	416	100000	86300
汽车、摩托车及零配件市场	Cars,Motorcycles & Spare Parts Markets	5	954	632477	321064
#汽车市场	#Cars Markets	4	609	622577	306464
摩托车市场	Motorcycles Markets	1	345	9900	14600

17－7 社会消费品零售总额及指数
Total Retail Sales of Consumer Goods & Relate Indices

年 份 Year	绝对数（万元） Absolute Number (10 000 yuan)	指数（上年=100） Relate Indices (Preceding year=100)
1978	335918	
1980	457228	117.9
1985	886005	129.1
1990	1754369	103.2
1991	2002276	114.1
1992	2436189	121.7
1993	3149992	129.3
1994	3991040	126.7
1995	4981172	124.8
1996	5718385	114.8
1997	6301661	110.2
1998	6868810	109.0
1999	7404577	107.8
2000	8041371	108.6
2001	8757053	108.9
2002	9597730	109.6
2003	10768653	112.2
2004	12222421	113.5
2005	14055459	115.0
2006	16203133	115.3
2007	19327097	119.3
2008	23957870	124.0
2009	27907047	116.5
2010	33120000	118.7
2011	39082000	118.0
2012	45166000	115.6

注：本表数据1993-2008年已按经济普查资料口径调整。
Note: The data in this table from 1993 to 2008 was adjusted by the economic census.

17－8 各市社会消费品零售总额
Total Retail Sales of Consumer Goods by City

单位：亿元 (100 million yuan)

地 区	Region	2008	2009	2010	2011	2012
全 区	**Total**	**2395.79**	**2790.70**	**3312.00**	**3908.20**	**4516.60**
南宁市	Nanning	647.46	757.01	905.93	1073.15	1255.59
柳州市	Liuzhou	344.33	400.98	480.00	568.80	661.84
桂林市	Guilin	284.77	330.92	391.53	462.36	536.35
梧州市	Wuzhou	146.54	171.09	191.77	224.08	257.21
北海市	Beihai	82.08	95.40	108.00	127.29	146.51
防城港市	Fangchenggang	39.09	45.33	51.84	61.16	71.30
钦州市	Qinzhou	124.01	145.09	172.19	204.27	237.56
贵港市	Guigang	155.86	181.08	209.54	245.97	284.05
玉林市	Yulin	224.88	262.92	307.24	362.81	422.83
百色市	Baise	83.56	97.10	113.85	134.34	156.67
贺州市	Hezhou	59.81	68.94	78.68	92.36	106.39
河池市	Hechi	99.98	115.07	131.73	154.79	176.98
来宾市	Laibin	57.57	66.84	79.46	94.42	109.53
崇左市	Chongzuo	45.99	53.45	61.08	72.40	84.37

注：本表数据2008年为第二次经济普查后修订数据。
Note: The data in this table in 2008 is adjusted by the 2nd Economic Census.

17—9　主要年份个体工商业发展情况

Development of Individual Industrial & Commercial Enterprises in Main Years

指　　标	Item	1995	2000	2005	2010	2011	2012
一、户数（户）	**Number of Households (household)**	**923679**	**967512**	**1015941**	**1158725**	**1141622**	**1173252**
按城乡分	by Urban & Rural						
城 镇	Urban	362450	451020	558987	772103	837283	768197
农 村	Rural	561229	516492	456954	386622	304339	405055
按行业分	by Sector						
农林牧渔业	Farming, Forestry, Animal Husbandry & Fishery	2432	12888	15414	15600	16671	17132
采掘业	Mining & Quarrying	3562	1972	4381	3114	2761	2224
制造业	Manufacturing	76662	85900	71105	71804	64128	60681
建筑业	Construction	762	1164	1234	2183	2213	2246
交通运输、仓储业	Transport & Storage	82886	85435	112534	110416	95636	149214
批发零售贸易业	Wholesale & Retail Trade	546260	529569	619773	750112	757149	716542
餐饮业	Catering Services	97128	137143	69239			
二、从业人员（人）	**Number of Employed Persons (person)**	**1307050**	**1394187**	**1635767**	**2231412**	**2172283**	**2296637**
按城乡分	by Urban & Rural						
城 镇	Urban	529941	678565	897945	1410110	1566973	1391497
农 村	Rural	777109	715622	737822	821302	605310	905140
按行业分	by Sector						
农林牧渔业	Farming, Forestry, Animal Husbandry & Fishery	3515	23066	30040	33017	36215	41514
采掘业	Mining & Quarrying	7960	5702	15827	18493	16441	13284
制造业	Manufacturing	139534	146868	152766	227193	223490	204294
建筑业	Construction	1759	3627	2710	5702	5484	5781
交通运输、仓储业	Transport & Storage	104559	117835	138763	154101	139274	339393
批发零售贸易业	Wholesale & Retail Trade	732757	726665	945430	1325885	1280985	1196093
餐饮业	Catering Services	159363	199147	135707			
三、销售总额或营业收入（万元）	**Total Sales or Sales Revenue (10 000 yuan)**	2207961	3780945	5257851	9224370	10791865	10488996
按城乡分	by Urban & Rural						
城 镇	Urban	1079079	2289149	2952680	6790326	7410281	7223049
农 村	Rural	1128882	1491796	2305171	2434044	3381584	3265947
按行业分	by Sector						
农林牧渔业	Farming, Forestry, Animal Husbandry & Fishery	1802	26672	52051	101671	167771	209226
采掘业	Mining & Quarrying						130669
制造业	Manufacturing						765177
建筑业	Construction						50121
交通运输、仓储业	Transport & Storage	446543	554342	857171	1068668	980283	1409187
批发零售贸易业	Wholesale & Retail Trade	1314567	2163885	3256990	5372823	6512158	5681067
餐饮业	Catering Services	243321	690281	378876			

注：1. 本表数据来自自治区工商行政管理局。

2. 由于报送制度的变动，2004—2011年“采掘业”的数据实际是“采矿业”的数据，“交通运输、仓储业”包括邮政业，2008、2009、2010、2011、2012年无法分出餐饮业数据。

Note:1. The data in the table comes from Guangxi Administration for industry and commerce.

2. Because of the change of reporting system, the data from 2004 to 2011 on “Mining and Quarrying” are the data of “Mining”, and the data of “Transport and Storage” contain “Post”. The data on “catering services” since 2008 can not be divided.

主要统计指标解释

商品购进额 指从本企业以外的单位和个人购进（包括从国外直接进口）作为转卖或加工后转卖的商品金额（含增值税）。本指标反映批发和零售业从国内外市场上购进商品的总价。商品购进包括：（1）从工农业生产者、批发和零售业企业、住宿和餐饮业企业、出版社或报社的出版发行部门和其他服务业企业购进的商品；（2）从机关团体、事业单位购进的商品；（3）从海关、市场管理部门购进的缉私和没收的商品；（4）从居民收购的废旧商品等。不包括：（1）企业为本单位自身经营用，不是作为转卖而购进的商品，如材料物资、包装物、低值易耗品、办公用品等；（2）未通过买卖行为而收入的商品，如接受其他部门移交的商品、借入的商品、收入代其他单位保管的商品、其他单位赠送的样品、加工回收的成品等；（3）经本单位介绍，由买卖双方直接结算，本单位只收取手续费的业务；（4）销售退回和买方拒付货款的商品；（5）商品溢余。

商品销售额 指对本单位以外的单位和个人出售的商品金额（包括售给本单位消费用的商品，含增值税），本指标反映批发和零售业在国内市场上销售商品以及出口商品的总量。商品销售包括：（1）售给城乡居民和社会集团消费用的商品；（2）售给农业、工业、建筑业、运输邮电业、服务业、公用事业等国民经济各行业用于生产、经营用的商品，包括售予批发和零售业作为转卖或加工后转卖的商品；（3）对国（境）外直接出口的商品。不包括：（1）未通过买卖行为付出的商品，如随机构变动移交给其他企业单位的商品、借出的商品、归还受其他单位委托代保管的商品、付出的加工原料和赠送给其他单位的样品等；（2）经本单位介绍，由买卖双方直接结算，本单位只收取手续费的业务；（3）购货退回的商品；（4）商品损耗和损失；（5）出售本单位自用的废旧物资。

批发额 指售给国民经济各行业用于生产、经营用的商品金额。

零售额 指售给城乡居民用于生活消费和社会集团用于公共消费的商品金额。

期末商品库存额 对于批发和零售业法人企业和个体经营户，是指取得所有权的全部商品金额（含增值税）；对于批发和零售业产业活动单位，是指期末实际在库且归属法人具有所有权的全部商品金额（含增值税）。这个指标反映批发和零售业的商品库存情况，以及对市场商品供应的保证程度。库存商品包括：（1）存放在本单位（如门市部、批发站、采购站、经营处）的仓库、货场、货柜和货架中的商品；（2）挑选、整理、包装中的商品；（3）已记入购进而尚未运到本单位的商品，即发货单或银行承兑凭证已到而货未到的商品；（4）寄放他处的商品，如因购货方拒绝付款而暂时存在购货方的商品；（5）委托其他单位代销（未作销售或调出）尚未售出的商品；（6）代其他单位购进尚未交付的商品。不包括：（1）所有权不属于本单位的商品，如商品已作销售但买方尚未取走的商品，代替他人保管、运输、加工的商品，代其他单位销售（未做购进或调入）而未售出的商品；（2）委托外单位加工的商品（包括本单位所属加工厂和其他生产单位加工生产尚未收回成品的商品）；（3）外贸企业代理其他单位从国外进口，尚未付给订货单位的商品；（4）代国家储备部门保管的商品。

亿元以上商品交易市场 指年成交额在亿元及以上的商品交易市场。商品交易市场是指经有关部门和组织批准设立，有固定场所、设施，有经营管理部门和监管人员，若干市场经营者入内，常年或实际开业三个月以上，集中、公开、独立地进行生活消费品、生产资料等现货商品交易以及提供相关服务的交易场所，包括各类消费品市场、生产资料市场等。

连锁总店（总部） 负责连锁企业资源（商号、商誉、经营模式、服务标准、管理模式等等）的开发、配置、控制或使用等功能的企业核心管理机构。连锁经营是指经营同类商品或服务，使用统一商号的若干店铺，在同一总店（总部）的管理下，采取统一采购或特许经营等方式，实现规模效益的组织形式，包括直营连锁、特许连锁和自愿连锁三种形式。

直营连锁是指连锁店铺由连锁公司全资或控股开设，在总部的直接控制下，开展统一经营的连锁经营形式；特许连锁是指拥有注册商标、企业标志、专利、专有技术等经营资源的企业（特许人），以合同形式将其拥有的经营资源许可其他经营者（被特许人）使用，被特许人按合同约定在统一的经营模式下开展经营，并向特许人支付特许经营费用的连锁经营形式；自愿连锁是指若干个店铺或企业自愿组合起来，在不改变各自资产所有权关系的情况下，以同一个品牌形象面对消费者，以共同进货为纽带开展的连锁经营形式。

社会消费品零售总额 指企业（单位、个体户）通过交易直接售给个人、社会集团非生产、非经营用的实物商品金额，以及提供餐饮服务所取得的收入金额。个人包括城乡居民和入境人员，社会集团包括机关、社会团体、部队、学校、企事业单位、居委会或村委会等。

Explanatory Notes on Main Statistical Indicators

Total Purchases of Commodities refer to the total value of purchases of commodities by enterprises (establishments) from other establishments or individuals (including direct import from abroad) for the purpose of re-selling, either with or without further processing of the commodities purchased. This indicator is used to show the total value of purchases of commodities by wholesale and retail establishments from domestic and overseas markets. The purchases include: (1) agricultural and industrial products purchased from producers; (2) books, magazines and newspapers purchased from distribution departments of the publishers; (3) commodities purchased from wholesale and retail establishments of different status of registration; (4) commodities purchased from other units, such as surplus materials purchased from government agencies, enterprises or institutions, commodities purchased from hotels and catering services establishments, confiscated goods purchased from customs authorities or market management agencies, second-hand goods and wastes purchased from residents; and (5) commodities directly imported from abroad. Excluded are commodities purchased by enterprises (establishments) for use in their own business operation, commodities obtained without buying or selling procedures, rejected commodities, etc.

Total Sales of Commodities refer to value of commodities sold by the establishments to other establishments and individuals (including direct export to abroad and value-added taxes). This indicator is used to show the total value of sales of commodities at domestic markets and export. The sales include: (1) commodities sold to urban and rural residents and social institutions for their consumption; (2) commodities sold to establishments in industry, agriculture, construction, transportation, post and telecommunications, wholesale and retail trades, hotels and catering services, and public utility for their production and operation; (3) commodities for direct export to abroad. Excluded are: (1) commodities transferred without buying or selling procedures, such as hand-over commodities to other enterprises with institution changing, lent commodities, returned commodities that had been administered by other enterprises, processing raw materials sent out and samples present to other enterprises etc. (2)commission income from brokerage in transactions for which settlement is directly handled by buyers and sellers, (3)rejected commodities in the purchase, (4) loss in commodities, (5) self-using junk materials sold by enterprises etc.

Sales of Wholesale Trades refers to the amount of money of commodities sold to various national economic industries for producing and operating.

Sales of Retail Trades refers to the amount of money of commodities sold to urban and rural residents for household consumption and to social institutions for public consumption.

Total Stock of Commodities to wholesale and retail corporations and individual enterprises, it refers to total commodities possessed(including value-added taxes); to wholesale and retail corporation units, it refers to total commodities actually in stock and possessed(including value-added taxes). This indicator reflects the commodity stock level of various wholesale and retail enterprises and the potential for market supply. It includes: (1) commodities located in storage, garages, counters, and shelves of operating units (such as sale stores, wholesale centers, and operating offices) of wholesale and retail enterprises; (2) commodities in the process of being selected, sorted, and packed; (3) commodities not arrived but recorded as purchase in the account, i.e. commodities not arrived but payment receipts for the commodities from the sellers or the banks arrived; (4) commodities deposited in other places rather than places mentioned above, for instance: commodities in the hold of purchasers temporarily due to the refusal of payment and commodities not taken back after going through the formalities; (5) commodities entrusted to other units to sell but not sold yet; (6) commodities purchased for other units but not delivered yet. Commodities not included as: (1) stock are those not owned by the enterprises (units), (2)commodities on commission for processing but not yet delivered, (3)imported commodities of agency of foreign trade enterprise but not yet delivered to ordering units ,(4) finally those put in stock on behalf of the state material reserves units.

Volume of Transaction at Large Commodity Markets with Transaction Value over 100 Million Yuan refers to the markets with an annual transaction of over 100 million yuan markets approved by the industrial and commercial administration departments, which specialize in wholesale and retail trades of commodities with an annual transaction of over 100 million yuan. The sum of sales of all sellers in the market makes up the transaction value of the market.

Head Chain Store(Head Office) refers to the core managing institution in charge of development, allocation, controlling or using chain enterprise' s resources (such as firms, business credits, operating modes, servicing standards and managing modes etc.).Chain operation refers to the type of organization of several stores selling the same commodities or providing the same services use a uniform firm, and they under the management of the same head store(head office), realizing scaled efficient by modes of uniform purchases or licensed operating. The modes of chain operation include Regular Chain, Licensed Chain and Voluntary Chain.

Regular Chain refers to chain that are invested or controlled by the headquarters. They operate under direct and unified management from the headquarters. Licensed chain refers to chain that enterprises(licensing units)owning operating resources like registered trade marks, enterprise's symbols, patents and special techniques license their resources to other operators(licensed units) in type of contracts. Licensed units operate in uniform operation mode according to contracts, and pay the licensed fees to licensing units. Voluntary Chain refers to chain that various stores or enterprises combine together voluntarily, and face the consumers with the same brand image while the own ship of assets did not changed.

Total Retail Sales of Consumer Goods refer to the summary of retail sales of commodities sold directly by wholesale and retail trades, catering services and other service industries to urban and rural households for household consumption and to social institutions for public consumption. The Retail Sales of Consumer Goods to households refer to sales of commodities sold to urban and rural households for household consumption. The Retail Sales of Consumer Goods to social institutions refer to sales of commodities sold to departments, social institutions, armies, schools, enterprises and public institutions, neighborhood committees or village committees for non-production, non-operation and public consumption purposes, paid with government expenses. Total Retail Sales of Consumer Goods includes: sales of commodities and building materials sold to urban and rural households for household and building houses, sales of Consumer Goods sold to foreigners, overseas Chinese and Chinese compatriots from Hong Kong, Macao and Taiwan visiting China, and sales of commodities sold to social institutions for non-production, non-operation and public consumption purposes. It excludes: sales of commodities between urban households, sales of commodities sold by urban households through trust shops and sales of commodities sold to agriculture, industry, and construction and so on for production.

住宿餐饮业和旅游

HOTELS,CATERING SERVICES & TOURISM

18－1　限额以上住宿和餐饮业企业基本情况（2012年）
Basic Conditions of Accommodation above Star-rated & Catering Service above Designated Size (2012)

项　目	Item	法人企业（个）Corporation Enterprises (unit)	从业人员（人）Persons Employed (person)
总　计	**Total**	**737**	**83636**
一、住宿业	**Ⅰ.Accommodation**	**460**	**52606**
1.按登记注册类型分组	**1. Grouped by Status of Registration**		
内资企业	Domestic Funded Enterprises	436	45891
国有企业	State-owned Industry	67	8716
集体企业	Collective-owned Industry	14	939
股份合作企业	Cooperative Enterprises	5	732
联营企业	Joint Ownership Enterprises		
国有联营企业	State Joint Ownership Enterprises		
集体联营企业	Collective Joint Ownership Enterprises		
国有与集体联营企业	Joint State-Collective Ownership Enterprises		
其他联营企业	Other Joint Ownership Enterprises		
有限责任公司	Limited Liability Corporations	106	11846
国有独资企业	Sole State-funded Corporations	1	168
其他有限责任公司	Other Limited Liability Corporations	105	11678
股份有限公司	Share Holding Enterprises	26	2988
私营企业	Private Enterprises	184	17220
私营独资企业	Private-funded Enterprises	44	2560
私营合伙企业	Private Partnership Enterprises	14	953
私营有限责任公司	Private Limited Liability Corporations	117	12506
私营股份有限公司	Private Share Holding Enterprises	9	1201
其他企业	Others	34	3450
港、澳、台商投资企业	Enterprises with Funds from Hong Kong, Macao & Taiwan	18	5119
合资经营企业	Joint Venture Enterprises	6	1546
合作经营企业	Cooperative Enterprises	1	427
独资经营企业	Enterprises with Sole Investment	11	3146
投资股份有限公司	Share-holding Corporations Ltd. with Investment		
其他港澳台投资企业	Others		
外商投资企业	Enterprises With Foreign Investment	6	1596
中外合资经营企业	Joint Venture Enterprises	2	426
中外合作经营企业	Cooperative Enterprises	1	81
外资企业	Enterprises with Sole Foreign Investment	3	1089
外商投资股份有限公司	Share-holding Corporations Ltd. with Foreign Investment		
其他外商投资企业	Others		
2.按国民经济行业分组	**2.Grouped By Sector**		
旅游饭店	Tourist Hotel	359	45746
一般旅馆	General Hotel	95	6374
其他住宿服务	Other Accommodation Service	6	486

18－1 续表 continued

项 目	Item	法人企业 (个) Corporation Enterprises (unit)	从业人员 (人) Persons Employed (person)
二、餐饮业	Ⅱ.Catering Trades	277	31030
1.按登记注册类型分组	1. Grouped by Status of Registration		
内资企业	Domestic Funded Enterprises	268	24358
国有企业	State-owned Industry	14	950
集体企业	Collective-owned Industry	7	266
股份合作企业	Cooperative Enterprises	7	484
联营企业	Joint Ownership Enterprises	1	32
国有联营企业	State Joint Ownership Enterprises		
集体联营企业	Collective Joint Ownership Enterprises		
国有与集体联营企业	Joint State-Collective Ownership Enterprises		
其他联营企业	Other Joint Ownership Enterprises	1	32
有限责任公司	Limited Liability Corporations	49	6367
国有独资企业	Sole State-funded Corporations		
其他有限责任公司	Other Limited Liability Corporations	49	6367
股份有限公司	Share Holding Enterprises	5	254
私营企业	Private Enterprises	165	14730
私营独资企业	Private-funded Enterprises	54	3636
私营合伙企业	Private Partnership Enterprises	13	775
私营有限责任公司	Private Limited Liability Corporations	94	10003
私营股份有限公司	Private Share Holding Enterprises	4	316
其他企业	Others	20	1275
港、澳、台商投资企业	Enterprises with Funds from Hong Kong, Macao & Taiwan	5	617
合资经营企业	Joint Venture Enterprises	2	260
合作经营企业	Cooperative Enterprises		
独资经营企业	Enterprises with Sole Investment	3	357
投资股份有限公司	Share-holding Corporations Ltd. with Investment		
其他港澳台投资企业	Others		
外商投资企业	Enterprises With Foreign Investment	4	6055
中外合资经营企业	Joint Venture Enterprises		
中外合作经营企业	Cooperative Enterprises		
外资企业	Enterprises with Sole Foreign Investment	2	5898
外商投资股份有限公司	Share-holding Corporations Ltd. with Foreign Investment	2	157
其他外商投资企业	Others		
2.按国民经济行业分组	2.Grouped By Sector		
正餐服务业	Dinner	261	22209
快餐服务业	Snack	12	7944
饮料及冷饮服务业	Beverage & Cold Drink	2	154
其他餐饮服务业	Others	2	723

18—2 限额以上住宿和餐饮业企业经营情况（2012年）

Business of Enterprises above Desinated Size of Hotels & Catering Services (2012)

单位：万元 (10 000 yuan)

项　目	Item	营业额 Business Revenue	客房收入 From Hotels	餐费收入 From Catering
总　计	**Total**	**965256**	**327066**	**555542**
一、住宿业	**Ⅰ.Accommodation**	**632012**	**307385**	**252514**
1.按登记注册类型分组	**1. Grouped by Status of Registration**			
内资企业	Domestic Funded Enterprises	536459	259213	211399
国有企业	State-owned Industry	113450	39744	52550
集体企业	Collective-owned Industry	8686	3351	3436
股份合作企业	Cooperative Enterprises	10617	5644	3567
联营企业	Joint Ownership Enterprises			
国有联营企业	State Joint Ownership Enterprises			
集体联营企业	Collective Joint Ownership Enterprises			
国有与集体联营企业	Joint State-Collective Ownership Enterprises			
其他联营企业	Other Joint Ownership Enterprises			
有限责任公司	Limited Liability Corporations	133688	71479	45501
国有独资企业	Sole State-funded Corporations	1479	673	798
其他有限责任公司	Other Limited Liability Corporations	132209	70806	44702
股份有限公司	Share Holding Enterprises	36614	16490	14628
私营企业	Private Enterprises	200979	105476	77877
私营独资企业	Private-funded Enterprises	23029	13282	8563
私营合伙企业	Private Partnership Enterprises	9415	5036	3753
私营有限责任公司	Private Limited Liability Corporations	150813	78858	58410
私营股份有限公司	Private Share Holding Enterprises	17722	8300	7151
其他企业	Others	32424	17028	13842
港、澳、台商投资企业	Enterprises with Funds from Hong Kong, Macao & Taiwan	72045	34009	33497
合资经营企业	Joint Venture Enterprises	22794	13050	8889
合作经营企业	Cooperative Enterprises	4667	1656	2283
独资经营企业	Enterprises with Sole Investment	44585	19303	22325
投资股份有限公司	Share-holding Corporations Ltd. with Investment			
其他港澳台投资企业	Others			
外商投资企业	Enterprises With Foreign Investment	23508	14163	7618
中外合资经营企业	Joint Venture Enterprises	9783	7096	2312
中外合作经营企业	Cooperative Enterprises	553	431	0
外资企业	Enterprises with Sole Foreign Investment	13173	6637	5306
外商投资股份有限公司	Share-holding Corporations Ltd. with Foreign Investment			
其他外商投资企业	Others			
2.按国民经济行业分组	**2.Grouped By Sector**			
旅游饭店	Tourist Hotel	558428	261281	233092
一般旅馆	General Hotel	64029	42714	17854
其他住宿服务	Other Accommodation Service	9556	3390	1568

18－2 续表 continued

单位：万元 (10 000 yuan)

项　　目	Item	营业额 Business Revenue	客房收入 From Hotels	餐费收入 From Catering
二、餐饮业	Ⅱ.Catering Trades	333244	19681	303028
1.按登记注册类型分组	1. Grouped by Status of Registration			
内资企业	Domestic Funded Enterprises	270524	19681	240354
国有企业	State-owned Industry	8957	1906	5903
集体企业	Collective-owned Industry	3372	212	2981
股份合作企业	Cooperative Enterprises	5191	808	3877
联营企业	Joint Ownership Enterprises	594		594
国有联营企业	State Joint Ownership Enterprises			
集体联营企业	Collective Joint Ownership Enterprises			
国有与集体联营企业	Joint State-Collective Ownership Enterprises			
其他联营企业	Other Joint Ownership Enterprises	594		594
有限责任公司	Limited Liability Corporations	83047	2300	78244
国有独资企业	Sole State-funded Corporations			
其他有限责任公司	Other Limited Liability Corporations	83047	2300	78244
股份有限公司	Share Holding Enterprises	2747	329	2285
私营企业	Private Enterprises	155385	13598	135826
私营独资企业	Private-funded Enterprises	36398	4173	31084
私营合伙企业	Private Partnership Enterprises	10823	1185	9309
私营有限责任公司	Private Limited Liability Corporations	104332	7920	92282
私营股份有限公司	Private Share Holding Enterprises	3833	320	3151
其他企业	Others	11233	529	10644
港、澳、台商投资企业	Enterprises with Funds from Hong Kong, Macao & Taiwan	8763		8717
合资经营企业	Joint Venture Enterprises	2263		2263
合作经营企业	Cooperative Enterprises			
独资经营企业	Enterprises with Sole Investment	6500		6455
投资股份有限公司	Share-holding Corporations Ltd. with Investment			
其他港澳台投资企业	Others			
外商投资企业	Enterprises With Foreign Investment	53957		53957
中外合资经营企业	Joint Venture Enterprises			
中外合作经营企业	Cooperative Enterprises			
外资企业	Enterprises with Sole Foreign Investment	52094		52094
外商投资股份有限公司	Share-holding Corporations Ltd. with Foreign Investment	1863		1863
其他外商投资企业	Others			
2.按国民经济行业分组	2.Grouped By Sector			
正餐服务业	Dinner	250446	19174	221901
快餐服务业	Snack	77006	507	76499
饮料及冷饮服务业	Beverage & Cold Drink	1716		552
其他餐饮服务业	Others	4076		4076

18－3　限额以上住宿和餐饮业企业主要财务指标（2012年）

单位：万元

项　目	Item	流动资产小计 Circulating Funds	#存货 Deposit Products	固定资产原价 Original Value of Fixed Assets	累计折旧 Add Up Depreciation	#本年折旧 Depreciation of the Year	资产合计 Total Assets	负债合计 Total Liabilities
总　计	**Total**	**633748**	**63680**	**1490906**	**570182**	**83336**	**2076727**	**1449024**
一、住宿业	**Ⅰ.Accommodation**	**504463**	**51598**	**1345864**	**533892**	**75368**	**1770536**	**1278841**
1.按登记注册类型分组	**1. Grouped by Status of Registration**							
内资企业	Domestic Funded Enterprises	427073	47570	886376	346402	47918	1309521	890335
国有企业	State-owned Industry	55375	3415	281641	128595	11371	299150	151213
集体企业	Collective-owned Industry	3964	162	19436	10738	971	14739	10261
股份合作企业	Cooperative Enterprises	20186	237	25405	5795	415	42340	40818
联营企业	Joint Ownership Enterprises							
国有联营企业	State Joint Ownership Enterprises							
集体联营企业	Collective Joint Ownership Enterprises							
国有与集体联营企业	Joint State-Collective Ownership Enterprises							
其他联营企业	Other Joint Ownership Enterprises							
有限责任公司	Limited Liability Corporations	103800	3892	244268	89127	17303	361329	253150
国有独资企业	Sole State-funded Corporations	533	19	8022	1341	981	12243	7882
其他有限责任公司	Other Limited Liability Corporations	103267	3873	236247	87786	16323	349086	245268
股份有限公司	Share Holding Enterprises	13524	1013	64215	23142	2746	63604	31849
私营企业	Private Enterprises	190871	36544	205864	72574	12656	429831	335457
私营独资企业	Private-funded Enterprises	20790	1178	51266	12835	1214	84390	53124
私营合伙企业	Private Partnership Enterprises	8820	179	16551	7281	822	21377	10645
私营有限责任公司	Private Limited Liability Corporations	148754	34259	110173	46677	9340	285491	232120
私营股份有限公司	Private Share Holding Enterprises	12506	929	27874	5782	1281	38574	39568
其他企业	Others	39354	2307	45547	16431	2455	98529	67588
港、澳、台商投资企业	Enterprises with Funds from Hong Kong, Macao & Taiwan	60488	3241	330268	122232	23740	373960	312565
合资经营企业	Joint Venture Enterprises	10240	292	85644	33050	3719	108413	83250
合作经营企业	Cooperative Enterprises	3254	205	19703	11036	7935	12427	7935
独资经营企业	Enterprises with Sole Investment	46993	2743	224921	78146	12086	253120	221380
投资股份有限公司	Share-holding Corporations Ltd. with Investment							
其他港澳台投资企业	Others							
外商投资企业	Enterprises With Foreign Investment	16903	787	129220	65257	3710	87056	75942
中外合资经营企业	Joint Venture Enterprises	2452	90	35834	11594	812	27681	10976
中外合作经营企业	Cooperative Enterprises	97	35	3912	3384	130	625	16517
外资企业	Enterprises with Sole Foreign Investment	14353	662	89474	50278	2769	58750	48448
外商投资股份有限公司	Share-holding Corporations Ltd. with Foreign Investment							
其他外商投资企业	Others							
2.按国民经济行业分组	**2.Grouped By Sector**							
旅游饭店	Tourist Hotel	410053	20472	1286304	514294	71960	1605959	1143605
一般旅馆	General Hotel	88295	30982	55952	17972	3110	154153	128280
其他住宿服务	Other Accommodation Service	6115	144	3607	1626	298	10425	6956

Main Financial Indicators of Enterprises above Designated in Wholesale & Retail Sale Trade (2012)

(10 000 yuan)

所有者权益合计 Total Creditors Equity	#实收资本 Capital Hold	#国家资本 State Capital	主营业务收入 Business Income of the Main Products	主营业务成本 Core Business Cost	主营业务税金及附加 Core Business Tax & Extra Charges	销售费用 Operating Cost	管理费用 Manage-ment Expenses	财务费用 Financial Expenses	#利息支出 Interest Expen-diture	营业利润 Business Profits	利润总额 Gross Profits
627703	**932860**	**170195**	**866062**	**330116**	**48991**	**313266**	**219900**	**37567**	**27139**	**-23865**	**-7326**
491695	**836532**	**167204**	**604653**	**193391**	**33569**	**227673**	**184234**	**32595**	**23922**	**-38729**	**-20544**
419186	577747	147223	514149	175664	28033	194616	127697	23240	16585	-18944	-9153
147937	109457	96597	110923	44279	5268	38680	27282	3278	2996	-4302	2083
4477	4110		8923	2937	518	3048	2897	141	95	-420	-389
1522	7332		10730	2643	759	2630	4745	1675	3	-1691	-1493
108180	301511	35352	130055	40273	7209	53416	35878	5824	4125	-7504	-4925
4362	200	200	1479	409	92	648	639	71	52	-280	-280
103818	301311	35152	128576	39864	7117	52768	35239	5754	4072	-7224	-4645
31755	28559	14605	35739	12152	1684	11527	9229	351	216	1153	1395
94374	97352		186044	66088	10622	74886	39343	9899	7546	-6333	-6040
31265	21789		21549	9001	1275	6768	3767	939	704	738	250
10732	5834		8085	2347	401	2303	2055	681	365	228	198
53371	65478		138798	48005	7974	59305	30666	6400	4739	-5992	-5123
-994	4251		17612	6736	972	6510	2855	1878	1738	-1308	-1365
30941	29426	668	31737	7292	1974	10429	8324	2072	1604	153	216
61395	212268	16048	70655	14602	3991	24736	42138	7770	6564	-19420	-11540
25162	80591	16048	22567	3354	1286	6843	13949	1068	104	-3711	-3070
4492	13909		4570	1200	247	1878	2321	411	377	-1487	-1407
31741	117768		43518	10048	2458	16015	25867	6291	6083	-14222	-7063
11114	46517	3933	19848	3125	1545	8321	14399	1586	773	-365	149
16705	16605	1660	9497	979	489	3015	4268	728	728	323	410
-15892	2754	2273	553		31	159	283	850		-770	-777
10301	27157		9798	2146	1025	5148	9849	7	45	82	516
462354	800597	165427	535184	172327	29592	199790	167310	29124	21988	-36675	-18952
25873	33739	1501	60520	19630	3443	23983	14788	3405	1915	-3279	-2788
3469	2196	275	8948	1434	534	3901	2136	66	18	1225	1197

18－3　续表

单位：万元

项　　目	Item	流动资产小计 Circulating Funds	#存货 Deposit Products	固定资产原价 Original Value of Fixed Assets	累计折旧 Add Up Depreciation	#本年折旧 Depreciation of the Year	资产合计 Total Assets	负债合计 Total Liabilities
二、餐饮业	**Ⅱ.Catering Trades**	**129285**	**12082**	**145043**	**36290**	**7968**	**306190**	**170183**
1.按登记注册类型分组	**1. Grouped by Status of Registration**							
内资企业	Domestic Funded Enterprises	118576	9873	136754	32455	7773	280247	158308
国有企业	State-owned Industry	2280	263	9918	4054	472	11000	8944
集体企业	Collective-owned Industry	428	60	859	353	61	1142	784
股份合作企业	Cooperative Enterprises	3445	136	2161	868	143	4862	1582
联营企业	Joint Ownership Enterprises	37	11	18	6	2	49	20
国有联营企业	State Joint Ownership Enterprises							
集体联营企业	Collective Joint Ownership Enterprises							
国有与集体联营企业	Joint State-Collective Ownership Enterprises							
其他联营企业	Other Joint Ownership Enterprises	37	11	18	6	2	49	20
有限责任公司	Limited Liability Corporations	32225	2484	24786	5562	1204	65727	49700
国有独资企业	Sole State-funded Corporations	0	0	0	0	0	0	0
其他有限责任公司	Other Limited Liability Corporations	32225	2484	24786	5562	1204	65727	49700
股份有限公司	Share Holding Enterprises	720	182	3699	578	171	5320	2242
私营企业	Private Enterprises	74057	6282	89245	19134	5172	178579	85932
私营独资企业	Private-funded Enterprises	10850	1517	29187	4804	1637	40814	17879
私营合伙企业	Private Partnership Enterprises	3561	210	2609	563	91	5866	4757
私营有限责任公司	Private Limited Liability Corporations	58685	4328	55125	13228	3365	128558	61599
私营股份有限公司	Private Share Holding Enterprises	960	227	2324	540	80	3340	1697
其他企业	Others	5385	456	6068	1900	548	13568	9104
港、澳、台商投资企业	Enterprises with Funds from Hong Kong, Macao & Taiwan	5264	296	2159	678	187	8124	5582
合资经营企业	Joint Venture Enterprises	1160	0	148	104	13	1208	1223
合作经营企业	Cooperative Enterprises							
独资经营企业	Enterprises with Sole Investment	4105	296	2011	574	173	6917	4359
投资股份有限公司	Share-holding Corporations Ltd. with Investment							
其他港澳台投资企业	Others							
外商投资企业	Enterprises With Foreign Investment	5444	1914	6130	3157	8	17819	6293
中外合资经营企业	Joint Venture Enterprises							
中外合作经营企业	Cooperative Enterprises							
外资企业	Enterprises with Sole Foreign Investment	5275	1848	6085	3126		16812	6232
外商投资股份有限公司	Share-holding Corporations Ltd. with Foreign Investment	170	65	45	32	8	1007	60
其他外商投资企业	Others							
2.按国民经济行业分组	**2.Grouped By Sector**							
正餐服务业	Dinner	105238	9263	127032	29983	7170	254862	145092
快餐服务业	Snack	11029	2544	10795	4363	111	30194	17125
饮料及冷饮服务业	Beverage & Cold Drink	5414	19	5657	1510	301	10126	5602
其他餐饮服务业	Others	7604	257	1559	434	386	11008	2364

continued

(10 000 yuan)

所有者权益合计 Total Creditors Equity	#实收资本 Capital Hold	#国家资本 State Capital	主营业务收入 Business Income of the Main Products	主营业务成本 Core Business Cost	主营业务税金及附加 Core Business Tax & Extra Charges	销售费用 Operating Cost	管理费用 Management Expenses	财务费用 Financial Expenses	#利息支出 Interest Expenditure	营业利润 Business Profits	利润总额 Gross Profits
136007	**96329**	**2991**	**261409**	**136726**	**15422**	**85593**	**35666**	**4972**	**3218**	**14864**	**13218**
121939	90707	2791	251986	133275	14869	69799	31414	5073	3215	3849	3359
2056	2373	1996	8449	5087	381	2292	1466	190	185	-955	-530
358	337		2655	1479	159	598	444	9	4	94	2
3280	1490		4774	2064	340	1452	794	23	17	261	103
29	21		594	356	37	18	165	1	1	17	17
29	21		594	356	37	18	165	1	1	17	17
16027	13256		79271	40061	4596	25997	7710	1508	1057	174	995
0	0		0	0	0	0	0	0	0	0	0
16027	13256		79271	40061	4596	25997	7710	1508	1057	174	995
3078	3483	160	2700	1264	86	828	481	23	14	-52	232
92647	65664	635	142231	78074	8653	35608	19102	3002	1675	3993	2513
22935	16544	600	35790	17826	2141	6324	4020	878	490	3345	2740
1110	853	35	10621	5617	580	2184	809	315	283	1124	141
66959	47925		91986	52267	5720	26800	13817	1791	899	-622	-428
1643	342		3833	2364	212	299	457	19	3	146	60
4464	4083		11314	4889	618	3006	1251	318	263	317	28
2542	2928		8396	3111	495	4386	308	31		36	40
-16	130		1896	720	104	862	93	15		72	75
2558	2798		6500	2391	390	3524	215	16		-36	-35
11526	2694	200	1026	340	58	11409	3944	-132	3	10979	9819
10579	2284		204	67	11	11082	3944	-135		9768	9642
947	410	200	823	274	48	327		3	3	1211	176
109770	86928	2791	232194	124022	14106	61441	29149	4627	2951	5129	4474
13069	6751	200	24485	9761	1220	22644	5275	24	74	11233	9490
4524	1550		1020	360	63	461	305	158	194	-443	213
8644	1100		3710	2583	33	1048	937	163		-1055	-959

18－4 主要年份限额以上住宿和餐饮业企业经营情况
Business Circumstance of Enterprises above Designated Size in Hotel & Catering in Major Years

单位：万元 (10 000 yuan)

项 目	Item	2000	2005	2010	2011	2012
一、法人企业数（个）	Number of Corporation Enterprises(unit)	85	393	581	662	734
二、年末从业人员（人）	Number of Persons Employed(person)	21621	59652	70818	52483	83526
三、营业额（万元）	Business Revenue(10 000 yuan)	70028	352590	675506	848208	965256
四、客房间数（间）	Number of Guest Rooms(room)			63915	69897	96443
五、床位数（个）	Number of Beds(bed)		80315	112690	121624	161065
六、餐位数（位）	Number of Catering Seatings(seat)		213534	292875	315285	367388
七、年末餐饮营业面积（平方米）	Area of Catering Business(sq.m)		680358	812365	1421726	1783501

注：1. 2005年住宿业为星级以上住宿企业，未设置“客房间数”指标。
2. 2000年统计范围为限额以上餐饮业，未包括住宿业；未设置四至七项指标。

Note: 1. The data on hotel in 2005 refers to the hotels above star-rate, and the indicator of “Number of Guest Rooms” has not been set.
2. The statistical range in 2000 is the catering enterprises above designated size, exculding hotel enterprises, and the relative indicators have not been set.

18－5 旅游机构数（2012年）
Number of Tourism Institutions(2012)

单位：家 (unit)

城 市	City	旅游管理部门 Tourist Management Department	旅行社 Travel Agencies	星级饭店 Star-rated Hotels	五星 5 Star	四星 4 Star	三星 3 Star	二星 2 Star	一星 1 Star
总 计	**Total**	**143**	**576**	**456**	**12**	**59**	**262**	**121**	**2**
南宁市	Nanning	19	83	68	4	11	29	24	
柳州市	Liuzhou	11	54	39	1	8	18	12	
桂林市	Guilin	24	156	70	5	12	41	12	
梧州市	Wuzhou	5	27	22		2	15	5	
北海市	Beihai	7	42	35	1	4	17	13	
防城港市	Fangchenggang	5	27	24		2	22	0	
钦州市	Qinzhou	9	27	26	1	2	22	1	
贵港市	Guigang	4	20	22		4	12	6	
玉林市	Yulin	8	36	14		1	7	6	
百色市	Baise	13	20	24		2	15	7	
贺州市	Hezhou	6	18	20		2	13	4	1
河池市	Hechi	19	36	46		5	29	11	1
来宾市	Laibin	6	15	17		2	9	6	
崇左市	Chongzuo	7	15	29		2	13	14	

18—6 主要年份旅游人数及收入

Number of Oversea Visitor Arrivals & Tourist Income in Main Years

指　标	Item	1995	2000	2005	2010	2011	2012
接待入境旅游者人数（人次）	**Number of Oversea Visitor Arrivals (person-time)**	**418499**	**1240265**	**1461605**	**2502363**	**3027923**	**3502732**
港澳和台湾同胞	Compatriots from Hong Kong , Macao & Taiwan	107672	730706	585557	1088493	1313095	1575725
外国人	Foreigners	307428	506288	873103	1413870	1714828	1927007
＃日本	Japan	72706	86469	91117	84576	65615	59235
新加坡	Singapore	7164	6174	15545	53995	84635	100808
泰国	Thailand	5166	8256	48322	30552	51601	81646
越南	Vietnam	1110	66327	140396	292332	379477	486694
印度尼西亚	Indonesia	15057	14351	19065	67624	77048	96765
马来西亚	Malaysia	15546	11672	145537	190128	242512	242491
美国	United States	34878	58517	78709	101540	112932	111172
加拿大	Canada	5497	6376	15969	38181	49991	71526
英国	United Kingdom	12374	15795	24757	53996	56718	49105
法国	France	23241	40519	43425	85921	91429	79163
德国	Germany	22987	27802	32045	51535	55797	55234
意大利	Italy	10075	8732	15079	17164	19374	19940
澳大利亚	Australia	5587	7782	20036	45321	46496	45516
新西兰	New Zealand	1178	1440	3168	8626	8456	8403
国内游客人数（万人次）	**Number of Domestic Visitors (10 000 person-times)**	1450	3951	6493	14074	17257	20778
国际旅游外汇收入（亿美元）	**Foreign Exchange from International Tourism (100 million dollars)**	1.21	3.07	3.59	8.07	10.52	12.79
国内旅游收入（亿元）	**Domestic Tourist Income (100 million yuan)**	17.4	146.8	277.8	898.1	1209.5	1578.9
旅游总收入（亿元）	**Total Tourist Income (100 million yuan)**	28.3	168.6	303.7	952.9	1277.8	1659.7
星级饭店数（个）	**Number of Star-rated Hotels(unit)**	41	162	350	423	443	456

注：2000年及以前的星级饭店总数为涉外饭店数。

Note: The number of star-rated hotels before 2000 refers to the number of hotels for foreign tourists.

18－7　主要年份各市接待入境旅游者人数
Number of Oversea Visitor Arrivals by City in Main Years

单位：人次 (person-time)

指　标	Item	2000		2005		2010		2011		2012	
		合计 Total	外国人 Foreigners	合计 Total	外国人 Foreigners	合计 Total	外国人 Foreigners	合计 Total	外国人 Foreigners	合计 Total	外国人 Foreigners
南宁市	Nanning	45586	23746	83317	65338	167527	123267	236144	161735	300674	209892
柳州市	Liuzhou	20268	4148	33778	24072	81100	59153	105958	73209	137760	87005
桂林市	Guilin	950172	403872	1000912	585391	1486202	897491	1643935	1037220	1824141	1092967
梧州市	Wuzhou	49858	3110	37612	17959	90017	8736	130119	14588	152816	12087
北海市	Beihai	38087	4523	30228	18657	73008	37249	83073	41703	98759	53205
防城港市	Fangchenggang					70122	66388	103275	99002	127497	122183
钦州市	Qinzhou					24367	2950	35630	5220	41631	6220
贵港市	Guigang					40485	9992	55847	12724	68086	12025
玉林市	Yulin					33128	10209	43006	9855	57942	15832
百色市	Baise					26741	7466	40106	14483	51516	26950
贺州市	Hezhou					164018	41557	227152	57336	267251	69630
河池市	Hechi					30155	9935	41385	13179	53546	15543
来宾市	Laibin					8163	3703	12030	4904	14500	6002
崇左市	Chongzuo					207330	135774	270263	169670	306613	197466

18—8 主要年份各市国际旅游收入
Income from International Tourism by City in Main Years

单位：万元 (10 000 yuan)

城　市	City	2000	2005	2010	2011	2012
南宁市	Nanning	5736	20320	37858	53449	67629
柳州市	Liuzhou	1031	9560	18241	23476	30073
桂林市	Guilin	188712	191951	341244	401305	463936
梧州市	Wuzhou	3004	3195	15589	22907	26725
北海市	Beihai	8367	5326	14768	16728	21662
防城港市	Fangchenggang			11731	17546	22595
钦州市	Qinzhou			5589	7334	8418
贵港市	Guigang			8129	11376	13766
玉林市	Yulin			9947	11327	14555
百色市	Baise			7298	9920	12221
贺州市	Hezhou			28408	41088	48201
河池市	Hechi			7744	10122	12644
来宾市	Laibin			2368	3134	3800
崇左市	Chongzuo			39591	53743	61664

18－9　主要年份各市接待入境旅游者平均每人消费额
Per Capita Consumption of Oversea Visitor Arrivals by City in Main Years

单位：元 (yuan)

城　市	City	2000	2005	2010	2011	2012
南宁市	Nanning	1258	2439	2260	2263	2249
柳州市	Liuzhou	509	2830	2249	2216	2183
桂林市	Guilin	1986	1918	2296	2441	2543
梧州市	Wuzhou	603	849	1732	1760	1749
北海市	Beihai	2197	1762	2023	2014	2193
防城港市	Fangchenggang			1673	1699	1772
钦州市	Qinzhou			2294	2058	2022
贵港市	Guigang			2008	2037	2022
玉林市	Yulin			3003	2634	2512
百色市	Baise			2729	2473	2372
贺州市	Hezhou			1732	1809	1804
河池市	Hechi			2568	2446	2361
来宾市	Laibin			2901	2605	2621
崇左市	Chongzuo			1910	1989	2011

18—10 各市接待国内游客人数
Number of Domestic Visitors by City

单位：万人/次 (10 000 persons-times)

城　市	City	2010	2011	2012
南宁市	Nanning	3542.70	4374.74	5122.07
柳州市	Liuzhou	1300.25	1519.63	1904.10
桂林市	Guilin	2097.71	2623.78	3110.25
梧州市	Wuzhou	655.91	840.33	975.98
北海市	Beihai	938.43	1100.79	1311.20
防城港市	Fangchenggang	550.08	675.59	806.53
钦州市	Qinzhou	469.33	570.42	692.74
贵港市	Guigang	623.02	744.62	918.75
玉林市	Yulin	712.55	837.47	1023.28
百色市	Baise	952.24	1119.78	1356.29
贺州市	Hezhou	487.43	640.12	785.12
河池市	Hechi	728.01	849.13	1063.11
来宾市	Laibin	353.36	581.56	753.35
崇左市	Chongzuo	662.48	779.44	954.81

18－11　各市国内旅游收入
Income from Domestic Visitors by City

单位：亿元　　(100 million yuan)

城　市	City	2010	2011	2012
南宁市	Nanning	234.78	307.05	397.13
柳州市	Liuzhou	88.59	117.38	150.66
桂林市	Guilin	134.17	178.21	230.48
梧州市	Wuzhou	50.02	64.53	81.26
北海市	Beihai	67.17	86.07	110.17
防城港市	Fangchenggang	27.89	38.73	50.36
钦州市	Qinzhou	27.04	40.03	51.02
贵港市	Guigang	34.53	48.59	65.66
玉林市	Yulin	49.55	66.95	88.21
百色市	Baise	56.64	73.23	95.08
贺州市	Hezhou	34.87	50.62	67.77
河池市	Hechi	43.32	58.41	88.97
来宾市	Laibin	15.86	32.88	41.52
崇左市	Chongzuo	33.66	46.79	60.64

18－12 各市旅游总收入
Total Tourist Income by City

单位：亿元 (100 million yuan)

城 市	City	2010	2011	2012
南宁市	Nanning	238.57	312.40	403.89
柳州市	Liuzhou	90.42	119.73	153.67
桂林市	Guilin	168.30	218.34	276.87
梧州市	Wuzhou	51.58	66.82	83.93
北海市	Beihai	68.64	87.74	112.34
防城港市	Fangchenggang	29.07	40.48	52.62
钦州市	Qinzhou	27.60	40.76	51.86
贵港市	Guigang	35.34	49.73	67.03
玉林市	Yulin	50.54	68.08	89.67
百色市	Baise	57.37	74.23	96.31
贺州市	Hezhou	37.71	54.73	72.59
河池市	Hechi	44.10	59.42	90.23
来宾市	Laibin	16.10	33.19	41.90
崇左市	Chongzuo	37.62	52.16	66.81

18－13　广西国家A级旅游景区一览表（2012年）
Schedule of National A-Grade Scenic Spots in Guangxi (2012)

类　别 Classification	风景名胜区名称	Name	所在地	Location
AAAAA	漓江景区	Lijiang River Scenic Spot	桂林市	Guilin
	桂林乐满地休闲世界	Lemandi World for Leisure of Guilin		
	桂林独秀峰-王城景区	Guilin Duxiu Peak & Imperial City Scenic Zone		
AAAA	南宁青秀山风景旅游区	Qingxiu Mountain Scenic Spot of Nanning	南宁市	Nanning
	南宁嘉和城景区	Jiahe Town Scenic Spot of Nanning		
	南宁九曲湾温泉景区	Jiuquwan Hotspring Scenic Spot of Nanning		
	广西八桂田园	Bagui Fields and Gardens of Guangxi		
	南宁市动物园	Nanning Zoo		
	广西药用植物园	Guangxi Medicinal Botanical Garden		
	南宁大明山风景旅游区	Damingshan Mountain Scenic Spot of Nanning		
	广西科技馆	Guangxi Science & Technology Museum		
	广西民族博物馆	Guangxi Ethnographical Museum		
	南宁市乡村大世界景区	World of Countryside of Nanning		
	南宁市武鸣县伊岭岩旅游景区	Yilingyan Rock Scenic Spot of Wuming in Nanning		
	南宁市良凤江森林旅游区	Liangfengjiang Forest Tourist Area of Nanning		
	柳州龙潭景区	Longtan Scenic Spot of Liuzhou	柳州市	Liuzhou
	柳侯公园	Liuhou Park		
	柳州立鱼峰风景区	Liyu Hill Scenic Spot of Liuzhou		
	三江程阳侗族八寨景区	Dong Bazhai Scenic Spot of Sanjiang Chengyang		
	柳州博物馆	Liuzhou Museum		
	广西鹿寨香桥岩风景区	Xiangqiao Rock Scenic Spot of Luzhai County in Guangxi		
	柳州市融水县贝江景区	Beijiang River Scenic Spot of Rongshui County in Liuzhou		
	柳州市三江县丹州景区	Danzhou Scenic Spot of Sanjiang County in Liuzhou		
	柳州文庙景区	Confucian Temple Scenic Spot of Liuzhou		
	柳州城市规划展览馆	Liuzhou Urban Planning Exhibition Hall		
	柳州市马鹿山奇石博览园景区	Malu Hill Stones Exposition Garden of Liuzhou		
	柳州市三江县大侗寨景区	Dadongzhai Scenic Spot in Sanjiang County of Liuzhou		
	柳州市工业博物馆景区	Industrial Museum Scenic Spot of Liuzhou		
	柳州市百里柳江旅游景区	Liujiang River Scenic Spot of Liuzhou		
	七星景区	Qixing Scenic Spot	桂林市	Guilin
	芦笛景区	Ludi Scenic Spot		
	桂林世外桃源旅游区	Shiwaitaoyuan Scenic Spot of Guilin		
	象山景区（象山公园、滨江公园）	Xiangshan Hill Scenic Spot (Xiangshan Park, Binjiang Park)		
	桂林冠岩景区	Guanyan Rock Scenic Spot of Guilin		
	桂林愚自乐园艺术园	Art Garden in Yuzi Fairyland of Guilin		
	桂林市两江四湖景区	Two Rivers & Four Lakes Scenic Spot of Guilin		
	桂林银子岩旅游度假区	Yinzi Rock Scenic Spot of Guilin		
	桂林古东瀑布景区	Gudong Waterfall Scenic Spot of Guilin		
	兴安灵渠景区	Lingqu Scenic Spot of Xing'an County		
	桂林丰鱼岩旅游度假区	Fengyu Rock Scenic Spot of Guilin		
	桂林龙胜温泉旅游度假区	Longsheng Hotspring Scenic Spot of Guilin		
	桂林穿山景区	Chuanshan Scenic Spot of Guilin		
	桂林尧山景区	Yaoshan Hill Scenic Spot of Guilin		
	荔浦荔江湾景区	Lijiang Bay Scenic Spot of Lipu		
	桂林义江缘景区	Yijiangyuan Scenic Spot of Guilin		
	桂林叠彩伏波景区	Diecai & Fubo Hill Scenic Spot of Guilin		
	阳朔图腾古道-聚龙潭景区	Totem Ancient Road & Julong Lake Scenic Spot of Yangshuo County		

18－13　续表1　continued

类　别 Classification	风景名胜区名称	Name	所在地	Location
AAAA	永福金钟山旅游度假区	Jinzhongshan Hill Scenic Spot of Yongfu County	桂林市	Guilin
	龙胜龙脊梯田景区	Longji Rice Terrace Scenic Spot of Longsheng County		
	灌阳千家峒景区	Qianjiadong Scenic Spot of Guanyang County		
	桂林市南溪山景区	Nanxishan Hill Scenic Spot of Guilin		
	桂林市神龙水世界景区	Shenlong Water World Scenic Spot of Guilin		
	桂林市雁山园景区	Yanshan Park Scenic Spot of Guilin		
	桂林经典刘三姐大观园景区	Scenery Park of Liusanjie in Guilin		
	桂林阳朔县蝴蝶泉旅游景区	Butterfly Spring Scenic Spot in Yangshuo County of Guilin		
	梧州骑楼城—龙母庙景区	City of Arcade-Longmu Temple Scenic Spot of Wuzhou	梧州市	Wuzhou
	藤县石表山休闲旅游景区	Shibiao Hill Scenic Spot of Tengxian		
	北海银滩旅游区	Yintan Coast Scenic Spot of Beihai	北海	Beihai
	北海海底世界	Submarine World of Beihai		
	北海海洋之窗	Oceanorama of Beihai		
	北海涠洲岛国家地质公园鳄鱼山景区	E'yushan Hill Scenic Spot of Weizhoudao Island National Geopark		
	防城港十万大山国家森林公园	Shiwandashan Mountain National Forest Park of Fangchenggang	防城港市	Fangcheng gang
	防城港东兴市京岛风景名胜区	Jingdao Island Scenic Spot of Dongxing City in Fangchenggang		
	东兴市屏峰雨林景区	Pingfeng Rainforest Scenic Spot of Dongxing City		
	防城港市江山半岛白浪滩旅游景区	Bailangtan Beach in Jiangshan Peninsula of Fangchenggang		
	钦州三娘湾旅游区	Sanniang Bay Scenic Spot of Qinzhou	钦州	Qinzhou
	钦州刘冯故居景区	Former Residence of Liuyongfu & Fengzicai Scenic Spot of Qinzhou		
	钦州八寨沟旅游景区	Bazhai Ravine Scenic Spot of Qinzhou		
	玉林容县“三名”旅游景区	“Famous Building, Famous Person & Famous Hill” Scenic Spot of Rongxian in Yulin	玉林市	Yulin
	兴业鹿峰山风景区	Lufeng Mountain Scenic Spot of Xingye		
	陆川谢鲁温泉休闲景区	Xielu Hotspring Scenic Spot of Luchuan		
	桂平西山风景名胜区	Xishan Hill Scenic Spot of Guiping	贵港市	Guigang
	贵港市龙潭国家森林公园景区	Longtan National Forest Park of Guiping		
	贺州姑婆山旅游区	Gupo Mountain Scenic Spot of Hezhou	贺州市	Hezhou
	昭平黄姚古镇风景名胜区	Huangyao Town Scenic Spot of Zhaoping		
	贺州市十八水原生态园景区	Shibashui Original Scenic Spot of Hezhou		
	靖西通灵大峡谷景区	Tongling Canyon Scenic Spot of Jingxi	百色市	Baise
	百色乐业大石围天坑群景区	Leye Dashiwei Sky Hole Cluster Scenic Spot of Baise		
	百色起义纪念馆	Memorial of Baise Uprising		
	靖西古龙山峡谷群生态旅游景区	Gulong Mountain Canyon Cluster Natural Scenic Spot of Jingxi		
	百色大王岭景区	Dawang Hill Scenic Spot of Baise		
	凌云茶山金字塔景区	Pyramid of Tea Hill Scenic Spot of Lingyun County		
	百色市德保县吉星岩景区	Jixing Rock Scenic Spot in Debao County of Baise		
	百色市澄碧湖风景区	Chengbihu Lake Scenic Spot of Baise		
	百色市德保县红叶森林旅游景区	Red Leaves Forest Scenic Spot in Debao County of Baise		
	巴马盘阳河景区	Panyang River Scenic Spot of Bama County	河池市	Hechi
	巴马水晶宫景区	Crystal Palace Scenic Spot of Bama County		
	广西凤山国家地质公园景区	Fengshan National Geopark in Guangxi		
	河池市东兰红色旅游区	Red Tourism Area in Donglan County of Hechi		
	河池市宜州刘三姐故里旅游区	Liusanjie's Homeland Scenic Spot in Yizhou City of Hechi		
	金秀莲花山旅游景区	Lianhua Mountain Scenic Spot of Jinxiu County	来宾市	Laibin
	来宾市象州古象旅游区	Guxiang Scenic Spot of Xiangzhou County in Laibin		
	大新德天跨国瀑布景区	Detian International Waterfall Scenic Spot of Daxin	崇左市	Chongzuo
	凭祥市友谊关景区	Youyiguan Scenic Spot of Pingxiang City		

18－13 续表2 continued

类　别 Classification	风景名胜区名称	Name	所在地	Location
AAA	南宁人民公园	People's Park of Nanning	南宁市	Nanning
	南宁金花茶公园	Golden Camellia Park of Nanning		
	横县西津湖景区	Xijin Lake Scenic Spot in Hengxian		
	隆安龙虎山风景区	Longhu Hill Scenic Spot of Long'an		
	横县九龙瀑布群景区	Jiulong Waterfall Scenic Spot of Hengxian		
	昆仑关旅游风景区	Kunlun Guan Scenic Spot		
	宾阳蔡氏书香古宅群景区	Caishi Oldhouse Scenic Spot of Binyang		
	南宁市大王滩风景区	Dawang Beach Scenic Spot of Nanning		
	南宁市凤凰谷景区	Fenghuang Valley Scenic Spot of Nanning		
	南宁海底世界景区	Sea World Scenic Spot of Nanning		
	马山金伦洞景区	Jinlun Cave in Mashan County		
	南宁金湖地王云顶观光旅游景区	Top Tour of Diwang Building of Nanning		
	宾阳县白鹤观旅游度假区	Baihe Taoist Temple Scenic Spot in Binyang County		
	柳州都乐岩风景区	Dule Rock Scenic Spot of Liuzhou	柳州市	Liuzhou
	柳州花果山生态景区	Huaguo Mountain Natural Scenic Spot of Liuzhou		
	三江石门冲景区	Shimenchong Scenic Spot of Sanjiang County		
	柳州市君武森林公园景区	Junwu Forest Park of Liuzhou City		
	鹿寨月岛湖景区	Yuedao Lake Scenic Spot of Luzhai County		
	融水雨卜苗寨景区	Yubu Miaotse Scenic Spot of Rongshui County		
	融水老子山景区	Laozi Hill Scenic Spot of Rongshui County		
	融水县田头苗寨景区	Tiantou Miaotse Scenic Spot of Rongshui County		
	柳州柳城知青城景区	Educated Youth City Scenic Spot in Liucheng County of Liuzhou		
	融水龙女沟景区	Longnv Valley Scenic Spot in Rongshui County		
	融安大良石门仙湖景区	Shimenxianhu Scenic Spot in Rong'an County		
	柳城县红马山景区	Hongma Hill Scenic Spot in Liucheng County		
	桂林阳朔文化古迹山水园	Park of Cultural & Historic Site & Landscape of Yangshuo in Guilin	桂林市	Guilin
	桂林漓江民族风情园	Lijiang Folk Customs Park of Guilin		
	桂林资江景区	Zijiang River Scenic Spot of Guilin		
	临桂十二滩漂流景区	Twelve Beach Drift Scenic Spot of lingui		
	桂林会仙岩景区	Huixian Rock Scenic Spot of Guilin		
	阳朔鉴山寺景区（牛头岭）	Jianshan Temple Scenic Spot of Yangshuo (Niutou Hill)		
	阳朔九马画山景区	Nine horses Paint Mountain Scenic Spot of Yangshuo		
	荔浦天河瀑布景区	Tianhe Waterfall Scenic Spot of Lipu County		
	灵川大野神镜生态旅游景区	Dayeshenjing Ecotourism Scenic Spot of Lingchuan County		
	灵川龙门瀑布景区	Longmen Waterfall County Scenic Spot of Lingchuan County		
	平乐仙家温泉景区	Xianjia Hotspring Scenic Spot of Pingle County		
	龙胜县大唐湾景区	Datang Bay Scenic Spot in Longsheng County		
	资源县八角寨景区	Bajiaozhai Scenic Spot in Ziyuan County		
	恭城县红岩景区	Hongyan Scenic Spot in Gongcheng County		
	恭城县三庙一馆景区	Three Temples & Guild Hall Scenic Spot in Gongcheng County		
	藤县黎寨蝴蝶谷景区	Lizhai Butterfly Valley of Tengxian County	梧州市	Wuzhou
	梧州市珠山景区	Zhushan Hill Scenic Spot of Wuzhou		
	梧州市中山公园	Zhongshan Park of Wuzhou		
	北海金海湾红树林景区	Jinhaiwan Mangrove Forest Scenic Spot in Beihai	北海市	Beihai
	北海合浦汉文化公园景区	Han Culture park of Hepu Couty in Beihai		
	北海大江埠民俗风情村	Dajiangbu Folk Custom Village in BeiHai		
	东兴陈公馆景区	Chen House Scenic Spot of Dongxing	防城港市	Fangchenggang
	防城港市西湾旅游景区	Xiwan Scenic Spot in Fangchenggang		
	防城港市北仑河源头景区	The Headstream of Beilun River Scenic Spot in Fangchenggang		
	东兴市意景园旅游景区	Yijingyuan Garden Scenic Spot in Dongxing City		

18－13 续表3 continued

类 别 Classification	风景名胜区名称	Name	所在地	Location
AAA	灵山六峰山景区	Liufeng Hill Scenic Spot of Lingshan	钦州市	Qinzhou
	钦州龙门群岛海上生态公园	Longmen Archipelago Natural Ocean Park of Qinzhou		
	老鸭山庄景区	Laoya Villa Scenic Spot	贵港市	Guigang
	北流勾漏洞景区	Goulou Hole Scenic Spot of Beiliu	玉林市	Yulin
	陆川龙珠湖风景名胜区	Longzhu Lake Scenic Spot of Luchuan County		
	玉林市龟山公园景区	Guishan Hill Scenic Spot of Yulin		
	田东十里莲塘景区	Shili Lotus Scenic Spot of Tiandong	百色市	Baise
	凌云县泗城文庙景区	Sicheng Literature Temple of Lingyun County		
	田东县右江工农民主政府旧址景区	The Site of Youjiang Former Workers & Peasants Democratic Government of Tiandong County		
	凌云县纳灵河谷景区	Naling Valley of Lingyun County		
	百色黎明通天河旅游景区	Liming Tongtian River Scenic Spot of Baise		
	百色乐业罗妹莲花洞景区	Luomei Lotus Cave Scenic Spot in Leye County of Baise		
	贺州紫云景区	Ziyun Scenic Spot of Hezhou	贺州市	Hezhou
	南丹温泉公园	Hotspring Park of Nandan	河池市	Hechi
	宜州金浪湾景区	Jinlang Bay Scenic Spot of Yizhou		
	宜州会仙山景区	Huixian Mountain Scenic Spot of Yizhou		
	河池市天峨县龙滩水电站景区	Longtan Hydroelectric Station of Tian'e County in Hechi		
	河池市天峨县聚龙大峡谷景区	Julong Canyon Scenic Spot of Tian'e County in Hechi		
	南丹白裤瑶生态博物馆	Eco-museum of Baiku Yao in Nandan County		
	大化七百弄国家地质公园景区	Qibainong National Geopark in Dahua County		
	金城江小三峡旅游景区	Xiaosanxia Scenic Spot in Jinchengjiang		
	南丹县铜江公园景区	Tongjiang River Scenic Spot in Nandan County		
	武宣百崖大峡谷景区	Baiya Canyon Scenic Spot of Wuxuan	来宾市	Laibin
	忻城莫土司衙署景区	Ancient Government Office of Mo Tusi of Xincheng County		
	金秀县圣堂湖景区	Shengtang Lake Scenic Spot in Jinxiu County		
	龙州起义纪念馆	Memorial of Longzhou Uprising	崇左市	Chongzuo
	扶绥县逐羊景区	Zhuyang Scenic Spot in Fusui County		
	凭祥市南山红木文化城景区	Nanshan Mahogany Culture City Scenic Spot in Pingxiang City		
AA	梧州白云山公园	Baiyun Hill Park of Wuzhou	梧州市	Wuzhou
	北海帆顺古船木旅游景区	Fanshun Antique Boatwood Scenic Spot of Beihai	北海市	Beihai
	防城港火山岛景区	Volcano Island Scenic Spot of Fangchenggang	防城港市	Fangchenggang
	上思县百鸟乐园	Paradise of Birds of Shangsi County		
	钦州市北部湾坭兴玉陶景区	The Nixing Potery Scenic Spot of Beibu Gulf in Qinzhou	钦州市	Qinzhou
	钦州坭兴陶艺术馆景区	Art Gallery of Nixing Potery of Qinzhou		
	平南县新桂园景区	Xinguiyuan Scenic Spot in Pingnan County	贵港市	Guigang
	桂平市大藤峡景区	Dateng Cayon Scenic Spot in Guiping City		
	北流市白云岩景区	Baiyun Cave Scenic Spot of Beiliu city	玉林市	Yulin
	兴业县桔香果业庄园旅游景区	Juxiang Fruit Manor in Xingye County		
	贺州市客家围屋景区	Scenic Spot of Hakka Buildings in Hezhou	贺州市	Hezhou
	富川县神仙湖生态景区	Shenxian Lake of Fuchuan County		
	贺州八步区黄洞月湾茶园景区	Huangdongyuewan Tea Plantation in Babu District of Hezhou		
	贺州昭平县桂江生态景区	Guijiang River Scenic Spot in Zhaoping County of Hezhou		
	罗城县武阳江景区	WuYang River Scenic Spot of Luocheng County	河池市	Hechi
	宜州市古龙河漂流	Drift on Gulong River of Yizhou		
	宜州壮古佬景区	Zhuanggulao Scenic Spot of Yizhou		
	罗城青明山庄园景区	Qingming Villa Scenic Spot of Luocheng County		
	象州县凉泉景区	Liangquan Scenic Spot of Xiangzhou County	来宾市	Laibin
	凭祥地下长城景区	Great Wall Underground Scenic Spot of Pingxiang	崇左市	Chongzuo
	凭祥市兰花谷公园	Park of Orchids Valley of Pingxiang City		

主要统计指标解释

营业额 指住宿和餐饮业单位在经营活动中因提供服务或销售商品等取得的全部收入，包括：客房收入、餐费收入、商品销售额（含增值税）和其他收入。不包括法人企业附营的其他行业产业活动单位的餐费收入、商品销售收入等各项收入。

客房收入 指住宿和餐饮业单位在经营活动中因提供住宿服务取得的收入。不包括法人企业附营的其他行业产业活动单位的客房收入。

餐费收入 指住宿和餐饮业单位因为顾客提供就餐服务取得的收入。包括：经烹饪、调制加工后出售的各种食品，如主食、炒菜、凉拌菜等的收入。不包括法人企业附营的其他行业产业活动单位的餐费收入。

商品销售额 指住宿和餐饮业单位出售商品的销售总额（含增值税）。不包括法人企业附营的其他行业产业活动单位的商品销售额。

其他收入 指营业额中除客房收入、餐费收入、商品销售额（含增值税）以外的其他收入。

游客 指任何为休闲、娱乐、观光、度假、探亲访友、就医疗养、购物、参加会议或从事经济、文化、体育、宗教活动，离开常住国（或常住地）到其他国家（或地方），其连续停留时间不超过12个月，并且在其他国家（或其他地方）的主要目的不是通过所从事的活动获取报酬的人。游客不包括因工作或学习在两地有规律往返的人，按出游时间分为过夜游客和一日游游客（不过夜游客）。

入境游客 指报告期内来中国（大陆）观光、度假、探亲访友、就医疗养、购物、参加会议或从事经济、文化、体育、宗教活动的外国人、港澳台同胞等游客（即入境旅游人数）。统计时，入境游客按每入境一次统计1人次。入境旅游人数包括入境过夜游客和入境一日游游客。

国内游客 指报告期内在中国（大陆）观光游览、度假、探亲访友、就医疗养、购物、参加会议或从事经济、文化、体育、宗教活动的中国（大陆）居民，其出游的目的不是通过所从事的活动谋取报酬。统计时，国内游客按每出游一次统计1人次。

出境人数（出境游客） 指中国（大陆）公民因公或因私出境前往其他国家、中国香港特别行政区、澳门特别行政区和台湾省观光、度假、探亲访友、就医疗养、购物、参加会议或从事经济、文化、体育、宗教活动的人数（即出境游客）。统计时，出境游客按每出境一次统计1人次。

旅游收入 游客（入境游客和国内游客）在旅游过程中（由游客或游客的代表为游客）支付的一切旅游支出就是国家（省、区、市）的旅游收入。旅游支出应包括过夜游客和一日游游客在整个游程中行、游、住、食、购、娱，以及为亲友、家人购买纪念品、礼品等方面的旅游支出，不包括为商业目的购物、购买房、地、车、船等资本性或交易性的投资、馈赠亲友的现金及给公共机构的捐赠。旅游收入包括国际旅游（外汇）收入和国内旅游收入。

国际旅游（外汇）收入 入境游客在中国（大陆）境内旅行、游览过程中用于交通、参观游览、住宿、餐饮、购物、娱乐等全部花费。

国内旅游收入 指国内游客在国内旅行、游览过程中用于交通、参观游览、住宿、餐饮、购物、娱乐等全部花费。

Explanatory Notes on Main Statistical Indicators

Business Revenue refers to the total incomes of hotels and catering units from services providing or goods selling in operating activities, including : incomes from hotels, incomes from catering services, incomes from sales of goods (including value-added tax) and other incomes. Business revenue excludes the incomes of the sideline industries units from catering services and goods selling.

Incomes from Hotels refer to the incomes of hotels and catering units gained for providing hotel services in operating activities. It excludes the incomes of the sideline industries units from hotel services.

Incomes from Catering Services refer to the incomes of hotels and catering units gained for providing catering services in operating activities, including: various foods being sold after cooking and concocting, such as income from staple food, stir-fry food and salad etc. It excludes the incomes of the sideline industries units from catering services.

Sales of Goods refer to the total sales(including value-added tax) of goods of hotels and catering units. It excludes the incomes of the sideline industries units from goods soling.

Other Incomes refer to the other incomes in the turnover beside the incomes from hotels, catering services and sales of goods(including value-added tax).

Tourists refer to the persons leaving their resident countries (or resident districts) for other countries (or districts) for the purposes of leisure, entertainment, sight-seeing, vacation, visiting relatives or friends, medical treatment, shopping, attending conference, or to engage in economic, cultural, sports and religious activities, continuously staying for less than 12 months, and not having the main purpose of being paid by their activities. Tourists excludes the persons regularly traveling round for studying or working, and is divided into overnight tourists and one-day tourists by the length of their visiting periods.

Number of Visitor Arrivals refers to the number of tourists of foreigners, Chinese compatriots from Hong Kong, Macao and Taiwan who come to China (mainland) within the reference period for sight-seeing, vacation, visiting relatives, medical treatment, shopping, attending conference, or to engage in economic, cultural, sports and religious activities. In compiling statistics, each time of visitor arrival is counted as one person-time. The number of visitor arrivals includes the number of overnight visitor arrivals and one-day visitor arrivals.

Number of Domestic Tourists refers to the number of Chinese (mainland) residents who travel within China (mainland) for sight-seeing, vacation, visiting relatives, medical treatment, shopping, attending conference, or to engage in economic, cultural, sports and religious activities. In compiling statistics, each time of traveling is counted as one person-time.

Number of Chinese Residents Going Abroad refer to the number of Chinese (mainland) residents going to other countries, Hong Kong Special Administrative region, Macao Special Administrative region and Taiwan for on official or private purposes, for sight-seeing, vacation, visiting relatives, medical treatment, shopping, attending conference, or to engage in economic, cultural, sports and religious activities. In compiling statistics, each time of leaving is counted as one person-time

Tourist Income refers to the total expenditure paid by tourists or delegates of tourists (visitor arrivals or domestic tourists) during their journeys. It should include the tourist (overnight or one-day) expenditure for transportation, visiting, accommodation, catering, shopping, entertainment, purchasing gifts and souvenirs for families and friends during the whole journey, and exclude shopping for business purposes, capital or trading investment for buying real estates, lands, motor vehicles and ships, cash given to relatives and friends, and donations for public institutions. Tourist income includes foreign exchange earnings from international tourism and income from domestic tourism.

Foreign Exchange Earnings from International Tourism refer to the total expenditure of foreigners, overseas Chinese, Chinese compatriots from Hong Kong, Macao and Taiwan during their stay in the mainland of China on transportation, sighting, accommodation, food, shopping and entertainment.

Income from Domestic Tourism refer to expenditure of domestic tourists on transportation, sighting, accommodation, food, shopping and entertainment while they travel.

教育、科技和文化

EDUCATION,SCIENCE & CULTURE

19－1　主要年份各类学校基本情况

Basic Statistics of Schools by Type in Main Years

项　　目	Item	1995	2000	2005	2010	2011	2012
培养研究生单位（所）	Institutions of Postgraduate Education (unit)	9	9	9	11	11	12
毕业生人数（人）	Graduates (person)	228	444	1652	5396	5994	7225
招生人数（人）	New Student Enrollment (person)	318	912	4561	7720	7920	8429
在校学生数（人）	Student Enrollment (person)	747	2057	10711	20823	22567	23545
普通高等学校（所）	Regular Institutions of Higher Education (unit)	27	30	51	70	70	70
毕业生人数（万人）	Graduates (10 000 persons)	1.78	2.02	6.49	13.81	15.11	16.22
招生人数（万人）	New Student Enrollment (10 000 persons)	2.04	4.72	11.67	18.38	18.83	19.73
在校学生数（万人）	Student Enrollment (10 000 persons)	6.00	11.79	33.83	56.75	60.01	62.92
专任教师（人）	Number of Full-time Teachers (person)	7542	9326	19610	31650	33459	35027
普通中等专业学校（所）	Regular Specialized Secondary Schools (unit)	123	127	93	357	327	319
毕业生人数（万人）	Graduates (10 000 persons)	3.83	4.17	4.96	16.36	18.00	21.49
招生人数（万人）	New Student Enrollment (10 000 persons)	4.07	4.10	5.96	38.09	31.71	31.28
在校学生数（万人）	Student Enrollment (10 000 persons)	11.67	15.87	17.04	80.95	84.20	86.24
专任教师（人）	Number of Full-time Teachers (person)	7797	8800	7040	20469	20597	20755
技工学校（所）	Skilled Workers' Schools (unit)	120	82	55	54	48	49
毕业生人数（万人）	Graduates (10 000 persons)	2.05	1.60	1.80	3.41	3.21	4.54
招生人数（万人）	New Student Enrollment (10 000 persons)	3.07	1.80	3.13	5.14	5.61	4.30
在校学生数（万人）	Student Enrollment (10 000 persons)	6.39	4.14	7.97	10.82	11.50	10.22
专任教师（人）	Number of Full-time Teachers (person)	3780	3405	3879	3622	3986	4457
普通中学（所）	Regular Secondary Schools (unit)	3077	3019	2887	2437	2385	2310
毕业生人数（万人）	Graduates (10 000 persons)	48.73	74.07	93.89	86.56	86.28	88.13
招生人数（万人）	New Student Enrollment (10 000 persons)	76.73	109.84	107.06	97.22	97.19	96.15
在校学生数（万人）	Student Enrollment (10 000 persons)	194.05	285.63	303.87	275.79	278.19	276.20
专任教师（人）	Number of Full-time Teachers (person)	97749	126660	152381	160840	162317	162035
普通高中（所）	Senior Secondary Schools (unit)	437	464	529	463	446	450
毕业生人数（万人）	Graduates (10 000 persons)	6.60	8.20	19.35	23.90	23.84	23.75
招生人数（万人）	New Student Enrollment (10 000 persons)	7.84	15.34	25.69	27.07	28.33	29.28
在校学生数（万人）	Student Enrollment (10 000 persons)	20.93	36.93	69.96	75.40	77.36	79.58
专任教师（人）	Number of Full-time Teachers (person)	14344	18913	35249	42120	43069	44557
普通初中（所）	Junior Secondary Schools (unit)	2640	2555	2358	1974	1939	1860
毕业生人数（万人）	Graduates (10 000 persons)	42.13	65.87	74.54	62.66	62.44	64.38
招生人数（万人）	New Student Enrollment (10 000 persons)	68.89	94.50	81.37	70.15	68.86	66.87
在校学生数（万人）	Student Enrollment (10 000 persons)	173.12	248.70	233.91	200.39	200.83	196.62
专任教师（人）	Number of Full-time Teachers (person)	83405	107747	117132	118720	119248	117478
普通小学（所）	Regular Primary Schools (unit)	16005	16109	15500	13942	13789	13535
毕业生人数（万人）	Graduates (10 000 persons)	81.05	103.70	84.42	71.82	70.26	68.64
招生人数（万人）	New Student Enrollment (10 000 persons)	107.48	76.76	73.46	74.11	72.67	74.21
在校学生数（万人）	Student Enrollment (10 000 persons)	639.92	536.79	452.79	430.06	427.00	426.48
专任教师（人）	Number of Full-time Teachers (person)	194780	198977	204788	220183	218967	217151
幼儿园（所）	Kindergartens (unit)	2555	3846	3152	5349	6208	7554
在园儿童（万人）	Student Enrollment (10 000 persons)	100.07	72.84	88.78	118.53	144.25	165.93
专任教师（人）	Number of Full-time Teachers (person)	22956	22942	22395	31109	37616	44857

注：2005年以后的普通中等专业学校统计范围为中等职业教育（学校）。

Note: The statistical range of "Regular Specialized Secondary Schools" refers to vocational schools for secondary edcation.

19—2 普通高等学校本科学生数（2012年）

Student Statistics in Institutions of Higher Education by Field of Study(2012)

单位：人 (person)

项　目	Item	毕业生数 Graduates	招生数 New Student Enrollment	在校学生数 Student Enrollment	预计毕业生数 Number of Expecting Graduates
总　计	**Total**	**62134**	**86128**	**306128**	**67860**
哲　学	Philosophy	48	43	176	44
经济学	Economics	3402	4552	16140	3526
法　学	Law	2015	2330	8574	2094
教育学	Education	2417	4508	13519	2742
文　学	Literature	14121	19539	69202	15457
历史学	History	351	370	1457	348
理　学	Science	5263	6337	23744	5512
工　学	Engineering	15801	21802	77458	17840
农　学	Agriculture	785	897	3266	867
医　学	Medicine	4734	7431	29022	4890
管理学	Administration	10583	14292	48927	11406

19—3 普通高等学校专科学生数（2012年）

Student Statistics in Institutions of Higher Education by Field of Study(2012)

项　目	Item	毕业生数 Graduates	招生数 New Student Enrollment	在校学生数 Student Enrollment	预计毕业生数 Number of Expecting Graduates
总　计	**Total**	**95490**	**106319**	**310989**	**103525**
农林牧渔大类	Farming, Forestry, Animal	1664	2057	5523	1664
交通运输大类	Husbandry & Fishery	3649	5455	15052	4488
生化与药品大类	Transportation	1455	994	3383	1268
资源开发与测绘大类	Biochemistry & Medicine	593	622	1875	613
材料与能源大类	Resource Developing, Survey & Draw	2047	1851	5789	2082
土建大类	Material & Energy	11374	16159	45727	14236
水利大类	Construction	281	638	1712	517
制造大类	Water Conservancy	12547	13184	41175	14441
电子信息大类	Manufacture	10323	8839	26111	9212
环保、气象与安全大类	Electronic Information	297	240	701	230
轻纺食品大类	Environmental Protection, Meteorology & Weather Safty	1156	1208	3541	1124
财经大类	Textile & Food Industry	23120	26407	76466	25198
医药卫生大类	Finance & Economy	6722	9374	27171	9080
旅游大类	Medical & Health Care	3744	3959	11023	3731
公共事业大类	Tourism	840	871	2662	901
文化教育大类	Public Affairs	10298	9155	28501	9927
艺术设计传媒大类	Culture & Education	3792	3688	11108	3891
公安大类	Art Design & Media	812	695	850	155
法律大类	Public Security	776	923	2619	767

19—4 中等职业专业学校分科学生数（2012年）
Number of Students by Field of Study in Secondary Vocational Schools(2012)

单位：人 (person)

项目	Item	毕业生数 Graduates	招生数 New Student Enrollment	初中毕业 Graduates from Junior Secondary Schools	在校学生数 Student Enrollment	预计毕业生数 Number of Expecting Graduates
合计	**Total**	**214890**	**312754**	**164257**	**862445**	**261830**
农林牧渔类	Farming, Forestry, Animal Husbandry & Fishery	19507	35536	12611	95080	34092
资源环境类	Resouwes & Environment	122	289	131	741	326
能源与新能源类	Energy & New Energy	219	1438	374	2611	665
土木水利类	Construction & Water Conservancy	4331	7226	4420	17388	4523
加工制造类	Processing & Manufacturing	45193	60618	27129	183861	60919
石油化工类	Petrochemical Engineering	76	676	255	1049	49
轻纺食品类	Textile & Food	3584	2859	1955	10027	1907
交通运输类	Transportation	23834	41664	24336	105034	27470
信息技术类	Information Technique	43742	57418	25855	163391	51927
医药卫生类	Medical & Health Care	21234	20072	16989	58743	18148
休闲保健类	Leisure & Health Keeping	767	809	643	2013	169
财经商贸类	Finance & Business	26403	36853	20911	102023	28691
旅游服务类	Tourism Services	9410	17410	7850	42368	12235
文化艺术类	Culture & Art	8807	14345	8243	38310	11222
体育与健身	Sports & Body Building	301	313	155	1009	205
教育类	Education	3442	11224	10241	24530	3170
司法服务类	Jurisdiction Services	620	590	527	1566	548
公共管理与服务类	Public Administration & Services	2736	3149	1481	11791	5156
其他	Others	562	265	151	910	408

19—5 主要年份教师负担学生数

Student-teacher Ratio of School by Field in Main Years

单位：人 (person)

指　　标	Item	1995	2000	2005	2010	2011	2012
普通高等学校	Regular Institutions of Higher Education						
教师人数	Number of Teachers	7542	9326	19610	32616	33459	35027
平均每个教师负担学生数	Student-teacher Ratio	8	12.6	17.2	17.9	17.94	17.8
中等学校	Secondary Schools						
教师人数	Number of Teachers	116084	145397	171287	184931	186900	187247
平均每个教师负担学生数	Student-teacher Ratio	19.2	20.6	20.2	19.9	20	19.9
小学	Primary Schools						
教师人数	Number of Teachers	194780	198977	204788	220183	218967	217151
平均每个教师负担学生数	Student-teacher Ratio	32.9	27	22.1	19.5	19.5	19.6

注：中等学校包括初中、普通高中、普通中专、职业高中、技工学校。

Note: Secondary school includes junior secondary schools, senior secondary schools, specialized secondary schools, vocational secondary schools and skilled workers' schools.

19—6 主要年份各级各类教育平均每万人在校学生数

Number of Students Enrollment by Level & Type per 10 000 Persons in Main Years

单位：人 (person)

指　　标	Item	1995	2000	2005	2010	2011	2012
1. 高等学校	Institutions of Higher Education	25	46	99.3	156.9	169.0	181.9
普通高校	Regular Institutions of Higher Education	13	25	69.2	123.3	130.0	139.4
成人高校	Adult Education Schools	12	21	27.9	33.6	34.0	42.5
2. 高中阶段	Step of Senior Schools	135	158	232	363	376	377.7
#中职学校	Vocational Secondary Schools			75.7	199.4	208.0	208.4
普通高中	Regular Senior Secondary Schools	47	78	143.1	163.8	168.0	169.3
3. 初中阶段	Step of Junior Schools	387	535	479.3	435.3	436.4	419.9
#普通初中	Regular Junior Secondary Schools	385	528	478.5	435.3	436.4	419.9
4. 小学	Primary Schools	1424	1139	926.1	934.3	927.9	910.9
5. 幼儿园	Kindergartens	189	155	181.6	257.5	313.5	354.4

19－7　主要年份各级成人教育在校学生数
Student Enrollment in Various Adult Education in Main Years

单位：人　　　　(person)

项　　目	Item	1995	2000	2005	2010	2011	2012
总　计	**Total**	**378923**	**364884**	**213392**	**173921**	**158226**	
成人高等学校	Adult Education Schools	52200	100992	136579	19639	154802	199093
广播电视大学	Ratio & TV Universities	12142	13784		673	935	973
职工（农民）高等学校	Schools of Higher Education for Staff, Workers(Peasants)	5518	3180		543	476	505
管理干部学院	Colleges for Management Cadres	4142	10502		11540	2080	2192
教育学院	Pedagogical Colleges	10995	6421		6883	2154	1943
普通高等学校举办	Run by Institutions of Higher Schools	19403	67105	115699	146456	149157	193480
成人中等学校	Secondary Schools for Adults	167144	98494	35746	1558	1102	
成人中等专业学校	Specialized Secondary Schools for Adults	125679	95147	29255	1108		
成人中学	Middle Schools for Adults	41465	3347	6491	450	1102	
成人初等学校	Primary Schools for Adults	159579	165398	41067	3567	2322	
#扫盲班	Literacy Courses	43912	79713	16437	2358	1016	

19－8　主要年份义务教育普及程度
Level of Compulsory Education Populization in Main Years

单位：%　　　　(%)

指　　标	Item	1995	2000	2005	2010	2011	2012
小学学龄儿童入学率	Percentage of School-age Children Enrolled	98.2	98.7	99.1	99.4	99.5	99.8
男童	Male Students	98.8	98.7	99.1	99.4	99.4	99.8
女童	Female Students	97.5	98.6	99.0	99.3	99.8	99.8
初中毛入学率	Crude Percentage of Children Enrolled in Junior Schools	66.3	91.7	101.9	106.7	106.9	108.9
男生	Male Students	69.3	92.4	102.2	106.8	107.0	109.3
女生	Female Students	62.8	90.9	101.6	106.5	106.5	108.5
小学生辍学率	Drop-out Rate of Primary Students	3.0	0.8	1.5	2.1	1.3	1.5
男生	Male Students	2.9	0.9	1.6	2.3	1.4	1.7
女生	Female Students	3.2	0.8	1.3	1.9	1.3	1.3
普通初中辍学率	Drop-out Rate of Regular Junior Students	7.4	5.0	5.6	6.6	3.1	3.4
男生	Male Students	8.4	5.5	6.7	8.0	3.6	4.2
女生	Female Students	6.2	4.3	4.3	5.0	2.6	2.6
小学毕业生升学率	Percentage of Graduates of Primary Schools Entering Junior Secondary Schools	85.9	92.6	96.5	97.7	98.0	97.4
男生	Male Students	89.1	93.9	96.9	96.9	97.5	95.4
女生	Female Students	81.9	91.1	96.0	98.6	98.6	99.4
初中毕业生升学率	Percentage of Graduates of Junior Secondary Schools Entering Senior Secondary Schools		39.8	58.4	79.6	83.4	77.7
小学生五年保留率	Percentage of 5-year Primary Schools	73.5	91.6	96.7	88.4	93.3	88.1
男生	Maintained	73.3	91.9	96.6	87.7	92.8	87.5
女生	Male Students	73.7	91.1	96.7	89.0	93.9	88.7
普通初中生三年保留率	Female Students	83.5	82.0	83.6	82.0	89.1	90.9
男生	Percentage of 3-year Junior Secondary Schools Maintained	79.4	79.8	80.5	78.0	87.8	89.5
女生	Male Students	89.5	84.8	87.2	86.4	90.6	92.3

19—9 主要年份科技活动基本情况
Basic Statistics for Scientific & Technical Activities in Main Years

指　标	Item	2000	2005	2010	2011	2012
科技机构数（个）	**Number of Scientific & Technological Research Institutions (unit)**	**732**	**639**	**714**	**723**	**816**
#科技部门属科研机构	Institutions of Research & Technological Development	234	209	138	124	123
大中型工业企业属技术开发机构	Technological Development Institutions in Large & Medium Industrial Enterprises	181	122	211	203	234
全日制高等院校属科研机构	Institutions of Research in Full-time Universities & Colleges	131	74	159	168	192
科技活动人员数（万人）	**Number of Persons Engaged in Scientific & Techno-logical Activities (10 000 persons)**	**4.86**	**5.67**	**8.91**	**10.29**	**10.77**
#R&D活动人员折合全时人员（人年）	Number of Full-time Personnel Converted from the Persons Engaged in Scientific & Techno-logical Activities (person-year)	13015	17996	33982	40129	41268
研究与发展经费内部支出（万元）	**Inner Expenditure of Funds for Research & Develop-ment (10 000 yuan)**	**83597**	**146745**	**628695**	**810204**	**971539**
（一）按活动类型分	By Type of Activities					
#基础研究支出	Expenditure for Basic Research	5443	9488	36005	46121	61845
应用研究支出	Expenditure for Application Research	14786	39076	95585	121831	118297
试验发展支出	Expenditure for Experimental Development	63367	93048	497105	642251	791396
（二）按支出用途分	By Use of Expenditure					
#经常费支出	# Ordinary Expenditure	53976	141611	526983	667289	820223
#人员劳务费	#Fees for Personel Labor Service	39621	39202	150318	194040	228590
（三）按资金来源分	By Resource of Funds					
#政府资金	Funds from Government	19198	32549	152128	171985	212500
企业资金	Funds from Enterprises	56972	105062	451914	601013	703549
国外资金	Funds from Foreign Countries	149	270	866	217	265

19－10 大中型工业企业科技活动基本情况（2012年）

单位：万元

指 标	Item	R&D人员折合全时当量（人年）Number of Full-time Personnel Converted from the Persons Engaged in R&D Activities (person-year)	其中：研究人员 Researchers	基础研究 Basic Research	应用研究 Application Research	试验发展 Testing Development	R&D经费内部支出 Inner Expenditure of R&D Funds	1.经常费支出 Recurrent Expenditure
总 计	**Total**	**18450.60**	**7108.80**	**48.7**	**702.3**	**17699.6**	**608965.3**	**523841.8**
一、按登记注册类型分组	**I. Grouped by Type of Registration**							
内资企业	**Domestically-funded Enterprises**	**12687.20**	**4919.90**	**27.2**	**637.5**	**12022.5**	**368977.8**	**305530.4**
国有企业	State-owned Enterprises	1491.70	774.10	9.2	7.4	1475.1	36798.4	31139.0
集体企业	Collective-owned Enterprises	0.80	0.20			0.8	10.6	8.5
股份合作企业	Cooperative Stock Enterprises	39.80	30.60			39.8	1578.1	1239.9
有限责任公司	Limited Liability Corporations	4994.70	1634.20	17.1	462.9	4514.7	103042.9	82829.3
股份有限公司	Share Holding Enterprises	4621.50	2100.70	0.9	143.8	4476.8	128025.6	112949.3
私营企业	Private Enterprises	1521.30	369.60		23.4	1497.9	96197.1	74065.6
港、澳、台商投资企业	**Enterprises with Funds from Hong Kong, Macao or Taiwan**	**454.60**	**202.10**	**21.5**	**42.0**	**391.1**	**12523.9**	**10761.4**
合资经营企业（港或澳、台资）	Joint Equity (Funds from Hong Kong, Macao or Taiwan)	290.80	132.20		42.0	248.8	8672.1	7270.2
港、澳、台商独资经营企业	Enterprises Wholly Owned by Hong Kong, Macao or Taiwan	133.30	61.70			133.3	3728.4	3378.4
外商投资企业	**Foreign Funded Enterprises**	**5308.80**	**1986.80**		**22.8**	**5286.0**	**227463.6**	**207550.0**
中外合资经营企业	Sino-foreign Joint Equity	3697.50	1170.80			3697.5	172189.6	162845.3
外资企业	Wholly Foreign-owned Enterprises	354.30	144.00		22.8	331.5	15021.0	12996.6
外商投资股份有限公司	Foreign-funded Share Holding Enterprises	1257.00	672.00			1257.0	40253.0	31708.1
二、按工业行业大类分组	**II. Grouped by Major Defect of Industrial Branch**							
采矿业	Mining	270.2	92.0		26.1	244.1	12064.7	10483.2
煤炭开采和洗选业	Coal Mining & Dressing	5.1	2.3			5.1	500.8	410.8
有色金属矿采选业	Nonferrous Metals Mining & Processing	12.7	5.5		3.3	9.4	1733.5	1733.5
制造业	**Manufacturing**	**16379.8**	**6379.9**	**31.6**	**232.0**	**16116.2**	**585870.9**	**503502.2**
农副食品加工业	Farm & Sideline Products Processing	627.2	275.9			627.2	26491.1	21693.6

Basic Statistics for Scientific & Technical Activities Organized by Large & Medium Industrial Enterprises(2012)

(10000 yuan)

	经常费支出中：In Recurrent Expenditure						内部经费支出中：In Inner Expenditure				
人员劳务费 Remuneration	基础研究 Basic Research	应用研究 Application Research	试验发展 Testing Development	2.资产性支出 Capital Expenditure	#1.土建工程 Projects of Construction	2.仪器设备 Instruments & Equipment	政府资金 Government Funds	企业资金 Funds from Enterprises	国外资金 Foreign Funds	其他资金 Others	R&D经费外部支出 Exterior Expenditure
132247.8	**344.6**	**13267.7**	**595353.0**	**85123.5**	**2532.1**	**82591.4**	**26192.8**	**581198.6**	**64.8**	**1509.1**	**43538.7**
63631.2	**258.6**	**12390.1**	**356329.1**	**63447.4**	**1696.2**	**61751.2**	**17387.2**	**350191.5**		**1399.1**	**13422.2**
8960.2	103.6	56.6	36638.2	5659.4	365.7	5293.7	2212.2	33888.4		697.8	1484.5
7.0			10.6	2.1	0.1	2.0		10.6			
224.9			1578.1	338.2	4.6	333.6		1578.1			
14978.4	100.0	3093.5	99849.4	20213.6	147.4	20066.2	4734.1	98281.2		27.6	6860.3
28726.5	55.0	8671.2	119299.4	15076.3	665.1	14411.2	7615.1	120143.6		266.9	4268.4
9006.3		568.8	95628.3	22131.5	503.2	21628.3	2741.3	93049.0		406.8	809.0
3127.6	**86.0**	**799.0**	**11638.9**	**1762.5**	**166.5**	**1596.0**	**310.9**	**12148.2**	**64.8**		**43.6**
2196.3		799.0	7873.1	1401.9	155.9	1246.0	152.1	8520.0			43.6
906.7			3728.4	350.0		350.0	152.0	3511.6	64.8		
65489.0		**78.6**	**227385.0**	**19913.6**	**669.4**	**19244.2**	**8494.7**	**218858.9**		**110.0**	**30072.9**
52853.6			172189.6	9344.3	145.0	9199.3	6392.5	165797.1			25220.6
2577.7		78.6	14942.4	2024.4	132.3	1892.1	1107.2	13803.8		110.0	159.4
10057.7			40253.0	8544.9	392.1	8152.8	995.0	39258.0			4692.9
922.3		303.1	11761.6	1581.5	152.0	1429.5	2497.2	9440.6		126.9	359.0
61.0			500.8	90.0		90.0	74.8	299.1		126.9	
165.9		224.5	1509.0				1273.2	460.3			109.6
130342.5	**244.6**	**10146.4**	**575479.9**	**82368.7**	**2352.5**	**80016.2**	**23393.1**	**561030.8**	**64.8**	**1382.2**	**40342.9**
3655.0			26491.1	4797.5	62.7	4734.8	894.4	25519.2		77.5	100.3

19－10 续表

指 标	Item	R&D人员折合全时当量(人年) Number of Full-time Personnel Converted from the Persons Engaged in R&D Activities (person-year)	其中:研究人员 Researchers	基础研究 Basic Research	应用研究 Application Research	试验发展 Testing Development	R&D经费内部支出 Inner Expenditure of R&D Funds	1.经常费支出 Recurrent Expenditure
食品制造业	Food Production	92.3	26.1			92.3	6498.8	6273.2
饮料制造业	Beverage Production	450.9	125.3			450.9	13702.1	12756.7
烟草制品业	Tobacco Processing	292.0	95.0			292.0	6063.3	5475.7
纺织业	Textile Industry	177.9	56.6		4.0	173.9	5418.3	4478.6
木材加工及木、竹、藤、棕、草制品业	Processing of Timbers,Manufacture of Wood,Bamboo,Rattan,Palm, and Straw Products	44.0	18.5		5.0	39.0	2046.8	1906.5
造纸及纸制品业	Papermaking & Paper Products	109.4	14.9			109.4	30185.5	30176.2
印刷业和记录媒介的复制	Printing & Record Duplicating							
化学原料及化学制品制造业	Raw Chemical Materials & Chemical Products	926.0	630.9	22.0	3.8	900.2	30413.4	24004.9
医药制造业	Medical & Pharmaceutical Products	950.8	538.3	4.8	72.6	873.4	25064.9	20936.1
橡胶制品业	Rubber Products	368.0	87.0			368.0	3026.8	2355.9
非金属矿物制品业	Nonmetal Mineral Products	671.5	185.7	3.1	2.6	665.8	10456.8	8483.6
黑色金属冶炼及压延加工业	Smelting & Pressing of Ferrous Metals	634.1	56.8			634.1	42514.6	34574.7
有色金属冶炼及压延加工业	Smelting & Pressing of Nonferrous Metals	793.8	154.3	0.9	4.2	788.7	33160.5	17707.3
通用设备制造业	General Equipment Manufacturing	1605.4	797.6			1605.4	49168.0	37652.1
专用设备制造业	For Special Purposes Equipment Manufacturing	1850.8	1029.1	0.8	82.8	1767.2	79858.1	77156.2
交通运输设备制造业	Transport Equipment Manufacturing	4765.0	1560.5		56.4	4708.6	174624.7	153555.9
电气机械及器材制造业	Electric Equipment & Machinery	254.0	52.0			254.0	2997.8	2799.3
通信设备、计算机及其他电子设备制造业	Communication Equipment, Computer & Other Electronic Equipment Manufacturing	1317.9	496.4		0.6	1317.3	32715.5	30783.1
仪器仪表及文化、办公用机械制造业	Instruments, Meters, Cultural & Office Machinery	355.1	165.4			355.1	8630.9	8325.9
电力、燃气及水的生产和供应业	Production & Supply of Electric Power, Gas & Water	42.0	6.0			42.0	852.5	557.4
电力、热力的生产和供应业	Production & Supply of Electric Power & Steam	1800.6	636.9	17.1	444.2	1339.3	11029.7	9856.4

continued

	经常费支出中：In Recurrent Expenditure						内部经费支出中：In Inner Expenditure				
人员劳务费 Remuneration	基础研究 Basic Research	应用研究 Application Research	试验发展 Testing Development	2.资产性支出 Capital Expenditure	#1.土建工程 Projects of Construction	2.仪器设备 Instruments & Equipment	政府资金 Government Funds	企业资金 Funds from Enterprises	国外资金 Foreign Funds	其他资金 Others	R&D经费外部支出 Exterior Expenditure
629.3			6498.8	225.6	48.9	176.7	381.7	6117.1			102.8
3925.6			13702.1	945.4	37.8	907.6	911.6	12790.5			218.6
3038.4			6063.3	587.6		587.6	100.0	5963.3			2682.0
720.8		155.5	5262.8	939.7	3.9	935.8	259.0	5159.3			27.4
674.1		30.0	2016.8	140.3		140.3	158.1	1888.7			12.5
641.3			30185.5	9.3		9.3	158.3	30027.2			
3669.9	86.8	27.2	30299.4	6408.5	47.2	6361.3	2845.7	27567.7			149.2
4571.7	78.0	1498.0	23488.9	4128.8	233.2	3895.6	1916.3	22849.2		299.4	1757.0
835.3			3026.8	670.9	6.2	664.7	224.0	2782.7		20.1	66.0
2460.2	16.2	27.2	10413.4	1973.2	32.9	1940.3	717.2	9712.0		27.6	137.0
1859.9			42514.6	7939.9	477.4	7462.5	72.7	42441.9			240.0
3643.8	55.0	360.9	32744.6	15453.2	343.3	15109.9	1505.5	31655.0			2388.8
11248.2			49168.0	11515.9	733.0	10782.9	1944.5	47223.5			4718.9
18053.0	8.6	6853.5	72996.0	2701.9	50.1	2651.8	3100.8	76730.3		27.0	1155.1
57230.7		1182.3	173442.4	21068.8	131.3	20937.5	6416.8	167801.1		406.8	26068.2
614.8			2997.8	198.5	23.6	174.9	60.1	2937.7			
9134.0		11.8	32703.7	1932.4	107.2	1825.2	672.7	31519.0		523.8	144.3
3179.8			8630.9	305.0		305.0	873.1	7693.0	64.8		
261.7			852.5	295.1	13.8	281.3	92.6	759.9			4.9
983.0	100.0	2818.2	8111.5	1173.3	27.6	1145.7	302.5	10727.2			2836.8

19－11 主要年份工业企业科技活动情况
Statistics for Technical Activities of Large & Medium Industrial Enterprises in Main Years

指 标	Item	2000	2007	2010	2011	2012
大中型工业企业	**Number of Enterprises (unit)**					
#有科技活动的单位数（个）	Units Engaged in Scientific & Technological Activities(unit)	293	191	232	290	168
#有R&D活动的单位数（个）	Units Engaged in New Products Developing Activities (unit)		138	167	218	232
科技活动人员（万人）	**Personnel Engaged in Scientific & Technological Activities (10 000 persons)**	**2.15**	**2.68**	**3.78**	**4.88**	**5.22**
研究与发展经费内部支出（万元）	**Inner Expenditure of Funds for Research &**			**438669**	**586791**	**702225**
（一）按活动类型分	Development (10 000 yuan)					
#基础研究支出	By Type of Activities	171	3748	167	4043	443
应用研究支出	Expenditure for Basic Research	5601	26154	9083	16275	13799
试验发展支出	Expenditure for Application Research	50462	117480	429420	566332	687984
（二）按支出用途分	Expenditure for Experimental Development					
#经常费支出	By Use of Expenditure	42987	147382	378741	489188	605937
#人员劳务费	# Ordinary Expenditure	16912	31817	91657	129971	150140
（三）按资金来源分	#Fees for Personel Labor Service					
#政府资金	By Resource of Funds	2930	5704	22168	26354	33403
企业资金	Funds from Government	48390	140294	413173	557087	666371
国外资金	**Funds from Enterprises**	132	68	161	44	65
新产品开发经费支出（万元）	**Funds from Foreign Countries**	**50304**	**174798**	**460413**	**740320**	**771269**
科技活动产出情况	Expenditure for New Product Development					
专利申请数（项）	(10 000 yuan)	162	627	1591	2067	3025
#发明专利	**Output from Scientific & Technological Activities**	20	190	488	737	1333
拥有发明专利数（项）	Patent Applications Examined(item)	78	233	950	932	1499
技术改造和技术获取情况	**# Patent for Invention**					
技术改造经费支出（万元）	Number of Patent for Invention Owned(item)	126898	713690	1374075	1308777	1540035
引进国外技术经费支出（万元）	Technological Transformation & Technical	27910	8180	8137	15298	2619
引进技术的消化吸收经费支出（万元）	Acquisition	754	3411	5988	12430	6087
购买国内技术经费支出（万元）	Expenditure for Technological Transformation (10 000 yuan)	6657	3779	12092	26678	11598

19－12 主要年份县及县以上政府部门所属研究与开发机构基本情况
Basic Statistics on Governmental Department Research & Development Institutions at & above County Level in Main Years

项　　目	Item	1995	2000	2005	2010	2011	2012
机构数(个)	Number of Institutions (unit)	230	224	210	207	205	202
从事科技活动人员（人）	Number of Persons Engaged in Scientific & Technological Activities (person)	9227	7954	7574	8757	9022	9152
#科学家、工程师	Scientists & Engineers	5048	4787	4461			
#大学本科及以上学历	University Degree or above				5400	5811	6138
经费筹集总额（万元）	Funds for Scientific & Technological Activities (10 000 yuan)	44526	54820	72749	187190	201933	254351
#政府拨款	Funds from Government	16910	31272	60359	136474	158033	196158
经费使用总额（万元）	Expenditure of Funds for Scientific & Technological Activities (10 000 yuan)	39087	53090	73823	170741	189432	248668
#固定资产购建支出	Purchases of Fixed Assets	8910	7818	12445	28939	31617	51612

注：2009年，指标“科学家工程师”取消，改为“大学本科及以上学历”（县属机构使用“大专以上学历”）。2011年，均使用“大学本科及以上学历”。

Note: The indicator of “Scientists & Engineers” has been canceled since 2009, and it was replaced by “University Degree or above” (it is changed as “Junior College Degree or above” in county level institutions).

19－13 县及县以上政府部门所属研究与开发机构情况（2012年）
Basic Statistics on Governmental Department Research & Development Institutions at & above County Level (2012)

项 目	Item	机构数（个）Number of Institutions (unit)	从事科技活动人员合计（人）Personnel in Scientific & Technological Activities (person)	＃大学本科及以上学历 University Degree or above	经费筹集总额（万元）Funds for Scientific & Technological Activities (10 000 yuan)	＃政府拨款 Funds from Government	经费使用总额（万元）Total Expenditure (10 000 yuan)
总 计	**Total**	**202**	**9152**	**6138**	**254351**	**196158**	**248668**
一、按单位类型分	**By Unit Type**						
科学研究与技术开发机构	Institutions of Research & Technological Development	183	8723	5818	243453	186730	241855
科技情报与文献机构	Scientific & Technological Information & Literature Institutions	19	429	320	10898	9428	6813
二、按隶属关系分	**By Relationship**						
中央属	Central	7	1132	743	46696	22140	44833
自治区属	Autonomous	71	5595	4078	169489	146228	171896
地（市）属	Prefectural	73	2009	1252	35281	25209	29214
县属	County	51	416	65	2885	2581	2725
三、按学科领域分	**By Programmes**						
自然科学	Natural Sciences	10	987	757	48925	34801	45468
农业科学	Agricultural Sciences	94	3236	1838	84180	76115	74661
医药科学	Medical Sciences	13	1448	1026	42213	36519	54783
工程与技术科学	Engineering & Technology	48	2653	1918	59131	31344	59982
人文与社会科学	Humanities & Social Sciences	37	828	599	19902	17379	13774

19－14 县及县以上政府部门所属研究与开发机构课题情况（2012年）

Projects of Governmental Department Research & Development Institutions at & above County Level (2012)

项 目	Item	课题数（项）Projects (unit)	投入人员（人年）Personnel Engaged in Projects (person-year)	#研究人员 Researchers	投入经费（万元）Funds of Projects (10 000 yuan)
总 计	**Total**	**2854**	**5065**	**2242**	**76562**
按单位类型分	**By Unit Type**				
科学研究与技术开发机构	Institutions of Research & Technological Development	2729	4832	2112	74412
科技情报与文献机构	Scientific & Technological Information & Literature Institutions	125	233	130	2150
按活动类型分	**By Activity Type**				
基础研究	Basic Research	235	355	206	4875
应用研究	Application Research	694	1089	543	12597
实验发展	Testing Development	1290	2284	1049	37603
研究与实验发展成果应用	Application of R&D Achievements	358	829	274	12848
科技服务	Technological Services	277	508	170	8639

注：投入的人员和经费为直接投入数据，不包括间接投入数据。

Note: The data on personnel engaged and Funds of Projects is direct input, excluding indirect input.

19－15 文化及相关产业机构和从业人员（2012年）

项 目	Item	总计 Total			
				合 计 Total	
		机构数（个） Number of Institutions (unit)	从业人员数（人） Number of Staff & Workers (person)	机构数（个） Number of Institutions (unit)	从业人员数（人） Number of Staff & Workers (person)
总 计	**Total**	**10800**	**66659**	**1925**	**15604**
艺术业	Art	95	3031	47	2156
图书馆业	Library	112	1467	112	1467
群众文化服务业	Service for Mass Culture	1290	4827	1290	4827
艺术教育业	Art Education	4	164	4	164
文化市场经营单位	Units in Operation in Culture Market	8841	50737	24	764
文艺科研	Culture & Art Researching	10	156	9	148
文物业	Cultural Relics	151	2021	146	1956
其他文化产业	Other Industries	296	4236	292	4102

注：统计范围为文化系统,以下各表相同。
Note: The statistical range is the cultural system, and the same as the continued tables.

Institutions, Staff & Workers of Cultural & Relevant Industries (2012)

文化部门 Cultural Department						其他部门 Other Departments	
国有经济 State-owned Units		集体经济 Collective-owned Units		其他经济 Other Units			
机构数 (个) Number of Institutions (unit)	从业人员数 (人) Number of Staff & Workers (person)	机构数 (个) Number of Institutions (unit)	从业人员数 (人) Number of Staff & Workers (person)	机构数 (个) Number of Institutions (unit)	从业人员数 (人) Number of Staff & Workers (person)	机构数 (个) Number of Institutions (unit)	从业人员数 (人) Number of Staff & Workers (person)
1914	**15036**	**1**	**2**	**10**	**566**	**8875**	**51055**
43	1691			4	465	48	875
112	1467						
1290	4827						
4	164						
24	764					8817	49973
9	148					1	8
143	1945	1	2	2	9	5	65
288	4010			4	92	4	134

19－16　县及县以上政府部门所属研究与开发机构成果情况（1990－2012年）
Achievement of Governmental Department Research & Development Institutions at & above County Level (1990－2012)

年　份 Year	科学著作（万字） Scientific & Technological Works (10 000 words)	科学论文（篇） Scientific & Technological Works (unit)
1990	887	579
1991	1520	675
1992	881	945
1993	1027	1072
1994	841	1135
1995	583	1274
1996	35	1403
1997	23	1691
1998	50	1505
1999	79	1525
2000	84	1839
2001	62	1456
2002	58	1400
2003	51	1673
2004	34	1756
2005	50	1918
2006	62	2274
2007	58	2331
2008	62	2550
2009	63	2736
2010	72	3104
2011	39	3178
2012	**48**	**3342**

注：1999年以后科学著作计量单位为：种；1990年科学著作、科学论文不包含科技情报与文献机构数。
Note: Since 1999, the term of scientific & technological works is Kind; In the year of 1990, scientific & technological works & papers exclude ones from scientific & technological information & literature institutions.

19－17 文化及相关产业增加值（2012年）
Added Value of Culture & Relevant Industries (2012)

单位：千元 (10 00 yuan)

项 目	Item	总产出 Total Output	中间消耗 Consum-ption Therein	增加值 Added Value	劳动者报酬 Remuneration for Labors	生产税净额 Net Value of Produc-tion Tax	固定资产折旧 Depreciation of Fixed Assets	营业盈余 Surplus of Operation
总计	**Total**	**4268786**	**1240740**	**3028046**	**1351664**	**175852**	**502966**	**997182**
艺术业	Art	223192	78817	144375	116333	4933	12516	10593
#：艺术表演团体	Art Performance Groups	173733	59675	114058	102585	2457	3694	5322
艺术表演场馆	Art Performance Places	42075	16375	25700	9227	2440	8762	5271
图书馆	Library	136629	33859	102770	84844	935	16648	343
群众文化	Mass Culture	280351	83151	197200	174334	493	21890	483
艺术教育	Art Education	21211	4375	16836	13546	6	2504	780
文化市场经营机构	Operating Units of Culture Marlket	2726850	570808	2156042	620644	162301	406577	966520
动漫企业	Comic & Animation	13094	4058	9036	5484	484	1343	1725
文艺科研	Culture & Art Research	21239	4566	16673	16504		156	13
文物业	Relic Industry	239885	107056	132829	89998	3743	24340	14748
其他文化及相关产业	Other Culture & Relative Industries	606335	354050	252285	229977	2957	16992	1977

19－18 文化部门主要文化产业单位基本情况
Basic Situation of Major Units of Culture Industries in Culture Department

项 目	Item	1995	2000	2005	2010	2011	2012
艺术表演团体	**Art Performance Groups**						
机构数（个）	Number of Institutions (unit)	117	118	118	141	148	68
从业人员（人）	Employees (person)	4408	4518	4352	4946	5461	2744
国内演出场次（千场次）	Times of Domestic Performance (1000 performances)	10.87	13.4	12.34	14.93	11.7	11.07
国内演出观众人次（千人次）	Person-times of Audiences of Domestic Performance (1 000 person-times)	9867	16184	13182	15076	12070	7579
本年收入合计（万元）	Total Income in This Year (10 000 yuan)	3806.1	6503.1	12018.0	23854.6	29784.8	17507.1
#财政补助收入	Income from Financial Allowance	2589.1	4913	9022.0	17950.8	21845.4	12709.4
演出收入	Income from Performance	506.7	716.9	1550.0	3678.8	4176.6	4630.6
本年支出合计（万元）	Total Expenditure in This Year (10 000 yuan)	3670.4	6491.8	11761.0	23871.2	28034.1	15819.9

注：本表中艺术表演团体基本情况数据自2010年开始，将在广西文化市场管理机构登记办证的艺术表演单位纳入统计范畴。

Note: The data on the basic situation of art performance groups has brought the art performance units registered in the managment units of culture market in Guangxi into the statistical rarge since 2010.

19－18　续表 1　continued

项　目	Item	1995	2000	2005	2010	2011	2012
公共图书馆	**Public Library**						
机构数（个）	Number of Institutions (unit)	99	94	95	108	108	112
从业人员（人）	Employees (person)	1335	1540	1459	1509	1467	1467
总藏量（千册/件）	Total Collection of Books (1 000 copies/ collects)	12430	13122	14908	18809	19965	21267
总流通人次（千人次）	Total Circulation Person-times (1 000 person-times)	8090	9268	12257	13428	12307	13664
书刊外借册次（千册次）	Copy-time of Lending Books (1 000 copy-times)	5281	6878	7614	7328	6681	8058
本年收入合计（万元）	Total Income in This Year (10 000 yuan)	1820.9	3360.9	6305.2	13320.4	14858.2	25084.2
#财政补助收入	Income from Financial Allowance	1562.7	2851.4	5468.7	12191.1	13424.7	22675.2
本年支出合计（万元）	Total Expenditure in This Year (10 000 yuan)	1768.6	3076.9	6287.5	13368.8	14085	18759.2
#图书购置费	Expenditure for Book Purchasing	290.6	520.3	674.2	1675.5	2098.5	2483.9
本年新购图书（千册）	New Books Purchased in This Year(1 000 copies)	157	201	260	563	620	913
群众文化	**Mass Culture**						
群艺馆机构数（个）	Number of Institutions of Mass Culture (unit)	14	15	15	15	15	15
从业人员（人）	Employees (person)	319	337	335	345	351	487
举办展览个数（个）	Number of Exhibitions Held (unit)	57	53	84	70	66	80
组织文艺活动次数（次）	Times of Culture & Art Actions Organized (time)	119	276	289	1264	1034	1186
本年收入合计（万元）	Total Income in This Year (10 000 yuan)	610.6	849.3	1454	4055.1	4244.1	8268.7
#财政补助收入	Income from Financial Allowance	331.7	566.6	1249	3372.2	3623.8	6394.2
本年支出合计（万元）	Total Expenditure in This Year (10 000 yuan)	651.7	876.7	1515.2	4005.9	3657.7	7366

19－18 续表2 continued

项 目	Item	1995	2000	2005	2010	2011	2012
文化馆机构数（个）	Number of Insitutions of Cultural Centers (unit)	98	99	100	107	107	108
从业人员（人）	Employees (person)	1280	1273	1195	1145	1090	1605
举办展览个数（个）	Number of Exhibitions Held (unit)	316	730	340	354	421	564
组织文艺活动次数（次）	Times of Culture & Art Actions Organized (time)	1288	2166	2249	4740	4508	6215
本年收入合计（万元）	Total Income in This Year (10 000 yuan)	1248.4	1508.7	2606.7	6743.4	8476.5	13130
#财政补助收入	Income from Financial Allowance	897.2	1233.7	2258.3	6443.3	7903.3	12091.3
本年支出合计（万元）	Total Expenditure in This Year (10 000 yuan)	1218.2	1484.8	2537.4	6671.7	8247.8	12556.8
文化站机构数（个）	Number of Insitutions of Cultural Stations (unit)	1412	1294	1139	1162	1163	1167
从业人员（人）	Employees (person)	1835	1777	2273	2585	2695	2735
博物馆	**Museum**						
机构数（个）	Number of Institutions (unit)	37	39	49	64	71	79
从业人员（人）	Employees (person)	566	667	753	1096	1175	1529
文物藏品（件、套）	Collection of Relics (unit, set)	180956	170336	239327	279452	301583	362854
#一级品	1st Class	296	293	279	312	312	316
举办展览（个）	Number of Exhibitions Held (unit)	102	102	126	194	205	250
参观人次（千人次）	Number of Visitors (1 000 person-times)	1443	1802	1442	7441	9740	11250
#未成年人参加人次	Juveniles				2067	2790	2762
#外宾人次	Foreign Visitors	41	34	37		110	156
本年收入合计（万元）	Total Income in This Year (10 000 yuan)	906.2	1791.5	4904.6	17239.2	19307.6	32873
#财政补助收入	Income from Financial Allowance	610.9	976.3	2430.1	14244.2	15097.1	27635.3
门票收入	Income from Ticket	50.6	122.4	228.5	39	70.6	164.5
本年支出合计（万元）	Total Expenditure in This Year (10 000 yuan)	899	1852.4	4325.5	14343.6	18374	30700.9

19－19　各市公共图书馆基本情况（2012年）

地区	Region	机构数（个）Number of Public Libraries (unit)	从业人员（人）Employed Persons (person)	总藏量（千册）Library Holdings (1000 copies)	当年购买的报刊种类（种）Newspapers & Periodicals Purchased in the Year (kind)	总流通人次（千人次）Total Circulation of Persons (1000 person-times)
广西壮族自治区	**Guangxi**	**112**	**1467**	**21267**	**35906**	**13664**
自治区本级	Autonomous Region Level	3	319	5577	9687	2962
南宁市	Nanning	14	182	2957	5175	3782
柳州市	Liuzhou	11	166	1899	2761	920
桂林市	Guilin	13	94	1514	1659	714
梧州市	Wuzhou	5	75	1013	1489	336
北海市	Beihai	3	67	535	1231	988
防城港市	Fangchenggang	4	24	281	416	103
钦州市	Qinzhou	5	45	650	934	248
贵港市	Guigang	6	36	775	1058	334
玉林市	Yulin	6	115	1755	2231	906
百色市	Baise	13	100	1448	2673	859
贺州市	Hezhou	4	39	610	1547	468
河池市	Hechi	11	90	1052	1862	339
来宾市	Laibin	7	52	517	1361	381
崇左市	Chongzuo	7	63	683	1822	322

Basic Situation of Public Libraries by City (2012)

为读者举办各种活动 Activities Held for Readers				本年支出合计 (万元) Total Cost of the Year (10 000 yuan)	资产合计 (万元) Total Capitals (10 000 yuan)	实际使用公用房屋建筑面积 (平方米) Area of Public Building Actual Used (sq.m)
组织各类讲座次数 (次) Number of Lectures Held (time)	参加人次 (千人次) Number of Persons Attending (1000 person-times)	举办展览 (次) Number of Exhibitions Held (time)	参观人次 (千人次) Number of Persons Visiting (1000 person-times)			
1362	**328458**	**489**	**949383**	**18759.2**	**46171.6**	**285269**
154	24600	48	324400	6350	15831.9	42113
306	124093	88	203231	2308.5	8731.2	34815
90	6620	58	62148	1735.6	4718.8	30162
183	9868	55	18940	835.5	2443.7	16376
98	17070	21	8210	638.3	1477.7	7728
50	22120	30	86435	1059	1861.6	23006
9	460	5	3530	327	484.6	2824
50	2959	5	9500	472.8	1260.3	6994
77	10372	18	9700	988.3	1178.5	16788
62	4125	22	63260	904.5	1724.6	15651
116	70741	37	60669	751.6	2138.8	26113
56	20954	13	20720	500.3	1043.3	6787
46	5970	34	26630	849.3	1537.5	31778
49	3337	27	19010	505.7	508.7	11758
16	5169	28	33000	532.8	1230.4	12376

19－20 主要年份广播事业发展情况
Basic Statistics on Broadcasting in Main Years

项 目	Item	1995	2000	2005	2010	2011	2012
基本情况	**Basic Statistics**						
中短波转播发射台（座）	Medium-and-short-wave Broadcasting Transmision Stations & Relaying Stations (set)	24	25	21	20	20	20
调频转播发射台（座）	Frequency Modulation Broadcasting Transmision Stations & Relaying Stations (set)	32	100	89	150	154	155
节目（套）	Programmes (unit)	31	34	60	63	64	63
全年公共广播节目播出时间（小时）	Daily Broadcasting Hours (hour)	117560	158714	257463	276733	297125	313741
广播综合人口覆盖率（%）	Listener Rating (%)	66.3	85.2	88.7	95	95.2	96.1
制作广播节目（小时）	Broadcasting Programmes Producing (hour)	47053	90269	165012	176577	169407	188949
新闻资讯节目	News & Information Programmes	6801	11186	23447	36670	36598	37629
专题服务节目	Subject Service Programmes	11999	23109	46634	43832	40140	41324
综艺节目	Comprehensive Entertainment Programmes	17362	27912	60556	62601	57348	71827
广播剧节目	Radio Play Programmes			769	409	770	645
广告节目	Advertisement Programmes		2323	15326	13071	12793	13779
其他节目	Other Programmes	10891	25739	18280	19994	21758	23745

19－21 主要年份电视事业发展情况
Basic Statistics on Television Stations in Main Years

项 目	Item	1995	2000	2005	2010	2011	2012
基本情况	**Basic Statistics**						
电视转播台（座）	Television Relaying Stations (set)	1009	237	65	128	129	129
节目（套）	Programmes (unit)	20	23	39	41	41	41
全年公共电视节目播出时间（小时）	Television Broadcasting Hours of Whole Year (hour)	42572	74166	276597	481171	485287	529407
电视综合人口覆盖率（%）	Viewer Rating (%)	79.5	90	93.5	97	97.2	97.7
制作电视节目	Programmes Producing	5732	15200.0	60033	80594	102763	88403
新闻资讯节目（小时）	News & Information Programmes (hour)	1591	2793	17833	25367	26792	27042
专题服务节目（小时）	Subject Service Programmes (hour)	1387	3357	12123	15071	18801	23711
综艺益智节目（小时）	Comprehensive Entertainment	768	2999	7793	9101	11933	8527
影视剧节目（小时）	Programmes (hour)			692	416	71	306
广告节目（小时）	TV Play Programmes (hour)		4011	15168	21730	21565	21566
其他节目（小时）	Advertisement Programmes (hour)	1986	2040	6424	8909	23601	7250
电视剧（部/集）	Other Programmes (hour)	3/21	11/80	9/448	10/341	3/114	9/404
动画电视（小时）	TV Plays (collection/episode)				3	1	1

19－22 主要年份图书、报纸及杂志出版情况
Basic Statistics of Books, Newspaper & Magazines in Main Years

项 目	Item	1995	2000	2005	2010	2011	2012
图 书	**Books**						
种 数（种）	Number of Publications (kind)	2694	2739	3500	7344	7695	8667
印 数（万册）	Printed Copies (10 000 copies)	25397	23691	18818	24810	26820	28796
印 张（千印张）	Printed Sheets (1000 sheets)	1031173	1153943	1331175	1545018	1733915	1927385
报 纸	**Newspapers**						
种 数（种）	Number of Publications (kind)	66	60	50	55	54	55
印 数（万份）	Printed Copies (10 000 copies)	47475	56008	58222	69560	67229	69546
印 张（千印张）	Printed Sheets (1000 sheets)	451524	834192	1668812	2855711	2639518	2565130
期刊	**Magazines**						
种 数（种）	Number of Publications (kind)	159	191	180	183	184	184
印 数（万册）	Printed Copies (10 000 copies)	4630	5242	5571	4268	4470	4516
印 张（千印张）	Printed Sheets (1000 sheets)	129001	149238	277555	176235	188643	179985

主要统计指标解释

普通高等学校　指按国家规定的设置标准和审批程序批准建立的，通过全国普通高等教育统一招生考试，招收高中毕业生为主要培养对象，实施高等学历教育的全日制大学、独立设置的学院和高等专科学校、高等职业学校和其他机构。

大学、独立设置的学院主要实施本科及本科层次以上教育。高等专科学校、高等职业学校实施专科层次教育。其他机构是承担国家普通招生计划任务不计校数的机构。包括普通高等学校分校和批准筹建的普通高等学校等（注：高等学校在校学生数均不包括在校研究生）。

成人高等学校　指按国家规定的设置标准和审批程序批准举办的，通过全国成人高等教育统一招生考试，招收具有高中毕业或同等学历的人员为主要培养对象，利用函授、业余、脱产的多种形式对其实施高等学历教育的学校。包括职工高等学校、农民高等学校、管理干部学院、教育学院、独立函授学院、广播电视大学、其他机构。

中等职业教育　调整后的中等职业学校是指将普通中等专业学校（中等技术学校、中等师范学校）、成人中等专业学校、职业高中学校、其他机构等各种实施中等职业教育的办学类型，通过合并、共建、联办、划转等形式调整为统一的办学类型。

艺术表演团体　指由文化部门主办或实行行业管理（经文化市场行政部门审批或已申报登记并领取相关许可证），专门从事表演艺术等活动的各类专业艺术表演团体，含民间职业剧团。不包括群众业余文艺表演团体。

艺术表演场馆　指由文化部门主办或实行行业管理（经文化市场行政部门审批或已申报登记并领取相关许可证），有观众席、舞台、灯光设备，公共售票、专供文艺团体演出的文化活动场所。

广播节目综合人口覆盖率　是指根据国家广电总局制定的《广播电视人口覆盖率统计技术标准和方法》，在对象区内采用无线、有线、卫星等技术手段能够收听到包括中央、省、地市、县广播节目其中任意一套的人口数与全国总人口的比。

电视节目综合人口覆盖率　是指根据国家广电总局制定的《广播电视人口覆盖率统计技术标准和方法》，在对象区内采用无线、有线、卫星等技术手段能够收看到包括中央、省、地市、县级电视节目中任意一套的人口数与全国总人口的比。

科技活动　指在自然科学、农业科学、医药科学、工程与技术科学、人文与社会科学领域（简称科学技术领域）中，与科技知识的产生、发展、传播和应用密切相关的有组织的活动。可分为科学研究与试验发展（R&D）、科学研究与试验发展成果应用及相关的科技服务三类活动。

科学研究与试验发展（R&D）　指在科学技术领域，为增加知识总量、以及运用这些知识去创造新的应用而进行的系统的创造性的活动，包括基础研究、应用研究、试验发展三类活动。

基础研究　指为获得关于现象和可观察事实的基本原理的新知识（揭示客观事物的本质、运动规律，获得新发现、新学说）而进行的实验性或理论性研究，它不以任何专门或特定的应用或使用为目的。其成果以科学论文和科学著作为主要形式。

应用研究　指为获得新知识而进行的创造性研究，主要针对某一特定的目的或目标。应用研究是为了确定基础研究成果可能的用途，或是为达到预定的目标探索应采取的新方法（原理性）或新途径。其成果形式以科学论文、专著、原理性模型或发明专利为主。

试验发展　指利用从基础研究、应用研究和实际经验所获得的现有知识，为产生新的产品、材料和装置，建立新的工艺、系统和服务，以及对已产生和建立的上述各项作实质性的改进而进行的系统性工作。其成果形式主要是专利、专有技术，具有新产品基本特征的产品原型或具有新装置基本特征的原始样机等。在社会科学领域，试验发展是指把通过基础研究、应用研究获得的知识转变成可以实施的计划（包括为进行检验和评估实施示范项目）的过程。人文科学领域没有对应的试验发展活动。

R&D人员　指单位内部从事基础研究，应用研究和试验发展三类活动的人员。包括直接参加上述三类项目活动的人员以及这三类项目的管理人员和直接服务人员。为研发活动提供直接服务的人员包括直接为研发活动提供资料文献、材料供应、设备维护等服务的人员。

政府资金 指从各级政府部门获得的计划用于科技活动的经费，包括科学事业费、科技三项费、科研基建费、科学基金、教育等部门事业费中计划用于科技活动的经费以及政府部门预算外资金中计划用于科技活动的经费等。

Explanatory Notes on Main Statistical Indicators

Regular Institutions of Higher Learning refer to educational establishments set up according to the govern-ment evalua-tion and approval procedures, enrolling graduates from senior secondary schools and providing higher education courses and training for senior professionals. They include full-time universities, colleges, high professional schools and short-term pro-fes-sional universities.

Institutions of Higher Learning for Adults refer to educational establishments, set up in line with relevant rules approved by the government, enrolling staff and workers with senior secondary school or equivalent education, and providing higher edu-cation courses in many forms of full-time, part-time, spare-time, or correspondence for adults. Professionals thus trained receive a qualification equivalent to graduates studying regular courses at regular universities, colleges and professional colleges. Insti-tutions of higher learning for adults include Radio and TV universities, schools of high education for staff and workers and peasants, college for management cadres, pedagogical colleges, independent correspondence colleges.

Art Troupe refers to the troupe which is engaged in drama, opera, music, dance, acrobatics or other art performance, opens independent accounts with banks and has self-supporting accounting system; excluding the troupes which are engaged partly in industrial or agricultural activities, partly in art performance and the professional troupes organized by the people.

Scientific and Technological Activities (S&T Activities) refer to organized activities which are closely related with the creation, development, dissemination, and application of the scientific and technical knowledge in the fields of natu-ral sciences, agricultural science, medical science, engineering and technological science, humanities and social sciences(referred to as scien-tific and technological fields). S&T activities can be classified into 3 categories: research and development (R&D) activities, ap-plication of R&D results, and related S&T services.

Research and Development (R&D) refers to systematic and creative activities in the field of science and tech-nology aiming at increasing the knowledge and using the knowledge for new application. R&D includes 3 categories of activities: basic research, applied research and experiments and development.

Basic Research refers to empirical or theoretical research aiming at obtaining new knowledge on the fundamental prin-ciples of phenomena of observable facts to reveal the nature and law of movement of objects and to acquire new discoveries or new theories. Basic research takes no specific or designated application as the aim of the research are mainly released or dis-seminated in the form of scientific papers or monographs.

Applied Research refers to creative research aiming at obtaining new knowledge on a specific objective or target. Pur-pose of the applied research is to identity the possible use of results from basic research, or to explore new (fundamental) methods of new approaches. Results of applied research are expressed in the form of scientific papers, monographs, fundamental models or in-vention patents.

Experiments and Development refer to systematic activities aiming at using the knowledge form basic and applied researches or form practical experience to develop new products, materials and equipment, to establish new production process, systems and services, or to make substantial improvement on the existing products, process or services. Results of experiment and devel-opment activities are embodied in patents, exclusive technology, and monotype of new products or equipment. In social sci-ences, experiment and development activities refer to the process of converting the knowledge from basic or applied researches into feasible programs (including conduct of demonstration projects for assessment and evaluation). There is on experiment and de-vel-opment activities in the science of humanities.

R&D Personnel refer to persons engaged in research, management and supporting activities of R&D, including persons in the project teams, persons engaged in the management of S&T activities of enterprises and supporting staff providing direct ser-vice to the research projects.

Government Funds refer to funds obtained from government agencies at all levels to be used for S&T activities, including fund for scientific undertakings, 3 kinds of fund for S&T activities, fund for capital construction for scientific researches, science fund, funds from education expenditures by education departments for S&T activities, and extra-budget fund from government agencies for S&T activities.

体育、卫生、社会福利与服务业

SPORT, PUBLIC HEALTH, SOCIAL WELFARE & SERVICE INDUSTRY

体育、卫生、社会福利与服务业

SPORT, PUBLIC HEALTH, SOCIAL WELFARE & SERVICE INDUSTRY

20－1 主要年份体育事业发展情况

Statistics on Sports in Main Years

项　目	Item	2000	2005	2010	2011	2012
体育系统从业人员（人）	Number of Staff & Workers in Sports System (person)	3335	3917	5183	5231	5319
#优秀运动队	Splendid Sports Team		1110	1535	1761	1776
体育运动学校	Physical Education & Sports Schools	180		199	168	176
业余体校	Spare Time Sports Schools	1028	1119	1886	1626	1786
训练基地	Training Bases	184	129	127	62	97
体育场馆	Sports Places	272	213	248	126	209
举办综合运动会次数（次）	Number of Comprehensive Athletic Meetings Held (time)		0	4	1	
举办单项比赛次数（次）	Number of Single Game Items Held (time)		23	34	14	26
举办全民健身活动次数（次）	Number of Exercises Held for All the People (time)		2675	3265	3726	2851
#1000人以上的活动	Above 1000 Persons		448	973	748	568
举办全民健身活动人数（万人）	Number of Persons Taking Part in Exercises Held for All the People (10 000 persons)		331	454	856	1731
等级运动员发展人数（人）	Number of Athletes in Grades (person)	2552	707	1711	690	927
#国际级健将	International Masters of Sports		4	7	3	
运动健将	Masters of Sports	27	36	45	29	21
一级运动员	First Grade Sportsmen	41	75	184	165	177
二级运动员	Second Grade Sportsmen	354	592	1475	493	729
等级裁判员发展人数（人）	Number of Referees in Grades (person)	2154	865	1894	2685	5411
#国家级裁判	National Referees	10	11	1	7	12
一级裁判员	First Grade Referees		78	113	161	290
二级裁判员	Second Grade Referees		776	1780	2190	1944

20－2 运动队体育比赛成绩（2012年）

Scores of Sports Groups in Sport Matches (2012)

单位：个　　　　(unit)

项　目	Item	名次 Position								破记录情况 Situation of Record Breaking
		1	2	3	4	5	6	7	8	
世界三大赛	The Three Worldwide Big Matches	5	4	1	0	1	0	0	0	0
一般国际比赛	Common Worldwide Matches	6	3	1	3	2	2	1	1	0
亚洲大赛	Big Matches of Asia	17	10	1	1	0	0	0	0	0
全国大赛	National Big Matches	59	43	36	39	44	48	36	20	0
全国青少年比赛	National Matches of Youth	171	117	111	86	79	69	37	14	0
一般国内大赛	Common National Matches	10	5	7	3	6	4	1	3	0
合　计	**Total**	**268**	**182**	**157**	**132**	**132**	**123**	**75**	**38**	**0**

20—3 主要年份卫生事业基本情况
Basic Situation of Public Health in Main Years

项 目	Item	1995	2000	2005	2010	2011	2012
一、各类卫生机构、卫生技术人员	Health Care Institutions & Medical Technical Personnel by Type						
卫生机构数（个）	Number of Health Care Institutions (unit)	5571	13707	9432	10341	10645	10829
#医院、卫生院	Hospitals	1709	1868	1753	1728	1745	1749
社区卫生服务中心（站）	Community Sanitation Service Center			156	285	262	266
疗养院	Sanatoriums	11	8	8	5	5	5
门诊部、诊所、医务室	Clinics	3333	11361	7050	7891	8130	8388
疾病预防控制中心（防疫站）	Sanitation & Antiepidemic Agencies	132	136	106	105	106	109
卫生监督所（局）	Sanitation Supervision Agencies			63	109	110	105
专科疾病防治院（所、站）	Specialized Prevention Hospitals (Stations)	66	66	62	43	41	41
妇幼保健院（所、站）	Maternity & Child Care Hospitals (Stations)	81	103	103	103	103	103
医学学科研究机构	Research Institutions of Medical Science	26	22	15	14	14	13
其他卫生机构	Others	126	147	41	28	129	50
病床总数（张）	Total Number of Beds (bed)	83963	85422	93767	143695	152039	168691
#医院、卫生院病床数	Hospitals	78788	82975	87061	133887	141278	156681
每千人中医院、卫生院病床数（张）	Number of Hospital Beds per 1000 Persons（bed)	1.73	1.74	1.77	2.6	2.72	2.99
卫生技术人员（人）	Medical Technical Personnel (person)	116547	127036	129210	185715	203639	220762
#执业医师、执业助理医师	Practitioner Doctors & Practitioner Assistant Doctors	41305	45981	54652	67314	73776	78043
注册护士	Registered Nurses	35636	40331	44604	69906	76505	85515
每千人中有卫生技术人员数（人）	Number of Medical Technical Personnel per 1000 Persons (person)	2.56	2.67	2.63	3.6	3.92	4.21
疾病预防控制中心（防疫站）（个）	Center for Disease Control and Prevention (Epidemic Prevention Stations) (unit)	132	136	106	105	106	109
卫生技术人员（人）	Medical Technical Personnel (person)	5152	5340	4839	4852	4922	5254
妇幼保健院（所、站）（个）	Women and Children Care Agencies (unit)	81	103	103	103	103	103
卫生技术人员（人）	Medical Technical Personnel (person)	2190	5879	7193	12763	14095	15448
乡镇卫生院（个）	Rural Hospitals (unit)	1273	1134	1295	1278	1280	1280
床位数（张）	Number of Beds (bed)	18470	12720	20963	44974	45526	49331
卫生技术人员（人）	Medical Technical Personnel (person)	23829	20134	28258	43687	46979	49628
乡村医生和卫生员人数（人）	Doctors or Health Workers in Rural Areas (person)	44617	47099	36236	36386	37419	37435
二、医院病床使用情况	Utilization of Hospital Beds						
病床周转次数（次）	Turnover of Beds (time)	18.5	18.7	24.55	42.1	34.9	37.1
病床工作日数（日）	Days Per Bed in Use (day)	263.70	218.79	256.17	299.5	340.4	350
病床使用率（%）	Utilization Rate of Beds (%)	72.70	59.78	70.18	82.06	93.26	95.63
出院者平均住院日数（日）	Average Hospitalization Period (day)	13.60	11.34	9.96	6.9	9.5	9.3
参合率（%）	Participation Rate of NCMS(%)				93.11	96.22	97.92

注：①本表的卫生机构数不含村卫生室。

②1995年、2000年的执业医师、执业助理医师为中医师、西医师、中西医结合医师，注册护士为护师、护士。

Note: 1. The practitioner doctors and practitioner assistant doctors in 1995, 2000 refer to doctors of Chinese medicine, doctors of Western medicine, senior doctors who integrate traditional Chinese therapeutics with Western therapeutics in practice, r

20—4 卫生机构、床位、人员数（含诊所、医务室、社区卫生服务站，2012年）
Number of Health Institutions, Beds & Persons Engaged (including clinics, room infirmary & community sanitation service stations, 2012)

项 目	Item	机构数（个）Number of Institutions (unti)	实有床位（张）Beds(bed)	人员数（人）Number of Personnel (person)			
				合 计 Sum- mary	卫生技术人员 Medical Technical Personnel		
					小 计 Subtotal	执业医师 Practitioner Doctors	执业助理医师 Practi- tioner Assistant Doctors
总 计	**Total**	**34150**	**168691**	**303763**	**220762**	**61339**	**16704**
按市县分	**Grouped by City & County**						
市	Grouped by City	12968	87540	162611	124167	38058	6585
县	Grouped by County	17444	69446	117937	80856	19206	8388
县级市	Grouped by County-level City	3738	11705	23215	15739	4075	1731
按经济类型分	**Grouped by Economic Type**						
国有	State-owned	3469	160940	234000	190465	50280	10785
集体	Collective-owned	10500	967	22603	3365	1145	1170
联营	Joint Operation	749	245	1888	431	153	74
私营	Private-owned	17920	4993	39107	22777	8543	4297
其他	Others	1512	1546	6165	3724	1218	378
按设置主办单位分	**Grouped by Sponsors**						
政府办	Run by Government	3031	158113	229472	185765	48383	10519
#卫生部门	Public Health Departments	2967	154827	227172	184212	47877	10441
社会办	Run by Society	11449	5223	31567	11211	4151	1692
其他	Others	19670	5355	42724	23786	8805	4493

注：此表包含村卫生室数据。
Note: The data in this table includes the village clinics.

20－4　续表　continued

项　目	Item	人员数（人） Number of Personnel (person)						
		卫生技术人员 Medical Technical Personnel				其他技术人员 Other Technical Personnel	管理人员 Managerial Personnel	工勤人员 Logistics Workers
		注册护士 Registered Nurses	药师（士） Pharmacist (Assistaut Pharmacist)	检验师 Docimaster	其他 Others			
总计	**Total**	**85515**	**11894**	**8055**	**37255**	**7556**	**10903**	**27064**
按市县分	**Grouped by City & County**							
市	Grouped by City	51125	6615	4529	17255	4332	7038	15188
县	Grouped by County	29035	4205	2991	17031	2688	3268	9953
县级市	Grouped by County-level City	5355	1074	535	2969	536	597	1923
按经济类型分	**Grouped by Economic Type**							
国有	State-owned	77483	10789	7580	33548	7069	10162	25665
集体	Collective-owned	701	77	28	244	38	55	100
联营	Joint Operation	143	23	11	27	10	13	65
私营	Private-owned	5958	819	295	2865	287	504	964
其他	Others	1230	186	141	571	152	169	270
按设置主办单位分	**Grouped by Sponsors**							
政府办	Run by Government	75615	10546	7424	33278	6995	9792	25135
#卫生部门	Public Health Departments	75022	10447	7351	33074	6909	9466	24800
社会办	Run by Society	3693	482	316	877	238	568	909
其他	Others	6207	866	315	3100	323	543	1020

20－5 医疗机构诊疗人次和入院人数（2012年）
Number of Hospital Patients & Admissions(2012)

医院类别	Hospital Type	诊疗人次数（万人次）Total Number of Patients Treated (10 000 person-times)	#门、急诊 Out-patients & Emergency Patients	入院人数（万人）Hospital Admissions (10 000 persons)	每百门急诊的入院人数（人）Hospital Admissions Per 100 Patient-times (person)
总　计	**Total**	**23186.5**	**22385.9**	**700.2**	**5.22**
医院	Hospital	7216.5	7050.8	387.7	5.50
疗养院	Sanatoriums	5.4	5.4	2.0	36.78
社区卫生服务中心	Community Sanitation Service Center	464.1	434.4	1.3	0.31
卫生院	Rural Hospitals	4547.2	4360.2	244.3	5.60
门诊部	Out-patients Department	78.1	76.8	2.5	
妇幼保健院（所、站）	Hospitals for Maternity & Child Care	1369.4	1325.4	62.1	4.69
专科疾病防治院（所、站）	Specialized Stations	99.2	98.6	0.3	0.27

20－6 收养性社会福利单位基本情况（2012年）
Basic Statistics of Adopting Social Welfare Units (2012)

项　目	Item	机构（个）Number of Institutions (unit)	职工人数（人）Number of Staff & Workers (person)	床位（张）Number of Beds (bed)	年在院总人天数（人天）Number of Persons in Social Welfare Home (person-day)
总　计	**Total**	**1471**	**7864**	**54276**	**10783667**
荣誉军人康复医院	Recuperative Hospital for Soldiers with Honour	2	79	260	6410
光荣院	Homes for Disabled Veterans	71	303	2404	358425
复退军人精神病院	Mental Hospitals for Demobilized Soldiers & Veterans	4	541	1160	300025
社会福利院	Social Welfare Homes	96	1,967	8722	1811648
儿童福利机构	Social Welfare Homes for Children	7	435	972	237085
社会福利医院	Social Welfare Homes for Mental Patients	4	664	1558	390177
城镇收养性老年福利机构	Adopting Welfare Units for the Elderly in Urban Areas	126	1957	10462	1702997
农村收养性老年福利机构	Adopting Welfare Units for the Elderly in Rural Areas	1158	1,901	28626	5948275
其他收养性福利单位	Others	3	17	112	28625

注：收养性社会福利单位不包括五保村。

Note: The adopting social welfare units excludes the five guarantees villages.

20—7　主要年份优抚和社会福利单位机构和人员
Institutions & Persons Engaged for Martyrs & Social Welfare in Main Years

项　目	Item	1995	2000	2005	2010	2011	2012
机 构（个）	**Institutions(unit)**						
一、收养性社会福利单位	Adopting Social Welfare Units	423	634	5992	1446	1479	1471
#优抚类收养性单位	Adopting Units for Martyrs	20	22	44	70	75	77
福利类收养性单位	Adopting Units for Welfare	403	612	5948	1376	1404	1394
二、优抚安置单位	Administration Units for Martyrs			62	80	49	68
#军休所	Homes for Retired & Resigned Soldiers	10	18	32	37	38	36
军供站	Institutions for Army Facilities Supply	11	12	12	12	12	12
烈士纪念建筑物管理单位	Administrative Agencies of Martyr Memorial Buildings			18	31	20	20
三、社会福利企业单位	Number of Total Social Welfare Enterprises	482	325	276	199	170	137
#国有社会福利企业	Run by Government			42			
集体社会福利企业	Run by Communities			174			
民办社会福利企业	Run by the Local People			60			
四、救助类单位	Units for Relief	17	17	20	37	39	46
#救助管理站	Stations for Relief Management	15	15	17	30	32	39
流浪儿童救助保护中心	Helping & Protecting Centers for Waifs			3	7	7	7
五、殡仪服务单位	Funeral Institutions	24	44	56	71	68	71
六、福利彩票发行单位	Welfare Lottery-ticked Issuance Units			91	53	39	36
七、慈善团体	Charities			15			
八、社区服务中心	Community Service Centers		70	93	104	107	91
#提供住宿	Providing with Lodging			2			
不提供住宿	Providing without Lodging			91			
职工人数（人）	**Number of Staff & Workers (person)**						
一、收养性社会福利单位	Adopting Social Welfare Units	2135	3134	9136	7846	8126	7864
#优抚类收养性单位	Adopting Units for Martyrs	409	446	673	792	945	923
福利类收养性单位	Adopting Units for Welfare	1704	2688	8463	7054	7181	6941
二、优抚安置单位	Administration Units for Martyrs			770			
#军休所	Homes for Retired & Resigned Soldiers	93	141	224	242	251	246
军供站	Institutions for Army Facilities Supply	388	395	391	381	305	293
烈士纪念建筑物管理单位	Administrative Agencies of Martyr Memorial Buildings			155	185	217	218
三、社会福利企业单位	Number of Total Staff & Workers Engaged in Social Welfare Enterprises	12398	9981	9389	11292	10053	9095
#国有社会福利企业	Run by Government			1546			
集体社会福利企业	Run by Communities			6184			
民办社会福利企业	Run by the Local People			2105			
四、救助类单位	Units for Relief	715	645	297	348	402	441
#救助管理站	Stations for Relief Management	245	255	276	306	338	369
流浪儿童救助保护中心	Helping & Protecting Centers for Waifs			21	42	64	72
五、殡仪服务单位	Funeral Institutions	613	784	1261	1581	1549	1513
六、福利彩票发行单位	Welfare Lottery-ticked Issuance Units			482	323	536	494
七、慈善团体	Charities			50			
八、社区服务中心	Community Service Centers		413	901	1576	801	728
#提供住宿	Providing with Lodging			5			
不提供住宿	Providing without Lodging			896			

注：收养性社会福利单位数、收养人数不包括五保村机构数、床位数和收养人数。

Note: The number of adopting social welfare units and the number of adopting persons excludes the number of five guarantees villages,beds and adopting persons.

20－8 主要年份社会救济对象享受救济情况

Basic Statistics of Persons Receiving Subsidies or Relief Funds in Main Years

项 目	Item	2000	2005	2010	2011	2012
一、城镇居民最低生活保障人数（人）	Population Receiving Lowest Cost-of-living in Urban Area (person)	108173	568957	601935	575387	515317
城镇居民最低生活保障家庭数（户）	Number of Families Receiving Lowest Cost-of-living in Urban Area (household)		273349	306368	303471	267113
城镇临时救济人次数（人次）	Population Receiving Temporary Almsgiving in Urban Area (person-time)	31226	67043	4732	13848	16135
二、农村居民最低生活保障人数（人）	Population Receiving Lowest Cost-of-living in Rural Area (person)	204293	42745	3156789	3252252	3328459
农村居民最低生活保障家庭数（户）	Number of Families Receiving Lowest Cost-of-living in Rural Area(household)		26019	1296975	1384097	1335727
三、农村传统定期定量救济人数（人）	Population Receiving Traditional Relief in Rural Area (person)	50292	470169	6308	107369	109216
农村定期救济户数（户）	Number of Households Receiving Terminal Relief in Rural Area(household)		338862			
其中：困难户	Poor Households		54302			
五保户	Households with Livelihood Guaranteed in Five Aspects		273583			
其他	Others		10977			
农村临时救济人次数（人次）	Population Receiving Temporary Almsgiving (person-time)	1298570	2058208	6308	842198	292689
四、农村五保户供养人数（人）	Population Enjoying the Five Guarantees (person)			327349	319975	305395
农村五保户供养户数（户）	Households Enjoying the Five Guarantees (household)			320567	313077	300476
五、医疗救助	Medical Assistance					
（一）城市医疗救助情况	Urban Medical Assistance					
1. 城市民政部门医疗救助人次数	Number of Times of Medical Assistance from City Civil Affairs Departments(time)		2541	60629	77876	81710
2. 民政部门资助参保医疗人数	Number of Persons Aided by Civil Affairs Departments(person)			184673	256620	227612
（二）农村医疗救助情况	Rural Medical Assistance					
1. 农村民政部门医疗救助人次数	Number of Times of Medical Assistance from Rural Civil Affairs Departments(time)			232613	355053	469185
2. 民政部门资助参加合作医疗人数	Number of Persons Joined CMS and being Aided by Civil Affairs Departments(person)		337270	2366826	2563133	2260543

20－9 主要年份殡葬管理情况

Condition of Burial Administration in Main Years

项 目	Item	2008	2009	2011	2012
一、单位数（个）	Number of Units(unit)	69	68	68	71
二、年末职工人数（人）	Number of Staff & Workers in Year-end (person)	1568	1501	1549	1513
三、业务活动	Operation				
（一）火化炉数（台）	Number of Cremators(unit)	71	76	76	88
（二）全年处理遗体数（具）	Annual Number of Remains Dealed(body)	58627	59506	58212	70044
（三）穴位数（个）	Number of Graves(unit)	155059	169135	138249	138549
#本年销售穴位数	# Annual Number of Sold Graves	21798	19182	23496	8884
（四）安葬数（具）	Number of Remains Buried(body)	107176	127623	43805	88555
#本年安葬数	# Annual Number of Buried Remains	8809	11746	3529	5935

20－10 残疾人工作主要情况

The Major Situation of the Disabled Work in Guangxi Autonomous Region

指 标	Item	2000	2005	2010	2011	2012
一、康复	**Rehabilitation**					
白内障复明手术（例）	Give-back-sight Surgeries for Glaucoma Patients (case)	16185	22528	26065	23371	25975
低视力配用助视器（人）	Weak Eyesight Furnished with Visual Aids (person)	331	442	451	746	4358
年收训聋儿（人）	Annual Deaf Children Received & Trained (person)	432	544	670	487	495
监护精神病人数（人）	Mental Patients Receiving Guardianship (person)	21958	51218	80457	79080	94374
麻风畸残矫治手术（例）	Remedial Surgeries for Leprosy Malformation & Disable Patients (case)		123			
用品用具供应件数（件）	Number of Facilities Provided (unit)	41951	33712	18556	11331	16471
普及型假肢装配总例数（例）	Total Cases of Furnishing Universal Artificial Limbs (case)		450	1023	1089	2329
肢体残疾康复训练数（人）	Rehabilitation of Persons with Physical Disability (person)		749	3964	2948	5837
二、教育	**Education**					
未入学学龄残疾儿童少年（人）	Disabled Children & Youth in School Age yet not Schooled (person)			9089	8534	5750
特残教育普通高中学校在校生（人）	Sfudents Enrollment Receiving Special Cripple Education in Ordinary Senior Schools (person)			81	335	225
残疾人中等职业学校在校生（人）	Disabled Students Enrollment in Vacational Secondary Schools (person)			81	99	192
高等教育院校录取人数（人）	Enrolled at Schools of Higher Education (person)	32	99	153	189	189
三、就业	**Employment**					
城镇残疾人本年度安排就业（万人）	Arranging Employment for the Disabled in Urban Area in This Year (10 000 persons)	1	0.8	0.52	0.49	0.67
城镇残疾人本年度新登记失业人数（人）				1693	1095	322
四、社会保障	**Social Security**					
城镇参加社会保险人数（万人）	Population of Taking out Social Insurance in Urban Area (10 000 persons)		1.4	4.06	4.02	4.33
城镇纳入最低生活保障范围（万人）	Population Taken in the Range of Minimum Living Guarantee System in Urban Area(10 000 persons)		4.1	7.95	8.42	7.66
城镇集中供养人数（万人）	Urban Population Fed Constrately (10 000 persons)			0.27	0.29	0.31
城镇其他救助救济人数（万人）	Number of Other urbam Persons Receiving Reliere (10 000 persons)			3.77	0.6	0.71
农村纳入最低生活保障范围（万人）	Population Taken in the Range of Minimum Living Guarantee System in Rural Area(10 000 persons)		2.37	36.77	43.02	45.08
农村五保供养人数（万人）	Population Receiving the Supporting for Households with Livehood Guaranteed in 5 Aspects (10 000 persons)			4.28	6.64	6.88
农村其他救助救济人数（万人）	Population of Receiving Terminal Allowance in Rural Area (10 000 persons)			12.17	2.87	4.07
五、扶贫	**Supporting the Poor**					
本年扶持贫困残疾人（万人）	Supporting the Poor Disabled in This Year (10 000 persons)	5.5	2.17	2.61	2.79	3.78
本年脱贫（万人）	Population of Actually Solved Warmly Dressing & Fill (10 000 persons)	10.2	1.17	1.62	2.71	8.66
本年返贫（万人）	Population Returning to Poor in This Year (10 000 persons)	2.2	0.8	0.4	0.56	0.6
六、维权	**Upholding Rights**					
侵害残疾人合法权益大案要案查处（件）	Handling Heavy Cases of Invading the Disabler's Lawful Rights (case)		1	0	0	0
残疾人法律援助（服务）中心办理案件（件）	Handled Cases of the Disabler's Legal aid (service) Center (case)			495	563	629
七、残联组织建设	**Construction of the Disabler's Association**					
省市县乡镇街道残联实有人员（人）	Actual Personnel of the Disabler's Association in Province, Cities, Counties, Townships, Towns & Streets(person)	2373	1957	2723	3253	3277

20－11 服务业主要财务指标（行政、事业单位，2012年）

Major Finance Indicators on Service Industry (administrative units & institutions, 2012)

单位：万元 (10 000 yuan)

指 标	Item	单位数（个）Number of Units (unit)	从业人员（人）Employed Persons (person)	本年收入合计 Total Income	事业收入 Income from Business	本年支出合计 Total Expenditure	年末固定资产原值 Original Value of Fixed Assets at the Year End
总 计	**Total**	**74310**	**1556883**	**21525147**	**5375607**	**20675839**	**18230879**
按国民经济行业大类分组	By National Economy Type						
装卸搬运和其他运输服务业	Portage, Load & Unload Services & Other Transportation Services	2	66	738		673	158
仓储业	Storage	33	510	12640	904	12425	15678
电信和其他信息传输服务业	Telecom & Other Information Transmission	143	1362	13263	471	13926	18275
计算机服务业	Computer Services	15	303	7574	1136	7883	10031
软件业	Software Industry	2	88	1435	548	1399	1388
租赁业	Leasing	1	5	14		11	102
商务服务业	Commercial Services	3116	34627	284536	48290	270855	435640
研究与试验发展	Research & Experiment Develop-ing	265	9873	190260	58077	174295	145827
专业技术服务业	Professional Technology Service	1329	20101	329037	62624	302353	211893
科技交流和推广服务业	Science & Technology Intercom munion & Populization Services	1972	19663	185350	23495	175005	120207
地质勘查业	Geological Prospecting	56	4145	82567	23185	81803	37432
水利管理业	Water Conservancy Management	719	10883	161743	8664	166383	460065
环境管理业	Environment Management	230	29539	152411	17480	156450	146943
公共设施管理业	Public Facilities Management	207	12779	141949	15984	135115	84172
居民服务业	Resident Services	85	2075	24916	10448	21001	33789
其他服务业	Other Services	18	291	4307	1114	3941	3608
教育	Education	14837	566109	4790359	864395	4662969	5955153
卫生	Health Care	3321	237351	4836564	3731834	4497514	3387622
社会保障业	Social Security	883	6993	139132	27353	135190	156079
社会福利业	Social Welfare	372	5545	77540	6183	74144	58731
新闻出版业	Journalism & Publication	68	3559	60264	35003	53867	23164
广播、电视、电影和音像业	Radio, Television, Film, Phototape & Vidiotape	568	7013	158249	110477	142888	188916
文化艺术业	Culture & Art	584	9756	112912	9162	105476	128086
体育	Sports	88	2470	32358	1772	34349	27133
娱乐业	Recreation	8	173	2171	851	2077	3873
中国共产党机关	Chinese Communist Party Organs	2005	18672	355865	936	352770	197235
国家机构	Government Agencies	24595	441329	8965481	296799	8717336	5821377
人民政协和民主党派	People's Political Consultative Conference & Democratic Parties	256	3499	63121	276	62384	54889
群众团体、社会团体和宗教组织	Mass Organizations, Social Groups & Religious Organizations	4173	25062	178991	10479	167465	165153
基层群众自治组织	Grass Roots Autonomy Organizations	14359	83042	159400	7667	143892	338260
国际组织	International Organizations						

20－12 服务业企业和企业化管理的事业单位主要财务指标（2012年）
Main Financial Indicators of Service Enterprises & Institutions Running as Enterprises(2012)

单位：万元 (10 000 yuan)

指标	Item	单位数（个） Number of Units (unit)	从业人员（人） Employed Persons (person)	资产总计 Total Assets	营业收入 Business Income	营业成本 Business Cost	营业利润 Business Profits	年末固定资产原值 Original Value of Fixed Assets in the Year End
总 计	**Total**	**16266**	**308895**	**66998761**	**7528984**	**4527209**	**1077891**	**11363742**
按国民经济行业大类分组	By National Economy Types							
装卸搬运和其他运输服务业	Portage, Load & Unload Services & Other Transportation Services	401	25148	905236	845281	693998	59304	353050
仓储业	Storage	350	9272	3145599	793904	612320	56305	1065299
电信和其他信息传输服务业	Telecom & Other Information Transmission	587	16321	8987637	718932	374811	160690	1222217
计算机服务业	Computer Services	3710	21844	416503	217211	108378	46242	256569
软件业	Software Industry	327	2784	48863	49837	34527	11912	14089
租赁业	Leasing	225	2223	120436	41882	10128	17101	42034
商务服务业	Commercial Services	5434	119184	44797681	3079351	1702615	511024	6728316
研究与试验发展	Research & Experiment Develop-ing	115	1284	1060492	12319	5037	509	16291
专业技术服务业	Professional Technology Service	1231	36366	2573773	690110	374688	42008	394196
科技交流和推广服务业	Science & Technology Intercom-munion & Populization Service	339	3234	107431	77910	55229	13189	41142
地质勘查业	Geological Prospecting	39	1757	39315	19467	12868	4933	12231
水利管理业	Water Conservancy Management	33	793	28634	12423	5962	939	19495
环境管理业	Environment Management	71	2336	350768	36629	23866	1426	250768
公共设施管理业	Public Facilities Management	382	10494	2842751	176186	107742	14018	263106
居民服务业	Resident Services	523	8774	152768	107424	39917	33096	44777
其他服务业	Other Services	846	15092	194552	133738	73767	27992	100486
教育	Education	610	8086	102620	73039	44421	7549	86016
卫生	Health Care	349	7023	83657	113277	83074	10306	53052
社会保障业	Social Security	2	24	13	60	41	1	13
社会福利业	Social Welfare	49	488	1363	2049	1138	186	1936
新闻出版业	Journalism & Publication	50	3510	442401	199207	116058	32142	97936
广播、电视、电影和音像业	Radio, Television, Film, Phototape & Videotape	126	2858	106140	37911	14497	8707	54509
文化艺术业	Culture & Art	80	1791	88929	30492	10638	10919	53023
体育	Sports	32	787	6600	4903	2260	385	996
娱乐业	Recreational	355	7422	394599	55442	19229	7008	192195

主要统计指标解释

等级运动员人数　指经考核正式批准授予等级运动员称号的人数。运动员等级分为国际级运动健将、运动健将、一级运动员、二级运动员、三级运动员、少年级运动员。

等级裁判员人数　指经考核正式批准授予等级裁判员称号的人数。裁判员等级分为国际裁判、国家级裁判、一级裁判、二级裁判、三级裁判。

卫生机构　是指从卫生行政部门取得《医疗机构执业许可证》，或从民政、工商行政、机构编制管理部门取得法人单位登记证书，为社会提供医疗保健、疾病控制、卫生监督服务或从事医学科研和教育等工作的单位。

卫生技术人员　包括执业(助理)医师、注册护士、药剂人员、检验和影像人员等卫生专业人员。不包括从事管理工作的卫生技术人员。

执业医师　指具有《医师执业证》及其“级别”为“执业医师”且实际从事医疗、预防保健工作的人员，不包括实际从事管理工作的执业医师。执业医师类别分为临床、中医、口腔和公共卫生。

执业助理医师　指具有《医师执业证》及其“级别”为“执业助理医师”且实际从事医疗、预防保健工作的人员，不包括实际从事管理工作的执业助理医师。执业助理医师类别分为临床、中医、口腔和公共卫生。

注册护士　指具有注册护士证书且实际从事护理工作的人员，不包括从事管理工作的护士。

收养性社会福利单位数　是指提供食宿的、不以盈利为目的的革命伤残军人休养院、复退军人慢性病疗养院、复退军人精神病院、光荣院、社会福利院、儿童福利院、老年收养性机构(敬老院、养老院、老年公寓)等收养性的社会福利事业单位的总称。这些单位，分事业单位、企业和民办非企业3类。

收养性社会福利单位床位数　指提供食宿的、不以盈利为目的的革命伤残军人休养院、复退军人慢性病疗养院、复退军人精神病院、光荣院、社会福利院、儿童福利院、精神病福利院、老年收养性机构等收养性单位报告期末床位的实际收养能力。

农村定期定量救济　指由民政部门发给农村收入水平很低、生活确有困难的五保户、贫困户的生活救济。

年收训聋儿　指本年度（上年9月1日至本年8月31日）康复机构收训聋儿数量。包括机构内康复和社区家庭指导聋儿数。

未入学学龄残疾儿童少年　指截止到本年度12月31日，《义务教育法》规定的入学年龄段（6–14周岁或7–15周岁）内的，因各种未能入学的各类残疾儿童少年人数。

特殊教育普通高中　指截止到本年度12月31日，按国家规定的设置标准和审批程序批准成立的，专门招收盲、聋初中毕业生实施普通高级中等教育的全日制学校（部、班）。

Explanatory Notes on Main Statistical Indicators

Number of Athletes in Grades refers to the number of athletes who have been given titles through examination. The titles of athletes include international masters of sports, masters of sports, first grade, second grade and third grade sportsmen and young athletes.

Number of Referees in Grades refers to the number of referees who have been given titles after examination. They are classified as international masters of referees, masters of referees and referees of the first, second and third grades.

Stadiums refer to stadiums for track and field events with six lane 400-meter tracks around soccer fields, permanent track marks and permanent bleachers. Stadiums are classified according to seating capacity. They include: Class A stadiums seating 25000 people each, Class B stadiums seating 15000 to 25000 people each, Class C stadium seating 5000 to 15000 people each, and Class D stadiums seating fewer than 5000 people.

Gymnasiums refer to indoor sports grounds with permanent seats in which basketball, volleyball, badminton, table tennis and gymnastics can be held. Gymnasiums are classified according to seating capacity. They include Class A gymnasiums seating over 6000 people, Class B gymnasiums seating 4000 to 6000 people, Class C gymnasiums seating 2000 to 4000 people, and Class D gymnasiums seating fewer than 2000 people.

Hospitals refer to medical institutions with permanent hospital beds, which are able to take in patients and provide them with medical and nursing services. Hospitals are classified into three categories: hospitals at or above the country level, hospitals of rural townships, and other hospitals. According to their ownership, hospitals can be classified into three categories: hospitals under the public health departments, hospitals under industrial and other departments and collective-owned hospitals. Hospitals at or above county level are divided into comprehensive and specialized hospitals.

Medical Technical Personnel refers to all medical staff and workers employed by medical institutions, including doctors of Chi-nese and Western medicine, senior doctors who integrate traditional Chinese therapeutics with Western therapeutics in practice, senior nurse, pharmacists of Chinese and Western medicine, laboratory specialists, other specialists, paramedics of Chinese and Western medicine, nurses, midwives, druggists in Chinese and Western medicine, laboratory technicians, other technicians, other practitioners of Chinese medicine, nursing attendants, pharmacological workers of Chinese and Western medicine, laboratory workers, and other primary medical personnel.

Actual Expenditure of Funds refers to the total actual expenditure of administrative units in this year, including wages, allow-ance wages, other wages, welfare funds for staff and workers, social security funds, grants, funds for official duties, expenditure for equipment purchasing, expenditure for repairing, funds for business and expenditure for other use (the 11 kinds of expenditure above are of the same to items of expenditure detail account).

Off-budget Expenditure refers to actual expenditure of accounting administrative units for off-budget expenditure. This indicator is filled by list according to total number of "off-budget expenditure" of accounting items.

Specific Fund Expenditure refers to total actual expenditure of administrative units for specific funds. Specific funds refer to specially own and owner-occupied funds, which are reserved or set by administrative units according to governmental rules, such as fund for rewards, fund of institutions and fund for appraised fixed assets.

Special Fund Expenditure refers to actual expenditure of specific fund appropriated. Specific fund refers to fund appointed use, for specific purposes and independently accounted, such as expenditure for equipment purchasing, expenditure for large scale repairing and expenditure for special survey.

Expenditure for Business refers to actual total expenditure for business and other items of units in this year, including wages, allowance wages, other wages, welfare funds for staff and workers, social security funds, funds for official duties, expenditure for equipment purchasing, expenditure for repairing, funds for business and expenditure for other use (the 10 kinds of expenditure above are of the same to items of detail account of expenditure for business).

Specific Fund Expenditure refers to total actual expenditure from specific funds of units in this year.

Special Fund Expenditure refers to total actual expenditure from special funds of units in this year.

区域经济
ECONOMIC ZONES

21—1　各个经济区域主要经济指标（2012年）
Main Economic Indicators of Each Economic Zone(2012)

区　域	Region	土地面积（平方公里）Local Land Area (sq.km)	年末常住人口（万人）Population at the Year-end (10 000 persons)	地区生产总值（亿元）Gross Domestic Product (100 million yuan)	第一产业 Primary Industry	第二产业 Secondary Industry	#工业 Industry	第三产业 Tertiary Industry
一、北部湾经济区（4市）	**The Beibu Gulf Economic Zone (4 cities)**	**42566**	**1238.30**	**4268.59**	**678.30**	**1787.21**	**1408.75**	**1803.08**
北部湾经济区（4+2市）	**The Beibu Gulf Economic Zone (6 cities)**	**72755**	**1998.39**	**5901.17**	**1050.45**	**2486.50**	**1997.19**	**2364.23**
南宁市	Nanning City	22112	679.08	2503.18	322.96	960.75	706.11	1219.48
北海市	Beihai City	3337	157.20	630.09	127.37	303.75	267.77	198.97
钦州市	Qinzhou City	10895	313.33	691.32	166.81	289.15	237.24	235.35
防城港市	Fangchenggang City	6222	88.69	443.99	61.16	233.56	197.64	149.28
玉林市	Yulin City	12838	558.12	1102.08	229.20	482.33	404.39	390.55
崇左市	Chongzuo City	17351	201.97	530.51	142.95	216.96	184.06	170.60
二、桂西资源富集区	**The Resource-rich Area of Western Guangxi**	**87029**	**895.33**	**1778.46**	**406.43**	**805.51**	**678.94**	**566.51**
百色市	Baise City	36202	351.81	755.24	137.14	414.21	361.92	203.89
河池市	Hechi City	33476	341.55	492.71	126.34	174.34	132.96	192.02
崇左市	Chongzuo City	17351	201.97	530.51	142.95	216.96	184.06	170.60
三、西江经济带	**The Xijiang River Economic Belt**	**107704**	**2548.37**	**6827.98**	**1114.39**	**3545.34**	**3079.82**	**2168.25**
柳州市	Liuzhou City	18617	382.45	1820.61	147.38	1147.36	1055.69	525.87
桂林市	Guilin City	27809	483.94	1485.02	271.84	697.46	585.55	515.71
梧州市	Wuzhou City	12572	292.94	832.58	104.84	525.22	479.88	202.52
贵港市	Guigang City	10602	418.68	679.18	148.68	273.38	229.15	257.13
玉林市	Yulin City	12838	558.12	1102.08	229.20	482.33	404.39	390.55
贺州市	Hezhou City	11855	198.73	394.21	85.43	183.53	136.10	125.25
来宾市	Laibin City	13411	213.51	514.29	127.01	236.07	189.06	151.22

21－1　续表　continued

区　域	Region	全社会固定资产投资（亿元）Total Investment of Fixed Assets (100 million yuan)	公共财政预算收入（亿元）Public Budget Income (100 million yuan)	公共财政预算支出（亿元）Public Budget Expenditure (100 million yuan)	社会消费品零售总额（亿元）Total Retail Sales of Consumer Goods (100 million yuan)	进出口（万美元）Exports & Imports (10 000 USD)	出口 Exports
一、北部湾经济区（4市）	**The Beibu Gulf Economic Zone (4 cities)**	**4513.52**	**339.98**	**672.64**	**1710.96**	**1488980**	**553110**
北部湾经济区（4+2市）	**The Beibu Gulf Economic Zone (6 cities)**	**6049.94**	**445.04**	**996.28**	**2218.15**	**2261245**	**1269546**
南宁市	Nanning City	2585.18	229.72	376.51	1255.59	414678	251734
北海市	Beihai City	725.36	41.13	98.73	146.51	207820	118382
钦州市	Qinzhou City	652.59	33.58	122.67	237.56	376656	100190
防城港市	Fangchenggang City	550.39	35.55	74.73	71.30	489826	82804
玉林市	Yulin City	1004.26	65.57	192.65	422.83	58807	35843
崇左市	Chongzuo City	532.15	39.49	130.99	84.37	713458	680593
二、桂西资源富集区	**The Resource-rich Area of Western Guangxi**	**1810.07**	**118.24**	**521.78**	**418.03**	**816768**	**717991**
百色市	Baise City	1000.07	56.58	214.85	156.67	50866	29286
河池市	Hechi City	277.84	22.17	175.95	176.98	52444	8112
崇左市	Chongzuo City	532.15	39.49	130.99	84.37	713458	680593
三、西江经济带	**The Xijiang River Economic Belt**	**6713.51**	**436.95**	**1178.11**	**2378.19**	**641620**	**275741**
柳州市	Liuzhou City	1683.13	113.55	221.17	661.84	311234	90678
桂林市	Guilin City	1462.40	106.01	261.33	536.35	97487	78858
梧州市	Wuzhou City	858.09	73.83	159.21	257.21	121038	44127
贵港市	Guigang City	552.24	26.57	126.24	284.05	23144	10609
玉林市	Yulin City	1004.26	65.57	192.65	422.83	58807	35843
贺州市	Hezhou City	591.58	19.21	97.69	106.39	15589	9061
来宾市	Laibin City	561.80	32.20	119.82	109.53	14321	6565

21—2 北部湾经济区（2012年）
Main Indicators of the Beibu Gulf Economic Zone(2012)

区 域	Region	地区生产总值(亿元) Gross Domestic Product (100 million yuan)	第一产业 Primary Industry	第二产业 Secondary Industry	#工业 Industry	第三产业 Tertiary Industry
北部湾经济区（4市）	**The Beibu Gulf Economic Zone (4 cities)**	**4268.59**	**678.30**	**1787.21**	**1408.75**	**1803.08**
南宁市	**Nanning City**	**2503.18**	**322.96**	**960.75**	**706.11**	**1219.48**
良庆区	Liangqing District	95.31	18.29	54.13	39.23	22.88
邕宁区	Yongning District	49.20	20.87	10.81	5.33	17.52
武鸣县	Wuming County	222.93	60.36	119.45	106.36	43.13
隆安县	Long'an County	49.64	19.99	16.29	11.36	13.36
马山县	Mashan County	40.39	13.60	12.18	7.90	14.61
上林县	Shanglin County	40.31	16.68	9.76	7.03	13.88
宾阳县	Binyang County	140.13	37.60	52.91	39.42	49.62
横 县	Hengxian County	222.61	56.92	107.98	87.73	57.71
北海市	**Beihai City**	**630.09**	**127.37**	**303.75**	**267.77**	**198.97**
合浦县	Hepu County	164.55	64.15	49.72	41.62	50.68
钦州市	**Qinzhou City**	**691.32**	**166.81**	**289.15**	**237.24**	**235.35**
钦南区	Qinnan District	166.72	46.05	48.16	31.75	72.52
钦北区	Qinbei District	98.46	37.88	35.04	27.08	25.54
灵山县	Lingshan County	141.71	49.59	50.06	37.42	42.06
浦北县	Pubei County	114.99	31.74	50.71	36.48	32.54
防城港市	**Fangchenggang City**	**443.99**	**61.16**	**233.56**	**197.64**	**149.28**
防城区	Fangcheng District	89.68	21.24	38.33	30.03	30.11
上思县	Shangsi County	58.97	18.51	28.17	25.91	12.29
东兴市	Dongxing City	62.45	10.73	25.40	20.02	26.32

21—2　续表　continued

区　域	Region	全社会固定资产投资（亿元）Investment in Fixed Assets (100 million yuan)	公共财政预算收入（亿元）Public Budget Income (100 million yuan)	公共财政预算支出（亿元）Public Budget Expenditure (100 million yuan)	社会消费品零售总额（亿元）Total Retail Sales of Consumer Goods (100 million yuan)	农民人均纯收入（元）Per Capita Annual Net Income of Rural Households (yuan)
北部湾经济区（4市）	**The Beibu Gulf Economic Zone (4 cities)**	**4513.52**	**339.98**	**672.64**	**1710.96**	**6998**
南宁市	**Nanning City**	**2585.18**	**229.72**	**376.51**	**1255.59**	**6777**
良庆区	Liangqing District	140.57	2.39	8.59	22.24	7439
邕宁区	Yongning District	46.33	2.45	9.42	13.02	7055
武鸣县	Wuming County	243.10	6.47	20.37	49.57	7981
隆安县	Long'an County	77.49	2.64	14.38	12.55	5340
马山县	Mashan County	49.03	2.45	16.75	14.44	4865
上林县	Shanglin County	44.00	2.38	16.28	12.93	5082
宾阳县	Binyang County	173.94	9.04	27.54	63.74	7187
横　县	Hengxian County	212.13	8.93	26.85	58.06	7038
北海市	**Beihai City**	**725.36**	**41.13**	**98.73**	**146.51**	**7227**
合浦县	Hepu County	149.63	4.72	27.82	55.45	7063
钦州市	**Qinzhou City**	**652.59**	**33.58**	**122.67**	**237.56**	**7140**
钦南区	Qinnan District	182.50	2.97	13.68	79.41	7588
钦北区	Qinbei District	108.38	3.61	17.06	33.91	6781
灵山县	Lingshan County	150.44	4.62	32.17	64.23	7049
浦北县	Pubei County	106.90	3.18	21.32	54.51	7329
防城港市	**Fangchenggang City**	**550.39**	**35.55**	**74.73**	**71.30**	**7539**
防城区	Fangcheng District	105.97	6.22	16.51	28.42	7786
上思县	Shangsi County	69.07	3.26	12.34	13.01	6274
东兴市	Dongxing City	100.97	7.92	14.44	15.68	9264

21－3　北部湾经济区主要指标（2006－2012年）
Main Economic Indicators of the Beibu Gulf Economic Zone (2006－2012)

年份 Year	地区生产总值 (亿元) Gross Domestic Product (100 million yuan)	第一产业 Primary Industry	第二产业 Secondary Industry	#工业 Industry	第三产业 Tertiary Industry
2006	1418.09	314.25	484.67	381.40	619.16
2007	1764.60	371.74	615.46	496.05	777.40
2008	2156.01	417.90	778.79	630.11	959.32
2009	2492.99	443.36	912.17	724.33	1137.46
2010	3042.75	511.24	1198.05	954.80	1333.45
2011	3770.17	635.08	1545.18	1228.75	1589.92
2012	4268.59	678.30	1787.21	1408.75	1803.08

21－3　续表 1 continued

年份 Year	地区生产总值指数（上年＝100） Index of Gross Domestic Product (preceding year=100)	第一产业 Primary Industry	第二产业 Secondary Industry	#工业 Industry	第三产业 Tertiary Industry
2006	115.99	106.71	126.02	129.87	113.92
2007	117.67	106.74	123.17	126.26	118.81
2008	115.60	104.46	117.81	119.15	118.75
2009	115.99	105.51	120.26	117.83	116.68
2010	115.60	105.12	122.13	121.33	113.99
2011	115.41	105.15	123.60	124.61	111.97
2012	113.45	105.44	120.34	120.76	109.51

21－3　续表 2 continued

年份 Year	全社会固定资产投资 (亿元) Investment in Fixed Assets (100 million yuan)	公共财政预算收入 (亿元) Public Budget Income (100 million yuan)	公共财政预算支出 (亿元) Public Budget Expenditure (100 million yuan)	社会消费品零售总额 (亿元) Total Retail Sales of Consumer Goods (100 million yuan)	进出口 (万美元) Exports & Imports\ (10 000 USD)	出口 Exports
2006	722.25	86.34	156.96	595.69		
2007	965.03	109.96	203.54	706.14	408377	182866
2008	1292.30	137.20	272.35	871.01	605524	284497
2009	1994.51	177.16	361.15	1042.84	663919	347554
2010	2796.72	228.65	454.88	1237.96	769417	353847
2011	3671.74	277.22	544.25	1465.88	1131095	461328
2012	4513.52	339.98	672.64	1710.96	1488980	553110

21－4 桂西资源富集区（2012年）

Main Indicators of the Resource-rich Area of Western Guangxi (2012)

区 域	Region	地 区 生产总值（亿元）Gross Domestic Product (100 million yuan)	第一产业 Primary Industry	第二产业 Secondary Industry	#工业 Industry	第三产业 Tertiary Industry
桂西资源富集区	**The Resource-rich Area of Western Guangxi**	**1778.46**	**406.43**	**805.51**	**678.94**	**566.51**
百色市	**Baise City**	**755.24**	**137.14**	**414.21**	**361.92**	**203.89**
右江区	Youjiang District	165.92	20.24	96.06	83.86	49.62
田阳县	Tianyang County	69.06	19.60	30.43	25.71	19.03
田东县	Tiandong County	112.02	21.51	66.55	57.71	23.96
平果县	Pingguo County	112.00	12.60	77.96	72.09	21.43
德保县	Debao County	51.22	8.64	31.62	26.02	10.96
靖西县	Jingxi County	103.05	12.85	70.04	66.17	20.16
那坡县	Napo County	15.56	5.70	2.87	1.73	7.00
凌云县	Lingyun County	19.93	5.79	8.01	5.64	6.13
乐业县	Leye County	15.08	5.03	4.13	1.93	5.92
田林县	Tianlin County	27.12	10.45	7.28	5.35	9.38
西林县	Xilin County	14.79	6.32	2.79	1.48	5.68
隆林各族自治县	Longlin County	42.96	8.41	21.01	18.76	13.54
河池市	**Hechi City**	**492.71**	**126.34**	**174.34**	**132.96**	**192.02**
金城江区	Jinchengjiang District	83.27	10.18	34.12	25.46	38.98
南丹县	Nandan County	66.30	9.84	39.64	34.75	16.82
天峨县	Tian’e County	37.32	6.16	23.37	20.28	7.79
凤山县	Fengshan County	15.01	4.82	4.33	2.77	5.86
东兰县	Donglan County	17.80	5.63	4.67	2.35	7.49
罗城仫佬族自治县	Luocheng County	34.11	13.17	9.33	6.14	11.61
环江毛南族自治县	Huanjiang County	32.22	14.89	6.59	4.40	10.74
巴马瑶族自治县	Bama County	25.53	8.53	8.21	6.30	8.78
都安瑶族自治县	Du’an County	31.46	11.61	6.77	4.39	13.08
大化瑶族自治县	Dahua County	35.56	7.51	17.26	14.68	10.79
宜州市	Yizhou City	87.79	34.00	23.08	14.47	30.71
崇左市	**Chongzuo City**	**530.51**	**142.95**	**216.96**	**184.06**	**170.60**
江州区	Jiangzhou District	107.78	25.18	47.61	41.89	34.99
扶绥县	Fusui County	99.62	36.53	38.96	34.59	24.13
宁明县	Ningming County	79.03	25.87	35.04	30.87	18.12
龙州县	Longzhou County	63.50	19.60	24.32	19.35	19.58
大新县	Daxin County	82.19	19.54	44.30	40.40	18.35
天等县	Tiandeng County	40.76	11.89	16.04	11.57	12.84
凭祥市	Pingxiang City	36.20	4.34	11.47	6.18	20.39

21－4 续表 continued

区 域	Region	全社会固定资产投资（亿元）Investment in Fixed Assets (100 million yuan)	公共财政预算收入（亿元）Public Budget Income (100 million yuan)	公共财政预算支出（亿元）Public Budget Expenditure (100 million yuan)	社会消费品零售总额（亿元）Total Retail Sales of Consumer Goods (100 million yuan)	农民人均纯收入（元）Per Capita Annual Net Income of Rural Households (yuan)
桂西资源富集区	**The Resource-rich Area of western Guangxi**	**1810.07**	**118.24**	**521.78**	**418.03**	**5062**
百色市	**Baise City**	**1000.07**	**56.58**	**214.85**	**156.67**	**4774**
右江区	Youjiang District	151.04	3.82	12.63	38.71	6401
田阳县	Tianyang County	113.60	5.06	16.79	19.50	5693
田东县	Tiandong County	174.09	7.50	21.11	15.37	6419
平果县	Pingguo County	175.17	12.68	22.52	21.23	5420
德保县	Debao County	70.37	4.56	17.46	7.56	4414
靖西县	Jingxi County	138.23	7.98	26.86	19.70	4235
那坡县	Napo County	30.10	0.83	13.22	5.34	3559
凌云县	Lingyun County	27.09	0.87	12.11	4.07	3798
乐业县	Leye County	33.06	0.98	10.01	4.54	3778
田林县	Tianlin County	39.08	1.81	13.00	6.94	4365
西林县	Xilin County	20.22	0.76	11.54	4.01	4113
隆林各族自治县	Longlin County	28.03	1.85	15.79	9.69	3923
河池市	**Hechi City**	**277.84**	**22.17**	**175.95**	**176.98**	**4620**
金城江区	Jinchengjiang District	60.21	1.68	10.14	43.24	5048
南丹县	Nandan County	30.36	3.53	14.25	18.11	5739
天峨县	Tian’e County	16.06	1.12	9.85	8.16	4602
凤山县	Fengshan County	11.50	0.67	12.25	5.56	3922
东兰县	Donglan County	18.08	0.54	13.73	9.47	3771
罗城仫佬族自治县	Luocheng County	15.10	1.11	14.44	11.63	3938
环江毛南族自治县	Huanjiang County	16.13	1.33	15.45	14.36	4978
巴马瑶族自治县	Bama County	18.79	1.20	11.90	8.51	3788
都安瑶族自治县	Du’an County	29.33	1.70	22.76	14.44	4047
大化瑶族自治县	Dahua County	14.08	1.57	16.80	11.25	4299
宜州市	Yizhou City	48.21	3.93	18.17	32.26	6300
崇左市	**Chongzuo City**	**532.15**	**39.49**	**130.99**	**84.37**	**6263**
江州区	Jiangzhou District	95.30	4.72	12.47	17.63	6886
扶绥县	Fusui County	106.52	7.12	19.72	14.54	7048
宁明县	Ningming County	69.53	4.84	19.02	9.90	6208
龙州县	Longzhou County	62.89	3.64	15.19	12.03	5484
大新县	Daxin County	77.21	6.24	18.20	8.34	6488
天等县	Tiandeng County	52.30	2.53	15.47	7.11	5353
凭祥市	Pingxiang City	68.40	5.75	12.13	14.82	6280

21—5 西江经济带（2012年）

Main Indicators of the Xijiang River Economic Belt(2012)

区 域	Region	地 区 生产总值 (亿元) Gross Domestic Product (100 million yuan)	第 一 产 业 Primary Industry	第 二 产 业 Secondary Industry	#工 业 Industry	第 三 产 业 Tertiary Industry
西江经济带	**The Xijiang River Economic Belt**	**6827.98**	**1114.39**	**3545.34**	**3079.82**	**2168.25**
柳州市	**Liuzhou City**	**1820.61**	**147.38**	**1147.36**	**1055.69**	**525.87**
柳江县	Liujiang County	157.45	32.63	80.93	69.39	43.88
柳城县	Liucheng County	91.95	32.17	36.54	30.17	23.25
鹿寨县	Luzhai County	104.02	25.85	52.78	42.29	25.40
融安县	Rong' an County	50.73	14.21	21.79	18.41	14.72
融水苗族自治县	Rongshui County	58.24	14.38	28.63	20.91	15.23
三江侗族自治县	Sanjiang County	34.51	13.30	11.51	6.97	9.69
桂林市	**Guilin City**	**1485.02**	**271.84**	**697.46**	**585.55**	**515.71**
阳朔县	Yangshuo County	76.23	18.05	26.54	14.69	31.64
临桂县	Lingui County	165.25	31.75	101.45	88.97	32.04
灵川县	Lingchuan County	105.71	27.29	51.10	44.83	27.32
全州县	Quanzhou County	130.75	38.14	53.90	45.00	38.72
兴安县	Xing' an County	123.98	25.65	71.46	62.48	26.87
永福县	Yongfu County	82.88	19.00	49.66	38.85	14.22
灌阳县	Guanyang County	53.14	14.22	26.38	22.74	12.54
龙胜各族自治县	Longsheng County	40.59	8.43	20.84	17.15	11.31
资源县	Ziyuan County	34.98	8.23	16.64	12.90	10.11
平乐县	Pingle County	78.77	29.63	29.89	25.29	19.25
荔浦县	Lipu County	99.16	22.59	45.61	38.28	30.96
恭城瑶族自治县	Gongcheng County	66.45	19.83	31.80	28.50	14.81
梧州市	**Wuzhou City**	**832.58**	**104.84**	**525.22**	**479.88**	**202.52**
苍梧县	Cangwu County	146.16	20.14	100.90	88.13	25.11
藤 县	Tengxian County	160.86	38.43	94.57	82.69	27.85
蒙山县	Mengshan County	51.98	9.39	29.32	26.18	13.27
岑溪市	Cenxi City	189.04	28.87	130.12	118.93	30.05

21－5 续表1 continued

区 域	Region	地区生产总值(亿元) Gross Domestic Product (100 million yuan)	第一产业 Primary Industry	第二产业 Secondary Industry	#工业 Industry	第三产业 Tertiary Industry
贵港市	**Guigang City**	**679.18**	**148.68**	**273.38**	**229.15**	**257.13**
港北区	Gangbei District	138.04	16.84	47.99	31.59	73.21
港南区	Gangnan District	60.55	18.12	21.29	15.89	21.14
覃塘区	Qintang District	77.55	21.53	32.89	27.25	23.14
平南县	Pingnan County	159.28	42.95	58.31	51.75	58.03
桂平市	Guiping City	217.25	49.24	109.16	98.93	58.84
玉林市	**Yulin City**	**1102.08**	**229.20**	**482.33**	**404.39**	**390.55**
玉州区	Yuzhou District	244.81	14.20	94.09	78.81	136.52
福绵区	Fumian District	56.18	18.64	25.18	19.77	12.36
容 县	Rongxian County	118.14	28.94	60.21	54.10	29.00
陆川县	Luchuan County	167.19	28.82	86.63	76.32	51.74
博白县	Bobai County	199.14	68.11	84.58	70.20	46.45
兴业县	Xingye County	98.28	33.58	39.11	27.91	25.58
北流市	Beiliu City	209.00	36.92	109.53	94.29	62.55
贺州市	**Hezhou City**	**394.21**	**85.43**	**183.53**	**136.10**	**125.25**
八步区	Babu District	131.39	25.21	65.75	50.01	40.44
平桂管理区	Pinggui District	88.73	15.86	49.96	38.00	22.91
昭平县	Zhaoping County	51.27	15.48	18.64	10.81	17.15
钟山县	Zhongshan County	63.61	13.24	28.52	20.82	21.84
富川瑶族自治县	Fuchuan County	46.69	15.63	19.24	15.04	11.82
来宾市	**Laibin City**	**514.29**	**127.01**	**236.07**	**189.06**	**151.22**
兴宾区	Xingbin District	252.80	51.71	115.50	87.48	85.58
忻城县	Xincheng County	47.96	16.37	17.08	13.89	14.52
象州县	Xiangzhou County	83.73	25.58	42.80	36.34	15.36
武宣县	Wuxuan County	84.33	22.90	40.95	37.47	20.49
金秀瑶族自治县	Jinxiu County	23.31	7.03	6.99	4.73	9.30
合山市	Heshan City	33.35	3.42	17.83	14.23	12.10

21—5 续表2 continued

区 域	Region	全社会固定资产投资(亿元) Investment in Fixed Assets (100 million yuan)	公共财政预算收入(亿元) Public Budget Income (100 million yuan)	公共财政预算支出(亿元) Public Budget Expenditure (100 million yuan)	社会消费品零售总额(亿元) Total Retail Sales of Consumer Goods (100 million yuan)	农民人均纯收入(元) Per Capita Annual Net Income of Rural Households (yuan)
西江经济带		**6713.51**	**436.95**	**1178.11**	**2378.19**	**6921.2**
柳州市	**Liuzhou City**	**1683.13**	**113.55**	**221.17**	**661.84**	**6746.5**
柳江县	Liujiang County	174.30	5.83	16.07	29.39	8099.1
柳城县	Liucheng County	80.52	3.31	13.81	22.93	7776.6
鹿寨县	Luzhai County	135.57	4.30	15.96	23.04	7276.3
融安县	Rong'an County	70.65	1.87	13.54	17.33	6493.9
融水苗族自治县	Rongshui County	73.79	2.87	18.41	16.99	4640.0
三江侗族自治县	Sanjiang County	59.26	1.79	14.50	13.60	4826.4
桂林市	**Guilin City**	**1462.40**	**106.01**	**261.33**	**536.35**	**7327.6**
阳朔县	Yangshuo County	97.58	4.65	15.54	18.12	8377.3
临桂县	Lingui County	238.20	12.60	22.62	27.25	8642.6
灵川县	Lingchuan County	143.47	8.63	17.84	34.70	7700.5
全州县	Quanzhou County	121.21	4.38	21.64	22.76	7434.7
兴安县	Xing'an County	148.80	8.06	19.28	29.42	9071.0
永福县	Yongfu County	84.28	3.20	12.07	19.42	6824.4
灌阳县	Guanyang County	52.94	1.82	13.27	12.38	4991.1
龙胜各族自治县	Longsheng County	37.79	2.28	11.64	6.72	4601.7
资源县	Ziyuan County	42.01	1.23	10.27	8.24	5841.5
平乐县	Pingle County	66.04	2.47	14.64	16.35	6844.0
荔浦县	Lipu County	81.03	4.23	15.03	36.28	7476.0
恭城瑶族自治县	Gongcheng County	65.39	3.02	12.32	18.57	6472.6
梧州市	**Wuzhou City**	**858.09**	**73.83**	**159.21**	**257.21**	**6592.1**
苍梧县	Cangwu County	178.12	8.73	22.86	30.63	6668.3
藤 县	Tengxian County	163.00	10.07	29.49	51.84	6311.9
蒙山县	Mengshan County	50.06	2.87	10.45	10.27	5297.8
岑溪市	Cenxi City	192.00	10.24	30.01	46.99	6720.4

21－5 续表3 continued

区 域	Region	全社会固定资产投资（亿元）Investment in Fixed Assets (100 million yuan)	公共财政预算收入（亿元）Public Budget Income (100 million yuan)	公共财政预算支出（亿元）Public Budget Expenditure (100 million yuan)	社会消费品零售总额（亿元）Total Retail Sales of Consumer Goods (100 million yuan)	农民人均纯收入（元）Per Capita Annual Net Income of Rural Households (yuan)
贵港市	**Guigang City**	**552.24**	**26.57**	**126.24**	**284.05**	**7253.1**
港北区	Gangbei District	111.15	3.57	11.32	83.95	7883.0
港南区	Gangnan District	87.30	1.67	12.47	33.81	7684.1
覃塘区	Qintang District	86.66	2.20	13.13	28.46	8086.2
平南县	Pingnan County	116.95	5.32	32.46	54.03	6975.7
桂平市	Guiping City	150.18	5.42	37.46	83.79	6867.3
玉林市	**Yulin City**	**1004.26**	**65.57**	**192.65**	**422.83**	**7268.7**
玉州区	Yuzhou District	255.14	10.59	19.56	182.74	8370.9
福绵区	Fumian District	76.22	2.57	8.62	11.08	7055.0
容 县	Rongxian County	116.31	5.91	20.75	40.94	7012.1
陆川县	Luchuan County	130.10	6.59	25.51	37.89	7206.8
博白县	Bobai County	163.13	7.43	38.80	65.88	7127.2
兴业县	Xingye County	96.31	4.99	18.82	21.34	6483.3
北流市	Beiliu City	167.04	8.82	31.88	62.96	7795.5
贺州市	**Hezhou City**	**591.58**	**19.21**	**97.69**	**106.39**	**5823.4**
八步区	Babu District	165.26	4.96	19.42	38.78	6261.6
平桂管理区	Pinggui District	150.39	3.26	14.88	17.32	5923.8
昭平县	Zhaoping County	83.10	1.61	14.85	16.03	5513.9
钟山县	Zhongshan County	101.10	1.99	14.07	23.98	5709.8
富川瑶族自治县	Fuchuan County	91.72	2.26	14.38	10.28	5379.8
来宾市	**Laibin City**	**561.80**	**32.20**	**119.82**	**109.53**	**6231.0**
兴宾区	Xingbin District	316.31	6.01	22.17	48.56	6977.2
忻城县	Xincheng County	54.78	2.21	15.24	16.02	5359.8
象州县	Xiangzhou County	70.20	3.43	13.87	16.70	6733.1
武宣县	Wuxuan County	62.56	3.84	14.09	14.92	6175.2
金秀瑶族自治县	Jinxiu County	22.16	1.26	9.36	5.89	4399.2
合山市	Heshan City	35.80	2.20	10.51	7.45	5970.3

各市基本情况
BASIC STATISTICS OF CITIES

22－1 各市社会经济主要指标（2012年）

指 标	Item	南宁市 Nanning	柳州市 Liuzhou	桂林市 Guilin
行政区域土地面积（平方公里）	Administrative Region Land Area(sq.km)	22112	18617	27809
地区生产总值（当年价，亿元）	Gross Domestic Product (At current prices, 100 million yuan)	2503.18	1820.61	1485.02
第一产业	Primary Industry	322.96	147.38	271.84
第二产业	Secondary Industry	960.75	1147.36	697.46
#工业	Industry	706.11	1055.69	585.55
第三产业	Tertiary Industry	1219.48	525.87	515.71
人均地区生产总值（元）	Per Capita GDP (yuan)	37016	47795	30849
地区生产总值指数(%,上年=100)	Indices of Gross Domestic Product (%, preceding year=100)	112.9	111.5	113.1
第一产业	Primary Industry	105.2	106.1	106.7
第二产业	Secondary Industry	118.7	111.7	119.3
#工业	Industry	119.5	111.6	119.8
第三产业	Tertiary Industry	110.4	112.6	108.0
人均地区生产总值指数(%,上年=100)	Indices of Per Capita GDP(%, preceding year=100)	111.8	110.5	112.1
年末总人口（万人）	Total Population at Year-end (10 000 persons)	713.5	372.3	522.09
男性	Male	373.1	193.1	271.27
女性	Female	340.4	179.2	250.82
出生人口（万人）	Birth (10000person)	11.23	5.02	6.03
死亡人口（万人）	Death (10000person)	6.58	6.34	9.46
年末总户数（万户）	Total Households at Year-end(10 000 households)	218.03	110.06	160.4
就业人员（万人）	Employed Persons (10 000 persons)	409.10	233.2	—
城镇登记失业率（%）	Urban Registered Unemployment Rate(%)	3.13	4.0	3.90
城镇就业人员（万人）	Number of Employed Persons in Urban Units (10 000 persons)	80.4	48.5	36.00
#国有单位	State-owned Units	47.5	22.5	24.10
城镇集体单位	Urban Collective-owned Units	1.6	1.6	1.80
城镇私营单位就业人数（万人）	Number of Employed Persons in Urban Private Enterprises (10 000 persons)	51.0	28.5	10.37
城镇单位就业人员平均工资（元）	Average Wages of Employed Persons in Urban Units(yuan)	43847	38223	37037
国有单位	State-owned Units	49843	39401	38356
城镇集体单位	Urban Collective-owned Units	35002	32382	33837
固定资产投资（不含农户）	Investment in Fixed Assets (exduding rural registents)	2517.61	1615.22	1336.18
#房地产开发	Investment in Real Estate Development	362.73	230.27	176.07
商品房销售额（亿元）	Sales of Commercial Houses (100 million yuan)	377.59	165.75	136.59
#住宅	Residential Buildings	323.37	138.33	121.44

注：本表统计范围为全市数。

Note: The statistic indicators in this table refer to the whole city(including the counties belonging to the city).

Main Social & Economic Indicators by City (2012)

梧州市 Wuzhou	北海市 Beihai	防城港市 Fangcheng-gang	钦州市 Qinzhou	贵港市 Guigang	玉林市 Yulin	百色市 Baise	贺州市 Hezhou	河池市 Hechi	来宾市 Laibin	崇左市 Chongzuo
12572	3337	6222	10895	10602	12838	36202	11855	33476	13411	17351
832.58	630.09	443.99	691.32	679.18	1102.08	755.24	394.21	492.71	514.29	530.51
104.84	127.37	61.16	166.81	148.68	229.20	137.14	85.43	126.34	127.01	142.95
525.22	303.75	233.56	289.15	273.38	482.33	414.21	183.53	174.34	236.07	216.96
479.88	267.77	197.64	237.24	229.15	404.39	361.92	136.10	132.96	189.06	184.06
202.52	198.97	149.28	235.35	257.13	390.55	203.89	125.25	192.02	151.22	170.60
28523	40372	50302	22147	16281	19822	21539	19922	14472	24183	26288
113.6	121.7	112.0	111.8	110.2	110.9	109.2	109.0	99.3	111.7	111.8
105.1	104.3	105.7	106.5	106.1	106.1	107.4	106.2	104.9	107.7	105.2
117.5	138.3	118.0	114.4	112.0	114.6	109.7	110.9	93.2	114.6	117.4
119.0	141.9	118.0	111.5	110.4	113.3	109.1	109.1	90.5	112.1	117.4
108.5	108.7	105.5	111.6	110.1	108.7	109.6	108.0	103.9	109.8	110.4
112.7	120.6	110.7	110.8	109.3	109.9	108.4	108.1	98.7	110.8	110.9
329.47	168.10	91.56	391.70	529.92	691.87	408.62	232.38	421.00	253.68	245.37
175.20	87.87	49.61	213.60	280.62	369.98	211.38	122.62	218.24	132.37	129.13
154.27	80.24	41.95	178.10	249.30	321.89	197.23	109.75	202.76	121.31	116.24
6.53	3.20	2.37	6.4	10.19	17.81	6.51	3.27	7.48	3.19	3.89
3.37	3.19	0.94	8.48	5.64	7.59	5.93	4.07	6.78	1.48	2.79
97.57	43.94	24.69	97.20	155.78	199.27	109.33	63.63	122.29	76.92	70.72
191.61	84.10	59.43	16.59	260.63	378.17	237.6		195.00	160.20	148.50
3.88	3.50	1.84	3.40	3.52	3.63	3.50	3.47	2.80	3.49	
15.64	14.25	10.39	11.65	15.96	30.76	19.64	9.50	19.16	12.36	14.13
10.04	7.78	7.27	10.56	11.76	18.05	15.90	7.58	14.14	7.38	9.25
0.86	1.28	0.56	1.09	1.52	2.40	1.04	0.21	1.39	3.62	0.31
8.10		3.22	5.44	4.99	25.76	6.49	2	20.85	9.27	3.34
32865	36379	36750	34587	28787	31678	35384	33312	31656	35524	
36660	39967	37326	9331	30272	32791	35948	33411	32622	35419	
30617	31711	29347	6351	20240	29307	30787	39879	23412	42112	
797.07	707.80	517.83	561.68	495.21	969.42	916.88	542.37	221.82	480.11	479.99
71.89	176.17	129.77	68.44	48.99	94.66	65.93	19.76	14.24	61.96	34.06
45.28	58.84	48.43	51.93	50.22	89.29	41.60	10.74	17.05	37.51	29.01
41.37	56.05	45.21	14.95	41.42	66.07	37.28	8.62	14.61	30.07	26.64

22－1　续表1

指　标	Item	南宁市 Nanning	柳州市 Liuzhou	桂林市 Guilin
商品房屋销售面积（万平方米）	Selling Space of Commercial Houses(10 000 sq.m)	629.01	349.45	322.69
#住宅	Residential Buildings	575.52	322.23	305.48
公共财政预算收入（亿元）	Public Budget Income (100 million yuan)	229.72	113.55	106.01
#税收收入	Tax Revenue	158.02	80.16	59.33
#国内增值税	Value-added Tax	11.94	11.94	5.12
营业税	Sales Tax	40.58	14.14	14.07
企业所得税	Enterprises Income Tax	21.36	10.15	5.81
个人所得税	Individual Income Tax	5.79	1.90	1.85
公共财政预算支出（亿元）	Local Financial Expenditure (100 million yuan)	376.51	221.16	261.33
#教育支出	Expenditure for Education	66.07	40.32	3.15
社会保障和就业支出	Expenditure for Social Security & Employment	36.38	18.39	22.63
医疗卫生支出	Expenditure for Medical & Health Care	34.41	17.93	26.37
农林水利事务支出	Expenditure for Affairs of Agriculture, Forestry & Water Resources	32.33	20.60	37.82
农村居民人均纯收入（元）	Per Capita Annual Net Income of Rural Households (yuan)	6777	6747	7328
农村居民人均生活费支出（元）	Per Capita Annual Living Expenditure of Rural Households (yuan)	5201	5830	5770
#食品支出	Expenditure for Food	2431	2520	2559
城镇居民人均可支配收入（元）	Per Capital Annual Disposable Income of Urban Households (yuan)	22561	22181	22300
城镇居民人均生活消费性支出（元）	Per Capita Living Expenditure of Urban Households (yuan)	15292	14115	14470
#食品支出	Expenditure for Food	5994	5851	5935
农村人均住房面积（平方米）	Per Capita Living Floor Space of Rural Households (sq.m)	40.8	39.5	42.10
城镇人均住房建筑面积（平方米）	Per capita living Building Space of Urban Households(sq.m)	31.6	36.6	38.46
乡村户数（万户）	Rural Households(10 000 households)	132.2	61.6	106.68
常用耕地面积（千公顷）	Daily Cultivated Area (1000 hectares)	686.4	353.6	329.42

Continued

梧州市 Wuzhou	北海市 Beihai	防城港市 Fangcheng-gang	钦州市 Qinzhou	贵港市 Guigang	玉林市 Yulin	百色市 Baise	贺州市 Hezhou	河池市 Hechi	来宾市 Laibin	崇左市 Chongzuo
138.11	133.76	145.26	143.25	137.41	274.91	142.28	43.44	57.79	119.58	122.31
131.49	131.04	140.10	40.13	125.68	221.70	135.71	38.59	53.74	112.27	117.59
73.83	41.13	35.55	33.58	26.57	65.57	56.58	19.21	22.17	32.21	39.49
44.06	29.38	19.77	21.07	19.04	36.85	35.08	11.08	14.47	17.89	21.58
2.89	1.78	1.44	1.15	2.57	3.52	5.42	1.49	2.62	2.41	3.39
5.94	7.39	6.10	6.90	5.25	7.45	6.82	2.53	4.10	3.89	3.73
2.70	2.46	1.60	2.33	1.98	3.58	2.05	1.01	1.47	1.92	2.51
0.66	0.48	0.35	0.44	0.54	0.84	0.58	0.34	0.74	0.29	0.31
159.24	98.73	74.73	122.67	126.24	192.65	214.85	97.69	175.27	119.82	131.01
37.78	17.17	12.12	30.86	33.97	50.55	51.05	23.12	37.84	26.62	27.63
14.27	5.05	7.84	12.75	11.17	20.78	18.18	8.57	17.11	8.17	12.90
14.79	8.05	4.96	15.00	17.19	24.08	19.01	10.76	18.39	10.30	11.71
18.98	23.17	10.15	16.65	17.00	24.46	1.12	13.91	26.15	20.39	17.57
6592	7227	7539	7140	7253	7269	4774	5823	4620	6231	6263
5106	4939	4340	3755	5166	4615	3983	4094	3516	5434	
2224	2354	1949	1573	2346	2088	1316	1302	1281	2131	
20563	21202	22203	21600	19314	22171	19561	19855	17964	21499	19370
13630	14224	13544	13095	13123	13755	12327	11706	11695	13709	
6145	6666	5439	5946	5556	5808	4934	4664	4913	5215	
34.40	38.33	33.58	26.35	41.07	33.60	33.01		35.43	38.50	
39.15	56.71	44.05	43.65	58.56	62.34	39.41	49.81	52.61	34.57	
71.47	24.05	16.61	81.56	113.87	127.91	78.20	50.91	90.78	52.82	52.27
111.40	124.50	91.64	212.00	322.72			163.88	374.10	407.94	520.21

22－1　续表2

指　标	Item	南宁市 Nanning	柳州市 Liuzhou	桂林市 Guilin
农业机械总动力（万千瓦）	Total Agricultural Machinery Power (10 000 kw)	427.92	183.68	432.82
化肥使用量（折纯量，万吨）	Consumption of Chemical Fertilizers (Pure quantity, 10 000 tons)	44.34	19.75	22.67
农村用电量（亿千瓦时）	Electricity Consumed in Rural Areas(100 million kwh)	8.38	4.21	5.80
有效灌溉面积（千公顷）	Irrigated Area (1 000 hectares)	256.80	100.50	218.80
农作物总播种面积（千公顷）	Total Sown Area of Farm Crops(1 000 hectares)	944.02	408.54	678.90
#粮食作物	Grain Crops	442.04	168.85	377.90
粮食产量（万吨）	Grain Output (10 000 tons)	215.14	81.68	199.50
甘蔗产量（万吨）	Output of Sugarcane (10 000 tons)	1130.22	764.22	48.93
油料产量（万吨）	Output of Oil Plants(10 000 tons)	12.49	2.38	5.90
蔬菜产量（万吨）	Output of Vegetables(10 000 tons)	375.90	185.08	356.00
水果产量（万吨）	Output of Fruits (10 000 tons)	157.93	60.12	307.40
肉类总产量（万吨）	Total Output of Meat (10 000 tons)	64.51	21.76	52.30
奶类产量（万吨）	Output of Milk (10 000 tons)	4.71	0.81	0.20
禽蛋产量（万吨）	Output of Eggs(10 000 tons)	2.95	1.00	5.40
水产品产量（吨）	Output of Aquatic Products(ton)	217438	64076	101559
工业企业单位数（个）	Number of Industrial Enterprises (unit)	940	786	634
工业总产值（规模以上，当年价，亿元）	Gross Industrial Output Value(Above designated size, at current prices, 100 million yuan)	2109.33	3426.89	1585.51
#轻工业	Light Industry	1007.02	388.18	618.85
重工业	Heavy Industry	1102.31	3038.71	966.67
#大型企业	Large Enterprises	409.16	1719.60	284.44
中型企业	Medium Enterprises	630.14	733.50	557.03
小型企业	Small Enterprises	1058.88	801.65	739.40
#内资企业	Domestic Funds Enterprises	1744.61	2633.79	1458.20
港澳台商投资企业	Enterprises with Funds from Hong Kong, Macao & Taiwan	190.00	40.69	17.30
外商投资企业	Foreign Funded Enterprises	174.72	752.40	110.02
工业企业资产总计（亿元）	Total Assets of Industrial Enterprises(100 million yuan)	1581.00	2408.08	982.05
工业企业负债合计（亿元）	Total Liabilities of Industrial Enterprises(100 million yuan)	931.60	1570.17	573.61
工业企业所有者权益（亿元）	Owner's Equity of Industrial Enterprises(100 million yuan)	640.39	826.87	398.30
工业企业主营业务收入（亿元）	Business Income of the Major Products of Industrial Enterprises (100 million yuan)	2023.57	3318.01	1496.15
工业企业利润总额（亿元）	Total Profits of Industrial Enterprises(100 million yuan)	176.02	130.35	177.28
工业企业本年应交增值税（亿元）	Value Added Tax Payable of Industrial Enterprises (100 million yuan)	71.92	81.93	57.45
工业企业从业人员年平均人数（万人）	Annual Average Number of Employed Persons of Industrial Enterprises(10 000 persons)	24.56	26.96	18.40
建筑企业单位数（个）	Number of Construction Enterprises(unit)	476	90	157
建筑业企业从业人员（万人）	Number of Persons Employed in Construction Enterprises (10 000 persons)	20.30	12.87	5.80
建筑业总产值（亿元）	Gross Output Value of Construction (100 million yuan)	719.21	378.46	197.60

Continued

梧州市 Wuzhou	北海市 Beihai	防城港市 Fangcheng-gang	钦州市 Qinzhou	贵港市 Guigang	玉林市 Yulin	百色市 Baise	贺州市 Hezhou	河池市 Hechi	来宾市 Laibin	崇左市 Chongzuo
118.62	130.52	75.30	153.21	291.79	296.85	276.57	32.27	302.27	164.75	216.30
6.99	6.33	5.26	25.76	19.75	16.49	11.12	19.71	12.79	23.59	28.70
3.71	1.70	1.65	5.35	4.22	7.74	7.72	2.50	6.45	3.76	2.30
70.67	46.60	28.65	83.10	153.69	143.16	108.77	66.04	88.03	104.68	82.25
287.70	183.27	121.53	376.35	438.64	488.97	501.88	240.35	486.27	447.13	500.80
159.70	80.42	49.06	216.37	274.93	327.20	276.76	139.00	276.62	174.33	121.00
81.97	38.02	19.25	107.67	149.12	188.96	113.26	71.83	101.84	76.84	48.75
21.48	238.11	340.46	350.00	239.16	151.82	522.74	19.24	466.17	1211.09	2255.33
3.68	3.81	0.55	2.13	8.72	4.30	1.38	2.74	1.15	3.08	1.87
181.10	72.46	24.21	113.59	131.14	263.72	187.19	137.34	110.72	97.75	81.21
44.20	9.69	6.39	145.44	20.51	70.97	50.20	50.04	34.16	36.70	41.30
20.50	12.83	4.53	30.48	36.05	77.40	26.03	16.22	21.98	14.70	12.22
0.08	0.16	0.49	1.52	0.35	0.45	0.08	0.02	0.00	0.50	0.00
0.78	1.72	0.60	2.07	2.05	5.86	0.42	0.67	0.45	0.37	0.23
77679	980000	434874	479885	187100	128029	117600	64931	65000	56026	60468
398	175	153	251	367	614	217	166	221	190	136
1366.63	1026.20	767.23	1093.36	624.08	1028.54	882.74	303.51	297.89	563.65	453.89
243.90	199.02	419.47	27.39	231.26	458.42	90.11	64.56	74.15	210.55	236.63
1122.73	827.18	347.76	77.64	392.82	570.11	792.63	227.93	223.74	353.09	197.12
403.24	301.00	170.73	12.97	131.43	249.68	434.98	49.73	88.04	182.59	159.81
535.34	503.45	343.39	817.69	246.14	377.75	222.62	129.97	123.56	159.52	152.67
424.89	191.79	248.85	259.35	217.55	397.95	185.49	121.88	84.86	195.23	120.42
1212.94	81.00	453.18	911.05	523.36	791.34	833.78	263.64	279.58	489.30	310.78
90.70	152.00	28.21	131.19	60.44	85.39	48.96	30.78	4.84	28.11	36.86
63.02	61.00	285.84	51.12	40.28	151.81	0.00	90.09	13.47	46.24	106.25
626.11	480.00	559.25	730.67	532.56	659.28	1000.12	152.95	786.44	532.22	384.00
358.22	266.64	378.40	422.45	280.84	391.20	718.92	133.54	611.39	405.83	227.09
263.03	207.40	179.33	308.21	249.74	262.01	280.32	100.00	174.46	125.09	154.95
1301.49	957.49	687.51	1049.78	672.00	986.51	724.51	281.01	322.10	516.62	411.34
73.77	86.07	45.14	-6.96	61.12	69.59	19.79	27.89	24.99	3.60	55.67
69.56	54.58	11.31	18.08	17.21	30.12	38.05	12.31	16.18	15.75	19.90
15.67	5.92	2.61	6.32	9.78	20.58	7.52	3.07	6.09	4.81	
46	44	52	52	48	69	71	34	45	37	42
1.53	1.41	2.28	6.65	1.39	5.34	1.23	0.39	1.60	1.53	0.69
23.00	45.22	71.69	126.85	40.23	128.37	23.92	10.45	41.38	44.73	17.17

22－1 续表3

指 标	Item	南宁市 Nanning	柳州市 Liuzhou	桂林市 Guilin
房屋建筑施工面积（万平方米）	Floor Space of Buildings under Construction (10 000 sq.m)	4605.10	4130.9	1654.0
房屋建筑竣工面积（万平方米）	Floor Space of Buildings Completed (10 000 sq.m)	1113.06	228.2	445.0
公路里程（公里）	Length of Highways (km)	11817	8017.9	11423
#等级公路	Length of Expressway & Class I to IV Highway	10665	6191.9	8630
民用汽车拥有量（辆）	Number of Civil Motor Vehicles Owned (vehicle)	638629	299475	260919
#私人汽车	Private Motor Vehicles	476696	236929	208368
邮政业务总量	Business Volume of Post Service(100 million yuan)	4.79	1.74	2.17
电信业务总量	Business Volume of Telecommunications Service(100 million yuan)	89.77	27.15	36.05
固定电话用户（万户）	Local Telephone Subscribers (10 000 subscribers)	95.34	57.09	71.79
移动电话用户（万户）	Number of Mobile Telephone Subscribers (10 000 subscribers)	729.38	284.99	328.4
互联网用户数（万户）	Number of Internet Subscribers (10 000 subscribers)	504.85	58.85	60.6
社会消费品零售总额（亿元）	Total Retail Sales of Consumer Goods (100 million yuan)	1255.59	661.84	536.3
批发和零售业法人企业数（个）	Number of Corporation Enterprises in Wholesale & Retail (unit)	687	428	198
批发和零售业年末从业人数（人）	Number of Year-end Employed Persons in Wholesale & Retail (person)	61595	24455	17238
批发和零售业商品销售额（亿元）	Sales of Goods of Wholesale & Retail (100 million yuan)	2019.30	1706.50	246
住宿和餐饮业法人企业数（个）	Number of Corporation Enterprises in Hotel & Catering (unit)	263	67	154.00
住宿和餐饮业年末从业人数（人）	Number of Year-end Employed Persons in Hotel & Catering (person)	33799	7971	16077
住宿和餐饮业营业额（亿元）	Turnover of Hotel & Catering (100 million yuan)	44.3	87.1	19
进出口总额（万美元）	Total Import & Export (USD 10 000)	414678	311593	97487
进口额	Import	162944	220915	18629
出口额	Export	251734	90678	78858
实际外商直接投资（万美元）	Foreign Actual Direct Investment(USD 10 000)	50255	35474.2	4178
入境国际旅游者人数（万人次）	Number of International Tourists Through Guangxi (10 000 person-times)	30.1	13.77	182
#外国人	Foreigners	21.0	8.7	109.3
国际旅游外汇收入（万美元）	Foreign Exchange Earnings From International Tourism (USD 10 000)	10705.5	4760.5	73440.2
国内旅游人数（万人次）	Number of Domestic Tourists (10 000 person-times)	5122.0	1904.1	3110.2
国内旅游总收入（亿元）	Total Domestic Tourism Receipts (100 million yuan)	397.1	150.7	230.5
星级饭店数（个）	Total Number of Tourist Hotel (unit)	68	39	70.0
金融机构本外币存款（亿元）	Saving Deposit in RMB & Foreign Currencies of Financial Institutions （100 million yuan)	5685.13	1923.32	1830
金融机构人民币存款（亿元）	Saving Deposit in RMB of Financial Institutions （100 million yuan)	5627.18	1916.05	1818
#单位存款	Deposit of Units	3415.46	991.61	687.84
个人存款	Personal Deposit	1918.80	891.83	1104.19
#储蓄存款	Savings Account	1863.80	871.87	1088.54

Continued

梧州市 Wuzhou	北海市 Beihai	防城港市 Fangcheng-gang	钦州市 Qinzhou	贵港市 Guigang	玉林市 Yulin	百色市 Baise	贺州市 Hezhou	河池市 Hechi	来宾市 Laibin	崇左市 Chongzuo
839.25	301.06	344.1	933.4	363.8	1294.1	197.18	91.96	314.08	667.3	75.1
87.02	182.31	234.1	470.1	242.0	719.35	131.43	54.77	45.31	89.0	58.3
956	2486	2620	5950	6352	9991	14723	4530.33	12005	6170	6811
946	2486	1995.9	5361	4957	7842	12677	4316.22	10322	4825	6167
555325	100712	60662	625126	115525	210262	123308	69467	108426	67368	63430
530814	83900	48375	598066	97607	176223	97459	56892	89225	55212	45940
1.26	0.70	0.47	1.22	1.79	2.15	1.2	0.63	1.33	0.68	0.95
17.10	14.45	9.42	14.51	18.48	29.49	16.99	10.19	19.35	12.34	14.56
45.10	22.5	14.0	36.9	49.0	65.57	39.07	15.6	33.65	15.8	18.3
146.98	20.03	77.5	126.5	183.9	89.97	184.24	138.47	232.33	159.15	126.79
109.52	17.98	12.1	20.3	26.5	32.86	27.36	17.55	45.80	15.52	13.48
257.20	146.51	71.30	237.56	284.05	422.83	156.67	106.39	176.98	109.53	84.37
74	37	66	122	76	195	98	50	81	43	57
4163	6545	2372	5805	4953	15274	7159	3658	5811	2459	2693
89.24	98.55	81.01	206.64	93.89	224.40	106.10	71.28	98.50	59.79	60.22
24	44	15	35	38	51	55	10	29.00	15	22
1866	3954	1069	3204	2814	5260	4406	1216	2628	1976	2191
2.13	4.55	0.99	3.44	2.45	5.03	3.87	0.74	2.60	1.55	2.30
121038	207761	489826	376656	23144	58807	50866	15589	52444	14454	713433
76911	89438	407022	276466	12535	22964	29286	6528	44332	7889	32865
44127	118323	82804	100190	10609	35843	21580	9061	8112	6565	680568
23189	5224	1850.0	47370	1692	1879	1007	9000	0	2418	7009
15.28	9.88	12.75	4.16	6.81	5.79	5.15	26.73	5.35	1.45	30.66
1.21	5.32	12.22		1.20	1.65	2.17	6.96	1.55	0.60	19.75
4230.4	3429.1	3576.7	1332.5	2179.1	2304.1	1935.0	7630.0	2001.5	650.0	9761.4
975.98	1311	806.5	692.8	918.8	1023.29		785.12	1063.11	753.4	954.8
81.26	110.17	50.4	51.0	65.7	88.21		67.77	88.97	33.2	60.6
22	36	24	26	22	21		20	48	18	29
667	593	396	623	706	1043	676.76	350	628	407	437
665.00	568.45	385.76	616.41	703.86	1038.66	676.04	348.76	627.02	407.06	437.41
242.63	189.49	168.24	233.99	195.53	268.04	279.89	122.49	231.08	180.10	160.97
415.25	359.20	214.99	368.50	500.81	760.04	381.35	215.29	388.47	226.96	269.12
412.42	354.62	213.36	366.88	499.44	757.28	379.89	215.03	386.81	220.31	268.20

22－1　续表4

指　标	Item	南宁市 Nanning	柳州市 Liuzhou	桂林市 Guilin
金融机构本外币贷款（亿元）	Loans in RMB & Foreign Currencies of Financial Institutions（100 million yuan)	5546.41	1405.15	1053.147
金融机构人民币贷款（亿元）	Loans in RMB of Financial Institutions（100 million yuan)	5501.28	1364.81	1048.98
境内贷款	Domestic Loans	5499.62	1364.70	1048.81
短期贷款	Short-term Loans	1144.52	563.21	300.88
中长期贷款	Medium & Long-term Loans	4254.27	758.27	740.45
境外贷款	Overseas Loans	1.66	0.11	0.17
幼儿园数（所）	Number of Kindergartens (unit)	1200	581	664
在园儿童数（万人）	Student Enrollment (10 000 persons)	21.68	10.73	15.2
普通小学学校数（所）	Number of Regular Primary Schools (unit)	1479	907	1168
普通小学专任教师数（人）	Full-time Teachers in Regular Primary Schools (person)	28487	14094	18958
普通小学招生数（万人）	New Student Enrollment in Regular Primary Schools (10 000 persons)	9.54	4.84	5.9
普通小学在校学生数（万人）	Regular Primary Student Enrollment (10 000 persons)	53.44	26.90	30.4
普通小学毕业生数（万人）	Graduates of Regular Primary Schools (10 000 persons)	8.78	4.06	4.5
普通中学学校数（所）	Number of Regular Secondary Schools (unit)	338	168	220
普通中学专任教师数（人）	Full-time Teachers in Regular Secondary Schools (person)	22665	11502	15624
普通中学招生数（万人）	New Student Enrollment in Secondary Schools (10 000 persons)	12.88	5.93	6.8
普通中学在校学生数（万人）	Student Enrollment in Regular Secondary Schools (10 000 persons)	37.60	16.95	19.9
普通中学毕业生数（万人）	Graduates in Regular Secondary Schools (10 000 persons)	12.14	5.24	6.7
普通高等学校数（所）	Regular Institutions of Higher Education (unit)	31	7	9
普通高等学校专任教师数（人）	Full-time Teachers in Regular Institutions of Higher Education (person)	16743	3213	6351
普通高等学校招生数（万人）	New Student Enrollment in Regular Institutions of Higher Education (10 000 persons)	10.00	2.12	5.3
普通高等学校在校学生数（万人）	Student Enrollment in Regular Institutions of Higher Education (10 000 persons)	30.40	6.84	15.3
普通高等学校毕业生数（万人）	Graduates in Regular Institutions of Higher Education (10 000 persons)	7.67	1.66	3.8
公共图书馆（个）	Public Libraries (unit)	16	11	13
卫生机构数（个）	Number of Health Institutions (unit)	2404	2201	5372
#医院、卫生院	Hospitals	77	65	53
卫生机构床位数（张）	Number of Beds in Health Institutions (bed)	31945	17644	16705
#医院、卫生院	Hospitals	24081	13323	10819
卫生机构人员数（人）	Number of Employed Personnel in Health Institutions (person)	54399	30784	34334
#卫生技术人员	Medical & Technical Personnel	44891	24201	24779
#执业医师、执业助理医师	Certified Physicians , Certified Assistant Physicians	16253	8265	9337
注册护士	Senior Nurses	18384	10408	9720

Continued

梧州市 Wuzhou	北海市 Beihai	防城港市 Fangcheng-gang	钦州市 Qinzhou	贵港市 Guigang	玉林市 Yulin	百色市 Baise	贺州市 Hezhou	河池市 Hechi	来宾市 Laibin	崇左市 Chongzuo
463.28	319.32	288.3232	447.34	411.9	550.38	515.91		364.23	259.91	239.78
461.25	302.63	275.07	436.01	411.61	547.58	515.91	204.69	359.06	258.18	239.60
461.08	302.50	274.92	435.89	411.59	547.55	515.89	204.67	359.05	258.17	239.57
169.42	73.63	50.57	140.77	143.04	194.97	133.3	88.30	104.18	89.02	93.01
291.30	227.76	222.62	293.33	264.79	347.99	375.5	114.88	254.53	166.11	145.90
0.17	0.13	0.15	0.12	0.01	0.03	0.00	0.02	0.00	0.01	0.03
330	213	136	236	612	755	971	263	508	539	455
10.00	5.62	2.5	14.18	16.6	18.44	13.85	6.20	14.17	6.4	7.6
899	395	531	1072	1136	1472	1307	690	1391	650	705
13984	6764	4363	17324	20010	28915	16678	9332	18873	9976	9977
4.90	2.79	1.6	5.7	7.8	10.46	5.9	3	5.48	3.2	3.1
29.28	15.76	8.7	36.3	42.9	62.08	32.88	18	32.99	17.4	16.0
5.02	2.26	1.4	6.0	8.5	10.34	4.88	3	4.74	2.7	2.2
134	86.00	44	121	232	288	195	107	196	103	94
10838	6434	2694	12419	18293	21742	10678	7276	11644	7541	5987
6.75	2.2	1.6	7.6	12.31	14.00	6.69	4	6.94	4.1	3.0
19.29	6.57	4.7	20.6	36.1	39.68	18.98	12	20.31	12.1	8.0
6.44	2.42	1.5	5.9	11.1	12.19	6.11	4.09	6.84	4.2	2.3
3	4	1	2	1	1		1	2	1	5
761	1141	40		207	831		553	638	346	1382
0.43	0.69		0.6	0.10	0.41		0.19	0.37	0.2	1.2
1.87	2.43		1.3	0.17	1.54		0.97	1.23	0.6	3.1
0.40	0.99		0.4	0.07	0.37		0.18	0.34	0.2	0.7
5	3.00	4	5	6	6		4	11	6	7
1667	449	299	442	4415	3124	2473	1433	2175	122	779
31	49	10	84	106	43	33	18	187	18	19
10205	6204	2811	11512	10815	16776	12889	5455	11848	7901	5534
400	6149	1835	8105	10364	9397	7482	2909	11174	3847	4054
19225	10546	5808	16668	22173	29016	20863	11150	18671	11824	10002
13156	7872	4259	11578	14794	20307	14907	7860	15254	8717	7210
4536	3026	1094	3695	5352	7319	4818	2578	5308	3043	2944
5386	3020	1367	4019	5143	7261	5666	2849	5199	3029	3446

22－2 南宁市主要经济指标情况（1978－2012年）
Main Economic Indicators of Nanning（1978－2012）

年份 Year	生产总值（按当年价格，亿元）Gross Domestic Product (current prices, 100 million yuan)	第一产业 Primary Industry	第二产业 Secondary Industry	工业 Industry	第三产业 Tertiary Industry	生产总值指数（上年=100）Indices of Gross Domestic Product (preceding year=100)	第一产业 Primary Industry	第二产业 Secondary Industry	工业 Industry	第三产业 Tertiary Industry
1978	14.74	6.19	5.22	4.75	3.33	111.5	110.3	112.1	108.1	112.6
1979	10.68	2.90	5.17	4.73	2.61	119.7	111.1	134.1	133.9	106.2
1980	18.01	7.01	7.00	6.45	4.00	105.5	105.3	108.0	112.6	101.7
1981	12.44	3.32	5.62	5.02	3.50	109.0	109.2	102.2	102.6	121.9
1982	13.72	4.11	5.99	5.26	3.62	108.8	120.2	107.2	105.6	102.0
1983	14.95	4.11	6.58	5.82	4.26	108.8	98.1	110.7	111.5	115.8
1984	15.38	4.12	6.51	5.65	4.75	100.0	98.3	96.4	95.6	107.4
1985	30.93	11.83	10.84	9.59	8.27	112.7	103.4	122.1	117.7	113.1
1986	35.15	12.64	12.72	11.10	9.79	107.9	101.4	111.7	110.1	114.1
1987	42.05	14.64	15.67	13.75	11.75	112.6	105.2	117.6	118.3	114.2
1988	53.78	17.88	19.13	16.67	16.76	109.7	92.8	109.0	108.3	129.6
1989	62.04	19.16	21.92	20.06	20.96	107.4	107.7	102.8	108.0	114.9
1990	70.88	23.10	24.84	22.83	22.94	109.6	111.1	111.6	112.1	107.8
1991	79.32	23.91	27.46	25.20	27.95	106.3	100.6	106.9	106.7	111.6
1992	91.81	27.77	30.47	27.59	33.56	112.7	115.1	109.3	107.9	114.3
1993	134.62	34.44	49.93	43.65	50.25	123.5	106.9	134.4	129.7	128.3
1994	187.23	49.10	67.51	57.80	70.61	116.5	107.7	119.6	117.1	120.7
1995	235.81	61.52	80.79	65.22	93.49	114.5	112.6	114.9	108.3	115.7
1996	267.20	69.05	84.59	66.64	113.56	111.4	105.9	110.4	107.7	116.5
1997	304.49	78.59	92.22	70.98	133.69	112.5	113.9	108.8	106.3	115.2
1998	339.55	83.44	99.73	76.71	156.38	111.5	108.4	110.3	110.3	114.8
1999	356.99	85.26	101.99	77.23	169.73	109.4	107.4	108.1	106.4	111.7
2000	377.94	87.66	105.37	79.09	184.91	107.7	100.7	104.6	105.4	113.9
2001	418.17	90.74	113.16	85.25	214.26	108.8	102.2	106.4	106.7	113.2
2002	463.18	94.35	125.56	93.39	243.27	110.9	107.7	112.0	112.2	111.6
2003	521.78	99.70	152.35	109.62	269.73	110.9	103.7	119.3	113.4	109.4
2004	619.12	107.68	193.38	137.83	318.06	113.2	105.9	118.2	116.8	113.1
2005	727.90	124.25	231.21	165.18	372.44	113.4	108.2	115.6	115.0	114.0
2006	880.11	144.34	297.31	221.29	438.46	116.8	108.4	125.3	129.9	114.4
2007	1089.07	178.00	372.27	284.09	538.80	117.4	107.3	121.2	124.2	117.9
2008	1320.43	203.11	457.94	352.27	659.39	114.7	105.3	114.8	116.9	117.4
2009	1524.71	212.38	527.46	395.80	784.88	115.1	105.8	117.0	113.5	116.3
2010	1800.26	244.43	651.88	483.78	903.94	114.2	105.7	117.8	115.9	113.7
2011	2211.44	305.55	829.61	612.59	1076.28	113.5	105.7	118.3	118.1	112.2
2012	2503.18	322.96	960.75	706.11	1219.48	112.3	105.2	118.1	118.7	109.6

22—2 续表 continued

年份 Year	全社会固定资产投资（亿元） Total Investment in Fixed Assets (100 million yuan)	社会消费品零售总额（亿元） Total Retail Sales of Consumption Goods (100 million yuan)	进出口（万美元） Total Exports & Imports (10 000 USD)	出口 Exports	财政收入（亿元） Finance Revenue (100 million yuan)	公共财政预算收入 Public Budget Income	公共财政预算支出（亿元） Public Budget Expenditure (100 million yuan)	城镇居民人均可支配收入（元） Per Capita Annual Disposable Income of Urban Households (yuan)	农村居民人均纯收入（元） Per Capita Net Income of Rural Residents (yuan)
1978	1.77	3.47			2.01	2.01	0.71		88
1979	2.47	4.02			1.98	1.98	0.60		105
1980	1.67	4.94			2.37	2.37	0.74	386	107
1981	1.34	5.50			2.45	2.45	0.74	445	135
1982	1.65	6.24			2.60	2.60	0.81	478	158
1983	1.96	6.93			2.63	2.63	0.77	513	239
1984	2.39	8.42			2.74	2.74	0.95	624	316
1985	4.46	11.72			3.54	3.54	1.80	716	367
1986	5.93	12.50			3.89	3.89	2.67	851	404
1987	6.80	15.16			4.41	4.41	2.90	949	461
1988	9.15	20.59			5.11	5.11	4.05	1166	521
1989	7.39	23.79			5.74	5.74	3.94	1274	574
1990	7.59	25.16	13732	9983	6.39	6.39	4.77	1454	624
1991	8.44	30.63	15884	11153	7.01	7.01	4.84	1659	683
1992	11.36	36.76	15903	10121	7.35	7.35	4.84	2106	778
1993	23.65	52.09	23324	9463	10.65	10.65	6.69	3081	912
1994	33.90	66.79	25234	9424	15.02	7.35	8.58	4543	1093
1995	56.35	83.99	17594	6988	17.11	9.12	9.46	5544	1326
1996	64.39	100.66	13703	6210	19.05	10.36	10.58	5973	1553
1997	74.78	115.36	36368	29434	21.58	11.68	11.95	5931	1788
1998	82.36	128.64	39753	33228	24.52	13.16	13.99	6570	1942
1999	88.08	137.14	57100	40094	27.01	14.97	17.29	6847	2079
2000	113.17	212.43	66164	51238	36.46	21.65	29.07	7448	1791
2001	121.41	231.35	53733	43053	45.29	29.19	34.86	7906	1954
2002	145.56	256.78	49668	40746	52.53	31.28	45.26	8796	2111
2003	190.36	288.45	65792	51143	61.06	36.24	52.50	9162	2231
2004	262.76	332.05	63625	52421	74.63	43.25	62.12	8059	2467
2005	362.90	380.34	71916	57716	100.22	45.20	73.55	9203	2680
2006	447.22	438.20	92853	71681	120.36	56.62	93.08	10193	3033
2007	560.22	518.81	128596	101316	150.84	70.15	118.00	11877	3462
2008	693.44	647.46	186666	158604	191.17	92.88	166.08	14446	4001
2009	1043.91	757.01	278735	238172	231.37	120.46	203.55	16254	4385
2010	1483.02	905.93	220407	158638	300.88	156.10	261.28	18032	5005
2011	2018.95	1073.15	251042	166236	363.52	186.29	301.85	20005	5848
2012	2585.18	1255.59	414678	251734	422.00	229.72	376.51	22561	6777

注：2004年以前城镇居民人均可支配收入口径为城市居民可支配收入。

Note:The statistical range of indicator "per capita Annual Disposable Income of Urban Households" refers to the households in cities before 2004.

22－3 柳州市主要经济指标情况（1978－2012年）
Main Economic Indicators of Liuzhou（1978－2012）

年份 Year	生产总值（按当年价格，亿元）Gross Domestic Product (current prices, 100 million yuan)	第一产业 Primary Industry	第二产业 Secondary Industry	工业 Industry	第三产业 Tertiary Industry	生产总值指数（上年=100）Indices of Gross Domestic Product (preceding year=100)	第一产业 Primary Industry	第二产业 Secondary Industry	工业 Industry	第三产业 Tertiary Industry
1978	9.89	2.70	4.86	4.53	2.33	106.6	104.7	106.4	107.2	109.5
1979	10.87	2.76	5.31	4.94	2.80	104.5	98.8	106.8	108.1	106.6
1980	12.26	3.16	6.11	5.67	2.99	112.9	104.8	116.7	116.5	114.2
1981	13.47	3.73	6.56	6.09	3.18	106.4	110.7	104.9	106.2	105.0
1982	14.10	3.99	6.68	6.23	3.43	105.2	103.4	105.0	105.6	107.3
1983	16.29	4.31	7.76	7.27	4.23	109.9	105.5	108.9	109.0	116.1
1984	18.74	4.57	9.14	8.40	5.04	114.0	101.8	121.1	120.4	112.5
1985	23.16	5.18	11.53	10.77	6.45	120.1	102.2	127.9	128.2	119.6
1986	26.87	5.94	13.57	12.50	7.36	113.2	105.7	118.5	119.4	107.3
1987	35.51	6.93	18.87	17.27	9.72	117.0	108.9	115.4	114.2	126.4
1988	42.78	8.12	21.53	19.79	13.13	107.6	96.5	105.4	105.9	118.9
1989	49.01	9.61	24.06	22.43	15.34	102.7	111.2	100.8	101.8	102.3
1990	52.80	11.98	24.23	22.88	16.59	102.8	106.4	100.6	101.0	104.9
1991	61.67	11.97	28.85	26.41	20.85	111.5	98.1	113.9	113.5	117.0
1992	76.34	13.73	36.49	33.42	26.12	119.2	115.1	120.2	120.5	120.2
1993	105.48	16.23	56.71	52.77	32.54	110.3	105.0	123.0	123.8	101.7
1994	141.56	21.04	78.94	72.80	41.57	115.1	100.7	130.7	130.4	105.6
1995	177.64	29.25	93.46	85.68	54.93	116.5	114.7	117.8	116.8	115.8
1996	178.75	31.93	82.52	73.56	64.30	102.2	108.3	98.7	97.4	104.0
1997	201.07	33.54	91.26	82.07	76.27	115.0	110.8	110.4	110.8	122.8
1998	216.86	34.74	96.04	87.48	86.08	107.9	101.8	105.6	106.7	113.0
1999	228.37	35.60	99.09	91.10	93.68	107.3	106.8	105.9	106.3	109.1
2000	251.56	37.36	107.26	99.70	106.93	109.0	105.3	108.7	109.6	110.7
2001	283.68	39.40	119.84	111.59	124.45	111.1	106.8	112.2	112.8	111.4
2002	314.63	42.86	135.51	124.07	136.27	113.7	106.9	117.8	115.8	111.7
2003	361.57	44.61	168.73	150.61	148.23	111.9	104.6	117.2	112.4	108.7
2004	440.83	54.56	226.06	203.54	160.21	114.2	107.9	120.4	120.5	109.0
2005	512.00	58.95	266.11	241.78	186.95	114.0	107.3	117.5	118.6	111.6
2006	622.34	65.75	345.79	319.71	210.79	115.2	108.0	121.0	122.5	109.3
2007	755.12	77.20	437.93	407.55	239.99	115.6	106.8	119.4	119.9	112.2
2008	905.26	85.52	543.66	505.78	276.08	114.1	105.1	118.6	119.2	109.0
2009	1046.05	90.45	636.43	588.07	319.18	116.3	105.4	120.1	119.1	112.4
2010	1315.31	109.48	839.96	776.84	365.87	115.8	105.4	120.4	119.9	109.8
2011	1579.72	135.86	1003.68	923.21	440.17	110.8	105.7	111.7	111.3	110.3
2012	1820.61	147.38	1147.36	1055.69	525.87	111.5	106.1	111.7	111.6	112.6

22－3 续表 continued

年份 Year	全社会固定资产投资 (亿元) Total Investment in Fixed Assets (100 million yuan)	社会消费品零售总额 (亿元) Total Retail Sales of Consumption Goods (100 million yuan)	进出口 (万美元) Total Exports & Imports (10 000 USD)	出口 Exports	财政收入 (亿元) Finance Revenue (100 million yuan)	公共财政预算收入 Public Budget Income	公共财政预算支出 (亿元) Public Budget Expenditure (100 million yuan)	城镇居民人均可支配收入（元） Per Capita Annual Disposable Income of Urban Households (yuan)	农村居民人均纯收入（元） Per Capita Net Income of Rural Residents (yuan)
1978	1.23	3.63			2.79	2.79	1.15		82
1979	0.96	3.93			2.99	2.99	0.73		91
1980	1.73	4.75			2.96	2.96	0.79	384	81
1981	1.33	5.45			3.24	3.24	0.80	431	103
1982	1.68	6.04			3.41	3.41	0.96	467	159
1983	1.81	6.61			2.92	2.92	0.97	489	254
1984	2.99	7.30			3.34	3.34	1.17	586	270
1985	4.88	9.43			4.37	4.37	1.95	668	316
1986	5.37	10.96			4.91	4.91	3.32	841	352
1987	8.67	12.54			5.76	5.76	3.95	966	392
1988	9.76	16.97			6.43	6.43	4.10	1119	453
1989	7.63	18.25			7.23	7.23	4.88	1260	518
1990	6.59	18.84			7.55	7.55	5.26	1515	586
1991	10.71	21.66			7.81	7.69	5.35	1794	694
1992	15.64	26.54			8.40	8.40	5.72	2105	783
1993	35.34	39.75			13.10	13.10	9.22	3267	890
1994	45.78	48.38			17.07	6.92	8.35	3912	1120
1995	38.68	60.48			18.78	8.26	9.71	4508	1440
1996	40.54	63.06			18.34	7.78	11.68	4805	1701
1997	41.36	72.65			20.90	9.32	12.06	5457	2035
1998	46.17	74.45			25.74	13.05	13.95	5552	2155
1999	45.46	77.43			27.93	13.93	16.60	5328	2183
2000	44.83	81.15			33.09	16.86	19.48	5740	1658
2001	50.77	94.57	21317	14022	42.20	21.76	27.43	7547	1797
2002	75.78	102.86	26813	14632	49.00	23.24	30.77	7928	1954
2003	109.37	90.90	28454	13922	58.19	27.13	38.37	8370	2082
2004	141.32	175.50	59342	19236	67.74	29.81	43.73	9155	2250
2005	171.76	200.25	69599	21250	80.19	28.18	49.48	9556	2534
2006	200.69	230.50	101256	39472	95.20	34.85	62.61	11002	2914
2007	302.04	274.08	133110	68613	116.38	40.37	74.93	12866	3497
2008	430.30	344.33	202586	93049	140.13	52.44	96.36	14474	3956
2009	681.86	400.98	167882	36484	157.64	61.41	127.48	16017	4330
2010	1004.88	480.00	281894	62952	201.18	74.64	155.03	17766	4935
2011	1304.57	568.80	278372	92446	229.60	89.45	184.29	19615	5721
2012	1683.13	661.84	311234	90678	260.18	113.55	221.17	22181	6746

注：1. 城镇居民人均可支配收入2004年（含2004年）以前为城市居民人均可支配收入。
2. 2000年以后农民人均纯收入统计口径调整。

Note:1. The statistical range of indicator "Per Capita Annual Disposable Income of Urban Households" is the household in cities in and before 2004.
2. After 2000 the statistical range of "Per Capita Net Income of Farmers" has been adjusted.

22－4 桂林市主要经济指标情况（1978－2012年）
Main Economic Indicators of Guilin（1978－2012）

年份 Year	生产总值（按当年价格，亿元）Gross Domestic Product (current prices, 100 million yuan)	第一产业 Primary Industry	第二产业 Secondary Industry	工业 Industry	第三产业 Tertiary Industry	生产总值指数（上年=100）Indices of Gross Domestic Product (preceding year=100)	第一产业 Primary Industry	第二产业 Secondary Industry	工业 Industry	第三产业 Tertiary Industry
1978	11.22	4.87	3.96	3.66	2.39	111.2	105.1	109.9	109.7	123.8
1979	12.57	5.70	4.32	3.94	2.55	108.3	111.1	107.8	106.1	103.3
1980	13.76	6.11	4.73	4.26	2.92	103.7	97.9	109.2	108.3	107.6
1981	14.54	6.44	4.85	4.28	3.25	103.3	102.9	99.9	98.4	109.8
1982	15.96	7.36	4.95	4.36	3.65	107.4	109.0	103.6	103.6	110.0
1983	17.71	8.26	5.35	4.77	4.10	107.4	107.4	106.1	107.6	109.2
1984	19.69	8.54	6.02	5.26	5.13	109.9	100.5	114.4	114.5	120.9
1985	24.42	10.47	7.54	6.55	6.40	114.9	107.4	121.1	118.1	118.4
1986	28.54	11.30	9.31	7.89	7.93	109.5	102.3	113.0	113.5	114.9
1987	34.47	12.92	11.37	9.16	10.19	110.4	100.7	111.8	108.1	120.6
1988	41.82	16.08	13.21	11.00	12.53	105.3	101.7	105.6	107.3	108.7
1989	45.06	16.96	14.23	12.22	13.87	100.8	104.9	100.4	102.7	97.1
1990	49.88	20.45	14.44	12.36	15.00	103.0	102.4	101.7	102.0	105.3
1991	57.13	22.20	17.01	15.06	17.93	113.5	109.3	116.8	120.9	116.1
1992	70.87	25.95	23.27	20.42	21.64	117.8	110.3	131.4	132.2	114.2
1993	96.93	32.33	35.29	30.65	29.31	119.8	107.9	137.2	138.5	118.2
1994	134.28	50.33	43.41	37.88	40.54	112.4	111.2	113.1	113.7	113.0
1995	178.03	65.00	57.62	49.75	55.41	118.5	119.4	117.4	114.9	118.9
1996	223.11	80.71	69.17	59.33	73.22	121.0	116.8	120.3	119.9	126.7
1997	247.31	90.03	74.85	64.18	82.42	111.9	118.2	106.9	106.5	110.7
1998	259.64	90.67	82.92	70.89	86.05	107.8	102.7	113.7	113.8	107.4
1999	278.32	96.27	85.33	72.39	96.72	109.5	106.2	109.2	108.5	113.3
2000	302.49	99.50	93.57	79.49	109.42	110.1	105.2	111.3	111.7	113.6
2001	332.53	104.96	101.41	86.81	126.16	109.8	107.3	109.1	110.5	112.7
2002	360.78	107.50	112.47	95.60	140.81	109.2	102.5	111.6	110.9	112.8
2003	391.54	105.63	139.89	117.51	146.02	109.8	106.0	112.1	110.2	110.5
2004	459.16	118.05	170.73	143.52	170.38	113.1	109.2	115.9	115.8	113.4
2005	512.03	119.89	186.99	155.67	205.15	113.6	107.9	118.8	119.9	112.7
2006	595.52	133.42	234.83	200.34	227.27	112.2	106.5	116.3	117.8	111.8
2007	724.05	157.72	290.76	250.60	275.56	114.8	105.8	121.2	122.7	113.7
2008	851.59	171.42	357.46	308.71	322.71	112.9	106.0	118.2	119.7	111.1
2009	948.23	177.90	412.00	354.05	358.33	113.8	105.3	117.6	116.7	113.9
2010	1103.56	203.31	492.35	417.93	407.89	113.8	104.8	120.7	120.2	110.3
2011	1327.57	247.11	615.08	519.85	465.37	111.8	105.2	118.7	118.9	106.7
2012	1485.02	271.84	697.46	585.55	515.71	113.1	106.7	119.3	119.8	108.0

22－4 续表 continued

年份 Year	全社会固定资产投资（亿元） Total Investment in Fixed Assets (100 million yuan)	社会消费品零售总额（亿元） Total Retail Sales of Consumption Goods (100 million yuan)	进出口（万美元） Total Exports & Imports (10 000 USD)	出口 Exports	财政收入（亿元） Finance Revenue (100 million yuan)	公共财政预算收入 Public Budget Income	公共财政预算支出（亿元） Public Budget Expenditure (100 million yuan)	城镇居民人均可支配收入（元） Per Capita Annual Disposable Income of Urban Households (yuan)	农村居民人均纯收入（元） Per Capita Net Income of Rural Residents (yuan)
1978	0.91	4.17			0.92				
1979	0.98	4.74			0.94				
1980	1.48	5.60			0.96				
1981	1.38	6.00			1.09				
1982	1.73	6.34			1.24				
1983	1.73	6.70			1.40				
1984	1.76	8.03			1.56				
1985	3.27	11.02			1.74				
1986	5.75	12.17			2.07				
1987	8.77	15.17			2.74				
1988	9.58	19.88	435	435	3.72				
1989	7.60	20.71	1841	1653	4.65				
1990	7.34	22.22	2696	1791	5.07				513
1991	7.50	24.86	4143	2737	8.03				689
1992	12.71	28.84	5185	4278	8.87				735
1993	25.36	37.57	8404	5736	9.48				872
1994	33.09	50.75	9204	8454	12.86				1137
1995	42.58	67.28	19114	16360	15.32				1575
1996	53.02	82.49	23661	14763	17.97				2075
1997	58.62	90.30	24253	16044	20.68				2347
1998	63.20	95.92	23945	13300	22.73	14.76	19.92		2570
1999	69.83	104.17	20887	11267	23.16	15.21	21.77		2673
2000	79.23	113.52	26167	12909	24.22	15.89	24.15		2878
2001	88.51	124.12	21277	11940	29.52	20.52	30.92		2063
2002	97.41	136.04	23813	14158	32.90	20.19	36.57		2195
2003	111.05	103.95	26227	16488	37.04	22.13	40.95		2354
2004	146.90	142.88	35468	23861	42.74	25.52	45.09	8149	2638
2005	198.73	164.78	44155	30843	51.61	24.78	54.62	9268	3003
2006	260.87	191.17	58426	42871	59.33	29.70	64.80	10713	3391
2007	403.05	228.79	79243	53074	72.50	36.32	84.67	12908	3908
2008	485.96	284.77	101058	69541	85.55	45.18	117.15	14636	4465
2009	659.35	330.92	73600	51547	97.64	55.15	141.71	16221	4833
2010	908.56	391.53	90743	62220	121.08	67.08	183.59	17949	5487
2011	1140.53	462.36	95655	71700	141.94	80.75	232.67	19882	6325
2012	1462.40	536.35	97487	78858	163.56	106.01	261.33	22300	7328

22－5 梧州市主要经济指标情况（1978－2012年）
Main Economic Indicators of Wuzhou（1978－2012）

年份 Year	生产总值（按当年价格，亿元）Gross Domestic Product (current prices, 100 million yuan)	第一产业 Primary Industry	第二产业 Secondary Industry	工业 Industry	第三产业 Tertiary Industry	生产总值指数（上年=100）Indices of Gross Domestic Product (preceding year=100)	第一产业 Primary Industry	第二产业 Secondary Industry	工业 Industry	第三产业 Tertiary Industry
1978	6.07	3.07	1.77	1.64	1.22	125.2	109.8	172.9	175.3	117.0
1979	6.32	3.17	1.87	1.68	1.28	113.8	123.4	107.7	105.7	101.3
1980	6.99	3.42	2.11	1.91	1.46	105.6	107.3	103.4	103.0	104.5
1981	7.88	3.46	2.46	2.22	1.96	109.2	93.4	116.0	116.8	130.5
1982	9.07	4.23	2.73	2.43	2.11	106.2	111.7	106.3	160.1	104.6
1983	9.85	4.50	2.81	2.52	2.49	105.2	104.0	100.8	99.7	113.5
1984	10.62	5.03	2.89	2.59	2.70	105.7	107.4	102.5	103.2	106.0
1985	12.68	5.75	3.54	3.14	3.40	97.4	110.5	116.1	114.0	115.4
1986	14.41	6.20	4.02	3.58	4.18	127.8	107.3	107.7	109.1	117.1
1987	17.91	7.68	5.17	4.65	5.06	113.2	111.8	114.3	115.9	114.4
1988	21.96	9.16	6.43	5.71	6.36	109.2	103.9	112.5	110.9	114.1
1989	25.35	10.61	7.25	6.48	7.49	106.1	108.1	105.0	107.5	104.6
1990	30.69	13.08	7.09	6.36	10.52	119.7	114.5	104.6	102.0	142.9
1991	35.02	14.31	7.86	7.04	12.85	117.3	114.5	113.9	118.7	125.1
1992	45.24	17.51	11.03	9.75	16.70	116.6	111.1	109.4	106.4	129.5
1993	59.36	21.16	17.51	15.67	20.69	120.5	109.0	155.1	162.0	112.7
1994	73.24	27.81	21.77	19.29	23.66	104.4	102.6	114.6	114.1	98.0
1995	86.27	32.72	25.00	21.75	28.56	105.9	106.9	105.5	103.3	105.0
1996	96.55	35.96	28.98	25.69	31.60	108.5	106.1	115.8	118.0	104.4
1997	107.21	37.57	33.95	29.91	35.69	112.4	105.2	119.3	119.0	113.9
1998	112.00	38.85	34.19	29.63	38.96	105.5	99.7	105.0	104.2	112.9
1999	115.78	39.95	34.67	30.51	41.16	108.2	107.5	107.3	108.9	109.7
2000	127.08	41.77	38.51	33.27	46.79	108.1	101.9	110.2	108.9	112.1
2001	139.05	43.13	41.64	35.86	54.28	108.4	105.2	107.8	108.1	111.8
2002	153.16	46.10	47.06	39.86	60.00	110.2	106.8	111.5	109.7	111.9
2003	162.00	40.22	56.02	46.32	65.76	109.5	100.8	120.2	116.5	107.6
2004	196.61	47.74	75.93	60.42	72.95	114.2	109.7	124.8	119.9	108.1
2005	228.40	49.83	97.61	81.07	80.96	114.6	105.8	121.0	119.4	114.1
2006	270.42	52.96	126.23	109.40	91.22	114.6	105.2	123.0	127.6	110.2
2007	319.57	59.67	165.00	145.61	94.91	115.6	102.8	126.6	129.0	108.4
2008	400.12	66.45	215.50	190.96	118.17	114.9	104.1	123.6	124.9	107.0
2009	453.65	69.53	246.60	215.91	137.52	117.6	106.6	123.7	122.9	113.0
2010	579.28	79.96	341.23	304.60	158.10	117.8	104.8	125.3	126.8	110.2
2011	742.49	96.02	465.84	422.43	180.62	114.3	105.6	119.6	120.9	107.4
2012	832.58	104.84	525.22	479.88	202.52	113.6	105.1	117.5	119.0	108.5

22—5 续表 continued

年份 Year	全社会固定资产投资（亿元）Total Investment in Fixed Assets (100 million yuan)	社会消费品零售总额（亿元）Total Retail Sales of Consumption Goods (100 million yuan)	进出口（万美元）Total Exports & Imports (10 000 USD)	出口 Exports	财政收入（亿元）Finance Revenue (100 million yuan)	公共财政预算收入 Public Budget Income	公共财政预算支出（亿元）Public Budget Expenditure (100 million yuan)	城镇居民人均可支配收入（元）Per Capita Annual Disposable Income of Urban Households (yuan)	农村居民人均纯收入（元）Per Capita Net Income of Rural Residents (yuan)
1978	0.33	2.53			0.90	0.90	0.60	442	85
1979	0.40	2.78			0.82	0.82	0.56	449	88
1980	0.50	3.30			0.95	0.95	0.61	458	94
1981	0.58	3.61		16735	1.04	1.04	0.71	459	93
1982	0.84	3.79		16577	1.06	1.06	0.75	486	133
1983	0.90	4.01		16374	1.05	1.05	0.81	472	230
1984	0.88	4.40		14713	1.14	1.14	1.02	589	264
1985	1.31	6.15		15454	1.42	1.42	1.21	776	327
1986	2.00	7.17		19573	1.54	1.54	1.77	942	385
1987	2.41	8.57	29089	20611	1.89	1.89	1.95	1093	453
1988	3.32	10.82	28502	19393	2.34	2.34	2.43	1571	516
1989	3.94	11.74	23785	18333	2.62	2.62	2.86	1724	555
1990	4.10	12.10	22940	19171	2.71	2.71	3.26	1890	598
1991	5.00	13.89	24707	19556	3.44	3.44	3.49	2314	662
1992	9.72	17.53	37416	23636	3.75	3.75	4.02	2315	803
1993	16.51	23.10	44064	24692	5.16	5.16	4.92	3246	1054
1994	19.55	31.61	47494	26422	4.07	3.29	5.32	4309	1247
1995	24.86	37.76	42880	23103	6.61	4.13	5.85	4909	1565
1996	21.48	42.49	24490	16105	7.58	4.65	6.36	4945	2015
1997	23.10	46.21	21211	13956	8.18	5.31	6.87	4934	2212
1998	23.95	48.27	18951	9781	8.84	5.92	8.25	4838	2302
1999	13.42	52.17	17340	9818	9.08	6.16	8.96	5415	2394
2000	20.73	57.55	19569	12400	9.88	6.87	10.27	5221	2442
2001	26.32	63.32	10621	14300	11.32	8.12	13.76	5838	1784
2002	30.14	69.54	15406	18293	12.59	8.20	16.46	6282	1897
2003	41.70	76.40	21223	21975	14.26	9.17	19.25	6785	2007
2004	73.04	71.31	37304	25724	17.64	11.94	22.02	7062	2292
2005	99.89	85.55	45805	29260	20.25	11.99	27.21	8118	2575
2006	121.94	98.04	44051	29073	23.08	13.71	33.84	9449	2879
2007	151.37	115.59	51494	32191	27.03	15.27	43.66	11362	3252
2008	198.31	146.54	50845	36114	32.42	18.13	50.91	13268	3854
2009	330.37	171.09	55835	38763	40.06	23.49	71.71	14747	4218
2010	468.42	191.77	64221	44548	56.13	32.42	90.96	16427	4879
2011	631.65	224.08	79616	52508	76.14	44.91	118.55	18239	5651
2012	858.09	257.21	121038	44127	101.02	73.83	159.21	20563	6592

22－6 北海市主要经济指标情况（1978－2012年）
Main Economic Indicators of Beihai（1978－2012）

年份 Year	生产总值（按当年价格，亿元）Gross Domestic Product (current prices, 100 million yuan)	第一产业 Primary Industry	第二产业 Secondary Industry	工业 Industry	第三产业 Tertiary Industry	生产总值指数（上年=100）Indices of Gross Domestic Product (preceding year=100)	第一产业 Primary Industry	第二产业 Secondary Industry	工业 Industry	第三产业 Tertiary Industry
1978	2.86	1.72	0.78	0.73	0.35	100.8	98.8	101.9	101.2	109.6
1979	3.21	1.82	1.92	0.86	0.47	103.7	101.1	102.7	102.3	118.4
1980	3.67	1.86	1.19	0.99	0.61	110.4	104.5	123.4	110.9	116.7
1981	3.77	1.94	1.16	1.04	0.67	105.4	104.8	99.6	107.5	116.4
1982	4.44	2.48	1.14	1.01	0.83	108.4	115.8	99.5	97.0	95.1
1983	4.79	2.51	1.28	1.12	1.00	107.7	104.4	116.1	111.8	109.8
1984	5.16	2.33	1.45	1.24	1.38	110.2	98.0	100.4	108.4	171.4
1985	6.83	3.04	2.27	1.65	1.52	107.8	93.8	140.1	128.2	111.8
1986	8.01	3.28	2.77	2.10	1.96	117.7	105.7	128.3	126.1	128.8
1987	9.47	3.98	3.02	2.24	2.47	103.3	110.4	105.0	106.8	105.1
1988	12.08	5.01	3.75	3.16	3.32	110.0	105.6	120.5	124.1	106.1
1989	13.81	6.30	3.94	3.43	3.57	104.6	109.2	101.2	103.2	101.4
1990	17.61	8.05	4.78	4.19	4.78	125.6	138.9	108.4	107.2	123.0
1991	21.21	9.52	5.92	5.08	5.77	107.9	98.1	116.7	114.0	117.8
1992	31.55	11.94	9.82	7.37	9.79	142.1	115.5	164.3	150.0	162.3
1993	54.31	15.03	20.51	12.78	18.77	146.3	104.3	179.2	162.0	160.4
1994	75.45	19.72	28.24	20.94	27.49	118.1	111.6	123.7	140.0	116.6
1995	88.26	26.16	27.61	21.04	34.49	102.6	117.9	89.2	89.6	108.1
1996	91.62	29.23	24.04	18.63	40.03	102.6	105.7	94.3	97.9	108.7
1997	95.33	29.99	26.03	21.85	39.31	101.6	101.1	101.0	105.6	102.4
1998	102.63	32.58	30.02	24.19	40.03	109.4	108.7	115.0	111.8	105.2
1999	107.63	34.96	29.75	24.63	42.97	106.9	107.4	103.7	105.9	109.6
2000	113.67	35.46	31.81	26.98	46.40	107.7	103.8	110.0	112.7	108.6
2001	123.44	37.39	33.87	29.26	52.18	109.3	103.4	115.6	119.8	109.4
2002	134.39	39.43	36.77	31.05	58.19	110.4	104.6	113.5	112.3	112.3
2003	140.14	39.08	42.82	33.29	58.24	111.8	102.9	123.6	116.4	110.7
2004	155.53	42.76	51.92	44.57	60.85	111.3	103.1	120.2	123.7	110.7
2005	164.61	51.76	49.81	41.64	63.04	121.9	107.9	137.8	139.9	123.9
2006	179.25	56.08	59.32	50.36	63.85	110.9	104.2	118.9	120.9	110.2
2007	225.95	63.53	71.79	61.32	90.62	117.9	104.8	128.0	130.6	119.5
2008	276.50	70.60	96.60	82.50	109.30	116.8	103.7	125.8	126.0	117.8
2009	321.06	77.07	118.40	100.70	125.60	116.2	104.7	123.0	122.0	116.5
2010	401.41	87.17	167.88	144.92	146.36	117.6	103.7	132.3	133.5	110.0
2011	496.60	115.50	207.40	176.10	173.80	118.2	103.1	131.9	132.9	111.4
2012	630.09	127.37	303.75	267.77	198.97	121.7	104.3	138.3	141.9	108.7

22－6 续表 continued

年份 Year	全社会固定资产投资（亿元） Total Investment in Fixed Assets (100 million yuan)	社会消费品零售总额（亿元） Total Retail Sales of Consumption Goods (100 million yuan)	进出口（万美元） Total Exports & Imports (10 000 USD)	出口 Exports	财政收入（亿元） Finance Revenue (100 million yuan)	公共财政预算收入 Public Budget Income	公共财政预算支出（亿元） Public Budget Expenditure (100 million yuan)	城镇居民人均可支配收入（元） Per Capita Annual Disposable Income of Urban Households (yuan)	农村居民人均纯收入（元） Per Capita Net Income of Rural Residents (yuan)
1978	0.27	1.15	3005	3005	0.32	0.32	0.21		
1979	0.29	1.31	3040	3040	0.33	0.33	0.23		
1980	1.01	1.67	3893	3893	0.37	0.37	0.30		
1981	0.61	1.94	3676	3676	0.40	0.40	0.33		
1982	0.64	2.24	3948	3948	0.45	0.45	0.34		
1983	0.55	2.46	4192	4191	0.46	0.46	0.31	539	239
1984	1.06	2.75	3731	3731	0.52	0.52	0.54	754	316
1985	2.03	3.84	10236	9218	0.78	0.78	0.73	828	400
1986	2.77	4.69	8409	7389	0.86	0.86	1.21	998	417
1987	2.65	5.00	10634	9218	0.93	0.93	1.14	1122	458
1988	3.01	6.77	8353	6929	1.10	1.10	1.10	1296	546
1989	2.35	6.74	16828	8794	1.32	1.32	1.65	1376	586
1990	3.11	7.07	14510	8998	1.59	1.59	1.82	1591	738
1991	3.85	7.86	17182	8462	1.95	1.95	2.25	1910	786
1992	10.05	9.72	24409	9430	2.85	2.85	2.70	2727	869
1993	36.58	15.42	13865	9318	5.68	5.68	5.27	4516	1281
1994	34.75	18.61	16592	8373	6.77	5.33	6.88	5649	1635
1995	25.81	21.57	39655	8260	8.30	5.87	7.96	6365	2224
1996	17.48	24.01	26976	7768	7.69	4.95	6.08	6396	2348
1997	17.58	26.30	32096	10406	8.41	5.46	5.95	6558	2394
1998	24.11	28.68	19381	15178	9.70	6.63	8.26	6301	2366
1999	25.65	31.16	16812	13250	10.69	7.56	8.79	6483	2427
2000	21.83	34.01	7403	4876	10.20	6.54	8.98	6167	2155
2001	19.94	37.34	7327	5040	10.68	6.85	10.72	7013	2265
2002	26.60	40.75	10782	6738	11.63	7.19	13.33	7692	2454
2003	43.06	34.24	14429	8668	13.06	8.27	13.21	8015	2587
2004	51.40	40.71	15073	10656	15.32	9.72	14.63	8773	2790
2005	51.40	46.24	20079	13770	19.27	10.86	17.77	9520	3180
2006	67.24	53.41	29172	19574	23.10	14.04	24.98	10380	3414
2007	87.40	64.36	49838	30671	30.03	19.02	33.57	12334	3846
2008	200.30	82.08	71075	43863	27.03	14.34	31.26	13989	4309
2009	321.85	95.40	79643	47351	35.75	17.22	50.99	15134	4697
2010	485.26	108.00	137122	83948	47.10	27.51	63.04	16798	5426
2011	603.19	127.29	171242	113143	57.50	37.06	84.64	18656	6249
2012	725.36	146.51	207820	118382	100.10	41.13	98.73	21202	7227

22－7　防城港市主要经济指标情况（1978－2012年）

Main Economic Indicators of Fangchenggang（1978－2012）

年份 Year	生产总值（按当年价格，亿元）Gross Domestic Product (current prices, 100 million yuan)	第一产业 Primary Industry	第二产业 Secondary Industry	工业 Industry	第三产业 Tertiary Industry	生产总值指数（上年=100）Indices of Gross Domestic Product (preceding year=100)	第一产业 Primary Industry	第二产业 Secondary Industry	工业 Industry	第三产业 Tertiary Industry
1978	1.08	0.56	0.29	0.22	0.23	—	—	—	—	—
1980	1.26	0.68	0.30	0.21	0.28	102.5	105.4	90.3	102.1	108.7
1985	2.56	1.56	0.42	0.30	0.58	103.3	101.7	103.9	99.3	107.2
1986	3.09	1.73	0.62	0.51	0.75	124.4	118.0	143.7	164.1	127.8
1987	3.71	1.89	0.70	0.58	1.12	114.0	107.2	106.9	107.5	136.1
1988	4.68	2.34	0.86	0.65	1.48	102.6	90.5	110.8	103.3	120.6
1989	5.82	3.30	0.90	0.73	1.62	117.4	140.0	104.3	110.3	92.3
1990	6.98	4.02	1.04	0.84	1.92	110.1	104.2	121.2	119.4	115.9
1991	8.24	4.33	1.59	1.20	2.32	116.7	100.8	124.9	118.8	142.3
1992	12.38	6.08	2.02	1.37	4.29	127.9	105.1	143.0	143.2	150.8
1993	17.49	6.12	4.33	3.00	7.04	124.8	100.2	150.6	148.6	134.2
1994	24.66	8.95	7.51	5.71	8.20	122.3	120.9	151.6	160.3	104.9
1995	29.26	11.73	7.01	5.60	10.52	112.2	115.2	106.4	113.3	115.1
1996	36.66	13.96	10.27	8.17	12.43	116.8	121.0	126.4	122.3	105.3
1997	44.64	18.11	12.08	9.72	14.45	115.1	116.5	118.1	118.4	110.7
1998	49.04	19.27	13.12	10.30	16.65	112.0	109.3	111.8	109.5	114.8
1999	52.05	19.46	14.06	11.35	18.54	108.2	104.5	107.3	108.2	112.6
2000	55.03	19.99	14.28	11.57	20.77	107.4	100.6	111.0	113.2	110.0
2001	60.03	20.18	16.12	13.12	23.72	108.8	103.3	114.2	114.9	110.5
2002	66.53	20.40	20.05	17.41	26.09	113.1	102.7	129.6	138.6	110.6
2003	72.53	20.70	21.41	18.09	30.42	110.7	106.2	116.1	114.9	109.8
2004	83.32	21.67	27.38	22.34	34.28	111.7	104.8	118.9	114.3	110.8
2005	99.14	26.04	35.22	29.72	37.87	116.0	105.3	130.9	135.6	111.0
2006	122.78	29.54	48.55	41.23	44.70	119.8	107.6	132.9	133.2	116.0
2007	162.91	32.87	72.71	64.34	57.33	120.8	105.7	127.3	130.3	123.5
2008	213.34	36.45	99.38	87.94	77.50	120.2	104.9	120.7	120.3	127.9
2009	251.04	39.88	124.93	109.73	86.23	122.6	104.7	136.2	136.0	116.5
2010	320.42	47.43	159.77	138.19	113.21	117.8	105.7	120.1	117.4	119.9
2011	413.77	57.79	217.63	187.32	138.35	115.3	105.8	119.0	117.4	114.0
2012	443.99	61.16	233.56	197.64	149.28	112.2	105.7	117.8	117.8	106.5

22－7 续表 continued

年份 Year	全社会固定资产投资（亿元） Total Investment in Fixed Assets (100 million yuan)	社会消费品零售总额（亿元） Total Retail Sales of Consumption Goods (100 million yuan)	进出口（万美元） Total Exports & Imports (10 000 USD)	出口 Exports	财政收入（亿元） Finance Revenue (100 million yuan)	公共财政预算收入 Public Budget Income	公共财政预算支出（亿元） Public Budget Expenditure (100 million yuan)	城镇居民人均可支配收入（元） Per Capita Annual Disposable Income of Urban Households (yuan)	农村居民人均纯收入（元） Per Capita Net Income of Rural Residents (yuan)
1978	0.32	0.57			0.08	0.08	0.18		72
1980	0.35	0.77			0.91	0.91	0.22		78
1985	0.58	1.12			0.17	0.17	0.41		246
1986	0.76	1.92			0.21	0.21	0.60		286
1987	0.90	2.11			0.25	0.25	0.72		296
1988	1.41	2.84			0.33	0.33	0.75		338
1989	0.68	3.34			0.50	0.50	0.89		387
1990	0.92	3.52	1348	1043	0.58	0.51	1.17		443
1991	1.90	3.68	1642	1399	0.93	0.56	1.33		535
1992	2.45	5.11	1348	1063	1.57	0.94	1.93		862
1993	8.56	6.70	1738	1049	2.92	2.92	2.71		877
1994	10.41	9.83	3730	2417	3.64	2.30	4.08		1020
1995	13.13	12.79	17715	10863	3.84	2.47	4.72		1443
1996	11.39	14.86	19800	10146	4.04	2.62	3.97	4508	1855
1997	11.88	16.56	30353	23214	4.51	3.04	4.38	5122	2269
1998	14.42	17.93	41202	28015	5.21	3.69	5.43	5456	2503
1999	14.69	19.38	33083	21789	5.42	3.86	5.47	5591	2626
2000	15.23	20.94	24073	12593	4.13	3.26	4.74	6200	1844
2001	17.53	22.66	10459	1855	4.53	3.61	6.61	6661	2026
2002	16.03	24.29	34444	5742	5.03	3.57	7.54	7664	2163
2003	19.70	17.60	48685	7358	5.61	3.84	8.37	7869	2334
2004	30.40	20.28	73486	8358	6.78	4.72	9.14	6324	2517
2005	42.96	22.89	84953	9924	8.04	4.51	10.22	7254	2704
2006	68.96	26.37	102900	11610	10.59	5.21	13.92	9113	3172
2007	103.53	31.41	145857	19495	15.76	7.74	19.08	12159	3791
2008	146.32	39.09	220775	30660	21.92	11.70	26.22	14364	4474
2009	254.10	45.33	216891	39202	27.39	18.47	40.10	16067	4930
2010	376.84	51.84	279774	77906	35.12	22.69	52.57	17831	5628
2011	491.27	61.16	410586	94431	44.35	28.30	60.77	19722	6502
2012	550.39	71.30	489826	82804	52.38	35.55	74.73	22203	7539

注：1. 2003年及以前城镇居民人均可支配收入指标数据为城市居民人均可支配收入数据；
2. 2000年后农村居民纯收入口径有调整。

Note:1. The indicator“Per Capita Annual Disposable Income of Urban House holds”refers to the per capita annual disposable income of city residents in and before 2003.

2. The statistical range of the Pevcaptia Net Income of Farmers after 2000 has been adjusted.

22-8 钦州市主要经济指标情况（1978-2012年）
Main Economic Indicators of Qinzhou（1978-2012）

年份 Year	生产总值（按当年价格，亿元）Gross Domestic Product (current prices, 100 million yuan)	第一产业 Primary Industry	第二产业 Secondary Industry	工业 Industry	第三产业 Tertiary Industry	生产总值指数（上年=100）Indices of Gross Domestic Product (preceding year=100)	第一产业 Primary Industry	第二产业 Secondary Industry	工业 Industry	第三产业 Tertiary Industry
1978	4.46	2.80	0.85	0.70	0.80	107.0	97.1	137.7	116.7	121.3
1979	4.80	2.93	0.99	0.80	0.88	108.3	106.1	114.0	114.8	109.9
1980	6.15	4.01	1.15	0.93	0.99	122.0	127.6	115.5	114.3	110.6
1981	6.50	4.15	1.26	1.00	1.06	106.9	107.3	111.0	112.6	101.0
1982	7.79	5.38	1.22	0.95	1.19	113.6	120.7	93.0	90.2	110.2
1983	8.20	5.39	1.34	1.02	1.46	104.2	100.0	107.7	109.0	118.9
1984	8.40	5.26	1.42	1.07	1.72	95.6	88.3	105.0	104.4	114.0
1985	9.72	5.93	1.76	1.39	2.03	105.8	99.7	116.6	120.9	114.1
1986	11.79	7.20	2.25	1.82	2.34	111.8	108.2	125.4	126.8	108.9
1987	14.48	8.66	2.78	2.33	3.03	112.6	111.5	116.1	118.5	111.8
1988	16.70	9.12	3.36	2.81	4.22	101.4	90.1	106.3	107.3	124.7
1989	18.85	10.03	3.60	3.03	5.21	111.9	119.3	95.8	94.8	113.2
1990	23.92	13.33	4.07	3.46	6.52	119.8	108.7	136.8	143.1	128.0
1991	28.50	14.91	4.97	4.30	8.62	118.4	113.5	117.8	119.4	129.0
1992	38.79	21.28	7.19	5.82	10.33	132.1	139.5	140.7	135.1	113.7
1993	52.65	26.73	12.30	9.83	13.61	113.4	102.1	154.4	157.9	109.7
1994	70.12	37.74	15.03	12.36	17.35	110.0	113.5	108.4	109.9	104.3
1995	86.89	47.03	16.41	13.73	23.45	107.0	105.9	98.4	98.3	118.5
1996	97.82	51.81	17.54	14.00	28.47	108.9	102.7	115.0	112.4	116.1
1997	109.58	57.86	20.46	16.33	31.26	113.8	116.9	111.1	109.6	110.5
1998	118.23	62.98	22.29	17.58	32.96	111.9	112.0	116.4	116.7	108.0
1999	122.86	66.01	22.06	17.46	34.78	110.5	115.6	102.5	102.1	108.0
2000	131.25	68.69	23.49	19.49	39.07	104.7	101.9	103.4	106.9	111.5
2001	142.55	72.79	26.28	21.22	43.48	108.7	107.4	112.7	109.8	108.6
2002	148.12	71.02	29.02	22.98	48.08	110.9	109.8	112.1	109.9	111.9
2003	152.89	70.02	34.98	28.62	47.89	106.4	101.3	113.2	111.5	111.0
2004	171.25	72.67	43.99	35.91	54.60	113.3	113.3	116.2	114.8	111.3
2005	188.02	76.45	51.50	41.65	60.08	114.9	107.2	138.7	143.4	111.0
2006	235.95	84.29	79.50	68.52	72.15	115.1	105.3	131.4	136.4	113.6
2007	286.67	97.34	98.69	86.30	90.65	116.9	107.4	124.6	127.6	120.6
2008	345.75	107.77	124.85	107.37	113.13	115.4	103.4	121.3	120.3	122.0
2009	396.18	114.04	141.38	118.10	140.76	115.2	105.8	119.6	116.4	119.2
2010	520.67	132.21	218.51	187.91	169.90	118.0	104.9	130.6	131.4	115.5
2011	646.65	156.00	290.70	252.90	199.91	120.1	105.1	136.6	140.3	110.7
2012	691.32	166.81	289.15	237.24	235.35	111.8	106.5	114.4	111.5	111.6

22—8 续表 continued

年份 Year	全社会固定资产投资（亿元） Total Investment in Fixed Assets (100 million yuan)	社会消费品零售总额（亿元） Total Retail Sales of Consumption Goods (100 million yuan)	进出口（万美元） Total Exports & Imports (10 000 USD)	出口 Exports	财政收入（亿元） Finance Revenue (100 million yuan)	公共财政预算收入 Public Budget Income	公共财政预算支出（亿元） Public Budget Expenditure (100 million yuan)	城镇居民人均可支配收入（元） Per Capita Annual Disposable Income of Urban Households (yuan)	农村居民人均纯收入（元） Per Capita Net Income of Rural Residents (yuan)
1978	0.51	1.66			0.40	0.40	0.46		117
1979	0.57	1.93			0.42	0.42	0.44		136
1980	0.66	2.37			0.47	0.47	0.5		182
1981	0.61	2.59			0.67	0.67	0.54		206
1982	0.89	2.95			0.74	0.74	0.55		244
1983	1.01	3.29			0.61	0.61	0.51		259
1984	0.92	3.67			0.60	0.60	0.65		250
1985	0.78	4.49			0.65	0.65	0.82	620	278
1986	1.30	5.11			0.81	0.81	1.26	745	302
1987	1.27	6.14			0.93	0.93	1.4	865	455
1988	1.96	7.70			1.12	1.12	1.63	1242	506
1989	1.82	9.31			1.35	1.35	3.01	1507	494
1990	1.69	9.77			1.62	1.62	2.32	1640	655
1991	2.45	13.07			2.04	2.04	2.58	1852	663
1992	5.59	15.56			2.28	2.28	2.68	2095	800
1993	12.61	21.65			3.41	3.41	3.49	3091	985
1994	13.28	20.50			3.91	2.22	3.61	4030	1231
1995	14.16	25.18			4.39	2.68	3.97	4635	1670
1996	15.50	28.39			4.93	3.20	4.69	5098	1930
1997	15.47	32.29			5.70	3.84	5.51	5027	2174
1998	20.76	35.42			6.64	4.67	6.29	5433	2362
1999	20.80	39.06			7.44	5.79	7.68	5672	2475
2000	23.02	42.81	3357	1146	8.26	6.72	9.27	5692	2092
2001	28.93	47.37	1772	1208	8.35	5.52	11.68	6328	2278
2002	35.30	51.23	3202	2059	9.24	6.23	13.25	6734	2442
2003	44.50	55.87	4320	3598	10.19	6.99	15.59	7437	2610
2004	63.00	62.47	9056	5191	11.75	7.84	16.78	7922	2783
2005	89.85	70.76	19846	11415	14.11	9.08	20.87	8942	3091
2006	117.88	80.72	44040	13458	17.17	10.47	24.91	10041	3405
2007	165.93	95.32	84089	31384	23.56	13.04	32.37	12057	3934
2008	248.91	124.01	127008	51370	32.00	18.28	48.80	14106	4444
2009	374.65	145.09	88572	22566	38.02	21.01	66.51	15768	4843
2010	451.60	172.19	131101	32558	58.37	22.36	78.00	17356	5340
2011	558.34	204.27	298225	87518	123.10	25.57	96.98	19248	6167
2012	652.59	237.56	376656	100190	139.20	33.58	122.67	21600	7140

22－9　贵港市主要经济指标情况（1996－2012年）
Main Economic Indicators of Guigang（1996－2012）

年份 Year	生产总值（按当年价格，亿元）Gross Domestic Product (current prices, 100 million yuan)	第一产业 Primary Industry	第二产业 Secondary Industry	工业 Industry	第三产业 Tertiary Industry	生产总值指数（上年=100）Indices of Gross Domestic Product (preceding year=100)	第一产业 Primary Industry	第二产业 Secondary Industry	工业 Industry	第三产业 Tertiary Industry
1996	108.26	50.95	19.70	18.17	37.60	100.5	94.7	91.9	91.6	116.1
1997	111.58	52.03	20.58	19.26	38.98	106.7	108.9	106.5	107.8	104.2
1998	113.66	51.73	21.58	20.06	40.35	107.6	108.7	106.6	106.3	106.9
1999	115.38	51.31	21.98	20.54	42.08	105.6	106.8	103.2	103.5	105.7
2000	120.81	51.17	24.87	23.16	44.77	104.3	98.3	109.8	109.5	108.1
2001	132.35	52.59	28.11	25.98	51.65	108.5	104.7	113.4	112.9	110.0
2002	139.82	52.92	29.94	27.24	56.96	110.8	109.5	111.3	110.3	111.9
2003	156.92	52.51	38.58	33.98	65.83	111.4	104.9	125.0	121.4	110.6
2004	191.18	62.21	53.52	46.24	75.45	112.8	106.9	123.9	121.0	111.5
2005	222.82	66.01	72.63	60.23	84.19	116.2	107.4	137.8	133.2	109.3
2006	260.02	70.08	88.85	75.17	101.09	112.9	105.1	120.3	122.6	112.7
2007	330.56	83.30	127.51	111.25	119.75	117.0	102.9	133.2	136.4	112.4
2008	386.82	96.34	153.46	133.62	137.02	111.3	105.2	111.8	112.0	115.0
2009	437.73	96.92	182.21	158.37	158.61	115.2	104.8	120.7	120.2	115.6
2010	544.66	108.05	248.25	218.78	188.35	114.0	104.6	120.6	120.8	112.0
2011	630.82	138.79	264.49	228.92	227.54	106.1	105.4	105.2	104.4	107.8
2012	679.18	148.68	273.38	229.15	257.13	110.2	106.1	112.0	110.4	110.1

22—9 续表 continued

年份 Year	全社会固定资产投资(亿元) Total Investment in Fixed Assets (100 million yuan)	社会消费品零售总额(亿元) Total Retail Sales of Consumption Goods (100 million yuan)	进出口(万美元) Total Exports & Imports (10 000 USD)	出口 Exports	财政收入(亿元) Finance Revenue (100 million yuan)	公共财政预算收入 Public Budget Income	公共财政预算支出(亿元) Public Budget Expenditure (100 million yuan)	城镇居民人均可支配收入(元) Per Capita Annual Disposable Income of Urban Households (yuan)	农村居民人均纯收入(元) Per Capita Net Income of Rural Residents (yuan)
1996	7.75	45.39	6432	4560	6.42	4.19	5.22		1906
1997	9.06	43.9	7063	5359	6.46	4.21	5.35		2103
1998	12.26	46.79	3115.3	2502	7.24	4.98	6.58		2179
1999	13.04	49.37	1173	749	7.41	5.39	7.33		2114
2000	17.29	53.67	1892	1628	8.03	5.81	8.12		1868
2001	21.09	58.58	1553	1122	9.00	6.46	10.97		1979
2002	29.47	63.46	5046	2513	10.03	6.59	12.88		2091
2003	36.35	70.7	5666	4254	12.04	8.09	15.47		2228
2004	58.61	79.96	6306	5130	14.31	9.56	18.42	6209	2399
2005	129.43	91.42	7777	5443	17.05	9.21	22.01	7642	2693
2006	149.56	104.5	9544	6144	19.08	10.97	27.33	8938	2961
2007	155.9	123.8	11474	8515	23.02	12.29	35.31	10717	3472
2008	220.07	155.86	16388	9525	29.07	15.62	47.44	12666	4049
2009	290.18	181.08	14324	11131	34.03	19.53	64.24	13915	4504
2010	385.29	209.54	17386	12090	40.02	21.44	90.80	15531	5289
2011	430.02	245.97	27228	14033	43.33	21.69	106.07	17017	6257
2012	552.24	284.05	23144	10609	50.03	26.57	126.24	19314	7253

22－10　玉林市主要经济指标情况（1978－2012年）
Main Economic Indicators of Yulin（1978－2012）

年份 Year	生产总值（按当年价格，亿元）Gross Domestic Product (current prices, 100 million yuan)	第一产业 Primary Industry	第二产业 Secondary Industry	工业 Industry	第三产业 Tertiary Industry	生产总值指数（上年=100）Indices of Gross Domestic Product (preceding year=100)	第一产业 Primary Industry	第二产业 Secondary Industry	工业 Industry	第三产业 Tertiary Industry
1978	9.12	5.79	1.66	1.43	1.67	102.0	101.2	107.6	116.1	97.2
1979	9.18	5.75	1.61	1.30	1.82	99.7	93.9	95.9	90.5	127.3
1980	10.42	6.76	1.66	1.41	2.00	110.8	109.9	94.4	112.7	113.5
1981	11.64	7.45	1.89	1.59	2.30	112.8	112.1	114.5	113.3	113.5
1982	13.86	9.01	2.17	1.84	2.69	118.5	120.7	113.2	106.1	116.7
1983	14.36	9.01	2.34	1.94	3.01	100.7	95.6	108.5	100.5	109.9
1984	15.45	9.41	2.58	2.02	3.46	106.4	101.3	109.1	94.8	117.7
1985	17.63	10.11	3.42	2.92	4.10	105.2	93.9	120.5	167.7	119.4
1986	20.74	11.55	4.32	3.64	4.87	112.4	108.7	121.9	125.5	111.9
1987	26.98	14.67	5.75	4.92	6.56	120.9	111.9	128.9	133.9	130.0
1988	33.57	18.31	7.31	6.23	7.95	106.6	101.4	114.8	113.7	107.8
1989	35.97	19.62	7.78	6.51	8.58	101.2	108.8	101.9	106.0	89.9
1990	41.13	23.99	8.24	6.79	8.90	109.1	107.8	103.3	107.3	117.0
1991	50.40	27.30	11.31	9.61	11.79	112.6	106.4	128.9	129.0	118.9
1992	65.31	30.29	18.97	16.69	16.04	126.6	109.3	156.1	156.1	135.0
1993	97.97	36.08	36.67	33.29	25.22	125.2	103.8	143.2	153.1	117.5
1994	134.92	52.92	49.25	45.40	32.75	115.6	119.0	112.5	112.1	115.4
1995	156.08	63.65	50.71	46.01	41.71	111.2	110.0	113.1	113.5	110.0
1996	168.34	72.91	51.46	46.67	43.97	104.5	106.0	101.9	101.8	103.6
1997	173.51	77.16	51.58	47.14	44.77	104.3	107.0	101.3	101.2	104.7
1998	187.40	80.87	57.77	52.88	48.76	109.2	106.5	111.2	112.4	110.6
1999	191.15	80.37	57.10	52.59	53.68	106.5	107.4	102.8	103.3	111.0
2000	199.64	78.42	60.70	55.58	60.52	106.1	98.5	109.4	109.4	112.9
2001	213.91	81.59	61.17	55.55	71.14	107.4	105.1	107.8	107.9	110.1
2002	231.70	80.61	71.50	65.34	79.59	110.4	105.8	116.7	117.6	110.1
2003	258.45	79.68	84.99	77.24	93.78	108.3	98.0	116.8	116.4	111.9
2004	312.68	99.49	101.03	87.80	112.16	115.2	112.3	122.1	117.2	110.8
2005	352.60	100.62	120.80	104.41	131.19	113.1	106.8	117.5	116.8	114.6
2006	410.96	107.62	148.64	129.90	154.70	113.5	107.0	119.2	120.1	113.4
2007	501.39	128.88	187.06	164.60	185.45	115.2	105.1	121.6	122.4	116.5
2008	602.83	149.49	230.32	201.70	223.02	112.8	105.8	114.7	114.7	115.4
2009	683.49	152.06	277.14	241.11	254.29	114.8	106.2	120.7	119.3	114.0
2010	840.25	171.73	373.39	324.14	295.13	115.7	105.7	123.7	122.5	112.8
2011	1019.94	213.81	458.59	395.50	347.55	111.0	105.4	113.7	113.0	110.9
2012	1102.08	229.20	482.33	404.39	390.55	110.9	106.1	114.6	113.3	108.7

22—10 续表 continued

年份 Year	全社会固定资产投资(亿元) Total Investment in Fixed Assets (100 million yuan)	社会消费品零售总额(亿元) Total Retail Sales of Consumption Goods (100 million yuan)	进出口(万美元) Total Exports & Imports (10 000 USD)	出口 Exports	财政收入(亿元) Finance Revenue (100 million yuan)	公共财政预算收入 Public Budget Income	公共财政预算支出(亿元) Public Budget Expenditure (100 million yuan)	城镇居民人均可支配收入(元) Per Capita Annual Disposable Income of Urban Households (yuan)	农村居民人均纯收入(元) Per Capita Net Income of Rural Residents (yuan)
1978	0.39	3.11			0.89		0.68		
1979	0.46	3.50			0.79		0.69		
1980	0.46	3.93			0.87		0.77		
1981	0.35	4.36			1.06		0.92		
1982	0.82	5.03			1.22		0.93		
1983	1.20	5.83			1.15		0.93		
1984	0.62	7.15			1.06		1.07		
1985	0.99	8.85			1.41		1.61		
1986	1.40	10.25			1.46		1.94		
1987	1.98	12.49			1.95		2.28		
1988	3.89	17.56			2.69		3.04		
1989	2.46	22.02	1010		2.95		3.52		
1990	2.38	23.15	2083		3.23		4.01		
1991	7.52	25.88	2471		3.70		4.35		
1992	12.92	29.18	5542		4.21		4.89		
1993	21.46	34.53	6409		7.24		6.74		
1994	34.65	47.49	17887		9.32	5.36	8.54		
1995	42.03	61.34	19100		11.16	6.82	10.72		
1996	39.77	72.84	18482		12.54	8.19	10.82		
1997	26.11	76.48	18145		13.19	9.04	11.44		
1998	29.43	80.73	23280	21149	13.95	9.59	12.44		
1999	25.79	83.39	6690	6324	15.24	10.85	14.11		
2000	28.15	75.77	17854	17163	16.65	12.09	16.11		1736
2001	30.03	82.62	9800	8400	15.44	10.53	18.86		1839
2002	33.86	90.53	13280	9945	18.32	10.87	20.84		1959
2003	48.33	99.63	26001	17510	21.43	12.06	24.07		2035
2004	92.30	113.97	30143	21422	25.42	14.13	26.76	7136	2259
2005	131.31	130.80	36916	25866	28.64	14.86	31.97	8297	2573
2006	176.11	151.39	34807	26705	33.68	17.74	40.42	10175	3041
2007	230.68	180.96	37023	29780	40.68	20.88	54.89	12202	3536
2008	290.69	224.88	44214	31665	47.75	25.57	71.59	14156	4123
2009	444.61	262.92	35401	21663	54.67	30.61	96.21	15827	4531
2010	615.56	307.24	45148	31594	68.96	36.84	129.37	17642	5302
2011	792.18	362.81	63457	34069	85.86	48.94	159.73	19590	6269
2012	1004.26	422.83	58807	35843	100.36	65.57	192.65	22171	7269

22－11 百色市主要经济指标情况（1978－2012年）
Main Economic Indicators of Baise（1978－2012）

年份 Year	生产总值（按当年价格，亿元）Gross Domestic Product (current prices, 100 million yuan)	第一产业 Primary Industry	第二产业 Secondary Industry	工业 Industry	第三产业 Tertiary Industry	生产总值指数（上年=100）Indices of Gross Domestic Product (preceding year=100)	第一产业 Primary Industry	第二产业 Secondary Industry	工业 Industry	第三产业 Tertiary Industry
1978	6.15	3.92	1.09	0.93	1.14	112.9	111.7	115.2	106.7	114.2
1979	6.53	4.06	1.15	0.98	1.32	107.1	104.9	108.7	109.3	112.0
1980	6.74	4.10	1.23	0.99	1.41	96.4	94.8	99.0	97.3	98.6
1981	7.46	4.67	1.25	1.04	1.54	110.8	117.2	93.5	96.2	109.0
1982	8.38	5.34	1.30	1.07	1.74	106.6	106.4	102.3	100.8	110.5
1983	9.09	5.64	1.46	1.20	1.99	107.9	104.6	112.5	113.0	113.7
1984	9.40	5.47	1.56	1.30	2.37	98.7	90.9	106.7	110.2	113.3
1985	10.56	5.99	1.80	1.50	2.77	102.5	99.9	108.3	107.5	103.9
1986	12.85	7.41	2.16	1.89	3.28	110.3	110.4	108.8	114.2	111.0
1987	15.21	8.26	2.96	2.57	3.99	110.3	104.8	124.1	122.4	111.7
1988	17.87	9.52	3.42	2.87	4.93	103.7	101.7	104.2	101.5	107.0
1989	19.92	10.60	3.83	3.34	5.49	101.3	103.0	104.4	106.4	96.0
1990	23.14	11.84	4.35	3.73	6.95	103.3	101.0	103.3	102.1	107.5
1991	26.91	13.41	5.54	4.59	7.96	108.7	105.3	119.4	113.4	107.8
1992	31.04	14.12	7.04	5.39	9.88	111.3	105.2	120.9	115.0	114.8
1993	41.56	18.31	10.69	7.42	12.56	112.7	108.0	124.3	116.7	111.4
1994	58.68	26.50	13.54	10.33	18.64	115.3	112.4	112.7	122.0	121.9
1995	77.13	32.62	20.53	15.66	23.98	116.3	112.6	127.7	122.7	112.7
1996	89.18	37.10	23.20	20.43	28.88	114.4	114.5	112.6	130.7	115.7
1997	97.14	40.49	24.50	21.11	32.15	113.1	112.0	115.3	114.3	112.7
1998	106.08	44.56	27.04	23.09	34.48	110.9	112.2	112.0	111.6	108.3
1999	112.02	47.28	28.66	24.17	36.08	109.1	109.4	110.5	109.4	107.3
2000	119.50	47.85	32.43	26.81	39.22	107.2	103.1	107.8	105.6	110.7
2001	128.37	49.45	35.25	28.42	43.67	107.1	101.0	111.4	110.3	111.1
2002	143.97	48.09	47.43	37.25	48.45	113.1	104.7	130.4	129.4	108.1
2003	162.13	50.32	58.38	47.28	53.43	112.9	103.4	129.9	133.2	106.2
2004	203.76	61.04	82.83	69.22	59.89	115.9	106.0	127.4	129.9	112.2
2005	239.36	63.91	105.70	88.06	69.75	115.2	106.1	120.3	118.8	117.1
2006	297.28	67.32	149.11	126.14	80.85	115.0	103.8	122.8	121.6	112.5
2007	352.73	79.98	176.49	151.47	96.26	115.4	104.0	122.2	124.1	113.8
2008	416.24	88.07	217.61	189.29	110.56	113.4	103.2	120.2	123.7	109.7
2009	452.86	90.77	225.78	191.66	136.31	114.8	104.1	119.8	119.1	113.8
2010	573.99	105.21	313.89	273.49	154.80	115.0	104.9	121.1	121.4	110.5
2011	656.71	125.61	357.84	312.26	173.26	106.5	104.6	107.7	108.3	105.2
2012	755.24	137.14	414.21	361.92	203.89	109.2	107.4	109.7	109.1	109.6

22－11 续表 continued

年份 Year	全社会固定资产投资（亿元）Total Investment in Fixed Assets (100 million yuan)	社会消费品零售总额（亿元）Total Retail Sales of Consumption Goods (100 million yuan)	进出口（万美元）Total Exports & Imports (10 000 USD)	出口 Exports	财政收入（亿元）Finance Revenue (100 million yuan)	公共财政预算收入 Public Budget Income	公共财政预算支出（亿元）Public Budget Expenditure (100 million yuan)	城镇居民人均可支配收入（元）Per Capita Annual Disposable Income of Urban Households (yuan)	农村居民人均纯收入（元）Per Capita Net Income of Rural Residents (yuan)
1978	0.58	2.05			0.54	0.54	0.83		57
1980	0.95	2.75			0.47	0.47	0.96		64
1985	1.47	4.56			0.77	0.77	1.87		139
1986	1.33	5.56			0.87	0.87	2.29		166
1987	1.53	6.56			1.14	1.14	2.74		191
1988	2.76	8.46			1.42	1.42	3.07		218
1989	2.09	8.64			1.67	1.67	3.53		259
1990	2.74	8.91			1.95	1.95	3.84	1546	283
1991	4.67	10.36			2.23	2.23	4.03	1620	330
1992	8.77	14.57			2.36	2.36	4.85	2002	382
1993	18.47	14.14	62	62	3.74	3.74	5.42	2703	483
1994	20.63	18.76	986	986	4.53	2.71	6.34	4017	643
1995	27.92	23.55	1736	1552	5.78	3.70	8.55	5035	909
1996	13.31	24.67	1985	1805	7.13	4.56	8.07	5180	1261
1997	13.75	27.40	4259	3014	8.57	5.42	9.53	5049	1642
1998	18.80	29.83	4392	3335	10.04	6.90	12.01	5495	1848
1999	21.38	31.82	2770	1460	11.24	7.62	13.50	5607	1985
2000	29.46	34.02	2433	1393	12.78	8.18	14.68	5747	1183
2001	37.32	36.82	3210	2205	14.67	9.38	20.64	6806	1258
2002	58.08	39.99	11439	5484	16.69	9.54	23.55	7215	1331
2003	76.31	43.72	13358	7090	20.10	11.64	27.00	7378	1403
2004	102.74	37.22	17110	4775	24.80	14.15	32.82	6687	1550
2005	175.56	48.72	18560	6943	32.37	15.23	39.74	8077	1783
2006	249.92	56.23	32489	12104	40.08	20.19	52.73	9887	2110
2007	293.66	66.22	43980	17046	50.08	26.79	75.19	12197	2463
2008	325.45	83.56	48921	33994	55.10	29.46	98.48	13169	2820
2009	530.15	97.10	37238	26212	56.85	28.55	111.46	14573	3064
2010	639.71	113.85	39415	20264	72.32	33.86	137.67	15976	3461
2011	764.01	134.34	42887	25521	84.07	39.69	162.89	17384	4052
2012	1000.07	156.67	50866	29286	98.11	56.58	214.85	19561	4774

22－12　贺州市主要经济指标情况（2002－2012年）
Main Economic Indicators of Hezhou（2002－2012）

年份 Year	生产总值（按当年价格，亿元） Gross Domestic Product (current prices, 100 million yuan)	第一产业 Primary Industry	第二产业 Secondary Industry	工业 Industry	第三产业 Tertiary Industry	生产总值指数（上年=100） Indices of Gross Domestic Product (preceding year=100)	第一产业 Primary Industry	第二产业 Secondary Industry	工业 Industry	第三产业 Tertiary Industry
2002	110.26	42.54	30.68	27.74	37.04	107.6	102.0	109.0	108.9	113.7
2003	114.98	40.71	38.24	31.86	36.03	110.5	104.9	116.6	112.6	112.1
2004	139.50	49.43	54.28	44.77	35.79	112.6	106.3	122.8	116.5	108.9
2005	141.07	51.25	48.52	35.38	41.30	114.6	105.2	123.9	121.7	109.8
2006	162.15	53.61	61.40	46.40	47.15	113.3	105.1	118.6	119.8	114.3
2007	205.43	48.39	100.39	83.19	56.65	115.0	105.0	120.5	122.4	116.5
2008	227.36	55.28	104.30	84.00	67.77	106.4	103.9	106.1	106.0	108.8
2009	249.22	56.31	112.07	85.21	80.84	112.6	104.3	113.8	107.8	117.2
2010	296.87	63.68	139.57	105.91	93.62	113.1	104.5	119.6	119.2	110.0
2011	356.40	78.92	165.09	124.77	112.39	110.6	105.2	113.5	114.6	109.8
2012	394.21	85.43	183.53	136.10	125.25	109.0	106.2	110.9	109.1	108.0

22－12 续表 continued

年份 Year	全社会固定资产投资（亿元）Total Investment in Fixed Assets (100 million yuan)	社会消费品零售总额（亿元）Total Retail Sales of Consumption Goods (100 million yuan)	进出口（万美元）Total Exports & Imports (10 000 USD)	出口 Exports	财政收入（亿元）Finance Revenue (100 million yuan)	公共财政预算收入 Public Budget Income	公共财政预算支出（亿元）Public Budget Expenditure (100 million yuan)	城镇居民人均可支配收入（元）Per Capita Annual Disposable Income of Urban Households (yuan)	农村居民人均纯收入（元）Per Capita Net Income of Rural Residents (yuan)
2002	12.51	25.72	9901	7731	6.26	3.67	10.25		1793
2003	22.49	28.29	11671	9011	7.06	4.63	12.76		1894
2004	45.98	31.06	11251	9401	8.78	5.98	13.89	6415	2090
2005	82.96	34.85	11220	9290	11.22	6.95	17.23	7516	2351
2006	106.10	39.87	10281	8760	13.56	8.50	21.84	8619	2682
2007	133.66	45.65	9853	8614	15.81	9.72	28.43	10790	3093
2008	159.19	59.81	10558	9502	16.01	8.52	35.47	12772	3458
2009	254.68	68.94	14085	12749	18.15	10.39	47.98	14151	3776
2010	363.3	78.68	10953	9140	22.08	12.13	61.23	15802	4298
2011	464.71	92.36	15499	11580	26.65	14.02	78.91	17606	4963
2012	591.58	106.39	15589	9061	32.04	19.21	97.69	19855	5823

22－13　河池市主要经济指标情况（1978－2012年）
Main Economic Indicators of Hechi（1978－2012）

年份 Year	生产总值（按当年价格，亿元）Gross Domestic Product (current prices, 100 million yuan)	第一产业 Primary Industry	第二产业 Secondary Industry	工业 Industry	第三产业 Tertiary Industry	生产总值指数（上年=100）Indices of Gross Domestic Product (preceding year=100)	第一产业 Primary Industry	第二产业 Secondary Industry	工业 Industry	第三产业 Tertiary Industry
1978	5.67	2.53	1.69	1.40	1.46	108.9	95.8	126.8	120.6	133.7
1979	6.57	3.14	2.02	1.71	1.42	103.1	102.1	112.0	108.3	95.4
1980	7.82	3.89	2.19	1.85	1.73	107.7	103.4	110.0	106.2	116.3
1981	7.58	3.84	1.90	1.67	1.84	95.9	98.2	85.2	93.8	104.1
1982	8.44	4.52	1.89	1.68	2.31	109.6	117.4	94.5	95.6	107.6
1983	8.56	4.17	2.23	1.94	2.16	100.9	94.9	113.5	112.0	104.3
1984	9.84	4.71	2.68	2.23	2.46	109.3	105.7	115.8	112.4	111.1
1985	12.72	5.49	4.33	3.72	2.90	121.7	107.5	159.8	152.8	112.8
1986	14.25	6.02	4.74	3.83	3.49	100.8	98.4	93.5	92.9	116.3
1987	17.34	7.11	5.84	4.69	4.39	115.9	109.5	121.6	102.5	120.2
1988	20.78	8.90	6.74	5.70	5.15	100.4	96.8	102.4	107.1	103.8
1989	24.43	10.08	8.24	6.86	6.11	115.9	125.7	114.0	115.8	103.7
1990	27.91	11.43	8.65	7.43	7.83	108.0	112.0	105.6	106.2	123.4
1991	31.56	12.59	9.18	7.98	9.79	109.8	108.1	103.7	104.9	119.0
1992	37.17	14.41	10.86	9.37	11.90	111.3	105.9	115.8	117.1	114.2
1993	51.33	17.86	18.12	16.04	15.35	121.0	108.6	145.7	151.1	112.1
1994	73.14	24.75	27.16	23.89	21.23	121.1	111.1	133.4	132.8	117.3
1995	98.89	30.24	37.70	32.89	30.95	118.5	110.6	122.4	120.1	121.9
1996	108.77	35.20	36.32	31.34	37.24	105.0	104.4	99.2	98.3	114.0
1997	122.84	39.04	40.90	34.00	42.91	110.3	110.8	109.3	106.8	111.1
1998	130.03	42.52	43.62	35.01	43.89	110.9	108.5	112.6	110.9	111.1
1999	137.75	43.70	46.08	37.37	47.97	109.3	106.7	110.8	111.8	109.8
2000	141.39	41.81	56.31	48.95	43.27	108.0	102.9	111.0	111.5	108.6
2001	145.31	43.05	54.58	45.53	47.68	103.8	104.3	98.1	93.1	109.2
2002	137.64	42.94	42.00	32.17	52.69	95.2	102.0	74.6	65.6	108.8
2003	148.58	44.34	46.08	34.17	58.16	106.9	104.1	108.4	103.5	108.3
2004	178.45	54.58	58.68	43.32	65.20	113.7	110.2	122.2	118.5	109.4
2005	206.96	58.55	76.08	57.36	72.34	113.5	107.9	124.7	126.2	108.3
2006	248.89	64.80	100.87	78.48	83.22	114.1	107.2	122.1	123.4	111.1
2007	319.31	73.86	144.43	120.07	101.02	116.7	105.5	122.2	127.3	119.2
2008	367.31	80.26	166.45	142.63	120.60	113.0	103.8	117.3	121.2	114.3
2009	382.77	82.20	165.86	136.33	134.72	108.2	104.2	105.3	100.1	114.5
2010	468.74	97.87	216.29	180.08	154.58	112.5	105.8	117.0	114.7	111.4
2011	511.96	119.81	211.65	173.39	180.50	104.1	103.6	100.8	101.5	109.1
2012	492.71	126.34	174.34	132.96	192.02	99.3	104.9	93.2	90.5	103.9

22－13 续表 continued

年份 Year	全社会固定资产投资（亿元）Total Investment in Fixed Assets (100 million yuan)	社会消费品零售总额（亿元）Total Retail Sales of Consumption Goods (100 million yuan)	进出口（万美元）Total Exports & Imports (10 000 USD)	出口 Exports	财政收入（亿元）Finance Revenue (100 million yuan)	公共财政预算收入 Public Budget Income	公共财政预算支出（亿元）Public Budget Expenditure (100 million yuan)	城镇居民人均可支配收入（元）Per Capita Annual Disposable Income of Urban Households (yuan)	农村居民人均纯收入（元）Per Capita Net Income of Rural Residents (yuan)
1978	1.43	2.26			0.47	0.47	0.78		54
1979	1.16	2.54			0.42	0.42	0.78		55
1980	1.14	2.73			0.43	0.43	0.84		55
1981	0.90	2.86			0.44	0.44	0.83		61
1982	1.04	3.03			0.45	0.45	0.92		75
1983	1.36	3.59			0.51	0.51	1.13		96
1984	1.86	4.09			0.58	0.58	1.46		133
1985	2.60	5.36			0.76	0.76	1.76		145
1986	3.54	5.80			0.81	0.81	2.33		174
1987	4.30	6.95			1.11	1.11	2.52		214
1988	4.71	10.32			1.39	1.39	3.03		254
1989	5.64	9.98			1.78	1.78	3.40		302
1990	5.61	9.93			1.96	1.96	3.86		332
1991	6.42	10.91			2.20	2.20	4.20		368
1992	9.16	13.14			2.54	2.54	4.71		413
1993	14.14	15.57		50	4.43	2.59	6.26		519
1994	20.81	20.83		846	5.70	3.21	7.17		656
1995	26.02	29.02	2625	2408	7.85	4.55	8.76		900
1996	24.29	34.41	2586	2056	9.12	5.46	9.43	3890	1170
1997	30.32	38.88	4027	3441	10.58	6.59	11.08	3976	1591
1998	36.76	42.70	4869	4861	11.84	7.70	13.34	4662	1748
1999	36.16	46.66	1730	1666	13.20	8.87	15.17	4726	1885
2000	40.55	50.95	1834	1812	14.50	9.56	16.42	4800	1386
2001	50.15	55.62	1350	1336	18.68	12.38	23.36	5292	1384
2002	53.45	59.03	1348	1143	16.63	9.43	23.98	5033	1419
2003	60.81	46.24	4115	2665	16.65	9.85	25.30	5238	1497
2004	92.05	52.01	10369	5837	20.03	12.15	28.40	6156	1727
2005	137.00	60.50	14567	8667	23.04	11.60	33.72	7170	1912
2006	188.28	68.78	28276	18241	27.40	13.18	43.24	8619	2186
2007	218.74	80.55	26083	15546	34.32	14.45	58.64	10752	2592
2008	211.17	99.98	31406	12506	40.23	17.91	80.68	12042	2944
2009	277.80	115.07	48624	16474	40.32	21.04	93.40	13369	3183
2010	361.95	131.73	64621	12634	47.34	22.95	120.97	14889	3599
2011	437.24	154.79	78614	10839	50.72	23.36	142.45	16448	4118
2012	277.84	176.99	52444	8112	44.56	22.17	175.95	17964	4620

22－14 来宾市主要经济指标情况（1978－2012年）
Main Economic Indicators of Laibin（1978－2012）

年份 Year	生产总值（按当年价格，亿元） Gross Domestic Product (current prices, 100 million yuan)	第一产业 Primary Industry	第二产业 Secondary Industry	工业 Industry	第三产业 Tertiary Industry	生产总值指数（上年=100） Indices of Gross Domestic Product (preceding year=100)	第一产业 Primary Industry	第二产业 Secondary Industry	工业 Industry	第三产业 Tertiary Industry
1978	3.60	2.32	0.71	0.59	0.57	101.9				
1979	3.68					102.4				
1980	3.86	2.48	0.76	0.67	0.62	102.2	101.2	115.6	95.7	111.6
1981	4.28									
1982	5.02									
1983	5.71									
1984	6.36									
1985	6.97	4.04	1.46	1.18	1.48	101.9	88.7	113.8	102.9	132.5
1986	7.65									
1987	9.43									
1988	11.69									
1989	14.35									
1990	16.78	8.98	4.54	4.07	3.26	106.3	97.4	103.5	102.9	130.4
1991	20.40	10.33	5.48	4.90	4.59	115.1	111.5	108.8	108.2	133.3
1992	23.57	12.17	6.04	5.37	5.36	110.4	109.8	109.6	109.2	112.7
1993	32.77	15.38	10.03	9.06	7.36	114.6				
1994	45.47	21.33	14.11	12.64	10.03	103.3	97.8	108.8	107.1	108.5
1995	59.31	28.80	17.98	16.19	12.53	116.3	118.8	114.1	113.1	114.0
1996	72.23	34.77	21.56	19.75	15.90	115.4	110.1	116.8	118.4	125.0
1997	79.73	37.81	23.94	21.50	17.98	112.9	114.9	110.5	107.6	112.2
1998	86.89	36.86	30.37	22.38	19.67	114.9	100.9	140.6	109.7	109.0
1999	87.49	39.44	27.55	21.51	20.50	106.4	111.3	100.9	110.7	106.9
2000	98.95	42.34	33.87	30.46	22.73	104.7	102.3	101.8	115.9	114.2
2001	109.21	45.55	37.39	34.42	26.27	110.9	109.3	108.1	110.6	113.2
2002	114.71	46.13	39.05	35.01	29.54	109.7	108.4	111.0	108.6	110.1
2003	126.30	48.71	44.21	39.57	33.38	110.7	106.8	115.6	115.7	110.7
2004	154.75	58.91	57.13	51.45	38.71	113.1	108.6	119.7	119.9	110.8
2005	165.22	52.54	65.17	58.05	47.51	113.4	107.9	118.2	118.4	113.6
2006	200.06	65.88	77.41	69.50	56.77	113.9	108.6	116.4	116.7	116.3
2007	235.64	70.10	96.86	87.23	68.68	115.3	106.4	122.2	123.4	115.1
2008	273.47	76.22	113.87	100.25	83.38	112.8	105.0	114.9	113.2	117.4
2009	303.14	80.36	129.45	109.47	93.33	112.9	104.6	116.5	112.1	114.8
2010	405.22	97.83	192.35	168.00	115.04	118.0	105.0	125.0	123.1	117.8
2011	486.21	120.37	231.75	195.60	134.09	113.0	105.1	118.9	116.3	109.9
2012	514.29	127.01	236.07	189.06	151.22	111.7	107.7	114.6	112.1	109.8

22－14 续表 continued

年份 Year	全社会固定资产投资（亿元）Total Investment in Fixed Assets (100 million yuan)	社会消费品零售总额（亿元）Total Retail Sales of Consumption Goods (100 million yuan)	进出口（万美元）Total Exports & Imports (10 000 USD)	出口 Exports	财政收入（亿元）Finance Revenue (100 million yuan)	公共财政预算收入 Public Budget Income	公共财政预算支出（亿元）Public Budget Expenditure (100 million yuan)	城镇居民人均可支配收入（元）Per Capita Annual Disposable Income of Urban Households (yuan)	农村居民人均纯收入（元）Per Capita Net Income of Rural Residents (yuan)
1978	0.73	1.47	436	436	0.52	0.20	0.39		
1979	0.68	1.59		840	0.41	0.25	0.36		
1980	0.83	1.84	979	979	0.44	0.25	0.34		
1981	0.43	2.20		935	0.46	0.24	0.36		
1982	0.47	2.28		859	0.51	0.33	0.41		
1983	0.63	2.95		607	0.65	0.38	0.46		
1984	0.83	3.08		414	0.74	0.38	0.81		
1985	1.06	3.70	204	204	0.91	0.52	0.76		259
1986	1.81	3.99		224	1.40	0.61	1.00		
1987	2.51	4.54		455	1.88	0.86	1.38		
1988	3.75	6.12		518	2.22	1.08	1.66		
1989	2.89	7.14		542	2.67	1.50	2.03		
1990	1.58	7.07	265	265	2.19	1.65	2.43		591
1991	1.27	8.04		409	2.45	1.69	2.46		604
1992	2.03	8.85		2813	3.49	2.09	3.49		660
1993	4.05	7.99		69	3.77	2.75	3.77		794
1994	7.01	9.88		245	3.97	1.80	3.94		945
1995	10.04	11.54	2268	2268	3.89	2.41	4.12		1219
1996	11.32	12.94	5166	3630	4.90	3.01	5.24		1512
1997	13.66	13.95	5718	3952	6.04	3.45	5.17		1845
1998	30.86	14.33	2586	1014	6.99	4.39	6.20		1998
1999	27.35	16.54	10829	3537	7.63	4.91	6.85		2142
2000	18.01	18.09	6009	4554	8.39	5.49	8.20		1458
2001	16.52	20.06	7088	4763	9.16	5.53	9.42		1639
2002	24.11	22.59	7956	4969	10.23	5.35	14.15		1769
2003	34.92	25.41	9034	5646	11.31	5.86	14.25		1927
2004	45.62	28.77	17814	10013	13.74	6.26	16.11	6428	2113
2005	56.89	32.97	14329	7356	17.51	6.64	20.89	8166	2385
2006	74.65	38.71	15009	8810	21.06	8.63	25.49	10051	2829
2007	93.90	46.15	23985	13243	26.07	10.39	33.83	12089	3245
2008	125.77	57.57	52149	20200	30.29	14.64	46.09	14037	3767
2009	205.01	66.84	26929	16725	34.14	20.48	61.18	15609	4094
2010	306.90	79.46	17127	10213	43.05	24.94	89.76	17334	4659
2011	419.58	94.42	13091	3563	47.66	25.10	100.17	19233	5382
2012	561.80	109.53	14321	6565	52.55	32.20	119.82	21499	6231

22－15　崇左市主要经济指标情况（2003－2012年）
Main Economic Indicators of Chongzuo（2003－2012）

年份 Year	生产总值（按当年价格，亿元） Gross Domestic Product (current prices, 100 million yuan)	第一产业 Primary Industry	第二产业 Secondary Industry	工业 Industry	第三产业 Tertiary Industry	生产总值指数（上年=100） Indices of Gross Domestic Product (preceding year=100)	第一产业 Primary Industry	第二产业 Secondary Industry	工业 Industry	第三产业 Tertiary Industry
2003	104.22	40.96	24.97	19.31	38.28	108.3	103.8	111.5	109.9	111.9
2004	125.55	48.34	31.08	25.26	46.13	112.8	110.2	118.6	117.9	112.1
2005	151.13	55.34	43.63	36.29	52.17	113.9	108.8	129.4	130.3	107.5
2006	194.03	66.45	66.58	58.13	61.00	117.1	110.1	127.8	130.4	114.5
2007	231.87	76.24	78.12	67.97	77.51	116.6	107.1	122.9	123.9	119.7
2008	272.98	81.45	101.67	89.11	89.86	111.8	105.7	118.9	119.9	110.0
2009	304.36	86.94	107.41	90.83	110.01	112.6	105.1	111.6	108.1	120.1
2010	392.37	114.85	149.11	127.53	128.41	113.1	107.0	116.6	115.0	114.0
2011	491.85	144.98	197.42	169.71	149.45	110.5	106.2	116.0	115.6	108.1
2012	530.51	142.95	216.96	184.06	170.60	111.8	105.2	117.4	117.4	110.4

22—15 续表 continued

年份 Year	全社会固定资产投资（亿元）Total Investment in Fixed Assets (100 million yuan)	社会消费品零售总额（亿元）Total Retail Sales of Consumption Goods (100 million yuan)	进出口（万美元）Total Exports & Imports (10 000 USD)	出口 Exports	财政收入（亿元）Finance Revenue (100 million yuan)	公共财政预算收入 Public Budget Income	公共财政预算支出（亿元）Public Budget Expenditure (100 million yuan)	城镇居民人均可支配收入（元）Per Capita Annual Disposable Income of Urban Households (yuan)	农村居民人均纯收入（元）Per Capita Net Income of Rural Residents (yuan)
2003	32.49	20.11	26185	22009	13.01	8.86	18.38	—	1927
2004	40.73	23.90	32628	28005	14.84	8.31	20.61	6208	2122
2005	52.81	26.98	49490	41380	16.74	8.46	23.78	7102	2298
2006	71.05	31.06	55332	43609	20.50	8.51	27.77	8640	2767
2007	115.15	36.71	93233	78026	26.94	12.30	39.83	11070	3290
2008	128.49	45.99	160531	134526	32.07	16.77	52.85	12732	3754
2009	212.28	53.45	286765	257935	36.73	20.79	70.06	14032	4028
2010	308.84	61.08	373711	341557	47.54	26.16	85.53	15620	4621
2011	415.14	72.40	507571	468275	57.65	30.23	103.11	17301	5370
2012	532.15	84.37	713458	680593	66.00	39.49	130.99	19370	6263

22—16　广西农垦管区社会经济主要指标
Main Social & Economic Indicators by Guangxi State Farms

指　标	Item	2008	2009	2010	2011	2012	2012年比上年增长%
辖区土地面积（平方公里）	Administrative Region Land Area(sq.km)	1681.98	1701.65	1701.84	1681.88	1681.88	
地区生产总值（当年价，亿元）	Gross Domestic Product (At current prices, 100 million yuan)	161.15	193.07	236.88	296.70	341.92	15.6
第一产业	Primary Industry	24.78	27.46	33.06	39.70	41.81	6.8
第二产业	Secondary Industry	100.45	118.08	145.79	180.50	213.03	20.5
#工业	Industry	79.64	89.78	113.53	137.30	160.32	20.4
建筑业	Construction	20.81	28.30	32.26	43.20	52.71	21.0
第三产业	Tertiary Industry	35.92	47.53	58.03	76.50	87.08	9.1
年末总人口（万人）	Total Population at Year-end (10 000 persons)	25.53	26.81	28.51	31.80	35.28	10.9
男性	Male	14.69	15.60	16.54	18.80	20.51	9.1
女性	Female	10.84	11.21	11.97	13.00	14.77	13.6
年末总户数（万户）	Total Households at Year-end(10 000 households)	6.98	7.61	8.36	9.90	10.69	8.0
就业人员（万人）	Employed Persons (10 000 persons)	15.67	16.34	16.93	18.50	20.13	8.8
第一产业	Primary Industry	5.75	5.81	5.92	6.10	6.17	1.1
第二产业	Secondary Industry	6.34	6.62	7.03	8.30	9.31	12.2
第三产业	Tertiary Industry	3.58	3.91	3.98	4.20	4.65	10.7
国有单位就业人员（万人）	Number of Employed Persons in State-owned Units(10 000 persons)	5.55	5.73	5.76	5.90	5.90	
在岗职工人数（万人）	Number of Staff & Workers (10 000 persons)	3.54	3.40	3.23	3.20	3.01	-5.9
在岗职工工资总额（亿元）	Total Wage of Staff & Workers (100 million yuan)	59171	58796	64937	71739	79755	11.2
在岗职工平均工资（元）	Average Wage of Staff & Workers (yuan)	16410	17293	19455	22583	26585	17.7
全社会固定资产投资总额（亿元）	Total Investment in Fixed Assets (100 million yuan)	60.90	101.16	131.31	180.20	235.41	30.6
#基本建设	Basic Construction	43.30	71.13	83.87	107.40	150.79	40.4
更新改造	Innovation	3.97	9.80	9.86	15.80	7.93	-49.8
其他投资	Others	0.95	2.29	5.53	9.10	10.75	18.1
房地产开发	Real Estate Development	10.26	14.03	27.44	33.40	32.88	-1.6
私人建房	Housing Construction by Individuals	2.42	3.90	4.60	14.60	33.06	126.4
城镇固定资产投资（亿元）	Urban Investment in Fixed Assets (100 million yuan)	58.56	98.27	127.67	173.70	229.33	32.0
城镇居民人均可支配收入（元）	Per Capita Annual Disposable Income of Household (yuan)	11145	12095	13310	14775	17550	18.8
农林牧渔业从业人口	Farming, Forestry, Animal Husbandry & Fishery Employed Persons(10 000 persons)	5.75	5.81	5.92			
常用耕地面积（千公顷）	Daily Cultivated Area (1000 hectares)	30.90	31.80	32.65	32.90	32.81	-0.3
农林牧渔业总产值（当年价，亿元）	Gross Output Value of Farming, Forestry, Animal Husbandry & Fishery (At current prices, 100 million yuan)	41.21	42.56	51.56	63.00	70.44	11.8

22—16 续表 continued

指 标	Item	2008	2009	2010	2011	2012	2012年比上年增长%
农业机械总动力（万千瓦）	Total Agricultural Machinery Power (10 000 kw)	17.49	18.93	23.62	25.30	25.43	0.5
化肥使用量（折纯量，万吨）	Consumption of Chemical Fertilizers (Pure quantity, 10 000 tons)	5.11	4.97	4.97	5.53	5.52	-0.2
农场用电量（万千瓦小时）	Electricity Consumed in Rural Areas(10 000 kwh)	29405	30786	32097	38711		
有效灌溉面积（千公顷）	Irrigated Area (1 000 hectares)	9.91	10.66	11.52	12.60	12.99	3.1
农作物总播种面积（千公顷）	Total Sown Area of Farm Crops(1 000 hectares)	29.59	31.93	32.39	32.60	32.76	0.5
#甘蔗播种面积（千公顷）	Total Sown Area of Sugarcane(1 000 hectares)	22.23	22.42	22.55	22.60	22.91	1.4
甘蔗产量（万吨）	Output of Sugarcane (10 000 tons)	230.42	220.15	227.75	223.70	239.43	7.0
剑麻纤维产量（万吨）	Output of Sisal fiber (10 000 ton)	1.68	1.82	1.80	2.02	2.11	4.5
干毛茶产量（吨）	Output of Primary tea (ton)	2646	1266	881	849	1137	33.9
水果产量（万吨）	Output of Fruits (10 000 tons)	16.11	18.20	16.14	18.02	23.50	30.4
生猪年末存栏头数（万头）	Number of Pigs in Livestock(10 000 heads)	66.08	75.45	90.15	100.30	127.40	27.0
肉猪出栏头数（万头）	Number of Slaughtered Fattened Hogs (10000 heads)	85.60	109.65	130.66	130.90	154.46	18.0
肉类总产量（万吨）	Total Output of Meat (10 000 tons)	6.81	8.64	10.07	10.10	11.91	17.9
# 猪牛羊肉产量	Pork, Beef & Mutton Output	6.02	7.70	9.17	9.20	10.85	17.9
牛奶产量（吨）	Output of Cow milk (10 000 tons)	4781	5210	4366	4471	4017	-10.2
水产品产量（万吨）	Output of Aquatic Products (10 000 ton)	1.33	1.55	1.50	1.57	1.66	5.7
工业企业单位数（规模以上，个）	Number of Industrial Enterprises (Above designated size,unit)	303	324	369	248	274	10.5
工业总产值（规模以上，当年价，亿元）	Gross Industrial Output Value(Above designated size, at current prices, 100 million yuan)	186.63	206.09	266.40	315.10	387.54	23.0
工业企业增加值（规模以上，当年价，亿元）	Value-added of Industrial Enterprises(Above designated size,at current prices,100 million yuan)	73.52	84.24	105.99	118.50	144.33	25.6
工业企业税金（规模以上，亿元）	Taxation expense of Industrial Enterprises(Above designated size，100 million yuan)	8.24	8.65	10.13	10.30	10.55	2.4
工业企业利润（规模以上，亿元）	Total Profits of Industrial Enterprises(Above designated size，100 million yuan)	17.74	18.14	20.11	24.20	26.62	10.0
机制糖产量（万吨）	Machine-made Sugar (10 000 tons)	83.37	76.40	61.30	67.60	69.82	3.3
发酵酒精产量（万吨）	Output of Alcohol (10 000 tons)	18.75	22.54	21.47	20.00	25.20	26.0
剑麻制品（万吨）	Sisal Product (10 000 tons)	2.41	3.62	4.31	4.90	5.71	16.5
淀粉产量（万吨）	Output of Starch (10 000 tons)	19.02	25.76	28.57	30.00	29.66	-1.1
矿泉水产量（万吨）	Output of Mineral water (10 000 tons)	21.60	26.28	26.55	29.90	31.64	5.8
成品茶（吨）	Refined Tea (ton)	4393	2288	2298	2188	2761	26.2
水泥（万吨）	Cement (10 000 tons)	53.03	44.26	46.46	53.80	44.52	-17.2
饲料产量（万吨）	Output of Feed (10 000 tons)	15.35	23.47	31.36	41.20	46.37	12.5
工农业产品进出口总额（亿元）	Import & Export of Industrial & Agricultural Products(100 million yuan)	12.96	12.04	17.10	17.20	19.34	12.4
年末实有外来投资企业及项目个数（个）	Actual Number of External Investment Enterprises & Projects in Year-end(unit)	662	729	759	820	892	8.8

县（市、区）基本情况
BASIC STATISTICS OF COUNTIES(CITIES,DISTRICTS)

23－1 91个县域社会经济主要指标（2012年）

指 标	Item	良庆区 Liangqing District	邕宁区 Yongning District
行政区域土地面积（平方公里）	Administrative Region Land Area(sq.km)	1369	1231
年末总人口（万人）	Total Population at Year-end (10 000 persons)	24.73	34.63
年末总户数（户）	Total Households at Year-end(household)	79899	103067
城镇登记失业人数（人）	Number of Registered Unemployed Persons in Urban Areas (person)	922	
年末单位从业人员数（人）	Number of Employed Persons in Units at Year-end (person)	18857	14368
地区生产总值（万元）	Gross Domestic Product(10 000 yuan)	953056	492015
第一产业	Primary Industry	182929	208660
第二产业	Secondary Industry	541323	108116
#工业	Industry	392291	53253
第三产业	Tertiary Industry	228805	175238
人均生产总值（元）	Per Capital GDP (yuan)	27022	18393
地区生产总值指数（上年=100)	Indices of Gross Domestic Product (preceding year=100)	102.5	104.6
第一产业	Primary Industry	105.2	104.5
第二产业	Secondary Industry	103.5	100.2
#工业	Industry	98.6	94.8
第三产业	Tertiary Industry	98.2	108.9
人均生产总值指数（上年=100)	Indices of Per Capital GDP (preceding year=100)	101.1	102.1
地区生产总值构成（%）	Construction of GDP (%)	100.00	100.00
第一产业	Primary Industry	19.19	42.41
第二产业	Secondary Industry	56.80	21.97
第三产业	Tertiary Industry	24.01	35.62
财政收入（万元）	Government Revenue(10 000 yuan)	83198	54421
#地方财政一般预算收入	Budgetary Revenue of Local Government	23869	24532
地方财政一般预算支出（万元）	Government Expenditure (10 000 yuan)	85948	94177
年末金融机构各项存款余额（万元）	Year-end Deposits of Financial Institutions (10 000 yuan)		
#城乡居民储蓄存款	Urban & Rural Savings Deposits		
年末金融机构各项贷款余额（万元）	Year-end Loans of Financial Institutions (10 000 yuan)		
全社会固定资产投资（万元）	Total Investment in Fixed Assets (10 000 yuan)	1405658	463269
#固定资产投资	Investment in Fixed Assets	1351913	446275
房地产开发投资完成额（万元）	Real Estate Development (10 000 yuan)	190475	58527
#住宅	Residential Buildings	119999	25055

Main Social & Economic Indicators by County(2012)

武鸣县 Wuming County	隆安县 Long' an County	马山县 Mashan County	上林县 Shanglin County	宾阳县 Binyang County	横县 Hengxian County	柳江县 Liujiang County	柳城县 Liucheng County
3389	2306	2341	1871	2298	3448	2537	2114
69.16	40.53	55.26	48.91	103.92	121.17	55.10	41.23
235785	112105	156149	149245	308836	361783	152227	125193
1580	853	462	1150	1343	1982	600	1283
39050	17049	14151	25121	44345	48621	31855	17881
2229333	496441	403895	403080	1401260	2226099	1574472	919516
603583	199881	135964	166752	375979	569227	326322	321697
1194474	162922	121846	97553	529109	1079757	809324	365359
1063576	113629	79049	70302	394205	877337	693886	301691
431277	133638	146085	138775	496172	577115	438827	232460
40530	16368	10214	11603	17698	25532	27632	25746
113.9	106.9	107.3	106.4	107.7	117.3	108.5	114.1
105.1	105.8	104.8	105.3	104.8	104.6	106.1	106.2
122.2	109.3	105.7	104.5	110.0	134.7	109.0	117.7
122.8	105.2	100.2	99.1	108.8	139.9	107.7	115.5
106.2	105.0	111.1	109.4	106.6	105.9	109.3	119.4
113.1	106.2	106.5	105.7	106.9	116.5	107.6	113.4
100.00	100.00	100.00	100.00	100.00	100.00	100.00	100.00
27.07	40.26	33.66	41.37	26.83	25.57	20.73	34.99
53.58	32.82	30.17	24.20	37.76	48.50	51.40	39.73
19.35	26.92	36.17	34.43	35.41	25.92	27.87	25.28
99340	42229	32477	33662	126665	136376	124230	67006
64684	26395	24524	23830	90351	89328	58297	33099
203655	143797	167546	162770	275363	268537	160709	138078
1278234	531795	487995	571269	1210433	1484963	1097205	619130
878422	378986	319860	387719	925511	1142878	717099	402864
667540	292881	194629	185455	588385	1272194	837357	362074
2430952	774867	490343	440011	1739369	2121341	1743043	805209
2380208	755464	398818	427586	1593442	1957977	1610670	774300
157943	39173	18577	23611	132889	157794	174766	116894
117915	27792	13755	20219	115354	123555	111924	66658

23－1 续表1

指 标	Item	良庆区 Liangqing District	邕宁区 Yongning District
农作物总播种面积（公顷）	Total Sown Area of Major Farm Crops (hectare)	58223	65264
#粮食作物	Grain Crops	19871	27258
粮食总产量（吨）	Yield of Grain (ton)	97506	140802
#稻谷	Rice	79153	120120
油料产量（吨）	Yield of Oil-bearing Crops (ton)	5688	11300
糖料产量（吨）	Yield of Sugar Crops (ton)	1052951	1120958
水果产量（吨）	Yield of Fruit (ton)	61525	28082
肉类产量（吨）	Output of Meat (ton)	36214	56546
#猪肉	Pork	10026	18471
奶类产量（吨）	Output of Milk (ton)	635	
禽蛋产量（吨）	Output of Eggs (ton)	830	593
蔬菜产量（吨）	Yield of Vegetables (ton)	260100	197985
水产品产量（吨）	Aquatic Products (ton)	10790	10679
规模以上工业企业数（个）	Number of Industrial Enterprises above Designated Size (unit)	61	10
规模以上工业总产值（当年价，万元）	Included Gross Industrial Output Value above Designated Size (at current price，10 000 yuan)	1197525	118171
内资企业	Domestic Funded Enterprises	1015967	111662
港澳台投资企业	Enterprises with Funds from Hong Kong, Macao & Taiwan	50716	
外商投资企业	Foreign Funded Enterprises	130843	6509
从业人员年平均人数（人）	Annual Average Number of Employed Persons (person)	13289	2121
流动资产合计（万元）	Total Circulating Funds (10 000 yuan)	556413	39509
固定资产净值（万元）	Net Value of Fixed Assets (10 000 yuan)	1009188	73330
主营业务收入（万元）	Income from Major Business (10 000 yuan)	914992	111113
利润总额（万元）	Total Profits (10 000 yuan)	92083	497

注：其中武鸣县、横县、全州县、合浦、平南、桂平、容县、陆川、博白、兴业、北流、兴宾区的猪肉产量采用的是国家统计局广西调查总队的生猪等县数据。

Continued

武鸣县 Wuming County	隆安县 Long' an County	马山县 Mashan County	上林县 Shanglin County	宾阳县 Binyang County	横 县 Hengxian County	柳江县 Liujiang County	柳城县 Liucheng County
174479	70769	56381	60115	132202	145165	94312	92207
70027	35966	40641	38738	69765	80648	35267	31902
352669	148823	168134	167923	356548	410781	168696	153116
202210	77789	77909	127420	302699	306480	134552	134441
31600	5013	2219	6396	16660	14452	3214	5782
1449760	587585	160995	495850	1673939	2029545	2081431	2749713
537727	240435	10130	3404	12630	57523	80573	244778
151604	42946	39121	37181	62959	82119	48584	43010
97304	31960	27409	31511	39129	49119	30997	31572
984	145			176	1137	568	16
10112	1020	699	497	1450	2260	566	1386
864000	228549	170750	106616	473238	479827	690549	192586
39739	12897	10312	17690	33503	38784	13690	14348
188	35	20	14	68	87	95	31
2805539	470483	170069	210181	954056	2328140	1855106	593623
2599776	464360	170069	210182	753179	1709711	1761250	593623
65424				19299	177865	76345	
140340	6123			181578	440566	17512	
34573	6361	3030	3172	16051	29406	21847	7634
594492	144030	37210	66752	295012	653456	830063	458754
527163	170761	90260	39392	296856	1234671	348859	151701
2586566	459756	160980	201475	869987	2317160	1505075	601711
346791	40810	12428	24963	69164	263991	57665	57173

Note: The data of output of pork of Wuming, Hengxian, Quanzhou, Hepu, Pingnan, Guiping, Rongxian, Luchuan, Bobai, Xingye, Beiliu and Xingbin District is from Guangxi Econornic & Social Survey Corps of Nationd Bureau of Statistic.

23－1 续表2

指 标	Item	良庆区 Liangqing District	邕宁区 Yongning District
境内公路里程（公里）	Length of Domestic Highways (km)	1036.05	977
#高等级公路	Expressway	84.26	5
民用汽车拥有量（辆）	Number of Civil Motor Vehicles Owned (unit)		23150
固定电话年末用户（户）	Number of Local Telephone Subscribers in Year-end (subscriber)		495
#农村电话用户	Rural Subscribers		
年末移动电话用户数（户）	Number of Mobile Telephone Subscribers at Year-end (subscriber)		296552
互联网宽带接入用户（户）	Number of Internet Subscribers (subscriber)		59530
全年用电量（万千瓦时）	Annual Consumption of Electricity (10 000 kwh)		
#工业用电	For Industry	30734	
社会消费品零售总额（万元）	Total Retail Sale of Consumer Goods (10 000 yuan)	222360	130157
城镇在岗职工年平均人数（人）	Annual Average Number of Urban Working Staff & Workers (person)	17383	14101
城镇在岗职工工资总额（万元）	Total Wages of Urban Working Staff & Workers (10 000 yuan)	61178	54896
城镇居民人均可支配收入（元）	Per Capita Annual Disposable Income of Urban Households (yuan)	19315	19764
农民人均纯收入（元）	Annual Per Capita Disposable Income of Rural Residents (yuan)	7439	7055
各种社会福利收养性单位数（个）	Number of Adopting Units of Social Welfare (unit)	6	8
各种社会福利收养性单位床位数（张）	Number of Beds in Adopting Units of Social Welfare (bed)	84	290
参加城镇基本养老保险人数（人）	Number of Persons Joining Basic Pension Insurance (person)		15450
参加城镇基本医疗保险人数（人）	Number of Persons Joining Basic Health Care Insurance (person)		14101
参加失业保险人数（人）	Number of Persons Joining Unemployment Insurance (person)		14101
城镇居民最低生活保障人数（人）	Number of Urban Residents Receiving Lowest Cost-of-living (person)	288	909
参加农村新型合作医疗人数（人）	Number of Persons Joining New-type Rural Cooperative Medical Service (person)	192199	270827
新型农村社会养老保险参保人数（人）	Number of Person Joining New-type Rural Social Pension Insurance (person)	58102	89304
普通中学数（所）	Number of Regular Secondary Schools (unit)	16	11
小学数（所）	Number of Primary Schools (unit)	66	72
普通中学专任教师数（人）	Full-time Teachers in Regular Secondary Schools (person)	658	737
小学专任教师数（人）	Full-time Teachers in Primary Schools (person)	1400	1267
普通中学在校学生数（人）	Student Enrollment in Regular Secondary Schools (person)	13323	14395
小学在校学生数（人）	Primary Student Enrollment (person)	32615	23101
医院、卫生院数（所）	Number of Hospitals (unit)	13	8
医院、卫生院床位数（张）	Number of Beds in Hospitals (bed)	1063	789
医院、卫生院技术人员（人）	Medical & Technical Personnel (person)	893	865
#执业（助理）医师	Practitioner (assistant) Doctors	304	281

Continued

武鸣县 Wuming County	隆安县 Long' an County	马山县 Mashan County	上林县 Shanglin County	宾阳县 Binyang County	横 县 Hengxian County	柳江县 Liujiang County	柳城县 Liucheng County
1739	969	1029	898	980	1823	1223	1331
96	48	39	0	53	71	95	27
13904		7274	250	18090		36408	6475
90328	23285	52775	26864	68852	80264	215183	21172
59684	15577		17775	45440	57074	41153	10622
519816	230147	53142	258994	553404	567321	309852	245000
318518	144601	12981	143012	313833	317599	47716	230000
101821	49977	26699	22494	83063	79941	57810	30523
	47060	67238	32596	6692	7939	32001	13921
495710	125545	144399	129292	637404	580627	293924	229257
36040	13848	14034	13160	36125	49556	27436	16641
113092	44116	44787	38000	130436	169196	94489	58686
21504	17768	17683	17137	20321	21016	21010	18573
7981	5340	4865	5082	7187	7038	8099	7777
16	12	15	15	20	20	16	16
579	321	437	393	648	614	340	288
22973	10511	7759	21000	57202	45449	39759	40054
62770	44632	33900	24500	44928	78774	62875	54366
19432	9935	7871	10310	21001	18252	16677	13566
2024	3619	2236	4073	2350	3390	937	1843
553040	359102	485123	419258	842576	1001049	413572	291787
284500	142076	161940	5544	381218	270300	13714	102842
25	16	22	17	45	41	20	18
140	127	143	111	215	276	129	98
2036	1130	1533	1387	3115	3260	1561	1248
2592	1325	2428	1991	3876	3957	2244	1761
28265	14981	23020	21992	58403	52217	19408	13326
34260	27248	36658	26986	67323	72198	33693	20555
17	14	13	13	24	20	14	16
2013	1406	1068	931	2417	1990	1056	989
1759	1107	1013	1009	2396	1995	1216	883
570	325	250	283	726	607	308	237

23－1　续表3

指　标	Item	鹿寨县 Luzhai County	融安县 Rong' an County
行政区域土地面积（平方公里）	Administrative Region Land Area(sq.km)	2975	2898
年末总人口（万人）	Total Population at Year-end (10 000 persons)	40.59	32.14
年末总户数（户）	Total Households at Year-end(household)	116476	105875
城镇登记失业人数（人）	Number of Registered Unemployed Persons in Urban Areas (person)	6643	564
年末单位从业人员数（人）	Number of Employed Persons in Units at Year-end (person)	25918	13605
地区生产总值（万元）	Gross Domestic Product(10 000 yuan)	1040231	507278
第一产业	Primary Industry	258458	142125
第二产业	Secondary Industry	527784	217946
#工业	Industry	422945	184108
第三产业	Tertiary Industry	253988	147208
人均生产总值（元）	Per Capital GDP (yuan)	30992	17586
地区生产总值指数（上年=100）	Indices of Gross Domestic Product (preceding year=100)	111.3	112.1
第一产业	Primary Industry	106.6	107.8
第二产业	Secondary Industry	115.4	115.1
#工业	Industry	116.0	114.2
第三产业	Tertiary Industry	108.7	111.1
人均生产总值指数（上年=100）	Indices of Per Capital GDP (preceding year=100)	110.3	111.3
地区生产总值构成（%）	Construction of GDP (%)	100.00	100.00
第一产业	Primary Industry	24.85	28.02
第二产业	Secondary Industry	50.74	42.96
第三产业	Tertiary Industry	24.42	29.02
财政收入（万元）	Government Revenue(10 000 yuan)	76466	34559
#地方财政一般预算收入	Budgetary Revenue of Local Government	42999	18691
地方财政一般预算支出（万元）	Government Expenditure (10 000 yuan)	159605	135446
年末金融机构各项存款余额（万元）	Year-end Deposits of Financial Institutions (10 000 yuan)	895418	491669
#城乡居民储蓄存款	Urban & Rural Savings Deposits	619864	315121
年末金融机构各项贷款余额（万元）	Year-end Loans of Financial Institutions (10 000 yuan)	622387	253566
全社会固定资产投资（万元）	Total Investment in Fixed Assets (10 000 yuan)	1355691	706541
#固定资产投资	Investment in Fixed Assets	1267983	652344
房地产开发投资完成额（万元）	Real Estate Development (10 000 yuan)	80261	120676
#住宅	Residential Buildings	52923	73529

Continued

融水苗族自治县 Rongshui County	三江侗族自治县 Sanjiang County	阳朔县 Yangshuo County	临桂县 Lingui County	灵川县 Lingchuan County	全州县 Quanzhou County	兴安县 Xing' an County	永福县 Yongfu County
4638	2417	1436	2247	2302	3979	2332	2795
50.06	38.35	31.76	49.17	38.11	82.86	38.18	28.47
126645	105318	91616	132220	116541	254977	127987	79358
833	1026	2838	1018	956	978	550	636
16996	10334	26215	30505	17770	20710	16221	14501
582406	345069	762279	1652511	1057084	1307541	1239799	828800
143845	133010	180504	317533	272893	381371	256504	189960
286258	115114	265376	1014547	511033	538966	714563	496612
209136	69700	146930	889738	448288	449956	624760	388515
152303	96945	316400	320430	273158	387204	268732	142227
14347	11483	27644	36788	29848	20391	37254	35059
113.6	109.0	106.0	119.1	119.3	112.8	113.0	115.0
106.0	107.9	107.1	106.9	107.8	105.3	106.8	107.5
120.7	109.3	114.0	125.6	130.0	119.5	116.3	118.9
116.1	101.9	112.2	126.8	132.4	119.1	117.8	119.8
109.1	109.5	99.6	111.9	111.3	109.8	110.2	109.9
112.9	108.2	105.1	118.2	118.5	111.9	112.2	114.1
100.00	100.00	100.00	100.00	100.00	100.00	100.00	100.00
24.70	38.55	23.68	19.22	25.82	29.17	20.69	22.92
49.15	33.36	34.81	61.39	48.34	41.22	57.64	59.92
26.15	28.09	41.51	19.39	25.84	29.61	21.68	17.16
47130	26950	60066	180447	120281	62256	111042	51290
28658	17949	46511	125961	86259	43769	80605	31997
184128	145018	155443	226165	178358	216403	192787	120729
636057	446478	686281	1211684	1046307	1128482	937975	458895
437676	270063	473745	666936	758867	894658	674816	325219
328847	178004	340330	881537	691400	547347	606638	347601
737915	592560	975803	2382022	1434670	1212143	1488043	842789
509528	467253	862342	2227462	1300590	1098623	1412172	736739
43705	60124	6415	979253	154956	8609	44623	25089
30317	47605	6415	746635	126703	7931	34139	13203

23－1 续表4

指 标	Item	鹿寨县 Luzhai County	融安县 Rong' an County
农作物总播种面积（公顷）	Total Sown Area of Major Farm Crops (hectare)	78189	41089
#粮食作物	Grain Crops	33975	20741
粮食总产量（吨）	Yield of Grain (ton)	166905	99338
#稻谷	Rice	136660	91162
油料产量（吨）	Yield of Oil-bearing Crops (ton)	7956	1162
糖料产量（吨）	Yield of Sugar Crops (ton)	1109960	472386
水果产量（吨）	Yield of Fruit (ton)	104696	79469
肉类产量（吨）	Output of Meat (ton)	29918	20723
#猪肉	Pork	21345	11316
奶类产量（吨）	Output of Milk (ton)	666	
禽蛋产量（吨）	Output of Eggs (ton)	1047	679
蔬菜产量（吨）	Yield of Vegetables (ton)	329550	144988
水产品产量（吨）	Aquatic Products (ton)	8203	5401
规模以上工业企业数（个）	Number of Industrial Enterprises above Designated Size (unit)	39	34
规模以上工业总产值（当年价，万元）	Included Gross Industrial Output Value above Designated Size (at current price，10 000 yuan)	1042436	350042
内资企业	Domestic Funded Enterprises	1007399	342241
港澳台投资企业	Enterprises with Funds from Hong Kong, Macao & Taiwan		
外商投资企业	Foreign Funded Enterprises	35037	7801
从业人员年平均人数（人）	Annual Average Number of Employed Persons (person)	18531	6190
流动资产合计（万元）	Total Circulating Funds (10 000 yuan)	334185	85987
固定资产净值（万元）	Net Value of Fixed Assets (10 000 yuan)	473104	71446
主营业务收入（万元）	Income from Major Business (10 000 yuan)	974131	329545
利润总额（万元）	Total Profits (10 000 yuan)	95627	19996

注：其中武鸣县、横县、全州县、合浦、平南、桂平、容县、陆川、博白、兴业、北流、兴宾区的猪肉产量采用的是国家统计局广西调查总队的生猪等县数据。

Continued

融水苗族自治县 Rongshui County	三江侗族自治县 Sanjiang County	阳朔县 Yangshuo County	临桂县 Lingui County	灵川县 Lingchuan County	全州县 Quanzhou County	兴安县 Xing' an County	永福县 Yongfu County
47624	24370	45358	80758	61541	124140	64851	50898
23881	13557	24693	48174	33786	78795	40001	28569
116222	64508	117278	256133	177954	413460	220306	144877
101550	56027	92957	237198	150922	354770	168203	122298
1894	1260	5079	984	1670	12069	6112	1608
554249	7715	18422	59253	13948	35723	2350	256023
45015	9419	277957	82144	181936	228377	271881	98328
28013	18511	28405	96302	49190	71196	44300	37395
15755	9791	18075	30083	26940	55296	35800	14985
		67	49		26	54	186
280	803	2005	14692	8087	8065	3108	2190
133466	56591	243094	404888	501118	443111	302033	217265
6399	3157	7178	13820	9040	20738	10068	6142
30	18	24	61	72	44	57	57
337600	65803	350810	2517351	1361521	1185335	1457538	1129559
337601	65804	338545	1855299	1314758	1185335	1436713	1129560
			2010			20825	
		12265	660042	46763			
5275	1769	12142	17487	14004	5602	12592	8844
53739	17198	32823	600478	297038	218767	350558	342145
176142	39240	21812	582421	192644	149816	273539	311449
301275	66312	349844	2469259	1335613	1174367	1435572	1124717
9189	4113	16154	481598	135335	180632	259381	51276

Note: The data of output of pork of Wuming, Hengxian, Quanzhou, Hepu, Pingnan, Guiping, Rongxian, Luchuan, Bobai, Xingye, Beiliu and Xingbin District is from Guangxi Econornic & Social Survey Corps of Nationd Bureau of Statistic.

23－1 续表5

指 标	Item	鹿寨县 Luzhai County	融安县 Rong' an County
境内公路里程（公里）	Length of Domestic Highways (km)	1453	910
#高等级公路	Expressway	105	
民用汽车拥有量（辆）	Number of Civil Motor Vehicles Owned (unit)	8915	10635
固定电话年末用户（户）	Number of Local Telephone Subscribers in Year-end (subscriber)	32012	39848
#农村电话用户	Rural Subscribers	16401	23000
年末移动电话用户数（户）	Number of Mobile Telephone Subscribers at Year-end (subscriber)	207976	222844
互联网宽带接用户（户）	Number of Internet Subscribers (subscriber)	47572	18747
全年用电量（万千瓦时）	Annual Consumption of Electricity (10 000 kwh)	97063	22995
#工业用电	For Industry	77750	9905
社会消费品零售总额（万元）	Total Retail Sale of Consumer Goods (10 000 yuan)	230431	173257
城镇在岗职工年平均人数（人）	Annual Average Number of Urban Working Staff & Workers (person)	22989	12624
城镇在岗职工工资总额（万元）	Total Wages of Urban Working Staff & Workers (10 000 yuan)	85400	43873
城镇居民人均可支配收入（元）	Per Capita Annual Disposable Income of Urban Households (yuan)	20520	18603
农民人均纯收入（元）	Annual Per Capita Disposable Income of Rural Residents (yuan)	7276	6494
各种社会福利收养性单位数（个）	Number of Adopting Units of Social Welfare (unit)	12	13
各种社会福利收养性单位床位数（张）	Number of Beds in Adopting Units of Social Welfare (bed)	286	328
参加城镇基本养老保险人数（人）	Number of Persons Joining Basic Pension Insurance (person)	38629	23233
参加城镇基本医疗保险人数（人）	Number of Persons Joining Basic Health Care Insurance (person)	64977	19238
参加失业保险人数（人）	Number of Persons Joining Unemployment Insurance (person)	17600	9479
城镇居民最低生活保障人数（人）	Number of Urban Residents Receiving Lowest Cost-of-living (person)	3342	3609
参加农村新型合作医疗人数（人）	Number of Persons Joining New-type Rural Cooperative Medical Service (person)	317507	230758
新型农村社会养老保险参保人数（人）	Number of Person Joining New-type Rural Social Pension Insurance (person)	99106	91712
普通中学数（所）	Number of Regular Secondary Schools (unit)	13	14
小学数（所）	Number of Primary Schools (unit)	64	104
普通中学专任教师数（人）	Full-time Teachers in Regular Secondary Schools (person)	846	935
小学专任教师数（人）	Full-time Teachers in Primary Schools (person)	1106	1245
普通中学在校学生数（人）	Student Enrollment in Regular Secondary Schools (person)	11485	12944
小学在校学生数（人）	Primary Student Enrollment (person)	22549	18899
医院、卫生院数（所）	Number of Hospitals (unit)	19	15
医院、卫生院床位数（张）	Number of Beds in Hospitals (bed)	1343	1087
医院、卫生院技术人员（人）	Medical & Technical Personnel (person)	1460	1100
#执业（助理）医师	Practitioner (assistant) Doctors	409	330

Continued

融水苗族 自治县 Rongshui County	三江侗族 自治县 Sanjiang County	阳朔县 Yangshuo County	临桂县 Lingui County	灵川县 Lingchuan County	全州县 Quanzhou County	兴安县 Xing' an County	永福县 Yongfu County
1757	1070	776	1100	809	1747	1068	726
	3	45	73	50	112	68	50
10550	1425	7043	11723	12517	2301	10022	4418
15636	15206	30500	30966	25420	43830	27253	21906
12103	9075	10800	8942	10100	32813	13660	9894
264359	201937	21200	284566	263000	226605	23108	125000
20840	14683	20700	23879	38490	18168	16801	21350
31106	23619	31424	52922	91798	122395	78962	32378
9234	11361	8564	27474	73411	98212	62528	22142
169851	136016	181212	272453	346970	227634	294230	194201
14596	8275	12038	29129	14478	18420	13716	12429
52701	27113	35304	111531	44882	61859	50089	41621
19244	18495	26584	26175	23297	18763	22456	22984
4640	4826	8377	8643	7700	7435	9071	6824
21	16	9	13	11	21	13	8
493	575	177	275	564	1895	351	180
24529	6488	11075	26112	11209	24565	23413	8801
77602	12706	41463	56250	60961	37004	26946	14487
10910	5750	5914	12960	10598	13330	10365	6102
3955	7496	837	6926	2129	8420	3388	3746
409132	281781	280823	380011	288239	635209	311949	216657
261137	97340	280823	217318	157768	446379	154381	103925
25	16	12	20	18	30	15	13
195	173	48	90	52	255	80	81
1281	978	832	1728	1165	2381	939	712
1956	1268	1098	1856	1639	2337	1083	925
21544	14979	10942	19758	13034	28217	11577	9375
38431	30302	16323	28092	23868	47806	16873	15037
24	17	10	16	18	22	14	11
1113	690	466	680	1058	1393	931	723
1176	780	634	1133	1152	1453	1289	779
298	182	154	385	405	476	433	254

23－1　续表6

指　标	Item	灌阳县 Guanyang County	龙胜各族自治县 Longsheng County
行政区域土地面积（平方公里）	Administrative Region Land Area(sq.km)	1835	2450
年末总人口（万人）	Total Population at Year-end (10 000 persons)	29.04	17.79
年末总户数（户）	Total Households at Year-end(household)	95314	47996
城镇登记失业人数（人）	Number of Registered Unemployed Persons in Urban Areas (person)	681	535
年末单位从业人员数（人）	Number of Employed Persons in Units at Year-end (person)	7982	13531
地区生产总值（万元）	Gross Domestic Product(10 000 yuan)	531373	405879
第一产业	Primary Industry	142201	84294
第二产业	Secondary Industry	263769	208444
#工业	Industry	227430	171453
第三产业	Tertiary Industry	125403	113141
人均生产总值（元）	Per Capital GDP (yuan)	22588	25976
地区生产总值指数（上年=100）	Indices of Gross Domestic Product (preceding year=100)	114.3	119.1
第一产业	Primary Industry	106.9	109.3
第二产业	Secondary Industry	121.9	124.9
#工业	Industry	121.9	124.6
第三产业	Tertiary Industry	106.7	114.0
人均生产总值指数（上年=100）	Indices of Per Capital GDP (preceding year=100)	113.7	118.4
地区生产总值构成（%）	Construction of GDP (%)	100.00	100.00
第一产业	Primary Industry	26.76	20.77
第二产业	Secondary Industry	49.64	51.36
第三产业	Tertiary Industry	23.60	27.88
财政收入（万元）	Government Revenue(10 000 yuan)	35064	41273
#地方财政一般预算收入	Budgetary Revenue of Local Government	18181	22753
地方财政一般预算支出（万元）	Government Expenditure (10 000 yuan)	132703	116446
年末金融机构各项存款余额（万元）	Year-end Deposits of Financial Institutions (10 000 yuan)	467558	360272
#城乡居民储蓄存款	Urban & Rural Savings Deposits	349826	232221
年末金融机构各项贷款余额（万元）	Year-end Loans of Financial Institutions (10 000 yuan)	230236	215710
全社会固定资产投资（万元）	Total Investment in Fixed Assets (10 000 yuan)	529424	377909
#固定资产投资	Investment in Fixed Assets	436496	307608
房地产开发投资完成额（万元）	Real Estate Development (10 000 yuan)		6378
#住宅	Residential Buildings		4271

Continued

资源县 Ziyuan County	平乐县 Pingle County	荔浦县 Lipu County	恭城瑶族自治县 Gongcheng County	苍梧县 Cangwu County	藤县 Tengxian County	蒙山县 Mengshan County	岑溪市 Cenxi City
1941	1893	1760	2139	3475	3946	1282	2770
17.52	44.82	38.49	30.05	60.79	103.57	21.69	91.87
58486	146189	113610	89888	170881	290678	73610	275575
484	1248	1182	849	1972	1613	1405	1849
6731	12863	13551	12529	25913	25013	10432	25663
349814	787666	991620	664488	1461576	1608558	519816	1890394
82332	296264	225921	198294	201434	384268	93883	288657
166383	298945	456140	318048	1009047	945742	293207	1301224
128993	252880	382778	285035	881320	826893	261816	1189316
101098	192456	309559	148146	251095	278548	132726	300513
23604	20990	27992	26259	26397	18998	26650	24148
117.2	114.3	114.1	108.6	113.2	109.1	110.6	109.3
108.1	107.3	107.0	102.7	103.8	106.4	105.0	104.7
124.3	122.8	120.2	118.6	117.1	110.3	112.7	110.8
124.1	122.7	119.9	121.0	120.0	111.8	114.4	110.6
113.3	111.1	110.1	97.2	106.0	108.6	110.0	107.7
116.5	113.4	113.8	108.0	112.8	108.1	109.9	108.3
100.00	100.00	100.00	100.00	100.00	100.00	100.00	100.00
23.54	37.61	22.78	29.84	13.78	23.89	18.06	15.27
47.56	37.95	46.00	47.86	69.04	58.79	56.41	68.83
28.90	24.43	31.22	22.29	17.18	17.32	25.53	15.90
20264	35056	70198	41838	118038	133510	40426	136956
12274	24713	42257	30150	87315	100654	28713	102407
102665	146405	150316	123191	228625	294898	104485	300052
372168	559172	718775	439040	909892	1049729	320959	1116137
234725	436305	522893	309552	610105	769805	219719	876677
203363	290633	503055	249907	909892	549659	186585	719304
420146	660353	810258	653920	1781227	1630003	500609	1920021
385877	604734	738685	602856	1563253	1487276	417191	1789801
2823	61013	33772	31350	111458	150233	41481	150065
2521	47711	32737	27771	87492	66578	32667	124066

23－1　续表7

指　标	Item	灌阳县 Guanyang County	龙胜各族自治县 Longsheng County
农作物总播种面积（公顷）	Total Sown Area of Major Farm Crops (hectare)	39495	20081
#粮食作物	Grain Crops	25845	10708
粮食总产量（吨）	Yield of Grain (ton)	150193	63947
#稻谷	Rice	119770	44139
油料产量（吨）	Yield of Oil-bearing Crops (ton)	2732	259
糖料产量（吨）	Yield of Sugar Crops (ton)	3934	
水果产量（吨）	Yield of Fruit (ton)	252625	61141
肉类产量（吨）	Output of Meat (ton)	30088	11432
#猪肉	Pork	25868	6863
奶类产量（吨）	Output of Milk (ton)	7	150
禽蛋产量（吨）	Output of Eggs (ton)	1533	503
蔬菜产量（吨）	Yield of Vegetables (ton)	148225	103772
水产品产量（吨）	Aquatic Products (ton)	4409	650
规模以上工业企业数（个）	Number of Industrial Enterprises above Designated Size (unit)	27	19
规模以上工业总产值（当年价，万元）	Included Gross Industrial Output Value above Designated Size (at current price，10 000 yuan)	631820	327659
内资企业	Domestic Funded Enterprises	631820	278084
港澳台投资企业	Enterprises with Funds from Hong Kong, Macao & Taiwan		
外商投资企业	Foreign Funded Enterprises		49575
从业人员年平均人数（人）	Annual Average Number of Employed Persons (person)	3092	6357
流动资产合计（万元）	Total Circulating Funds (10 000 yuan)	20680	141843
固定资产净值（万元）	Net Value of Fixed Assets (10 000 yuan)	205450	340189
主营业务收入（万元）	Income from Major Business (10 000 yuan)	632568	346653
利润总额（万元）	Total Profits (10 000 yuan)	62969	48143

注：其中武鸣县、横县、全州县、合浦、平南、桂平、容县、陆川、博白、兴业、北流、兴宾区的猪肉产量采用的是国家统计局广西调查总队的生猪等县数据。

Continued

资源县 Ziyuan County	平乐县 Pingle County	荔浦县 Lipu County	恭城瑶族自治县 Gongcheng County	苍梧县 Cangwu County	藤县 Tengxian County	蒙山县 Mengshan County	岑溪市 Cenxi City
20581	64441	49586	39596	59190	100723	31004	75848
9112	29745	23122	18487	39704	51108	12864	45190
54923	159632	121910	79146	200533	284318	62421	218600
42781	120845	94862	45771	183069	260713	49162	178223
1010	10732	4612	11344	11106	10174	3429	9595
	41407	57452		9128	40454	94552	67538
47447	590269	180947	775304	169553	107617	19845	123680
9649	32315	48854	23192	36324	55095	16495	77100
6495	22358	36308	15015	24038	35297	10800	35300
		48			5	185	327
688	4302	2630	2960	412	2346	1535	2368
131296	477389	237199	156348	204923	901540	184398	391760
1223	8929	6253	6522	14138	23948	9276	16734
31	21	57	23	65	95	29	83
318326	654797	956824	817192	2136309	2031242	706466	3036169
305698	654797	881854	817192	1982773	1942206	639166	2486131
		35925		146068	82501	3565	466307
12627		39044		7469	6534	63735	83731
4569	7236	30755	7373	14409	57588	14643	25145
52992	54740	228314	141330	872698	251865	85352	230730
123660	141792	125413	145986	794902	560455	287609	253189
317863	651241	829522	779017	1729877	1997267	670869	2991340
10281	64372	41808	59556	10519	206430	14899	240143

Note: The data of output of pork of Wuming, Hengxian, Quanzhou, Hepu, Pingnan, Guiping, Rongxian, Luchuan, Bobai, Xingye, Beiliu and Xingbin District is from Guangxi Econornic & Social Survey Corps of Nationd Bureau of Statistic.

23－1 续表8

指 标	Item	灌阳县 Guanyang County	龙胜各族自治县 Longsheng County
境内公路里程（公里）	Length of Domestic Highways (km)	692	847
#高等级公路	Expressway		
民用汽车拥有量（辆）	Number of Civil Motor Vehicles Owned (unit)	6038	4896
固定电话年末用户（户）	Number of Local Telephone Subscribers in Year-end (subscriber)	20900	10969
#农村电话用户	Rural Subscribers	10300	5171
年末移动电话用户数（户）	Number of Mobile Telephone Subscribers at Year-end (subscriber)	149900	140168
互联网宽带接入用户（户）	Number of Internet Subscribers (subscriber)	12800	14435
全年用电量（万千瓦时）	Annual Consumption of Electricity (10 000 kwh)	67467	25311
#工业用电	For Industry	57373	17529
社会消费品零售总额（万元）	Total Retail Sale of Consumer Goods (10 000 yuan)	123781	67217
城镇在岗职工年平均人数（人）	Annual Average Number of Urban Working Staff & Workers (person)	7499	10549
城镇在岗职工工资总额（万元）	Total Wages of Urban Working Staff & Workers (10 000 yuan)	24913	46540
城镇居民人均可支配收入（元）	Per Capita Annual Disposable Income of Urban Households (yuan)	19403	21368
农民人均纯收入（元）	Annual Per Capita Disposable Income of Rural Residents (yuan)	4991	4602
各种社会福利收养性单位数（个）	Number of Adopting Units of Social Welfare (unit)	12	12
各种社会福利收养性单位床位数（张）	Number of Beds in Adopting Units of Social Welfare (bed)	298	370
参加城镇基本养老保险人数（人）	Number of Persons Joining Basic Pension Insurance (person)	13862	6759
参加城镇基本医疗保险人数（人）	Number of Persons Joining Basic Health Care Insurance (person)	28535	16608
参加失业保险人数（人）	Number of Persons Joining Unemployment Insurance (person)	4879	5611
城镇居民最低生活保障人数（人）	Number of Urban Residents Receiving Lowest Cost-of-living (person)	4942	2189
参加农村新型合作医疗人数（人）	Number of Persons Joining New-type Rural Cooperative Medical Service (person)	237137	148120
新型农村社会养老保险参保人数（人）	Number of Person Joining New-type Rural Social Pension Insurance (person)	237137	78643
普通中学数（所）	Number of Regular Secondary Schools (unit)	14	3
小学数（所）	Number of Primary Schools (unit)	141	11
普通中学专任教师数（人）	Full-time Teachers in Regular Secondary Schools (person)	840	438
小学专任教师数（人）	Full-time Teachers in Primary Schools (person)	1068	694
普通中学在校学生数（人）	Student Enrollment in Regular Secondary Schools (person)	9576	6187
小学在校学生数（人）	Primary Student Enrollment (person)	13735	9068
医院、卫生院数（所）	Number of Hospitals (unit)	13	12
医院、卫生院床位数（张）	Number of Beds in Hospitals (bed)	796	385
医院、卫生院技术人员（人）	Medical & Technical Personnel (person)	610	546
#执业（助理）医师	Practitioner (assistant) Doctors	208	179

Continued

资源县 Ziyuan County	平乐县 Pingle County	荔浦县 Lipu County	恭城瑶族自治县 Gongcheng County	苍梧县 Cangwu County	藤县 Tengxian County	蒙山县 Mengshan County	岑溪市 Cenxi City
726	741	884	788	1533	1624	479	1502
3	52			141	9		131
3142	2973	12356	5794	12432	3370	4850	15632
13165	34132	48778	27600	47085	68539	19000	83015
9316	24753	26007	27600	47085	46542	3323	52121
72215	249601	276684	141800	309700	425732	99496	323356
12033	24110	30240	14900	37888	44766	6988	54120
29608	37379	42143	44539	68319	84953	22513	74752
23540	21673	19944	30241	39401	46548	12779	33382
82356	163509	362845	185657	306319	518413	102708	469898
6731	12277	12415	11218	24303	22412	9725	20235
19420	40296	40622	37493	70047	67689	35930	64694
19873	19265	22310	20158	20209	19032	18926	21149
5841	6844	7476	6473	6668	6312	5298	6720
9	13	15	8	16	19	9	17
171	408	391	174	328	570	230	444
4779	24118	24306	15917	26607	36124	7005	23210
23276	18323	52375	38421	66990	106204	30246	150007
5571	8160	7802	7843	490	19809	5723	19267
1275	7170	3743	5654	3682	5549	2773	8178
141779	352746	300130	236542	523407	908386	177327	740852
21012	182152	124587	134400	271304	365349	80080	263531
9	17	13	14	29	38	11	35
74	75	67	108	190	270	75	282
477	1122	866	877	1985	3133	743	3194
689	1580	1446	1317	2676	4788	834	3716
6254	14921	14521	12378	38732	58151	10743	57676
10423	24830	19792	17045	60748	96589	14685	82152
8	16	15	13	18	25	12	20
398	1027	977	578	992	1699	829	1743
434	1106	1028	756	1206	1703	544	1679
148	301	332	246	411	514	168	573

23－1　续表9

指　标	Item	合浦县 Hepu County	防城区 Fangcheng District
行政区域土地面积（平方公里）	Administrative Region Land Area(sq.km)	2762	2426
年末总人口（万人）	Total Population at Year-end (10 000 persons)	105.62	41.45
年末总户数（户）	Total Households at Year-end(household)	259525	102332
城镇登记失业人数（人）	Number of Registered Unemployed Persons in Urban Areas (person)	810	523
年末单位从业人员数（人）	Number of Employed Persons in Units at Year-end (person)	46376	29987
地区生产总值（万元）	Gross Domestic Product(10 000 yuan)	1645483	896798
第一产业	Primary Industry	641470	212426
第二产业	Secondary Industry	497220	383254
#工业	Industry	416225	300272
第三产业	Tertiary Industry	506793	301117
人均生产总值（元）	Per Capital GDP (yuan)	18580	24280
地区生产总值指数（上年=100）	Indices of Gross Domestic Product (preceding year=100)	113.3	109.0
第一产业	Primary Industry	104.9	106.6
第二产业	Secondary Industry	124.5	109.6
#工业	Industry	125.3	110.1
第三产业	Tertiary Industry	109.4	109.8
人均生产总值指数（上年=100）	Indices of Per Capital GDP (preceding year=100)	112.0	107.9
地区生产总值构成（%）	Construction of GDP (%)	100.00	100.00
第一产业	Primary Industry	38.98	23.69
第二产业	Secondary Industry	30.22	42.74
第三产业	Tertiary Industry	30.80	33.58
财政收入（万元）	Government Revenue(10 000 yuan)	87168	83673
#地方财政一般预算收入	Budgetary Revenue of Local Government	47153	62239
地方财政一般预算支出（万元）	Government Expenditure (10 000 yuan)	278188	165051
年末金融机构各项存款余额（万元）	Year-end Deposits of Financial Institutions (10 000 yuan)	1494882	
#城乡居民储蓄存款	Urban & Rural Savings Deposits	1219222	
年末金融机构各项贷款余额（万元）	Year-end Loans of Financial Institutions (10 000 yuan)	738068	428105
全社会固定资产投资（万元）	Total Investment in Fixed Assets (10 000 yuan)	1496273	1059657
#固定资产投资	Investment in Fixed Assets	1457252	973246
房地产开发投资完成额（万元）	Real Estate Development (10 000 yuan)	122021	301097
#住宅	Residential Buildings	66729	172833

Continued

上思县 Shangsi County	东兴市 Dongxing City	钦南区 Qinnan District	钦北区 Qinbei District	灵山县 Lingshan County	浦北县 Pubei County	港北区 Gangbei District	港南区 Gangnan District
2814	589	2594	2217	3558	2526	1097	1099
23.58	13.54	60.42	81.13	158.49	91.65	66.11	67.14
85791	37616	142531	186823	396482	346244	211661	205856
572	798	1217	685	3925	305		378
19385	10293	41315	44153	35183	33181	10089	18496
589657	624504	1667172	984582	1417111	1149896	1380386	605489
185070	107318	460461	378793	495916	317418	168422	181169
281737	254012	481554	350383	500607	507089	479872	212927
259089	200245	317511	270816	374209	364796	315876	158877
122850	263174	725157	255407	420587	325389	732091	211392
28666	42125	26552	16725	12135	15599	23508	11709
114.1	119.1	110.7	116.5	114.4	120.6	108.5	109.7
105.2	104.8	104.8	107.0	107.0	108.0	105.3	106.5
124.2	128.3	124.7	129.4	123.5	136.8	107.8	111.4
126.7	128.8	121.0	128.9	121.2	134.0	105.6	107.2
106.3	114.9	106.4	114.6	111.6	108.4	110.0	109.8
113.4	117.4	109.5	115.6	113.5	119.7	107.5	108.4
100.00	100.00	100.00	100.00	100.00	100.00	100.00	100.00
31.39	17.18	27.62	38.47	34.99	27.60	12.20	29.92
47.78	40.67	28.88	35.59	35.33	44.10	34.76	35.17
20.83	42.14	43.50	25.94	29.68	28.30	53.04	34.91
62066	97509	46085	53542	76042	53006	98770	35703
32611	79154	29658	36136	46159	31808	35713	16747
123376	144390	136840	170599	321745	213217	113193	124691
370265	961541			1316608	887740		
214853	716182			1066132	671622		
194553	509271	3433303		577571	379230		
690708	1009704	1825000	1083816	1504421	1069029	1111507	873024
630954	947728	1694500	899407	1200402	778828	1044634	805098
36180	337104	515438	33368	50961	84666	246857	21658
28798	260002	346758	27604	44056	58202	147620	14784

23－1 续表10

指 标	Item	合浦县 Hepu County	防城区 Fangcheng District
农作物总播种面积（公顷）	Total Sown Area of Major Farm Crops (hectare)	129220	47793
#粮食作物	Grain Crops	66781	26747
粮食总产量（吨）	Yield of Grain (ton)	324637	106389
#稻谷	Rice	236510	79365
油料产量（吨）	Yield of Oil-bearing Crops (ton)	26246	2478
糖料产量（吨）	Yield of Sugar Crops (ton)	1280689	478786
水果产量（吨）	Yield of Fruit (ton)	61472	41118
肉类产量（吨）	Output of Meat (ton)	89610	25223
#猪肉	Pork	49210	16313
奶类产量（吨）	Output of Milk (ton)	564	
禽蛋产量（吨）	Output of Eggs (ton)	16125	3218
蔬菜产量（吨）	Yield of Vegetables (ton)	498539	142431
水产品产量（吨）	Aquatic Products (ton)	390600	124571
规模以上工业企业数（个）	Number of Industrial Enterprises above Designated Size (unit)	60	54
规模以上工业总产值（当年价，万元）	Included Gross Industrial Output Value above Designated Size (at current price，10 000 yuan)	1061095	922942
内资企业	Domestic Funded Enterprises	786223	832010
港澳台投资企业	Enterprises with Funds from Hong Kong, Macao & Taiwan	127105	74764
外商投资企业	Foreign Funded Enterprises	147767	16167
从业人员年平均人数（人）	Annual Average Number of Employed Persons (person)	13819	4974
流动资产合计（万元）	Total Circulating Funds (10 000 yuan)	432300	191771
固定资产净值（万元）	Net Value of Fixed Assets (10 000 yuan)	246162	128640
主营业务收入（万元）	Income from Major Business (10 000 yuan)	947271	700224
利润总额（万元）	Total Profits (10 000 yuan)	87191	48404

注：其中武鸣县、横县、全州县、合浦、平南、桂平、容县、陆川、博白、兴业、北流、兴宾区的猪肉产量采用的是国家统计局广西调查总队的生猪等县数据。

Continued

上思县 Shangsi County	东兴市 Dongxing City	钦南区 Qinnan District	钦北区 Qinbei District	灵山县 Lingshan County	浦北县 Pubei County	港北区 Gangbei District	港南区 Gangnan District
57215	10077	84352	88033	130156	73724	38186	59900
11823	6295	39186	54866	75987	46246	25000	40787
43972	25240	169905	278248	387532	240728	142938	231467
31209	21147	128114	228035	335703	210097	117825	198058
1331	554	3231	9402	4412	4278	6869	8920
2914299	9685	1011436	728728	1201141	558740	507415	298298
10978	10558	56557	305766	567123	524942	11566	12857
10852	7227	42995	104566	93688	60800	53787	43291
4665	4280	14404	21410	40947	38800	41168	32889
4723	135	21		14519	644	2661	
724	447	6245	1485	9123	3865	2758	2337
41158	42816	313005	344555	314797	163524	109679	101140
15232	111415	369548	31653	35952	28981	13506	22875
22	26	71	46	60	78	40	68
755421	747101	8198974	650199	874337	992993	1286456	635772
546708	745749	6667839	577342	722504	887757	1233828	560901
204595		1046558	47135	130101	54259	30534	74872
4118	1352	484578	25722	21733	50976	22094	
5082	3940	15959	8057	14160	24383	14007	13851
187317	149649	2927422	263225	260493	184579	680835	177471
199465	47713	2030756	123964	148552	104468	804561	71250
461553	704857	8041575	568073	774203	928148	1310282	638022
46862	76398	-244183	32492	28944	107587	19963	22063

Note: The data of output of pork of Wuming, Hengxian, Quanzhou, Hepu, Pingnan, Guiping, Rongxian, Luchuan, Bobai, Xingye, Beiliu and Xingbin District is from Guangxi Econornic & Social Survey Corps of Nationd Bureau of Statistic.

23－1 续表11

指 标	Item	合浦县 Hepu County	防城区 Fangcheng District
境内公路里程（公里）	Length of Domestic Highways (km)	1749	1051
#高等级公路	Expressway	109	30
民用汽车拥有量（辆）	Number of Civil Motor Vehicles Owned (unit)	8546	
固定电话年末用户（户）	Number of Local Telephone Subscribers in Year-end (subscriber)	94823	53727
#农村电话用户	Rural Subscribers	54577	14685
年末移动电话用户数（户）	Number of Mobile Telephone Subscribers at Year-end (subscriber)	681198	363293
互联网宽带接入用户（户）	Number of Internet Subscribers (subscriber)	62116	41476
全年用电量（万千瓦时）	Annual Consumption of Electricity (10 000 kwh)	99597	96244
#工业用电	For Industry	41187	48246
社会消费品零售总额（万元）	Total Retail Sale of Consumer Goods (10 000 yuan)	554536	284209
城镇在岗职工年平均人数（人）	Annual Average Number of Urban Working Staff & Workers (person)	37739	
城镇在岗职工工资总额（万元）	Total Wages of Urban Working Staff & Workers (10 000 yuan)	121898	
城镇居民人均可支配收入（元）	Per Capita Annual Disposable Income of Urban Households (yuan)	20676	23289
农民人均纯收入（元）	Annual Per Capita Disposable Income of Rural Residents (yuan)	7063	7786
各种社会福利收养性单位数（个）	Number of Adopting Units of Social Welfare (unit)	36	15
各种社会福利收养性单位床位数（张）	Number of Beds in Adopting Units of Social Welfare (bed)	682	328
参加城镇基本养老保险人数（人）	Number of Persons Joining Basic Pension Insurance (person)	53851	29595
参加城镇基本医疗保险人数（人）	Number of Persons Joining Basic Health Care Insurance (person)	179089	115013
参加失业保险人数（人）	Number of Persons Joining Unemployment Insurance (person)	41950	16903
城镇居民最低生活保障人数（人）	Number of Urban Residents Receiving Lowest Cost-of-living (person)	11765	10872
参加农村新型合作医疗人数（人）	Number of Persons Joining New-type Rural Cooperative Medical Service (person)	792405	266816
新型农村社会养老保险参保人数（人）	Number of Person Joining New-type Rural Social Pension Insurance (person)	348602	69900
普通中学数（所）	Number of Regular Secondary Schools (unit)	42	16
小学数（所）	Number of Primary Schools (unit)	276	144
普通中学专任教师数（人）	Full-time Teachers in Regular Secondary Schools (person)	3266	869
小学专任教师数（人）	Full-time Teachers in Primary Schools (person)	4134	1691
普通中学在校学生数（人）	Student Enrollment in Regular Secondary Schools (person)	56544	16492
小学在校学生数（人）	Primary Student Enrollment (person)	92863	33473
医院、卫生院数（所）	Number of Hospitals (unit)	24	14
医院、卫生院床位数（张）	Number of Beds in Hospitals (bed)	3120	1631
医院、卫生院技术人员（人）	Medical & Technical Personnel (person)	2357	1892
#执业（助理）医师	Practitioner (assistant) Doctors	835	551

Continued

上思县 Shangsi County	东兴市 Dongxing City	钦南区 Qinnan District	钦北区 Qinbei District	灵山县 Lingshan County	浦北县 Pubei County	港北区 Gangbei District	港南区 Gangnan District
1148	285	1313	1141	2057	1386	618	744
52	33	117	55			44	19
					11442	5856	11041
22572	51654				67403	1780	56439
6367	11005				45628	1759	51692
120648	251137				359956	18325	39278
19257	45303				29536	6989	13652
19608	38156	125561	50333	72268	45072	172598	29539
8473	8110	69397	33587	25876	20385	136363	27583
130063	156846	794081	339085	642266	545127	839549	338088
13842	8506	3497	35978	34099	32856	10089	12807
46038	30180	9473	139857	107187	92454	24299	33680
14567	26110	22242	21761	20865	20932	20223	20528
6274	9264	7588	6781	7049	7329	7883	7684
10	5	16	14	20	17	8	11
259	132	325	362	586	375	175	157
17343	14313	23020	8000	20357	19036	8831	5214
71215	39365	66503	38209	133316	26379	85255	32774
10512	6909	9815	6600	24612	20028		
6932	1606	8292	1920	14727	6777	6280	5751
154170	94797	423062	702470	1363835	719717	428800	564383
84676	50544	141636	256555	348553		145863	149465
13	8	20	20	44	27	31	23
52	35	165	202	397	308	122	166
651	489	1084	1474	3795	2411	1998	1710
1173	763	2707	3294	6418	3585	2749	2324
10828	8040	18134	29851	82690	46451	35742	31251
22308	17346	55909	76481	153371	77466	61473	48635
15	4	22	15	22	19	17	12
540	348	3305	1529	3820	1883	2189	978
594	466	3879	801	2970	1728	2408	1131
190	171	1239	217	730	496	763	320

23－1　续表12

指　标	Item	覃塘区 Qintang District	平南县 Pingnan County
行政区域土地面积（平方公里）	Administrative Region Land Area(sq.km)	1352	2984
年末总人口（万人）	Total Population at Year-end (10 000 persons)	58.16	146.70
年末总户数（户）	Total Households at Year-end(household)	169702	423531
城镇登记失业人数（人）	Number of Registered Unemployed Persons in Urban Areas (person)	61	2453
年末单位从业人员数（人）	Number of Employed Persons in Units at Year-end (person)	12627	45791
地区生产总值（万元）	Gross Domestic Product(10 000 yuan)	775524	1592837
第一产业	Primary Industry	215295	429462
第二产业	Secondary Industry	328872	583103
#工业	Industry	272536	517513
第三产业	Tertiary Industry	231358	580272
人均生产总值（元）	Per Capital GDP (yuan)	18810	13964
地区生产总值指数（上年=100）	Indices of Gross Domestic Product (preceding year=100)	107.1	110.7
第一产业	Primary Industry	106.8	105.7
第二产业	Secondary Industry	108.9	117.9
#工业	Industry	108.8	116.4
第三产业	Tertiary Industry	104.8	106.6
人均生产总值指数（上年=100）	Indices of Per Capital GDP (preceding year=100)	106.3	109.9
地区生产总值构成（%）	Construction of GDP (%)	100.00	100.00
第一产业	Primary Industry	27.76	26.96
第二产业	Secondary Industry	42.41	36.61
第三产业	Tertiary Industry	29.83	36.43
财政收入（万元）	Government Revenue(10 000 yuan)	50165	95061
#地方财政一般预算收入	Budgetary Revenue of Local Government	22010	53180
地方财政一般预算支出（万元）	Government Expenditure (10 000 yuan)	131307	324599
年末金融机构各项存款余额（万元）	Year-end Deposits of Financial Institutions (10 000 yuan)		1479181
#城乡居民储蓄存款	Urban & Rural Savings Deposits		1208454
年末金融机构各项贷款余额（万元）	Year-end Loans of Financial Institutions (10 000 yuan)		672784
全社会固定资产投资（万元）	Total Investment in Fixed Assets (10 000 yuan)	866585	1169504
#固定资产投资	Investment in Fixed Assets	743278	1078084
房地产开发投资完成额（万元）	Real Estate Development (10 000 yuan)	214	116018
#住宅	Residential Buildings	82	95089

Continued

桂平市 Guiping City	玉州区 Yuzhou District	福绵区 Fumian District	容　县 Rongxian County	陆川县 Luchuan County	博白县 Bobai County	兴业县 Xingye County	北流市 Beiliu City
4071	1265		2255	1554	3830	1468	2452
191.81	104.43		83.07	106.84	179.42	75.38	142.73
547062	291772		279772	312559	490986	215957	401685
4627	3236		895	638	8783	179	1837
42553	99206	6856	71392	39868	39868	16851	71392
2172459	2448136	561780	1181447	1671905	1991391	982784	2090025
492426	141982	186373	289385	288203	681051	335829	369207
1091634	940905	251843	602105	866334	845791	391139	1095284
989313	788099	197739	540973	763182	702025	279082	942895
588399	1365249	123564	289957	517368	464549	255815	625534
14345	35586	14588	18424	21714	14652	17304	18199
110.0	108.4	113.9	111.0	112.0	110.1	112.8	111.0
106.1	106.6	106.3	106.0	106.1	106.4	105.4	106.1
113.1	109.5	119.9	114.2	115.4	116.1	120.7	113.6
111.2	105.7	118.7	114.6	115.3	113.8	121.4	113.4
107.6	107.7	109.3	109.5	109.4	104.7	109.4	109.3
109.2	107.3	112.8	110.1	111.2	109.2	111.8	110.0
100.00	100.00	100.00	100.00	100.00	100.00	100.00	100.00
22.67	5.80	33.18	24.49	17.24	34.20	34.17	17.67
50.25	38.43	44.83	50.96	51.82	42.47	39.80	52.41
27.08	55.77	22.00	24.54	30.94	23.33	26.03	29.93
96107	152503	34324	84550	92117	104803	68269	139469
54236	105919	25742	59057	65936	74336	49882	88183
374573	195609	86205	207482	255119	387980	188192	318775
2075718	4303465		1201798	1006179	1542592	618284	1714311
1610951	2523819		989351	846141	1253289	521864	1465919
953329	2433684		514046	544061	763008	304450	916543
1501802	2551422	762248	1163134	1300960	1631332	963086	1670440
1281004	2522437	712299	1097087	1267989	1599389	914538	1580418
105118	482939	12979	79337	69952	115479	13932	171980
93538	333236	8150	55366	56456	86323	9769	156197

23－1 续表13

指 标	Item	覃塘区 Qintang District	平南县 Pingnan County
农作物总播种面积（公顷）	Total Sown Area of Major Farm Crops (hectare)	69754	102884
#粮食作物	Grain Crops	36853	68005
粮食总产量（吨）	Yield of Grain (ton)	200101	363319
#稻谷	Rice	151421	317225
油料产量（吨）	Yield of Oil-bearing Crops (ton)	14325	23221
糖料产量（吨）	Yield of Sugar Crops (ton)	1147977	159421
水果产量（吨）	Yield of Fruit (ton)	9871	86307
肉类产量（吨）	Output of Meat (ton)	45768	107328
#猪肉	Pork	37411	83528
奶类产量（吨）	Output of Milk (ton)	68	561
禽蛋产量（吨）	Output of Eggs (ton)	4971	5297
蔬菜产量（吨）	Yield of Vegetables (ton)	129896	440750
水产品产量（吨）	Aquatic Products (ton)	15555	70197
规模以上工业企业数（个）	Number of Industrial Enterprises above Designated Size (unit)	42	103
规模以上工业总产值（当年价，万元）	Included Gross Industrial Output Value above Designated Size (at current price，10 000 yuan)	677133	1054800
内资企业	Domestic Funded Enterprises	263170	706321
港澳台投资企业	Enterprises with Funds from Hong Kong, Macao & Taiwan	413963	57587
外商投资企业	Foreign Funded Enterprises		290892
从业人员年平均人数（人）	Annual Average Number of Employed Persons (person)	5975	19194
流动资产合计（万元）	Total Circulating Funds (10 000 yuan)	323426	316032
固定资产净值（万元）	Net Value of Fixed Assets (10 000 yuan)	364792	343980
主营业务收入（万元）	Income from Major Business (10 000 yuan)	620712	1025471
利润总额（万元）	Total Profits (10 000 yuan)	73561	162666

注：其中武鸣县、横县、全州县、合浦、平南、桂平、容县、陆川、博白、兴业、北流、兴宾区的猪肉产量采用的是国家统计局广西调查总队的生猪等县数据。

Continued

桂平市 Guiping City	玉州区 Yuzhou District	福绵区 Fumian District	容　县 Rongxian County	陆川县 Luchuan County	博白县 Bobai County	兴业县 Xingye County	北流市 Beiliu City
167919	33758	42210	58850	61012	142599	59800	90741
104280	19793	26844	40896	46152	90601	40220	62690
553396	112983	156369	245513	280740	491907	229339	372775
463907	106640	146072	221557	257537	429711	206738	342438
33881	4239	4999	2854	4627	11160	3796	11342
278461	26788	174198	17929	128585	1008704	83665	78330
84545	20260	34314	124377	46612	233120	26129	224850
113815	37948	58916	89548	114425	204957	170389	92025
81215	24611	19847	45248	78025	160757	53789	58825
180	88		242	150	378		3681
5140	7446	16262	12919	9246	4900	2812	4988
529916	328076	324936	313945	266677	643502	210243	549778
64953	17201	10582	10230	20464	34433	6850	28269
113	99		92	106	124	21	171
2311256	2436733		1308684	2199012	1188156	637570	2278053
2194060	1254707			1837008	1086780	637571	1628124
27334	20719		51460	97408	67611		616704
89861	1161308		25162	264597	33766		33225
42696	35589		22895	20492	47883	4647	73044
732690	1592093		214187	766184	405823	176025	478395
349951	520058		134073	271565	302832	119727	415115
2177489	2296411		1289116	2076603	1129196	614042	2199265
330875	136295		247729	111162	5902	47100	145517

Note: The data of output of pork of Wuming, Hengxian, Quanzhou, Hepu, Pingnan, Guiping, Rongxian, Luchuan, Bobai, Xingye, Beiliu and Xingbin District is from Guangxi Econornic & Social Survey Corps of Nationd Bureau of Statistic.

23—1　续表14

指　标	Item	覃塘区 Qintang District	平南县 Pingnan County
境内公路里程（公里）	Length of Domestic Highways (km)	1221	1384
#高等级公路	Expressway		21
民用汽车拥有量（辆）	Number of Civil Motor Vehicles Owned (unit)	23682	25034
固定电话年末用户（户）	Number of Local Telephone Subscribers in Year-end (subscriber)	54281	129922
#农村电话用户	Rural Subscribers	53238	99741
年末移动电话用户数（户）	Number of Mobile Telephone Subscribers at Year-end (subscriber)	37513	497308
互联网宽带接入用户（户）	Number of Internet Subscribers (subscriber)	14052	54037
全年用电量（万千瓦时）	Annual Consumption of Electricity (10 000 kwh)	120834	70306
#工业用电	For Industry	103603	38672
社会消费品零售总额（万元）	Total Retail Sale of Consumer Goods (10 000 yuan)	284623	540326
城镇在岗职工年平均人数（人）	Annual Average Number of Urban Working Staff & Workers (person)	11123	38846
城镇在岗职工工资总额（万元）	Total Wages of Urban Working Staff & Workers (10 000 yuan)	30034	107815
城镇居民人均可支配收入（元）	Per Capita Annual Disposable Income of Urban Households (yuan)	19832	19087
农民人均纯收入（元）	Annual Per Capita Disposable Income of Rural Residents (yuan)	8086	6976
各种社会福利收养性单位数（个）	Number of Adopting Units of Social Welfare (unit)	11	26
各种社会福利收养性单位床位数（张）	Number of Beds in Adopting Units of Social Welfare (bed)	220	1010
参加城镇基本养老保险人数（人）	Number of Persons Joining Basic Pension Insurance (person)	1991	15491
参加城镇基本医疗保险人数（人）	Number of Persons Joining Basic Health Care Insurance (person)	22713	120254
参加失业保险人数（人）	Number of Persons Joining Unemployment Insurance (person)		21825
城镇居民最低生活保障人数（人）	Number of Urban Residents Receiving Lowest Cost-of-living (person)	4429	13590
参加农村新型合作医疗人数（人）	Number of Persons Joining New-type Rural Cooperative Medical Service (person)	525127	1261613
新型农村社会养老保险参保人数（人）	Number of Person Joining New-type Rural Social Pension Insurance (person)	148851	455155
普通中学数（所）	Number of Regular Secondary Schools (unit)	25	66
小学数（所）	Number of Primary Schools (unit)	134	282
普通中学专任教师数（人）	Full-time Teachers in Regular Secondary Schools (person)	2079	4288
小学专任教师数（人）	Full-time Teachers in Primary Schools (person)	2257	6154
普通中学在校学生数（人）	Student Enrollment in Regular Secondary Schools (person)	38277	94784
小学在校学生数（人）	Primary Student Enrollment (person)	45075	128033
医院、卫生院数（所）	Number of Hospitals (unit)	11	33
医院、卫生院床位数（张）	Number of Beds in Hospitals (bed)	968	3156
医院、卫生院技术人员（人）	Medical & Technical Personnel (person)	974	2745
#执业（助理）医师	Practitioner (assistant) Doctors	309	847

Continued

桂平市 Guiping City	玉州区 Yuzhou District	福绵区 Fumian District	容　县 Rongxian County	陆川县 Luchuan County	博白县 Bobai County	兴业县 Xingye County	北流市 Beiliu City
2335	970		1233	1649	2611	1114	1529
14	41		74		7	68	62
28046	60362	13764	20387	26278	31946	17948	39577
132970	172000		90000	81000	93000	57000	144000
93649	22506		55961	53024	62545	42706	90659
786017	1075595		395879	567009	469685	607138	395746
83060	161090		43076	41429	49903	32501	59087
144592	177808	22506	55941	91454	85012	55946	106970
88350	84834	10640	20340	63767	30829	34156	62115
837907	1827360	110802	409400	378910	658849	213377	629558
23773	88746	5885	28055	34794	37540	14155	54688
123397	343613	18021	87947	105103	116337	43287	172244
18494	25111	23454	19150	19937	18897	18539	23505
6867	8371	7055	7012	7207	7127	6483	7795
29	11		17	17	35	15	15
907	484		279	377	1562	360	447
45964	52000	8000	33000	35000	48000	16000	77000
152419	201000	16000	115000	113000	151000	44000	160000
37820	48000	4000	19000	20000	23000	9000	23000
9393	4877		5778	7920	14969	1481	9420
1514256	373360	325088	653044	869497	1252981	541031	1225119
1482850	127000	108000	232000	122881	334915	201073	36189
72	18	16	37	33	81	35	50
430	109	106	221	168	346	203	297
5654	1535	1146	2514	3163	5303	1812	4783
7062	2554	1271	2969	4547	8169	2426	5858
125290	22139	16949	46489	57245	111788	28407	86325
176746	61710	31286	67704	92629	166554	55612	136408
34	32		22	21	41	14	31
3073	5595		1645	1858	3008	1069	2718
3580	5828		1749	1596	2646	1061	2456
998	1891		612	518	777	233	873

23－1　续表15

指　标	Item	右江区 Youjiang District	田阳县 Tianyang County
行政区域土地面积（平方公里）	Administrative Region Land Area(sq.km)	3718	2373
年末总人口（万人）	Total Population at Year-end (10 000 persons)	34.75	34.82
年末总户数（户）	Total Households at Year-end(household)	92302	104074
城镇登记失业人数（人）	Number of Registered Unemployed Persons in Urban Areas (person)	2450	507
年末单位从业人员数（人）	Number of Employed Persons in Units at Year-end (person)	59356	13281
地区生产总值（万元）	Gross Domestic Product(10 000 yuan)	1659243	690584
第一产业	Primary Industry	202437	196032
第二产业	Secondary Industry	960579	304280
#工业	Industry	838603	257078
第三产业	Tertiary Industry	496227	190272
人均生产总值（元）	Per Capital GDP (yuan)	43751	21826
地区生产总值指数（上年=100）	Indices of Gross Domestic Product (preceding year=100)	112.7	107.8
第一产业	Primary Industry	107.7	107.3
第二产业	Secondary Industry	114.3	107.3
#工业	Industry	113.5	106.9
第三产业	Tertiary Industry	112.0	108.9
人均生产总值指数（上年=100）	Indices of Per Capital GDP (preceding year=100)	111.5	107.0
地区生产总值构成（%）	Construction of GDP (%)	100.00	100.00
第一产业	Primary Industry	12.20	28.39
第二产业	Secondary Industry	57.89	44.06
第三产业	Tertiary Industry	29.91	27.55
财政收入（万元）	Government Revenue(10 000 yuan)	75018	71880
#地方财政一般预算收入	Budgetary Revenue of Local Government	38202	50589
地方财政一般预算支出（万元）	Government Expenditure (10 000 yuan)	126280	167878
年末金融机构各项存款余额（万元）	Year-end Deposits of Financial Institutions (10 000 yuan)	1894010	593142
#城乡居民储蓄存款	Urban & Rural Savings Deposits	942992	353571
年末金融机构各项贷款余额（万元）	Year-end Loans of Financial Institutions (10 000 yuan)	1477087	364042
全社会固定资产投资（万元）	Total Investment in Fixed Assets (10 000 yuan)	1510443	1136021
#固定资产投资	Investment in Fixed Assets	1378136	1075333
房地产开发投资完成额（万元）	Real Estate Development (10 000 yuan)	184969	123918
#住宅	Residential Buildings	161317	81178

Continued

田东县 Tiandong County	平果县 Pingguo County	德保县 Debao County	靖西县 Jingxi County	那坡县 Napo County	凌云县 Lingyun County	乐业县 Leye County	田林县 Tianlin County
2811	2457	2575	3326	2223	2047	2633	5524
42.64	50.55	36.59	65.50	21.34	21.91	17.17	25.54
112426	142324	98852	165173	61519	58344	47724	67072
885	3144	522	363	302	188	276	1034
17884	22060	14886	21362	7344	6517	7006	9869
1120154	1119977	512228	1030451	155622	199302	150790	271152
215118	126037	86440	128465	56974	57910	50251	104510
665485	779636	316201	700356	28678	80060	41333	72814
577100	720934	260225	661725	17333	56377	19293	53471
239551	214303	109588	201630	69970	61332	59206	93828
31021	25474	17037	20456	10037	10615	10033	11961
114.2	110.4	105.3	110.2	115.4	112.4	109.4	108.7
107.7	107.4	107.3	107.3	107.6	107.4	107.6	106.3
118.5	113.0	104.9	110.5	116.0	120.2	110.5	110.9
118.1	114.4	104.0	110.3	106.7	115.0	104.5	111.4
108.8	104.3	105.1	110.8	121.7	107.1	109.9	109.4
113.3	109.5	104.6	109.4	114.7	111.6	108.5	108.1
100.00	100.00	100.00	100.00	100.00	100.00	100.00	100.00
19.20	11.25	16.88	12.47	36.61	29.06	33.33	38.54
59.41	69.61	61.73	67.97	18.43	40.17	27.41	26.85
21.39	19.13	21.39	19.57	44.96	30.77	39.26	34.60
147169	205065	78018	118568	15051	14612	16618	28065
74975	126808	45645	79779	8334	8694	9802	18056
211106	225178	174558	268566	132152	121065	100145	129996
674467	890824	396068	654854	250609	238286	221896	328027
447119	553821	230645	388633	134731	132142	104789	187848
625596	931401	571684	327795	101452	99949	105101	200406
1740930	1751660	703654	1382251	300993	270865	330553	390843
1587776	1630643	642132	1265944	274622	247130	264934	361908
50167	172240	22644	20603	6600	3450	11360	33855
42100	147130	20066	15286	5900	3450	6549	29716

23－1　续表16

指　标	Item	右江区 Youjiang District	田阳县 Tianyang County
农作物总播种面积（公顷）	Total Sown Area of Major Farm Crops (hectare)	60219	58408
#粮食作物	Grain Crops	18268	23437
粮食总产量（吨）	Yield of Grain (ton)	80306	110802
#稻谷	Rice	42761	60561
油料产量（吨）	Yield of Oil-bearing Crops (ton)	1306	1967
糖料产量（吨）	Yield of Sugar Crops (ton)	1404890	580690
水果产量（吨）	Yield of Fruit (ton)	132782	97599
肉类产量（吨）	Output of Meat (ton)	31406	29161
#猪肉	Pork	14754	20320
奶类产量（吨）	Output of Milk (ton)	248	376
禽蛋产量（吨）	Output of Eggs (ton)	565	336
蔬菜产量（吨）	Yield of Vegetables (ton)	286350	541660
水产品产量（吨）	Aquatic Products (ton)	17001	16730
规模以上工业企业数（个）	Number of Industrial Enterprises above Designated Size (unit)	43	23
规模以上工业总产值（当年价，万元）	Included Gross Industrial Output Value above Designated Size (at current price，10 000 yuan)	1878749	444494
内资企业	Domestic Funded Enterprises	1715222	394048
港澳台投资企业	Enterprises with Funds from Hong Kong, Macao & Taiwan	163527	50446
外商投资企业	Foreign Funded Enterprises		
从业人员年平均人数（人）	Annual Average Number of Employed Persons (person)	15349	5143
流动资产合计（万元）	Total Circulating Funds (10 000 yuan)	628813	187477
固定资产净值（万元）	Net Value of Fixed Assets (10 000 yuan)	703398	242843
主营业务收入（万元）	Income from Major Business (10 000 yuan)	1493847	342015
利润总额（万元）	Total Profits (10 000 yuan)	37862	9281

注：其中武鸣县、横县、全州县、合浦、平南、桂平、容县、陆川、博白、兴业、北流、兴宾区的猪肉产量采用的是国家统计局广西调查总队的生猪等县数据。

Continued

田东县 Tiandong County	平果县 Pingguo County	德保县 Debao County	靖西县 Jingxi County	那坡县 Napo County	凌云县 Lingyun County	乐业县 Leye County	田林县 Tianlin County
70365	45309	40900	72833	24282	21329	17578	34828
25374	27190	26443	54067	16778	14651	11891	21088
117769	112292	102662	207450	61297	48171	51697	94264
76757	57938	48563	80815	28290	21498	18330	43286
1317	773	897	1151	157	1022	1571	328
1614660	470068	273868	353460	9859	23060	5534	355500
132645	19384	18264	14694	6630	6705	6697	34986
31029	34611	18998	28733	11929	12553	9670	21513
21731	21346	10866	18969	7958	9131	6864	14456
	82		80				
450	770	257	339	179	124	145	392
348575	114500	102450	119731	64378	51208	48992	87430
15937	8140	1810	6500	690	832	10600	2500
27	36	19	22	5	14	2	9
1435686	1742262	662709	1800074	33395	126199	6718	132046
1435686	1543864	662710	1800075	33395	126200	6718	54769
	198397						77277
13706	16643	7204	9082	705	1958	316	1835
491003	646354	190746	259509	11762	42641	2685	250437
807438	955627	712638	1259982	18140	72161	8104	201601
1114367	1678463	519576	1326773	27914	113590	5663	110231
-30706	114605	-2215	48503	479	9354	-293	7135

Note: The data of output of pork of Wuming, Hengxian, Quanzhou, Hepu, Pingnan, Guiping, Rongxian, Luchuan, Bobai, Xingye, Beiliu and Xingbin District is from Guangxi Econornic & Social Survey Corps of Nationd Bureau of Statistic.

23－1　续表17

指　标	Item	右江区 Youjiang District	田阳县 Tianyang County
境内公路里程（公里）	Length of Domestic Highways (km)	1345	1036
#高等级公路	Expressway	157	34
民用汽车拥有量（辆）	Number of Civil Motor Vehicles Owned (unit)	35758	10763
固定电话年末用户（户）	Number of Local Telephone Subscribers in Year-end (subscriber)	79774	69773
#农村电话用户	Rural Subscribers	62165	56061
年末移动电话用户数（户）	Number of Mobile Telephone Subscribers at Year-end (subscriber)	228683	106371
互联网宽带接入用户（户）	Number of Internet Subscribers (subscriber)	94738	14748
全年用电量（万千瓦时）	Annual Consumption of Electricity (10 000 kwh)	424816	57460
#工业用电	For Industry	380501	39394
社会消费品零售总额（万元）	Total Retail Sale of Consumer Goods (10 000 yuan)	387128	195041
城镇在岗职工年平均人数（人）	Annual Average Number of Urban Working Staff & Workers (person)	49983	11976
城镇在岗职工工资总额（万元）	Total Wages of Urban Working Staff & Workers (10 000 yuan)	190163	35289
城镇居民人均可支配收入（元）	Per Capita Annual Disposable Income of Urban Households (yuan)	19242	20131
农民人均纯收入（元）	Annual Per Capita Disposable Income of Rural Residents (yuan)	6401	5693
各种社会福利收养性单位数（个）	Number of Adopting Units of Social Welfare (unit)	16	15
各种社会福利收养性单位床位数（张）	Number of Beds in Adopting Units of Social Welfare (bed)	451	327
参加城镇基本养老保险人数（人）	Number of Persons Joining Basic Pension Insurance (person)	25850	15665
参加城镇基本医疗保险人数（人）	Number of Persons Joining Basic Health Care Insurance (person)	48100	38054
参加失业保险人数（人）	Number of Persons Joining Unemployment Insurance (person)	9950	8589
城镇居民最低生活保障人数（人）	Number of Urban Residents Receiving Lowest Cost-of-living (person)	4087	1261
参加农村新型合作医疗人数（人）	Number of Persons Joining New-type Rural Cooperative Medical Service (person)	207376	280950
新型农村社会养老保险参保人数（人）	Number of Person Joining New-type Rural Social Pension Insurance (person)	99326	140375
普通中学数（所）	Number of Regular Secondary Schools (unit)	20	11
小学数（所）	Number of Primary Schools (unit)	109	87
普通中学专任教师数（人）	Full-time Teachers in Regular Secondary Schools (person)	795	830
小学专任教师数（人）	Full-time Teachers in Primary Schools (person)	1722	1165
普通中学在校学生数（人）	Student Enrollment in Regular Secondary Schools (person)	13175	11966
小学在校学生数（人）	Primary Student Enrollment (person)	28498	19959
医院、卫生院数（所）	Number of Hospitals (unit)	19	17
医院、卫生院床位数（张）	Number of Beds in Hospitals (bed)	3038	881
医院、卫生院技术人员（人）	Medical & Technical Personnel (person)	3379	866
#执业（助理）医师	Practitioner (assistant) Doctors	1033	252

Continued

田东县 Tiandong County	平果县 Pingguo County	德保县 Debao County	靖西县 Jingxi County	那坡县 Napo County	凌云县 Lingyun County	乐业县 Leye County	田林县 Tianlin County
1210	1213	1080	1496	1040	993	1044	1710
60	38						86
11586	11008	6950	10757	3371	4377	3408	5562
40463	32000	30854	44040	15657	14343	10265	23594
25510	18000	16623	22309	7674	8992	3896	12813
253308	266000	88817	255587	54666	120648	76195	115632
46150	20000	59448	35356	8607	9456	6029	11206
84255	322059	98433	134029	22194	21391	7048	25071
65311	273194	81035	114702	14774	11779	2274	15190
153682	212339	75640	197008	53427	40661	45411	69389
18004	19581	12083	20116	6727	5886	6640	9473
62664	89453	47230	63116	20386	18536	21384	27319
22334	22526	21734	16733	14852	18141	18803	18278
6419	5420	4414	4235	3559	3798	3778	4365
14	11	14	21	10	10	9	17
509	122	535	365	150	274	340	738
2889	14199	5225	9587	4010	1979	2547	104699
52080	62329	32828	51188	18682	9825	6211	15591
11928	11971	4820	11000	4702	4540	3505	5250
3633	4357	2726	5240	2811	4029	2334	2501
356691	380925	291835	553554	181382	183583	149570	220958
164105	127649	172740	245416	95834	68747	61471	104699
20	17	15	27	11	12	12	16
148	156	49	261	104	70	81	46
1124	1501	790	1579	451	574	514	606
1776	1929	1360	2398	873	947	1049	1194
16744	23607	12999	26488	7333	12887	9942	11056
31973	34055	24219	45251	15961	21217	19297	26825
16	17	21	26	15	12	13	22
1382	1338	757	1326	485	483	291	627
1265	1321	756	1059	451	444	333	407
427	429	200	279	119	99	115	58

23－1 续表18

指 标	Item	西林县 Xilin County	隆林各族自治县 Longlin County
行政区域土地面积（平方公里）	Administrative Region Land Area(sq.km)	2997	3518
年末总人口（万人）	Total Population at Year-end (10 000 persons)	15.63	42.19
年末总户数（户）	Total Households at Year-end(household)	39907	103549
城镇登记失业人数（人）	Number of Registered Unemployed Persons in Urban Areas (person)	193	695
年末单位从业人员数（人）	Number of Employed Persons in Units at Year-end (person)	6344	10533
地区生产总值（万元）	Gross Domestic Product(10 000 yuan)	147904	429634
第一产业	Primary Industry	63190	84058
第二产业	Secondary Industry	27868	210128
#工业	Industry	14783	187606
第三产业	Tertiary Industry	56846	135448
人均生产总值（元）	Per Capital GDP (yuan)	10546	12435
地区生产总值指数（上年=100）	Indices of Gross Domestic Product (preceding year=100)	107.5	115.1
第一产业	Primary Industry	107.4	107.3
第二产业	Secondary Industry	100.2	120.6
#工业	Industry	99.1	122.4
第三产业	Tertiary Industry	112.3	108.2
人均生产总值指数（上年=100）	Indices of Per Capital GDP (preceding year=100)	106.6	114.2
地区生产总值构成（%）	Construction of GDP (%)	100.00	100.00
第一产业	Primary Industry	42.72	19.57
第二产业	Secondary Industry	18.84	48.91
第三产业	Tertiary Industry	38.43	31.53
财政收入（万元）	Government Revenue(10 000 yuan)	13728	40116
#地方财政一般预算收入	Budgetary Revenue of Local Government	7561	18481
地方财政一般预算支出（万元）	Government Expenditure (10 000 yuan)	115418	157867
年末金融机构各项存款余额（万元）	Year-end Deposits of Financial Institutions (10 000 yuan)	232594	385626
#城乡居民储蓄存款	Urban & Rural Savings Deposits	94873	242299
年末金融机构各项贷款余额（万元）	Year-end Loans of Financial Institutions (10 000 yuan)	87067	210415
全社会固定资产投资（万元）	Total Investment in Fixed Assets (10 000 yuan)	202246	280274
#固定资产投资	Investment in Fixed Assets	184816	255393
房地产开发投资完成额（万元）	Real Estate Development (10 000 yuan)	12000	17543
#住宅	Residential Buildings	9283	16849

Continued

八步区 Babu District	平桂区 Pinggui District	昭平县 Zhaoping County	钟山县 Zhongshan County	富川瑶族自治县 Fuchuan County	金城江区 Jinchengjiang District	南丹县 Nandan County	天峨县 Tian' e County
5517		3224	1472	1540	2346	3905	3184
105.07		43.67	51.45	32.19	33.88	30.89	17.22
302261		123610	123053	87397	110745	95062	48159
1920	779	1868	525	733	1648	752	716
36647	13421	16943	14190	13770	45008	18609	8441
1313945	887331	512736	636060	466923	832697	663013	373237
252122	158641	154821	132419	156303	101752	98439	61569
657456	499552	186435	285229	192371	341173	396381	233730
500051	379990	108058	208203	150444	254606	347546	202824
404367	229137	171481	218411	118249	389773	168193	77938
21157	22300	14873	17900	17976	24909	23519	23864
107.6	110.5	110.6	107.3	112.7	96.0	92.5	107.5
106.2	106.3	105.5	105.6	106.9	110.2	104.7	109.6
107.3	112.1	108.9	109.4	119.0	90.4	88.2	109.1
104.5	110.1	107.5	107.2	120.8	88.1	85.8	109.8
108.9	109.8	117.6	104.9	109.4	101.7	99.4	100.5
106.7	109.3	109.8	106.4	111.9	95.2	91.7	106.9
100.00	100.00	100.00	100.00	100.00	100.00	100.00	100.00
19.19	17.88	30.20	20.82	33.48	12.22	14.85	16.50
50.04	56.30	36.36	44.84	41.20	40.97	59.78	62.62
30.78	25.82	33.44	34.34	25.33	46.81	25.37	20.88
76231	60473	25017	35629	36118	37688	75067	29590
49622	32631	16106	19860	22584	16808	35293	11164
194224	148841	148501	140719	143751	101352	142498	98516
	2047404	420903	552544	466710	1629776	621941	284044
	1147675	292770	385849	326644	893821	416791	159925
1280055		225945	250651	290206	1005362	350585	430204
1503898	1652607	831037	1011037	917227	602079	303639	160608
1352897	1533783	775391	892948	868659	540880	208456	118186
25139	108859	33684	18383	11487	42592	18849	
18280	82998	16753	13026	11135	21348	8734	

23－1 续表19

指 标	Item	西林县 Xilin County	隆林各族自治县 Longlin County
农作物总播种面积（公顷）	Total Sown Area of Major Farm Crops (hectare)	23360	32472
#粮食作物	Grain Crops	14456	23115
粮食总产量（吨）	Yield of Grain (ton)	55563	90355
#稻谷	Rice	22150	35012
油料产量（吨）	Yield of Oil-bearing Crops (ton)	1717	1610
糖料产量（吨）	Yield of Sugar Crops (ton)	74484	61308
水果产量（吨）	Yield of Fruit (ton)	18676	12888
肉类产量（吨）	Output of Meat (ton)	11050	19600
#猪肉	Pork	6530	13237
奶类产量（吨）	Output of Milk (ton)		
禽蛋产量（吨）	Output of Eggs (ton)	287	319
蔬菜产量（吨）	Yield of Vegetables (ton)	49689	56900
水产品产量（吨）	Aquatic Products (ton)	14500	22353
规模以上工业企业数（个）	Number of Industrial Enterprises above Designated Size (unit)	6	10
规模以上工业总产值（当年价，万元）	Included Gross Industrial Output Value above Designated Size (at current price，10 000 yuan)	24182	190681
内资企业	Domestic Funded Enterprises	24183	190681
港澳台投资企业	Enterprises with Funds from Hong Kong, Macao & Taiwan		
外商投资企业	Foreign Funded Enterprises		
从业人员年平均人数（人）	Annual Average Number of Employed Persons (person)	1301	1948
流动资产合计（万元）	Total Circulating Funds (10 000 yuan)	48094	140786
固定资产净值（万元）	Net Value of Fixed Assets (10 000 yuan)	170730	250207
主营业务收入（万元）	Income from Major Business (10 000 yuan)	25194	189710
利润总额（万元）	Total Profits (10 000 yuan)	-9650	10728

注：其中武鸣县、横县、全州县、合浦、平南、桂平、容县、陆川、博白、兴业、北流、兴宾区的猪肉产量采用的是国家统计局广西调查总队的生猪等县数据。

Continued

八步区 Babu District	平桂区 Pinggui District	昭平县 Zhaoping County	钟山县 Zhongshan County	富川瑶族自治县 Fuchuan County	金城江区 Jinchengjiang District	南丹县 Nandan County	天峨县 Tian' e County
68979	48021	38685	37795	50323	38496	34298	25081
36799	23911	26308	26439	26078	16922	20264	17299
193765	120518	133965	141888	128152	66754	85476	64722
171581	98745	114797	124516	96057	40535	51068	23621
6623	5013	1391	4051	10365	540	1420	344
134310	30265	7644	15503	4662	521782	84600	3790
70191	35119	45655	73402	276050	28841	35798	16586
49010	26907	25273	34309	26722	13327	19526	11131
34529	19719	17802	23199	21003	9910	9705	8248
67	69	68	13		2		
1058	881	1173	1201	2399	180	351	186
476700	276341	198874	146242	275243	145002	148203	28645
15988	10578	16359	14400	7606	7610	1555	5946
34	51	20	32	28	35	15	10
1025739	830571	178610	417050	484568	730184	621671	299442
936382	798877	175104	390525	236938	695580	616901	299441
22731	21397	3507	12527	247630		4770	
66626	10298		13998		34604		
10285	7069	2223	5432	5235	20678	7555	1081
323013	247163	35902	89545	185136	979164	558056	140920
356801	110217	153651	76996	124028	349813	200885	2061708
958791	739714	169107	406371	437825	1107023	505812	298454
15858	138854	20292	70013	33774	7950	20440	10910

Note: The data of output of pork of Wuming, Hengxian, Quanzhou, Hepu, Pingnan, Guiping, Rongxian, Luchuan, Bobai, Xingye, Beiliu and Xingbin District is from Guangxi Econornic & Social Survey Corps of Nationd Bureau of Statistic.

23－1 续表20

指 标	Item	西林县 Xilin County	隆林各族自治县 Longlin County
境内公路里程（公里）	Length of Domestic Highways (km)	810	1744
#高等级公路	Expressway		30
民用汽车拥有量（辆）	Number of Civil Motor Vehicles Owned (unit)	3353	5785
固定电话年末用户（户）	Number of Local Telephone Subscribers in Year-end (subscriber)	15650	8140
#农村电话用户	Rural Subscribers	8510	2300
年末移动电话用户数（户）	Number of Mobile Telephone Subscribers at Year-end (subscriber)	76272	95892
互联网宽带接入用户（户）	Number of Internet Subscribers (subscriber)	6867	19183
全年用电量（万千瓦时）	Annual Consumption of Electricity (10 000 kwh)	7192	126141
#工业用电	For Industry	2212	114568
社会消费品零售总额（万元）	Total Retail Sale of Consumer Goods (10 000 yuan)	40117	96862
城镇在岗职工年平均人数（人）	Annual Average Number of Urban Working Staff & Workers (person)	5639	10264
城镇在岗职工工资总额（万元）	Total Wages of Urban Working Staff & Workers (10 000 yuan)	17006	31525
城镇居民人均可支配收入（元）	Per Capita Annual Disposable Income of Urban Households (yuan)	15876	19974
农民人均纯收入（元）	Annual Per Capita Disposable Income of Rural Residents (yuan)	4113	3923
各种社会福利收养性单位数（个）	Number of Adopting Units of Social Welfare (unit)	12	19
各种社会福利收养性单位床位数（张）	Number of Beds in Adopting Units of Social Welfare (bed)	320	513
参加城镇基本养老保险人数（人）	Number of Persons Joining Basic Pension Insurance (person)	1953	5256
参加城镇基本医疗保险人数（人）	Number of Persons Joining Basic Health Care Insurance (person)	14523	25894
参加失业保险人数（人）	Number of Persons Joining Unemployment Insurance (person)	3806	6850
城镇居民最低生活保障人数（人）	Number of Urban Residents Receiving Lowest Cost-of-living (person)	2084	4378
参加农村新型合作医疗人数（人）	Number of Persons Joining New-type Rural Cooperative Medical Service (person)	134426	357825
新型农村社会养老保险参保人数（人）	Number of Person Joining New-type Rural Social Pension Insurance (person)	53213	156161
普通中学数（所）	Number of Regular Secondary Schools (unit)	11	20
小学数（所）	Number of Primary Schools (unit)	40	156
普通中学专任教师数（人）	Full-time Teachers in Regular Secondary Schools (person)	379	900
小学专任教师数（人）	Full-time Teachers in Primary Schools (person)	644	1592
普通中学在校学生数（人）	Student Enrollment in Regular Secondary Schools (person)	8006	19983
小学在校学生数（人）	Primary Student Enrollment (person)	18216	42640
医院、卫生院数（所）	Number of Hospitals (unit)	13	18
医院、卫生院床位数（张）	Number of Beds in Hospitals (bed)	475	891
医院、卫生院技术人员（人）	Medical & Technical Personnel (person)	358	764
#执业（助理）医师	Practitioner (assistant) Doctors	85	191

Continued

八步区 Babu District	平桂区 Pinggui District	昭平县 Zhaoping County	钟山县 Zhongshan County	富川瑶族 自治县 Fuchuan County	金城江区 Jinchengjiang District	南丹县 Nandan County	天峨县 Tian' e County
1824		1098	876	736	885	1239	977
108		58	62		89	61	
49851		4667	7620	6450	28058	11363	4279
54323		31049	27467	17210	50485	15250	11500
36286		18277	15354	11206	7883	7810	2300
788000		94296	232027	132060	379743	128300	130000
70362		16527	21748	20925	100945	21089	8500
280654	92378	24718	29208	31471	130548	123978	8618
233642	74670	12107	14016	17671	89637	105024	1328
387772	173188	160341	239764	102826	432365	181071	81568
32884	11957	14840	12971	10360	38544	16297	7807
121465	42131	46849	45748	43219	140938	58720	22411
21005	18862	19043	18723	18490	20767	21600	16019
5924	6262	5514	5710	5380	5048	5739	4602
16	8	15	14	16	12	13	7
407	220	379	626	428	211	333	180
30970	5602	16062	9337	6300	15330	15117	244
78660	36047	68066	42633	45720	92505	65249	8138
15004	6260	9905	11492	7731	10515	9113	6208
6164	8935	10526	8079	4644	2266	5336	3107
508604	349564	314006	346139	269831	166076	203838	137443
149310	90858	146127	129649	110743	88746	78957	68145
28	18	19	20	15	22	16	13
183	117	149	125	116	77	125	89
1567	1221	1239	1170	1155	1344	886	436
2627	1852	1648	1862	1489	1529	1840	747
31166	19869	19050	23021	17436	20547	14739	9867
60181	33841	32023	31055	20064	23697	28472	19836
28		14	19	14	17	15	13
2430		832	1100	672	2253	797	358
3256		813	1178	749	2226	722	481
924		252	344	240	701	236	133

23－1 续表21

指 标	Item	凤山县 Fengshan County	东兰县 Donglan County
行政区域土地面积（平方公里）	Administrative Region Land Area(sq.km)	1729.49	2436.77
年末总人口（万人）	Total Population at Year-end (10 000 persons)	21.49	30.22
年末总户数（户）	Total Households at Year-end(household)	58410	81937
城镇登记失业人数（人）	Number of Registered Unemployed Persons in Urban Areas (person)	860	777
年末单位从业人员数（人）	Number of Employed Persons in Units at Year-end (person)	10542	9103
地区生产总值（万元）	Gross Domestic Product(10 000 yuan)	150071	177957
第一产业	Primary Industry	48206	56338
第二产业	Secondary Industry	43287	46728
#工业	Industry	27661	23463
第三产业	Tertiary Industry	58577	74891
人均生产总值（元）	Per Capital GDP (yuan)	9196	8273
地区生产总值指数（上年=100）	Indices of Gross Domestic Product (preceding year=100)	101.8	101.4
第一产业	Primary Industry	108.4	106.1
第二产业	Secondary Industry	95.8	94.9
#工业	Industry	93.6	90.8
第三产业	Tertiary Industry	103.5	103.9
人均生产总值指数（上年=100）	Indices of Per Capital GDP (preceding year=100)	101.1	100.8
地区生产总值构成（%）	Construction of GDP (%)	100.00	100.00
第一产业	Primary Industry	32.12	31.66
第二产业	Secondary Industry	28.84	26.26
第三产业	Tertiary Industry	39.03	42.08
财政收入（万元）	Government Revenue(10 000 yuan)	10105	12098
#地方财政一般预算收入	Budgetary Revenue of Local Government	6703	5435
地方财政一般预算支出（万元）	Government Expenditure (10 000 yuan)	122512	137335
年末金融机构各项存款余额（万元）	Year-end Deposits of Financial Institutions (10 000 yuan)	245505	293415
#城乡居民储蓄存款	Urban & Rural Savings Deposits	124419	177591
年末金融机构各项贷款余额（万元）	Year-end Loans of Financial Institutions (10 000 yuan)	93316	109653
全社会固定资产投资（万元）	Total Investment in Fixed Assets (10 000 yuan)	115016	180777
#固定资产投资	Investment in Fixed Assets	81848	116226
房地产开发投资完成额（万元）	Real Estate Development (10 000 yuan)	2654	4205
#住宅	Residential Buildings	2222	3302

Continued

罗城仫佬族自治县 Luocheng County	环江毛南族自治县 Huanjiang County	巴马瑶族自治县 Bama County	都安瑶族自治县 Du' an County	大化瑶族自治县 Dahua County	宜州市 Yizhou City	兴宾区 Xingbin District	忻城县 Xincheng County
2650.99	4552.73	1976.42	4087.73	2749.98	3857.09	4403.47	2521.9
37.79	37.59	28.27	71.14	46.22	66.29	109.84	41.48
112590	116465	74581	196309	129889	198768	298434	130979
1230	886		1118	3025	800	1832	1437
13898	15490		17330	13341	27276	59718	13593
341115	322206	255272	314597	355584	877880	2527972	479643
131691	148925	85349	116116	75102	339955	517139	163671
93281	65890	82147	67685	172594	230805	1155029	170760
61357	43994	63008	43921	146834	144697	874764	138915
116143	107390	87776	130796	107888	307119	855804	145212
11333	11740	11285	6018	9773	15529	27315	15234
98.0	95.2	99.9	104.7	105.3	103.6	109.8	107.5
102.6	102.6	104.0	104.0	105.1	104.3	105.7	106.4
88.3	78.0	92.2	102.9	105.4	102.5	112.0	112.2
84.7	76.0	90.1	102.7	105.2	94.8	108.1	109.8
104.6	103.3	107.2	106.4	105.3	104.0	108.6	103.4
97.4	94.7	99.4	103.9	104.7	102.8	108.6	107.0
100.00	100.00	100.00	100.00	100.00	100.00	100.00	100.00
38.61	46.22	33.43	36.91	21.12	38.72	20.46	34.12
27.35	20.45	32.18	21.51	48.54	26.29	45.69	35.60
34.05	33.33	34.39	41.58	30.34	34.98	33.85	30.27
22188	25116	21569	30269	35021	72239	104171	35433
11125	13312	12030	16990	15735	39253	60059	22100
144390	154452	119010	227570	168032	181699	221722	152415
468448	483482	315080	538100	408770	981600	2047938	389486
338075	304439	178028	331340	237389	722908	920729	232420
182541	217963		331340	238781.65	577315	1576132	182608
151006	161293	187864	293290	140777	482094	3163086	547836
119255	117254	122669	261910	126021	405527	2818996	385099
	10921	3772	6057	16465	36869	443503	38131
	7866	3772	5422	8489	30305	229572	34122

23－1　续表22

指　标	Item	凤山县 Fengshan County	东兰县 Donglan County
农作物总播种面积（公顷）	Total Sown Area of Major Farm Crops (hectare)	20795	23140
#粮食作物	Grain Crops	13501	16129
粮食总产量（吨）	Yield of Grain (ton)	41405	55504
#稻谷	Rice	16584	30114
油料产量（吨）	Yield of Oil-bearing Crops (ton)	392	463
糖料产量（吨）	Yield of Sugar Crops (ton)	20980	22145
水果产量（吨）	Yield of Fruit (ton)	6332	24670
肉类产量（吨）	Output of Meat (ton)	9779	12949
#猪肉	Pork	7517	7986
奶类产量（吨）	Output of Milk (ton)		
禽蛋产量（吨）	Output of Eggs (ton)	166	320
蔬菜产量（吨）	Yield of Vegetables (ton)	31898	48282
水产品产量（吨）	Aquatic Products (ton)	284	3985
规模以上工业企业数（个）	Number of Industrial Enterprises above Designated Size (unit)	16	11
规模以上工业总产值（当年价，万元）	Included Gross Industrial Output Value above Designated Size (at current price，10 000 yuan)	63080	36243
内资企业	Domestic Funded Enterprises	63080	36243
港澳台投资企业	Enterprises with Funds from Hong Kong, Macao & Taiwan		
外商投资企业	Foreign Funded Enterprises		
从业人员年平均人数（人）	Annual Average Number of Employed Persons (person)	1899	1331
流动资产合计（万元）	Total Circulating Funds (10 000 yuan)	32991	13876
固定资产净值（万元）	Net Value of Fixed Assets (10 000 yuan)	36161	11944
主营业务收入（万元）	Income from Major Business (10 000 yuan)	62390	32298
利润总额（万元）	Total Profits (10 000 yuan)	-672	-265

注：其中武鸣县、横县、全州县、合浦、平南、桂平、容县、陆川、博白、兴业、北流、兴宾区的猪肉产量采用的是国家统计局广西调查总队的生猪等县数据。

Continued

罗城仫佬族自治县 Luocheng County	环江毛南族自治县 Huanjiang County	巴马瑶族自治县 Bama County	都安瑶族自治县 Du'an County	大化瑶族自治县 Dahua County	宜州市 Yizhou City	兴宾区 Xingbin District	忻城县 Xincheng County
49111	51860	41027	61244	33336	105282	209318	55220
26351	25745	17540	44898	25594	52375	68180	26171
110165	120279	57938	121944	72481	221762	284185	102588
77011	89256	22191	33285	18392	115889	207989	54221
1737	557	821	78	643	2165	16229	2099
771690	560111	387522	450000	103225	1735872	7096318	615668
40733	21640	22906	20836	9151	73351	124737	30035
20870	21476	18004	38724	27525	26451	62809	17736
16178	14090	11888	29151	21089	16786	44298	10048
						4376	
609	488	306	660	404	801	1365	543
67732	125360	69685	61273	41401	339739	394440	172895
5355	3406	4412	2722	14991	14746	26781	4864
25	20	17	12	12	47	47	12
132392	107110	108375	82873	176771	416669	2751627	272677
132393	107110	103349	82873	176772	277957	2432012	254106
		5026			38640	16988	
					100072	302628	18572
5493	4853	1847	3199	2281	9920	21303	3294
90969	161846	141737	35492	38394	242531	1282049	112032
98271	43010	68231	70066	334772	240008	1371125	249486
135640	110015	104127	77904	173374	390323	2491713	275223
11548	-1509	5792	-1423	62422	-4323	-33640	28979

Note: The data of output of pork of Wuming, Hengxian, Quanzhou, Hepu, Pingnan, Guiping, Rongxian, Luchuan, Bobai, Xingye, Beiliu and Xingbin District is from Guangxi Econornic & Social Survey Corps of Nationd Bureau of Statistic.

23－1　续表23

指　标	Item	凤山县 Fengshan County	东兰县 Donglan County
境内公路里程（公里）	Length of Domestic Highways (km)	780	1226
#高等级公路	Expressway		
民用汽车拥有量（辆）	Number of Civil Motor Vehicles Owned (unit)	4216	923
固定电话年末用户（户）	Number of Local Telephone Subscribers in Year-end (subscriber)	8140	17600
#农村电话用户	Rural Subscribers	2317	10080
年末移动电话用户数（户）	Number of Mobile Telephone Subscribers at Year-end (subscriber)	98631	97900
互联网宽带接入用户（户）	Number of Internet Subscribers (subscriber)	47396	16560
全年用电量（万千瓦时）	Annual Consumption of Electricity (10 000 kwh)	8356	11266
#工业用电	For Industry	471	3316
社会消费品零售总额（万元）	Total Retail Sale of Consumer Goods (10 000 yuan)	55628	94699
城镇在岗职工年平均人数（人）	Annual Average Number of Urban Working Staff & Workers (person)	10260	8192
城镇在岗职工工资总额（万元）	Total Wages of Urban Working Staff & Workers (10 000 yuan)	28361.4	26649
城镇居民人均可支配收入（元）	Per Capita Annual Disposable Income of Urban Households (yuan)	14606	14372
农民人均纯收入（元）	Annual Per Capita Disposable Income of Rural Residents (yuan)	3922	3771
各种社会福利收养性单位数（个）	Number of Adopting Units of Social Welfare (unit)	13	16
各种社会福利收养性单位床位数（张）	Number of Beds in Adopting Units of Social Welfare (bed)	258	385
参加城镇基本养老保险人数（人）	Number of Persons Joining Basic Pension Insurance (person)	4540	4920
参加城镇基本医疗保险人数（人）	Number of Persons Joining Basic Health Care Insurance (person)	9017	26248
参加失业保险人数（人）	Number of Persons Joining Unemployment Insurance (person)	6544	5816
城镇居民最低生活保障人数（人）	Number of Urban Residents Receiving Lowest Cost-of-living (person)	6403	5555
参加农村新型合作医疗人数（人）	Number of Persons Joining New-type Rural Cooperative Medical Service (person)	174321	263928
新型农村社会养老保险参保人数（人）	Number of Person Joining New-type Rural Social Pension Insurance (person)	41169	126185
普通中学数（所）	Number of Regular Secondary Schools (unit)	15	12
小学数（所）	Number of Primary Schools (unit)	85	62
普通中学专任教师数（人）	Full-time Teachers in Regular Secondary Schools (person)	633	695
小学专任教师数（人）	Full-time Teachers in Primary Schools (person)	1038	1331
普通中学在校学生数（人）	Student Enrollment in Regular Secondary Schools (person)	11536	13286
小学在校学生数（人）	Primary Student Enrollment (person)	18732	24633
医院、卫生院数（所）	Number of Hospitals (unit)	12	16
医院、卫生院床位数（张）	Number of Beds in Hospitals (bed)	486	678
医院、卫生院技术人员（人）	Medical & Technical Personnel (person)	522	538
#执业（助理）医师	Practitioner (assistant) Doctors	154	166

Continued

罗城仫佬族自治县 Luocheng County	环江毛南族自治县 Huanjiang County	巴马瑶族自治县 Bama County	都安瑶族自治县 Du'an County	大化瑶族自治县 Dahua County	宜州市 Yizhou City	兴宾区 Xingbin District	忻城县 Xincheng County
787	1121	913	1552	1229	1295	2527	887
			16		132	75	2
3952	9689	2713	6833	5781	21645	29089	752
13049	11179	9259	25327	40600	60204	67711	18319
9208	5983	5342	16679	24601	32136	29918	11052
176899	172299	97673	205024	85746	288672	1037790	221887
15876	18510	5974	20739	22997	69442	94091	17843
25434	26567	21529	34423	28441	88244	533524	21377
13382	15522	10998	8995	14432	51437	479983	14434
116311	143565	85121	144364	112548	322612	485561	160153
12678	14322	8346	13476	13483	26505	47570	11056
32098	41486	23056.2	38163	41783.5	83427	180156	37351
13864	16017	14929	14854	14752	19341	22235	20659
3938	4978	3788	4047	4299	6300	6977	5360
14	12	13	20	19	18	25	14
443	285	259	550	400	616	679	273
5600	9210	4645	7600	5130	22586	10456	12579
20235	51087	37367	46400	23767	79326	42942	35200
6700	8645	8062	10426	8132	12100	16940	6814
3709	1310	2199	8974	11098	2148	10466	2284
283296	289479	199998	628408	355930	505605	762382	332466
125100	38106		21924	166170	206845	175668	94284
13	18	14	27	19	27	32	7
124	140	111	246	163	169	248	118
885	1087	733	1839	1276	1712	2653	933
1501	1904	1352	3515	2063	2171	4482	1422
14575	15745	14682	36010	21192	30908	41145	14007
22272	24308	26698	59037	39548	42662	83502	22559
15	15	14	25	18	25	34	14
740	721	541	1264	886	2445	2906	848
790	581	408	1221	734	2349	2867	833
221	193	146	399	246	734	872	223

23－1 续表24

指 标	Item	象州县 Xiangzhou County	武宣县 Wuxuan County
行政区域土地面积（平方公里）	Administrative Region Land Area(sq.km)	1917.91	1704.05
年末总人口（万人）	Total Population at Year-end (10 000 persons)	35.89	43.66
年末总户数（户）	Total Households at Year-end(household)	110773	134725
城镇登记失业人数（人）	Number of Registered Unemployed Persons in Urban Areas (person)	722	1123
年末单位从业人员数（人）	Number of Employed Persons in Units at Year-end (person)	12732	16356
地区生产总值（万元）	Gross Domestic Product(10 000 yuan)	837291	843350
第一产业	Primary Industry	255779	228997
第二产业	Secondary Industry	427961	409494
#工业	Industry	363367	374686
第三产业	Tertiary Industry	153551	204858
人均生产总值（元）	Per Capital GDP (yuan)	29042	23617
地区生产总值指数（上年=100）	Indices of Gross Domestic Product (preceding year=100)	113.3	118.1
第一产业	Primary Industry	110.3	109.2
第二产业	Secondary Industry	117.5	128.5
#工业	Industry	115.6	129.0
第三产业	Tertiary Industry	107.7	111.8
人均生产总值指数（上年=100）	Indices of Per Capital GDP (preceding year=100)	112.5	117.3
地区生产总值构成（%）	Construction of GDP (%)	100.00	100.00
第一产业	Primary Industry	30.55	27.15
第二产业	Secondary Industry	51.11	48.56
第三产业	Tertiary Industry	18.34	24.29
财政收入（万元）	Government Revenue(10 000 yuan)	54211	62323
#地方财政一般预算收入	Budgetary Revenue of Local Government	34332	38416
地方财政一般预算支出（万元）	Government Expenditure (10 000 yuan)	138687	140863
年末金融机构各项存款余额（万元）	Year-end Deposits of Financial Institutions (10 000 yuan)	519233	541341
#城乡居民储蓄存款	Urban & Rural Savings Deposits	344970	373429
年末金融机构各项贷款余额（万元）	Year-end Loans of Financial Institutions (10 000 yuan)	279008	272933
全社会固定资产投资（万元）	Total Investment in Fixed Assets (10 000 yuan)	701973	625563
#固定资产投资	Investment in Fixed Assets	566281	528082
房地产开发投资完成额（万元）	Real Estate Development (10 000 yuan)	49725	47668
# 住宅	Residential Buildings	33269	44937

Continued

金秀瑶族自治县 Jinxiu County	合山市 Heshan City	江州区 Jiangzhou District	扶绥县 Fusui County	宁明县 Ningming County	龙州县 Longzhou County	大新县 Daxin County	天等县 Tiandeng County	凭祥市 Pingxiang City
2468.79	365.72	2917.83	2841.08	3704.43	2311.06	2747.49	2164.9	644.97
15.41	14.03	36.06	45.35	43.60	26.53	37.37	45.29	11.18
50469	43842	107712	150166	115382	79599	100738	121074	32515
237	1100	1119	542	661	1400	436	412	224
10728	15036	34651	23084	16725	23727	20282	12770	10095
233105	333531	1077801	996163	790292	635013	821867	407625	362035
70287	34212	251802	365253	258693	196014	195403	118873	43440
69851	178296	476091	389597	350413	243222	443007	160395	114718
47273	142275	418941	345913	308663	193479	404013	115691	61779
92967	121022	349908	241313	181185	195777	183457	128357	203877
18589	28877	33368	25948	23210	28463	27446	12280	31855
108.6	111.9	110.7	109.4	111.4	112.1	112.7	106.2	114.7
108.7	112.2	104.6	103.9	105.4	106.1	107.0	106.4	105.0
107.0	115.5	116.5	114.6	118.9	122.4	118.3	103.6	124.1
103.8	112.6	118.4	112.6	119.2	123.6	117.3	101.6	128.4
109.7	107.5	108.4	109.9	108.9	107.3	106.3	110.3	112.5
107.8	111.3	109.2	108.4	110.7	112.0	112.0	106.3	113.8
100.00	100.00	100.00	100.00	100.00	100.00	100.00	100.00	100.00
30.15	10.26	23.36	36.67	32.73	30.87	23.78	29.16	12.00
29.97	53.46	44.17	39.11	44.34	38.30	53.90	39.35	31.69
39.88	36.29	32.46	24.22	22.93	30.83	22.32	31.49	56.31
20013	30010	90007	141806	77606	66077	100021	36005	73986
12642	21970	47238	71231	48356	36430	62370	25262	57530
93582	105085	124706	197245	190226	151875	181951	154709	121289
253384	319240	1069706	671703	541842	499134	550848	447652	593232
155721	177602	472869	479238	365031	307347	344570	299442	422718
138797	132272	772384	365686.16	244739	256252	302878	220094	233926
221589	357998	953038	1065167	695267	628939	772072	523042	684015
152349	350322	847523	1001489	602282	545445	692075	443007	668054
25538	15042	29053	90185	47550	19251	11576	40612	102358
15031	12697	28251	71238	31450	14981	10546	36140	62912

23－1 续表25

指 标	Item	象州县 Xiangzhou County	武宣县 Wuxuan County
农作物总播种面积（公顷）	Total Sown Area of Major Farm Crops (hectare)	78377	70455
#粮食作物	Grain Crops	36000	27634
粮食总产量（吨）	Yield of Grain (ton)	184419	124470
#稻谷	Rice	163373	99694
油料产量（吨）	Yield of Oil-bearing Crops (ton)	2201	8178
糖料产量（吨）	Yield of Sugar Crops (ton)	1732983	2111033
水果产量（吨）	Yield of Fruit (ton)	56805	116915
肉类产量（吨）	Output of Meat (ton)	18364	35907
#猪肉	Pork	11486	30094
奶类产量（吨）	Output of Milk (ton)		631
禽蛋产量（吨）	Output of Eggs (ton)	819	564
蔬菜产量（吨）	Yield of Vegetables (ton)	128750	156599
水产品产量（吨）	Aquatic Products (ton)	10410	10483
规模以上工业企业数（个）	Number of Industrial Enterprises above Designated Size (unit)	57	50
规模以上工业总产值（当年价，万元）	Included Gross Industrial Output Value above Designated Size (at current price，10 000 yuan)	899487	935096
内资企业	Domestic Funded Enterprises	801281	716976
港澳台投资企业	Enterprises with Funds from Hong Kong, Macao & Taiwan	92230	82929
外商投资企业	Foreign Funded Enterprises	5975	135192
从业人员年平均人数（人）	Annual Average Number of Employed Persons (person)	6730	6398
流动资产合计（万元）	Total Circulating Funds (10 000 yuan)	235588	169243
固定资产净值（万元）	Net Value of Fixed Assets (10 000 yuan)	84959	157293
主营业务收入（万元）	Income from Major Business (10 000 yuan)	853494	800494
利润总额（万元）	Total Profits (10 000 yuan)	19103	27723

Continued

金秀瑶族自治县 Jinxiu County	合山市 Heshan City	江州区 Jiangzhou District	扶绥县 Fusui County	宁明县 Ningming County	龙州县 Longzhou County	大新县 Daxin County	天等县 Tiandeng County	凭祥市 Pingxiang City
20496	13265	93034	138439	72367	62327	66991	55522	12106
10540	5801	10535	15777	16270	11941	26853	35724	3913
45478	27298	42043	62867	69452	47756	114094	134605	16652
36463	24795	30509	50357	58033	35244	78927	69234	13026
1075	985	2833	8162	2821	2254	1015	1508	114
244778	310145	5763763	5949173	3850041	3368634	2802272	417058	402311
35791	2765	38085	153287	37435	97189	58317	18878	9842
8423	3778	8325	16164	20028	8543	30090	33543	5457
6475	2256	4624	10567	15069	4796	22382	27974	3751
	25	9						
304	121	251	573	287	236	335	331	279
75974	48853	48279	329000	113405	86760	68167	133378	33144
1481	2007	9008	15876	7061	13664	9183	3136	2540
14	9	31	25	19	14	23	14	9
94887	403261	1032552	900481	810437	457715	762047	220587	153678
94887	314346	326417	611039	385685	450537	762047	216964	153678
	88916	114531		243250	7178		3623	
		591604	289442	181502				
1729	7639	11993	7101	4156	5297	7757	3174	1482
32363	154508	505214	475327	159101	319159	323652	74895	95246
51542	385765	351538	331180	145785	158909	152201	50360	75709
91195	374635	921012	803776	766721	450832	608811	232177	128685
7511	-16126	142068	143891	134906	107758	-6543	22839	10179

23－1　续表26

指　标	Item	象州县 Xiangzhou County	武宣县 Wuxuan County
境内公路里程（公里）	Length of Domestic Highways (km)	878	840
#高等级公路	Expressway	5	
民用汽车拥有量（辆）	Number of Civil Motor Vehicles Owned (unit)		10391
固定电话年末用户（户）	Number of Local Telephone Subscribers in Year-end (subscriber)	31417	43500
#农村电话用户	Rural Subscribers	20389	23600
年末移动电话用户数（户）	Number of Mobile Telephone Subscribers at Year-end (subscriber)	173605	284040
互联网宽带接入用户（户）	Number of Internet Subscribers (subscriber)	23660	30940
全年用电量（万千瓦时）	Annual Consumption of Electricity (10 000 kwh)	29600	59189
#工业用电	For Industry	16400	44656
社会消费品零售总额（万元）	Total Retail Sale of Consumer Goods (10 000 yuan)	167046	149169
城镇在岗职工年平均人数（人）	Annual Average Number of Urban Working Staff & Workers (person)	10128	14667
城镇在岗职工工资总额（万元）	Total Wages of Urban Working Staff & Workers (10 000 yuan)	35856	49454
城镇居民人均可支配收入（元）	Per Capita Annual Disposable Income of Urban Households (yuan)	22065	20911
农民人均纯收入（元）	Annual Per Capita Disposable Income of Rural Residents (yuan)	6733	6175
各种社会福利收养性单位数（个）	Number of Adopting Units of Social Welfare (unit)	13	12
各种社会福利收养性单位床位数（张）	Number of Beds in Adopting Units of Social Welfare (bed)	313	316
参加城镇基本养老保险人数（人）	Number of Persons Joining Basic Pension Insurance (person)	17134	11620
参加城镇基本医疗保险人数（人）	Number of Persons Joining Basic Health Care Insurance (person)	41705	22001
参加失业保险人数（人）	Number of Persons Joining Unemployment Insurance (person)	8935	9987
城镇居民最低生活保障人数（人）	Number of Urban Residents Receiving Lowest Cost-of-living (person)	4378	4698
参加农村新型合作医疗人数（人）	Number of Persons Joining New-type Rural Cooperative Medical Service (person)	295571	352779
新型农村社会养老保险参保人数（人）	Number of Person Joining New-type Rural Social Pension Insurance (person)	44847	207103
普通中学数（所）	Number of Regular Secondary Schools (unit)	13	13
小学数（所）	Number of Primary Schools (unit)	98	115
普通中学专任教师数（人）	Full-time Teachers in Regular Secondary Schools (person)	972	1192
小学专任教师数（人）	Full-time Teachers in Primary Schools (person)	1378	1428
普通中学在校学生数（人）	Student Enrollment in Regular Secondary Schools (person)	14309	20109
小学在校学生数（人）	Primary Student Enrollment (person)	21289	30043
医院、卫生院数（所）	Number of Hospitals (unit)	13	15
医院、卫生院床位数（张）	Number of Beds in Hospitals (bed)	928	1546
医院、卫生院技术人员（人）	Medical & Technical Personnel (person)	868	1060
#执业（助理）医师	Practitioner (assistant) Doctors	162	296

Continued

金秀瑶族自治县 Jinxiu County	合山市 Heshan City	江州区 Jiangzhou District	扶绥县 Fusui County	宁明县 Ningming County	龙州县 Longzhou County	大新县 Daxin County	天等县 Tiandeng County	凭祥市 Pingxiang City
817	221	1045	1194	1415	943	941	876	391
		53	77	45				36
6736	4952	15377	7313	74300	2073	3806		5899
18538	15265	36802	30000	27056	21473	25545	19602	15544
13503	9759	13407	10000	11515	8074	14235	16100	2765
125825	46266	76138	50000	237902	99800	188415	125133	109254
12125	12158	28000	30000	19588	14267	25112	14959	24197
18810	14982	40110	38564	21894	22910	93697	61494	18468
10146	8316	21991	18565	8834	10089	79801	48924	5982
58850	74491	176274	145437	99041	120289	83430	71058	148182
5873	13164	28349	22298	15658	22161	18077	12786	9353
22931	39019	103068	63343.1	45540	56289	52266	35019	30152
21336	19709	19976	19858	17420	17699	20211	16469	21582
4399	5970	6886	7048	6208	5484	6488	5353	6280
13	4	12	13	15	14	16	15	3
296	110	261	312	529	434	604	384	120
8725	11211	14644	2485	19100	20329	19525	10469	7042
8571	54380	86456	102059	34276	57310	59704	39747	25824
5480	7156	11280	14320	10891	9368	8950	7469	4800
1383	1433	3165	10373	7633	3050	1329	10279	2584
119310	66948	247870	306987	364203	212766	274104	328822	78695
42467	3853	107670	142238	162630	105139	129294	105766	78695
6	3	13	18	15	13	14	16	3
65	6	60	106	151	83	144	122	38
373	354	663	1425	945	533	817	968	344
732	550	1545	1782	1834	1017	1687	1447	632
5544	4142	8026	16295	12639	8545	11477	13906	4162
9463	7169	23254	30721	32092	15217	20003	29138	9059
13	5	15	17	18	18	20	16	6
561	522	992	1094	833	861	733	895	236
475	485	1114	1028	863	779	797	899	349
188	143	372	299	237	226	222	235	116

附录

GENERAL SURVEY

2012年广西壮族自治区国民经济和社会发展统计公报

广西壮族自治区统计局　国家统计局广西调查总队

2013年3月20日

2012年，面对复杂严峻的经济形势和改革发展稳定的繁重任务，全区各地各部门认真贯彻落实中央和自治区的决策部署，坚持以科学发展为主题，以加快转变经济发展方式为主线，按照稳中求进的工作总基调，着力稳增长、促转型、扩内需、惠民生，全区经济保持平稳较快发展的良好势头，各项社会事业取得新进展。

一、综　合

初步核算，全年全区生产总值[2]（GDP）13031.04亿元，比上年增长11.3%。其中，第一产业增加值2172.37亿元，增长5.6%；第二产业增加值6333.09亿元，增长14.4%；第三产业增加值4525.58亿元，增长9.5%。第一、二、三产业增加值占地区生产总值的比重分别为16.7%、48.6%和34.7%，对经济增长的贡献率分别为8.1%、62.5%和29.4%。按常住人口计算，人均地区生产总值27943元。

图1　2007-2012年地区生产总值及其增长速度

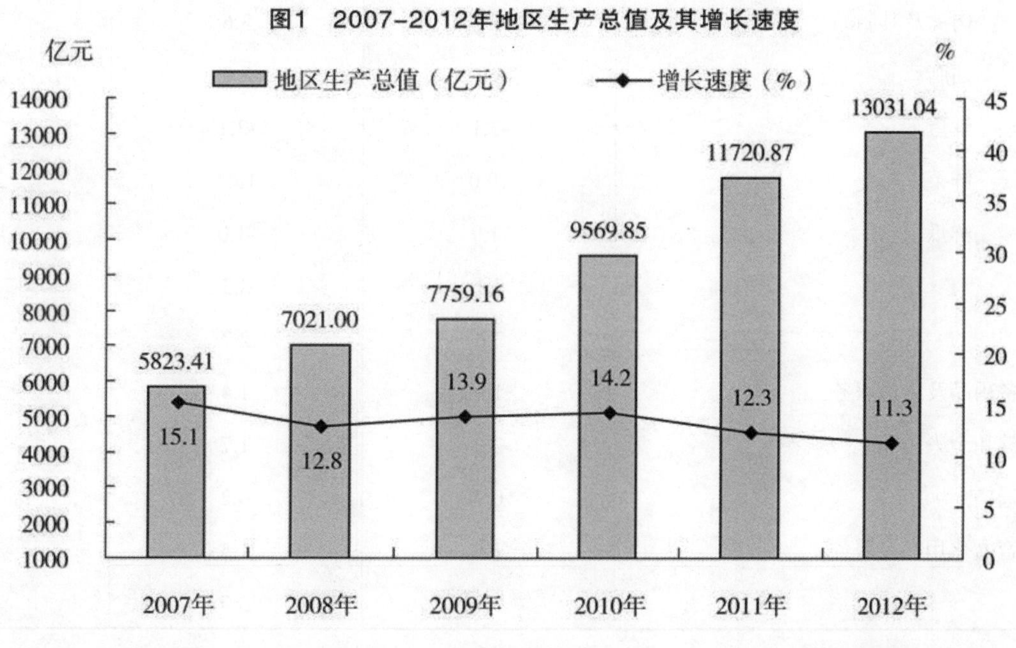

全年居民消费价格比上年上涨3.2%，其中食品价格上涨5.2%。固定资产投资价格上涨0.6%。工业生产者出厂价格下降2.2%。工业生产者购进价格下降0.8%。农产品生产者价格下降0.6%。农业生产资料价格上涨3.9%。

图2 2012年居民消费价格月度涨跌幅度

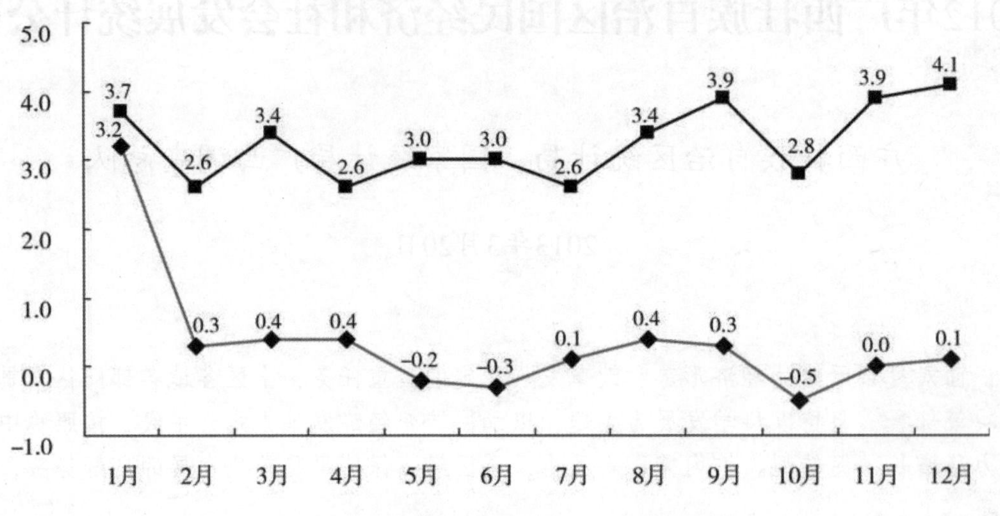

表1 2012年居民消费价格比上年涨跌幅度

单位：%

指 标	广西	城 市	农 村
居民消费价格	3.2	3.2	3.3
食 品	5.2	5.2	5.1
其中：粮食	3.8	3.5	4.3
肉禽及其制品	3.0	3.6	1.9
油脂	8.2	8.9	7.1
鲜蛋	-3.1	-3.1	-3.0
鲜菜	19.0	18.4	20.4
鲜瓜果	-1.9	-1.0	-3.9
烟 酒	3.1	3.3	2.6
衣 着	3.6	2.7	5.4
家庭设备用品及维修服务	1.1	1.4	0.4
医疗保健和个人用品	2.0	1.7	2.5
交通和通信	0.2	0.2	0.0
娱乐教育文化用品及服务	1.5	1.5	1.4
居 住	3.7	3.7	3.6

城镇新增就业54.05万人，比上年增加0.76万人，增长1.43%。年末城镇登记失业率3.41%，比上年末下降0.05个百分点。

全年财政收入1810.07亿元，比上年增长17.4%。公共财政预算收入1165.98亿元，增长23.0%，其中，税收收入762.46亿元，增长18.2%。公共财政预算支出2965.20亿元，增长16.5%。

图3 2007-2012年财政收入及其增长速度

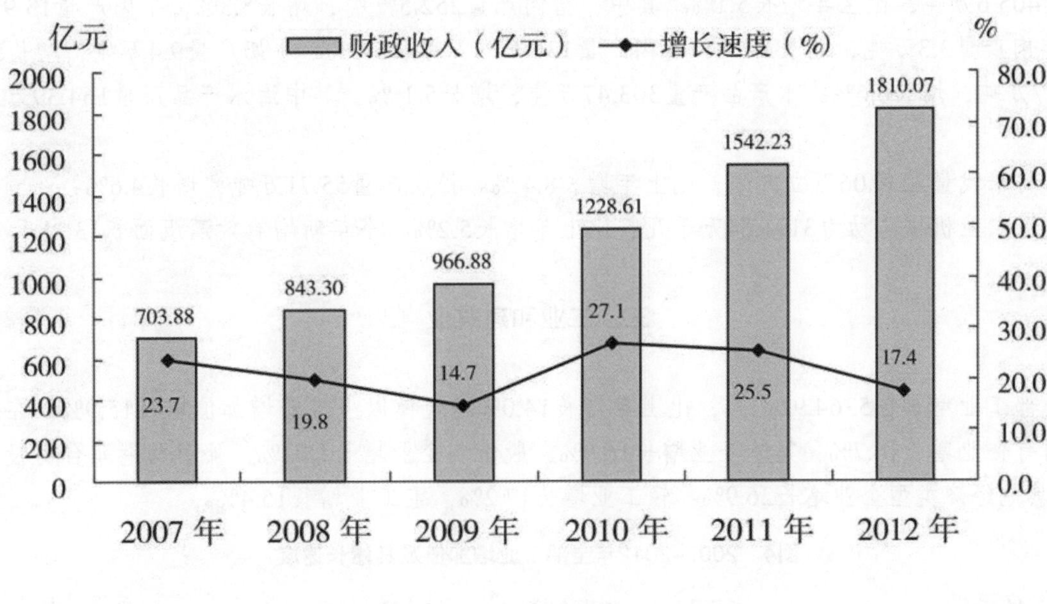

二、农 业

全年粮食种植面积3069.1千公顷，比上年减少3.7千公顷；油料种植面积 217.36千公顷，增加14.68千公顷；甘蔗种植面积1128.02千公顷，增加36.43千公顷；蔬菜种植面积1075.35千公顷，增加34.63千公顷；木薯种植面积231.21千公顷，减少6.30千公顷；果园面积997.23千公顷，增加27.23千公顷；桑园面积175.15千公顷，增加7.48千公顷。

全年粮食产量1484.9万吨，比上年增长3.8%；油料产量54.49万吨，增长8.7 %；甘蔗产量7829.71万吨，增长7.7%；蔬菜产量（含食用菌）2356.72万吨，增长4.9%；园林水果产量1030.95万吨，增长9.2%。

表2 2012年主要农产品产量及其增长速度

单位：万吨

产品名称	产 量	比上年增长%
粮 食	1484.9	3.8
其中：稻 谷	1142.0	5.3
其中：早 稻	544.9	2.7
晚 稻	509.7	8.0
玉 米	250.6	2.4
大 豆	23.6	-18.3
油 料	54.49	8.7
其中：花 生	51.29	8.1
甘 蔗	7829.71	7.7
蔬 菜（含菌类）	2356.72	4.9
烤 烟	2.70	23.0
木 薯	181.31	0.5
园林水果	1030.95	9.2
茶 叶	4.94	11.1

年末生猪存栏2466.6万头，比上年增长2.3%。全年生猪出栏3342.1万头，增长4.6%。猪、牛、羊、禽肉类总产量405.6万吨，比上年增长5.1%。其中，猪肉产量252.5万吨，增长5.3%；牛肉产量13.9万吨，下降2.9%；羊肉产量3.3万吨，增长1.1%；禽肉产量136万吨，增长5.6%。牛奶产量9.4万吨，增长5.3%。蚕茧产量31.57万吨，增长6.6%。水产品产量303.47万吨，增长5.1 %，其中海水产品产量164.39万吨，增长3.5%。

全年木材采伐量2239.06万立方米，比上年增长8.4 %。松脂产量55.71万吨，增长4.6%。

年末全区农业机械总动力3191.64万千瓦，比上年增长5.2%。全年新增有效灌溉面积13.11千公顷。

三、工业和建筑业

全年全部工业增加值5364.92亿元，比上年增长14.0%。规模以上工业增加值增长15.9%。在规模以上工业中，国有企业增长16.7%，集体企业增长16.0%，股份制企业增长15.1%，外商及港澳台商投资企业增长13.3%，其他经济类型企业增长26.9%。轻工业增长17.2%，重工业增长15.4%。

图4　2007-2012年全部工业增加值及其增长速度

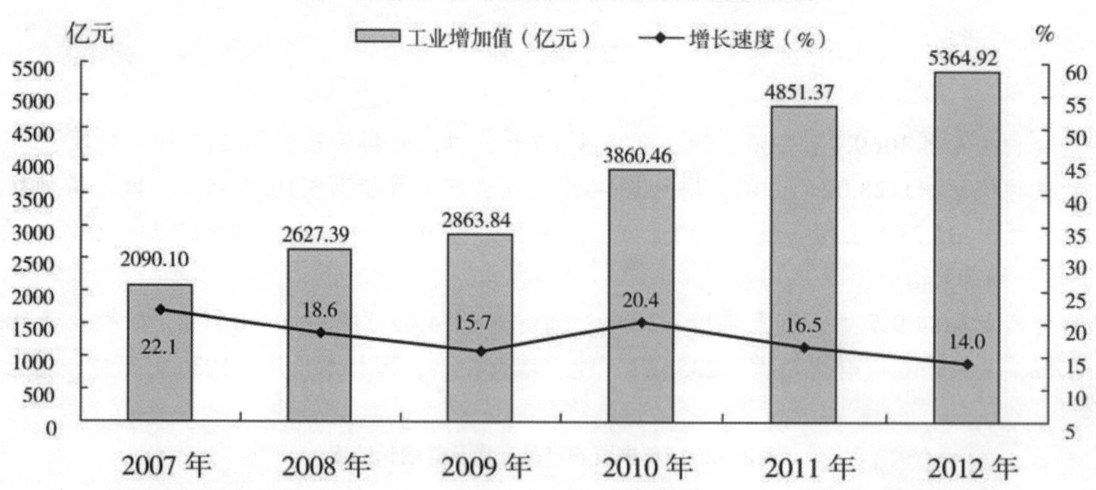

全年规模以上工业中，农副食品加工业增加值比上年增长18.5%；通用设备制造业增长7.2%；专用设备制造业下降0.4%；电气机械及器材制造业增长17.4%；汽车制造业增长13.8%；非金属矿物制品业增长17.9%；化学原料及化学制品制造业增长23.4%；有色金属冶炼及压延加工业增长20.5%；黑色金属冶炼及压延加工业增长19.4%；电力、热力生产和供应业增长7.2%；石油加工、炼焦及核燃料加工业增长32.1%。

表3　2012年规模以上工业主要产品产量及其增长速度

产品名称	单　位	产　量	比上年增长%
成品糖	万吨	861.46	15.8
发酵酒精	千升	69.25	34.0
卷　烟	万箱	150.70	1.6
机制纸及纸板	万吨	304.30	28.3
原　煤	万吨	642.92	-2.6
发电量	亿千瓦小时	1133.05	12.0

续表

产品名称	单　位	产　量	比上年增长%
其中：火电	亿千瓦小时	481.60	25.1
水电	亿千瓦小时	630.38	3.1
粗　钢	万吨	1338.13	10.8
钢　材	万吨	2142.38	17.9
十种有色金属	万吨	121.86	-7.9
其中：电解铝	万吨	65.62	2.0
氧化铝	万吨	672.24	27.0
水　泥	万吨	9864.06	13.1
硫　酸	万吨	293.72	14.4
烧　碱	万吨	44.9	-8.0
化　肥（折100%）	万吨	127.84	2.4
发动机	万千瓦	14045.63	-9.4
汽　车	万辆	167.33	17.6
小型拖拉机	万台	23.33	7.3

全年规模以上工业经济效益综合指数307.5，比上年提高2.6点；主营业务收入14324.38亿元，增长17.4%；利税总额1462.26亿元，增长16.4%，其中利润总额749.0亿元，增长8.8%。

表4　2012年规模以上工业企业利润总额及其增长速度

单位：亿元

指　标	利润总额	比上年增长%
规模以上工业企业	749.0	8.8
其中：国有控股企业	123.57	7.3
其中：大中型企业	402.0	-3.3
其中：国有企业	10.50	亏转盈
集体企业	10.18	77.0
股份合作企业	4.08	38.4
股份制企业	483.66	9.5
外商及港澳台投资企业	157.86	-11.5
其他经济类型企业	82.72	25.0
其中：轻工业	309.0	7.3
重工业	440.0	9.9

分行业看，农副食品加工业实现利润102.85亿元，比上年下降23.1 %；汽车制造业实现利润74.36亿元，下降0.7%；非金属矿物制品业实现利润82.02亿元，增长7.5%；电力热力行业实现利润40.62亿元，增

长217.5%；专用设备制造业实现利润23.18亿元，下降15.0%；有色金属冶炼及压延加工业实现利润5.41亿元，下降85.0%；化学原料及化学制品制造业实现利润49.32亿元，增长7.6%；黑色金属冶炼业实现利润26.10亿元，下降25.7%。

全年全社会建筑业增加值968.17亿元，比上年增长16.6%。全区具有资质等级的总承包和专业承包建筑业企业实现利润31.97亿元，比上年增长11.2%；上缴税金57.38亿元，增长5.8%。

四、固定资产投资

全年全社会固定资产投资[3]12635.18亿元，比上年增长24.4%，扣除价格因素，实际增长20.4%。其中，固定资产投资12171.78亿元（其中，计划总投资500万元及以上项目投资9345.18亿元），比上年增长24.8%；农户投资463.4亿元，增长13.1%。

在固定资产投资（不含农户）中，分管理渠道看，基本建设投资4975.44亿元，比上年增长18.9%；更新改造投资4257.10亿元，增长39.4%；房地产开发投资1554.94亿元，增长2.5%；其他投资569.99亿元，增长29.0%。分投资主体看,国有投资4461.89亿元，比上年增长16.6%；非国有投资7709.89亿元，增长30.2%，其中民间投资7393.46亿元，增长31.7%。分产业看，第一产业投资483.88亿元，比上年增长40.5%；第二产业投资4914.45亿元，增长30.0%，其中工业投资4869.88亿元，增长30.3%；第三产业投资6773.45亿元，增长20.4%。

图5 2007-2012年全社会固定资产投资及其增长速度

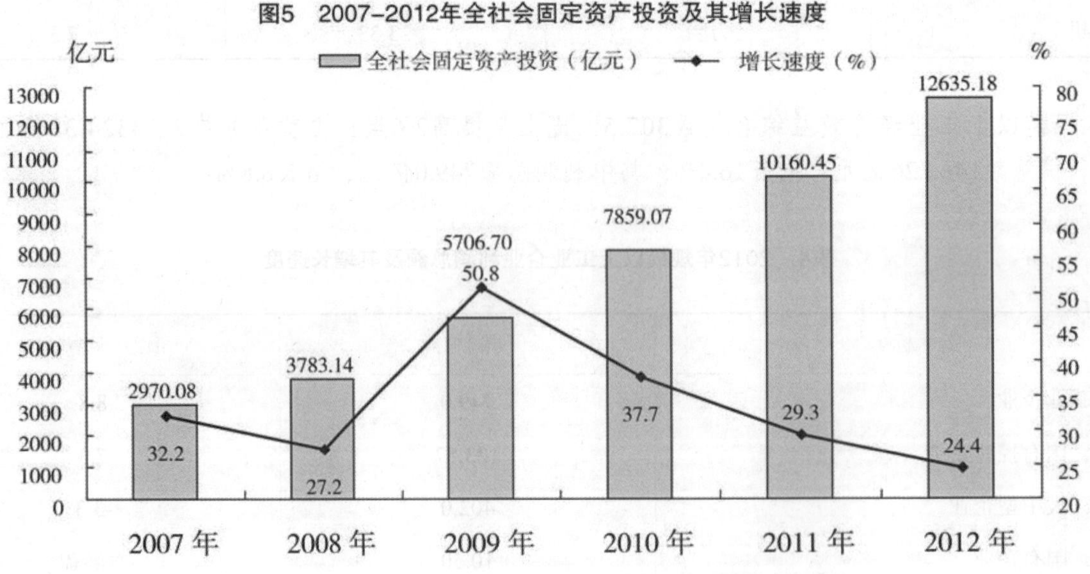

表5 2012年分行业固定资产投资（不含农户）及其增长速度

单位：亿元

行　业	投资额	比上年增长%
总　计	12171.78	24.8
农、林、牧、渔业	483.88	40.5
采矿业	393.54	17.7
制造业	3905.02	33.9
其中：农副食品加工业	259.57	20.5
造纸及纸制品业	132.11	23.7
石油加工、炼焦及核燃料加工业	56.24	-37.1

续表

行　　业	投资额	比上年增长%
化学原料及化学制品制造业	244.65	52.1
非金属矿物制品业	626.88	43.1
黑色金属冶炼及压延加工业	200.17	61.9
有色金属冶炼及压延加工业	227.78	-14.2
金属制品业	131.38	98.7
通用设备制造业	132.76	104.8
专用设备制造业	152.22	55.6
交通运输设备制造业	264.06	28.3
电气机械及器材制造业	141.08	38.8
通信设备计算机及其他电子设备制造业	105.20	6.5
电力、燃气及水的生产和供应业	571.33	17.1
其中：电力、热力的生产与供应业	394.87	8.4
建筑业	44.57	3.7
交通运输、仓储和邮政业	1465.64	25.2
信息传输、计算机服务和软件业	135.15	8.0
批发和零售业	452.71	73.8
住宿和餐饮业	230.25	49.5
金融业	37.66	45.8
房地产业[4]	2117.78	9.5
租赁和商务服务业	215.92	75.2
科学研究、技术服务和地质勘查业	65.54	87.5
水利、环境和公共设施管理业	1280.63	12.4
居民服务和其他服务业	63.51	96.2
教育	251.63	16.0
卫生、社会保障和社会福利业	125.60	25.9
文化、体育和娱乐业	148.72	10.0
公共管理和社会组织	182.65	6.1
国际组织	—	—

全年房地产开发投资1554.94亿元，比上年增长2.5%。其中，住宅投资1069.64亿元，下降0.9%；办公楼投资40.47亿元，增长21.3%；商业营业用房投资161.66亿元，增长25.9%。商品房施工面积15018.46万平方米，增长5.3%，其中住宅11846.86万平方米，增长3.8%。商品房竣工面积2333.58万平方米，增长1.3%，其中住宅1956.57万平方米，增长1.0%。商品房销售面积2759.26万平方米，下降6.9%，其中住宅2546.96万平方米，下降7.4%。

全年新开工建设城镇保障性安居工程住房25.93万套（户），基本建成城镇保障性安居工程住房16.92万套。

表6 2012年房地产开发和销售主要指标完成情况及其增长速度

指 标	单位	绝对数	比上年增长%
投资额	亿元	1554.94	2.5
其中：住宅	亿元	1069.64	-0.9
其中：90平方米及以下	亿元	322.80	14.8
房屋施工面积	万平方米	15018.46	5.3
其中：住宅	万平方米	11846.86	3.8
房屋新开工面积	万平方米	3741.88	-6.3
其中：住宅	万平方米	2910.11	-7.4
房屋竣工面积	万平方米	2333.58	1.3
其中：住宅	万平方米	1956.57	1.0
商品房销售面积	万平方米	2759.26	-6.9
其中：住宅	万平方米	2546.96	-7.4
本年资金来源	亿元	2007.36	12.6
其中：国内贷款	亿元	263.84	3.2
其中：个人按揭贷款	亿元	339.28	30.4
本年购置土地面积	万平方米	541.71	-44.7
土地成交价款	亿元	100.9	-48.1

全年新增公路里程3017 公里，公路总里程达107906 公里。年末高速公路建成里程3197公里，其中通车里程2883公里，比上年新增高速公路通车里程129.56 公里。全年新增港口泊位货物综合通过能力4321万吨，港口泊位货物综合通过能力达2.41亿吨，其中沿海港口泊位货物综合通过能力1.60亿吨。

五、国内贸易

全年社会消费品零售总额4474.59亿元，比上年增长15.9%，扣除价格因素，实际增长13.3%。按经营地统计，城镇消费品零售额3947.43亿元，增长15.8%；乡村消费品零售额527.15亿元，增长16.4%。

图6 2007-2012年社会消费品零售总额及其增长速度

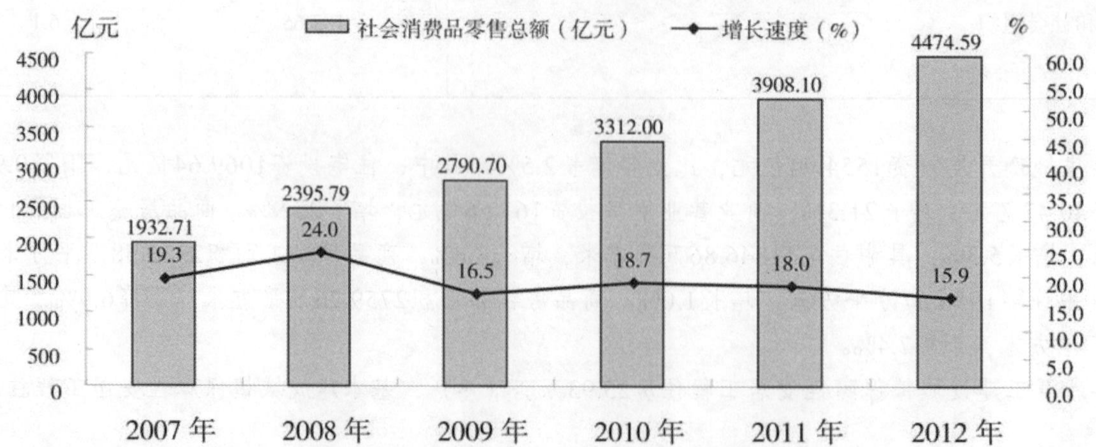

在限额以上企业商品零售额中，汽车类零售额比上年增长11.2%，家用电器和音像器材类增长9.2%，通讯器材类增长41.5%，体育娱乐用品类下降0.5%，文化办公用品类增长13.5%，家具类增长12.8%，建筑及装潢材料类增长12.3%，日用品类增长20.0%，粮油、食品、饮料、烟酒类增长16.9%，服装、鞋帽、针纺织品类增长19.1%，化妆品类增长15.2%，金银珠宝类增长14.9%。

六、对外经济

全年货物进出口总额294.74亿美元，比上年增长26.2%。其中，货物出口154.68亿美元，比上年增长24.2%；货物进口140.05亿美元，增长28.5 %。进出口差额（出口减进口）14.63亿美元。从出口企业性质看，国有企业出口23.97亿美元，比上年增长22.4%；外商投资企业出口35.42亿美元，增长33.8%；私营企业出口93.92亿美元，增长22.4%。

表7　2012年货物进出口总额及其增长速度

单位：亿美元

指　标	绝对数	比上年增长%
货物进出口总额	294.74	26.2
其中：一般贸易	144.70	13.2
其中：货物出口额	154.68	24.2
其中：一般贸易	50.11	-5.7
来料加工	3.99	23.9
进料加工	24.89	67.1
边境小额贸易	72.48	42.5
货物进口额	140.05	28.5

图7　2007-2012年货物进出口总额及其增长速度

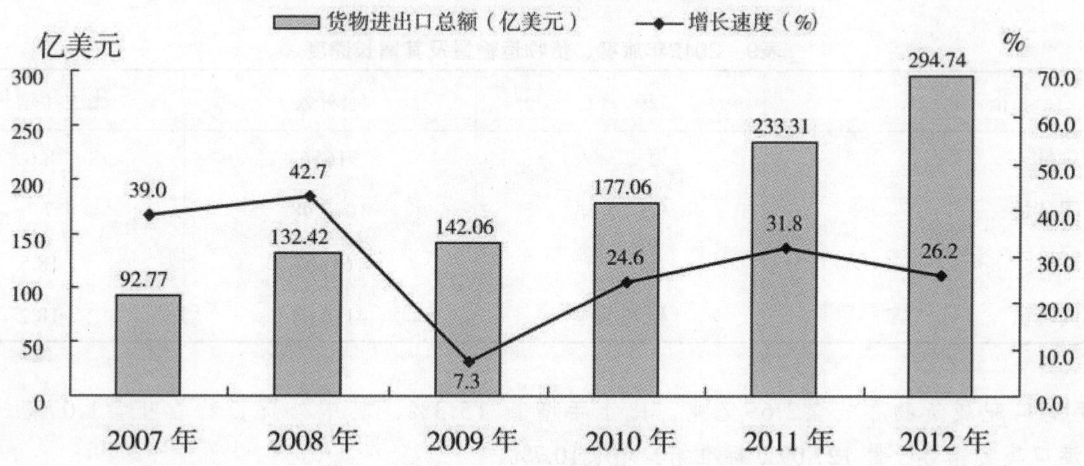

表8 2012年对主要国家和地区货物进出口总额及其增长速度

单位：亿美元

国家和地区	货物出口额	比上年增长%	货物进口额	比上年增长%
亚洲	120.61	27.3	48.01	6.9
其中：东盟	93.37	36.8	27.11	-0.9
其中：越南	82.71	38.8	14.56	-9.9
其中：中国香港	15.70	24.3	0.54	56.6
日本	3.54	-20.9	3.30	-35.8
韩国	1.63	-27.0	2.06	51.5
非洲	3.51	9.1	11.41	27.4
欧洲	9.75	-7.0	16.49	19.9
其中：欧盟	7.76	-10.1	11.04	55.5
拉丁美洲	4.17	-4.4	33.10	50.5
北美洲	14.04	50.1	20.45	105.8
其中：美国	13.09	50.1	10.99	54.0
大洋洲	2.61	7.1	10.58	13.0

全年批准项目合同外资额（商务部口径,下同）9.12亿美元，比上年下降11.6%；外商直接投资额7.49亿美元，下降26.2%。

全年对外承包工程和劳务合作完成营业额7.51亿美元，比上年增长14.8%。

七、交通、邮电和旅游

全年交通运输、仓储和邮政业增加值667.60亿元，比上年增长9.0%。

表9 2012年旅客、货物运输量及其增长速度

指 标	单 位	绝对数	比上年增长%
旅客运输总量	万 人	91656	8.6
旅客运输周转量	亿人公里	1047.98	7.7
货物运输总量	万 吨	161367	18.5
货物运输周转量	亿吨公里	4110.64	18.2

全年港口完成货物吞吐量2.69亿吨，比上年增长 15.3%，其中外贸货物吞吐量1.07亿吨，增长18.3%。港口集装箱吞吐量 127.09万标准箱，增长10.7%。

2012年末全区民用汽车保有量231.03万辆，比上年末增长20.7%，其中轿车101.1万辆，增长24.6%。年末私人汽车保有量180.76万辆，增长25.7%。

全年完成邮电业务总量366.4亿元，比上年增长12.3%。其中，邮政业务总量24.1亿元，增长10.4%；电信业务总量342.3亿元，增长12.4%。全年局用交换机（含接入网设备）总容量1190.2万门。年末固定电话用户达到599.3万户。其中，城市电话用户376.5万户，农村电话用户222.8万户。新增移动电话用户351.4万户，年末达到2884.1万户。年末全区固定及移动电话用户总数达到3483.4万户，比上年末增加300万户。电话普及率达到75部/百人。

全年入境过夜游客350.27万人次，比上年增长15.7%；国际旅游（外汇）收入12.79亿美元，增长21.6%。接待国内旅客20777.58万人次，增长20.4%，国内旅游收入1578.94亿元，增长30.6%。旅游总收入1659.72亿元，增长29.9%。

八、金　融

全年金融业增加值560.36亿元，比上年增长22.1%。

年末金融机构本外币各项存款余额15966.65亿元，比年初增加2439.03亿元，其中人民币各项存款余额15856.0亿元，增加2403.15亿元。年末金融机构本外币各项贷款余额12355.52亿元，比年初增加1708.37亿元，其中人民币各项贷款余额11941.44亿元，增加1532.17亿元。

表10　2012年金融机构本外币存贷款余额及其增长速度

单位：亿元

指　标	年末数	比上年末增长%
各项存款余额	15966.65	18.0
其中：单位存款	7464.34	15.4
个人存款	8042.23	19.9
各项贷款余额	12355.52	16.1
其中：短期贷款	3467.82	37.6
中长期贷款	8537.74	7.9

图8　2007-2012年居民人民币储蓄存款及其增长速度

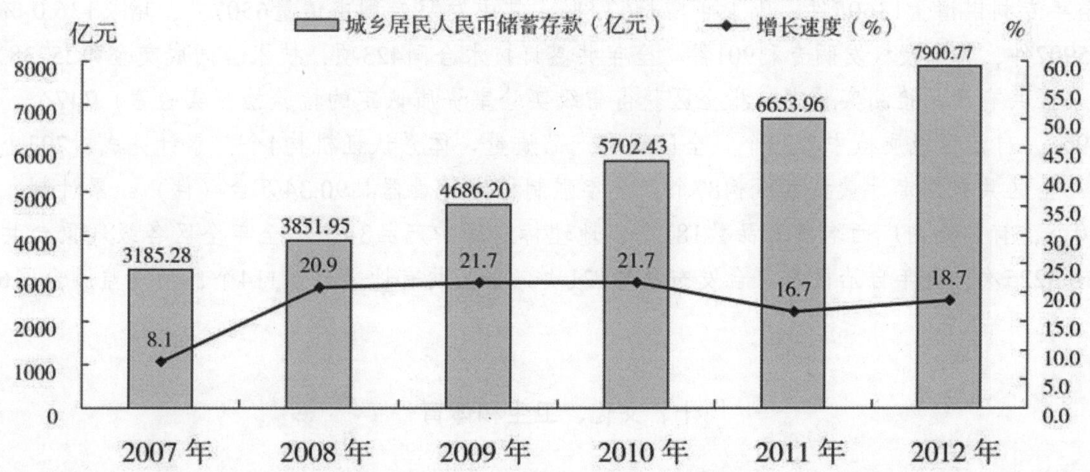

年末上市公司（A股）数量30家，市价总值1273.77亿元，比上年末增长6.3%。

全年保险公司原保险保费收入238.26亿元，比上年增长12.0%。其中，财产险业务原保险保费收入92.25亿元，增长16.7%；寿险业务原保险保费收入124.25亿元，增长6.5%；健康险和意外险业务原保险保费收入21.76亿元，增长28.9%。支付各类赔款及给付74.40亿元，增长26.5%。其中，财产险业务赔款

46.51亿元，增长30.8%；寿险业务给付22.40亿元，增长21.8%；健康险和意外险业务赔款及给付5.49亿元，增长12.8%。

九、教育和科学技术

全年研究生教育招生0.84万人，在校研究生2.35万人，毕业生0.72万人。普通高等教育招生19.73万人，在校生62.92万人，毕业生16.24万人。各类中等职业教育（含技工）招生35.58万人，在校生96.46万人，毕业生26.03万人。普通高中招生29.28万人，在校生79.58万人，毕业生23.75万人。普通初中招生66.87万人，在校生196.62万人，毕业生64.38万人。普通小学招生74.21万人，在校生426.48万人，毕业生68.64万人。特殊教育招生0.25万人，在校生1.43万人，毕业生0.14万人。幼儿园在园幼儿165.93万人。

表11 2012年各类教育发展情况

单位：万人

指 标	招生人数	在校生人数	毕业生人数
研究生	0.84	2.35	0.72
普通高等教育	19.73	62.92	16.24
中等职业教育	35.58	96.46	26.03
普通高中	29.28	79.58	23.75
普通初中	66.87	196.62	64.38
普通小学	74.21	426.48	68.64
特殊教育	0.25	1.43	0.14

全年自治区安排科学研究与技术开发计划项目901项，资助经费36370万元。其中，技术研究与开发经费31000 万元；自然科学基金4870万元；自治区主席科技资金500万元。取得省部级以上登记科技成果583项。全年专利申请量13605件，比上年增长67.8%，其中发明专利申请量6507件，增长136.0 %。全年授权专利5902件，其中授权发明专利901件。全年共签订技术合同423项，技术合同成交金额25238万元。

年末全区共有产品检测实验室（指全区获得省级实验室资质认定的检验检测实验室）747个，国家级质检中心9个，自治区级质检中心23个。全区现有产品质量、体系认证机构4个，累计完成对703个企业的产品认证。全区共有法定计量技术机构87个，全年强制检定计量器具90.34万台（件）。累计制、修订地方标准930个，有效期内广西名牌产品数181个，地理标志保护产品34个。全年全区各级气象台共发布气象预警信号3225次，全年自治区气象台发布预警121次。全区共有地震台站114个，地震监测台网6个。全区共有海洋观测站5个。

十、文化、卫生和体育

年末全区文化系统共有艺术表演团体19个，县级以上公共图书馆112个，文化馆108个，博物馆72个。娱乐场所4069个，互联网上网服务营业场所（网吧）4997个。年末全区共有36个项目列入国家级非物质文化遗产名录，291个项目列入自治区级非物质文化遗产名录。文化产业示范（试验）园区和产业示范基地51个。按机构分，年末全区共有广播电台9座，电视台8座，广播电视台82座。有线广播电视用户622.99万户，数字电视用户349.98万户。年末广播综合人口覆盖率为96.1%；电视综合人口覆盖率为

97.7%。全年制作电视剧404集。出版各类报纸6.62亿份，各类期刊0.45亿册，图书2.74亿册。年末全区共有档案馆126个，已开放各类档案86.53万卷/130.49万件。

年末全区共有医疗卫生机构 10829个。其中，医院469个，乡镇卫生院1280个，社区卫生服务中心266个，诊所（卫生所、医务室）8388个，疾病预防控制中心109个，卫生监督所（中心）105个，妇幼保健院（所、站）103个。卫生技术人员22.08万人，其中执业医师和执业助理医师7.80万人，注册护士8.55万人。医疗卫生机构床位16.87万张，其中医院10.74万张，乡镇卫生院4.93万张。全年全区甲乙丙类法定报告传染病45.13万例，报告发病率971.55/10万，报告死亡率7.62/10万。

全年运动员在世界三大赛中获金银铜牌10枚，其中金牌5枚，银牌4枚，铜牌1枚。

十一、人口、人民生活和社会保障

年末全区总人口5240万人，比上年末增加41万人。年末常住人口[5]4682万人，比上年末增加37万人，其中城镇人口2038万人。全年出生人口74万人，出生率14.20‰；死亡人口33万人，死亡率6.31‰；自然增长率7.89‰。

表12　2012年常住人口及其主要构成

单位：万人

指　标	年末数	比重%
全区常住人口	4682	
其中：城镇	2038	43.53
乡村	2644	56.47
其中：男性	2442	52.15
女性	2240	47.85
其中：0-14岁	1028	21.36
15-64岁	3198	68.30
65岁及以上	456	9.74

全年农村居民人均纯收入6008元，比上年增长14.8%，扣除价格因素，实际增长11.2%；农村居民人均纯收入中位数[6]为5514元，增长16.0%。城镇居民人均可支配收入21243元，比上年增长12.7%，扣除价格因素，实际增长9.2%；城镇居民人均可支配收入中位数为19924元，增长14.3%。

农民人均生活消费支出4878元，比上年增长15.8%。其中，食品类支出2086元，增长13.1%；衣着类支出157元，增长26.3%；家庭设备用品及服务类支出275元，增长13.7%；医疗保健类支出384元，增长27.5%；交通和通讯类支出453元，增长17.7%；娱乐教育文化用品及服务类支出214元，下降2.0%；居住类支出1201元，增长17.9%；其他商品和服务类支出109元，增长41.2%。城镇居民人均消费性支出14244元，增长10.9%。其中，食品类支出5553元，增长9.4%；衣着类支出1146元，增长12.5%；家庭设备用品及服务类支出1125元，增长27.2%；医疗保健类支出884元，增长13.4%；交通和通讯类支出2089元，增长4.4%；娱乐教育文化用品及服务类支出1626元，增长8.2%；居住类支出1377元，增长11.3%；杂项商品和服务类支出444元，增长27.1%。

农村居民家庭食品消费支出占消费总支出的比重（即恩格尔系数）为42.8%，城镇为39.0%。

表13　2007-2012年城乡居民生活改善情况

指　标 ＼ 年　份	2007	2008	2009	2010	2011	2012
城镇居民人均可支配收入（元）	12200	14146	15451	17064	18854	21243
农村居民人均纯收入（元）	3224	3690	3980	4543	5231	6008
城镇居民家庭恩格尔系数（%）	41.7	42.4	39.9	38.1	39.5	39.0
农村居民家庭恩格尔系数（%）	50.2	53.4	48.7	48.5	43.8	42.8

农村居民人均居住住房面积36.0平方米，比上年增加1.1平方米，增长3.1%。城镇居民人均住房建筑面积39.7平方米，比上年增加0.7平方米，增长1.7%。

年末全区参加城镇职工基本养老保险人数512.65万人，比上年末增加 28.90万人。其中，参保职工349.07万人，参保离退休人员163.58万人。参加城镇基本医疗保险的人数1011.52万人，增加30.21万人。其中，参加城镇职工基本医疗保险人数456.27万人，参加城镇居民基本医疗保险人数555.25 万人。参加城镇基本医疗保险的农民工27.29万人，增加1.19万人。参加失业保险的人数243.38万人，增加2.58万人。参加工伤保险的人数312.39万人，增加39.87万人，其中参加工伤保险的农民工77.34万人，增加4.78万人。参加生育保险的人数254.71万人，增加10.94万人。年末全区共有111个县（市、区）开展了新型农村合作医疗试点工作，新型农村合作医疗参合率97.92%；新型农村合作医疗基金支出总额为101.55亿元，受益人数5203.53万人。列入国家新型农村社会养老保险试点地区参保人数1586.4万人。年末领取失业保险金人数为5.54万人。

年末全区共有收养性社会服务机构1470个，床位5.36万张，收养救助各类人员3.69万人。全区孤儿收养数18255人，其中集中供养孤儿2236人，社会散居孤儿16019人。儿童收养登记1387件，其中涉外收养199件。各类社区服务机构1097个，其中，社区服务中心160个，社区服务站447个。年末51.67万城镇居民得到政府最低生活保障，比上年末减少5.87万人；332.26万农村居民得到政府最低生活保障，增加7.03万人；30.62万农村居民得到政府五保救济，减少1.38万人。全年救助城市医疗困难群众9.54万人次，救助农村医疗困难群众64.31万人次；资助24.82万城镇困难群众参加城镇医疗保险，资助217.13万农村困难群众参加新型农村合作医疗。在残疾人群体中，纳入城镇最低生活保障范围的有7.66万人，纳入农村最低生活保障范围的有45.08万人，纳入五保供养的有6.88万人。

十二、资源、环境和安全生产

全年全区国有建设用地供应总量3.03万公顷，比上年增长 66.5%。其中，工矿仓储用地0.44万公顷，增长7.3%；住宅用地0.22万公顷，下降12%；基础设施等其他用地2.37万公顷，增长1.04倍。

全年水资源总量2059.4亿立方米。全年平均降水量1658.1毫米。年末全区39座大型水库蓄水总量247.2亿立方米，比上年末多蓄水70.3亿立方米。全年总用水量306.33亿立方米，比上年增长1.2%。其中，生活用水增长5.4%，工业用水增长3.4%，农业用水下降0.4%，生态补水下降0.9%。万元地区生产总值用水量[7]256立方米。万元工业增加值用水量114立方米。人均用水量657立方米。

全年完成造林面积30.78万公顷，其中人工造林12.4万公顷。全区已获批准的国家级生态示范区25个。全区建成自然保护区达到78个，其中国家级自然保护区17个。自然保护区面积138.06万公顷。森林覆盖率61.4%。活立木蓄积量6.4亿立方米。森林蓄积量6.3亿立方米。新增水土流失治理面积530.8平方公里。截至年底，已确权集体林地面积为1327.7万公顷，其中发放林权证的面积为1279.4万公顷。

全年平均气温为20.6℃，共有4个热带气旋直接影响广西。

初步核算，全年能源消费总量9155万吨标准煤，比上年增长6.6%。万元地区生产总值能源消耗比上年下降4.26%。规模以上万元工业增加值综合能源消耗比上年下降8.37%。

141个水质监测断面中，Ⅰ～Ⅲ类水质断面比例占92.5%，劣Ⅴ类水质断面比例占0.2%。

在监测的14个城市中，空气质量均达到二级以上（含二级）标准。在监测的14个城市中，城市区域声环境质量较好的有9个，占64.3%，轻度污染的有5个，占35.7%。

年末城市污水处理厂日处理能力达370.83万立方米，比上年末增长10.4%；城市污水处理率达到76.6%，提高11.6个百分点。建成区绿地覆盖率达到34%，提高2个百分点。

全年各类生产安全事故共死亡2742人，比上年下降3.2%。亿元地区生产总值生产安全事故死亡人数为0.21人，下降12.5%；工矿商贸企业生产安全事故死亡人数为366人，下降4.7%；道路交通万车死亡人数为2.29人，下降10.2 %；煤矿百万吨死亡人数为1.73人。

注释：

［1］本公报中2012年数据均为初步统计数。部分数据因四舍五入的原因，存在与分项合计不等的情况。

［2］地区生产总值、各产业增加值绝对数按现价计算，增长速度按不变价格计算。

［3］全社会固定资产投资包括固定资产投资（不含农户）和农户固定资产投资，其中，固定资产投资（不含农户）的口径为计划总投资50万元及以上固定资产投资项目的投资及房地产开发项目的投资。

［4］房地产业投资除房地产开发投资外，还包括建设单位自建房屋以及物业管理、中介服务和其他房地产投资。

［5］常住人口指在广西居住半年以上的人口，以及户口在广西、外出广西不满半年或在境外工作学习的人口。

［6］人均收入中位数是指将所有调查户按人均收入水平从低到高顺序排列，处于最中间位置的调查户的人均收入。

［7］万元地区生产总值用水量、万元工业增加值用水量和万元地区生产总值能耗按2010年不变价格计算。

资料来源：

本公报中城镇新增就业、登记失业率、社会保障数据来自自治区人力资源和社会保障厅；财政数据来自自治区财政厅；物价、城乡居民收入和支出、恩格尔系数、部分农业数据来自国家统计局广西调查总队；进出口数据来自南宁海关；外商直接投资、对外承包工程和劳务合作等数据来自自治区商务厅；金融数据来自中国人民银行南宁中心支行；保险数据来自中国保险监督委员会广西监管局；农业机械总动力数据来自自治区农业机械化管理局；旅游数据来自自治区旅游局；公路里程，港口数据来自自治区交通运输厅；旅客、货物运输量和周转量数据来自自治区交通运输厅、南宁铁路局和广西机场集团；汽车保有量数据来自自治区交警总队；邮政业务数据来自自治区邮政管理局；电信业务数据来自自治区通信管理局；教育数据来自自治区教育厅；安排科技计划课题、专利数据、技术合同等数据来自自治区科技厅；质量检验、标准制定修订数据来自自治区质量技术监督局；地震数据来自自治区地震局；艺术表演团体、博物馆、公共图书馆、文化馆、娱乐场所、互联网上网服务营业场所（网吧）、非物质文化遗产、文化产业示范（试验）园区和产业示范基地数据来自自治区文化厅；广播电视数据来自自治区广播电影电视局；报纸、期刊、图书数据来自自治区新闻出版局；档案数据来自自治区档案局；卫生、新农合数据来自自治区卫生厅；体育数据来自自治区体育局；社会服务、孤儿情况、低保和五保供养数据来自自治区民政厅；残疾人数据来自自治区残疾人联合会；安全生产数据来自自治区安全生产监督管理局；交通事故数据来自自治区公安厅；气象预警、平均气温、登陆台风数据来自自治区气象局；国有

建设用地供应数据来自自治区国土资源厅；灌溉面积、水资源，新增水土流失治理面积数据来自自治区水利厅；林业数据来自自治区林业厅；自然保护区、环境监测数据来自自治区环境保护厅；城市污水处理、建成区绿地覆盖率来自自治区住房和城乡建设厅；其他数据均来自自治区统计局。